U0016744

毛澤東時代和後毛澤東時代（1949-2009）

另一種歷史書寫

［上冊］

THE MAO ZEDONG ERA AND POST MAO ERA (1949-2009)
An Alternative Writing of History

[Volume I]

錢理群 著

台社論壇

18

感謝世新大學台灣社會研究國際中心贊助部分編輯費用

目錄

導言

關於毛澤東及其時代的幾個問題

| 2009 年 9 月 15 日講 |

　　首先我要感謝交大社會與文化研究所邀請我來講學。我這個感謝是很個人的、很帶情感的，因為我和台灣有種「血緣關係」。60 年前政權迭替，整個民族國家發生巨大的分裂及動盪的時候，我和我的父親[1]在南京分別，他於 1948 年來到台灣，我的母親以及許多兄弟姐妹則留在中國大陸。我的父親 1972 年在台灣病逝，葬在陽明山上，從 1948 年以後我們父子都沒有再見面。1995、2007 年我曾兩次來台灣，但都是匆匆而過，這次則有三個月的機會來講學，而且我特別選定了「我和共和國、毛澤東六十年」這樣的題目，其中隱含著我的個人目的，因為我和父親也分隔了 60 年，我想透過這樣的講課，向我父親講述這 60 年間我的種種經歷。因此我今天在這裡講課，在我的感覺裡，冥冥之中，有我的父親在聽我的傾訴。這是我多年的夢，今天非常感謝能有這樣一個機會來圓夢。

　　我還有另一個夢，就是想藉這個機會，和台灣年輕一代，進行心的交流。我這輩子都是和青年在一起，我和大陸的六代年輕人都保持了密切的精神聯繫。首先是四十年代末到五十年代出生，即文革、紅衛兵、知青一代；然後是六十至七十年代出生，在大陸稱為「六四」一代；最後是八十年代出

1　先父錢天鶴（1893-1972），又名錢治瀾，字安濤，浙江杭縣（今浙江省杭州市）人。中國現代農學界的先驅者之一。歷任南京金陵大學蠶桑系主任、國民政府教育部社會教育司司長、中央研究院博物館館長、浙江省農林局局長、中央農業研究所常務副所長、經濟部農業司司長、農林部常務次長、聯合國糧農組織遠東區顧問。1948 年任中國農村復興委員會農業組組長，後隨南京國民政府遷居台灣，1952 年升任農復會委員，1961 年退休，1972年因心臟衰竭病逝。參看〈錢天鶴傳略〉，文收錢天鶴：《錢天鶴文集》（北京：中國農業科技出版社，1997）。

生，以及九十年代出生的，大陸稱為「八○後」、「九○後」一代，這樣從四十年代後直到九十年代以後出生的六代人都和我有深切的精神交往，我自己也以此自豪。現在我來到台灣，不知是否能藉此講課機會，和台灣年輕一代建立心靈溝通以及思想交流。這是我的熱切期待，同時又不免有些擔心和緊張，因為和大陸青年對話，我很有經驗，但和台灣青年對話，我就沒有把握了。

來台灣，和台灣青年講什麼呢？我和陳光興教授及許多朋友反覆討論，最後決定以兩個人為主題：魯迅（1881-1936）、毛澤東（1893-1976）。所以開了兩門課，一門是星期二晚上（即今天）以毛澤東為主題，另一門則是星期四在清華大學向大學生講魯迅。為什麼選這兩個人來介紹？這與我的理念有關，我曾提出一個概念：「二十世紀中國經驗」，強調總結二十世紀中國經驗的重要意義。[2]當前中國，無論大陸還是台灣，都有許多問題，在面對這些問題時，需要尋找精神、思想資源，大陸學界的主流主張是兩條途徑，或者向西方尋找，或者向古代中國尋找。我認為這兩個方面的資源確實都很重要，但中間缺了在我看來極重要的東西，即二十世紀的中國經驗（當然也包括台灣經驗）。這樣的經驗和我們最為貼近，但在大陸卻是被忽視的，我想在台灣可能更為欠缺。要理解二十世紀中國經驗，就要從三個人入手：孫中山（1866-1925）、毛澤東、魯迅（有些人認為胡適〔1891-1962〕也很重要）。總之，這幾個特別人物身上，集中體現了二十世紀的中國經驗，從其入手，有助於我們具體把握二十世紀經驗，來面對今天我們所面臨的許多問題。在台灣，大家對孫中山已非常熟悉，但對毛澤東、魯迅則是陌生而不了解的，這與五十年代後，冷戰將兩岸隔絕的情勢有關。而毛澤東、魯迅在大陸則有著非常深刻的影響，無論評價是正面或負面的、喜歡與否，都是不可忽視的存在。討論、研究二十世紀中國，絕不可回避這兩位人物。

我要講這兩位人物，除了因為他們的重要地位外，也有我個人的因素。我在年輕時代，一直在他們的影響下成長，他們是我的兩位精神導師。因此，我需要透過學術研究，來清理他們兩位和我的關係。我的魯迅研究在某方面來說，即是我和魯迅關係的一種自我清理，這些研究成果已經發表，有

2　參看錢理群：〈科學總結20世紀中國經驗〉，《追尋生存之根──我的退思錄》（桂林：廣西師範大學出版社，2005），頁21-23。

些朋友也已經讀過；毛澤東的研究，則一直處於混沌狀態，從未公開過，或者只公布了一小部分。我很早就想進行毛澤東研究。1986年初，我寫了《心靈的探尋》的〈後記〉，認為基本上已經清理完畢與魯迅的關係後，就想開始著手清理和毛澤東的關係，也曾幾度嘗試進行，但最終還是擱置。為什麼這麼漫長的時間始終沒有進行？根本的原因在我無法清理自己和毛澤東的關係，這太複雜、太糾纏了，而且我始終沒找到自己的價值立場，不知道該如何評價毛澤東。

中國大陸對毛澤東的態度是涇渭分明的，一部分人認為他是民族英雄，另一部分人認為他是民族罪人，我自己恰好無法如此旗幟鮮明地來評價毛澤東。因為我既不能回避毛澤東給整個民族帶來的災難，這些災難都是我親身經歷過的；但內心深處，我又擺脫不了毛澤東對我的吸引力。所以研究始終無法進行，直到這次赴台前，才把原先零零碎碎的東西翻出來，但面對這麼龐雜的材料，我也不知該從何著手。所以我是帶著矛盾與困惑來和各位講毛澤東，我的講述也將充滿矛盾和一片混亂。這與我對魯迅的研究不同，我跟魯迅的關係也很複雜，但讀我的著作可看出，我的立場很鮮明。這種矛盾和混亂反映了我內心的真實，但這是否反映了歷史的真實，對此我並無把握。因此，這次講課，我希望將一個歷史在場者的種種觀察、感受，和以後的反思與研究，都如實告訴諸位，希望能引起諸位的研究興趣，然後你們中或許有些人就會自己去研究毛澤東。我這次準備的上課材料，也選錄了部分毛澤東的著作，我猜想在座諸位可能從未讀過。我非常好奇諸位讀了毛澤東著作後，會有什麼反應？不知道是否有人會因此對毛澤東感興趣進而去研究他。當你們去研究毛澤東，得到自己的結論時，我的任務就完成了。我希望那時你們可以把我今天講的一切都忘掉，我的講課是一座橋梁，希望各位最後能「過河拆橋」，自己在研究毛澤東時，即可把我的講述拋棄掉。這門課最大的期待就是諸位能「過河拆橋」——以上算是開場白。

下面我想講四個問題。

一、我和毛澤東、毛澤東時代的關係

大概這是一個歷史巧合。我於1939年1月出生在重慶；而毛澤東1939年

春在延安確立了他在中國共產黨的領導地位。過去大家誤以為是1935年的
遵義會議ⁱ確立了毛澤東在中國共產黨的領導地位，但近年來中共黨史專家
的研究在這方面有新的突破。在此順便介紹一本書：何方（1922-）寫的《黨史
筆記》，在香港出版。³何方是張聞天（1900-1976）的祕書，算是歷史的當事
人，根據他很具說服力的研究，1935年的遵義會議，只是確定了毛澤東進入
中共最高領導層，特別是軍事指揮層面，但總書記仍然是張聞天，並非如後
來的人所說只是掛名的，至少在1939年以前，張聞天在總書記的位置上是有
實際領導權的，毛澤東只是領導核心的成員之一。真正確立毛澤東在黨內領
導地位，是在1938年下半年，這年7月共產國際的領導人季米特洛夫（Georgi
Dimitrov Mikhailov，1882-1949，保加利亞）代表共產國際，對當時在莫斯科
準備回國的王稼祥（1906-1974）下了口頭指示：「在領導機關中要在毛澤東為
首的領導下」，造成「親密團結的空氣」，並傳達了斯大林（Joseph Stalin，又
譯史達林，1878-1953，蘇聯）的指示：要宣傳各國黨自己的領袖，並樹立他
們的權威。⁴這表明，是共產國際任命毛澤東為中國共產黨領袖的。王稼祥
在9月中共政治局會議上傳達這個指示，10月中共六屆六中全會ⁱⁱ，毛澤東第
一次代表中央政治局ⁱⁱⁱ做政治報告，按中共規矩，做政治報告的多為領袖人
物，毛澤東既然做了政治報告，代表他當時已有領袖資格、地位。更重要的
是，毛澤東在這次會議上第一次提出了「馬克思主義的中國化」的概念，強調
「共產黨員是國際主義的馬克思主義者，但是馬克思主義必須和我國的具體特
點相結合並通過一定的民族形式才能實現」⁵──這可以說是第一次舉起了毛澤
東自己的理論旗幟，以後，它不僅成為毛澤東進行黨內鬥爭，主要是反對以
王明（1904-1974）為首的「教條主義者」的主要理論武器，而且也為「中國共產
主義運動注入了民族主義的活力」，「更有助於改變『中共乃外來觀念之產物』

3　何方：《黨史筆記──從遵義會議到延安整風》（香港：利文出版社，2008）。

4　王稼祥：〈國際指示報告〉（1938年9月），《文獻和研究》1986年4期。轉引自楊奎松：《毛
　　澤東與莫斯科的恩恩怨怨》（第4版）（南昌：江西人民出版社，2006），頁66。參看王稼
　　祥：〈回憶毛澤東同志與王明機會主義路線的鬥爭〉，《人民日報》1979年12月27日。

5　毛澤東：〈中國共產黨在民族戰爭中的地位〉（1938年10月），《毛澤東選集》（北京：人民
　　出版社，1967）（一卷本）（北京：人民出版社，1967），頁499。

這一在當時頗為流行的觀念，而大益於中共在中國社會的生根」[6]——對毛澤東個人而言，則是為他確立在中國共產黨內的領袖地位，不僅是組織上的領袖，更是思想上的領袖，奠定了堅實的基礎。至1939年春，毛澤東已經實際上成為中共中央的領導人。[7]因此，我們可以說，1939年春中國共產黨開始進入毛澤東時代，我恰好於此時出生。十年後，1949年，我10歲時，毛澤東成了中華人民共和國領袖，中華人民共和國進入毛澤東時代。直到1976年毛澤東去世，我正是37歲。10歲至37歲，是一個人生命中的黃金歲月，由少年至青年至中年，都生活在毛澤東統治下，我的知識結構、理念、人生道路，都在毛澤東直接影響下形成和確立。

更重要的是，毛澤東發動文化大革命時，我成了一個堅定的毛澤東主義者(不止國際上，中國內部也有一批毛澤東主義者)，這意味著我是主動參加毛澤東所領導的文化大革命，這是我與其他知識分子不同之處。這反映我們生存時代的特點，我們是在革命年代成長，革命年代能把最普通、最邊緣的人物捲入歷史潮流，這在台灣大概很難體會。文革發生時我在貴州，在最邊緣的農村、最邊緣的山區，在那裡也有革命。我們這一代和歷史運動有著血肉的關係，這些歷史運動直接影響我們的生活、身體、情感、心靈，我們的小我和歷史的大我糾纏在一起，這和我的學生輩以及在座諸位非常不同。我的學生後來讀了我的精神自傳，最大的感慨是，歷史對他們來說是身外的東西，是需要理解的對象，但對我們來說則不是，歷史就是自身。我們這代人和毛澤東所領導的歷史、革命，有非常糾纏的關係，每個人心裡都有著巨大

6　高華：《紅太陽是怎樣升起的：延安整風運動的來龍去脈》(香港：中文大學出版社，2000)，頁180。應該說，尋找中國自己的革命和發展道路，是毛澤東領導中國革命和建設的一個貫穿性的基本指導思想，從1939年「馬克思主義中國化」問題的提出，到1946年提出美、蘇之間的「中間地帶」的思想，到1956年提出走中國自己的發展道路，到六十年代進一步發展了「中間地帶」的思想，最後在文革後期提出「三個世界的劃分」的思想，是有一條明晰的發展線索的。參考毛澤東：〈和美國記者安娜‧路易士‧斯特朗的談話〉(1946年8月)，《毛澤東選集》(一卷本)，頁1089-1090；亦可參看楊奎松：《「中間地帶」的革命——國際大背景下的中共成功之道》(太原：山西人民出版社，2010)。

7　據張聞天回憶，他自己到了1939年春就「把政治局會議地點，移到楊家嶺毛澤東同志的住處開，我只在形式上當主席，一切重大問題均由毛主席決定」了。轉引自楊奎松：《毛澤東與莫斯科的恩恩怨怨》，頁67。

的困惑，不同的知識分子有不同的困惑。革命最大的問題是會擠壓個人的自由空間，許多知識分子感受到此種擠壓，想從此束縛中擺脫出來而不得，就有了困惑。但我這樣的知識分子不同，我是主動要求參加到革命中，而不是想擺脫，但我的苦惱是沒有參加革命的資格，像魯迅〈阿Q正傳〉說的那樣：不准革命，或者是只能按照別人指揮、設計的模式去革命，當自己有其他想法、有批判意識，則不被允許，於是就產生很大困惑。我們有一套自己的想法，未必和毛澤東一致，空有自己想法，但無法讓其成為現實，進而影響歷史進程。這些困惑，對在座諸位大概都是很陌生的。但在這種受到排擠、鎮壓的情況下，我還是堅持主動投入參加革命，使得自己和毛澤東的時代以及革命歷史，發生糾纏不清的關係。在毛澤東去世、文革結束後，我這樣堅定的毛澤東主義者面臨了重新認識毛澤東的困惑，如何走出毛澤東，這是非常艱難的過程。

我和毛澤東時代的複雜關係可分兩點來說。一方面，我是毛澤東時代所塑造的，毛澤東文化已滲透到我的血肉及靈魂中，這種毛澤東時代的印記永遠改變不了，無論如何掙扎、自省、批判，我都是個無可救藥的理想主義者、浪漫主義者、烏托邦主義者。另方面，我更是個毛澤東時代自覺的反叛者。我的歷史使命就是反戈一擊，對毛澤東做出同時代人所能達到的最徹底的清理和批判。既受他的影響，同時又是他的反叛者，並力圖使自己成為徹底的反叛者。當然我這樣的立場不容於後毛澤東時代，也不容於今天還迷戀毛澤東時代的那些人，兩頭不討好。因此我讀魯迅的著作會產生強烈共鳴，魯迅〈影的告別〉裡說：「然而黑暗又會吞併我，然而光明又會使我消失。然而我不願徬徨於明暗之間，我不如在黑暗裡沉沒。〔……〕，我將在不知道時候的時候獨自遠行」。[8] 我覺得這正是我所處的地位和困境。魯迅當年也困惑於他和幾千年中國傳統文化複雜的糾葛。他既是這傳統文化最堅決徹底的批判者，又是傳統文化最優秀的繼承者，這種複雜關係引起我的共鳴。魯迅自稱是傳統中國最後的知識分子，說句大話，我也是毛澤東時代最後一個知識分子。我對毛澤東文化的清理和批判是一種痛苦的自我清理和自我批判，同

8　魯迅：《野草‧影的告別》（1924年12月8日），《魯迅全集》第2卷（北京：人民文學出版社，2005），頁169。

時也是自我救贖。我已將自己和魯迅的關係清理，如果能將毛澤東的關係清理，就可以無愧見上帝，交待自己一生。魯迅〈頹敗線的顫動〉裡寫到那位「老女人」：「她在深夜中盡走，一直走到無邊的荒野；〔……〕，又於一剎那間將一切並合：眷念與決絕，愛撫與復仇，養育與殲除，祝福與咒詛……。她於是舉兩手盡量向天，口唇間漏出人與獸的，非人間所有，所以無詞的言語」。[9] 這也能表達我對毛澤東文化的複雜感情：既「咒詛」又「祝福」，既「決絕」又「眷念」，既「復仇」又「愛撫」。因此我對毛澤東的講述，不可能像許多人那樣快刀斬亂麻式的明快徹底，也不可能是冷靜客觀的批判，我的批判是帶著複雜感情的，這也許是種侷限，但同時也是特點。

　　同學們可能會注意到我前面的講述裡反覆用了兩個概念：毛澤東思想、毛澤東文化。毛澤東文化所指為何？這是我要討論的第二個問題。

二、毛澤東思想、文化的幾個基本特點

　　毛澤東和一般人不同，我曾概括他的六個特點。第一，馬克思（Karl Marx，1818-1883，德國）曾說我們不僅要解釋世界，同時還要改造世界。身為馬克思主義者，毛澤東不僅是解釋世界的思想家，同時也是改造世界的行動家。馬克思主義認為理論和實踐要相結合，即是將思想家和行動家結為一體，這正是毛澤東的特點。一般說來思想家和行動家不同，兩者是有分工的。舉個簡單例子，法國大革命時，盧梭（Jean-Jacques Rousseau，1712-1778，瑞士）是思想家，羅伯斯庇爾（Maximilien de Robespierre，又譯羅伯斯比，1758-1794，法國）則扮演行動家的角色。思想和實踐之間有不同的邏輯，思想講究徹底而不妥協，但實踐則是要妥協的；思想講究超前，實踐則重視現實。如果一個人同時是思想家又是實踐家，固然有很大的優勢，但如果不能正確處理思想家與實踐家的不同邏輯，有時是會對社會造成災難的。我在《豐富的痛苦──堂吉訶德與哈姆雷特的東移》中曾提出過一個命題：「思想的實現即思想自身以及思想者的毀滅」。[10] 盧梭的思想變成羅伯斯庇爾的

9　魯迅：《野草‧頹敗線的顫動》（1925年7月13日），《魯迅全集》第2卷，頁210-211。

10　參看錢理群：《豐富的痛苦──堂吉訶德與哈姆雷特的東移》第5章有關分析。錢理群：《豐

專政，盧梭思想便整個變形；百科全書派的思想成為現實，即為資本主義社會；馬克思共產主義的彼岸理想，一旦在此岸現實化即成為災難──這個問題比較複雜，這裡只能把問題提出，同學們如果有興趣，還可以私下討論──這裡我要強調的只是一點，既然毛澤東思想是轉化為直接影響人們生活、命運的實踐，那麼，我們考察、討論、研究毛澤東思想，就不能只看它的書面形態，而必須更注意其實踐形態，即從它的實際作用、效果、影響來看他的思想，看他的文字背後的實際意義。

毛澤東的第二個特點在於他同時是個詩人，用詩人浪漫、不切實際的想法來指導中國，用詩人的邏輯、詩人的眼光來治理國家，必然造成巨大的災難。讀毛澤東著作時，會發現非常迷人，裡面充滿詩人的想像、詩人的激情、烏托邦的理想，讓人感動不已，但這些思想一旦直接變成實踐，就常常帶來災難。在毛澤東那裡，常常有一個轉換：從理論形態的浪漫主義轉換為現實實踐層面上的專制主義。當然這是一個十分複雜的過程，需要作具體的研究與描述。

其三、毛澤東又不是一般的實踐者，而是國家的最高統治者。我曾比較魯迅和毛澤東，魯迅或許有其偏激的一面，但他不是國家領導人，他的偏激不會影響其他人的命運。舉個例，魯迅曾罵梁實秋是資本家的乏走狗，但梁實秋不會因魯迅罵他而遭受災難。當然我們可以說魯迅有話語權，但梁實秋也有話語權，他們可以，事實上也各自用自己的話語權批判對方，卻不會對對方造成實質上的傷害。但毛澤東不同，他掌握有巨大的政治、經濟權力，自然也擁有絕對的話語權，他的一言一行都會決定別人的命運，他的任何失誤都會影響整個國家的發展方向。

這就說到了毛澤東的第四個特點：他不是一般的國家領導人，而是個極權國家的領導人，他的權力不受監督、約束。若在民主國家有一定限制，國家領導人的失誤有糾錯的機制，災難還不至於到無可收拾的地步。而毛澤東的失誤造成的災難，要到他死後，才可能有變化。

第五，毛澤東又不同於一般極權統治者如斯大林等。一般極權統治者只管人民的身體，對異議分子、異端、反對者，至多就是送入監獄、勞改營，

富的痛苦──堂吉訶德與哈姆雷特的東移》（北京：北京大學出版社，2007），頁84-93。

在肉體上予以消滅；毛澤東則要改造思想。毛澤東曾說過中國傳統有兩種人：豪傑與聖人。豪傑在某些方面如政治、經濟領域是極為傑出的人材；聖人則要影響人的思想。毛澤東對自己的定位是既要做豪傑，更要做聖人。[11]他要對人進行精神控制，要征服人心，要影響和改造人的思想，要把專政滲透、落實到人的腦袋裡，而且還形成了一整套的制度與方法，這是極其厲害與可怕的，也是前所未有的。

最後，他所統治與改造的對象，是在全世界擁有最多人口的中國，其影響既廣大又深遠，非同小可。也就是說，毛澤東思想是在半個世紀中，支配了占地球人口1/3的中國人的生存方式、基本思想與行為方式的。毛澤東是完全自覺地用他自己的思想來改造中國與世界的現實和中國人的心靈世界，並且按照他的思維模式建立起一整套從中央到地方最基層的社會生活組織結構。它不僅是種思想存在，更是物質、組織的存在。

這樣，毛澤東思想事實上根本地改變了大陸中國人的思維方式、情感方式、行為方式，以至語言方式，極為全面而徹底，進而在民族精神、性格、氣質上打上深深烙印，形成了一個時代的文化、精神，我們只能如實地稱之為「毛澤東文化」。也就是說，在中國傳統的儒道墨法……等外，中國大陸還有個毛澤東文化。當然它和中國傳統文化間有密切牽連，今天姑且先不論，但它確實是中國傳統文化之外的一種新文化。這種毛澤東文化經過長期有組織、有計劃、有領導的灌輸，在中國大陸已經形成了民族集體無意識，新的國民性。

對於毛澤東思想改造大陸中國人、知識分子的成功與後果，絕對不能低估。記得封閉的中國開始向外部世界開放時，許多外國人接觸到久違的大陸中國人時，都大吃了一驚。他們發現，現在大陸的中國人比之他們歷史記憶中的中國人，有了很大的變化。比如中國人傳統講中庸之道，今天在大陸幾乎已經見不到了，中國人變得如此好鬥、狂熱、激烈，就是因為經過毛澤東文化的改造。當然，也有積極的變化，比如大陸中國人有了更多的自信，

---

11 參看毛澤東：〈講堂錄〉（1913年10月至12月），毛澤東著，中共中央文獻研究室、中共湖南省委《毛澤東早期文稿》組編：《毛澤東早期文稿》（長沙：湖南出版社，1990），頁589、591。

這也和毛澤東的影響有關。一些台灣的朋友，也包括在座的朋友，常跟我談到，有時覺得大陸同胞，有些思想行為談吐，似乎有點怪怪的，難以理解；我經常會回答說，原因當然很複雜，需要具體分析，但有一個原因，就是大陸人經過毛澤東思想文化的薰陶，你們沒有，就會覺得怪。問題在於，即便大陸年輕的一代未曾親歷過毛澤東時代，甚至未必讀過毛澤東的著作，但因為毛澤東文化已潛入到民族性格中，又沒有得到徹底清理，它的影響就會一代代傳衍下去。

更值得注意的是，當今中國的掌權者與反叛者竟然在某些觀念，思維方式、行為方式、情感方式、言語方式上都與毛澤東存在驚人的相似，我甚至在某些異議人士、反叛領袖那裡發現了「小毛澤東」，這其中也有正面的東西，但相當多是負面的。絕不能低估毛澤東在上一世紀連續發動的「培養接班人」、「反修防修反和平演變」教育，以及以後的紅衛兵運動，知識青年上山下鄉運動的深遠影響，經過這些運動長期灌輸，潛移默化下成長起來的這一代人，如今已經成為大陸中國政治、經濟、思想、文化、教育、學術各個領域，以及反對派勢力中的實際領導力量和中堅力量，他們在思想觀念，精神氣質上所受的毛澤東文化的影響，無論正面與負面，都會對中國的現實與發展走向，產生深遠影響，在我看來，研究這樣的影響，是我們觀察當下中國許多問題的一個很好的切入口。

這種對毛澤東文化的清理和批判，就不能不是對一個時代的民族思想、精神、文化的清理和批判；而沒有此種認真、深刻的民族自我反省和批判，中國要走出毛澤東時代的陰影，是根本不可能的。魯迅當年曾經說過，有這樣的國民，就必然有這樣的政府。[12]這正是提醒我們，不根本改造毛澤東時代所形成的新的國民性，文化大革命那樣的毛澤東時代以另一種形式重演，不是沒有可能的。

現在，我們來討論毛澤東文化的第二個特點，談談它幾方面的關係。

首先是它和共產黨的關係，中國當局宣稱毛澤東思想是中國共產黨集體智慧的產物，我覺得這反映了事實。毛澤東文化的創造、發展，不是毛澤東一個人所為，而有著中國共產黨人的集體參與。所以研究毛澤東不能僅僅研

12　魯迅：《華蓋集・通訊》（1925年3月20日、4月3日），《魯迅全集》第3卷，頁22-23。

究他一人，還必須研究同時期共產黨的其他領袖，如劉少奇（1898-1969）、周恩來（1898-1976）、鄧小平（1904-1997）、林彪（1907-1971）、陳雲（1905-1995）等。這些人與毛澤東的關係也很複雜，他們既參與了毛澤東文化的創造，但在許多具體問題上又和毛澤東有扞格。毛澤東文化是在和他們的互動（相互合作、補充、制約和衝突）關係中形成的。

毛澤東文化不僅屬於中國共產黨，中國人民（包括知識分子）也參與了毛澤東文化的創造與發展，他們之中不少人是積極「抬轎子，出主意」的。不能把中國知識分子單純看作毛澤東時代的被統治者與受害者，他們同時是歷史的參與者，對發生在二十世紀中國這一段歷史，他們同樣負有自己的責任。毛澤東文化，從思想到實現，即思想的現實化，是要通過許多中介的，中國共產黨的各級幹部、黨員，以及一些知識分子在這一中介過程中的作用，絕不是消極、被動的，也必有自己的「創造性貢獻」。

值得注意的，還有毛澤東文化和群眾的關係。毛澤東文化強調群眾運動、群眾參與，利用群眾搞階級鬥爭、搞建設。群眾有不同的利益群體，這些不同群體會按照自身的利益、要求來理解毛澤東思想，所以群眾最終實踐的結果和毛澤東最初的預想會有變異，這種情形在文革時最為明顯。歷史是各個合力（毛澤東、共產黨、知識分子、群眾）的結果，雖然毛澤東是總體的推動力，但也有力猶未逮之處。這些不同力量的複雜互動才形成毛澤東文化。

我要特別提出一點，也是我的研究重點所在，即毛澤東思想和民間異端思想的關係。我這些年一直在研究共和國60年發展中的民間思想和民間反抗運動，發現了一個極有意思的現象：這些民間異端者基本上是被毛澤東喚醒的。在毛澤東時代，民間很難接觸到其他思想，思想資源相當有限，能閱讀到的就是毛澤東的著作。但毛澤東思想自身包含一些異端成分，毛澤東說他有「猴氣」，經常號召對現行體制進行有限度的突破和反叛。對現實存有不滿或批判意識的人，就常常從他那裡得到啟發，甚至鼓勵。這樣，大陸民間的異端思想者（某種程度上包括我自己），最初的精神教父，就是毛澤東。當然，毛澤東灌輸異端思想是為了實現他自己對國家、社會，對黨更有效的控制，但這些思想一旦被民間接受，就有其自身發展邏輯，是毛澤東難以控制的。比如文革初期為破除黨官僚的迷信，提倡「懷疑一切」，這背後是有一條底線的，即毛澤東本人是不可懷疑的，但我們這些接受「懷疑一切」思想的

人，將其思想邏輯貫徹到底，最終就要懷疑毛澤東。這時候，毛澤東就要對這些超越了他的底線的造反者進行鎮壓，這一點毛澤東是毫不含糊的，這就顯出了毛澤東的「虎氣」，[13]而且必然和民間思想者產生衝突，最終這些民間思想者都成了他的反對者。這也形成了另外一種互動。

以上所說，集中到一點，就是毛澤東文化是在各種複雜關係中形成的，也只有在對這從黨內到黨外，從上到下，諸多方面的關係的具體考察中，才能把握它的複雜性和豐富性。

三、毛澤東在當代中國

魯迅說過：「曾經闊氣的要復古，正在闊氣的要保持現狀，未曾闊氣的要革新。大抵如此。大抵！」[14]在任何社會都有這三種人，當下中國也有，有意思的是，毛澤東對這三種人都有影響，他們都打著毛澤東旗幟。

「曾經闊氣的要復古」，毛澤東時代的既得利益者，現在都非常懷念毛澤東。2007年中共十七大[iv]召開前夕，有100多名老幹部集體上書，明確提出對鄧小平、江澤民（1926-）的批評，認為他們都背叛了毛澤東。這些老幹部主張回到毛澤東路線，還要重新發動文化大革命。這個思潮現在在大陸非常盛行，鼓吹者都是些「老左派」。

「正在闊氣的要保持現狀」，中國當局實行的路線，在我看來是延續了洋務運動的「中學為體，西學為用」。「中學為體」即以毛澤東思想、文化、體制為體，毛澤東時代建立的不受約束、限制、監督的一黨專政的絕對權力，這是當下中國統治者的生命線，他們絕不會放棄毛澤東建立的一黨專政的體制。具體來說，有三點是絕不會動搖的。首先絕不會給老百姓言論、結社、出版自由，可以有所鬆動，但絕不開禁。尤其是結社，共產黨必須是「唯一者」。1949年國民黨之所以垮得那麼快（實則今天共產黨的腐敗絕不在當年國民黨之下），就是因為有共產黨這樣的反對派組織存在，人們不滿國民黨，就

13　毛澤東：「在我身上有些虎氣，是為主，也有猴氣，是為次」。毛澤東：〈給江青的信〉（1966年7月8日），《建國以來毛澤東文稿》（北京：中央文獻出版社，1998）第12冊，頁72。

14　魯迅：《而已集‧小雜感》（1927年12月17日），《魯迅全集》第3卷，頁555。

會選擇共產黨。而現在人們無論對現實有多不滿，都沒有寄託對象，只能寄望共產黨的改革。其次，黨控制軍隊，黨指揮槍，軍隊絕不實行國家化，這也是毛澤東定下的鐵的原則。第三，黨的授權制，權力必須由黨授與，不可實行選舉由老百姓來授與權力。這三點是絕不會動搖的。在不動這三條毛澤東文化的核心原則前提下，會有很大的彈性，這就是「西學為用」，西方的諸多技術、管理理念、經驗，以至體制，都可以大量主動積極吸取。當然這同時也放棄了一些毛澤東的原則。比如毛澤東以階級鬥爭治國，當局則以經濟建設為中心。用現在的話說就是「不折騰」，不搞群眾性的大規模階級鬥爭。這條方針極有效，是中國能快速崛起的重要保證。其次，不搞毛澤東的經濟浪漫主義（但有時也搞一些，不是完全不搞）。經濟浪漫主義要點有二：發展要快，以及用群眾運動方式搞經濟。這兩條現在基本被當局放棄，但有時也腦子發熱，要搞點躍進。第三是放棄政治浪漫主義，包括毛澤東的烏托邦理想，社會平等的一些理念。今天所奉行的是「毛學為體，西學為用」路線，這確實給中國帶來發展，但同時也帶來許多嚴重問題，都是毛澤東不願意看到的。

「未曾闊氣的要革新」，所有利益受害者想改革，也都利用毛澤東。現在有兩種力量把希望寄託在毛澤東身上。一是民間底層的反抗，特別是工人。毛澤東時代工人地位非常高，當時女生挑對象，首先是解放軍，其次就是工人。當時高級工匠的工資和教授差不多，當然工人生活也不好，但在表面看來是平等的，差距不大。而在改革開放過程中，工人利益受損，大量失業、下崗ᵛ。工人在反抗時，沒有資源（這也是知識分子的責任，他們沒有提供工人反抗的批判資源），只能打著毛澤東的旗幟。近年來稍有變化，法制觀念進來後，工人也逐漸開始用法律來維權，但毛澤東思想在一開始是很重要的資源。毛澤東在中國民間社會被神化得非常厲害，許多計程車上掛毛澤東神像，以為可以避邪。我做過一點考察，中國那麼多帝王將相，哪些可以成神，哪些不行。諸葛亮、關公成了神，但秦始皇、漢武帝、劉備沒有。成神的條件有二，要有超凡的智慧，或者有驅邪的神力，而毛澤東則兩者兼備。另一股推崇毛澤東的力量是一些知識分子，近年來有毛化的傾向，例如有知識分子鼓吹「新三統」，主張以「毛澤東＋鄧小平＋孔夫子」來建立新的國家意識形態，這些知識分子有國師心態，「新三統」就是他們獻給當局的「治安策」。近年中國經濟崛起後，要加強中國的軟實力，能夠輸出到國外的，除

了孔夫子外，就是毛澤東了。在當前的國家主義思潮中，毛澤東地位非常突出，在一部分年輕人中間也很有影響，還有要成立「毛澤東主義黨」的。[15]

　　這裡，我還想向大家介紹我和我的學生輩中一部分年輕學者在面對毛澤東、社會主義革命時，認識上的一些差異和分歧。我曾寫過一篇題為〈如何回顧那段革命歷史〉[16]的文章，裡面談到，八十年代的中國政治思想文化學術界有過兩個失誤，一方面對毛澤東的社會主義時代持完全否定的態度，另一方面，對毛澤東思想文化又沒有進行認真的清理和科學的批判。這使得我的學生輩對毛澤東時代、革命都非常陌生，九十年代以來面對現實中國社會資本主義化的問題，他們中有些人就試圖重新回歸毛澤東時代的社會主義試驗，希望從那個革命時代找尋一些可作為當前時代批判的資源，在我看來，這是可以理解的。我和我的學生輩年輕學者，在這點上有相同亦有不同。我也同樣主張從毛澤東時代吸取合理因素作批判資源，但我認為重要前提是必須對毛澤東思想文化先作徹底的批判和清理，然後才有可能搶救出其中合理的內核。我最重要的理由是，這不是一個方法、態度的問題，而是一個現實政治的問題：毛澤東思想文化許多部分仍在今天延續著，並在中國現實的一黨專政的體制中實際發生作用。如果我們一味將毛澤東思想文化、毛澤東時代理想化，甚至美化，就有可能有意無意地認同毛澤東所遺留下來的最重要的「遺產」：中國現行的一黨專政體制。這就從根本上失去了知識分子的獨立批判立場。如果不加以科學地清理和批判，就有可能將毛澤東思想文化中的毒瘤也當作寶貝接受、繼承下來，就很可能帶來重大災難。而且對我來說，這樣一些毒瘤已經內化為我自己內心的毒氣，因此，我必須堅守「在批判和清理毛澤東思想文化的過程中進行自我清理」的基本立場。但我的學生則認為錢老師不必成天在那裡反省、懺悔。他們突然發現老師那裡有很多好的東西，而且認為這些好東西是毛澤東帶來的，這也的確部分符合事實。主要原因在於我們面對的問題不一樣，我的問題仍在要努力擺脫毛澤東帶來的影響，不僅是歷史的，更是現實的；他們的問題則是對毛澤東時代完全陌生、一片空白，

15　據說當下中國有兩個新共產黨，一個叫「毛澤東主義共產黨」，一個叫「中國工人（共產）黨」。在網路上可以看到他們的黨綱、宣言。本書第十四講有具體分析。

16　錢理群：〈如何回顧那段革命歷史？──在「回顧那一次寫作」座談會上的講話〉（2007年12月16日），《活著的理由》（桂林：廣西師範大學出版社，2010），頁250-256。

所以要重新尋回其中的合理因素，師生意見因此有所不同。但我對他們所說的「代價論」最為反感，他們也同意毛澤東時代有許多問題，但認為這些都是必須付出的代價。我每次聽到代價論，就很動感情，他們真的知道代價是什麼嗎？死了幾百萬幾千萬人啊。在我看來，即使只死一個人也不行，何況是幾千萬人，能夠用代價輕易了結嗎？他們未曾親歷過那個時代，覺得自己可以客觀看待，人死了就死了唄。這涉及到另一個大問題，即人的生命，在我看來這是最重要的。我有許多痛苦的記憶，學生就批評我老是沉浸在個人記憶當中，不能從其中擺脫出來。但我還是要提醒年輕的學者：總結八十年代的思想文化，有一個最大教訓，就是大家用未加反思的西方現代性來思考中國的問題，以為西方現代化道路就是中國的發展方向，結果出現了巨大的迷誤。我們現在切不可再用未加反思的毛澤東思想文化，來應對當下的中國現實，這也可能帶來巨大的迷誤和災難。

四、毛澤東對世界的影響

這也與二十世紀中國的地位、影響有關。整個世界在二十世紀有三大事件，一是兩次世界大戰，以及之後延續而來的韓戰、越戰、以色列阿拉伯戰爭等；二是民族國家的興起，許多殖民地、半殖民地擺脫宗主國而獨立；三是共產運動的興起、發展、危機、改革。在這三大事件裡，中國都扮演重要角色。第一點，除了一戰之外，後來的二戰、韓戰、越戰都與中國有密切關係；第二點，中國也是二十世紀民族國家的典型；第三點，在共產運動中，中國所經歷的變革亦具舉足輕重地位。中國在二十世紀歷史上有其獨特的重要地位，而這樣的中國有半個世紀是在毛澤東領導與影響下的，這表明毛澤東不僅是中國的，也是二十世紀世界性的舉足輕重的歷史人物。討論二十世紀的世界問題時，毛澤東是不可忽略的存在，至於如何評價則是另一個問題。

毛澤東本人除了是個民族主義者外，也有超越國界的人類關懷。馬克思主義本身就是超越國界的國際思潮。毛澤東自述他自年輕時，所思考討論的就是人類、世界、宇宙、人性的大問題。其中一個問題就是如何面對工業文明所產生的各種矛盾，這是二十世紀一個全球性的問題。毛澤東對此提出一個烏托邦的理想，如何避免西方工業的現代化發展道路，有學者概括為「非西

方的現代化道路」。這種非西方現代化的想像的利弊得失日後會討論，但提出這點，就已對世界產生影響。西方國家的一些知識分子對西方文明不滿時，毛澤東就對他們產生吸引力，所以西方至今天還有毛派存在。我可以理解他們對毛澤東的嚮往，我是過來人；但也因為是過來人，所以我知道其中會帶來的問題。這些西方毛派的問題在於，毛澤東是將烏托邦主義與專制主義膠合在一起的，他們卻將烏托邦主義凸顯出來，而有意無意地淡化、忽略他的專制主義。我覺得這些西方毛派之所以會有這些天真的想法，也與我們沒有將毛澤東思想做徹底清理有關。對中國知識分子而言，這是一分歷史責任。

我曾在韓國一次演講中提及，二十世紀世界曾有兩個神話，一是西方神話，二是共產主義神話，至世紀末，這兩個神話都逐漸破滅。我作出這樣的判斷，是在1995年，現在從2009年回過頭來看，就更清楚了。蘇聯、東歐的瓦解、中國的天安門事件，這些都暴露了社會主義的問題；今天的世界金融危機也將資本主義的內部矛盾呈現出來。或許這正是一個歷史的時機，使我們有可能超越資本主義與社會主義文化，尋找更合理的第三種文化。我們現在應該總結二十世紀的世界經驗，包括中國經驗，當然也包括台灣經驗。我們是否可能在此基礎上重新建立一種新的批判思想？台灣所處的地位或許更加有利，兩邊都有所接觸，對某些問題可能看得更清楚。這也是我這次來台灣講學的一個重要動機，希望能與台灣的學界一起討論如何在總結二十世紀中國、世界經驗的基礎上，建立一種對歷史與現實具有闡釋力的批判理論，這是當下重要的思想文化學術課題。而建立的基礎在相互了解，在這方面有很大的合作空間。

剩下一點時間，談談我對這門課的講述方法的設想，這其實也內含著一種研究方法。我試圖建立一個三維的講述空間，上層的毛澤東空間，中層的知識分子空間，底層的我和民間思想者、普通民眾的空間，從三者之間的互動中來講述這段歷史。這是出於對當下的歷史敘述的反思：「只有歷史事件而無人，或者有歷史偉人（大人物）而無普通人（小人物），有群體的政治而無個體的心靈世界」。[17]針對歷史敘述的這些重大缺失，我想把毛澤東的故事，知

17　錢理群：〈「遺忘」背後的歷史觀與倫理觀〉，《六十劫語》（福州：福建教育出版社，1999），頁56。

識分子的故事，民間思想者的故事，普通民眾的故事，以及我的故事，放在同一時空下來講述，不僅敘述歷史過程，而且盡可能揭示歷史當事人的心靈世界，講毛澤東的內心矛盾，更講在毛澤東的極權體制下人的心靈傷害、思想迷誤、精神掙扎，以及背後所隱含的人文問題。

我的另一個反省和關注點，在於研究者的身分、定位。大陸的學界常將歷史學者視為歷史的審判者和所謂歷史規律的闡述者，這背後有一個對研究對象作政治的、歷史的、道德的審判的衝動，還有一個歷史決定論，以及本質主義的歷史觀。這都是我所不取的，我想把自己定位為歷史的敘述者。我關心的問題有二，一是歷史人物在特定歷史條件和情境下為何做出這樣那樣的特定選擇？他是按照什麼樣的思維邏輯，在一種什麼樣的心理、情感狀態下，做出這樣的歷史抉擇的？二是這樣的歷史抉擇造成了什麼樣的歷史當事人未必預料到的後果？所以我對自己的要求也有二，一是要有同情的理解，二是要正視後果。我希望這樣能產生一種悲憫的情懷，把毛澤東處理成一個歷史的悲劇人物。因此，我的任務主要是講故事，作歷史的敘述；當然這不代表完全沒有觀點，在組織故事的過程中，自然是有觀點的，但不更多做批判或總結，而以敘述、講故事為主。在敘述中我希望能夠有盡可能多的歷史細節，能夠有多一點歷史的具體性和可感性。我想，這樣的敘述方式，可能也更適合諸位，因為我要講述的這段歷史對諸位是完全陌生的。在某種意義上，諸位來到這裡，就是聽我講故事，我希望藉由這些故事幫助大家了解共和國的歷史，逐漸進入那特定的歷史情境中，觸摸歷史人物的心靈世界，多少有點歷史感覺，我的目的就達到了。

今天的課算是一個「導言」，就講到這裡。

編註

i　遵義會議：為中共中央政治局擴大會議，1935年1月15日-17日於貴州遵義召開。會上增選毛澤東為政治局常委，並參與軍事最高指揮。

ii　中共六屆六中全會：中國共產黨第六屆中央委員會第六次全體會議，1938年9月29日-11月6日於延安橋兒溝天主堂召開，會議上王稼祥傳達共產國際指示，毛澤東代表了中央政治局作〈抗日民族戰爭與抗日民族統一戰線發展的新階段〉的政治報告。本會議批准了以毛澤東為代表的中央政治局路線，批判王明的「右傾主義」。(「中國共產黨中央委員會」：簡稱「中共中央」、「黨中央」或「中央」，是中國共產黨全國代表大會投票產生的中央權力組

　　織。中央委員會最重要的職能是選舉中共中央政治局、中共中央政治局常務委員會和中央委員會總書記，決定中共中央軍事委員會組成人員，根據中央政治局常務委員會提名，通過中共中央書記處書記人選。「中共中全會」：中國共產黨中央委員會全體會議。）

iii　中國共產黨中央政治局：簡稱「中共中央政治局」、「中央政治局」，由中國共產黨中央委員會全體會議選舉產生，中共中央政治局的成員稱「中央政治局委員」或「政治局委員」。

iv　中共十七大：中國共產黨第十七次全國代表大會，2007 年 12 月 15 日-17 日於北京召開。會議主題為「高舉中國特色社會主義旗幟」，並以「鄧小平理論和三個代表」為指導思想，會中胡錦濤作〈高舉中國特色社會主義偉大旗幟，為奪取全面建設小康社會新勝利而奮鬥〉報告。

v　下崗：為中國大陸用語，指工人離開、退下職位，雖仍屬於該工廠，卻不再領工資，實際上等於失業。與此相關之另一詞語為「待崗」，這是具「中國特色」的用語，意即「失業」，只是換一種較為體面的說法。關於工人下崗及相關討論，本書第十四講〈後毛澤東時代（下）2000-2009〉有相關分析。

第一講

建國初期

1949-1955

| 2009年9月22日講 |

今天是正式的第一講，我想完全按照歷史的順序講，所以第一講是建國初期，即1949-1955年。建國初期的問題首先在於，面對政權更替，一般老百姓該怎麼適應這種歷史的大變化，包括個人家庭命運的變化；第二，民眾當中特殊群體——知識分子，又如何適應這樣的變化，找到自己在新社會的位置；第三，執政者掌握政權後，要把中國帶往何處？

為了方便大家進入當時的歷史情境，我從個人經歷說起。

一、歷史交替時期我和我的家庭

1949年，我正好10歲，在上海迎接「解放」。[1]當時我是上海幼兒師範附小五年級的學生。我記得大概在1949年6月23日，前一天晚上槍炮聲不斷，那天早上我和一位好朋友一起準時上學，走在大街上首先看到的，就是在沿街商鋪屋簷下躺著一排排大兵，這大概就是人們口耳相傳中已經相當神祕的「解放軍」了。解放軍為了不擾民，寧可露宿街頭，這使我這個小學生非常感動，許多上海市民也都是由這件小事認識了解放軍、共產黨和新政權的。對比國民黨的傷兵到處騷擾，我們都覺得這個世界真的變了。這個最初的印象十分深刻，一直到今天我都還記得。

現在想起來，其實，還沒有「解放」，我就已經處在共產黨的領導下了，

1　這是1949年的流行語，由於當時國民黨政府腐敗，已經喪失了民心，因此中國共產黨取代國民黨，就意味著一種「解放」，共產黨領導的軍隊也稱為「人民解放軍」。這樣的說法延續下來，「1949年以後」就被稱為「解放以後」。

只是我並不覺察而已。事情說起來還有點曲折。我是1948年從南京逃難到上海，原先預計再逃到台灣，但到了上海，我的外祖父和幾位在銀行供職的舅舅都在不同程度上受到共產黨的影響，一起勸說我母親不要走，所以我們就留了下來，我也在上海上小學。1949年上半年，那時秩序還算正常，我參加了上海市少年兒童的演講比賽，得了第三名。我記得自己講的是諾貝爾的故事，當時得第一名的小朋友講的是江亞輪沉船事件：1948年12月3日，上海吳淞港口江亞輪運輸大批人逃往台灣，卻發生沉船，失蹤1,600多人，當時很多人都覺得這是個象徵性事件，我後來在寫《1948：天地玄黃》時，就將其視為國民黨時代結束的一個象徵。[2]那次我的演講引起一些成人的關注，上海當時有個少年兒童劇團，就把我吸收進去做業餘演員，後來我才知道這是共產黨的地下黨員所領導的，我也就在實際上被納入共產黨的體制了。我們排了一幕話劇，我飾演一位報童，在街頭貼標語，撒傳單，迎接共產黨的到來。因此，上海一解放，我們就到各處的工廠、部隊、軍營去演出。

後來上海拍電影《三毛流浪記》[i]也找了我。「三毛」是漫畫家張樂平（1910-1992）創造的一個流浪兒形象。這部電影於1948年拍攝，到1949年才拍完，恰好跨越了兩個時代。我在其中扮演了一個「闊少爺」的群眾角色，不知道為什麼在「演員表」上有我的名字，前幾年北大學生發現了，就用電腦技術，把電影上我的一個鏡頭定格了，發表在網上，也發給了我，算是一個紀念吧。這部電影公開放映大約是1950年初，我當時已從上海返回南京讀書。印象深刻的是，當時召開了一個座談會，討論三毛不幸命運的原因為何，我也發了言，認為這是戰爭造成的災難。沒想到我的發言遭到了其他大哥哥大姐姐的批判，他們都是共產黨員，或者新民主主義青年團[ii]團員，就批評我沒有階級觀點，不區別正義戰爭和非正義戰爭，共產黨的解放戰爭就是正義戰爭，是不能反對的。還有位大姐姐說，錢理群看來還需要學習及改造。這是我第一次接觸到「改造」這個詞，一直被要求改造到今天。

但「階級」在當時確實是一個不能回避的問題，特別我的家庭正是這場革命的對象。我後來在一篇文章中說到，共和國是一場革命的產物，革命是對原有社會結構、秩序的大顛倒，這導致原有階級、社會、人際關係的大變

2　錢理群：《1948：天地玄黃》（北京：中華書局，2008），頁222。

化。我們在歷史的敘述中都會討論到革命的意義，但很少考察這種大變動具體對每個人、每個家庭帶來的問題，以及他們心理的反應，這些都被歷史敘述所回避，這樣的歷史是簡單化的。[3]

這裡我想談談我的母親的反應。對於她來說，這確實是一個天翻地覆的大變動，她原來是國民黨高官的貴夫人，一夜之間成了反革命家屬、反動官僚的家屬，所有人都用不屑的、敵視的眼光看著她，把她視作不可接觸的賤民。但我的母親卻以驚人的決斷和毅力適應了這樣的變化。她首先做的就是立刻把我父親所有的證件，包括蔣介石給他的勝利勛章，全部交給政府；然後她從此絕口不提和父親有關的任何事情，也絕口不提她過去的生活。既然這段歷史被視為罪惡，那就把住關口，從此不說。但她內心深處還保留著對父親的懷念，有兩件事可以看出，在她的臥房裡還掛著我父親的一幅畫像，過年過節時都要添一副碗筷來表示懷念。但後來連這都不被允許，因為我哥哥是共產黨員，共產黨員家裡怎麼可以掛著反革命分子的畫像呢？後來這些外在的紀念形式都被取消了，思念也了無痕跡。本來她可以向我們傾訴以減輕精神的重負，但她閉口不言，就這麼沉默幾十年，至死也沒有隻言片語談及父親。她只保留了一張結婚照，並小心、頑固地斷絕和海峽對面的一切聯繫。最初兩邊還是有聯繫的，父親會通過香港的關係寄錢回來，從1949年起延續三、四年，後來大哥從美國回來，這筆錢才沒再寄過來。在六十年代大饑荒時，我在美國的三哥通過輾轉關係傳話，表示願意接濟，這顯然有父親的意思在內，但母親斷然拒絕。七十年代初中美關係緩和後，三哥讓他的親戚到南京來探視我們，帶了錄音帶希望母親留幾句話給他，母親還是斷然拒絕。

她又以極其謙和的態度對待周圍所有的人，政府的一切號召，從災民捐贈寒衣，到大躍進獻銅獻鐵，她都極積響應。街道居委會表示希望利用我們家裡的汽車間辦個學習班，我母親欣然同意，並跟著大家一起學唱革命歌曲；後來居委會又提出房子不夠，希望獻出我們樓下的房子，她也毫不猶豫

3　參看錢理群：〈對共和國歷史的另一種書寫——在《一個平民百姓的回憶錄》座談會上的發言〉（1999年4月2日），《生命的沉湖》（北京：生活・讀書・新知三聯書店，2006），頁247-250。

同意，反倒我們通通不同意。接著搬來新鄰居，她也處處禮讓。我那時常責問她為何那麼小心，她默默看著我，不說一句話。

就這樣幾十年風雨都過去了，到文革時，全家都很緊張，以為在劫難逃，但母親仍坐在長年坐著的那張破藤椅上，繼續編織毛衣，比我們所有人都鎮靜。後來出現了奇蹟，我們家對面就是學校，但紅衛兵竟然沒來抄家，據說是居委會幫的忙，他們說這個老太太人非常好，別去打擾她。但母親愈來愈虛弱，終於病倒。我清楚記得，當時從我工作所在地的貴州趕到南京她的病榻前，母親一面喘息一面說，這幾十年來我總算沒有連累你們……，說完不久就去世了。這時我才懂得母親幾十年的堅忍，就是為了保護我們這些孩子，她用柔弱的肩膀獨自承擔一切，默默保護我們每一個人。後來我寫篇文章紀念我母親，說這是「一種堅忍與偉大」。[4]這是一個普通婦女，在面對巨大歷史變局時，所做出的回應。

當然我們家裡也不盡然都是這樣陰暗，也有陽光照耀的時候。我有一個哥哥是共產黨員，一個姐姐是解放軍。姐姐在上海淪陷區加入了新四軍[iii]，我那時人在重慶，兩人沒見過面，我們見面是在1949年以後。有天姐姐和姐夫穿著解放軍綠色軍裝來到家裡，我當時覺得他們是從天而降的「神兵」。此後我們家又成了「革命軍人家屬」。我們既是革命軍人家屬，又是反動官僚家屬，歷史變化具體而微地縮影都在我們家裡。此後我們家中永遠只談哥哥、姐姐、姐夫，而不談父親。

儘管家中充滿陰影，但我個人的童年生活還是充滿陽光，我當時就讀的南京師範大學附屬小學、中學，就是全南京最好的學校。這與毛澤東在解放初期的政策有關。當時他為了政權的穩定，採取兩個措施，一是不「四面出擊」，強調不要樹敵太多，[5]同時強調在歷史「轉變的緊張時期」，「不應當破壞

4　錢理群：〈這也是一種堅忍與偉大——先母逝世二十周年祭〉（1994年3月5日），《壓在心上的墳》（成都：四川人民出版社，1997），頁9-12。

5　參看毛澤東：「我們不要四面出擊。四面出擊，全國緊張，很不好。我們絕不可樹敵太多，必須在一個方面有所讓步，有所緩和，集中力量向另一個方面進攻。我們一定要做好工作，使工人、農民、小手工業者都擁護我們，使民族資產階級和知識分子中的絕大多數人不反對我們。這樣一來，國民黨殘餘、特務、土匪就孤立了，地主階級就孤立了，台灣、西藏的反動派就孤立了，帝國主義在我國人民中間就孤立了」。毛澤東：〈不要四面出

的事物，力爭不要破壞，或破壞得少一些」；[6]二是更加高明的「包下來」的政策，所有國民黨留下來的成員，只要不公然反對共產黨，都給予基本生活、工作保障，用毛澤東的說法，就是「三個人的飯五個人均吃」。[7]

在學校裡也有兩項措施。首先是大量吸取底層人民、工農的子弟來讀書，所以我們很多同學是從農村來的。2006年，也就是中學畢業五十週年時，許多同學都寫了回憶文章，一位來自皖南西部偏遠山區的同學，生動地敘述了他百里迢迢來附中上學的情景：「頭一回乘船」，然後「頭一回轉乘長途客車」，再「頭一回乘火車」，最後「頭一回乘市區公共汽車」，才來到學校，「一路上，頭一回看到高樓大廈，看到兩旁種著法國梧桐的林蔭大道，排列成行的路燈和五彩紛呈的霓虹燈⋯⋯」。[8]這「頭一回」，實在是歷史性的：這是一次有計劃、有組織的、大規模的，引導農民和他們的子弟，進入現代城市，接受現代教育，參加國家建設。在教育方面，除了像這位同學這樣，在正規學校接受教育以外，還辦了許多工農速成中學、夜校、識字班，讓已經成年的工人、農民有接受現代教育的機會。據新華社報導，有4,200多萬農民參加了1951-1952年冬季學校的學習，還有數百萬人參加了其他各種為工人和農民開辦的業餘學校的學習。[9]為工農幹部設立的速成中學在1954-1955學年招收了5萬1,000名學生。[10]應該說，政府在為工農提供教育機會是不遺餘力的。工人、農民和他們的子弟也因此第一次感受到自己是這個「新中國」的主

擊〉（1950年6月6日），《毛澤東選集》第5卷（北京：人民出版社，1977），頁24。林蘊暉等〈「不要四面出擊」是個戰略方針〉有詳盡分析，可參看，文收林蘊暉：《國史札記——事件篇》（上海：東方出版中心，2008），頁23。

6　毛澤東：〈轉變時期力爭不要破壞不應當破壞的事物〉（1950年4月16日），《毛澤東文集》第6卷（北京：人民出版社，1999），頁54。

7　毛澤東：〈必須維持上海，統籌全局〉（1949年9月2 日），《毛澤東文集》第5卷（北京：人民出版社，1996），頁335。

8　胡泰然：〈難忘頭一回〉，收南京師大附中校友會，1956年校友分會編：《附中：永遠的精神家園》（南京師大附中1956屆校友分會自印）。

9　新華社電訊稿（英文）（1950年9月27日），轉引自費正清（John King Fairbank）主編：《劍橋中華人民共和國史》（上海：上海人民出版社，1990），頁219。

10　〈速成中學〉，載《人民中國》1955年8期（1955年4月16日），轉引自費正清主編：《劍橋中華人民共和國史》，頁226。

人。

　　而且在進入城市以後，農民的子弟還受到了特別的照顧：當時國家的教育、衛生、文化、社會福利政策，都是傾向於工農的。這位同學保留了當年的日記，就有這樣的紀錄：

　　1953年12月14日記：我因一時交不出膳費，就吃「半夥」，只吃早晚兩頓。這受到同學的普遍關心。說這會損害健康。陳重明同學拿出五千元〔錢註：相當於今天的人民幣五角，當時是不小的一筆錢〕硬要我吃午飯，說這是「對祖國負責」。我謝絕了，但極感動。他們這都是社會主義品質啊！

　　1953年12月21日記：徐易告訴我，余仁老師已把我的伙食問題反映到教導處，決定提高我的助學金〔錢註：後由丙等提到甲等〕。我很感不安，因為我本意是想自己克服困難，不增加國家困難。[11]

這兩則當年的日記有兩點很值得注意：一是提到「社會主義品質」問題，這也是我們這一代接受的教育：社會主義就是強調「社會平等」和「一人有難，人人相助」，而在「工人階級領導、工農聯盟為基礎」的社會主義國家，工人、農民和他們的子弟依然處於相對貧困的地位，這顯然是一個問題，因此，國家的政策向他們傾斜，給予全額助學金，不但合情合理，也是由國家的社會主義性質決定的。

　　這位同學日記裡提到的陳重明同學，是一位大學教授的兒子，這也透露出一個重要事實：當時的共和國的教育，一方面向工人、農民和底層人民子弟傾斜；另一方面，也讓上層社會的子弟繼續讀書。這和後來（主要是1957年反右運動以後）逐漸限制，甚至剝奪所謂「家庭出身不好」的人受教育的權利，是大不一樣的。我們學校本來是中央大學的附屬小學，是一所貴族化的學校，同學的組成原先主要是國民黨官員子女，後來則多為大學教授子女，現在則上下階層都有，大家平等地在一起受教育，底層人民的子弟又受到格外的照顧。像陳重明和這位農村來的同學之間的友好關係，在當時是十分普遍的。[12]這也可以說是新中國教育在其初期的一個新氣象吧。

11　胡泰然：〈猶是春風沐浴時：日記摘抄〉，收《附中：永遠的精神家園》（自印書）。

12　胡泰然同學在當年日記和回憶文章裡，還詳細敘述了他受到學校領導和老師悉心培養，以

　　當時的教育還有一個特點：我們的老師中有許多是國民黨留下來的，甚至是相當高層的，因為不便安排在其他重要位置上，便來教書，所以我們的師資相當好，有許多第一流的人才。我們這代人在建國初期，曾有過一個自由做夢的年代，我稱之為「金色童年」，這與之後幾代的知識分子很不同。

　　小學時我所受的是「五愛教育」（愛祖國、愛人民、愛勞動、愛科學、愛護公共財物），其中愛人民、愛勞動、愛護公共財物很有社會主義精神，我從小對人民、勞動者有強烈認同，也有很強的公共意識、公共責任感。小學教育另外一點是強調我們都是新中國的主人翁，國家是我們的。印象深刻的是，小學時學生會主席採取民主選舉的方式，當年我出來競選學生會主席，我的朋友還組織競選團，提了個競選口號：「請投錢大頭一票」，我的競選對手則提出「請投丁大鼻子一票」，後來我當選了。前幾年我們老同學碰在一起，回想起當年的競選，都禁不住哈哈大笑。當時社會上有許多流浪兒童無書可讀，於是我們就辦了一個「小先生學校」，我被任命為校長，將這些流浪兒聚在一起，教他們讀書識字，老師都是一些小學三、四年級，還有我們五、六年級的學生。有個女同學才四年級，根本不知如何上課，她把教科書打開來哇啦哇啦唸一遍，講完了，就不知該如何講下去，她哭著跑來找我說不知該怎麼講，要我這校長來解決。我去找老師，這老師很懂教育學，他說你既然當校長，你就會有辦法，然後就走了。他讓我獨立地處理這件事，我從小就這樣被訓練成獨立自主的能力，對教書的熱愛也就此開始。記得班上有個賣冰棍的小男孩，他後來特地畫了幅畫，上面恭恭敬敬地寫著：「獻給敬愛的錢老師」，我當時也不過11、12歲。這些事都深刻影響了我，我終身割不斷的教師情結就是這樣形成的。[13]

　　到中學階段，我更是自由地讀書，當時沒什麼負擔，沒有考不上大學的壓力，所以課後很快就把作業完成了，剩下大量時間自己讀書。我那時很喜歡隨便亂翻亂讀，看完一本小說，就想小說主人公如果還活著會如何？接著就自己編故事，寫小說。當時讀了茅盾的《春蠶》，小說裡一個人物叫荷花，

及他和教授子弟同學之間的友誼，今天讀來格外感人。後來，胡泰然同學成了著名的新華社高級記者。

13　參看錢理群：〈一切都從那時開始〉、〈離題的追念〉，《語文教育門外談》（桂林：廣西師範大學出版社，2003），頁443-447。

有點放蕩不拘，遭到周圍人的嫉恨。我卻很同情這個女人，就寫了篇〈荷花的故事〉。那時我就大量寫作，充分發揮自己的想像力。我高中成績非常好，畢業時學校要我向全校同學介紹自己的學習經驗。今天老同學見面，大家都還記得我當年說的那番話：我說最要緊的是要有好奇心，每天上課都懷著探險的欲望去聽老師講課，老師的每一堂講課都把我們引入一個新大陸。這經驗對我極重要，形成我基本的學習觀念和研究觀念，學術研究最基本的就是保持好奇心，我到今天仍是如此。前幾年我中學舉行校慶，老師讓我寫文章，我說中學教育對我最重要的就是培養了一種青春精神：第一，對真善美的信念，對理想的追求，對美好未來的憧憬；第二，內在和外在的生命激情與活力；第三，永不停息的精神探索，永遠充滿了好奇心及創造力。我的學生常對我到今天還這麼有活力，感到不可理解，我說這一切是從中學開始培養的，是那個時代的產物，這也是建國初期整體的精神面貌。[14]

我們那一代的教育另有一個重要面向。我們從小受馬克思主義教育，強調國際主義、工人階級無祖國、解放全人類、全世界無產階級聯合起來等等。所以我從小就有種世界的眼光，關注的不只是中國自身，並將中國的問題和世界的問題聯繫在一起來進行思考。這也是我們這代人的特殊之處。

那時我們理解和想像中的世界，是分成西方和東方的，西方就是美國，抗美援朝[iv]時還發起一場「篾美輕美仇美」運動，這與國民黨「親美反共」的意識形態是相對抗的。這種反美教育對當時受英美教育的老師輩來說，是非常難以接受的。有個教英文的老師，他在課堂上說現在都宣傳美國工人如何如何苦，他曾在美國待過，告訴我們工人有汽車、洋房，怎麼能有多苦？同學都不相信，認為他造謠，和他辯論起來。後來這位老師就在1955年發動的「肅清反革命分子」運動中自殺了。我的家庭教育本來是親美的，我生活在其中，但在當時卻毫無障礙地就接受了反美教育，我想有兩點原因，一是因為有國民黨作對比，在我們記憶中，國民黨就是與美國勾結在一起出賣民族利益的。二是抗戰勝利後，美國大兵常在大街上抱著「吉普女郎」招搖過市，很令我反感。那時我們對台灣的想像，就是美國的殖民地。當時我們很喜歡一

14　參看錢理群：〈曾有過自由做夢的年代〉、〈願老師與母校青春常在〉、〈我的人生之路與治學之路——與南師附中同學談心〉，《語文教育門外談》，頁448-451、455-462。

首詩〈台灣啊！我的故鄉〉，我至今還記得：「基隆是一個美麗的港口，現在卻歇滿了掛星條旗的艦艇。在特種酒家喝得爛醉的美國兵，用手槍恐嚇過路的小學生。一年三熟的良田，變成了美式的飛機場」。

在1949年後，朝鮮戰爭發生，以美國為首的西方國家，對中國實行全面的封鎖，當然這也與中國一面倒向蘇聯有關。我們這代人成長的背景，一是五十年代西方對中國的封鎖，一是六十年代蘇聯對中國的封鎖。這樣的封鎖，強化了我們的民族主義情緒，毛澤東寫了篇文章當時影響很大，說：「多少一點困難怕什麼。封鎖吧，封鎖十年八年，中國的一切問題都解決了。中國人死都不怕，還怕困難嗎？」、「沒有美國就不能活命嗎？」，[15]我們心目中毛澤東的第一個形象，就是中華民族獨立、統一、尊嚴的捍衛者。[16]

西方在我們的理解中，近現代是入侵中國的帝國主義，現實世界格局中則是拒絕並封鎖中國的霸權主義，在社會制度和意識形態上又和社會主義對抗，所以我們很自然地把美國視為敵人。當時我們對東方世界的理解有二，一是以蘇聯為首的社會主義陣營，嚴格說蘇聯是跨歐亞兩洲的，不能算東方世界，但我們當時都如此認定；另外則是亞洲、非洲、拉丁美洲，他們都是和西方帝國主義世界對抗的。我們那時的國際想像，是用階級分析的方式，把統治者和人民區別開，我們反對美國帝國主義的統治者，但不是反對美國人民，我們那時認為南朝鮮、日本、台灣等，都是被美國帝國主義走狗統治的，我們要與台灣人民聯合。我們那時最崇拜的歌星是美國歌手羅伯遜（Paul Robeson，1898-1976，美國），就因為他是黑人。[17]

接下來談談我年輕時生活中的陰影，主要發生在1953年以後。這年我14歲，在我們那一代人普遍的心理中，14歲前是少年先鋒隊[v]隊員，到了14歲後就應參加共產主義青年團（共青團）[vi]，於是，我就很自然地提出了入團申請。儘管我是當時全校師生公認的品學兼優的好學生，但是卻被拒絕了。我的入團介紹人嚴肅告訴我：必須從思想、政治、行動上，和反革命父親劃清

15 毛澤東：〈別了，司徒雷登〉（1949年8月18日），《毛澤東選集》（一卷本）（北京：人民出版社，1967），頁1385。

16 參看錢理群：〈後記〉（1986年4月27日），《心靈的探尋》（北京：北京大學出版社，1999）。

17 參看錢理群：〈我們這一代人的世界想像〉（2004年12月29日-2005年1月4日），《那裡有一方心靈的淨土》（北京：中國文聯出版社，2008），頁372-388。

界線。在14歲少年的心中，父親是神聖的，革命也是神聖的，現在這兩者只能選一個。對我來說，實在太難接受了，也太殘酷了，當然想不通。我的入團介紹人是我的好朋友，非常希望我加入共青團，每天早上到規定時間他就來找我，一坐下就開始說服我，該說的話說完後，就用急切眼光看著我，我知道他希望我說什麼，但我說不出口。兩個人都非常緊張，我看著他，他看著我，也不知該說什麼。時間一到，他就默默站起來，我也默默送他到家門口，空氣沉重得令人窒息，我真想勸他別再來了。但第二天他仍舊來了。這既是組織交付他的任務，也是他身為朋友的希望。我那時突然想到，若我沒有這樣的父親該有多好。但一想到自己竟會有這樣的想法，又覺得很恐懼。我就這樣來回地受著精神的熬煎。[18]

接著我又遇到了第二個考驗：有一位語文老師非常喜歡我，我之所以走上文學、研究的道路，必須感謝這位啟蒙老師。但因為我是他的得意門生，就帶來了災難。1955年肅反運動，這老師從前是國民黨系統報紙的主編，解放後被安排成老師。因有著和國民黨的關係，他就被強迫承認自己是國民黨留下來的特務，他當然不肯，學校領導就要我來動員他。這又是恩師與黨之間的兩難選擇。最後我還是出現在老師的批判會上，做了發言，發言後老師站起來說感謝同學給我的幫助，但是他看著我，我可以感受他對我的失望，我無法面對，此後也不敢再接近他。日後聽說他際遇愈來愈壞，我極同情，但始終不敢去看他，文革結束後才見到他，他的眼睛已經失明……。[19]

這個體制就是這樣強迫你和自己的父親、老師劃清界線，我日後對此作了長久的反思，曾寫過文章討論劃清界線背後的倫理觀。這是要從靈魂深處把血肉相連的父親挖出，把最後一點的親情遺忘，將愛轉換成恨。問題是，這背後還有所謂理論的支持。一是儒家「大義滅親」的觀念，革命在那個時代就是最大的「大義」，就自然引申出「為革命犧牲親情」的理念，這彷彿也是天經地義的。這裡還有個邏輯推理，若是接受了第一個前提，就必須接受後面的推論：人是分階級的——人性是有階級性的——愛也有階級性，所以，一旦父親是反革命，就不能愛他，還要恨他。在這樣的「革命邏輯」面前，一個14

18　參看錢理群：〈哦，你是我的父親〉（1991年12月），《壓在心上的墳》，頁3-8。

19　參看錢理群：〈我還感覺到他的手溫〉，《壓在心上的墳》，頁19-23。

歲的孩子是很難抗拒的。後來我讀魯迅的〈我們現在怎樣做父親〉，才知道，
父子之間的血緣關係建立起來的愛，是人的「天性的愛」，是絕對的、無條件
的，是無論在什麼情況下，都不能放棄，絕對要堅守的，這是一條「人禽之
界」，不管有什麼理由，只要傷害了自己的父親，就越過了做人的底線，不成
為人了。這條界線一旦越過，就沒什麼事不能做了，一個人連自己的父親都
能詛咒，就陷入了罪惡的深淵。這背後其實還有一個理念：只要目的是崇高
的，一切手段都可用。1949年以後的所謂「思想改造」，其中一個重要方面，
就是要人們接受這樣的邏輯與理念。14歲的我，就這樣接受了第一個「思想改
造」的洗禮，這是我終生難忘的記憶與教訓。[20]

二、知識分子的選擇：以沈從文為例

接下來講第二個問題，即知識分子的選擇。

我在《1948：天地玄黃》討論了政權更替時，為何大部分知識分子留在大
陸，少部分去了台灣。我們現在要討論的是，這些留在大陸的知識分子有什
麼樣的命運和選擇。按照大陸的說法，他們可分為左、中、右三派，左派有
些本身就是共產黨員，或者是團結在共產黨周圍所謂的進步人士。中間派即
在國民黨和共產黨兩黨之外，採取相對中立的立場，但實際上又和兩邊都有
著複雜的關係。右派即與國民黨有比較密切關係。我選擇沈從文（1902-1988）
作為討論個案，是因為他一身兼具「鄉下人」和「自由主義知識分子」的雙重立
場和身分。一方面他和農民、農村有密切聯繫，而新政權恰恰是自稱代表農
民利益的；但他又是胡適、徐志摩（1897-1931）的朋友，在內戰期間，他持反
戰立場，既反對國民黨「剿共」[vii]，也反對共產黨發動「人民解放戰爭」，自稱
「第四種人」，[21]他卻因此為國、共兩黨所不容。共產黨把他看作是反對共產黨

20　參看錢理群：〈「遺忘」背後的歷史觀與倫理觀〉，《拒絕遺忘：錢理群文選》（修訂版）（北
　　京：中國大百科全書出版社，2009），頁258-261。

21　在四十年代後期，中國存在著三種政治勢力，國民黨和共產黨之外，還有中國民主同盟等
　　政治組織，後來統稱「民主黨派」，其內部又分左右兩派，左派親近共產黨（有的本身就是
　　祕密的共產黨員），右派則自稱「第三種人」，反對國、共打內戰。沈從文也反對內戰，但
　　他的著眼點在「文化建設」，為了和政治上的第三種人區別開來，就自稱「第四種人」。

領導的人民解放戰爭的自由主義知識分子的右翼，這幾乎成為沈從文以後的一個「原罪」。

1949年3月28日，沈從文自殺未遂。這件事，在當時引起了強烈反響，以後就成為新中國知識分子精神史上的一個「謎」。

其實在沈從文之前已有兩人自殺，一是陳佈雷（1890-1948），蔣介石（1887-1975）的大祕書；另一是喬大壯（1892-1948），在許壽裳（1883-1948）被暗殺後，由他繼任台大中文系主任，但他從台灣回到大陸不久，就在蘇州自殺了。當時朱光潛（1897-1986）主編的《文學雜誌》曾發表文章，討論喬大壯之死，認為在易代之際，文人對舊的已不抱希望，但對新的又充滿疑懼，一個認真嚴肅的知識分子是最容易走上自殺之途的。[22]

這裡我想對沈從文的自殺，略做一點考察。1948年沈從文就寫了一篇文章，對中國社會發展趨向做了這樣的概括和預測：過去二、三十年代中國是個由「思」字出發的時代，接下來就將進入一個「信」的時代。[23]未來的中國（指由共產黨領導的中國）將是一個「信仰單純，行為一致」的時代[24]——以後的歷史發展證明了，沈從文的預測是有道理的：毛澤東的時代確實是一個「需要信仰單純，行為一致的時代」。

問題是像沈從文這樣的知識分子，能夠適應這個由思至信的歷史大變動嗎？沈從文發現了自己的三大困境：第一，作為一個知識分子，我能夠放棄思想嗎？第二，我是內向型的人，我只「能由疑而深思，不能由信而勇往」，我永遠不滿足現狀，不承認強權，認為現實永遠是不合理的。我這樣的懷疑主義者新社會能夠容忍嗎？[25]——這個憂慮魯迅亦有，在〈文藝與政治的歧途〉裡他早就說過，革命家在革命時期也不滿足現狀，可以和知識分子合作；革命勝利後，革命家掌握權力，要維持現狀，知識分子還繼續不滿意，革

22　參看錢理群：〈南下與北上〉，《1948：天地玄黃》第11章，頁224-225。

23　沈從文：〈致吉六〉（1948年12月7日），《沈從文全集》第18卷（太原：北岳文藝出版社，2002），頁519。

24　沈從文：「他又幸又不幸，是恰恰生在這個人類歷史變動最大的時代，而又恰恰生在這一個點上，是個需要信仰單純，行為一致的時代」。〈抽象的抒情〉（1961年7月初稿、1989年4月由湖南文藝出版社發表），《沈從文全集》第16卷，頁534。

25　沈從文：〈一個人的自白〉，《沈從文全集》第27卷，頁8-9。

命家就可能回過頭來對付知識分子，把他殺了。[26]第三，我是個固執的鄉下人，固守鄉村簡單的生活和自然景物，革命是否會將這樣的景物毀掉？我這些反映我的鄉村理想的作品在新社會裡能得到承認嗎？[27]

恰在這時，北京大學校園出現了「打倒新月派、現代評論派、第三條路的沈從文」的標語。這當然不是偶然的。根據我們現在看到的材料，1948年1月，毛澤東在一個黨內的指示裡，提出「要在報紙上刊物上對於對美帝及國民黨反動派存有幻想、反對人民民主革命、反對共產黨的某些中產階級右翼分子的公開的嚴重的反動傾向加以公開的批評與揭露」。[28]如前所說，沈從文因其全面的反戰立場，早已被共產黨認定為反對人民革命戰爭的右翼知識分子，現在，他就順理成章地成為需要「公開批評和揭露」的對象。於是，1948年3月1日就有了在中共領導下於香港《大眾文藝叢刊》發表的郭沫若（1892-1978）〈斥反動文藝〉一文的公開點名，譴責沈從文從抗戰時期反對「作家從政」，到把解放戰爭「諡之為『民族自殺悲劇』」，「一直是有意識地作為反動派而活動著」，並指責沈從文創作色情作品，是「粉紅色」的反動作家。[29]現在，北大校園裡出現了「打倒沈從文」的標語，實際上是重提了1948年郭沫若對他的指責，而郭沫若的背後顯然有共產黨的意志，這對於本來就在歷史大變動中深感「舊我」的無力、「新我」的未明，而對新政權心懷疑懼的沈從文，自然是致命的打擊。他在給朋友的信中寫道：「迫害感與失敗感，愧與懼，糾紛成一團，思索復思索，便自以為必成一悲劇結論」。[30]

於是，沈從文就深深陷入了兩大精神、心理病態和折磨中，無以自拔，

26　參看魯迅：《集外集・文藝與政治的歧途》（1927年12月21日講、1928年1月29、30日刊），《魯迅全集》第7卷，頁115-122。

27　沈從文：〈一個人的自白〉，《沈從文全集》第27卷，頁10-11。

28　毛澤東：〈對可以爭取的中間派應採取積極爭取與合作態度〉(1948年1月14日)，《毛澤東文集》第5卷，頁15。

29　關於郭沫若的〈斥反動文藝〉一文所引發的大批判，可參看錢理群：〈南方大出擊〉，《1948：天地玄黃》第2章，頁33。

30　沈從文：「一個與群游離二十年的人，於這個時代中毀廢是必然的。解放北平本是一件大事，我適因種種關係薈萃，迫害感與失敗感，愧與懼，糾紛成一團，思索復思索，便自以為必成一悲劇結論，方合事實，因之糊塗到自毀」。摘自〈致劉子衡〉（1949年7月），《沈從文全集》第19卷，頁45。

也無法自救：一是被拋棄的疏離感，一是完全的孤立感。這種孤立感有兩個層面，一方面他是自由主義知識分子，是胡適等人的朋友，但他又是鄉下人，和他們始終有所不同。他說他和胡適只談文藝，不談政治，因為他不能接受英美自由主義紳士的那一套理論；他又不能和梁實秋（1903-1987）談文學，梁的那套全來自英美講義，沈則是土生土長的作家。1949年初期共產黨對某些自由主義者實行統戰策略，包括梁思成（1901-1972）、林徽因（1904-1955），他們好意請沈從文去清華園小住，沈從文描述這些朋友「仍然照樣的打發日子」，「生活極為安定愉快」，「人人都是樂觀的」；[31]而在沈從文看來，這不過是「勉強附和，奴顏苟安」。他問：「這麼樂觀有什麼用？」他感到「完全在孤立中」，[32]「沒有一個朋友肯明白敢明白我並不瘋」，「我看許多人都在參與謀害，有熱鬧看」，[33]看來自己這個「鄉下人」只有孤身堅守了。[34]

另一方面則是家庭裡的孤立，這對沈從文更是致命的。郭沫若怒斥沈從文是寫色情作品的「粉紅色」作家，我們過去都認為這是無中生有，但2008年底有一位北京清華大學的研究生在香港雜誌上找到一篇沈從文當時發表的作品，寫他一次婚外情，有比較露骨的性描寫，[35]以今天的眼光來看不算什麼，在當時就不得了了，冰心（1900-1999）自此就極痛恨沈從文。現在郭沫若「反動粉紅色作家」的指責，顯然會將本已逐漸趨於平靜的家庭情感糾葛重新激化，將沈從文置於道德審判台前，而這樣的道德審判又顯然是為政治審判服

31　梁思成、林徽因：〈梁思成、林徽因覆張兆和〉，文收《沈從文全集》第19卷，頁12。

32　張兆和、沈從文：〈張兆和致沈從文暨沈從文批語 • 覆張兆和〉，文收《沈從文全集》第19卷，頁10。

33　張兆和、沈從文：〈張兆和致沈從文暨沈從文批語 • 覆張兆和〉，《沈從文全集》第19卷，頁9。

34　後來沈從文在〈一個人的自白〉裡也談到了自己和城市裡「高級知識分子」的隔膜，對「城裡人的世故」的拒絕，以及對城裡人動輒指責、詆謗自己「神經病」的不滿。參看《沈從文全集》第27卷，頁11。

35　新研究發現沈從文四十年代寫的〈夢與現實〉、〈摘星錄〉初刊稿，發表於《十月》2009年第2期，頁5-20、20-29；同時也發表了發現者裴春芳：〈虹影星光或可證──沈從文四十年代小說的愛欲內涵發微〉，《十月》2009年第2期，頁30-38。後有學者對此提出不同意見，見商金林：〈關於《摘星錄》考釋的若干商榷〉，載《中國現代文學研究叢刊》2010年第2期，頁183-191，皆可參看。

務的：在郭沫若的聲討中，「粉紅色」是為加強「反動」的罪責。這樣的家庭
情感危機與政治的糾纏、被利用，對沈從文是最具殺傷力的：既使他有口難
辯，更讓他感到恐懼。

更大的問題是父與子之間的衝突。沈從文突然發現，「政治浸入了孩子生
命已更深」，[36] 他兩個年輕的兒子，1949年後都迅速地接受了共產黨的思想，
反過來和父親爭論。沈從文在一篇文章裡寫道：「我們共同演了一幕《父與
子》，孩子們凡事由『信』出發，所理解的國家，自然和我由『思』出發明白的
國家大不相同。談下去，兩人都落了淚」。[37]沈從文終於明白，他若再不「向
人民投降」，不僅為社會所不容，而且有可能導致「家庭破滅」，「生存」也就
「了無意義」了。[38]家庭是沈從文，也是所有的人，在大時代的飄搖中，最後
一塊安身之地、立足之地，現在卻發生了被拒斥於家庭的危機。沈從文的游
離感、孤立感，就發展到了極致，已經是他極度敏感的心靈所難以接受，而
他作為作家所特有的豐富的想像力，又極度地強化了他的恐懼感，他終於被
逼到了瘋狂的絕地。

但當沈從文瘋狂到極點時，又孕育著新生。他從這時期保留下來的日記
詩作裡，常常在瘋狂語言的後面，會突然出現寧靜，反覆訴說著回歸家鄉的
欲求。最後他活下來，宣布自己「默然歸隊」了。[39]

沈從文選擇回歸社會，我認為有兩個原因，一是心理內在的需要，二是
他表現了這一代知識分子的特點：他們有極強的社會承擔意識。沈從文在瘋
狂時曾多次這麼表示：不能想像自己可以永遠游離於社會、人群之外，他感
到這樣的游離狀態是「極離奇」的：「那麼愛這個國家，愛熟與不熟的人，愛事
業，愛知識，愛一切抽象原則，愛真理，愛年青一代，毫不自私的工作了那
麼久」，這樣一個人，怎麼可以「把和社會應有關係與自己應有地位毀去？」[40]

36　沈從文：〈政治無所不在〉（1949年12月25日），《沈從文全集》第27卷，頁40。

37　沈從文：〈政治無所不在〉（1949年12月25日），《沈從文全集》第27卷，頁41。

38　沈從文：〈致丁玲〉（1949年9月8日），《沈從文全集》第19卷，頁51、48。

39　沈從文：〈黃昏與午夜〉（1949年10月1日），《沈從文全集》第15卷，頁235。

40　沈從文：「我怎麼會這樣？極離奇。那麼愛這個國家，愛熟與不熟的人，愛事業，愛知
　　識，愛一切抽象原則，愛真理，愛年青一代，毫不自私的工作了那麼久，怎麼會在這個時
　　代過程中，竟把腦子毀去？把和社會應有關係與自己應有地位毀去？肉體精神兩受損害到

對沈從文來說，這種愛，這種關係，這種地位，都是一種責任。不管外在力量如何拒斥、孤立，他仍要歸隊，回到時代歷史潮流中，盡到一份公民的職責。這樣具有強烈使命感承擔意識的知識分子，不能離開社會、時代潮流。即使社會不給他機會，他也要等待。沈從文從自毀的迷亂中清醒過來以後，這樣說：「我明白了『等待』二字具有什麼意義」[41]──「等待」成了沈從文此後主要的生命詞。

這是沈從文和1949後所有中間派及右派知識分子所共同面臨的問題，就是如何找到自己和新社會的契合點，既能適應新的社會，又不放棄自己的基本原則、堅守自己的基本立場？到哪裡去尋找這樣的思想與精神的連接通道？

應該說不同的人，不同的知識個體都有自己不同的方式和通道。就以我曾有所研究的周作人（1885-1967）來說，婦女的獨立自由解放是他一生所關心的命題，他後來非常高興地發現，新中國的第一個法律是婚姻法，強調男女平等、婦女有結婚、離婚的自由，這當然是共產黨的意識形態所決定，卻引起了周作人的強烈反應，他連寫好幾篇文章大加稱許，顯然在婦女問題上他找到了他和新社會的契合點，成為他接受新社會的一個重要理由。[42]

根據我的研究，沈從文找到了三個契合點。

（一）新愛國主義

愛國主義是那一代和國家、民族一起飽經歷史滄桑的知識分子的一個基本立場，是他們思考和行為選擇的出發點與歸屬，也是我們觀察和理解沈從文那一代知識分子時，必須牢牢把握的另一個要點。他們正是從對國家民族刻骨銘心的愛出發，對他們並不習慣，甚至有所抵牾的新中國、新政權，採取了努力理解的態度，這是他們最終接受了共產黨的領導的思想基礎。沈從文在一篇文章裡相當動情地引述了「和年過七十，在本世紀〔錢註：指二十世紀〕初，和帝國主義者辦過交涉極久的葉恭綽先生」的一次談話，沈從文轉

什麼情形，誰也不明白」，見沈從文：〈日記四則〉（1949年11月13-22日），《沈從文全集》第19卷，頁59。

41　沈從文：〈四月六日〉（1949年4月6日），《沈從文全集》第19卷，頁29。

42　參看錢理群：《周作人傳》（北京：北京十月文藝出版社，1990），頁539。

述，葉恭綽（1881-1968）表示自己一生中最感動的瞬間有兩個時刻，一是當面聽到孫中山先生宣布辛亥革命成功，二是親耳聽到毛澤東宣布中國人民站起來了。中國共產黨領導的革命，結束了中國備受侵略掠奪的半殖民地歷史，民族得到解放，國家得到統一，這是沈從文這一代人認同共產黨的根本原因。[43]後來，在朝鮮戰爭中，中國和美國打了一個平手，逼得不可一世的頭號帝國主義坐下來和新中國談判，這件事更是極大地提高了民族自信心，加強了這一代知識分子對共產黨領導的認同感。

這一代人有兩個重要關懷、基本情結：一是強國夢，二是對帝國主義的警惕，這兩者是有著內在聯繫的，並在沈從文1949年以後的作品中反覆出現，這當然不是偶然。

問題是，怎樣才能「強國」？沈從文這一代曾經追求過科學救國、教育救國，沈從文更曾寄希望於文學救國，主張專家治國，但這些在近代中國都失敗了，中國的現代化道路到底應該怎麼走呢？於是，在五十年代初期沈從文的日記及書信中開始出現許多新的概念：組織、動員、計劃、領導。這暗示著一條新的道路：東方的落後國家，要趕上西方發達國家，要靠人多的優勢，將其組織起來，實現人力、智力資源的最大限度的動員，最大限度地發揮人的群體智慧和力量，使國家實現有組織、有計劃的發展。而要做到這樣的全民族、全國範圍的組織、動員和計劃，這就必須有強而有力的領導，胡適過去設想的「好人政府」，其實就是想依靠一個強有力的政府去實行「開明專制」。那麼，在二十世紀五十年代，現實中理想的組織領導者，當然是中國共產黨這樣一個有著統一意識形態、嚴密組織──也即沈從文說的「信仰單純，行為一致」，並以強大軍隊為後盾的政黨。這是一條新的現代化道路，我將其稱為「富國強兵的國家主義現代化道路」：目標是富國強兵，辦法是推行國家主義，靠國家和政黨自上而下動員、組織。這種現代化道路是沈從文所願意、能夠接受的。這就意味著，沈從文這樣的知識分子對中國共產黨領導的接受，是建立在通過組織、動員和計劃的力量，實現後發國家跨越式發展的國家主義現代化道路的認同基礎上的。這同時也意味著，沈從文現在認同的「國家」是一個有組織、有領導、有計劃的國家，對於一個有著鮮明的個人主

43　沈從文：〈一個知識份子的發展〉（1956年），《沈從文全集》第27卷，頁362。

義和自由主義傾向的知識分子來說，這不能不說是一個全新的經驗，一個根本性的轉變。

沈從文因此解決了他身為知識分子而被長期困擾的兩個問題。首先是和政治的關係。自由主義知識分子對官僚政治深痛惡絕，所以沈從文過去對政治是疏離的，但在共產黨領導下的新中國，沈從文發現了一種新政治，他稱為「新民主主義政治」，這是他雖然並不完全理解，卻是可以接受的。因為在他看來，這是用集中的權力為國家、人民服務，並不求一己私利，這是他願意努力去適應的。[44] 其次是和群眾的關係，亦即個體和群體的關係。沈從文這時感覺到組織化群體的力量，他渴望將自己個體的生命也融入其中，同時為「使多數存在合理而幸福」而犧牲個人。[45] 如果說渴望融入是一種生命皈依的需求，犧牲個人就接近於「集體主義」的主流意識形態了。

這就形成了沈從文的「新的理性」（這是沈從文提出的概念）。[46] 其中包括了國家獨立富強夢，有組織有計劃的國家觀念，黨的領導的觀念，不脫離政治、不脫離群眾、犧牲個人的集體主義觀念等等，沈從文在另一篇文章裡，又把它叫做「新的愛國主義」。[47]

（二）新人民觀

沈從文是鄉下人，與老百姓（主要是船夫、農民、士兵、小手工業者）本來就有精神上的聯繫。新社會給他安排的第一件事，是到華北大學讀書，那是改造知識分子的地方，每天上課講馬列主義，他聽不懂也不感興趣，唯一感興趣的是到伙房看新伙夫，這是些來自老解放區的接受了革命教育的新農民，從他們身上，沈從文說他發現了「一種新的人民典型」，[48] 這是新的覺醒，

44　沈從文：〈政治無所不在〉（1949年12月25日），《沈從文全集》第27卷，頁38-48。

45　沈從文：〈黃昏與午夜〉（1949年10月1日），《沈從文全集》第15卷，頁234-236。

46　沈從文：「我用的是和人稍稍不同的學習，得到些新的啟示，新的理性」，見沈從文：〈政治無所不在〉（1949年12月25日），《沈從文全集》第27卷，頁48。

47　沈從文：「由新中國的革命成功，新的責任不只是要和友邦蘇聯，共同維持世界長久和平的責任，且將進而對於亞洲各民族各區域被壓迫人民，有幫助解放義務。國際主義的認識，用新的階級友愛作為新的愛國主義，是必然的也是必須的」，見沈從文：〈時事學習總結〉（1950年3月27日），《沈從文全集》第27卷，頁67。

48　沈從文：〈凡事從理解和愛出發〉（1951年9月2日），《沈從文全集》第19卷，頁113。

有著強烈的主人公意識：我是國家主人，煮飯是為人民；新的倫理：全心全意為人民服務，一切為人而無我；新的作風：「素樸而忠誠」、[49]「話雖說得極少，事情總做得極多」、「在沉默裡工作，把時代推進」。[50]這都對沈從文產生了極強的吸引力，這樣的吸引影響了他的後半生：在文革最困難的時候，他賴以支撐的，就是這些新人民。

後來他學習歷史唯物觀，強調勞動人民是歷史、文學、藝術的創造者，更把他樸素的「鄉下人好」的觀念提到理論的高度，讓沈從文有豁然開朗、更上一層樓的感覺。此外，毛澤東「城裡人骯髒，鄉下人乾淨」的民粹主義思想也吸引了他。長期以來，沈從文自詡鄉下人，對城市人一直有著既自卑又自傲的矛盾心情，現在有了毛澤東的理論的支持，他更加理直氣壯了。他同時也就比較自然地接受了毛澤東、共產黨所強調的「知識分子改造」的觀念，他也真誠地自我懺悔，即使在文革中受到迫害，也依然表示：「想想五六億人民都是常年貼身土地，為生產而勞作，我只有慚愧，別無可說」[51]——民粹主義就這樣演變成了沈從文接受專政的精神撫慰，但那已經是後話。

在五十年代，沈從文由此找到了他和毛澤東、共產黨領導的革命、所建立的新中國最基本的契合點和最重要的認同基礎。他斷定中國共產黨領導的革命是一個「讓老百姓翻身」的革命，毛澤東思想是「人類向前向上進步理想，在中國和萬萬覺醒農民單純樸素人生觀的結合，也即是馬列主義在中國土地上生長的式樣」，[52]毛澤東和共產黨「都代表的是萬萬勞苦人民／共同的願望、共同的聲音」。[53]原本是充滿疑懼的革命、黨、新社會、毛澤東思想，經過這樣的轉換，就幾乎是順理成章地被「鄉下人」沈從文所接受了。

但將毛澤東、共產黨視為鄉下人永遠的天然代表，也是一個陷阱。比如說，當沈從文宣布要將「一切從大多數人民長遠利益出發」作為自己一個不變的根本原則，[54]他就面臨兩個問題：既然已經認定毛澤東和共產黨是人民的

---

49 沈從文：〈老同志〉（1952年1月14日），《沈從文全集》第27卷，頁473。

50 沈從文：〈老同志〉（1952年1月14日），《沈從文全集》第27卷，頁478。

51 沈從文：〈勞動感想〉（1966年8月），《沈從文全集》第27卷，頁198。

52 沈從文：〈政治無所不在〉（1949年12月25日），《沈從文全集》第27卷，頁44。

53 沈從文：〈黃昏與午夜〉（1949年10月1日），《沈從文全集》第15卷，頁226。

54 沈從文：〈時事學習總結〉（1950年3月27日），《沈從文全集》第27卷，頁63。

「代表」，那麼，「一切從大多數人民長遠利益出發」，在現實生活裡，就變成了「一切從黨的長遠利益出發」，「為人民服務」也就成了「為共產黨服務」。還有一個問題：強調「一切從大多數人民的長遠利益出發」，那麼，「大多數」之外的「少數」，「人民」之外的「非人民」（在毛澤東時代這樣以種種理由被排除在「人民」之外的「非人民」是很多的，沈從文自己就有過這樣的命運），「長遠利益」之外的「眼前利益」，怎麼辦？本來這些問題是曾經作為自由主義知識分子的沈從文應該關注、追問的，但他現在卻根本不去想了。這大概也就是改造的結果和認同必須付出的代價吧。

（三）新唯物論

沈從文一生有兩大情結，一是鄉下人；二是他沒上過大學，為自學出身。抗戰時期，他是西南聯大中文系教授，但1949年以後北大中文系沒有接納他，他對此而氣憤難平。也就是說，他不僅感受著政治體制的壓力，而且也感受著學院體制、文學體制的壓力，他和學院知識分子有著深刻的距離和隔膜。他當然不會想到，這恰恰是能夠和他的湖南老鄉毛澤東相通的──這樣的老鄉情結也是沈從文接受毛澤東的重要緣由──他本能地感到毛澤東強調實踐出真理，反對「本本主義」[viii]，是深合他意的。因此，他讀馬克思、列寧著作，毛澤東著作，最讀得進去的就是毛澤東的〈實踐論〉與〈矛盾論〉，他在1949年後轉向文物研究，也強調要將文獻和文物兩者結合起來研究，這顯然是受到毛澤東的啟示，沈從文稱之為「唯物的『常識』」[55]和「實事求是的研究工作方法」，[56]也可以叫做「新唯物論」。但這樣的研究道路卻不被當時掌權者和文物界的學術權威所承認。因為他沒上過大學，也不習慣於「從書本到書本」的做學問方式，因此他在所就職的歷史博物館一直不被視為研究人員，而是在打雜，甚至充當講解員，他寫的研究文章也不被承認，沈從文自然很不服氣，深感壓抑。因此，當文革提出「批判反動學術權威」，沈從文的反應是複雜的：一方面他本能地覺得這樣的批判所針對的，包括了他自己在內的知識分子，所以他很反感；但另方面他又覺得對學術權威的批判，並非完全沒有

55　沈從文：〈用常識破傳統迷信〉（1968年8月），《沈從文全集》第27卷，頁229。

56　沈從文：〈我為什麼強調資料工作〉（1966年8月22日），《沈從文全集》第27卷，頁184。

道理，因為他自己正受著他們的壓抑。

從以上沈從文的「新愛國主義」、「新人民觀」和「新唯物論」的分析，可以看出他對共產黨、毛澤東、新國家、新政權的接受，有被迫的一面，但也是自願的，或者說是自有邏輯，而並非完全盲目的。當然，隨著歷史的發展，特別是毛澤東的一黨專政體制的逐漸強化，強迫的成分逐漸加多，自願的成分逐漸減少，但也並非沒有。這是一個非常複雜的歷史過程，我們在以後的討論中還會不斷處理這個問題——應該說，沈從文和共產黨、毛澤東、新政權這樣的關係，在建國後的知識分子中是有相當代表性的。

但沈從文無法理解，也是他絕沒有想到的是，當他確實找到了和新社會的契合點，深信自己的生命對新國家有用，不僅是心甘情願，而且是滿腔熱情地願意為之服務的時候，新社會、新體制，卻仍然對他緊關大門。他後來在給自己的大哥、老朋友的信裡這樣談到自己在新社會裡的處境與心境：「我完全如一個在戲院外的觀眾，只遙遙的聽着戲院裡的歡笑喝彩聲音」，[57]「想把點剩餘生命用到國家最需要上去，也總像配不上去」。[58]

更給他致命一擊的是，1953年出版社正式通知他，因為陳舊過時，他所有作品的紙型都被銷毀，後來聽說台灣也禁止他的書，海峽兩岸的焚書與禁書，使視作品為生命的沈從文傷心已極，絕望已極。他完全想不通：當年他的《長河》也曾經被扣被刪，那時是國民黨統治下的「舊社會」，為什麼到了「新社會」，竟至於要銷毀他的書呢？

其實這正是「新社會」向沈從文發出的一個預警：像他這樣有著「反對共產黨領導的人民革命解放戰爭」記錄的右翼知識分子，帶有雙重「原罪」：既是知識分子的原罪，又是對共產黨曾心存疑慮的原罪。無論他怎樣努力適應，樂於服務，都始終得不到信任，即使想進入「共產主義天堂」，也不給「入門券」。這其實是毛澤東時代知識分子的共同命運，只是在沈從文這裡，發生得較早、表現得更為明顯而已——在後毛澤東時代，共產黨對知識分子的政策和知識分子的命運，又有新的變化，留待以後再討論。

57　沈從文：〈致沈雲麓〉，《沈從文全集》第20卷，頁140。
58　沈從文：〈覆程應鏐〉，《沈從文全集》第21卷，頁490。

三、在治國道路和模式上毛澤東的選擇

　　以上所講，都是建國初期發生在知識分子和我的家庭及個人生活的故事。不知道同學們有沒有注意到，我作為一個中學生，是在1953年開始感受到生活的陰影的，而剛才我們也說到，沈從文遭到焚書，也是在1953年，我的中學老師則是在1955年的「肅反運動」中被批判的。這裡或許也有偶然因素，比如1953年我正好14歲，才會有入團的要求，但被拒就有大環境的因素了。有一點是可以肯定的，1953年是一個轉捩點，在此之前，建國初期的氣氛是相對輕鬆的，那是一個恢復時期，政治氣氛緊張起來是在1953年之後。[59]1953年政權已經基本穩定，新中國已經立足，於是面臨著「如何建國」的問題，這是時代所提出的一個尖銳問題：中國該往何處去？也就是說，作為執政黨的中國共產黨這時就必須對「治國道路與模式」作出某種選擇。這就必然要引發黨內外各種政治力量，各種利益群體的博弈，在中國一黨專政的體制下，則首先表現為中國共產黨內部的爭論與鬥爭。而這樣的鬥爭的結果，不但會影響整個國家的發展方向，而且也會直接、間接地影響普通民眾，甚至是我這樣的中學生的生活。

　　正是在1953年6月15日毛澤東在中央政治局會議上尖銳地批評「確立新民主主義社會秩序」的口號，說：「有人在民主革命成功以後，仍然停留在原來的地方。他們沒有懂得革命性質的轉變，還在繼續搞他們的『新民主主義』，不去搞社會主義改造。這就要犯右傾的錯誤」。[60]

　　「確立新民主主義秩序」這句話，是周恩來在1953年2月政協[ix]一屆四次會議的政治報告裡說的；而在黨內主張並推行「確立新民主主義秩序」的最力

59　本章關於建國初期（1949-1953年）的歷史敘述，主要講述了我的家庭和個人，以及沈從文這種知識分子的故事，但對同時期的共和國的幾件大事，例如土地改革運動、鎮壓反革命運動、國民經濟的恢復、知識分子思想改造運動、針對黨內的三反（反貪污、反浪費、反官僚主義）運動和針對資產階級的五反（反對行賄、反對偷稅漏稅、反對盜騙國家財產、反對偷工減料、反對盜竊經濟情報）運動，以及國際上的抗美援朝戰爭等均未涉及，就歷史敘述的完整性而言，這自然是一個缺憾。這一方面是因為我對這一段歷史未作過研究，不敢妄言；另一方面，也和我的判斷有關，我認為這段時間是一個恢復時期，而真正顯示了毛澤東的建國理想、治國特色的，是1953年以後。

60　毛澤東：〈批判離開總路線的右傾觀點〉（1953年6月15日），《毛澤東選集》第5卷，頁81。

者，則是劉少奇。這樣，毛澤東的批評，就挑明了黨內在建國方向與路線上的基本分歧。

什麼叫「新民主主義秩序」？通俗一點說，就是「在共產黨領導下發展資本主義」。毛澤東在1945年4月中共第七次代表大會的政治報告〈論聯合政府〉裡，談到之後的建國時，就說中國多了帝國主義、封建主義，但少了資本主義，所以共產黨人「不但不怕資本主義，反而在一定的條件下提倡它的發展」。[61]隨後在會議的〈結論〉裡他又將資本主義分成三種：一種是「反動的法西斯資本主義」，指二戰中的德國、日本；第二種是「民主的資本主義」，即英、美模式的資本主義，毛澤東肯定其比法西斯資本主義進步，但仍有不少問題；第三種毛澤東叫做「新民主主義的資本主義」，將來「在中國及歐洲、南美的一些農業國家中還有用，它的性質是幫助社會主義的，它是革命的、有用的，有利於社會主義的發展的」。[62]在七大會議以後的9月，毛澤東在回答英國路透社記者的問題時，說明中共所要建設的「自由民主的中國」，「將是這樣一個國家，它的各級政府直至中央政府都由普遍、平等、無記名的選舉所產生，並向選舉它的人民負責。它將實現孫中山先生的三民主義，林肯的民有、民治、民享的原則與羅斯福的四大自由〔錢註：即言論和表達的自由、信仰上帝的自由、免於匱乏的自由和免於恐懼的自由〕。它將保證國家的獨立、團結、統一及與各民主強國的合作」。[63]這樣的建國設想，對毛澤東所說的「民主的資本主義」思想的自覺吸取，是十分明顯的。

毛澤東還特地批評民粹主義，說「這種思想，在農民出身的黨員占多數的黨內是會長期存在的。所謂民粹主義，就是要直接由封建經濟發展到社會主義經濟，中間不經過發展資本主義的階段」。[64]一直到1948年4月毛澤東在晉

61　毛澤東：〈論聯合政府〉（1945年4月24日），《毛澤東選集》（一卷本），頁961。文中「在一定條件下」原文中沒有，是《毛澤東選集》編者加進去的。

62　毛澤東：〈在中國共產黨第七次全國代表大會上的結論〉（1945年5月31日），《毛澤東文集》第3卷（北京：人民出版社，1993），頁384-385。

63　毛澤東：〈答路透社記者甘貝爾問〉（1945年9月27日），《毛澤東文集》第4卷（北京：人民出版社，1996），頁27。

64　毛澤東：〈在中國共產黨第七次全國代表大會上的口頭政治報告〉（1945年4月24日），《毛澤東文集》第3卷，頁323。

綏幹部會議ˣ講話中，還在批判「農業社會主義的思想」：「現在農村中流行的一種破壞工商業、在分配土地問題上主張絕對平均主義的思想，是一種農業社會主義的思想。這種思想的性質是反動的、落後的、倒退的。我們應當批判這種思想」。[65]

　　所以建國前的毛澤東是主張新民主主義的，一直到建國前夕，1948年9月召開的中共中央政治局會議上，他還是重申新政權的「社會經濟的名字還是叫『新民主主義經濟』好」，並繼續批判「農業社會主義」，強調「新民主主義社會中有社會主義的因素，在政治、經濟、文化各方面都是這樣，並且是領導的因素，而總的說來是新民主主義的」，但他同時又「點明一句話，資產階級民主革命完成之後，中國內部的主要矛盾就是無產階級和資產階級之間的矛盾，外部就是同帝國主義的矛盾」，並且反對將新政權的經濟稱為「新資本主義」，「因為它沒有說明在我們社會經濟中起決定作用的東西是國營經濟、公營經濟，這個國家是無產階級領導的，所以這些經濟都是社會主義性質的」。[66]以後在1949年七屆二中全會的報告裡，又再次點明，「中國革命在全國勝利，並且解決了土地問題以後」，國內的基本矛盾是「工人階級和資產階級的矛盾」。[67]這實際上都為他以後的「轉變」埋下了伏筆，但當時並不為人們

65　毛澤東：〈在晉綏幹部會議上的講話〉（1948年4月1日），據新華社信箱〈關於農業社會主義的問答〉（1948年7月21日），中華人民共和國農業委員會辦公廳編：《農業集體化重要文獻彙編》（北京：中央黨校出版社，1981），頁23。文中「是一種農業社會主義的思想」一句，收入《毛澤東選集》時被刪去。見《毛澤東選集》第4卷（北京：人民出版社，1991年），頁1314。轉引自林蘊暉：〈是否允許農民勞動發財的爭論〉，《國史札記——史論篇》（上海：東方出版中心，2009），頁24。據查，在《毛澤東選集》第4卷，頁1312；此與竹內實編：《毛澤東集補卷》第10卷（日本：蒼蒼社，1985），頁128。兩出處文中的「應當」均為「必須」。

66　毛澤東：〈在中共中央政治局會議上的報告和結論〉（1948年9月），《毛澤東文集》第5卷，頁139、145-146。但胡喬木在其回憶中談到毛澤東在1948年9月會議上的講話時，還有這樣的話：「應該是新條件下的資本主義，即是在社會主義經濟領導之下的資本主義」，但在《毛澤東文集》第5卷裡卻沒有「新條件下的資本主義」的提法。胡喬木依據的應是原始記錄稿，在正式發表時被刪去。胡喬木：《胡喬木回憶毛澤東》（北京：人民出版社，1994），頁544。

67　毛澤東：〈在中國共產黨第七屆中央委員會第二次全體會議上的報告〉（1949年3月5日），《毛澤東選集》（一卷本），頁1323。

所注意。後來毛澤東將張聞天起草的一份文件〈關於東北經濟構成及經濟建設基本方針的提綱〉中的一個提法：「絕不可採取過早地限制私人資本經濟的辦法」，改為「絕不可以過早地採取限制現時還有益於國計民生的私人資本經濟的辦法」，[68]就進一步暴露了高層領導的認識上的分歧，但在當時似乎也沒有引起注意。

建國初期，在毛澤東的主導下，劉少奇、周恩來執行與堅持的仍是毛澤東在中共七大所提出的「新民主主義資本主義」的路線。[69]毛澤東一方面提醒，如果認為新民主主義政治、經濟「不是向社會主義發展」，而是「向資本主義發展」，「那是極端錯誤的」；同時又強調：「必須注意，必須謹慎，不要急於社會主義化」。[70]因此，在作為臨時憲法的〈共同綱領〉[xi]裡，並沒有將社會主義的目標寫入。如一位高級領導人在其回憶中所說，毛澤東和中國共產黨「在立國之初，要搞一段新民主主義，是真心實意的」。[71]

這一條新民主主義的發展路線，其要點是：政治上實行共產黨領導下的各民主黨派的聯合執政；經濟上，則以發展生產力為核心，其基本綱領是「在

68　毛澤東：〈給劉少奇的信〉（1948年10月26日），《毛澤東文集》第5卷，頁177。

69　毛澤東在1950年6月23日在全國政協一屆二次會議的閉幕詞裡，還明確指出，現在的任務是進行「新民主主義的改革」，等到「國家經濟事業和文化事業大為興盛了以後，在各種條件具備了以後」，再「從容地和妥善地走進社會主義的新時期」。見毛澤東：〈在全國政協一屆二次會議上的講話〉（1950年6月24日），《毛澤東文集》第6卷，頁80。應該說，在建國後的前三年，所執行的就是毛澤東這裡的設計的，以發展經濟和文化為中心的「新民主主義改革」和建設路線。以後，毛澤東思想逐漸發生變化，逄先知、金沖及主編的《毛澤東傳》（上）（北京：中央文獻出版社，2003），第7章、第8章〈過渡時期總路線〉有詳盡分析，可參考。

70　毛澤東：〈在中央政治局的講話〉（1949年1月8日），轉引自薄一波：《若干重大決策與事件的回顧》（上）（北京：中共中央黨校出版社，1991），頁24。

71　薄一波：《若干重大決策與事件的回顧》（上），頁30-31。但也有另外的回憶。如黃克誠就回憶，1949年5月某日，毛澤東接見他時突然發問：今後的主要任務是什麼？黃答：當然是發展生產。毛說，不對，主要任務還是階級鬥爭，要解決資產階級的問題。見黃克誠：《黃克誠自述》（北京：人民出版社，1994），頁217。這或許表明，在毛澤東看來，搞「新民主主義」，恢復與發展經濟，都是策略性的，是條件不成熟下的一時的妥協、讓步，他真正追求的還是搞階級鬥爭、消滅資本主義。一旦他認為條件成熟，就要進行社會主義革命了。

國營經濟的領導下，多種經濟成分並存、共同發展。實行公私兼顧、勞資兩利、城鄉互助、內外交流的政策」，在「革命勝利後的一個相當長的時期內，還需要盡可能地利用城鄉私人資本主義的積極性」；[72]在思想上，則強調發展民族的、科學的、大眾的文化與教育，政策上相對寬鬆。我們前面說的建國初期的社會氛圍的相對輕鬆，是和這樣的「新民主主義秩序」相關的。

1952年後，在東北、華北這些老解放區，在土改後發展起來的富裕農民中，有一部分成了新富農，買車馬、雇工，買進土地。而新富農中有相當部分是土改時的積極分子、村幹部、共產黨員，他們通過自己的勞動，也利用手中的權力，首先富裕起來。而另一部分農民，由於缺乏農具、資金、勞動力，難以單幹致富，有的重新成為雇工。這樣，在農村中就開始出現了兩極分化。

面對這樣的分化，黨內有兩種態度與主張。時為東北第一書記的高崗（1905-1954）反對共產黨員雇工，主張雇工者要開除黨籍，並認為要迅速組織其餘農民發展合作社。劉少奇則認為提高生產力才是首要目標，雇工現象應該允許；並認為合作化的先決條件是工業化，有了生產力發展基礎才能進行合作化，在工業化前即進行合作化是「農業社會主義思想」，也即當年毛澤東批判的民粹主義思想。[73]

毛澤東支持高崗的意見，並修改了他原先的「新民主主義有利於社會主義發展」的觀點，認為「新民主主義的發展，就是資本主義的發展」，是和社會主義發展方向背道而馳的。因此，在1953年6月政治局會議上，毛澤東尖銳地批判了「確立新民主主義秩序論」和「確保私有財產論」，強調「我們現在的革命鬥爭，甚至比過去的武裝革命鬥爭還要深刻，要在十年到十五年使資本主義絕種」，認為不該「確立新民主主義秩序」，而應代之以「革命轉變論」、「不斷革命論」。也就是說，在革命勝利以後，還要不斷革命，迅速地轉變為以「消滅私有財產」、「使資本主義絕種」為目的的社會主義革命，也即要由「節制資本」轉向「消滅資本」。同時，毛澤東又批判「由新民主主義走向社會主義

72　薄一波：《若干重大決策與事件的回顧》（上），頁26-27。

73　參看薄一波：〈圍繞山西發展農業生產合作社問題的爭論〉，《若干重大決策與事件的回顧》（上），頁184-211

論」，認為「走向就是沒有達到。這種提法，看起來可以，過細分析，是不妥當的」，這就暗示了毛澤東是希望立即進入社會主義的，這就為以後「跑步進入社會主義」埋下了伏筆。[74]

於是，在1953年，毛澤東制定了一個「黨在過渡時期的總路線」，規定「從中華人民共和國成立，到社會主義改造基本完成，這是一個過渡時期。黨在這個過渡時期的總路線和總任務，是要在一個相當長的時期內，基本上實現國家工業化和對農業、手工業、資本主義工商業的社會主義改造」。[75]

最近一位中共黨史的研究者，注意到1953年毛澤東和中共中央領導所提出的過渡時期總路線，其實質就是要「把多種生產資料所有制結構改變為單一公有制結構，逐步削弱市場機制，建立統一的無所不包的計劃經濟體制」，這也就是五十年代毛澤東的中國所要建立的「社會主義的目標模式」，而這一模式恰恰深深地烙上了蘇聯社會主義模式的印記。於是，就注意到了這樣的事實：在黨的過渡時期總路線還在醞釀期間，中共中央於1953年4月就決定，組織中高級黨員幹部學習〈聯共（布）黨史簡明教程〉有關俄國十月革命後，恢復國民經濟、實行國家工業化和農業集體化的部分，學習列寧（Vladimir Lenin，1970-1924，俄國）、斯大林論社會主義經濟建設的有關著作，通過系統學習了解蘇聯經驗，來理解和執行黨的總路線。[76]正如這位研究者所說，正是這樣自覺地學習蘇聯社會主義經驗的結果，在中國共產黨的各級幹部、黨員，「在思想理論上形成了一種觀念——社會主義，就是實行生產資料所有制的單一公有制結構（以國家占有為形式的全民所有制，以蘇聯集體農莊為組織形式的集體所有制）；就是由國家實行統一的無所不包的計劃經濟（全社會的經濟生活都由國家實行統籌）」[77]——事實上，這已經成為幾代中國人，包括我這樣五十年代培養出來的大學生的「社會主義理解與想像」，在很長的時間裡，我們都把「社會主義」理解為「公有制＋計劃經濟」，其影響是十分深遠

---

74 毛澤東：〈在中共中央政治局會議上的講話〉（1953年6月15日），《黨的文獻》2003年第4期。轉引自林蘊暉：〈要使資本主義十五年絕種〉，《國史札記——史論篇》，頁53。

75 毛澤東：〈黨在過渡時期的總路線〉（1953年8月），《毛澤東選集》第5卷，頁89。

76 中共中央關於1953-1954年幹部理論教育的指示（1953年4月），轉引自林蘊暉：〈一九五三年的歷史定位〉，《國史札記——史論篇》，頁76-77。

77 林蘊暉：〈一九五三年的歷史定位〉，《國史札記——史論篇》，頁77。

的。

我們再回到1953年來。這確實是建國以後第一個關鍵年頭。正是在這一年，毛澤東根本改變了建國方向：由「發展新民主主義」到進入「社會主義改造與革命」，由首先發展生產力，改變為首先消滅資本主義所有制和小生產所有制，或者說通過改變生產關係來提高生產力。而由「穩定新民主主義秩序」到「立即發動社會主義革命」，這背後又有兩種治國哲學：劉少奇、周恩來這樣的黨官僚，強調的是穩定秩序；毛澤東則是天生革命家，要不斷破壞秩序，不斷革命。[78]

毛提出了幾個治國新要點：其一，政治上不能再聯合執政，必須「由共產黨一個黨決定綱領政策和計畫」，[79]也即實行一黨專政；其二，經濟上不以提高生產力為中心，而以改變生產關係、解決所有制為核心，強調「總路線就是逐步改變生產關係」，[80]「總路線也可以說就是解決所有制的問題」，[81]將小生產農業改造為合作化集體經濟，資本主義工商業改造為社會主義公私合營，手工業改造為合作化，通過生產資料所有制的社會主義革命，消滅私有制，使「資本主義絕種，小生產也絕種」，[82]以建立單一的公有制結構與高度統一的計劃經濟體系；其三，思想文化領域則強調對資產階級思想的批判。[83]這就

78　毛澤東當然不會一般地否認「秩序」和「建設」，但他的信念是「大亂達到大治」，「破字當頭，立在其中」，革命、亂是絕對的，秩序、治是相對的。

79　毛澤東「1953年閱改批發了由胡喬木起草〈中共中央關於目前政權性質的指示〉，說明人民民主專政『實質上』就是『由共產黨一個黨決定綱領政策和計畫』的無產階級專政」。轉引自姚力文、劉建平：〈新民主主義的命運和劉少奇的失敗〉，文載《炎黃春秋》2009年第2期。

80　毛澤東：〈關於農業互助合作的兩次談話〉（1953年10月15日，11月4日），《毛澤東選集》第5卷，頁123。

81　毛澤東：〈關於農業互助合作的兩次談話〉（1953年10月15日，11月4日），《毛澤東選集》第5卷，頁119。

82　使「小生產也絕種」這一觀念，是毛澤東1955年10月11日在七屆六中全會的結論〈農業合作化的一場辯論和當前的階級鬥爭〉中提出的。毛澤東：〈農業合作化的一場辯論和當前的階級鬥爭〉（1955年10月11日），《毛澤東選集》第5卷，頁198。

83　1953年8月毛澤東發出指示，要將「『小資產階級思想』改為『資產階級思想』」，「『個人主義』、『小資產階級個人主義』均改為『資產階級個人主義』，『自由主義』改為『資產階級自由主義』」（毛澤東：〈在中央關於西南文委機關反分散主義鬥爭的通報中加寫的話〉（1953年8月5日），《建國以來毛澤東文稿》第4冊，頁295），11月又發布〈中央關於批判黨內的

根本改變了〈共同綱領〉裡規定的思想文化領域「肅清封建的、買辦的、法西斯思想，發展為人民服務的思想」的方向。

胡適被視為中國資產階級的總代表，因此就有了1954年清算胡適思想影響的大批判。[84] 在同時，亦加強了對思想文化學術的全面控制，沈從文所遇到的焚書事件，以及我所感受到的「陰影」都是在這樣的背景下發生的。[85]

但在當時，毛澤東所遇到的阻力是相當大的。因為中國共產黨的絕大多數幹部和黨員，原先只有進行新民主主義建設的思想準備，而沒有立即進入社會主義革命的準備。

而首先起來反抗的是農民。農民剛分到土地，不願集體化，用一些老農的話來說，土地揣在懷裡，還沒有捂熱，就又要歸公，少說也是不習慣的。這裡，有一個很有意思的材料：毛澤東在準備發動農業合作化運動時，曾派人去徵求熟悉農民的作家趙樹理（1906-1970）的意見，趙樹理直截了當地回答說：「現在農民沒有互助合作的積極性，只有個體生產的積極性」。[86]

問題更在於，毛澤東要發展工業化，必須剝奪農民，在工農業的剪刀差

資本主義思想的指示〉，強調「這在目前及今後一個相當長時期內都是完全必要的」（毛澤東：〈中央關於批判黨內的資本主義思想的指示〉（1953年11月4日），《建國以來毛澤東文稿》第4冊，頁386）。

84　1954年10月，毛澤東親自發動了對俞平伯（1900-1990）的《紅樓夢》研究的批判運動，其理由就是他深受胡適的影響。這其實是毛澤東選擇的一個突破口，藉此開展「反對在古典文學領域毒害青年三十餘年的胡適派資產階級唯心論的鬥爭」（見毛澤東：〈關於《紅樓夢》研究問題的信〉（1954年10月16日），《建國後毛澤東文稿》第4冊，頁574），並由此「發展到其他部門去，從哲學、歷史學、教育學、語言學等方面徹底批判胡適的資產階級唯心論的影響」（見毛澤東：〈對陸定一關於開展《紅樓夢》研究問題的批判的報告的批語〉（1954年10月27日）註釋（1），《建國以來毛澤東文稿》第4冊，頁588。）

85　關於「新民主主義」問題的來由、爭論與發展，可參考于光遠著，韓鋼詮註：《「新民主主義社會論」的歷史命運——讀史筆記》（武漢：長江文藝出版社，2005）。有關建國初期的爭論可參看林蘊暉：《國史札記——事件篇》相關文章：〈劉少奇「天津講話」引起的風波〉、〈重讀中共山西省委關於農業互助合作的報告〉、〈論「鞏固新民主主義秩序」的是非〉，以及收入林蘊暉：《國史札記——史論篇》的〈是否允許農民勞動發財的爭論〉、〈要使資本主義十五年絕種〉、〈土地改革後的主要矛盾和過渡時期總路線〉等文。

86　參看逢先知、金沖及主編：《毛澤東傳》（上），頁349。據說，毛澤東聽了彙報以後說，趙樹理的意見很好，我們既要保護農民互助合作的積極性，也要保護農民單幹的積極性。但後來實行的結果，卻是禁止單幹。是否允許農民單幹，就成為之後黨內鬥爭的一個焦點。

中來發展經濟。[87]1953年，實行「統購統銷」[xii]，把糧食的經營權完全控制在國家手裡，這就是當時所說的對農民進行社會主義改造的兩翼：一翼是合作化，一翼是統購統銷。[88]1954年在遭遇水災糧食減產的情況下，為支援朝鮮戰爭和工業化，又多徵收了178億斤糧食。這就引起了農民的反抗，各地紛紛鬧糧荒，有的地方還死了人，許多地方都出現了濫宰耕牛、殺羊砍樹的現象，還發生了群眾性的暴亂事件。毛澤東也注意到這問題，說「生產關係要適應生產力發展的要求，否則生產力會起來暴動。當前農民殺豬、宰牛，就是生產力起來暴動」。[89]

接著，民主黨派的知識分子也提出質疑。首先是當時為國家副主席的宋慶齡(1893-1981)，1955年她寫信給毛澤東，表示「我很不理解提出對工商業的改造，共產黨曾向工商界許下長期共存、保障工商業利益的許諾。這樣一來，不是自食其言嗎？資本家已經對共產黨的政策產生了懷疑和恐懼，不少人後悔和抱怨」，有意思的是毛澤東的批示：「宋副委員長有意見，要代表資本家講話」。[90]更讓毛澤東難堪的，是梁漱溟(1893-1988)在一次最高國務會議上當面指責毛澤東「丟了農民」，「工人在九天之上，農民在九天之下」，工人有工會保衛權益，而農民沒有農會，所以他要為農民說話。毛勃然大怒，甚至有些失態，說梁漱溟是「班門弄斧」，「他說他比共產黨更能代表農民，難道還不滑稽嗎？」[91]——這裡，毛澤東的失態，頗耐尋味。應該說，梁漱溟有意無意地觸動了毛澤東的一個隱憂，或內在矛盾。

農民出身，靠農民運動起家的毛澤東，當然認為自己是代表農民利益

---

87 長期主管經濟的薄一波，有過這樣的說明與辯解：「資本主義國家籌集工業化基金，或者依靠殘酷的原始積累、掠奪農民，或者對外掠奪殖民地，或者兩者兼而用之。我們是社會主義國家，不能那樣做。但是，如果不在相當一個時期內，要求農民多提供一點積累，工業化資金哪裡來？」見薄一波：《若干重大決策與事件的回顧》（上），頁281

88 參看杜潤生：《杜潤生自述：中國農村體制改革重大決策紀實》（北京：人民出版社，2005），頁40。

89 毛澤東和鄧子恢、陳伯達、杜潤生等的談話（1954年3月），杜潤生：《杜潤生自述：中國農村體制改革重大決策紀實》，頁47。

90 《關於宋慶齡建國後32年經歷的材料》（1994年11月），黨史編委會整理，見傳抄件。

91 毛澤東：〈批判梁漱溟的反動思想〉（1953年9月16日-18日），《毛澤東選集》第5卷，頁108、111。

的，就個人感情而言，毛澤東也完全有可能把自己看作是農民的兒子，這是他的自我認同。[92]更重要的是，也是我們在以後的講課裡要一再強調的，毛澤東不僅在中國革命時期，而且在社會主義革命和建設中，始終以農民為基本群眾，以農村為根據地。有些研究者因此將毛澤東簡單地視為農民領袖，把毛澤東領導的中國革命視為「農民革命」，把共產黨看作是「農民黨」，這當然有一定的事實根據，但卻都是以偏概全的片面的觀察與判斷。毛澤東就其個人信仰而言，還是一個馬克思、列寧主義者，也是一個民族主義者，他對自己的歷史使命的主觀認定，是要把中國引向社會主義的工業化的現代強國之道。為了發展工業化，他必須剝奪農民，他選擇「富國強兵」的現代化道路，是以犧牲農民為代價的，必然要傷害農民，他心裡明白這點。這是以農民為基礎的革命家，在面對現代化的歷史使命時所做的不得已的選擇。儘管毛澤東在需要剝奪農民時是堅定、不動搖的，但他依然擺脫不了內心的農民心結，任何人都不能在他面前談農民苦，所有談農民苦的人，都被他鎮壓下去。

為了緩解內心的矛盾，他提出了「區分兩種仁政」的理論：為人民（農民）長遠利益，這是「大仁政」，只為人民（農民）眼前利益考慮，這是「小仁政」，「兩者必須兼顧」，「重點應當放在大仁政上。現在，我們施仁政的重點應當放在建設重工業上」，「要施這個最大的仁政，就要有犧牲，就要用錢，就要多收些農業稅」。因此，在他看來，為了實現國家工業化，就得犧牲農民利益，這是施「大仁政」，從根本上說，「這才是真正代表農民的利益」。如果因為農民利益一時受損而「哇哇叫」，這就是要我們「重工業建設別幹了」，「實際上是代表美帝國主義」。[93]儘管其中有無奈，但毛澤東還是可以因此而釋然的。

毛澤東的另一個矛盾是對農民的認識和估計。一方面，他一再引述列寧的話：「小生產者每日每時都在自發地產生資本主義」，因此毛澤東自己也說

---

92 毛澤東在成為國家領袖以後，依然保持了農民的生活習慣，並因此和城市長大的江青發生矛盾。毛澤東憤然對他的衛士說：「我就是土包子。我是農民的兒子，農民的生活習性」。見李銀橋：《走向神壇的毛澤東》（北京：中外文化出版公司，1989），頁197。

93 毛澤東：〈抗美援朝的偉大勝利和今後的任務〉（1953年9月12日），《毛澤東選集》第5卷，頁105-106。

過：「農民是要『自由』的，我們要社會主義」；[94]他很清楚，他的總路線、社會主義改造必然會遭到農民的反抗。但另一方面他又提出，中國農民與世界其他農民不同，「有一種走社會主義道路的積極性」。[95]毛澤東對農民的這兩個相互矛盾的分析，如研究者所說，其實顯示了毛澤東思想中「在相互衝突的列寧主義和民粹主義之間的拉鋸」：按照列寧主義的觀點，是絕對不相信農民的自發性的，因此要強調黨對農民的社會主義方向的引導，以及與農民自發傾向的鬥爭；而民粹主義則相信「農民天生的社會主義（或可能轉向社會主義）傾向」。[96]毛澤東說：「我們應該相信群眾，我們應當相信黨」，[97]這是一個有著內在矛盾的命題，毛澤東實際是依據客觀形勢的變化，或者他自己的主觀需要，在這兩者間來回搖擺。比如1955年毛澤東為了克服黨內阻力，推動農業合作化運動，竭力誇大農民的社會主義積極性，甚至說：「現在的情況，正是群眾運動走在領導的前頭，領導趕不上運動」。[98]1958年大躍進、人民公社運動時也是如此。但到了大饑荒年代農民要求單幹時，毛澤東就轉而強調，不能聽農民的話，要加強黨的引導了。

毛澤東的這一矛盾，也體現在他所強調的「民主集中制」上。民主集中制本來是一個列寧主義的原則，其重心是強調由職業革命家組成的黨的集中領導。毛澤東卻試圖在其中加入「群眾民主」的民粹主義成分和意義，因此提出了一個「從群眾中來，到群眾中去」的群眾路線：「這就是說，將群眾的意見（分散的無系統的意見）集中起來（經過研究，化為集中的系統的意見），又到群眾中去作宣傳和解釋，化為群眾的意見，使群眾堅持下去，見之於行動，並在群眾行動中考驗這些意見是否正確。然後再從群眾中集中起來，再到群眾中堅持下去。如此無限循環，一次比一次地更正確、更生動、更豐

94　毛澤東同鄧子恢等的談話記錄（1955年5月9日），轉引自逄先知、金沖及主編：《毛澤東傳》（上），頁375。

95　毛澤東：〈關於農業合作化問題〉（1955年7月31日），《毛澤東選集》第5卷，頁172。

96　見莫里斯・邁斯納（Maurice Meisner）著，中共中央文獻研究室《國外研究毛澤東思想資料選輯》編輯組編輯：《毛澤東與馬克思主義、烏托邦主義》（北京：中央文獻出版社，1994），頁108、103。

97　毛澤東：〈關於農業合作化問題〉（1955年7月31日），《毛澤東選集》第5卷，頁173。

98　毛澤東：〈關於農業合作化問題〉（1955年7月31日），《毛澤東選集》第5卷，頁169。

富」[99]——問題是，「群眾意見」本身的客觀性是有限的，有很大的主觀認定的成分。「群眾意見」在毛澤東的實踐裡，實際上具有三種意義。一是作為毛澤東在黨內鬥爭中的有力籌碼。比如，前述關於農業合作化的論爭中，毛澤東就是以「群眾的社會主義積極性」來攻擊主張穩健政策的黨內不同意見者。二是當黨的政策觸犯群眾利益遭到抵制時，毛澤東也會作出某種讓步與調整，如前述毛澤東對他所說的「生產力暴動」的反應；以後在大躍進、人民公社遭到農民反抗時，他也及時作了調整。這大概就是在群眾中接受「考驗」吧。更重要的是，這就可以形成對毛澤東自己所推行的階級鬥爭的激進路線和政策之間，某種程度的制約與調節。應該說，毛澤東對這樣的自我調節，有相當的自覺性。他儘管基本上堅持激進改革、不斷革命，因此與黨內穩健派有持續的衝突；但在實際操作中，在大多數的情況下，又都在尋求激進與穩健兩者之間、他自認的黨的（也是群眾的）根本利益，以及群眾的眼前的實際利益之間的平衡，所以他的不斷革命論又是以革命階段論作為補充的。他在黨內鬥爭中也是有進有退，一張一弛的。把毛澤東看作是一個單一的激進主義者、進攻主義者，恐怕也會形成一種遮蔽。其三，毛澤東真正著力的，是要把黨的意志、他個人的意志變成群眾行動。這裡，顯然有毛澤東「群眾民主」的理念。在他看來，所謂「民主」就是群眾（特別是底層民眾）的政治、社會參與（但這樣的政治和社會參與，又必須在黨的——也就是精英政治的——絕對領導與控制下）和群眾獲得實際的經濟利益，而西方民主理念中強調的思想、言論、出版、結社的個人自由與選舉民主，都是形式民主，是他所忽略，以至要否定的。[100]而毛澤東的群眾政治參與，實際上就是發動群眾性的階級鬥

99　毛澤東：〈關於領導方法的若干問題〉（1943年6月1日），《毛澤東選集》（一卷本），頁854。

100　毛澤東在1943年6月6日在致電彭德懷，對他關於民主教育的談話提出不同意見時，談到了他對西方以公民權利為中心的民主觀的內心想法：「談話從民主、自由、平等、博愛等的定義出發，而不從當前抗日鬥爭的政治需要出發。又如不強調民主是為著抗日的，而強調為著反封建。又如不說言論、出版自由是為著發動人民的抗日積極性與爭取並保障人民的政治經濟權利，而說是從思想自由的原則出發」，「又如在政治上提出『己所不欲，勿施於人』的口號是不適當的，現在的任務是用戰爭和其他政治手段打倒敵人，現在的社會基礎是商品經濟，這二者都是所謂己所不欲，要施於人。只有在階級消滅後，才能實現己所不欲，勿施於人的原則，消滅戰爭、政治壓迫與經濟剝削。見中共中央文獻研究室編：

爭，最後導致踐踏所有法制和規則的「群眾專政」。這樣的民主觀，其實踐結果，就是對群眾不滿情緒和變革要求的引導和利用，以及對群眾力量的動員和駕馭。而在這兩方面，毛澤東都是高手，這是他一再戰勝對手的主要手段與原因。這同時也暴露了毛澤東「民主集中制」和「群眾路線」的實質，都是要最大限度，也是最有力、最有效地實現個人的意志和黨的專政，也就是說，毛澤東的民粹主義是服從於列寧主義的。

但毛澤東的內心情感上幾乎本能地更願意依靠農民的支持。他甚至說，「中國農民比英美工人還好，因此可以更多、更快、更好地進行社會主義（建設）。」[101] 又說農民要自由、發展資本主義，又說農民有社會主義積極性、比英美工人好，這樣的矛盾怎麼解決呢？毛澤東的辦法就是對農民再度進行他的「階級分析」：他把「中農」分為「上中農」（即富裕中農）和「下中農」；[102] 據說「在富裕中農的後面站著地主和富農」，要求發展資本主義，而下中農則和貧農一起要求發展社會主義，[103] 這就意味著「越富越要資本主義，越窮越要社會主義」。這樣的邏輯自會產生許多問題，以後我們還會有進一步的討論。

這也造成了農民對毛澤東的複雜態度。總體來說，中國農民對毛澤東有好感，有一種親和力，但他們一直不能理解的是，毛澤東為什麼總喜歡折騰，不讓他們過好日子？[104]——毛澤東、共產黨和中國農民的關係，是一個很有意思的問題，也是理解毛澤東和共產黨的一個關鍵。以後的討論中，還會進一步展開這一問題。

毛澤東的農業社會主義試驗，既以農民（他所說的貧、下中農）為基本動力，但又在事實上不斷損害農民（包括貧、下中農）的利益，這正是毛澤東的

《毛澤東年譜》（中卷）（北京：中央文獻出版社，人民出版社，1993），頁444-445。毛澤東更多次表達了他對選舉的不信任。

101 毛澤東1955年12月6日的講話，轉引自薄一波：《若干重大決策和事件的回顧》（下），頁661。

102 毛澤東：〈農業合作化必須依靠黨團員和貧農下中農〉（1955年9月7日），《毛澤東選集》第5卷，頁192-194。

103 毛澤東：〈《中國農村的社會主義高潮》的按語〉，《毛澤東選集》第5卷，頁231。

104 據何方回憶，一直到六十年代，一位「從小要飯，為人善良」的農村老大娘還這樣悄悄問他：「毛主席為什麼那麼心狠，就是不讓老百姓吃飽飯？」何方：《從延安一路走來的反思》（上）（香港：民報出版社，2007），頁367。

社會主義改造路線的一個悖論，不可解的矛盾。這也就是毛澤東內心中黨和農民的矛盾。

問題在於，毛澤東把對他的農業社會主義的任何懷疑、反對，都看作是階級鬥爭的反映，而且最終看作是黨內問題。他把他對農民的階級分析運用到黨內，認定黨內在合作化問題上持不同意見的幹部，代表了富裕中農和其背後的富農、地主的利益。大概在1953-1955年間黨內圍繞著農業合作化問題，展開了一場激烈的爭論。毛澤東指責當時主張以更穩健的態度推動農業合作化的中共中央農村工作部，是站在「資產階級、富農、或者具有資本主義自發傾向的富裕中農的立場」來反對黨的路線，[105] 犯了「右傾」的錯誤，[106] 並認為這是一場「在由資本主義到社會主義過渡期間，關於我們黨的總路線是不是完全正確這樣一個問題的大辯論」，[107]「帶著對資產階級作鬥爭的性質」。[108]

毛澤東更為警惕的，是在最高領導集團中的「資產階級代理人」。於是，就有了發生在1954、1955年間的「高（崗）饒（漱石）反黨事件」。「高饒事件」[xiii] 至今還未平反，還有許多撲朔迷離之處，[109] 但最新的研究卻表明，這是毛澤東一手發動起來的一場鬥爭。

前面說到1951年高崗、劉少奇的論爭，毛澤東是站在高崗這一邊的；從另一個角度看，也可以說，在毛澤東和劉少奇關於「確立新民主主義秩序」和「不斷革命」的衝突中，高崗是毛澤東的支持者（或群眾基礎）。這樣，就產生了「誰是接班人」的問題。本來，在中共第七次代表大會上已經將劉少奇置於毛之下的第二人的位置，但毛澤東在1953年以後顯然有選擇高崗為接班人的

---

105 毛澤東：〈關於農業合作化問題〉（1955年7月31日），《毛澤東選集》第5卷，頁186。

106 毛澤東：〈農業合作化的一場辯論和當前的階級鬥爭〉（1955年10月11日），《毛澤東選集》第5卷，頁208。

107 毛澤東：〈農業合作化的一場辯論和當前的階級鬥爭〉（1955年10月11日），《毛澤東選集》第5卷，頁195。

108 毛澤東：〈農業合作化的一場辯論和當前的階級鬥爭〉（1955年10月11日），《毛澤東選集》第5卷，頁199。

109 文革結束後，處理毛澤東時代的歷史事件，維持原案，不予平反的，只有兩件，一是反右運動，一是高饒事件。這兩件事鄧小平都有深度介入，在1980年3月19日同中央負責人談話中，正是鄧小平明確表示：「揭露高饒的問題沒有錯」、「1957年反右派鬥爭還是要肯定」。見《鄧小平文選》第2卷（北京：人民出版社，1994），頁293、294。

意圖。這一年，毛澤東把地方主要領導，如東北的高崗，西南的鄧小平，華東的饒漱石（1903-1975）通通調到北京，時稱「五馬進京」，並著意將高崗放在國家計劃委員會[xiv]主席的位置，地位與周恩來平行，稱為「經濟內閣」，所以又有「一馬當先」之說。[110]在毛的暗示下，高崗開始發動「倒劉（少奇）運動」。1953年中國通過新稅法，主持者為薄一波（1908-2007），薄一波是劉少奇的幹將，他提出公私應該一律平等納稅，被認為是向資產階級投降，高崗開會批判他，此事件稱為「批薄射劉」。被安排為組織部長的饒漱石，這時也組織對前任部長安子文（1909-1980）的批判，而安子文也是劉少奇的老部下，因此又稱為「討安伐劉」，矛頭都指向劉少奇，而且批判的重點就是劉少奇所主張的「確立新民主主義秩序論」。

　　毛澤東也就藉機逼劉少奇檢討，同時私見高崗，交待他去祕密調查東北三十年代留下的檔案，看有無劉少奇叛變投降的材料，這些材料之後在文革時被公布，可見毛澤東很早就準備對付劉少奇了。高崗將這任務告訴陳雲，陳雲鼓勵他作私下串連。高崗於是到處宣揚所謂「黨的兩個山頭」，說自己在陝北打游擊，代表根據地的黨，劉少奇搞地下工作，代表白區的黨，天下是依靠根據地打出來的，不能讓白區的人坐享其成。其實中國共產黨內確實存在著兩個群體，1949年10月劉少奇在和蘇聯駐華大使談話中，曾經透露了中共黨員的成分，工人黨員占了10%，農民黨員占70-80%，知識分子和其他階級出身的黨員占10-20%。[111]知識分子黨員主要有兩批，第一批是建黨初期的領袖人物，如陳獨秀（1879-1942）、李大釗（1889-1927）等，抗戰時期又有大批知識分子來到延安，趙紫陽（1919-2005）就是其中之一。這些知識分子比較親近劉少奇與周恩來，是支持新民主主義論的黨內主要基礎。近年在大陸竭力重新宣導走新民主主義道路的，也是這批知識分子老黨員。另外，還有一批農民革命家，高崗自稱是他們的代表。農民革命家的文化程度不高，有民粹主義思想，容易接受農業社會主義，而且對知識分子反感。毛澤東既是農民革命家，又是知識分子，所以他想控制兩者。儘管毛澤東有意選擇高崗接

110　參看林蘊暉：〈建國後毛澤東心目中的接班人〉，《國史札記──事件篇》，頁71-86。

111　〈羅申與劉少奇談話備忘錄〉（1949年10月25日），俄國檔案影本，存沈志華處，編號　　SD09926。轉引自高華：〈階級身份和差異：1949-1965年中國社會的政治分層〉，《在歷史　　的風陵渡口》（香港：時代出版社，2005），頁298。

班，但他知道要搞建設還是必須靠知識分子，所以還是有所猶豫，加以高崗的活動讓他發現劉少奇在黨內勢力不可小視。劉少奇此時則採取退讓政策，他主動檢討，表示願意改棄新民主主義，擁護毛的社會主義改造。但高崗是個草莽英雄，沒有謀略、不加收斂，最後活動到軍隊中，因此踩了毛澤東的底線，犯了大忌，加上陳雲、鄧小平在關鍵時刻站在了劉少奇這一邊，於是毛轉過來對付高崗，把高崗作為「資產階級在黨內的代理人」拋了出去。黨史上有所謂「高饒反黨集團」的說法，其實是個冤案，完全是黨內鬥爭的產物。毛是這場鬥爭的大贏家，他藉高崗力量強迫劉少奇讓步，又收攏整合了黨內知識分子、農民革命家兩邊的力量，這是建國後黨內的初次鬥爭。這場先是批劉，後是拋出高、饒的鬥爭，其實可以看作是文化大革命中先批劉、後批林（林彪在高饒事件中態度曖昧，實際是傾向高的）的一次預演。[112]

我們更要注意的，是毛澤東由這場鬥爭引發出的對形勢的分析，以及其階級鬥爭治國路線的形成。

1955年3月毛澤東在〈中國共產黨全國代表會議上的講話〉對高饒事件的總結裡，把高饒事件看作是「我國現階段激烈階級鬥爭的一種尖銳的表現」。[113]因此，他發出要「準備對付突然事變，準備對付反革命復辟，準備對付高饒事件的重複發生」的警告[114]——在毛澤東看來，共產黨領導的新政權並不穩固，隨時面臨被顛覆的危險。這樣的被顛覆的危機感，是一直追隨著毛澤東和他的繼承人的，這是一種合法性危機。也就是說，毛澤東和共產黨是靠革命、靠槍桿子打天下，政權合法性是打出來的，所以他在堅信「有了槍桿子就有了一切」的同時，又對自己的權力地位一直有不安全感。有意思的是，斯大林也看出了這個危機，在1952年劉少奇訪蘇期間，斯大林就向中國共產

---

112 關於高、饒事件的最新研究，可參看馬畏安：《高崗、饒漱石事件始末》（北京：當代中國出版社，2006）；林蘊暉：《國史札記——事件篇》裡的有關文章（〈「批薄射劉」的財經會議〉、〈「討安伐劉」的組織工作會議〉、〈高崗被定為「反黨」集團的原因〉、〈東北「五虎將」冤案始末〉、〈毛澤東缺席中共七屆四中全會釋疑〉）。

113 毛澤東：〈在中國共產黨全國代表會議上的講話〉（1955年3月21日），《毛澤東選集》第5卷，頁140。

114 毛澤東：〈在中國共產黨全國代表會議上的講話〉（1955年3月21日），《毛澤東選集》第5卷，頁153。

黨人提出：「你們不制定憲法，不進行選舉，敵人可以用兩種方法向工農群眾
進行宣傳反對你們：一是說你們的政府不是人民選舉的；二是說你們國家沒
有憲法」。[115]因此，他建議在1954年制定憲法，用依憲治國的方式，來解決
統治合法性的問題：「你們現在的政府是聯合政府」，「如果人民選舉的結果當
選者共產黨員占大多數，你們就可以組織一黨的政府」。[116]正是在斯大林的
督促下，1954年中華人民共和國制定了憲法，特點有二：一是確立了共產黨
的絕對領導權和黨的意識形態馬克思主義的絕對領導地位，真正建立了毛澤
東最為重視的黨掌管、控制一切的一黨執政的政治體制，也即斯大林所說的
「一黨政府」，並且有了合法性，而完全抹去了建國初期建立的「中央人民政
府委員會」體制裡的「聯合執政」印記。[117]在另一方面，又特意強調實行廣泛
人民民主，宣布了出版、集會、結社、言論自由等等一系列人民民主權利。
但毛澤東卻始終對法律持懷疑態度，他要的是「無法無天」的不受制約的統
治。[118]他對付合法性危機的辦法，是認準新的敵人，通過不斷的階級鬥爭來

---

115 師哲：《在歷史巨人身邊──師哲回憶錄》（北京：中央文獻出版社，1991），頁530。

116 師哲：《在歷史巨人身邊──師哲回憶錄》，頁531。

117 如研究者所指出：1954年的憲法完成了「將還有點『民主協商』味道的聯合政府改換成了
一黨政府」的政治體制的轉換，「雖然依然保留政協，但它已經由此前的代行『國會』變成
了諮議機構」，全國人民代表大會常委委員會雖被憲法規定為最高權力機構，「實際上它和
政協一樣，政治儀式的作用更大」，「原來民主人士占主要成分的政務委員會取消了。原來
擁有大量民主人士的中央人民政府委員會也取消了，這個委員會曾擔負討論國家政策和重
大行政舉措的職責，取而代之的是最高國務會議，由國家主席、副主席、人大常委會委員
長、副委員長、國務院總理、副總理組成」，基本上排除了民主人士，不再有民主人士擔
任副總理，政府部長中民主人士也大幅度減少，在反右運動以後乾脆全部去職，成了名副
其實的一黨執政。見辛子陵：《紅太陽的隕落：千秋功罪毛澤東》（增訂註釋本）（上）（香
港：書作坊，2009），頁88。

118 在《建國以來毛澤東文稿》第4冊裡，收有毛澤東〈對中華人民共和國憲法草案〉的批語，
其中有兩點頗值得注意：《憲法草案》十六條規定：「中華人民共和國維護人民民主制度，
保護全體公民的安全和一切合法權益」，毛澤東在「全體公民」旁劃兩條分隔號，並在上方
寫「什麼是公民」五個字。《憲法草案》八十條規定：「中華人民共和國公民有言論、出版、
集會、結社、遊行、示威和信仰宗教自由的權利」，毛澤東在其中「遊行、示威」旁劃一條
分隔號，打一問號，並有「不寫為好」的批語。但最後通過的憲法還是規定公民有遊行、
示威的權利。毛澤東：《建國以來毛澤東文稿》第4冊（北京：中央文獻出版社，1990），頁
454、455、459。

掃清實現自己意志的一切障礙。

高饒事件後，毛澤東做了這樣的敵情分析，他強調威脅政權的勢力有三：一是所謂「反黨集團」，實際上就是黨內的反對派；二是「國內反革命殘餘勢力」；三是其背後的「帝國主義勢力」[119]——毛澤東從此確立了他的三大打擊目標，而且是至死不變的。在他那裡，「反革命」的概念與範圍，都可以根據形勢與需要隨時確定。

正是在這樣的背景下，毛澤東在一個月以後，即1955年5月，距1954年憲法通過和頒布還不到一年，就發動了打擊「胡風反革命集團」的鬥爭。人們早就注意到，對於「胡風案件」的定性，是不斷升級的：最早說是「小集團」，但材料到了毛澤東那裡，先說是「反黨集團」，又立即升格為「反革命小集團」，這樣的嚴重的定性，連周揚（1908-1989）都感到意外。為什麼會發生這樣的突變？這曾經是「胡風事件」研究的一個「謎」。

其實，將其置於我們這裡所討論的「階級鬥爭全局」下，就不難理解了。毛澤東早在3月21日報告裡已經作出部署：「國內反革命殘餘勢力的活動還很猖獗，我們必須有計劃地、有分析地、實事求是地再給他們幾個打擊，使暗藏的反革命力量更大地削弱下來，藉以保證我國社會主義建設事業的安全」。[120]也就是說，毛澤東在3月已經先有了一個「打擊反革命力量」的戰略計劃，周揚4月將胡風（1902-1985）給舒蕪（1922-2009）的一批信件送上去，就正好給毛澤東提供了一個突破口，一個「做文章」的機會。於是，毛澤東憑著政治家的謀略和詩人的想像力，根據那些材料捕風捉影地臆造出了一個「胡風反革命集團」，判定「胡風和胡風分子確是一切反革命階級、集團和個人的代言人」，他們是「暗藏在革命陣營的反革命派別，一個地下的獨立王國」，這完全是應毛澤東鬥爭需要而製造出來的「反革命集團」。[121]在5、6月分批公布了所謂「胡風反革命集團」的材料的同時，毛澤東就作出這樣的判斷：「在為

---

119 毛澤東：〈在中國共產黨全國代表會議上的講話〉（1955年3月21日），《毛澤東選集》第5卷，頁140、141。

120 毛澤東：〈在中國共產黨全國代表會議上的講話〉（1955年3月21日），《毛澤東選集》第5卷，頁141。

121 毛澤東：〈《關於胡風反革命集團的材料》的序言和按語〉（1955年6月15日），《毛澤東選集》第5卷，頁161、163。

國家的社會主義工業化和建成社會主義社會的偉大運動中，階級鬥爭更加尖銳，反革命分子必然要更加進行破壞活動」，[122]即所謂「社會主義越發展階級鬥爭越尖銳論」，並於同時部署在全國範圍所開展的「肅清暗藏反革命」運動，簡稱為「肅反運動」。而且在運動一開始，毛澤東就預定打擊目標占全體工作人員的5%，[123]其結果，是冤案遍布全國，無數人涉案其中，[124]但這也讓很多知識分子，特別是青年學生，第一次感受到毛澤東專政的可怕，引起了懷疑和反思，並且醞釀了兩年後（1957年）的青年學生民主運動，這也是毛澤東所未料及的。

　　毛澤東在胡風材料的按語中這樣描繪他所要建立的「無產階級專政」的新秩序，也就是他理想中的建國圖景：對被群眾揪出的「敵人」，「只許他們規規矩矩，不許他們亂說亂動」，並且實行「輿論一律」，完全禁絕出版、言論、結社、集會自由，絕大多數人「都在某種組織生活中」，對「反革命方面的人」實行專政，讓他們像「小媳婦一樣，經常的怕挨打」，「咳一聲都有人錄音」，這是「極大的好事」[125]──用群眾力量和群眾運動的方式進行階級鬥爭，實行群眾專政，以掃除一切障礙，並以高度集中的權力，建設自己理想中的「社會主義」。這就是毛澤東經過高饒事件、胡風反革命事件和肅反運動，所最終確立的「階級鬥爭治國」的路線。而胡風事件正是一個重要標誌。

編註

i　《三毛流浪記》：漫畫家張樂平的漫畫創作，以四十年代上海為背景，講述12歲的主角──孤兒「三毛」在抗日戰爭時期後至內戰時期這段歷史中的故事。1949年由上海崑崙電影公司拍攝為同名電影，1950年上映。

ii　新民主主義青年團：前身為中國社會主義青年團（1920成立），於1949年改為新民主主義青年團，1957年又改為中國共產主義青年團。詳見「共產主義青年團」的簡述。

122 毛澤東：〈在《人民日報》社論《必須從胡風事件吸取教訓》稿中加寫的文字〉（1955年6月10日），《建國以來毛澤東文稿》第5冊，頁165。

123 見當頁註釋2，毛澤東：〈對中央關於揭露胡風反革命集團的指示稿的批語和修改〉（1955年6月3日），《建國以來毛澤東文稿》第5冊（北京：中央文獻出版社，1991），頁149。

124 據當時公安部長羅瑞卿《我國肅反鬥爭的成就和今後的任務》的報告，被審查的幹部高達1,800餘萬人，查出16萬反革命分子，9,000餘嫌疑分子，大部分均為冤案。羅瑞卿：《我國肅反鬥爭的成就和今後的任務》（北京：中國青年出版社，1958）。

125 毛澤東：〈駁「輿論一律」〉（1955年5月24日），《毛澤東選集》第5卷，頁158-159。

iii 新四軍：國民革命軍陸軍新編第四軍，簡稱「新四軍」。第二次國共合作期間，於1937年整編留在江西、福建、廣東、湖南、湖北、河南、浙江、安徽等八省進行游擊戰爭的中國工農紅軍和游擊隊改編的軍隊，受中國共產黨直接指揮。1946年6月，國共雙方簽定的停戰協定破裂，國共內戰重新爆發，共產黨指揮的軍隊由八路軍、新四軍、東北民主聯軍等陸續整編，改稱中國人民解放軍。

iv 抗美援朝：是「抗美援朝戰爭」和「抗美援朝運動」的統稱，1950年韓戰爆發，1950年聯合國、美軍陸續登陸朝鮮半島支持大韓民國，中國於1950年10月派出中國人民志願軍支援朝鮮民主主義人民共和國。1953年7月，南北韓簽訂《朝鮮停戰協定》，1958年中國志願軍撤回中國。

v 少年先鋒隊：中國少年先鋒隊，簡稱「少先隊」。中國共產黨於1949年10月13日創立中國兒童先鋒隊，於1953年6月改名為中國少年先鋒隊，是由共青團所領導的兒童、青少年組織。

vi 共產主義青年團：中國共產主義青年團，簡稱「共青團」。1920年8月上海成立中國社會主義青年團，1922年5月開始成立全國統一的組織。1925年1月，中國社會主義青年團改名為中國共產主義青年團、1946年10月改為民主青年團、1949年1月改為新民主主義青年團、1957年5月又改為中國共產主義青年團。

vii 剿共：指1927年中共成立「紅軍」並發動南昌起義直到1937年抗日戰爭期間，中共展開土地改革，並多次與國民黨戰鬥。「剿共」為國共內戰期間國民黨的用語，中國國民黨稱此段時間為「剿匪」、「剿共」，中國共產黨則稱為「土地革命戰爭」、「十年內戰」或「第二次國內革命戰爭」。人民解放戰爭：指1945年抗日戰爭結束後，中國國民黨與中國共產黨人民解放軍的內戰，直到1949年10月1日中國共產黨在中國大陸成立中華人民共和國、中國國民黨領導之中華民國政府撤退到台灣。「人民解放戰爭」為中國共產黨用語，中國國民黨稱此段時期為「抗共衛國戡亂戰爭」。

viii 本本主義：又被稱作教條主義，是主觀主義的表現形式，將理論與實踐相分離，不做具體的考察而硬搬書本中的概念、原則。「本本主義」的概念參考毛澤東1930年5月所寫〈反對本本主義〉一文，該文反對當時中國工農紅軍中的教條主義思想，強調對問題的調查研究。

ix 政協：中國人民政治協商會議（簡稱「政協」或「人民政協」，史稱「新政協」以區別於1945-1946年間由國民黨、共產黨與各民主黨派，抗日戰爭後於重慶所召開「舊政協」），其目的是為中國共產黨領導的多黨合作和政治協商制度。

x 晉綏幹部會議：1948年3月於山西興縣蔡家村召開，會議總結了解放區進行土地改革和整黨工作的經驗，糾正了曾經發生的「左」的錯誤。

xi 〈共同綱領〉：〈中國人民政治協商會議共同綱領〉，於1949年9月29日通過，是中華人民共和國建國初期的施政綱領，在1954年〈中華人民共和國憲法〉頒布前作為中華人民共和國的臨時憲法。

xii 統購統銷：中華人民共和國建國初期，用以控制糧食資源的經濟政策。1953年10月16日，中共中央發表〈關於實行糧食的計劃收購與計劃供應的決議〉，當中「計劃收購」被簡稱為「統購」；「計劃供應」被簡稱為「統銷」。

xiii 高饒事件：中共官方稱此為高崗、饒漱石分裂黨的事件，又稱為「高饒反黨集團」，是發
　　　生於1954年的中共黨內鬥爭。高崗當時被認為聯絡饒漱石等人企圖推倒劉少奇，1954年2
　　　月高崗和饒漱石被毛澤東點名批判，1955年8月中共開除兩人黨籍。高饒事件至今沒有平
　　　反。

xiv 國家計劃委員會：中華人民共和國國家計畫委員會，成立於1952年，並於1998年更名為
　　　國家發展計畫委員會，又於2003年改組為國家發展和改革委員會。

第二講

反右運動前後（上）

1956-1958年初

| 2009年9月29日、10月6日講 |

　　時間到了1956年。這一年我正好17歲，是高中三年級的學生，準備上大學——因為我讀書比較早，5歲上學，17歲還不是公民，就上大學了。

　　這時候，我已經開始關心國家大事了，每天都要看報紙。印象最深刻、至今不忘的是1月15日的一個報導：北京各界20多萬人，在天安門召開大規模的慶祝會，祝賀三件事情：第一件事，北京市的私人工商業經過社會主義改造，都成了公私合營了，這就意味著資本家基本被消滅了。第二件事，北京市的農民都組織起來，參加了合作社，這就意味著個體農民消滅了。第三件事情，一些手工業的勞動者，他們也組織起來成立合作社，個體的手工業者也都消滅了。這三方面的人，都向毛澤東主席報喜，然後北京市市長宣布：從今天開始，我們北京市就進入社會主義了。全國很快就掀起一個高潮，幾乎每一天，都有一個城市宣布完成了社會主義改造、進入社會主義。最引人注目的是上海，因為上海是中國工業的集中地，也是中國資本主義的大本營，1月21日上海也宣布進入社會主義。那段時間整個中國到處鑼鼓喧天、鞭炮不斷，大家都覺得這麼短的時間裡，從1949年成立中華人民共和國到1956年，不過7年的時間，中國居然就實現了社會主義，而且過渡得如此平穩，幾乎是在歡呼聲中就把資本主義消滅了，這真是個奇蹟。不過在我這樣的中學生眼裡，倒是覺得很正常，彷彿新中國就應該走向社會主義。我們當時所理解的社會主義，就是一切人剝削人的現象都從此消滅了，這當然非常令人興奮。其實我們當時並不清楚，到底社會主義會是一個什麼樣子。

　　這一年，隨著整個中國進入社會主義，有兩件事情跟我這樣一個小知識分子最有關係，因此引起了身為中學生的我的注意。一是1958年1月份召開了知識分子問題會議，我當時並不太清楚會議到底討論些什麼，後來才知

道，這次會議最大的一件事情，就是周恩來宣布：知識分子「絕大部分已經成為國家工作人員，已經為社會主義服務，已經是工人階級的一部分」，「發展社會主義建設，除了必須依靠工人階級和廣大農民的積極勞動以外，還必須依靠知識分子的積極勞動，也就是說，必須依靠體力勞動和腦力勞動的密切合作，依靠工人、農民、知識分子的兄弟聯盟」[1]──奇怪的是，周恩來在會上這麼宣布，但在中共中央政治局討論定稿的〈中共中央關於知識分子問題的指示〉裡卻改成了「知識分子的基本隊伍已經成了勞動人民的一部分」。[2]但光就這一點，已使得知識分子極度興奮。我感興趣的是這次會議上提出的口號：「向科學進軍」，在我的感覺裡，這給我的人生指出了一個方向；而跟我更有關係的，是接著又制定了一個科學技術發展的遠景規劃，這是新中國第一次制定科學技術發展的長遠規劃。在這個規劃裡，提出要大力擴大科學技術人員的隊伍，當時中國專門從事研究的科學技術人員是6萬2,000人，計劃規定十年以後要發展到20萬人。[3]為了達到這個目標，就要大規模地發展大學教育。這就跟我有關係了。因為那一年（1956年）大學招生的人數遠遠超過高中畢業生的人數，必須動員很多在職的人也來當大學生，這恐怕是共和國史上唯一一次，對我們這些應屆畢業生來說，就是一個極大的喜訊。

所以對我們那一代中學生來說，不存在能不能考取大學的問題，我們考慮的是要考名牌大學，對我來說，就是要考北京大學，我甚至覺得上北大是一個自然的歸宿。我今天向很多大陸的青年講這個，他們都羨慕得不得了。我們在高中的時候，是一個自由做夢的年代，而它是有這樣一個物質基礎的。

特別是「向科學進軍」這個口號，確實讓我們非常的著迷。後來，北京大學的著名教授謝冕（1932-）先生，他是比我高一屆的學長，他有一句話我覺得非常能概括我們那一代人的心性，他說：「我們這些如花的生命，便集結在向科學進軍的旗幟下，從此開始了我們二十世紀五十年代的理想主義的進

1　周恩來：〈關於知識分子問題的報告〉（1956年1月14日），轉引自中共中央文獻研究室編：《周恩來年譜》，（北京：中央文獻出版社，1997）（上卷），頁539。

2　〈中共中央關於知識分子問題的指示〉，中共中央文獻研究室編：《建國以來重要文獻選編》（北京：中央文獻出版社，1994）第8冊，頁133-134。轉引自沈志華：《思考與選擇：從知識分子會議到反右派運動（1956-1957）》（香港：香港中文大學，2008），頁55-56。

3　這一規劃到1962年就實現了，見薄一波：《若干重大決策與事件的回顧》（上卷），頁515。

軍」。[4] 事實真是如此，在高中畢業的1956年，我們真是意氣風發，充滿了對未來的憧憬。高三最後一學期，我做了三件事情，至今還被我的同學和老師不斷提及。

一個是我上次介紹的我的中學學習經驗，就是要懷著好奇心去學習。這個經驗影響我的一生，也在我的同學中產生很廣泛的影響，現在老同學見到我，第一句話就說：錢理群你還記得你當年說的，要有好奇心嗎？他們接著問我：你現在還有好奇心嗎？我說：我還有好奇心！大家哈哈大笑。

第二件事情，我們高三畢業的時候舉行演講比賽，題目是「我長大了作什麼？」我作了一個演講，說長大要作一個兒童文學家，講得如癡如醉，征服了所有聽眾，結果獲得了第一名。當時有個觀念，文學創作要有豐富的生活經歷，所以我決定報考北大中文系的新聞專業，夢想將來可以當一名新聞記者，當時有一份報紙叫《中國少年兒童報》，我希望到那裡當記者，然後滿世界跑，就可以寫出最好的兒童文學作品，當兒童文學家了。這是我的夢。

我做的第三件事情，就是自編、自導、自演了一幕話劇，叫《二十年後》，想像20年後我們的國家以及我們自己將會是一個什麼樣子。當時因為年紀太小了，挖空心思想出來的未來圖景是：20年後，我從國外留學回來了。當時的國外，不是美國，而是蘇聯，從蘇聯留學回來了。怎麼個打扮呢？就從老師那兒借了一套白色的西服，那是我第一次穿西服。現在想起來就有些奇怪，我上一堂課曾經談到當時我們受到抗美援朝時期所進行的「蔑美輕美仇美」教育的影響，是反對美國和西方世界的，怎麼想像中一個富裕起來的人就得穿西服呢？這個邏輯是怎麼回事，我也搞不清楚，反正我成了科學家。我有什麼發明創造呢？當時能夠想像出來的，就是製造了一個機器人，於是讓一位同學扮演機器人，我帶著他走上舞台。這個《二十年後》的話劇，至今仍為我們同學所津津樂道，這是那個時代少年的一個想像。

結果，我很順利考上了北京大學。填志願的時候，數學老師勸我學數學、語文老師勸我學文學，這說明當時我確實各方面功課都非常好。最後，我考上了北京大學中文系新聞專業。印象最深刻的，是錄取通知書上的一句

4　謝冕：〈開花或不開花的年代〉，《開花或不開花的年代——北京大學中文系55級記事》（北京：北京大學出版社，2001），頁14。

話：「祝賀你考取了東方的莫斯科大學」，那時候人們心目中，「蘇聯的今天，就是中國的明天」，最嚮往的是社會主義的蘇聯。今天，大概就要變成「祝賀你考取了中國的哈佛大學」了，這個變化我覺得很有意思。

上了大學第一個活動，就是中文系學生會組織的迎新晚會，當時的學生會主席後來成為一個女作家，人很漂亮，一講話就把我們震住了。她說的一句話我們終生難忘：「你們到大學來，就是追求三個東西：知識，友情和愛情。」我們聽了真是如癡如醉。這樣，我就進入了一個追求知識、友誼和愛情的時代。

但是誰也沒有預料到，當我們沉浸在這樣美麗、青春的夢想的時候，世界和中國正孕育著一個巨大的變動。

這樣，我們的歷史敘述，就要從底層的我，跳到毛澤東那裡。也就是我們這堂課所要討論的主要問題。

一、蘇共二十大以後毛澤東的反應：尋找中國的發展道路

這一年的2月，發生一件影響世界和中國歷史進程的大事：在莫斯科召開了蘇聯共產黨第二十次代表大會[i]，簡稱為「蘇共二十大」。在這次代表大會上，赫魯曉夫（Nikita Sergeyevich Khrushchev，又譯赫魯雪夫，1894-1971，俄國）代表蘇共領導做了一個祕密報告，第一次公開揭露了斯大林的許多暴行。當時，最讓我們感到震動的，是他講了兩件事情：一個是斯大林時代的大清洗，把很多很多革命者、老百姓、不同政見者都殘酷地、血腥地鎮壓了。當時我們嚇了一跳：社會主義怎麼會有大屠殺呢？再一件事，是當年德國對蘇聯突然襲擊的時候，斯大林居然毫無準備。赫魯曉夫還誇張地說，斯大林根本不會打仗，他是按地球儀制定作戰計劃的。[5]這也完全出乎我們意外，因為我們過去都覺得二次大戰是蘇聯戰勝了德國，拯救了全人類。斯大林是戰無不勝的統帥，怎麼會變成一個不會打仗的人？這反差太大了。

前面說過，我們這一代都相信，蘇聯的今天就是我們的明天。我們一直

5　赫魯曉夫祕密報告：〈關於個人崇拜及其後果〉，文收赫魯曉夫著，張岱雲等譯：《赫魯曉夫回憶錄》（北京：東方出版社，1988）。

以為蘇聯是人間天堂，現在這個天堂突然露出了地獄般的面貌，這確實令人難以接受，宛如晴天霹靂。順便說一下，我們這一代經過兩次晴天霹靂的事件，一次是1956年斯大林問題的揭露，再一次就是文革後期林彪的逃亡[ii]；這兩件事情皆打破了原來的神話，對我們的覺醒起了決定作用。

赫魯曉夫的報告不只是震動了我這樣的普通中學生、大學生，應該說也震動了毛澤東，而他的思考也更為深遠。概括地說，毛澤東對蘇共二十大的反應，是一則以喜，一則以懼；[6]而且主要是喜、是高興。這有三方面的原因。

首先，斯大林長期以來，都是中國共產黨的「太上皇」。中國共產黨是由當時的第三國際派人組織的，從成立那天起它就是共產國際的支部，而共產國際完全是蘇聯所操縱的。所以中國共產黨從成立之始就不是獨立的，而是處在共產國際直接的操縱、指揮下。上次我們介紹過，連毛澤東的領導地位都是共產國際下指令的。之後，共產國際在二戰中解散，但斯大林對中國的控制、指揮仍然存在。比如說，當1949年，國共兩黨進行決戰的時候，斯大林就指示中國共產黨，不要打到全中國，要以長江為界分江而治，長江北面歸共產黨，長江以南屬於國民黨。這是當時國民黨、蔣介石的要求，斯大林也是支持的。毛澤東沒有聽斯大林的指示，頂住了他的壓力，指揮解放軍打過長江，把蔣介石趕到了台灣，才形成今天這樣的格局。因此，在毛澤東的感覺中，蘇聯共產黨就像一個「老子黨」，中國共產黨是「兒子黨」，這樣一個局面是毛澤東所不願意的。毛澤東的性格有非常強的獨立性，面對蘇聯共產黨、斯大林的隨時指揮，他非常不滿，但是沒辦法，因為當時中國的建設必須要依靠蘇聯。所以，當斯大林死了，沒有了太上皇，毛澤東顯然有解放之感。

第二個原因是，很長時間斯大林都不相信毛澤東，他始終懷疑毛澤東是「半個鐵托」。我這裡做一點介紹：鐵托（Josip Broz Tito，又譯狄托，1892-1980，克羅埃西亞）是南斯拉夫的共產黨領袖，他是靠打游擊出來的，是第一個在共產主義運動內部反叛斯大林的人，第一個提出要走南斯拉夫自己的道

6　這是新華社副社長陳適五在聽了赫魯曉夫報告傳達以後，對毛澤東心情的一個觀察，見李慎之的回憶：〈毛主席是什麼時候決定引蛇出洞的〉，牛漢、鄧九平主編：《六月雪：記憶中的反右派運動》（北京：經濟日報出版社，1998），頁120。

路。所以在共產主義陣營裡面，在斯大林看來，鐵托是一個叛徒，認為他有很明顯的社會民主主義的傾向。斯大林認為毛澤東是半個鐵托，因為毛澤東也有一定的獨立自主性，在斯大林看來，毛澤東也是個不馴服的人，是很危險而不可靠的[7]——其實不只斯大林誤解毛澤東，很多人都誤解毛澤東，認為毛澤東可能是一個社會民主主義者，甚至是自由化的人物。毛澤東覺得很委屈，心裡非常彆扭。斯大林死了，他當著蘇共派來參加中共八大[iii]的特使米高揚（Anastas Ivanovich Mikoyan，1895-1978，亞美尼亞）說他要一吐積鬱、揚眉吐氣，被斯大林壓了太久了，「我們憋了滿肚子氣，有氣無處出；現在就要出氣了」。[8]對毛澤東這句話不能過分相信，實際上，共產國際、斯大林和毛澤東的關係總體來說是好的，在中共黨內鬥爭中，前者是力保毛澤東的，[9]如前面所說，毛澤東的領袖地位就是共產國際和斯大林給的。斯大林雖然最初有點懷疑毛澤東，但正像毛澤東自己所說，從中國志願軍出兵朝鮮，抗美援朝「打擊了美帝國主義以後，才摘下了這個〔錢註：半個鐵托〕帽子」。[10]所以毛澤東說要一吐積怨，其實有點誇大其詞。我們以後研究毛澤東的時候要注意，毛澤東這個人說話很容易誇大其詞，他會把他的某一些不滿說得非常厲害，如果你完全相信他，就會上當，可能歷史並不是那麼回事。當然毛澤東也確實有受壓的方面，斯大林去世之後他自然有一個解放之感。

更重要的是，斯大林的去世，以及蘇聯自己對斯大林道路的反省，這就給中國和世界的社會主義國家提供了一個新的可能性：能夠不再服從蘇聯的

7　斯大林逝世後，毛澤東在接見南斯拉夫參加中共八大的代表團時，曾專門談過這個問題：「說我是半個鐵托或準鐵托。不僅蘇聯，就是在其他社會主義國家和非社會主義國家中，都有相當一些人曾經懷疑中國是否真正的革命。」見毛澤東：〈吸取歷史教訓，反對大國沙文主義〉(1956年9月24日)，《毛澤東文集》第7卷，頁122。

8　師哲：〈中共八大期間毛澤東一吐積鬱〉，楊勝群、陳晉主編：《五十年的回望—中共八大紀實》(北京：三聯書店，2006)，頁97-100。

9　參看青石：〈共產國際一直壓制毛澤東了嗎？〉，楊天石主編，姚鴻本卷主編：《毛澤東剪影》(上海：辭書出版社，2005)。該文透露，毛澤東的〈湖南農民運動考察報告〉是最早得到共產國際領導人稱讚的中共文獻；「朱毛紅軍」[iv]一度是莫斯科報紙上，有關「中國革命」出現頻率最高的一個名詞；毛澤東的文集更是俄國人出版的第一部中共領導人的著作集。

10　毛澤東：〈吸取歷史教訓，反對大國沙文主義〉(1956年9月24日)，《毛澤東文集》第7冊，頁120。

指示，可以按照自己的願望來走自己的路。毛澤東在1956年3月24日召開的政治局擴大會議上，就表達了這樣的意思：赫魯曉夫大反斯大林，這樣也有好處，可以「打破『緊箍咒』」，破除迷信，幫助我們考慮問題。搞社會主義建設不一定完全按照蘇聯那一套公式，可以根據本國的具體情況，提出適合本國國情的方針、政策。我們要做的是從蘇聯的錯誤中汲取教訓，力求不犯大錯誤」。[11]

這是一個重要結論。在二次大戰後形成的冷戰格局當中，一方面是以美國為首的西方世界、資本主義陣營；另一方面是以蘇聯為首的社會主義陣營。在兩大陣營對立的格局下，全世界各國人民的選擇，只可能要麼是美國的路，要麼是蘇聯的路，不可能有第三條選擇。但現在，蘇聯這裡有所突破，蘇聯對自身的反省，於是提出了一個問題：社會主義可以走不同的路。這就打破了「斯大林模式是唯一模式」這樣一個局面，而提出一種新的可能性：我們接受社會主義，但不一定非要選擇蘇聯式的社會主義，可以尋找一條和蘇聯式社會主義不同的另一條社會主義道路。

這樣就給全世界，特別是給一些殖民地、半殖民地國家，或者要走社會主義道路的國家提供了新的發展前景：在蘇聯與美國之外，是不是可以有第三種可能性？「第三種道路」的問題就在這時提了出來，這無疑是一個巨大的思想解放。毛澤東說對於斯大林的批判「打破了神化主義，揭開了蓋子，這是一種解放，是一場『解放戰爭』，大家都敢講話了，使人能想問題了」。[12]毛澤東的感覺是有道理的。

可以這樣說，以蘇共二十大作為標誌，時代進入一個新的階段；更準確的說，蘇共二十大提出了一個新的時代命題：如何走出一條既不同於蘇聯，又不同於美國的自己的發展道路。這是時代所提出的新命題，當時不僅是毛澤東本人，中國最敏感的一些知識分子和青年學生們，也都感覺到並抓住了這個問題。當時北大有一部分的學生甚至提出，這將是一次新的五四運動、

11　轉引自沈志華：〈赫魯曉夫祕密報告的出台及中國的反應〉，《百年潮》2009年第8期，頁27。

12　毛澤東：〈吸取歷史教訓，反對大國沙文主義〉(1956年9月24日)，《毛澤東文集》第7卷，頁127。

新的思想解放、新的思想啟蒙，所以要「重新估定價值」。[13] 過去很多事情以為是天然的、絕對的，現在是不是可以重新懷疑？這個問題下次我們會詳細討論。這裡要強調的是，1956年的蘇共二十大，確實是一個重要轉折的起點，「走自己的路」，成為新的時代主題詞。

毛澤東在這樣一個轉折的關頭，表現了他特殊的敏感，也表現了一定的勇氣。他非常明確地提出：要走自己的路，尋找一條適合中國的發展道路。這也是毛澤東對蘇共二十大作出的第一個重要反應。

這裡最突出的表現，就是1956年9月召開的中共第八次代表大會，在某種程度上，可以把八大看作是以毛澤東為首的中國共產黨，對蘇共二十大的一個回應。在毛澤東針對劉少奇的政治報告稿所作的修改中，應注意到毛澤東的三個關注點，這也大概構成了八大的三個亮點。

其一是強調「我國是一個東方國家，又是一個大國。因此，我國不但在民主革命過程中有自己的許多特點，在社會主義改造和社會主義建設的過程中也帶有自己的許多特點，而且在將來建成社會主義社會以後還會繼續存在自己的許多特點」[14]──這大概就是毛澤東和他領導的中國要「走有中國特點的自己的發展道路」的宣言書吧。毛澤東在八大期間和拉丁美洲國家共產黨代表會晤時，特意強調：「在受帝國主義和封建主義壓迫的國家，無產階級政黨要把民族旗幟拿在自己手裡」，「讓全國人民看到，共產黨多麼愛國」。[15] 因此，毛澤東提出「走中國自己的發展道路」，不僅顯示了作為社會主義者的中國共產黨人的獨立自主性，且更高地舉起了國家獨立發展的民族主義的旗幟，這對鞏固黨的執政地位，至關重要。由此而確定的「中國的革命和中國的建設」要「依靠發揮中國人民自己的力量為主，以爭取外國援助為輔」的原則，更對以後中國的發展產生了深遠影響。在蘇共二十大以後，毛澤東一再強調「社會主義內容」和「民族形式」的有機結合，「吸收外國的東西，要把它改變，變成

13　見北大1957年的學生刊物《廣場》發刊詞，複印件。

14　毛澤東：〈對中共八大政治報告稿的批語和修改〉（1956年8月、9月），《建國以來毛澤東文稿》第6冊（北京：中央文獻出版社，1992），頁143。本段修改是為毛澤東對劉少奇1956年8月14日送來給他的政治報告中，針對「黨的領導」部分進行的修改。見同引處註釋7，頁160。

15　毛澤東：〈我們黨的一些歷史經驗〉（1956年9月25日），《毛澤東文集》第7卷，頁136。

中國的」，[16]「我們民族好的東西，搞掉了的，一定都要來一個恢復，而且要搞得更好一些」，[17]這些都不是偶然。

其二，明確提出：「目前我們黨的中心任務，就是要依靠業已組織起來的勤勞勇敢的六億中國人民的共同努力，又多又快又好又省地來進行經濟建設和文化建設的工作，以便迅速克服我國經濟落後和文化落後的狀態，使我們的國家和人民富裕起來」[18]──這是第一次比較明確地提出了「以經濟建設和文化建設為中心」的國家發展路線。這是建立在經過毛澤東批准，由劉少奇政治報告中所提出的國內「社會主義和資本主義誰戰勝誰的問題，現在已經基本解決了」[19]以及「國家內部的階級矛盾已經基本上解決了」[20]的基本估計上。[21]儘管在這以後，特別是反右運動以後，毛澤東改變了這一估計，又回到「階級鬥爭為中心」的路上，但至少在召開八大的時期，黨內在要實現「階級鬥爭為中心」到「經濟建設為中心」的轉變上，達到了某種共識。而以後，究竟是以經濟建設為中心，還是以階級鬥爭為中心，就一直成為中國發展道路的關鍵問題，也成為黨內鬥爭的一個焦點，至今依然如此。

其三，在強調「中國共產黨在國家政權中的領導地位」的同時，提出加強民主黨派的監督作用；對此，毛澤東更發揮為「首先是階級的監督，群眾的監

16　毛澤東：〈同音樂工作者的談話〉（1956年8月24日），《毛澤東文集》第7卷，頁83。

17　毛澤東：〈加快手工業的社會主義改造〉（1956年3月4日），《毛澤東文集》第7卷，頁12。

18　毛澤東：〈對中共八大政治報告稿的批語和修改〉（1956年8月、9月），《建國以來毛澤東文稿》第6冊，頁144。

19　劉少奇：〈在中國共產黨第八次全國代表大會上的政治報告〉（1956年9月15日），中共中央文獻研究室編：《建國以來重要文獻選編》，頁56。

20　這是1956年八大以及八大以後，毛澤東所一再強調的。見毛澤東：〈給黃炎培的信〉（1956年12月4日），《建國以來毛澤東文稿》第6冊，頁255。類似發言如「國內階級矛盾已經基本解決」亦可見於毛澤東：〈在中共八屆二中全會小組長會議上的發言〉（1956年11月），《建國以來毛澤東文稿》第6冊，頁245。

21　據〈毛澤東同外國黨代表團的談話摘述〉一文透露，毛澤東還特意批評斯大林的階級鬥爭觀：「客觀形勢已經發展了，社會已經從這一個階段過渡到另一個階段，這時階級鬥爭已經完結，人民已經用和平的方法來保護生產力，而不是通過階級鬥爭來解放生產力的時候，斯大林在思想上卻沒有認識到這一點，還要繼續進行階級鬥爭，這就是錯誤的根源」。文收楊勝群、陳晉編：《五十年的回望：中共八大紀實》，頁280。

督，人民團體的監督」。[22] 這其實正是八大的一個重要主題：加強黨領導下的民主和法制建設。[23] 作為黨內民主建設的重要方面，八大還提出了「反對突出個人，加強集體領導」的原則，在八大通過、修改的黨章中，還將七大黨章[v]中「中國共產黨，以馬克思列寧主義的理論與中國革命的實踐之統一的毛澤東思想，作為自己一切工作的指標」的提法，改為「中國共產黨以馬克思列寧主義作為行動的指南」，這些都可看作是對蘇共二十大「反對個人崇拜」的一個回應，[24] 而在當時，毛澤東是同意的。

　　有研究者認為，八大是中國共產黨「開始探索中國自己的建設社會主義道路的標誌」，[25] 這一判斷是大體符合事實的。而八大探索中國發展道路的理論基礎又是毛澤東所奠定，就是發表於八大之前的〈論十大關係〉。

22　毛澤東：〈對中共八大政治報告稿的批語和修改〉（1956年8月、9月），《建國以來毛澤東文稿》第6冊，頁136。

23　時為最高人民法院院長，也是中共元老的董必武在八大上作了一個關於建立完備法制的發言，其中特別談到：「革命的群眾運動是不完全依靠法律的，這可能帶來一種副產物，助長人們輕視一切法制的心理」。這是中共黨內不可多得的清醒的聲音，但自然是正熱衷於將群眾運動方式運用於社會主義建設的毛澤東所聽不進去的。中共中央辦公廳編：《中國共產黨第八次代表大會文獻》（北京：人民出版社，1957），頁253-264。轉引自沈志華：《思考與選擇：從知識分子會議到反右派運動（1956-1957）》，頁352。

24　對此大陸學術界有不同看法。林蘊暉在其〈中共八大黨章未寫毛澤東思想的原委〉一文指出，早在蘇共二十大之前的1952年9月25日，毛澤東〈對《人民日報》國慶社論提綱草案的批語〉裡，就提出「不要將『毛澤東思想』這一名詞與馬列主義並提，並在宣傳中盡可能不用這個名詞」，毛澤東還親自將社論提綱草案中兩處寫到的「毛澤東思想」一語刪去。見毛澤東：〈對《人民日報》國慶社論提綱草案的批語〉（1952年9月25日），《建國以來毛澤東文稿》第3冊（北京：中央文獻出版社，1989），頁563。以後，毛澤東還在審閱〈關於在中國政治法律學會章程及宣言中刪去「毛澤東思想」字樣的批語〉（1953年4月10日）、〈關於將內務條令等文件中的「毛澤東思想」改為「毛澤東同志的著作」的批語〉（1953年5月24日）等文件時，兩次刪去了「毛澤東思想」的提法，分別見《建國以來毛澤東文稿》第4冊，頁192、238。林蘊暉由此得出結論：「把八大黨章不再寫毛澤東思想，看成是受到蘇共二十大反對個人崇拜的影響，是毛澤東地位削弱的表現，是不符合歷史真實的」。林文收林蘊暉：《國史札記──事件篇》，頁168──筆者也認為，不能認為這是毛澤東地位削弱的表現；但1956年八大黨章刪去「毛澤東思想」，有蘇共二十大反對個人崇拜的影響這一新的時代因素，似乎也不可否認。

25　龔育之：〈中共八大的歷史地位〉（1996年），楊勝群、陳晉編：《五十年的回望：中共八大紀實》，頁232。

〈論十大關係〉這篇著作的重要性在於，它回應了蘇共二十大提出的諸多問題，是第一篇討論中國怎樣走一條自己的發展道路的著作；雖然它的醞釀是在二十大之前，但它正式寫出是在蘇共二十大之後。毛澤東本人在1960年所寫的〈十年總結〉裡，有過這樣的估價：「前八年照抄外國的經驗〔錢註：即蘇聯經驗〕。但從一九五六年提出十大關係起，開始找到自己的一條適合中國的路線。〔……〕開始反映中國客觀經濟規律」。[26]

下面，我想對這一篇著作做一個介紹和分析。

這篇著作的中心，是討論怎樣走出一條中國自己的發展道路，當中有兩個層面。

第一個層面，是提出「以蘇為鑑」，要總結蘇聯的失誤，並找出自己的路。蘇聯經驗的最重要教訓，是蘇聯的經濟發展比較強調重工業，而忽略了將老百姓的生活水準提高。有這樣一個數字，1952年蘇聯的平均人均消費的主要食品，像麵粉、大米、肉類等等，都低於1913年、低於十月革命之前。[27]搞革命，搞社會主義建設，人民生活最基本的水準卻低於革命前，這是無法交代的。這就是因為盲目地發展重工業，忽略了農業、輕工業的發展，人民生活無法提高，就引起了巨大不滿。以蘇為鑑，毛澤東就提出來我們要調整關係：一要調整重工業、輕工業與農業的關係，不能單純發展重工業，而要同時發展農業、輕工業，因為農業、輕工業跟人民生活最有關係。二要調整國家生產單位和生產者個人的關係，不能過分強調積累與國家利益，而忽略老百姓的個人生活與個人利益。三要調整經濟建設與國防建設的關係，不能過多的搞軍備而忽略經濟建設。歸結為一句話，就是「要重工業，又要人民」[28]——這是一個極有意思，值得尋味、琢磨的命題。

這背後有一個現代化的想像、現代化道路的問題，就是我們在第一講所談到「富國強兵」的現代化路線。要富國，當然要增加國家積累，要求老百

---

26 毛澤東：〈十年總結〉（1960年6月18日），《建國以來毛澤東文稿》第9冊（北京：中央文獻出版社，1996），頁213。

27 《蘇聯歷史檔案選編》第23卷，頁694。轉引自沈志華：《思考與選擇：從知識分子會議到反右派運動（1956-1957）》，頁90。

28 周恩來：〈關於一九五七年國民經濟計畫的報告〉（1956年11月10-15日），其中轉述毛澤東的意見。轉引自《周恩來年譜》（上卷），頁637。

姓為國家利益犧牲；要強兵，就要發展軍工業，發展軍工業的基礎就是重工業。我們上次講過，幾乎所有落後國家都很容易選擇富國強兵的現代化路線，而只要選擇這樣一條發展道路，就必然要著重發展重工業，就必然要犧牲人民生活。所以，儘管毛澤東在這裡已經提出來「要重工業，又要人民」，實際執行結果還是要重工業、要富國強兵。而強調富國強兵的一個重要原因，就是毛澤東時時感到外國帝國主義的威脅。在我看來，中國至今還沒解決這個問題。現在中國國家確實富了，兵也強了，中國崛起了，但是人民富了沒有？或者說，改革的成果、發展的成果，是否為人民充分享用了？這些年，人民生活確有提高，擺脫了絕對貧困的狀態，但是，還有相當多的人民，處在相對貧困的狀態，國家的發展速度與人民生活水準提高的速度，依然不成比例。現在中國的問題是，在有了「富國強兵」之外，還要不要「富民」？這思路是一直延續下來的。但不管怎麼說，毛澤東那時候至少開始對這條道路提出了某種質疑，雖然最後他還是走了富國強兵的路，但畢竟他已經把富民問題提了出來，這本身就有它的意義。

〈論十大關係〉更深層面討論的問題，在我看來是一個更加重要的問題，就是剛剛所說，中國的發展道路的問題。請大家注意報告結尾的一句話：「我們一定要努力把黨內黨外、國內國外的一切積極的因素，直接的、間接的積極因素，全部調動起來，把我國建設成為一個強大的社會主義國家」。[29]這是這個報告的基本的精神，不僅討論剛才說的經濟關係（重工業、農業、輕工業的關係，國防建設和經濟建設），在這些經濟關係之外，還著重討論了中央和地方的關係、漢族和少數民族的關係、黨和非黨的關係、中國和外國的關係、革命和反革命的關係等等，討論這一系列關係的中心，就是如何把各種積極因素，直接、間接的積極因素，全部調動起來，不只要調動中央的積極因素，還要調動地方的積極因素，不僅要調動漢族的積極因素，還要調動少數民族的積極因素，還有非黨的因素，外國的因素，都要為我所用，這樣就可以實現最大限度的社會動員。在這背後其實是包含了更深遠的追求，就是毛澤東想找的，一種新的、中國的發展經濟的道路。

這是什麼意思呢？1956年在毛澤東面前，有兩條現成的經濟發展道路，

29　毛澤東：〈論十大關係〉（1956年4月25日），《毛澤東選集》第5卷，頁288。

一條是西方的市場經濟發展道路，這條道路是毛澤東所不取的。他的理由很簡單，一是市場經濟強調生產自由化，無法控制，可能導致經濟危機。另一個就是他認為市場經濟的結果可能要導致兩極分化，作為社會主義者的毛澤東很難接受。但在1956年，毛澤東也有所鬆動，在八大通過的政治報告決議中，在設想社會主義經濟運行的具體體制時，就規定以國家市場、計劃經濟為主體，並以一定範圍內的、國家領導下的自由市場、計劃外生產為補充。毛澤東甚至提出，「可以消滅了資本主義，又搞資本主義」；現在國營、合作社營企業不能滿足社會需要，只要有原料，有銷路，私人可以投資開廠。[30]這就在宣布完成了對私營企業的社會主義改造以後，又為私營企業和市場經濟開了一個口。但對毛澤東來說，這也只是「調動一切積極因素」的臨時性需要，生產資料的單一公有制[vi]和計劃經濟[vii]依然是毛澤東和他的同僚所堅持的社會主義目標模式。中國共產黨人要真正全面承認市場經濟，要到鄧小平執政後期，即36年後的1992年——這已經是後話了。

還有一條道路是斯大林所堅持的蘇聯模式的計劃經濟道路。如前所說，毛澤東總體上是接受計劃經濟的，他也以為這是社會主義的優越性所在。但另一方面，他又覺得蘇式的計劃經濟過分僵硬，會產生一系列的問題。比如說當時爭論得最激烈的是蘇聯的「一長制」，就是一個工廠由廠長說了算，一個車間由車間主任說了算。有意思的是，在由國務院召集的工業部門負責人的部長級討論會上，絕大多數的部長都主張「一長制」，[31]毛澤東卻堅決反對。他說，一長制有兩個問題，第一，你強調廠長說了算，黨到哪裡去了？第二，群眾到哪裡去了？「一個工廠幾千人，很不容易搞好，沒有黨的領導，很容易形成一長獨裁。任何情況下，黨的集體領導這個原則不能廢除」，「單有一個集體領導不行，還要有個人負責，又對立又統一才行」，應該「是集體領導基礎上的個人負責制」。[32]

30　毛澤東：〈同民建和工商聯負責人的談話〉（1956年12月7日），《毛澤東文集》第7卷，頁170。

31　李雪峰：〈黨的八大前後與歷史片斷回憶〉，楊勝群、陳晉編：《五十年的回望：中共八大紀實》，頁13。

32　逄先知、李捷：〈《論十大關係》發表前後〉，文收楊天石主編，姚鴻本卷主編：《毛澤東剪影》，頁98。

　　西方式的市場經濟，蘇聯式的僵硬的計劃經濟，毛澤東都拒絕，那麼，他想找的第三條路是什麼呢？他最後說了，有兩個要點：一個是黨的集中領導，一個是群眾路線。也就是說，在黨的集中領導下，調動一切積極因素，進行最廣泛的社會動員，並實行高度的組織化，用這樣的方式來發展經濟。一條是高度集權，一條是最廣泛的社會動員，把中國人民組織起來，就可以集中一切物質資源、人力資源、智力資源、社會資源，進行大規模的建設，獲得高速發展，這就可以在短時間內實現落後國家「趕、超發達國家」的發展目標。

　　這條發展道路，同學們聽起來可能有點陌生，其實說起來也很簡單，一直到今天中國還是堅持這條道路。去年（2008年）中國當局總結汶川地震[viii]和北京奧運會[ix]的經驗，就是一條：「集中力量辦大事」。其實「集中力量辦大事」就是延續了毛澤東的這條路。權力高度集中在黨的手裡，把救災、奧運當作全黨、全國第一大事來抓，黨中央一聲令下，黨、政、軍各方面，不僅是有關的民政、體育、教育、文化部門，還包括各個經濟、政法、行政部門，從中央、地方到最基層的組織全部動員起來，一切服務於此、一切讓路，可以說是要什麼就給什麼，凡有礙於此的事，全部禁止。這樣的集中力量辦大事，實際上是實行「戰時總動員」，它在處理社會危機、公共事件的時候，是非常有效的。

　　像中共這樣的權力高度集中體制，根本不允許有不同意見或討論，也沒有任何監督和掣肘，基本上是領導人下了決心，要怎麼做就可以怎麼做，這是其他體制做不到的。當年應對SARS，2008年應對禽流感，以至應對金融危機，都是這樣，大陸的處理就比台灣或其他國家都及時、都快，而且很有效果；像是動用四萬億納稅人的錢來應對金融危機，根本不需要討論，黨中央開個會就決定了、執行了，動員起來之後就可以把事情辦妥。至於後果如何、有沒有問題，都沒有監督，人民、納稅人亦無權過問。這樣集中力量辦大事，就是延續毛澤東的路線，是用戰爭的思維和方法搞經濟、搞建設。

　　從表面看來，這條路好像很有效率，是一條捷徑，但它也有兩個致命弱點。一個是權力不受限制、不受制約、不受監督。我在大陸演講時就提出了一個問題：你集中力量辦大事，如果辦的是好事那很好，但如果辦的是壞事，那怎麼辦呢？辦了壞事在這個體制下，沒有糾錯的機制，就會帶來無法

挽救的災難性後果。其實，即使是辦好事，也會出現權力的濫用，在進行社會動員時侵犯老百姓的基本權利，擠壓個人的自由空間。比如，大陸正在（2009年）準備慶祝國慶，據說採用的就是去年（2008年）舉辦奧運會的經驗，也就是再一次地進行全民全黨的戰時總動員。我來台灣前，就在報紙上看到一條公開發表的消息，說北京市和周邊的省市簽訂了一個「護城河」計劃和協定，為了保護北京城國慶期間的安全，附近各省市都要在進北京的路上設卡，禁止任何被認為有可能威脅北京安全的人員進北京，這顯然是在剝奪憲法所規定的公民遷徙、行動自由。讓我震驚的是，這樣公然違憲的作法居然公開登在報紙上，可謂肆無忌憚，卻沒有任何人提出質疑和抗爭。可見如此的體制之害，在大陸已經見怪不怪了。

還有一個問題。一黨專政下的社會動員，往往隱含著排斥專家、反科學的因素，強調主觀意志、黨的主觀意志、群眾的主觀意志，如此就會無視經濟發展的客觀規律。特別是五十年代黨的幹部、基本群眾文化程度都很低的情況下，僅憑迫切改變落後面貌的主觀意志去辦「大事」，很可能辦的就是錯事、壞事，即所謂「好心辦壞事」，也會帶來巨大的災難；而且辦得越大，災難越重。這個問題在下一階段的「大躍進」就會遇到，我們以後再討論。

應該說，毛澤東選擇的這條道路，使得他和他的同僚之間很容易發生衝突、矛盾，尤其是與具體管經濟的官員，比如劉少奇、周恩來、陳雲。有一位研究者說得很好，他說，其實從劉少奇到周恩來再到陳雲，這些主管經濟的中共領導人，都是斯大林式計劃經濟模式的「崇拜者」，但「計劃經濟要求嚴格的比例和平衡，要求一絲不苟、照章辦事，這與毛澤東不講常規、不拘約束的特質格格不入」，所以他們和毛澤東之間常有爭論，當一方講經濟平衡、有序的發展時，毛澤東卻說，什麼叫平衡？不斷的破壞平衡才是前進的動力。毛澤東始終有一個反秩序、反平衡的革命衝動。過度地強調照章辦事，便隱含了科層化和官僚化的問題，當然也免不了會忽視群眾的活力，對群眾創造形成某種限制。而毛澤東恰好要突破這一切，這是一個承認計劃經濟前提下的衝突。可以這樣說，一方是按常識辦事的技術官僚；另一方是毛澤東這樣不斷破壞的革命家，這之間很容易發生衝突。[33]

33　沈志華：《思考與選擇：從知識分子會議到反右派運動（1956-1957）》，頁347。

　　這樣，一方要想方設法地維護斯大林、蘇聯式的計劃經濟模式，另一方卻想突破它，這樣就造成了一個意想不到的後果。在中國，由於毛澤東不斷抵制，在毛澤東時代始終沒有形成技術官僚階層，而在斯大林時代，技術官僚的問題是非常嚴重的。正如一位研究者所說，「斯大林依賴的是技術官僚集團以及由他們建立的嚴密的計劃體制，毛澤東依賴的是人民大眾和他本人不斷發動的大規模群眾運動」，因此，「嚴格意義上的計劃經濟體制在中國確實沒有真正建立起來」。可以說，剛建立起來一個計劃經濟模式，毛澤東一下命令就把它衝掉了。然而，「無論是蘇聯的計劃經濟，還是中國的群眾運動，其本質都是集中制，體現的都是長官意志或領袖意志」，[34]由於毛澤東強調的是黨的全面、集中領導，「實質上就是用行政命令來指揮經濟」，走到極端，就是以後我們要講的大躍進的「命令經濟」，其危害絕不亞於斯大林的計劃經濟模式。[35]

　　但問題也還有另外一面，毛澤東雖然對斯大林式計劃經濟模式反感，卻沒有導致他對市場經濟的承認，但由於他對此模式不斷衝擊，使中國的計劃經濟始終沒有完整建立，特別是沒有形成強大的行政官僚集團和技術官僚集團；這樣到了鄧小平時代，要從計劃經濟轉型到市場經濟，就比較容易。所以大家可以發現，同樣是向市場經濟轉型，為什麼中國的阻力相對比較小，沒有付出太大的代價，而蘇聯、東歐國家在八十年代、九十年代的轉型，遇到的阻力就非常大，這樣的差別是當初沒有想到的後果。有的學者以此來解釋為什麼中國的經濟發展速度比蘇聯快，我覺得是有道理的。[36]倒是中國後來發展了權貴市場經濟，反而形成強大的行政官僚和技術官僚集團，這又深化了今天改革所面臨的巨大阻力，這些都很發人深省。

　　以上所討論的，都是蘇共二十大之後，毛澤東的「一則以喜」，他的「喜」在於，他可以開始尋找一條打上毛澤東個人烙印的、中國自己的發展道路。那麼他的「一則以懼」，又是憂懼什麼呢？

34　沈志華：《思考與選擇：從知識分子會議到反右派運動（1956-1957）》，頁145。

35　參看沈志華：《思考與選擇：從知識分子會議到反右派運動（1956-1957）》，頁347。

36　參看秦暉：〈「中國奇蹟」的形成與未來──改革三十年之我見〉一文之〈上篇：雙重效率增益與走出「負帕累托」──中國奇蹟1978─1989〉（原刊載於2008年2月21日《南方週末》電子報第1254期），2011年7月27日取自，愛思網：http://www.aisixiang.com/data/20687.html。

最了解毛澤東的祕書胡喬木（1912-1992）曾經有這樣的觀察，他說：「蘇聯揭露的斯大林的統治，其黑暗不下於歷史上任何最專制暴虐的統治。毛主席日思夜想走出一條比蘇聯好的路子來」，[37]也就是說，毛澤東開始考慮，中國是否能走另外一條路，不要像蘇聯那樣暴虐統治？他從斯大林的暴虐統治看到社會主義的危機，這可能危及到社會主義的一個基本生存問題。因此，在中共中央政治局用《人民日報》編輯部的名義，於1956年4月發表〈關於無產階級專政的歷史經驗〉一文，[38]作為中共對蘇共二十大的正式回應時，毛澤東特地加上這樣一段話：當革命勝利、共產黨掌握了政權以後，「就面臨到有可能利用國家機關獨斷獨行、脫離群眾、脫離集體領導、實行命令主義、破壞黨和國家的民主制度這樣一個很大的危險性」。[39]之後，在11月中共八屆二中全會[x]上，毛澤東又進一步談到「不要形成一個脫離人民的貴族階層」的問題，並且警告說，如果「罵群眾，壓群眾，總是不改，群眾就有理由把他革掉」。[40]這也是黨的高層所擔心的問題，劉少奇在八屆二中全會上，也提出「鑒於若干社會主義國家的情況，國家的領導人員有可能成為一種特殊的階層，特殊的『統治階層』」，並且提出了一些制度改革的設想，如「國家領導人員的權力應該有一種限制」，「國家領導人員的生活水平應該接近人民的生活水平」，要縮小工資差別、取消特權、取消幹部終身制等。[41]這都表明，正是所謂「若干社會主義國家」即蘇聯和東歐國家的教訓，毛澤東和中共的高層開始考慮另外的一種選擇。

據鄧小平在八十年代的回憶，毛澤東跟最高領導層曾經說過這樣一段話——因為這是鄧小平回憶的，就有相當大的可靠性——他說：斯大林破壞社會主義法制的做法，「這樣的事件在英、法、美這樣的西方國家不可能發

37　轉引自李慎之：〈毛主席是什麼時候決定引蛇出洞的〉，文收牛漢、鄧九平：《六月雪：記憶中的反右派運動》，頁122。

38　《人民日報》編輯部：〈關於無產階級專政的歷史經驗〉，《人民日報》1956年4月5日。

39　毛澤東：〈對〈關於無產階級專政的歷史經驗〉稿的批語和修改〉（1956年4月2日、4日），《建國以來毛澤東文稿》第6冊，頁63。

40　毛澤東：〈在中國共產黨第八屆中央委員會第二次全體會議上的講話記錄〉（1956年11月15日），轉引自逄先知、金沖及主編：《毛澤東傳》（上），頁612。

41　八屆二中全會紀錄：劉少奇報告（1956年11月10日），轉引自沈志華：《思考與選擇：從知識分子知識分子會議到反右運動（1956-1957）》，頁426。

生」。[42]毛澤東在黨內作〈十大關係〉的報告時還談到「帝國主義實在是不好的，但是它搞成這麼一個發展的國家總有一些原因。它的政治制度是可以研究的。看起來，我們也要擴大一點地方權力」。[43]當然毛澤東講的政治制度是很具體的，是指美國的聯邦制。他說聯邦制有個好處，地方權力很大，可以制定法令，甚至地方法令可以與中央法令矛盾、打架，所以他覺得美國式的政治分權制度，似乎是有可取之處。蘇共二十大以後，毛澤東發現斯大林社會主義模式的一個大問題，就是權力過於集中，因而開始考慮「分權」、「集權」的問題。正是在這一背景下，他開始思考，如何從西方國家的制度當中，吸取一些有利的東西。當然，他當時主要著力點是經濟體制上的「分權」，即給地方與企業更大的自主權。[44]但這也必然會涉及政治上的分權問題，他甚至考慮過，能不能像西方這樣成立兩個黨，在共產黨裡面搞兩個黨，兩個派別。這是他的英文秘書林克（1923-）在1956年10月31日的日記裡記下的，因此可能比較可靠：毛澤東跟他說，「如何保證無產階級民主，是否可以搞兩個黨（共產黨）呢？這還很難設想。準備找四教授談談」[45]──但是後來也不知道他所說的「四教授」究竟是誰、他到底找了沒有、討論的結果又是如何，但這至少說明毛澤東在1956年把蘇聯式的政治、經濟體制和西方的政治、經濟體制做了比較，試圖尋找一種新的政治體制。前面說的是經濟發展道路，現在他就進一步思考是否可以建立既不同於西方、又不同於蘇聯的一種新的政治體制。

　　這大概也是當時中共高層所關心和討論的問題。劉少奇在1956年11月舉行的八屆二中全會上，就講到「毛主席有一次講過，資產階級民主，特別是初期，有那麼一些辦法，比我們的辦法更進步一些。我們比那個時候不是更進步了，而是更退步了」。劉少奇還講到他自己的一個想法：「據說瑞典，它還是一個王國，它的內閣首相是手上拿著一個皮包，搭公共汽車到首相辦公室

42　鄧小平：〈黨和國家領導制度的改革〉（1980年8月18日），《鄧小平文選》第2卷，頁333。

43　這段話在公開發表時刪去了。見薄一波：《若干重大決策和事件的回顧》（上），頁488。

44　毛澤東：〈在中共中央政治局擴大會議上的總結講話〉（1956年4月28日），《毛澤東文集》第7卷，頁51-53。

45　林克：《林克日記（1955─1964）》（手稿），未刊，頁15。轉引自沈志華：《思考與選擇：從知識分子會議到反右運動（1956-1957）》，頁290-291。

去辦公的」、「我們小孩子的時候曾經聽說，華盛頓在革命之後，做了八年總統，又退為平民」、「這樣的辦法，我們是不是也可以參考一下，也可以退為平民？」、「恐怕有些東西，資產階級的有些制度也可以參考」。[46]

這是非常值得注意的：正是在蘇共二十大以後，毛澤東反覆強調：「不要迷信在社會主義國家裡一切都是好的」，他一再提醒人們要正視社會主義本身的問題，[47]並曾經試圖向自己的對立面——資本主義那裡去吸取某種資源。在此之前，人們都認為社會主義和資本主義是絕對對立的。但是現在毛澤東、劉少奇等中共高層都在考慮，為了社會主義自身的發展，是不是可以從資本主義那裡吸取某些思想資源，這是一個非常重要的思想突破；這也明確地表現在毛澤東〈論十大關係〉裡，請大家注意，他是這麼說的：「我們的方針是，一切民族、一切國家的長處都要學，政治、經濟、科學、技術、文學、藝術的一切真正好的東西都要學。但是，必須有分析有批判地學，不能盲目地學，不能一切照抄，機械搬運。他們的短處、缺點，當然不要學」。[48]這裡值得注意的是兩個詞：「一切民族」、「一切國家」，那就當然包括他視為頭號敵人的美國在內；還有他強調的是「政治、經濟、科學、技術、文學、藝術」都要學，一般說科學技術向西方學習是比較容易接受的，但這裡提出「政治、經濟」都要學，就是一個突破。

當然也要注意，他強調向西方、美國學習，包括學習政治、經濟，絕對不是學根本制度，而是有選擇的學習，所以緊接著還有一句話：「外國資產階級的一切腐敗制度和思想作風，我們要堅決抵制和批判」，還有「要把民族自信心提高起來，把抗美援朝中提倡的『藐視美帝國主義』的精神發展起來」。[49]所以他還是要強調，一方面向他們學，但是一方面還是要藐視它，他不會走完全西方化的道路，這一點我們不要產生誤會。他只是說可以考慮向西方學習有用的資源，歸根結柢還是強調振奮民族精神，要走我們自己的路。

46　轉引自林蘊暉：〈1956年匈牙利事件引發劉少奇的思考〉，載《炎黃春秋》2009年第3期，頁27。

47　毛澤東：〈不要迷信在社會主義國家裡一切都是好的〉（1956年6月28日），《毛澤東文集》第7卷，頁69。

48　毛澤東：〈論十大關係〉（1956年4月25日），《毛澤東選集》第5卷，頁285。

49　毛澤東：〈論十大關係〉（1956年4月25日），《毛澤東選集》第5卷，頁287。

　　那麼，他試圖建立何種新的政治秩序呢？他後來有一段總結性的話，我覺得很能說明他的一個理解和選擇：「我們的目標，是想造成一個又有集中又有民主，又有紀律又有自由，又有統一意志、又有個人心情舒暢、生動活潑，那樣一種政治局面」，[50] 這裡包括了毛澤東對西方、蘇聯制度以及他自己理想的一個特殊理解。在他看來，蘇聯有集中、有紀律、有統一意志，但是沒有民主、沒有自由、沒有個人發展；反過來，西方的制度有民主、自由、個人發展，但卻沒有集中、沒有紀律、沒有統一。所以，他說中國要走第三條路，創造「又集中又民主，又有紀律又自由，又有統一意志，又有個人的心情舒暢」這一個理想的政治秩序，他所延續的，還是第三條道路的思路。

　　毛澤東並不拒絕向西方學習，所以有人說毛澤東做不出改革開放的事，但在我看來毛澤東同樣做得出。1964年毛澤東自己說過這樣的話：「在一定時候，可以讓日本人來中國辦工廠，開礦」。[51] 毛澤東這個人有個特點，他的思想不受任何東西制約，他沒有多少條條框框，只要他覺得需要向西方學習他就去學，覺得應該向西方開放就會開放，不會有多少忌諱、顧慮，不會受什麼既定觀念的拘束，這是他可貴但是也可怕的地方。

　　在蘇共二十大之後，毛澤東要解決兩個問題：一個是如何找到一個中國式的發展經濟的道路，這就是〈論十大關係〉；另一個就是如何創建一個中國式的政治體制，這就是我要求大家讀的第二篇文章〈關於正確處理人民內部矛盾的問題〉所要解決的問題。

　　討論「正確處理人民內部矛盾的問題」命題有一個前提：存在著兩種矛盾，也就是「敵我矛盾」與「人民內部矛盾」。這就內含著一個關於黨的功能的問題：共產黨要由主要處理敵我矛盾的黨，轉變為主要處理人民內部矛盾的黨，但這又不徹底。建國以後，至少到了1956年，共產黨本就應該完成一個革命黨向執政黨的轉變；但當時毛澤東還沒有意識到此，他的基本思路還是革命黨的思路。所以，他提出兩類矛盾，還是強調首先要區分敵我，一個「敵人」、一個「人民」，這兩個概念本身就是一個革命思維、戰爭思維。問題是，

50　毛澤東：〈一九五七年夏季的形勢〉（1957年7月），《毛澤東選集》第5卷，頁456-457。

51　參看石鐘泉：〈艱辛的開拓──毛澤東在「文化大革命」以前對中國社會主義建設道路的探索〉，文收蕭延中編：《晚年毛澤東》（北京：春秋出版社，1989），頁155。

他要建立這樣一種政治體制，還是有個前提，就是要維護「專政」，也就是在維護無產階級專政(一黨專政)的前提下討論民主問題。所以，就有了這樣的命題和口號：「專政要繼續，民主要擴大」。[52]

這跟前面說的「要重工業，又要人民」，是同一個思維邏輯下的產物。問題是，怎麼劃分敵我？這個標準很值得琢磨。請大家注意這一段論述：「在現階段，在建設社會主義的時期，一切贊成、擁護和參加社會主義建設事業的階級、階層和社會集團，都屬於人民的範圍；一切反抗社會主義革命和敵視、破壞社會主義建設的社會勢力和社會集團，都是人民的敵人」。[53]這個標準非常奇怪，它不根據法律，不是說你犯了法你是敵人、你不犯法你是人民，而是根據你對社會主義的態度，你是贊成、擁護和參加，還是敵視、破壞？這就帶有很大的主觀性：你怎麼評估一個人是「敵視」社會主義呢？根據人的政治態度、思想觀念來判定敵我，最後的邏輯和事實發展結果必然是「說你是敵人，你就是；說你不是，你就不是」。

還要注意一點，當時沒有我們現在所說的「公民」的概念，自然也就取消了憲法的作用和意義。那麼，誰來判定你是敵視社會主義，還是擁護社會主義？答案是由黨來判定。所以，決定你是人民或敵人的權力，在黨手上。而且這裡說得很清楚，你是人民就有一些民主權利，你是敵人就什麼權利都沒有了。同時還有個理論也很可怕：敵我是可以轉化的，你今天是人民明天就可能是敵人、今天是敵人明天就也可以是人民；轉化的權力也在黨，今天黨認為你是人民你就是人民、享有權利，明天黨認為你是敵人，你就被剝奪一切權利。所以這裡講的「民主」，不是現代政治意義上講的憲法賦予的民主，而是「黨賜民主」；當然，黨也可以隨時收回民主。這就預示了後面很多事情的發生和發展。在這個意義上，我們可以說，毛澤東「正確區分兩類不同性質的矛盾」之說，是他以後發動反右運動的理論基礎。看不到這一點，過分誇大

---

52 1956年7月21日周恩來在上海市第一次黨代表大會上的講話：國內反革命殘餘勢力沒有完全肅清，國外帝國主義還敵視我們，「專政應該繼續」；「由於我們的專政更加鞏固了，工人階級的力量更加強大了，所以我們的民主就應該更擴大」。見《周恩來年譜(1849—1976)》(上卷)，頁602-603。

53 毛澤東：〈關於正確處理人民內部矛盾的問題〉(1957年2月27日)，《毛澤東選集》第5卷，頁364。

毛澤東這一說法的意義，可能會造成對歷史的遮蔽。

但不管怎麼說，在1956-1957年上半年這段時間，毛澤東的重點確確實實是要強調民主，要擴大民主。因此，他就提出了兩個方針：「百花齊放、百家爭鳴」，大陸把它稱為「雙百方針」；另一個是和共產黨以外的民主黨派「長期共存，互相監督」，毛澤東說：「蘇聯只有一個黨，到底是一黨好，還是幾個黨好？看來還是幾個黨好」，「共產黨要萬歲，民主黨派也要萬歲」。[54]

所謂「百花齊放、百家爭鳴」是什麼意思呢？就是文學上各種流派、風格都可以自由的發展，在學術上各種意見、學派也可以自由競爭。這就意味著對知識分子一定程度的開放。而「長期共存，互相監督」則意味著對民主黨派一定程度的開放，毛澤東把它概括為一個字：「放」。

當時毛澤東在最高國務會上作了一個影響極大的演講。他說，有人問，你說百家爭鳴，那麼馬克思主義可不可以批評呀？他的回答很有意思，他說：「共產黨的思想就是馬列主義」，我們「並非要一切人都進共產黨，都相信共產黨的道理，都講唯物主義世界觀，強迫人相信馬列主義世界觀也是不行的」──這個回答還可以琢磨，下面再講。有人問，老幹部，也就是共產黨的領導人可不可以批評？這個問題內含的意義是「你（毛澤東）可不可以批評？」毛澤東的回答也很妙：「老幹部一批評就倒，那就應該倒。怕批評的人就是有弱點，有弱點就要批評。」然後他說，「批評得當，當然好，批評不當，也沒有什麼，言者無罪。人民內部的事情，人民有批評權；憲法規定人民有言論自由，出版自由」。[55]

這些話，諸位今天聽起來可能覺得很普通，但是在那個時候知識分子聽這一段話可以說是欣喜若狂、非常興奮，因為這突然代表可以批評馬克思、可以批評老幹部了，憲法規定的言論自由、出版自由都有保障了。而且毛澤東的演講本身揮灑自如、旁徵博引，對知識分子有很大的吸引力。

這裡我想唸一封家書，是中國非常著名的翻譯家傅雷（1908-1966）寫給他兒子的，他的兒子是著名鋼琴演奏家傅聰（1934-）。傅雷翻譯法國巴爾札

---

54 據李慎之所保留的〈十大關係〉內部傳達報告記錄，見〈毛主席是什麼時候決定引蛇出洞的〉，文收牛漢、鄧九平編：《六月雪：記憶中的反右派運動》，頁121。

55 毛澤東：〈毛澤東在最高國務會議上的講話（記錄稿）〉（1957年3月1日），轉引自沈志華：《思考與選擇：從知識分子會議到反右運動（1956-1957）》，頁474-475。

克（Honore de Balzac，1799-1850，法國）、羅曼羅蘭（Romain Rolland，1866-1944，法國）的作品，是個典型的自由主義知識分子，而且非常高傲，帶有很濃厚的貴族氣息。但是，他聽了毛澤東的講話，完全被懾服，他這樣寫信給他兒子：「毛主席的講話，那種口吻，音調，特別親切平易，極富於幽默感；而且沒有教訓口氣，速度恰當，間以適當的pause〔錢註：停頓〕，筆記無法傳達。他的馬克思主義是到了化境的，隨手拈來，都成妙諦，出之以極自然的態度，無形中滲透聽眾的心。講話的邏輯都是隱而不露，真是藝術高手」。[56]他的結論是：毛澤東「胸襟寬大，思想自由，和我們舊知識分子沒有分別，加上極靈活的運用辯證法，當然國家大事掌握得好了。毛主席是真正把古今中外的哲理融會貫通了的人」。[57]傅雷表達的這種折服於毛澤東的心態，是有代表性的，相當多的知識分子都認同這個看法。但是，當傅雷宣布毛澤東所談的思想自由和他們所想的一樣時，他就誤讀了毛澤東，而且是嚴重地誤讀，而他自己與和他同樣的知識分子，就必須為這樣的誤讀付出代價。

其實，在當時的氣氛下，傅雷和他的朋友都不可能仔細地去分辨毛澤東的話；但我們今天在事後仔細分辨毛澤東一些話，就可以發現毛澤東內心其實是有矛盾的。這是我今天要講的另一個問題。

二、毛澤東的內在矛盾

你們注意，當有人問：馬克思主義可不可以批評？毛澤東回應說：我們不強迫你接受馬克思主義。這回答是回避了問題本身的。因為，「可不可以批評」這個問題背後，還隱含了一個更尖銳的問題：馬克思主義能不能作為國家的意識形態？1949年之後，馬克思主義就由黨的意識形態上升為國家的意識形態，而且馬克思主義的領導地位是寫進《憲法》的，批評馬克思主義當然就是質疑馬克思主義的領導地位，這是可以被判為違反《憲法》的，也就是有一個「反馬克思主義」的罪名。

---

56 傅雷致傅聰書（1957年3月18日），傅雷：《傅雷家書》（增補本）（北京：三聯書店，1994），頁151。

57 傅雷致傅聰書（1957年3月18日），傅雷：《傅雷家書》（增補本），頁152。

因此，毛澤東提出「百花齊放、百家爭鳴」，要把它堅持到底，真正實行學術自由、學術面前人人平等，就必然要挑戰馬克思主義的領導地位，並還會衍伸出一系列的政治敏感問題，這都是毛澤東必須回答的。這裡有一個材料：當時，為全國宣傳工作會議作參考，中共中央宣傳部編印了一份材料，當中蒐集了毛澤東提出「雙百方針、長期共存」方針之後，社會各界尤其是知識分子的反應，他們提出一系列極其尖銳的問題。毛澤東對這些問題有一部分做了批示，從這些批示就可以看出毛澤東當時面對的問題，以及他內心的矛盾。

第一個問題是：「『百家爭鳴』與『馬克思列寧主義是國家的指導思想』兩者間的關係怎樣？」講百家爭鳴，同時又強調馬克思主義是國家的指導思想、兩者間有沒有矛盾？毛回應說：「應當弄清楚這種關係。」他不作正面回答，但也沒有反駁。[58]

另外一個問題是：「報刊上是否允許發表和黨不同的主張？就是說黨的政策和黨、政府的工作方針能否在報刊上『爭鳴』？」這涉及黨對輿論的控制、涉及黨的指導思想、涉及黨的領導地位。毛澤東的回應還是說：「這個問題值得研究」。[59]

與此相類似的問題：「黨的政策是否允許懷疑？對黨的政策的懷疑的意見是否允許爭論？」毛反問道：「為什麼不允爭論呢？」[60]

毛澤東自己在為最高國務會議講話準備的提綱裡，也這樣提出問題：「以工人階級、共產黨、馬列主義〔錢註：指導思想〕為領導，是否不妥？」[61]這就是說，本來毛提的雙百方針，僅限於在學術問題、文學藝術問題上，現在把百花齊放、百家爭鳴的方針貫徹到底，就必然涉及政治問題。也就是說，學

---

58 毛澤東：〈在中宣部印發的〈有關思想工作的一些問題的彙集〉上的批注〉（1957年3月），《建國以來毛澤東文稿》第6冊，頁407。

59 毛澤東：〈在中宣部印發的〈有關思想工作的一些問題的彙集〉上的批注〉（1957年3月），《建國以來毛澤東文稿》第6冊，頁409。

60 毛澤東：〈在中宣部印發的〈有關思想工作的一些問題的彙集〉上的批注〉（1957年3月），《建國以來毛澤東文稿》第6冊，頁411。

61 毛澤東：「馬克思主義應當宣傳，不能強迫人們相信。以工人階級、共產黨、馬列主義為領導，是否不妥？」見毛澤東：〈在第十一次最高國務會議作結束語的提綱〉（1957年3月1日），《建國以來毛澤東文稿》第6冊，頁362。

術可以討論，文學可以討論，政治可不可以討論？這涉及到黨的領導與馬克思主義的指導地位的問題，這是國家政治體制的根本問題；而毛澤東的回答都是「需要研究」、「應當研究」，這樣一個既開放又謹慎、猶豫不決的表達方式，在毛澤東著作中是極少見的。

其實，在我看來，這正好反映毛澤東內心的矛盾，他還沒有下決心。一方面，作為思想家，他很清楚這樣一個百花齊放、百家爭鳴的邏輯本身，必然導致國家政治、思想、文化生活的全面民主化；要實現全面民主化，就必須突破現行的一黨專政體制。這個客觀邏輯毛澤東不會不懂，而且他很清楚，只有走這條路，中國才有希望。所以，他在宣傳會議上的講話提綱裡說：「兩個方法（政策）領導中國，還（是）『放』的方法好」，「我們將（在）百花齊放、百家爭鳴中發展真理，少犯錯誤，將一個落後的中國變為一個先進的中國」。[62] 也就是說，真正從國家、人民的利益出發，必然要堅持放的方針，而放的方針貫徹到底的結果，一定是突破一黨專政的體制，這一點毛是清楚的。

但是另一方面，他作為一個政治家，作為一個既得利益集團的代表，他更清楚這樣的突破意味著什麼：這意味著共產黨有可能喪失統治權力，並且會危及既得利益集團的利益。因此他從維護黨的利益出發，他的「放」的方針只能是暫時的、有限的。也就是說，1957年的毛澤東，面臨了兩個選擇：是要在一黨專政的框架內，進行有限的改革？還是要突破一黨專政的框架，進行更徹底的改革？他面臨這樣一個兩難問題。可以說，在1957年，毛澤東走到了歷史的十字路口，大陸中國也走到了歷史的十字路口，而這個選擇的決定權在毛澤東手裡。

很顯然的，毛澤東畢竟是一個執政黨的領袖，不能不受到黨幹部和黨員的利益要求的制約，他自己的利益也是和黨的利益緊密聯繫在一起的，沒有黨的權力，也就沒有他自己的權力，這一點他是很清楚的；而他又堅信唯有自己掌握最高權力、集中最大權力，才能夠實踐和實現他的理想，這是他的基本信念。無論從他代表的黨和自己的利益出發，或者從他的信念出發，

62　毛澤東：〈在宣傳會議上講話（提綱）〉（1957年3月12日），《建國以來毛澤東文稿》第6卷，頁376。

他都不可能放棄黨，放棄他自己不受限制、不受制約、不受監督的權力。因此，他絕不可能選擇一個突破一黨專政框架的徹底改革，只能走一條在一黨專政框架內有限度的改革道路。

問題是，在毛澤東自己猶豫不決時候說的「可以研究」、「值得研究」這些話，很快地就傳了出去，[63] 有一些書呆子就真的研究起來了，而且有的還發表公開言論。等毛澤東最後下決心要堅持一黨專政的時候，本來是他號召下說出來的話，就翻了一個身，成了「右派」言論，而且一個不漏。這將毛澤東時代政治的殘酷性表露無遺。這個體制有個特點，最高領袖可以胡思亂想、胡說八道，他可以打破一切框框，什麼都可以想、什麼都可以說。但只有他能想，別人不能想；只有他能夠說，別人都不能說。因此有人說，在毛澤東時代是一人自由，萬人不自由；一個腦袋可以不受拘束地自由思考，其餘幾億腦袋連思考的權利都沒有。許多人都不懂這個道理，等到明白這個道理的時候，已經晚了，造成很多悲劇。對毛澤東自己來說，他最後作出這樣一個選擇，從長遠的歷史看，也是他個人的悲劇。

毛澤東的內在矛盾也表現在他對蘇共二十大的反應上。我們在前面的敘述裡，強調了毛澤東肯定二十大「揭了蓋子」，是一次思想解放，其實從一開始毛澤東對蘇共二十大就還有另一個評價：認為它「捅了漏子」，[64] 也就是二十大對斯大林的全盤否定，有可能導致對毛澤東視為生命的無產階級專政——也即一黨專政體制——的否定。這樣兩個評價，就構成了毛澤東的一個矛盾：既要解放思想、進行改革，又要堅持一黨專政的體制；他的矛盾具體表現於他在不同歷史情境下對二十大的不同反應。我們不妨比較一下兩個文本：一個是前面已提到的1956年4月發表的〈關於無產階級專政的歷史經驗〉（底下簡稱為〈一論〉）。在文章裡，儘管他指出對斯大林的錯誤要採取「全面分析」

63　例如時為新華社國際部副部長的李慎之在他的筆記本裡，就記錄了毛澤東在關於「十大關係」的內部報告中，說了極為解放的話：「中央成立一個體制小組，專門研究如何劃分權力」、「美國發展快，其政治制度必有可以學習之處」等等，正是在毛澤東的啟示下，李慎之提出「大民主」的主張，因此被打成「右派」。見李慎之：〈毛主席是什麼時候決定引蛇出洞的〉，牛漢、鄧九平編：《六月雪：記憶中的反右派運動》，頁121。

64　參看吳冷西：《憶毛主席——我親身經歷的若干重大歷史事件片斷》（北京：新華出版社，1995），頁4。

的態度，但重點卻在肯定蘇共「尖銳地揭露斯大林所犯錯誤的實質，號召全黨以此為戒，堅決地消除這種錯誤所造成的不良後果」，[65]毛澤東還親自加了一段話，強調「需要建立一定的制度」來「避免脫離群眾的個人突出」。[66]但到了1956年12月發表〈再論無產階級專政的歷史經驗〉（底下簡稱為〈再論〉）時，由於發生了匈牙利、波蘭事件，毛澤東就作出了不同反應：「現在，斯大林這把刀子，俄國人丟了。哥穆爾卡、匈牙利的一些人就拿起這把刀子殺蘇聯，反所謂斯大林主義」，[67]列寧這把刀子「也丟掉相當多了」，「十月革命還靈不靈？還可不可以作為各國的模範？」[68]這樣，〈再論〉的中心主題，就由〈一論〉當中強調把馬克思主義普遍原理同本國實踐相結合、走各國自己的路，變成強調所有共產黨領導的國家都必須遵循「十月革命道路」──武裝奪取政權和蘇聯的社會主義模式；也由著重批判教條主義，轉而批判修正主義了。

由此，毛澤東得出的結論是：「蘇聯的經濟制度基本上是適合於生產力的發展的，蘇聯的政治制度也是基本上適合於經濟基礎的需要的。斯大林的錯誤並不是由社會主義制度而來；為了糾正這些錯誤，當然不需要去『糾正』社會主義制度」[69]──請注意，這是對蘇聯式的政治制度與經濟制度，也即斯大林的社會主義模式的全面肯定。正如一位研究者所說：「探索社會主義各國自己道

65　毛澤東：〈對《關於無產階級專政的歷史經驗》稿的批語和修改〉，《建國以來毛澤東文稿》第6冊，頁66。

66　毛澤東：「我們需要建立一定的制度來保證群眾路線和集體領導的貫徹實施，而避免脫離群眾的個人突出和個人英雄主義，減少我們工作中的脫離客觀實際情況的主觀主義和片面性」。見毛澤東：〈對《關於無產階級專政的歷史經驗》稿的批語和修改〉，《建國以來毛澤東文稿》第6冊，頁63。

67　毛澤東：〈在中國共產黨第八屆中央委員會第二次全體會議上的講話〉（1956年11月15日），《毛澤東選集》第5卷，頁321、322。

68　毛澤東：「列寧這把刀子現在是不是也被蘇聯一些領導人丟掉一些了呢？我看也丟掉相當多了。十月革命還靈不靈？還可不可以作為各國的模範？蘇共二十次代表大會赫魯曉夫的報告說，可以經過議會道路去取得政權，這就是說，各國可以不學十月革命了。這個門一開，列寧主義就基本上丟掉了」。見毛澤東：〈在中國共產黨第八屆中央委員會第二次全體會議上的講話〉（1956年11月15日），《毛澤東選集》第5卷，頁322。

69　胡喬木：〈再論無產階級專政的歷史經驗〉（1956年12月29日），《胡喬木文集》（北京：人民出版社，1992）第1卷，頁509。此文作為《人民日報》編輯部文章載1956年12月29日《人民日報》，現收該文實際執筆者胡喬木的《胡喬木文集》。

路的門，也由此被堵死了」。[70] 在某種程度上，這也把毛澤東自己否定了：毛澤東「一黨專政條件下的改革」的內在矛盾，註定了「專政」對「改革」的最終否定。半年以後，毛澤東發動反右運動的內在邏輯，已在這裡隱伏下了。

　　毛澤東的矛盾更具體表現在兩個問題上。一個問題就是如何看待知識分子，再一個問題是如何看待這些民主黨派。重點還是如何看待知識分子。

　　毛澤東對知識分子有無數個論述，大家搞不清楚什麼是他真正的想法、什麼是他策略性的想法。現在，有些研究者，也包括我自己研究的一個看法，覺得最能夠表現毛澤東對知識分子真實想法的，是他在早期二十年代大革命時寫的一篇文章，也就是今天《毛澤東選集》的第一篇文章〈中國社會各階級的分析〉裡對知識分子的一個判斷──但是《毛澤東選集》裡的〈中國社會各階級分析〉是大加刪改的，其中關於知識分子最關鍵的話，在現在的《毛澤東選集》裡看不到，有人找到原來發表的文章，就發現他有這樣一段分析，而我們認為這可能是他最真實的想法──他是這樣說的：所有受過高等教育的知識分子，都是「極端的反革命派」或「半反革命派」。[71] 據說他這個判斷在當時就有很大的影響，一些北伐軍就提出過「打倒知識階級」的口號，其實在蘇區[xi]也有類似的口號。[72] 在延安時期，毛澤東需要知識分子，所以曾經寫過文章說要大量吸收知識分子，但他在〈在延安文藝座談會上的講話〉（底下簡稱為〈講話〉）裡還是埋下若干伏筆。比如他把知識分子稱為「小資產階級知識分子」，並且說了一段非常激烈的話，不知道大家讀〈講話〉時注意到了沒有。他說：小資產階級知識分子總是要「頑強地表現他們自己」，「要求人們按照小資產階級知識分子的面貌來改造黨，改造世界」，如果依了他們，「實際上就是依了大地主大資產階級，就有亡黨亡國的危險」。[73] 他實際上是將「小資產

70　參看林蘊暉：〈1956年要事述評〉，《國史札記──史論篇》，頁136。

71　參看王來棣：〈毛澤東的知識分子政策〉，《當代中國研究》（美國）2003年3期。轉引自沈志華：《思考與選擇──從知識分子會議到反右派運動（1956-1957）》，頁22。也可參考竹內實監修的《毛澤東集》第1卷，裡面有不同版本的對照。

72　參看王來棣：〈毛澤東的知識分子政策〉，《當代中國研究》（美國）2003年3期。轉引自沈志華：《思考與選擇：從知識分子會議到反右派運動（1956-1957）》，頁22。

73　毛澤東：〈在延安文藝座談會上的講話〉（1942年5月2日），《毛澤東選集》（一卷本），頁832。

階級」與視為革命對象的「大地主、大資產階級」相等同，也就是說，在他的
分析中，知識分子不但屬於資產階級，而且依附於和帝國主義相勾結的「大地
主、大資產階級」，因而不但和無產階級政黨相對立，而且與國家、民族利益
相違背。毛澤東因此將知識分子，主要是不聽他的話、不接受改造的知識分
子，看作是會「亡黨、亡國」的一個禍根，這和他當年說知識分子是「反革命
派」，是同一個邏輯。這樣，毛澤東事實上不僅以階級的立場，而且以民族的
立場，將知識分子置於審判台。

　　1949年毛澤東掌握權力之後，已經不能這麼露骨地說話了。但他仍有
說法，且更是從根本上消解知識分子，這就是他的著名的「毛皮論」。在他看
來，知識分子都是飄來飄去沒有獨立地位的「毛」，必須沾在某個「皮」上，或
者沾在無產階級這邊，或者沾在資產階級這邊，「皮之不存，毛將焉附」，也
就是說他根本不承認知識分子獨立的主體性，認為他們必須依附一個東西，
依附無產階級就是無產階級知識分子，依附資產階級就是資產階級知識分
子。這是從存在上更加徹底地否定知識分子。[74]

　　那麼，1957年在提倡百花齊放、百家爭鳴的時候，毛澤東是怎麼樣來看
待知識分子的？這是一個更有趣的問題，也是一個謎，長期未解。最近有研
究者發現了一個新史料，就是我們前面提到的林克日記，是個未刊稿，我們
只能轉引看過原始日記的專家的引述，但應該是可靠的。這是林克在1957年
4月24日的一段日記，當中記錄毛澤東當天在看了報紙上發表的北大著名哲
學教授馮友蘭（1895-1990）和賀麟（1902-1992）的文章以後，說的一段話：
「教條主義學問不多，未摸清舊知識分子的底，而舊知識分子被壓迫了一下，
他們讀了一些馬列主義，摸清了我們的底。因此，現在應該壓一下教條主
義，埋頭幾年學些學問，糾正教條主義，將來主要還靠他們。現在舊知識分
子尾巴翹起來了，但最後教條主義糾正了，用說服辦法來說服舊知識分子。
現在舊知識分子威風了，教條主義抬不起頭，會不會亂，不會亂，因為群眾
有鑒別力」。[75]你看毛澤東的口氣，「他們」和「我們」，是分得很清楚的，即使

74　毛澤東：〈打退資產階級右派的進攻〉（1957年7月9日），《毛澤東選集》第5卷，頁452-
　　453。

75　林克：《林克日記》（手稿），未刊，頁34-35、36。轉引自沈志華：《思考與選擇：從知識
　　分子會議到反右運動（1956-1957）》，頁532。

是「教條主義者」，也還是「我們」的知識分子，「將來主要還靠他們」。而「舊知識分子」，就是毛澤東在二十年代說的「受過高等教育的知識分子」，永遠是「他們」，即使學習馬列主義，也是為了摸「我們」的底，是不可靠的，而「他們」現在的威風是一時的，最終還是要壓「他們」的──這就是毛澤東對「舊知識分子」的「底」。

那麼，毛澤東這裡所說的「舊知識分子翹尾巴」是指什麼呢？這就是中國共產黨和毛澤東所面臨的一個根本性的矛盾：共產黨是靠打仗起家的，現在要搞社會主義建設，就必須要有知識、必須依靠知識分子，而知識分子也必然要提出「你是外行，能不能領導我」的問題。面對這樣的挑戰，毛澤東在1957年作出的回答也很妙。他說，「外行不能領導內行」這句話，「有一半對，一半不對」，確實，「在自然科學的這門學科、那門學科的具體內容上不懂，沒有法子領導」；但是，「共產黨能領導階級鬥爭，也就能領導向自然界作鬥爭。」然後他說一句很重的話：「如果有這樣一個黨，叫共產黨，他就只能作社會鬥爭，要率領整個社會向自然界作鬥爭就不行，那末，這樣一個黨就應該滅亡」。[76]也就是說，他意識到一個危機，以階級鬥爭起家、以革命為本業的共產黨，在科學技術迅猛發展的建設時期，它的領導產生了合法性的危機。他意識到這一點，肚子裡顯然憋了一股氣。那麼怎麼辦呢？他提出兩個對策，一個是從根本上，最終要培養無產階級的知識分子、工人階級的知識分子，他說了一句話很有意思：「那時黨的中央委員會的成分也會改變，中央委員會中應該有許多工程師，許多科學家。現在的中央委員會，我看還是一個政治中央委員會，還不是一個科學中央委員會」[77]──我想現在共產黨好像達到這個目標了，現在黨中央委員會裡面，科學家、知識分子、大學文化程度越來越多了。但在毛澤東時代，即使是黨內的知識分子也非常少，所以他覺得根本的辦法是要長期地培養自己的知識分子。但在自己的知識分子未成長起來以前，就只能夠隱忍、向知識分子妥協，但他心裡是非常不舒服的；而且，這還必須有一個前提，就是「你要能夠承認、接受我的領導」，

---

76 毛澤東：在全國宣傳工作會議上的講話記錄（1957年3月12日）。轉引自逄先知、金沖及主編：《毛澤東傳》（上），頁639。

77 毛澤東：〈關於第八屆中央委員會的選舉問題〉（1956年9月10日），《毛澤東文集》第7卷，頁102。

也就是說，你們這些資產階級知識分子，從根本上說，就是社會主義革命的對象，還是早年說的「反革命」力量，是最終是要被消滅的，只是在共產黨還沒完全掌握科學之前、在無產階級知識分子還沒有培養出來之前的過渡時期，還需要你，因此我可以對你作讓步，但前提是必須服從我的領導，在這個前提下可以給你一定的自由、民主──這就是毛澤東在1956、1957年提出雙百方針的真實意圖，也是他的一個「底」。而那個時候，知識分子的絕大多數確實都是臣服於毛澤東的。連傅雷那樣一個貴族化的高傲的知識分子都臣服了，可見那時候知識分子是真心誠意接受共產黨領導的，毛澤東大概也這麼看，自然可以大唱「百花齊放，百家爭鳴」的高調。但一旦他作出另外的判斷，認為知識分子不聽話時，就隨時可以收回雙百方針。因此，後來的變化與急轉彎，在這裡就埋下根了。

對民主黨派，也同樣如此。在蘇聯解密以後，蘇聯方面透露出來一份材料，顯示在1947年11月，毛澤東曾經給斯大林一個電報，提出「中國革命取得徹底勝利之後，應像蘇聯和南斯拉夫那樣，除中共以外，所有政黨都離開政治舞台，這樣會大大鞏固中國革命」。[78]其實，在此之前的10月，在一份內部指示裡，毛澤東就明確指出：「在蔣介石打倒以後，因為自由資產階級特別是其右翼的政治傾向是反對我們的，所以我們必須在政治上打擊他們，使他們從群眾中孤立起來，即是使群眾從自由資產階級的影響下解放出來。但這並不是把他們當作地主階級和大資產階級一樣立即打倒他們，那時，還將有他們的代表參加政府，以便使群眾從經驗中認識他們特別是其右翼的反動性，而一步一步地拋棄他們」。[79]這意味著毛澤東在新中國建立之前，就已經確立了他的目標：打擊自由資產階級，特別是其右翼，逐步削弱他們在群眾中的影響，以最終取消一切資產階級政黨，實行共產黨一黨獨掌政權；用他在同年11月召開的中央會議上的說法，就是要實行「一黨制下的民族統一戰線政策」。[80]也就是說，毛澤東不想放棄「統一戰線」，因為他深知，單靠共產

78　1947年毛澤東給斯大林的電報。轉引自楊奎松：《毛澤東與莫斯科的恩恩怨怨》，頁216。

79　毛澤東：〈對待自由資產階級須防止過左傾向〉（1947年10月26日），《毛澤東文集》第4卷，頁312。

80　毛澤東在1947年中央會議上的講話。轉引自楊奎松：《毛澤東與莫斯科的恩恩怨怨》，頁216。

黨一黨之力無法建設國家，但他卻要堅持黨的唯一存在，享有絕對控制權的
「一黨制」。這就是毛澤東的「底」。在1949年建國前夕，毛澤東有一番話充分
表露了他在和「民主人士」搞「統一戰線」時的真實心態：「他們看不起我們，
說我們『不行』，『文化低』，『懷疑我們的建設能力』，認為『他們的高等文化
好』，對此我們不要妄自菲薄。『我們要謹慎地爭取他們』，要經得起他們用糖
衣裹著的炮彈的攻擊。對他們的高等文化，我們不稀罕。現在是我們請客，
不是他們。『那些寫不出東西的，不能為人民服務的，我們當然不請』」。[81]

以此來看毛澤東1956年提出的「長期共存」、「兩個萬歲」云云，就可知
道，那不過是「話一句耳」，是認真不得的。只是此時毛澤東看得很清楚，
民主黨派在知識分子中有很大的影響力，要向知識分子讓步、妥協，也就要
對民主黨派讓步、妥協，而如此策略性的讓步，毛澤東內心是很不舒服的，
目的是要讓「群眾從經驗中認識他們特別是右翼的反動性，而一步步拋棄他
們」──之後發動「反右運動」的內在邏輯已在其中，只是天真的知識分子和民
主黨派人士懵然不覺而已。

現在，我們大體上可以把對1956年蘇共二十大以後發生的變化，和毛澤
東作出的反應，做一個小結。

毛澤東和中國共產黨在蘇共二十大之後，及時地抓住了時代所提出的重
大課題：要走一條中國自己的發展道路，提出了一個「在無產階級專政，即一
黨專政框架內的改革」路線。這包括兩個部分，一是要走中國自己特色的經濟
建設和發展道路，要走一條既不同於西方市場經濟、也不同於蘇聯僵化的計
劃經濟，而依靠高度集中的權力、以最廣泛的社會動員和社會高度組織化的
方式，來建設社會主義的發展道路。另一方面，則是創建既不同於西方的民
主政治，也不同於蘇聯僵硬體制的一種具有中國特色的政治體制，在黨的領
導下，實行所謂的雙百方針和長期共存、互相監督的「放」的方針，以在一定
程度上對知識分子和民主黨派作出讓步。

這樣一條無產階級專政，即一黨專政框架內的改革路線的核心，是黨和

---

81 〈毛澤東在七屆二中全會上的報告和結論〉（1949年3月5日、13日），以上引文不見正式發
表稿，見油印件。相關分析請參考楊奎松：《「中間地帶」的革命──國際大背景下的中共
成功之道》，頁536。

毛澤東的絕對領導。對毛澤東來說，這是兩條不可逾越的「底線」：絕不放棄一黨專政的體制，絕不放棄他個人的絕對權力。下面很多事就由此而發生。

三、國內外、黨內外的反響和毛澤東的對策

我們剛才說，在今天來看，毛澤東的改革是有極大侷限性的；但放在那個歷史條件下考察，他的改革，即使有極大的侷限性，還是一個新的重大的突破，並且引起了爆炸性的反響。

首先是共產主義運動內部，在蘇聯和東歐、越南各國的強烈反應，但這從一開始就是一個誤讀，人們都把毛的改革看作是「共產主義運動自由化」的突出表現和象徵，因而採取或熱情讚揚、或激烈反對的兩個極端態度。相形之下，時為美國國務卿的杜勒斯（John Foster Dulles，1888-1959，美國）的評價就比較留有餘地，他說：「人們還不能斷定毛澤東關於百花齊放的講話究竟是標誌著自由主義的開端，還是誘人陷入羅網的方法」。[82]

據介紹，早在斯大林去世以後，「中國模式」就成為東歐國家改革派擺脫蘇聯影響的一個重要資源，匈牙利改革派的領袖納吉（Imre Nagy，1896-1958，匈牙利）強調，中共提出的「和平共處五項原則」[xii]也適用於社會主義國家之間的關係，以此為匈牙利的民族主權和獨立於莫斯科統治的要求辯護。而在毛澤東提出雙百方針、正確處理人民內部矛盾的思想、號召知識分子助黨整風以後，東歐國家的改革派領導人和知識分子，更把毛澤東領導下的中國，看作是「非斯大林化」的「聖地麥加」；對東德有所影響的馬克思主義經濟學家容格‧庫辛斯基（生平不詳）就公開號召在東德實行「雙百方針」，波蘭改革派領導人哥穆爾卡（Wladyslaw Gomulca，1905-1982，波蘭），則在1957年4月黨的全會上，讚揚毛澤東提出的「雙百方針」及「兩類矛盾」說法，都是「在其

82　林克：〈回憶毛澤東對杜勒斯和平演變言論的評論〉，《黨的文獻》1990年6期。有意思的是，毛澤東本人對杜勒斯的評論特別有興趣。他1958年3月〈在成都會議上的講話〉裡特意談到，〈關於正確處理人民內部矛盾的問題〉1957年6月19日在《人民日報》發表，《紐約時報》就全文轉載了。但毛澤東在轉述杜勒斯的反應時，只說「中國要自由化」，而有意不談杜勒斯關於「誘人陷入羅網」的另一種可能性的分析。見毛澤東：〈在成都會議上的講話〉（1958年3月），《毛澤東文集》第7卷，頁371。

他社會主義國家的建設中至今為止沒有嘗試過的」，是「對創造性的馬克思列寧主義的重大貢獻」。正如研究者所說，毛澤東在蘇共二十大以後，提出雙百方針、高舉「走自己的發展道路」的旗幟，也是「中共在國際共運陣營裡嶄露頭角、爭奪領導地位的舉措」，這是毛澤東實現其「國際共產主義運動導師」夢的第一步。[83]

這樣，蘇共對毛澤東的新思想、新方針的斷然拒絕，是可以理解的。赫魯曉夫認為毛的雙百方針只是一種「動聽的說法」，「不適用於蘇聯社會」，因此下令蘇聯報刊不予報導、不加評論。據毛澤東說，蘇聯還給中共發來一個〈備忘錄〉，擔心中國「向右轉」。[84]匈牙利事件後，上台的新領導更通過黨的刊物宣布「我們現在也許最好是對在匈牙利實行中國的方法保持警惕」。有意思的是，後來毛澤東轉而發動反右運動，蘇聯和東歐的保守勢力都鬆了一口氣。在東德半年後發動的「反對修正主義」的運動中，許多鼓吹在東德實行雙百方針的知識分子，全部遭到清算。

值得注意的，是越南知識分子的反應。1951年越共第二次代表會議，曾經把毛澤東思想和馬克思、列寧主義並稱為黨的指導思想；因此，在越南建國以後，也跟著中國大搞「整風運動」、「知識分子思想改造運動」。在蘇共二十大以後，1956年8月到11月，北越知識分子發動了一個《人文》、《佳品》運動」[xiii]，這是一個以兩份雜誌為中心、爭取「自由與民主，法制和人權，以及在思想、研究的所有領域開放言論自由」的運動。這個運動顯然受到毛澤東雙百方針的鼓勵和影響，當時就被認為這是「中國的百花運動和波匈的自由化」的「越南回應」，「《人文》的作者們意識到他們是一個更廣泛的國際性運動的一部分」。但如果仔細考察，就會發現這些北越知識分子的批判鋒芒，並不直接針對「斯大林模式」，而是「毛澤東模式」在北越的翻版，即毛澤東式的「整風」、「改造」對黨內外知識分子的整肅。在這個意義上，1956年越南知識分子爭取民主與自由的運動，與1957年中國民主黨派、知識分子和學生的鳴放運動，有著內在的聯繫。因而儘管越南當局早在1956年底就開始批判、打

83　程映紅：〈毛主義和中國模式在東歐和北越的影響──對「雙百方針」和「反右」運動的再考察〉，文收丁抒主編：《五十年後重評「反右」：中國當代知識分子的命運》（香港：田園書屋，2007），頁223。

84　毛澤東：〈在成都會議上的講話〉（1958年3月），《毛澤東文集》第7卷，頁371。

壓《人文》、《佳品》運動，但越南當局在1957年上半年毛澤東鼓勵鳴放期間，對參與運動的越南知識分子也採取相對寬容的態度，使運動得以延續到1957年夏秋之交。當毛澤東在中國發動反右運動以後，胡志明（Ho Chi Minh，1890-1969，越南）也在越南發動了「粉碎右派」的運動，對大批《人文》、《佳品》運動的參與者進行了殘酷鎮壓。因此，有研究者認為，國際共產主義運動的第一次國際性危機所引發的改革運動，「並非結束於匈牙利革命的被鎮壓，而是中共的『反右』以及它在東歐和北越的影響」，這是有道理的。[85]

我們再回到1956、1957年中國國內現場：知識分子和民主黨派經過一段懷疑、猶豫之後，對毛澤東提出的雙百方針和長期共存方針，都表示支持和擁護，但黨內的反響，卻出乎毛澤東的意料之外。

首先是來自黨最高領導集團的反應。應該說，在「要走中國自己的發展道路，要進行一黨專政框架內的改革」，這樣一些基本點上，最高層領導是一致的。現在很多研究者想誇大毛澤東和劉少奇、周恩來之間的矛盾，但據我自己和很多學者研究，他們之間的矛盾並不大，甚至可以說，很多思想還是劉少奇、周恩來提供的，劉少奇、周恩來等都參與了一黨專政下的改革，也對理論的提出與方針的制定，作出自己的貢獻。

他們與毛澤東的分歧在什麼地方呢？就是毛澤東強調要快速發展，而且把速度問題看作是改革的核心問題，之後速度問題就成為黨內鬥爭的一個焦點。毛澤東不斷提出要反對「右傾保守」，一開始劉少奇、周恩來、陳雲都是支持的，平心而論，整個中國共產黨人都希望中國發展得比較快，在這點上面他們應該沒有什麼分歧。但是一到具體操作的時候，就會遇到很多矛盾，並發現速度太快是不行的，處在工作第一線的周恩來等就提出要反對「急躁冒進」。一邊要反對右傾保守，一邊要反對急躁冒進，劉少奇就採取了折衷辦法，提出「既要反對右傾保守，又要反對急躁冒進」。那時共產黨內比較民主，毛澤東提的意見經常被大家否定。特別是在討論1957年中國經濟發展計劃時，毛澤東堅持快速發展，提出要增加20億的基本建設投資，周恩來極力

---

85 以上關於毛澤東雙百方針在東歐與越南之影響的材料與分析、結論，均引用自程映紅：〈毛主義和中國模式在東歐和北越的影響──對「雙百方針」和「反右」運動的再考察〉，文收丁抒主編；《五十年後重評「反右」：中國當代知識分子的命運》，頁228-229、231、232-233、246、248、255、258。

反對，認為一加20億，他做總理會面對一系列的問題，例如材料不足、供應吃緊等等，所以不能加；當時幾乎所有與會者都支持周恩來，但毛澤東還是頑固地堅持非加不可。周恩來會後又去找毛澤東，並且說了一句很重的話：「我作為總理，從良心上不能同意這個決定」。據研究，這是周恩來建國以後第一次，可能也是唯一一次動感情當面頂撞毛澤東。[86]

毛澤東也很生氣，第二天他就南下，並讓劉少奇來主持會議，劉少奇就按他自己的主張，指示《人民日報》於1956年6月10日發表了一篇社論，題目就叫〈既要反對右傾保守，又要反對急躁冒進〉，送給毛澤東審查，毛澤東批了三個字：「不看了」，[87]這當然是一個警告。但劉少奇他們還是不聽話，堅持按照黨內集體決定的「兩個反對」方針辦理，而重點是反急躁冒進。直到1957年1月省委書記會議上，在毛澤東表示了對反冒進的不滿以後，陳雲依然作了〈建設規模要和國力相適應〉的發言，並在黨內引起許多人的共鳴。[88]這樣，從1956年下半年到1957年初，就成了「反冒進」的半年。毛澤東認為這是在反對他，而這說明，至少在經濟問題上，毛澤東並未擁有絕對的發言權與決定權。後來，毛澤東對周恩來、胡喬木、彭真（1902-1997）說「1956年反急躁冒進，他〔編註：指毛澤東〕的心情受到壓抑，整個一年心情不舒暢」，[89]就是這個道理。毛是個記仇的人，這是他個性上很大的問題，兩年後他就發動了一次總算帳，這是我們以後要討論的。而此時，毛澤東就認為他的改革路線在黨內最高層受到了抵制。[90]

86　根據胡喬木1982年11月4日的回憶。轉引自劉武生：〈周恩來與冒進、反冒進、反反冒進〉，文收葉匡政編：《大往事：縱橫歷史解密檔案》（北京：中國文史出版社，2006），頁15。

87　轉引自劉武生：〈周恩來與八大前後的反冒進〉，楊勝群、陳晉編：《五十年的回望──中共八大紀實》，頁166。

88　薄一波：〈反冒進和八大的正確決策〉，楊勝群、陳晉編：《五十年的回望──中共八大紀實》，頁76。

89　毛澤東1957年對周恩來、胡喬木、彭真在杭州的談話，轉引自鄧力群：〈我所知道的黨的八大的一些歷史事實〉，楊勝群、陳晉編：《五十年的回望：中共八大紀實》，頁24。

90　關於毛、劉、周圍繞「反冒進」問題的矛盾和鬥爭，可參看王雙梅：〈劉少奇與八大政治路線的確立〉、劉武生：〈周恩來和八大前後的反冒進〉、薄一波：〈反冒進和八大正確決策〉，以上文章均收於楊勝群、陳晉編：《五十年的回望：中共八大紀實》。

　　他更想不到，他的雙百方針和長期共存、互相監督的方針，遭到黨內上、中、下各層幹部幾乎是完全一致的抵制。後來，毛澤東說黨內90%的人都不贊成他的講話：「我這個報告毫無物質基礎，與大多數同志的想法抵觸嘛」，[91]這大概不是誇大其詞。最近有研究者從各地方的檔案裡，發現一批內部材料，內容是全國各省針對毛澤東的講話所作出的反應，這裡不妨讀一讀其中部分材料。有人說：「革命幾十年都沒叫人監督，現在革命勝利了反倒要叫人監督了，真想不通」；「黨外人士、知識分子現在更囂張了，不把他們整下去總不甘心」。有人說：「毛主席的報告替民主人士、知識分子、資本家和過去的地主、富農說的話太多了，而替勞動人民說的話太少了」；「大學生中有百分之八十的人出身於剝削家庭，他們畢業後都將當幹部，難道毛主席就不怕重複匈牙利事件的教訓嗎？究竟還要不要專政？誰專誰的政呢？這真是長他人的志氣，滅自己的威風」；「這次毛主席報告的精神是否右傾了」[92]——這裡順便介紹一下匈牙利事件和波蘭事件，這是在1956年10月到11月所發生的事件，是在蘇共二十大之後引起的反應，人民走上街頭，形成跟政府的直接對抗。匈牙利基本上把政府推翻了，成立了新政府，宣布退出社會主義陣營，最後由蘇聯出兵強力鎮壓。所以這在社會主義陣營是極大的一件事。當時我在學校裡是共青團員，半夜裡我們被叫起來看匈牙利事件的一個紀錄片，其中有匈牙利人民起義以後，把很多共產黨員吊死在電線桿上的鏡頭，我們看了真是毛骨悚然，於是議論中國會不會發生匈牙利事件。這裡黨幹部反對雙百方針，也是擔心會把中國搞亂，發生匈牙利事件，這大概是黨幹部的普遍擔心。越是到農村，越是到底層，這種抵制越強烈。有人質疑：「這個報告是否是毛主席起草的，是否傳達錯了」；這個雙百方針，「城裡可以實行，但農村不能貫徹」；「團結—批評—團結」的方針「對農民能用，對富農、反革命分子不能用；對貧農能用，對富裕農民不能用」，不少黨員基層幹部工作消極、想躺倒不幹，甚至有人宣布退黨。[93]

91　毛澤東1957年4月4日至6日在杭州聽取關於思想動態的彙報時的插話。轉引自逄先知、金沖及主編：《毛澤東傳》（上），頁659。

92　以上引文均出自吉林省檔案館，轉引自沈志華：《思考與選擇：從知識分子會議到反右運動（1956-1957）》，頁489。

93　據甘肅、山西、黑龍江、廣西、四川、廣東、浙江等省委報告，〈內部參考〉，1957年5月

這樣一個強烈的反應，我想說明了兩點。一是這反映共產黨長期形成了對知識分子、民主黨派的不信任感、一種敵對情緒；另一點就是「一切黨說了算，根本不允許提出不同意見」的一種集權統治方式，在共產黨內已經形成習慣了，並形成了巨大的習慣勢力，任何的改革，哪怕是在一黨專政的框架內，也不行，都會遇到巨大的阻力。當然，最根本的是，一旦觸動既得利益，就必然引起巨大的反彈。

我們更要注意，這樣劇烈的反彈，對毛澤東造成了什麼影響；這也有兩個層面。在表層上，毛澤東被激怒了。毛澤東這個人，他說的話是絕對要執行的，不允許有反對；現在，在兩個關鍵問題上，無論是經濟上高速發展的計劃，還是政治、思想上的「放」的方針，都遭到自上而下的強烈抵制，幾乎受到全黨的反對。這意味著毛澤東在政治、經濟、思想、文化上的領導權，都遭到了全面挑戰。這是毛澤東絕對不能接受的。而且，他在想像中將這樣的反對加以放大，從而得出一個結論：他認為自己所面對的，是一個全黨性的、從上到下的保守集團、一個官僚集團、一個威脅他絕對權力的敵對力量。

毛澤東決定反擊。怎麼辦呢？他歷來的辦法，他的殺手鐧是發動群眾。但這一回他不能發動工農群眾了，只能藉助知識分子、民主黨派的力量。因此他決定發動一個整風運動，整頓黨的作風，並反對三種主義：官僚主義、主觀主義、宗派主義。當時，通俗把它叫做「三害」，所以又有「反三害」的說法。怎麼整風呢？他用一種非常手段，就是發動知識分子、民主黨派，用大鳴大放的方法來「助黨整風」，實際就是藉助於知識分子和民主黨派的力量，對從下到上各級黨組織的黨內反對派施加壓力，進而打擊黨內官僚集團。

應該說，這是一著險棋、是冒了一定風險的。因為從1956年下半年開始，中國的社會已開始動盪起來。我們剛才的討論，始終都在共產黨內、知識分子、民主黨派圈子裡，其實，我們在觀察中國問題的時候，最該注意的是工人、農民、底層人民的態度與反應；不僅是對於1957年中國形勢，以至觀察今天的中國形勢，都應該關注中國的工人、農民的動向。說實在話，共產黨和毛澤東，從來不害怕知識分子造反，最擔心的是工人、農民的造反，

21日，頁7-9；5月25日，頁20-22。轉引自沈志華：《思考與選擇：從知識分子會議到反右運動（1956-1957）》，頁490。

因為這是它的統治基礎。而剛好在1956年下半年，當整個社會處於比較寬鬆的氣氛下，工人、農民就開始提出自己的利益要求。

這是什麼原因呢？前面我們說到社會主義改造的勝利，其實，這麼快把農民組織起來參加合作社，本身違背很多農民的意願。所以農民的不滿一直存在，前面說的社會主義改造很順利，那只是一個表象，卻遺留下大量的社會問題，並在這個時候爆發出來。

還有工人的不滿。毛澤東強調國家的積累，要搞重工業建設；但儘管提高了工人的社會地位，實際上工人的生活水準並沒有得到很大的提高。建設的規模越大，積累下來的生活、福利問題越多，更積累著很多的不滿。到了1956年下半年，出現了許多公共突發事件。據統計，在1956年下半年，全國各地大大小小有一萬多起工人罷工、一萬多起學生罷課事件。從1956年10月開始，廣東、河南、安徽、浙江、山西等等，各地都發生農民要求退社的群體事件，工人罷工、學生罷課、農民要求退社，這在當時稱為「鬧事」。[94]

特別是到了1956年10月、11月，波匈事件[xiv]更向中國共產黨發出警戒，於是一個問題被提出了：中國會不會發生波匈事件？現在有這麼多工人、農民在鬧事，會不會形成全國範圍的鬧事呢？毛澤東分析波匈事件發生的原因，一是「官僚主義脫離群眾，工業方針錯誤，工人減薪」，二是「資本家簡單地被打倒，知識分子未被改造」，三是「反革命分子沒有鎮壓」。[95]這三個原因很類似於我上一次講課提到高饒事件之後，毛澤東對於政權不穩的分析：他始終把黨內的官僚、反對派和社會上包括知識分子的「反革命」，及他所認為的背後的帝國主義，視為三大威脅和打擊對象。但至少在1957年上半年，毛澤東仍舊認為黨內官僚是主要危險，他先要藉助群眾的不滿，把黨內

94　據逄先知、金沖及主編：《毛澤東傳》（上），頁611-612。王光美寫有一個回憶〈我陪少奇調研人民內部矛盾〉，談到1957年2月至4月劉少奇在河北、河南、湖北、湖南等地調查時，所遇到的工人、農民鬧事的情形，以及劉少奇的態度，可參考。文收葉匡政編：《大往事：縱橫歷史解密檔案》，頁30-38。

95　毛澤東：〈在第十一次最高國務會議作結束語的提綱〉（1957年3月1日），《建國以來毛澤東文稿》第6冊，頁361。在1956年11月的八屆二中全會上，毛澤東說得更明確：「東歐一些國家的基本問題就是階級鬥爭沒有搞好」，這預伏著他以後轉向「階級鬥爭為綱」的發展道路。轉引自逄先知、金沖及主編：《毛澤東傳》（上），頁606。

的問題解決。所以，他一再表示，群眾「鬧事」可以變成好事，所以要堅持整風，而且要把時間提前到1957年5月1日。這時候的他有一個自信，認為中國的工人、農民，即使鬧事也不會鬧到哪裡去，而中國知識分子和民主黨派還比較聽話，他們也不會鬧出多大的事。所以當時他的結論是，中國不會出現匈牙利事件；即使出了問題，他也相信自己能夠駕馭形勢。毛澤東這個人喜歡出險棋，越險的事他越願意做，風險越大才能顯示他的英雄本色。他確實有雄才大略的一面，他的思維和別人，至少和他的同僚不一樣：他不怕天下大亂。

但是，大家還要注意到，這只是毛澤東的一個方面。黨內的強烈的反響，其實對毛澤東在深層面上還是有影響的，因為他很清楚，這些黨內反對他的人，都是他的骨幹、基礎，他若要堅持一黨專政，必須靠這些幹部，因此這些幹部的反彈，對他有制約的作用。我們一方面看到毛澤東這個人膽子很大，另方面也要注意他亦不可能為所欲為；他作為黨的最高領袖，還是受到了各種力量的制約，不能不考慮黨內大多數的意見，他必須小心謹慎從事，不要讓自己走得過遠、脫離他的基本群眾，而且他是可以說退就退、說變就變的。

也就是這個時候，最高領導層再一次出現了微妙的差別。最近有一個黨史專家，他專門研究在毛澤東決心發動整風運動這個時期的劉少奇言論，他有一個很有趣的發現：劉少奇也贊成、支持搞整風運動，但是劉少奇強調整風運動是一個思想、教育的運動，要「和風細雨」的進行。更有意思的是，劉少奇在這一個時期的演講中，隻字不提要求知識分子和黨外人士幫助黨整風，隻字不提雙百方針、長期共存。也就是說，劉少奇同意、主張要整風，但是他反對以發動知識分子和民主黨派的方式，也就是以一種群眾民主的方式來整風。這裡就出現毛和最高領導集團其他成員之間的微妙差別，而據研究者說，「劉少奇的這種態度和觀點代表了當時黨內多數幹部，特別是基層幹部的心聲」，這樣的差別到了最關鍵的時候，也會對毛澤東的決策產生影響。[96]

96　沈志華：《思考與選擇：從知識分子會議到反右運動（1956-1957）》，頁500-501。

四、知識分子和民主黨派的反應，政治形勢瞬息萬變

這是很讓人驚異的：蘇共二十大在俄國和東歐各國知識分子中，都引起非常強烈的反響，波蘭和匈牙利後來還引發了劇烈的街頭政治抗爭運動，即所謂「人民起義」。但是中國的知識分子在蘇共二十大和波匈事件之後，卻表現得相當冷漠。一位著名的社會學家費孝通（1910-2005）在1957年初，寫過一篇〈早春天氣〉，談到波匈事件發生時，他正在中國的邊區旅行，沒有聽到當地的知識分子有什麼反應；後來回到北京，又注意到他所熟悉的高級知識分子中「引起的波動卻是不大的」，他分析說，知識分子「對世界的和國家的大事不很關心」，是因為這些年長時間不間斷地批判知識分子，已使中國知識分子學會了明哲保身，「許多人對自己缺乏信心，不必等別人批評，自己常常會問自己是不是舊思想又在抬頭，所以對於世界大事或者國內大事自己沒有個看法和主張」，於是知識分子就表現出一種政治上的冷漠症，覺得國家的事情、世界的事情，既然管了沒用，於是就不管了。[97]費孝通所說的自然是事實。不過我覺得，這在某種程度上也反映了中國知識分子的一些弱點。

中國知識分子有一個傳統，「達則兼濟天下」，條件順利的話，就要以天下為己任；一旦不順利，遇到了窮途，就要「獨善其身」，明哲保身了。這可能是知識分子自身的一個弱點，也就是說，中國知識分子的批判力和創造力始終顯得不足。我們上次說過，蘇共二十大提供了走出一條既和蘇聯不同、又和美國不同的新道路的可能性，這是一個歷史機遇。本來，在這樣的問題上，知識分子應該作出自己的貢獻，在理論上提出一些新的想像與創造；但是中國知識分子除了顧準（1915-1974）這樣的個別人士以外，都沒有做這件事，而把這個任務給了毛澤東，自己只扮演一個被動的響應者、服從者的角色。在我看來，這個弱點是一直延續到今天的。至少大陸的知識分子沒有足夠的批判力和創造力來回應時代所提出的問題，提供社會新的批判資源和想像力資源，這可能是中國知識分子必須面對與解決的問題。這個問題在1957

97　費孝通：〈知識分子的早春天氣〉，原載1957年3月24日《人民日報》，文收牛漢、鄧九平主編：《六月雪：記憶中的反右派運動》，頁329-330。

年的歷史轉折時期，開始表現出來了。

最初，毛澤東號召知識分子鳴放，大部分人都是沉默的，但是經過反覆的動員，後來就發言了。今天，我們回過頭來看1957年中國知識分子發表的意見，一方面我們可以感覺到知識分子是有他們基本要求的，這大體上集中於兩方面：一是要求民主與自由，特別是學術自由、言論、出版、結社自由，一是要求依法治國、依憲治國，這自然都具有很大的合理性，並顯示了知識分子的某種獨立性。但另一方面，我們仍然可以感覺到某些不足：知識分子的鳴放，主要是提出思想、政治的訴求，而較少全域性、根本性的思考，更不用說理論的創造和批判理論的提出。

相對來說，民主黨派要活躍得多。民主黨派所關心的，自然是政治權力的問題。其中毛澤東最為警惕的幾個人，都分別提出自己的政治主張，這些人後來也成為反右運動主要的批判對象。比如說章伯鈞（1895-1969），他是當時農工民主黨 [xv] 的主席，也是民盟 [xvi] 的副主席，他提出「政治設計院」的要求，認為中國的政治方向、方針、政策的設計與制定，不能由共產黨一黨壟斷，應該由政協、人大、民主黨派、人民團體組成四個「政治設計院」，共同決定國家政治上的大事。還有羅隆基（1896-1965），也是民盟的副主席，他提出肅反運動的平反，不能單由共產黨一黨來領導，應該要和民主黨派聯合組成一個「平反委員會」。另外一個很有名的人物，《光明日報》的主編儲安平（1909-1966失蹤），他發表了一個爆炸性言論，說現在中國是一個「黨天下」的國家，所有部門的第一把手都是中共黨員，他認為這是政治上的不平等，他要批判「黨天下」。[98] 將這三個觀點集中到一點，就是要求和共產黨聯合執政。他們並沒有反對共產黨領導，而是主張一種「共產黨為領導、為主導的聯合執政」的政治體制，這本來是建國初期，針對國民黨的一黨獨裁而搞〈共同綱領〉所提出的體制，而當年劉少奇搞「確立新民主主義秩序」所堅守的，也是這樣的共產黨領導下的聯合執政。但毛澤東後來搞社會主義革命，需要一黨集權，就不允許這樣的聯合執政了。這就是我們在第一講所說到，毛澤東通過1954年的《憲法》，建立一個共產黨一黨執政的新體制，事實上取消了

98　參看朱正：《1957年的夏季：從百家爭鳴到兩家爭鳴》（河南：人民出版社，1998），頁96、102-103、111-112。

政協、人大和民主黨派參與決策的權力，並剝奪了民主黨派擔任各部門主要領導人的權利。章伯鈞「四個政治設計院」、羅隆基的「平反委員會」、儲安平的「黨天下」這些主張正是對此而來。在毛澤東看來，就是過了他的底線，是向黨唯一的、絕對的領導地位挑戰。剛才說過，毛澤東提出雙百方針和長期共存、互相監督，有一個前提，就是民主黨派和知識分子要服從黨的絕對領導，現在你要挑戰黨的絕對領導、越過了線，就不允許了。

中國的政治，真是瞬息萬變。從1957年5月1日決定整風，到1957年5月12日，僅僅是十多天的時間，毛澤東的腔調就變了。據這一天的林克日記，毛對他說：「章乃器、羅隆基、章伯鈞、陳銘樞等人發言，有取消黨的領導的味道」、「有敵視社會主義的情緒的某些人也有所表露。春天來到，各種蛇也開始動起來了」、「右傾機會主義的人則比較危險」；「爭鳴和齊放的限度是什麼？限度就是不能火燒房子。批評應該：(1)有利於人民民主專政；(2)有利於發展社會主義建設；(3)有利於黨的領導。而共產黨的領導是有決定性的」；「新聞就是要控制」、「更不允許煽動性報道」、「目前有三方面情況不報道或加以控制：(1)肅反案件；(2)物價；(3)外交政策」、「關於反社會主義言論，可以多登一些，這有利於我們」[99]——這是我們現在所能看到的最早材料，透露出大概在5月12日，毛澤東的思考就開始轉變了。據現有研究，轉折點在5月14日，這天晚上9點，到隔天淩晨1點，由毛澤東主持召開的黨的政治局擴大會議上，基本決定要反擊「右傾分子，反共分子」[100]——當時還沒提出「右派分子」這個概念。為什麼會在這一天發生轉折呢？前幾年香港雜誌上公布了一份材料，這份材料還需要進一步確認，不過在我看來還是有一定的可信度的。據說，從5月2日到5月12日，全國各地召開了2萬8,000多次各類會議，向黨中央、各級黨組織、黨員幹部提出了37萬2,000多條的意見，毛澤東在〈情況匯總〉上批示：「一放，各階級就會表現出來，原形也畢露。共產黨執政還不到八年，就有三十多萬條意見、錯誤、罪狀，那共產黨

99　林克：《林克日記》（手稿），頁37-39。轉引自沈志華：《思考與選擇：從知識分子會議到反右運動（1956-1957）》，頁554-555。

100　中共中央：〈關於報導黨外人士對黨政各方面工作的批評的指示〉（1957年5月14日），轉引自逢先知、金沖及主編：《毛澤東傳》（上），頁691。

是不是該下台？那我姓毛的是不是要重返井岡山」[101]──請注意，每到關鍵時刻，毛澤東都會說「要重返井岡山」[xvii]，這是第一次；以後1959年廬山會議反彭德懷（1898-1974），他就說，如果軍隊聽彭德懷的話，他就要「重返井岡山」；1965年發動文革前夕，他還真的去了一趟井岡山。不管怎麼說，大概在1957年5月13、14日，毛澤東又感覺到他的江山危急了。我們以前已經講過，毛澤東一直都懷有一個統治合法性的危機感，之後的歷史更表明，毛澤東顯然是誇大了危機。反右開始後，宋慶齡再次寫信給毛澤東和黨中央，就說：「批評人士大多是愛黨愛國的，一些民主黨派人士為新中國的解放，作出了家庭、個人名利的犧牲，一些二、三十歲的青年知識分子怎麼可能一天就變成反黨反社會主義分子？我很不理解這個運動。我想了兩個多月還是想不通。有這麼多黨內黨外的人會站在共產黨和人民政府的對立面？要推翻共產黨？」以及「共產黨不怕國民黨八百萬大軍，不怕美帝國主義，怎麼會擔心人民要推翻黨的領導和人民政府？」[102]在1957年5月中旬，毛和他的同僚既然感到了危機，就決定反擊，但也是在5月14日的會上，又決定還要等一段時間：既然已經放了，就乾脆放個徹底，讓牛鬼蛇神徹底暴露；既然亂了，就乾脆讓它大亂，大亂之後再大治。這一點倒是很有毛澤東的氣魄，於是他就決定了這樣的方針：「引蛇出洞」，通知全國各組織，繼續放，而且要把最反動的話都誘發出來，然後再聚而殲之。

編註

i　蘇聯共產黨第二十次代表大會：簡稱「蘇共二十大」、「二十大」，1956年2月於莫斯科召開，會議中赫魯曉夫一份題為〈關於個人崇拜及其後果〉的「秘密報告」，批判了對斯大林的個人崇拜，對世界共產主義發展形勢產生很大的影響。

ii　林彪的逃亡：自中共九屆二中全會（中國共產黨第九屆中央委員會第二次全體會議，1970年8月23日-9月6日於江西廬山召開）引發毛澤東和林彪關係惡化後，1971年林彪等人及機組人員等共九人所乘飛機，從北戴河山海關機場起飛，因燃油耗盡強行降落失敗，墜毀於蒙古溫都爾汗，機上人員全部死亡。此事件發生於1971年9月13日，亦稱「九一三事件」。根據中共官方敘述，林彪此行是為「叛國叛黨出逃」。

iii　中共八大：中國共產黨第八次全國代表大會，1956年9月15日-27日於北京召開，通過第

101　羅冰：〈反右運動檔案解密〉（2006年1月），文載香港《爭鳴》2006年第1期。

102　〈關於宋慶齡建國後32年經歷的材料〉（1994年11月），黨史編委會整理，傳抄件。

二個五年計畫和新的黨章，規定黨和全國人民主要任務為集中力量發展社會生產力，實現國家工業化，並強調堅持民主集中制和集體領導制。會中劉少奇、周恩來、鄧小平都作了報告。中共八大可看做中共對於蘇共二十大的回應。

iv 「朱毛紅軍」：「朱」指朱德（1886-1976）、「毛」指毛澤東。1927年毛澤東以湖南省委前書記身分，9月9日於湘、贛領導群眾暴動，稱為「秋收起義」，此部隊到井岡山與其他起義隊伍會合，稱為工農革命軍第一軍第一師。1928年4月，朱德領自南昌起義的部隊到井岡山與革命軍會合，成立「工農革命軍第四軍」，後稱為「紅四軍」。

v 七大黨章：1945年6月11日由中共第七次全國代表大會通過，分為總綱和黨章兩大部分，共16章，70條。七大黨章中第一次宣布以「毛澤東思想」為全黨指導思想。

vi 生產資料的單一公有制：生產資料（means of production，又譯「生產工具」）公有制是指生產資料由勞動者全民共同所有、支配、使用的所有制形式，是社會主義經濟制度的特徵，但實際推行的卻是國家所有制。

vii 計劃經濟：計劃經濟體制，指國家在生產、資源分配以及消費各方面，都是由政府事先進行計劃，而國家大部分資源由政府擁有，並且由政府指令來分配資源，而不是由市場價格來決定。蘇聯計劃經濟則是在生產資料公有的前提下進行計劃經濟。社會主義國家之外，世界各國經濟體系大多是市場經濟體系和部分計劃經濟的混合經濟體系。

viii 汶川地震：2008年5月21日發生於四川省阿壩藏族羌族自治州汶川縣，造成69,227人死亡，為中華人民共和國建國以來破壞力最強的地震。

ix 北京奧運會：第29屆奧林匹克運動會，2008年8月8日-24日於中國北京舉辦。

x 八屆二中全會：中國共產黨第八屆中央委員會第二次全體會議，1956年11月10日-15日於北京召開。毛澤東在總結發言中進一步指出蘇共二十大全盤否定斯大林造成的嚴重危害，強調「東歐一些國家的基本問題就是階級鬥爭沒有搞好」。

xi 蘇區：中國蘇區，是土地革命戰爭時期，毛澤東、朱德等開創的革命根據地，自1927年廣東蘇維埃政府的創立，到1931年贛南、閩西地區的蘇區聯成一片，統稱「中央蘇區」。1931年於江西召開中華蘇維埃第一次全國代表大會，中華蘇維埃共和國成立，毛澤東當選為主席。中國共產黨為蘇區的執政黨，主要力量為中國工農紅軍。1937年9月，根據國共兩黨的談判協定，中共中央將中華蘇維埃共和國中央政府西北辦事處，改名為「陝甘寧邊區政府」。

xii 和平共處五項原則：1953年12月31日周恩來與印度政府代表團談話，提出「互相尊重主權和領土完整、互不侵犯、互不干涉內政、平等互利、和平共處」五項，作為國家間和平共處之原則。1954年4月29日中印兩國於北京簽訂〈中印關於中國西藏地方和印度之間的通商和交通協定〉時，將此五項原則寫入。

xiii 北越「《人文》、《佳品》運動」：《人文》、《佳品》皆為北越的知識性刊物。1958年8月-11月，北越知識分子對共產黨體制進行批判，並以此二刊物的言論最為集中突出。他們要求自由與民主，法制和人權，以及在思想和研究的所有領域開放言論自由，並藉蘇共「二十大」反個人崇拜，質問對於胡志明的個人崇拜。

xiv 波匈事件：指1956年6月發生於波蘭波茲南市的波茲南事件，與1956年10月發生於匈牙

利的十月事件，此二事件均是1956年2月蘇共二十大赫魯曉夫秘密報告對斯大林模式進行否定之後的餘波。

xv 中國農工民主黨：簡稱「農工黨」，前身是由鄭演達等國民黨左派於1930 年8月在上海所創立的中國國民黨臨時行動委員會，1947年2月改名為中國農工民主黨。是中國八個民主黨派之一，主要以醫藥衛生界的中、高級知識分子為主。

xvi 民盟：中國民主同盟，簡稱「民盟」，1941年3月19日在重慶秘密成立，當時名為「中國民主政團同盟」。主要由從事文化教育以及科學技術工作的高、中級知識分子組成。

xvii 井岡山：位於中國江西省西南部，與中國共產主義革命有密切的聯繫。1927年10月，毛澤東、朱德、彭德懷等中國共產黨人率領中國工農紅軍，在井岡山創建了第一個農村革命根據地，因此井岡山有「革命搖籃」之稱。

反右運動前後(下)

1956-1958年初

我們在上一講談到，從1957年5月14日開始，毛澤東已經決心反擊右派，但他還準備再看一看，就採取了「引蛇出洞」的方針，繼續鳴放。但是誰也沒有想到，這時候青年學生突然殺了出來，發動了一場校園民主運動，這是出乎毛澤東預料的。這就是我們今天要講的重點。

一、青年學生的反應：中國校園的社會主義民主運動

更準確的說，這場校園民主運動是以北大為中心的大學生的反應。

前面說了，蘇共二十大在知識分子中反響不大，但是敏感的大學生們卻非常注意二十大。赫魯曉夫的祕密報告在英國共產黨的刊物上全文發表了，當時中國的外文書局可以公開發行這樣的英文報紙。有些英文水平比較好的學生，就因此看到了赫魯曉夫報告的全文。北京大學的一位助教和一位大學生還將它翻譯成中文，在一部分的學生間流傳。後來，這位教師任大熊（出生年不詳-1970）被打成反革命，最後死了，而這位學生陳奉孝（1936-）則成為北大校園民主運動的領袖人物。赫魯曉夫的祕密報告揭露了斯大林的問題，這在這些青年學生中引起極大的反應，他們並因此聯想起剛剛過去的中國「肅反運動」，因為肅反運動也波及大學，很多大學生都成了該運動的打擊對象。這些大學生——基本上是高年級的學生，而且相當多是理科的學生——於是開始思考如何回應蘇共二十大之後，所提出的「走自己發展道路」的問題。借用後來一位哲學系學生龍英華（生平不詳）所寫的大字報題目的說法，他們思考的是「中國向何處去，世界向何處去」，並經過獨立的思考，得出了自己的結論。據我們現在看到的材料，最早發出獨立聲音的，是氣象系四年級的學

生胡伯威（1935-），他在1956年10月27日就致信《人民日報》，明確提出「民主」、「自由」、「人權和人的尊嚴」的要求，強調必須「把人民群眾真正放到主人翁的地位」，「這才對社會主義有極大的好處」，才能「防止和消滅種種可能發生的弊病，消滅騎在人民頭上的官僚主義和腐朽傾向」。[1]但群體聲音的發出，則要等待時機；因此，一直到毛澤東發動群眾整風運動，在1957年5月19日這一天，才終於爆發了這場校園民主運動。

運動的爆發，也很突然。一開始，一位學生認為當時正在召開的共青團代表大會，其代表的選舉不民主，於是寫了一張小字報貼在食堂的門口，引起了同學們的注意。接著，就有學生建議開闢北大「民主牆」，用張貼大字報的辦法來表達學生的意願和要求。也就是說，在當時的政治生活中，中國大學生要發言、要發出自己的獨立聲音。在5月19日這天晚上出現了一張大字報，上頭是一首詩，題目叫〈是時候了〉，作者是兩位中文系的學生沈澤宜（1933-）、張元勳（1933-）。我讀一下這首詩：

> 是時候了，／年輕人／放開嗓子唱！／把我們的痛苦／和愛情／一齊都瀉到紙上！／不要背地裡不平，／背地裡憤慨，／背地裡憂傷。／心中的甜、酸、苦、辣／都抖出來／見一見天光。／讓批評和指責／急雨般落到頭上，／新生的草木／從不怕太陽光照耀！／我的詩／是一支火炬／燒毀一切／人世的藩籬，／它的光芒無法遮攔，／因為它的火種／來自──『五四』！！！
>
> 是時候了。／向著我們的今天／我發言！／昨天，我還不敢／彈響沉重的琴弦。／我只可用柔和的調子／歌唱和風和花瓣！／今天，我要鳴起心裡的歌，／作為一支巨鞭，／鞭笞死陽光中的一切的黑暗！／為什麼，有人說，團體裡沒有溫暖？／為什麼，有人說，牆壁隔在我們中間？／為什麼，你和我不敢坦率地交談？／為什麼……？／我含著憤怒的淚，／向我輩呼喚：／歌唱真理的兄弟們／快將火炬舉起／為葬陽光下的一切黑暗！！！[2]

1　《內部參考》，1956年11月10日，頁295-298。轉引自沈志華：《思考與選擇：從知識分子會議到反右派運動（1956-1957）》，頁446-447。

2　沈澤宜、張元勳：〈是時候了〉，原載《紅樓》（北大學生刊物）第4期。牛漢、鄧九平主編：《原上草：記憶中的反右派運動》（北京：經濟日報出版社，1998），頁16-18。

可以看出，當時校園裡已經累積了很多的不滿、苦悶，在此時便藉這個機會一下噴發出來，像一顆炸彈一樣，整個學校都爆炸了。

有意思的是，這首詩同時也引起另一批同學的不滿，他們也用詩歌的方式，在當天晚上同一個地點的旁邊，貼出另一首詩，這是中文系、而且是新聞專業的同學寫的，題名叫作〈我們的歌〉：「我們／不同意／〈是時候了〉的基調／那聲音／彷彿是白毛女申冤／……我們也難於接受／你們舉起的／『火炬』，／儘管你們自己宣稱／它的火種／『來自五四』／……我們的曲調之間／不太和諧／可也難怪／我們缺乏／你們那根／『沉重的琴弦』，／我們並不像你們／經常『在背地裡／不平／憤慨／憂傷』。／要放火嗎／我們／也不打算」。[3]

可以看出這兩批同學，在當時中國體制下，前者是受到壓抑的，而另一批人覺得沒有受到壓抑，無法感受前者的不滿和憂傷。這樣「不滿意現狀」與「滿意於現狀」的兩群人，就形成了鮮明對立的兩派，他們都是很真誠地用詩歌的形式表達自己的情感和政治立場，並形成了一個詩歌大戰。

中共立即針對北大民主牆進行新聞封鎖，所有報紙都不允許報導。但學生想到一個辦法，就是號召每一個同學寫信給以前的同學，把北大大字報的內容傳播出去，這就叫「民主接力棒」。收信的同學也用大字報傳抄，張貼在自己學校的校園裡，這樣就很快地把民主之火傳遍了全國各地方的高校校園，形成一個以北京大學為中心的中國校園民主運動。這個運動在當時被命名為「五一九民主運動」或「社會主義民主運動」[i]。

這場運動的要求，集中體現在北大的一個油印刊物《廣場》上，這刊物現在僅存一份，最近有朋友把它印出來了。《廣場》的發刊詞明確宣布：「這個運動已遠遠超出了黨內整風運動的範圍，而且有了偉大的社會思想意識大變革的巨大意義！人與人之間的關係要重新調整，一些過去習以為常的正面和反面的東西要重新進行肯定和否定，對於現代的一些論點與觀點要重新進行估計、評價和探索〔……〕」。[4]這個要求非常接近五四提出的「價值重估」的口號，而胡適與周作人都認為「重新估定價值」，正是五四新文化運動的基本精

3　江楓等：〈我們的歌〉，載《紅樓》第4期。

4　佚名：〈廣場發刊詞〉，牛漢、鄧九平主編：《原上草：記憶中的反右派運動》，頁19。

神。如此的「相似」，當然不是偶然的，1957年的北大學生是完全自覺地發動社會主義時代的五四運動，因此說中國將到來「社會主義時代的『五四』新文化運動」。[5]

這是一個什麼樣的運動呢？

學生們賦予這個運動兩方面的內涵：一方面是「青年掙脫一切束縛，爭取思想解放的啟蒙運動，是東方文藝復興的序幕」，另一方面又是「自下而上地爭取擴大社會主義民主的政治運動」。[6]也就是說，中國的年輕大學生，同時提出了思想與政治兩個方面的訴求。既是思想運動，也是政治運動，而這兩方面，都是五四啟蒙與民主精神的自覺發揚。

消息很快就傳到國外，而且被當時旅居美國的胡適所注意；胡適在1958年北大60週年校慶的校友會上，就提到了一年前在北大發生的這個運動，他稱之為「新五四」。[7]胡適是五四新文化運動的領導人之一，他命名這場運動為「新五四」，當然具有很重要的歷史價值與意義。胡適是站在反共的立場上來理解這場運動，並將其視為反對共產黨暴政的運動，這和事實以及我們今天對這場運動的理解並不一樣，但我們還是可以借用這個名稱，稱其為「新五四」。

為什麼是「新五四」？「新」在哪裡呢？我覺得，它提出的，就是新時代所提出的問題，也就是蘇共二十大之後所提出的「如何看待社會主義危機」以及「如何走出一條中國自己的道路」的問題。這是1957年校園學生們所面臨的新時代的問題，而它提出的「社會主義改革」，和我們前面所討論的毛澤東的改革，既有深刻的聯繫，又有深刻的分歧。

這就說到了1957年校園民主運動中，一個最引人注目的重大事件。

1957年5月23日，這段時間北大校園完全沸騰了，到處、時刻都在進行辯論。5月23日那天也有一個辯論會，但它有一個特殊性，就是有位校外人士來演講，而這個人非常有名，叫作林希翎（1936-2009），她原名程海果，是中國人民大學法律系四年級的學生。在大陸，她被視為五一九民主運動的主

5　佚名：〈廣場發刊詞〉，牛漢、鄧九平主編：《原上草：記憶中的反右派運動》，頁19。

6　佚名：〈北大民主運動紀事〉，牛漢、鄧九平主編：《原上草：記憶中的反右派運動》，頁27。

7　胡適在北大校友會舉辦的北大六十週年校慶紀念會的講話（1958年12月17日）。

要代表人物，以至被視為中國「右派」的代表與象徵。

我為什麼要在這裡特別提到她呢？除了她的重要性和代表性以外，還因為她在10多天以前，於2009年9月22日在巴黎去世了，這幾天很多網站都在討論、紀念林希翎的逝世，我底下所講的，也帶有紀念意義。

5月23日她在北大的演講，我是在場者，這次講課給大家的文選中有也她的文章（收錄於《課用選文》[8]），同學可以看一看她的演講。我在這裡，把她演講的內容和引起的反應，作一個歷史現場者的敘述與介紹。

她第一句話就提出胡風問題。她說：「為什麼向黨中央提意見就是反革命呢？這是斯大林主義的方法」。[9] 接著她旗幟鮮明地表示，她同意鐵托的觀點「個人崇拜是社會主義制度的產物」，這在當時是很有爆炸性的觀點。她說：「我們現在的社會主義不是真正的社會主義，如果是的話，也是非典型的社會主義。真正的社會主義應該是很民主的，但我們這裡是不民主的，我管這個社會叫做在封建基礎上產生的社會主義，是非典型的社會主義，我們要為一個真正的社會主義而鬥爭！」[10]

接下來她談到整風運動，她說：「現在共產黨的官僚主義、主觀主義、宗派主義很嚴重，我們不要以為共產黨用整風的辦法，採取改良主義的辦法，向人民讓點步就夠了」，[11]「不僅北大，還有南京大學、武漢大學、西北大學：各地大都聯合起來，匈牙利人民的血沒有白流！」、「我們青年長個腦袋是幹什麼的呢？難道是讓人家牽著鼻子走的嗎？我們要說話！」[12] 她這麼一講，整個場子就亂了，有人鼓掌、有人歡呼、有人上去不准她說話，拉她下來，亂成一團。然後她高喊：「我不害怕，大家不歡迎我，我就滾蛋，我既然到這

8　《課用選文》為2009年在台灣新竹交通大學社會與文化研究所講課時，自編的課程講義選文，所收文章篇目請見本書附錄。

9　林希翎：〈在北大的第一次發言〉（1957年5月23日），牛漢、鄧九平主編：《原上草：記憶中的反右派運動》，頁151。

10　林希翎：〈在北大的第一次發言〉（1957年5月23日），牛漢、鄧九平主編：《原上草：記憶中的反右派運動》，頁153。

11　林希翎：〈在北大的第一次發言〉（1957年5月23日），牛漢、鄧九平主編：《原上草：記憶中的反右派運動》，頁153。

12　林希翎：〈在北大的第一次發言〉（1957年5月23日），牛漢、鄧九平主編：《原上草：記憶中的反右派運動》，頁154。

裡來，就是冒著危險，坐牢也沒關係！」[13]這就更讓當場的聽眾分成兩派，爭論、甚至廝打起來。她最後一句話是：

我們要建設真正的社會主義，讓每個人過真正的人一樣的生活！[14]

這是她全篇演說的核心內容，「真正的社會主義」也就成了1957年中國大學校園民主運動的一個綱領。

我相信那一夜，整個北大沒有人睡覺，真的是「今夜無人安睡」。我當時是中文系新聞專業二年級的學生，我所在的宿舍，就整整吵了一個晚上。我印象深刻的是，有一個同學高聲嚷道：「如果中國發生匈牙利事件，我一定上街！」然後，住在他下鋪的同學是個復員軍人，就針鋒相對地說：「如果你上街，我一槍把你嘣了！」可見同學之間的爭論和分歧的尖銳程度，真是有點你死我活的味道。我當時年齡太小了，在這場激烈爭論中沒說一句話，其實我內心是很同情也很佩服林希翎的。當然林希翎很多言論在我看來過分激烈，是我不大能接受的，但是她這種勇敢，確實震撼了我，我覺得這才叫民主，應該讓她發言。但即使這個想法，我也沒說，幸虧沒說。

我們誰也沒有想到，這天晚上每一個人的表現，都決定了自己的終生命運。那天晚上所有贊成林希翎的，之後全部被打成右派；所有反對、批判林希翎的人，就全都成了左派。而我這樣沒說話的人，就成了中間派，但是我因內心同情林希翎，又被稱為「中右分子」。

這大概是在座同學們難以想像的：大學生在寢室裡面同學之間互相爭論，是經常發生的事，但是這樣的爭論竟然會成為政治問題、會影響人的命運，這可能是毛澤東時代政治的一個特點。

為什麼我要著重講林希翎的這場演講呢？因為她提出了「真正的社會主義」這種具有批判性的概念，這代表了北大民主運動中一些基本的、本質性的東西。這裡順便介紹一下，目前，大陸學術界對於北大「五一九民主運動」的性質，有不同看法。有一些人認為這是自由主義的、反社會主義的運動，但是我不同意這樣的看法。我認為，在北大的鳴放當中，包括老師，確實有許

13　林希翎：〈在北大的第一次發言〉（1957年5月23日），牛漢、鄧九平主編：《原上草：記憶中的反右派運動》，頁154。

14　林希翎：〈在北大的第一次發言〉（1957年5月23日），牛漢、鄧九平主編：《原上草：記憶中的反右派運動》，頁154。

多自由主義的觀念，這在學生運動中也可以看出，主要是西方文藝復興以來的思想，特別是拜倫、雪萊這些詩人，對學生有很大的影響。但是，如果分析其中骨幹的思想的話，就可以發現他們的主導傾向，還是社會主義。這是這一代人的一個特點。

比如，北大民主運動還有一個重要的骨幹人物譚天榮（1935-），他是物理系四年級學生，是整個運動的理論家，很多重要的理論觀點是他提出來的。那時候他的文章就說：「社會主義這是我們自己的理想。完全不需要從外面輸入進來。可是現在這些現象，我們反對的那些東西，不是社會主義本身，而是對社會主義的歪曲。用哥穆爾卡的話來說，我們要反對的是那種把威信建立在血、牢獄與欺騙的基礎之上的本國版的貝利亞主義」。[15] 林希翎一直到晚年，還是強調「我是把社會主義作為理想來看待的」。[16] 我認為，他們的思想代表了1957年中國校園民主運動的主潮。

那麼，我們現在就要討論，1957的中國大學生對於「真正的社會主義」的理解是什麼？主要有三個方面。

第一，社會主義民主。他們提出一個具有綱領性的口號：「我們有了一個社會主義工業化，還應有個社會主義民主化」，[17] 我們所要的民主，「不是硬搬蘇聯的形式，更不是販賣西歐的形式，而是在今天的中國的社會主義土壤中土生土長的民主制度」[18]——這裡已經明確提出要創造中國自己的、既不同於蘇聯、也不同於西方的民主制度；也可以說，這是中國大學生用自己的方式，回應「走自己的路」的時代命題。值得注意的是，他們把「民主」作為社會主義的本質提出來，而且視之為目的，[19] 這就突破了毛澤東對民主的看法，

15　譚天榮：〈我們為了什麼——再致沈澤宜〉，牛漢、鄧九平主編：《原上草：記憶中的反右派運動》，頁63。文中說到的「哥穆爾卡」是波蘭共產黨書記，當時是公認的共產主義運動改革派的代表人物之一；貝利亞（Lavrenti Pavles dze Beria，1899-1953，俄國）是蘇聯克格勃ii頭目，所謂「貝利亞主義」也就是「斯大林主義」。

16　林希翎：《林希翎自選集》（香港：景順書局，1985），頁230。

17　龍英華：〈世界往何處去、中國往何處去、北大往何處去〉，牛漢、鄧九平主編：《原上草：記憶中的反右派運動》，頁132。

18　陳愛文：〈關於社會主義制度〉，牛漢、鄧九平主編：《原上草：記憶中的反右派運動》，頁101。

19　葉于勝：〈我看民主〉，牛漢、鄧九平主編：《原上草：記憶中的反右派運動》，頁140-142。

因為毛澤東始終認為民主只是一個手段：為了達到某種目的，我可以給你民主；同樣為了達到另一種目的，我可以收回民主。我們上次說過這是「黨賜民主」，而大學生就突破了毛澤東這一個底線。

在1957年的中國，這種社會主義民主的要求，主要針對兩個方面。一是共產黨的權力壟斷。大學生們明確提出，要「反對國家高度權力的集中和黨對國家一切生活的絕對控制」，[20]因此提出了一個「人民主權」的概念，這也是林希翎在演說中所提出來的：國家的權力最後應該由人民所掌握。如此，他們又突破了毛澤東「一黨專政」的底線。此批判鋒芒所指的第二個方面，則是反對踐踏法制、人權，他們並因此把毛澤東的社會主義稱為「封建社會主義」。

他們所要堅守的社會主義的第二個理念，是「社會主義公有制」。這一代人都受到社會主義教育，都有反資本主義的傾向，所以對民主黨派並無好感，因為他們覺得民主黨派都是資產階級的政黨，不值得重視。後來，在發動反右運動時候，當局竭力想把北大學生運動跟民主黨派聯繫起來，但是怎麼找都找不到有說服力的材料，因為實際上確實沒有聯繫。尤其有意思的是，章伯鈞、羅隆基那些言論，在北大學生中並沒有引起多大反響。

這裡最為根本的，是當時大學生對資本主義私有制的拒絕和警惕；社會主義必須堅持公有制，這是他們對於社會主義的一個基本理解。然而，在1957年，他們提出公有制產生問題的矛頭所向：他們認為中國當時出現了「特權階級」，而這樣的特權所有，是對社會主義公有制的背離和威脅。這是1957年北大校園討論得最為熱烈的話題，包括兩個問題：第一，中國現在是否有特權階級？第二，這些特權階級是如何產生的？然後，他們進一步討論：在社會主義制度下，為什麼會出現特權階層？討論結果，大家趨於共同的意見，是認為中國已經「開始自覺地形成一個社會集團，他們互相支持、包庇，有共同的經濟、政治、社會地位等特殊的利益」。[21]為什麼在社會主義的

20　王書瑤：「我想順便提一句也許是必要的。在對敵鬥爭中，加強黨的領導是絕對必要的，因為為了矛盾（敵人之間的矛盾）的統一有利於我們的一方，就必須要取得內部絕對統一，因此，我這裡絕不是全盤否認黨的領導，而是反對國家高度權力的集中和黨對國家一切生活的絕對控制。」王書瑤：〈從斯大林的錯誤中應得到的教訓〉，牛漢、鄧九平主編：《原上草：記憶中的反右派運動》，頁207。

21　周大覺：〈論「階級」的發展〉，牛漢、鄧九平主編：《原上草：記憶中的反右派運動》，頁

制度下，會出現這樣一個特權階層？有人從生產關係、所有制、分配、社會地位等方面進行分析，提出了許多發人深省的意見。當然，我們在今天回頭來看，會覺得這些討論是不充分的；但他們非常尖銳地提出「社會主義體制下特權階層的形成」這個關係社會主義命運的決定性問題，這本身就具有極大的理論與實踐的意義和價值，因為這個特權階層的問題，事實上一直困擾著所有社會主義國家，且至今沒有解決。1957年的大學生「右派」，無疑是在中國最早提出「特權階級」問題的先驅者。

這裡需要談談他們的思考和毛澤東的關係。我們前面已經介紹過，毛澤東在1957年內部講話中曾提出要防止「貴族階層」出現的問題，我們現在還沒有材料證明，毛澤東的這一思考，對當時的大學生有沒有影響。但有一點是可以肯定的：對毛澤東來說，這僅是「可能存在」的危險；1957年的毛澤東，絕對不會承認他所領導的共產黨內，已經形成了學生們所說的，有著特殊利益的「社會集團」。一直要到1964年底、1965年初，毛澤東自己才提出「官僚主義者階級」的問題，[22]那時背景已經完全不同了，這我們以後需要詳加討論。然而，1957年的大學生，卻得為他們比毛澤東更早提出特權階級的問題，而付出代價：這正是毛澤東時代中國政治的特點。

大學生們在政治上提出要社會主義民主，在經濟上提出要反對特權階層、堅持社會主義公有制，他們在思想上，則非常明確地要求思想解放。他們要從什麼束縛下解放出來呢？他們提出，一要打破黨的神話，二要打破馬克思主義的神話。

譚天榮在他的文章中，對「黨在任何時候都是正確的」的神話進行了尖銳的批判，這就意味著共產黨已經由「壟斷權力」發展成「壟斷真理」，甚至造成「黨團員比別人高一等，也永遠正確」的神話。譚天榮說，當時盛行一個公式：對黨團員有意見等於落後、反黨、反革命。這種黨的神化導致的專制，就形成了一個精神枷鎖，青年必須要從中掙脫出來。[23]

168。

22　毛澤東：「官僚主義者階級與工人階級和貧下中農是兩個尖銳對立的階級。」見毛澤東：〈對陳正人關於社教蹲點情況報告的批語和批註〉（1964年12月12日、1965年1月15日），《建國以來毛澤東文稿》第11冊（北京：中央文獻出版社，1996），頁265-266。

23　譚天榮：〈第二株毒草〉，牛漢、鄧九平主編：《原上草：記憶中的反右派運動》，頁31-

另外，也是譚天榮所提出的，他自稱為馬克思主義「原教旨主義者」，認為從恩格斯（Friedrich Engels，1820-1895，德國）開始就背叛了馬克思，因此需要「回到馬克思」。他強調馬克思主義就其本質而言，是一種批判的學說，而此種徹底的批判，當然可以用於它自身；現在把馬克思主義宗教化、神聖化，就是背離了馬克思主義的基本精神。以馬克思主義作為國家意識形態，不僅會導致精神專政，而且會窒息馬克思主義的發展生機、導致其自身的危機。因此，在譚天榮看來，1957年的校園民主運動首先要做的就是「復歸馬克思主義的批判精神，革命本質」，使其成為批判思想和體制僵化與專制的理論資源。他進而提出了「三復歸」，即「私有制向公有制的復歸，教條主義向馬克思主義復歸，『三害』〔錢註：主觀主義、宗派主義、教條主義〕向民主復歸」[24]──以譚天榮所代表的1957年大學生「右派」對馬克思主義的理解與態度，與毛澤東的態度有著本質的區別。毛澤東在1957年談到他的雙百方針時，也說到「馬克思主義是可以批評的」；他的這一說法，在當時的歷史條件下，對譚天榮們應該說是一個啟示和支持，但毛澤東的最終目的，卻是要強化所謂「馬克思主義的領導地位」，即思想壟斷地位，而這卻正是譚天榮們所竭力反對的。於是，這些真正堅持馬克思主義批判精神的大學生，在隨後的反右運動中被強加上「反馬克思主義」的罪名，這真是一個歷史的顛倒。

　　1957年大學生要求思想解放的背後，還隱含著他們所理解、追求的真正社會主義的第三個概念：「人道主義的社會主義」。我們從剛才林希翎的話：

33。著名的右派作家劉賓雁對「黨在任何情況下都是正確的」神話的形成，有過一個分析：在新中國成立時，「中國共產黨是以充滿自信，以百年來第一個趕走外國侵略者，和二十世紀以來第一個統一了龐大而複雜的中國的勝利者的姿態出現在人民面前的。這種自信是以全國各階層數億人民對它的絕對信賴與擁護為基礎的。甚至使許多頑敵也望風披靡，心悅誠服」，以至自然地形成了一個普遍接受的觀念：「中國土地上的一切污垢和傷痕，似乎都是國民黨製造的；中國共產黨則一塵不染，兩袖清風；是正義、真理和光明的化身」。在實際生活中，也形成了這樣的局面：「黨是領導者又是教育者，而人民是樂於接受它的教育和領導的。聽不到對於決議的異議，差異只不過是行動上積極性的高低。聽不到有人要求參與決策的呼聲。對於黨的正確性和黨的幹部對人民的忠誠是絕對信賴的」。劉賓雁：《劉賓雁自傳》（台北：時報文化出版公司，1989），頁37。

24 譚天榮：〈教條主義產生的歷史必然性〉、〈第二株毒草〉，牛漢、鄧九平主編：《原上草：記憶中的反右派運動》，頁33。

「要真正的社會主義，讓每一個人過真正人一樣的生活」裡面，就不難看出其中的人道主義色彩。所以，他們強調，社會主義就是人道主義，而人道主義在他們看來，歸根結底就是人的解放、人的自由。譚天榮在一篇很著名的大字報裡就說：有人問我們，你們到底要什麼？我可以明確說，「我們的要求主要是屬於精神生活方面的」，[25]除了政治和社會發展要求、理想之外，最主要的是要維護「純潔無私的心靈」。[26]在譚天榮和他的朋友看來，一切解放最後要歸結為人的解放，所有的自由要求，最後要歸結為人的心靈、精神的自由。

於是，就提出了社會主義「新人」的概念，並且有了這樣的呼喚：

> 我們需要個性強烈的人，色彩鮮明的人，我們需要有自我犧牲精神的人，埋頭苦幹的人，我們需要熱情而冷靜的人，心地光明的人，〔……〕我們沒有權利一分鐘放鬆戰鬥，不要動搖不要膽怯，不要懷疑，咬緊牙關，在我們選擇的道路上勇往直前。[27]

我們可以從林希翎、譚天榮和很多「右派」身上看到，一代新人確實已經出現，這一代人和後面幾代人都不一樣。問題是，本來是社會主義中國培養出來的這代人，最後卻自己把它毀滅了。我稱之為社會主義的「自噬現象」，這是包含著深刻教訓的。

但是這一代人畢竟年輕、畢竟太天真，他們必定要犯錯誤，而他們所犯的最大錯誤，在我看來是一個歷史的大誤會。什麼誤會呢？就是他們把毛澤東視為同道。所有校園的「右派」，都毫無例外的對毛澤東抱有好感，甚至崇拜。即使鋒芒畢露者如林希翎，在談到毛澤東的時候，也流露出一種崇敬。她說，毛澤東會犯錯誤，比如說胡風問題就是錯誤，但這是小小的錯誤，比起斯大林來說他善於發現錯誤、總結經驗、吸取教訓。他們還作出這種判斷：當今的馬克思主義者，一個是鐵托、一個是陶里亞蒂（Palmiro Togliatti，1893-1964，義大利）、一個赫魯曉夫，還有一個是毛澤東，他們認為毛澤東跟赫魯曉夫、鐵托、陶里亞蒂一樣，都是共產主義運動的改革派，是現階段

25　譚天榮：〈我們為了什麼——再致沈澤宜〉，牛漢、鄧九平主編：《原上草：記憶中的反右派運動》，頁60。

26　譚天榮：〈我們為了什麼——再致沈澤宜〉，牛漢、鄧九平主編：《原上草：記憶中的反右派運動》，頁64。

27　譚天榮：〈第二株毒草〉，牛漢、鄧九平主編：《原上草：記憶中的反右派運動》，頁34。

馬克思主義者的代表。

我要強調一下，譚天榮是這一批「右派」中最有頭腦、最有思考能力的人，但連他也說：我不懷疑毛澤東「永遠支持我們」。[28]他有一個分析：「我們有責任大力支援自上而下的整風運動，看來我們親愛的毛澤東同志處於十分困難的地位，我們有責任把這次自下而上的民主運動領導起來把它引向破壞性最小的道路」。[29]譚天榮們顯然希望中國能夠出現一個自上而下的改革，並與自下而上的改革互相促進的局面；應該說，這一直是中國大陸改革者的期待與夢想，而且一直到八十年代，中國的改革者還是抱有這個夢想。1957年的大學生，就是從這樣的期待、這樣的善良願望出發，但他們卻作出一個錯誤的判斷，認為毛澤東所發動的整風運動，正是一個他們所希望的、自上而下的改革運動，而且和他們所發動的自下而上的改革運動，是一致並互相聲援的；他們誤以為毛澤東本人和青年大學生是心心相印、互相支援的戰友。

今天已經看得很清楚，這個夢想是過於天真、一廂情願。這些大學生並不知道，就在他們寄希望於「親愛的毛澤東同志」的時候，這位「親愛的毛澤東同志」早在1957年初，已於黨內宣布：現在的大學生多數都是剝削階級出身，他們的背後站著他們的爸爸媽媽，都是仇恨我們的，他們都是替他們的爸爸媽媽說話的。[30]毛澤東早已下定決心，要處理大學中的不安穩分子，排除這些「不安定因素」，只是學生們不知道。直到5月份毛澤東看了北大學生的大字報，就立刻斷定其中「不少有反共和敵對的內容」，並作出了「在這所大學裡，超過百分之一的學生對現行的制度是敵視的」的判斷；[31]對於林希翎，

28　譚天榮：〈救救心靈〉，牛漢、鄧九平主編：《原上草：記憶中的反右派運動》，頁57。

29　譚天榮：〈第二株毒草〉，牛漢、鄧九平主編：《原上草：記憶中的反右派運動》，頁34。

30　毛澤東：「我們高等學校的學生，據北京市的調查，大多數是地主、富農、資產階級以及富裕中農的子弟，工人階級、貧下中農出身的還不到百分之二十。〔……〕。在一部分大學生中間，哥穆爾卡很吃得開，鐵托、卡得爾也很吃得開」，「地主，富農，資產階級，民主黨派」，「他們老於世故，許多人現在隱藏著。他們的子弟，這些學生娃娃們，沒有經驗，把什麼『要殺幾千幾萬人』，什麼『社會主義沒有優越性』這些東西都端出來了」見毛澤東：〈在省市自治區黨委書記會議上的講話〉（1957年1月18日），《毛澤東選集》第5卷，頁333。

31　毛澤東：會見伏羅希洛夫時的談話（1957年5月24日），轉引自閻明復：〈1957年形勢與伏羅西洛夫訪華〉，載《百年潮》2009年第2期，頁16。

毛澤東也十分警惕，認定她是「民主化頭頭」，並親自布置人去訪問林希翎、摸她的底。[32]於是，北大學生和林希翎在劫難逃了。

這些校園「右派」把毛澤東看成鐵托，更是一個天大的誤會。因為毛澤東最討厭別人說他是鐵托，並且他早已宣布鐵托是修正主義。他在內部會議上說，斯大林主義「這把刀子丟不得」，鐵托反斯大林主義，「我們要徹底把他駁倒」。[33]我們是現在才看到這些文件，在當時，大學生們是不可能聽到這些話的。他們只知道毛澤東號召「放」的這個表面現象，因此就覺得毛澤東跟他們是同道，於是做出了這個錯誤判斷。這說明中國的大學生並不懂得「毛式政治」。只是，他們在不懂「毛式政治」的情況下，還要參與政治，就註定了他們的悲慘結局，並付出了極其慘痛的代價。對我們整個民族來說，這是極其巨大的犧牲，因為這麼一批優秀的人物、中國真正的改革者，就這樣地被一個他們看作是「自己人」的毛澤東體制吃掉了。

現在我們可以做一個簡單的小結。

1957年中國大陸校園的民主運動，所堅持的目標是「真正的社會主義」。他們所理解的真正的社會主義，包括三個方面：

第一，社會主義民主，以社會主義民主、法治，反對封建性的集權政治。第二，社會主義公有制，反對特權階級、特權所有制。第三，社會主義人道主義，反對黨神話、反對馬克思主義宗教化、意識形態化的專政。

這三方面其實都有非常鮮明的社會民主主義[iii]傾向，也就是說，這是民間的社會民主主義思潮。

我們順便講一下社會民主主義，我想大多數同學可能對此不太熟悉和了解。長期以來我們誤解了馬克思主義，以為它只有斯大林主義這一條線，其實馬克思主義有兩條線，一條是第三國際[iv]，列寧、斯大林的布爾什維克主義路線[v]；另一條是第二國際[vi]，也就是社會民主主義的思潮與路線，像瑞典這類福利國家，某種程度上都屬於社會民主主義的試驗。大範圍來說，社會民主主義可以算是馬克思主義的範圍，當然今天已經發生了很大的變異。我

32　曾志：〈毛澤東和我〉，文收「毛澤東與我」徵文活動組委會編出版社：《我與毛澤東的交往》（山西：人民出版社，1993），頁105-107。

33　1956年11月下旬至12月上旬，中共中央政治局會議上毛澤東的講話，轉引自吳冷西：《十年論戰：1956-1966——中蘇關係回憶錄》（北京：中央文獻出版社，1999），頁62-82。

們這裡不做討論。

我要討論的是，社會民主主義在中國其實有很深刻的影響。這裡順便講一下歷史。在中國，像胡適那樣真正的英美式自由主義知識分子，是比較少的。大部分自由主義者都有或多或少的社會民主主義傾向，這就是為什麼1948年大陸政權變易的時候，有很多自由主義知識分子留在大陸。如果仔細辨析，就可以發現，真正堅持英美式自由主義知識分子都到了台灣，留在大陸的自由主義知識分子，都有不同程度的社會民主主義傾向。最典型的是朱光潛（1897-1986），他在1948作的一篇文章就說：美國有民主但是沒有平等，蘇聯有平等但是沒有民主，我們的理想是要把蘇聯的平等和美國的民主結合起來。[34]這背後多少就有社會民主主義的傾向，但是這種傾向在建國之後，基本上就被遏制下來了。1957年，在大學生中再一次地出現這種社會民主主義思潮，其意義非常重大，應該引起我們的注意。

為什麼重要呢？因為，當我們現在提出要總結中國的社會主義經驗，但人們一想到中國社會主義經驗，就只想到毛澤東主導的國家社會主義的實驗，這當然有道理，因為1949年以後毛澤東的社會主義實驗在大陸，占據了無可置疑的主導、主流地位，所以我們這門課的討論，也是以毛澤東為主線的。但我要強調的是，主導不是唯一，在毛澤東的國家社會主義實驗之外，在中國的民間社會，還存在一個或隱或顯、時斷時續的社會主義思潮，其主要傾向，又是社會民主主義。這就提醒我們，今天考察大陸的社會主義思潮、講中國社會主義經驗時，不能只看見毛澤東的社會主義，還需要看到民間的社會主義思潮。這樣的民間社會主義思潮，是有一條內在發展線索的，以後我們會逐漸把這個線索理清楚。這方面的討論，才剛剛開始，我們現在也只能把問題提出，還有待更深入地研究。

問題的複雜性在於，毛澤東的社會主義和我們說的民間社會主義，之間是存在著深刻糾纏的；他們之間有深刻的相互影響、滲透、對抗，更有悲劇性的「誤會」，這也包括了前面提到的1957年大學生對於毛的天真誤會。這誤

34　朱光潛：〈世界的出路──也就是中國的出路〉，朱光潛著，朱光潛全集編輯委員會編：《朱光潛全集》第9卷（安徽：安徽教育出版社，1993），頁523-526。相關亦可參看錢理群：《1948：天地玄黃》，頁19-20。

會也許今天還存在，就是很多人把毛澤東看成社會民主主義者，把毛澤東的改革，看做是社會民主主義的改革，甚至是「自由化」的表現。我們在前面課程中，已經介紹了毛澤東一黨專政下的改革，今天這堂課，又介紹了1957年大學生的社會民主主義思潮，從表面上看起來，他們兩個之間好像有相同之處，比如都在講民主、自由，但是這之間卻有巨大的本質的區別。毛澤東確實想走出斯大林的陰影，在某些方面也走出了這個陰影，但最後，毛澤東在反右運動和反右以後的表現，證明了他在本質上還是一個列寧主義、斯大林主義者，而且在強調一黨專政的徹底性與堅決性上，在我看來毛澤東還超過列寧、斯大林，這在我們以後的課還會講到。問題是，我們前面已經談到，這些1957年不成熟、年輕的中國社會民主主義者，他們最初把毛澤東誤認為社會民主主義者，這就造成了歷史巨大的悲劇。所以我們在講1957年的歷史時，一定要分清楚這兩種思潮，既要看到他們之間的糾纏關係，又要認清其本質的不同，而這更導致了歷史的下一步發展，我們以後還會有更深入的討論。

這裡，還需要指出一點：中國1957年大學校園的社會主義民主運動，顯然受到南斯拉夫工人自治 vii 的社會主義實驗，以及波蘭、匈牙利事件的啟示，或者說，同樣是國際社會主義改革運動的有機組成部分。以後我們還會講到，八十年代的中國民間的社會民主運動也同樣受到波蘭團結工會運動 viii 的影響——這也構成了一個內在的發展線索。

我在回顧1957年這段歷史時，心裡有許多感慨。一方面我很自豪，因為這些同學都是我的同代人，是我北大、人大的學長。但是一方面我又非常慚愧，不僅是因為我當時年齡還小，只關心自己個人的發展，缺乏這些學長憂國憂民的情懷和開闊的眼界，因此未能做出自己的貢獻；我更是為中國知識分子感到慚愧：這些思考應該是要由知識分子來承擔的，但當時絕大部分知識分子都選擇沉默，沒有完成知識分子應負的使命，而把提供新思想、新理論的歷史使命交給了年輕的大學生。這樣的歷史不斷地重複，以後我們在談到文革時期，甚至是七十年代末到八十年代初期，都是這種狀況。這是中國大陸現代思想史上的重大問題：重要的問題不是由知識分子提出，而是由一些「半大孩子」首先思考、首先提出；知識分子的失語、缺席、失職，嚴重影響了中國現代思想的深度。因為這些「半大孩子」畢竟缺乏必要的知識、理論

儲備，而且歷史給他們的時間非常短，從5月19日的大字報開始，到6月8日的反擊「右派」，他們只有不到20天的時間，接著就面臨殘酷的鎮壓，他們之中像譚天榮這樣具有理論素養和興趣的人才，過早地被摧殘了。這都是「未完成的思想、未完成的思想家」。因此，如果大家有機會去讀當年的文本，也許會失望，因為他們只把問題提出來，但沒有展開，更不可能有深入的學理的討論：這些尚未成熟就遭夭折的萌芽思想和理論，其歷史價值是高於理論價值的，這也是我們必須正視的歷史的遺憾。

但話說回來，在當時，還是有知識分子、真正的知識分子和大學生們一起思考，而且思考得更加深入。這就是我現在要向大家介紹的一個人物：顧準。

二、「一切問題都要重新估價」：顧準的思考

我們可以這樣介紹顧準：他是五十、六十、七十年代，大陸唯一的批判知識分子。所以我們有時候又說，幸虧有了一個顧準，不然知識分子在五十、六十、七十年代幾乎交了一份白卷。

但在介紹顧準之前，要先講一段「故事」。1956年10月匈牙利事件以後，毛澤東派了他的英文祕書林克，到熟悉國際情況的新華社國際部聽取意見。當時，國際部主任王飛（生平不詳）和副主任李慎之（1923-2003），也正為蘇共二十大以後國際共產主義運動的危機、「中國應如何走出自己的道路」等問題而寢食難安，便乘機把自己思考的初步結論和盤托出：「看來國際共產主義理論上完全靠蘇聯不成，中國黨應該自己研究和提出一些國際共產主義的理論問題」。僅就這一命題本身，毛澤東大概是可以接受的，這實際上也是毛澤東所考慮的、時代所提出的問題；但這段思考的結論，卻為毛澤東所不容，因為他們尖銳地指出：「我們現在的制度基本上是蘇聯的制度」，而蘇聯制度的「根本問題」是「採取了集權專制主義」，「無產階級專政變成黨的專政，由黨的專政變成少數人專制，而少數人專制變成個人專政」，以至「有絕對的權力的人們形成了一個階層」。因此結論是：「根本問題是共產主義制度下的民主問題，無民主則無社會主義。生產資料公有化和民主必須同時解決」，「中國應當仁不讓解決無產階級民主的問題」。他們並具體提出了實行民主化的

三大建議：一，「言論自由，新聞自由：這是民主的實質」，「領導人物、領導機關的活動、領導機關的決策交給人民評判」；二，實行「分權」（「黨政分開」）、「削權」、「互相制約」；三，實行直接「選舉」，「不應把選舉變成虛偽的形式主義，人民不是阿斗」。他們建議「可以從資產階級牽制平衡、司法獨立中吸取一些東西。現在小民主不少大民主不夠」，所謂「小民主」、「大民主」，後來李慎之解釋說，他的意思是：「我們在調資分房等小事上民主多，在國家大政方針等大事上民主少」。[35]

　　現在，可以看得很清楚，王飛與李慎之這兩位黨中層幹部的主張，和我們前面所說那些大學校園學生的主張是一致的：中國要走出自己的道路，關鍵是要實行社會主義民主、反對黨專政、反對特權階層。這正是毛澤東所不能接受的。他嚴厲批評這樣的主張是「階級觀點不明確」，沒有認清「民主不是目的而是手段」，[36]這大概是真正分歧所在：在毛澤東看來，民主應該是為了鞏固黨的領導、鞏固無產階級專政所服務的。毛澤東還指責他們鼓吹「大民主」就是要用對待「敵人」的辦法來對待黨，而「人民內部矛盾，只能小民主，小小民主」，這就有很強歪曲原意的想像成分了。但毛澤東一言既出，就足以將提出「大、小民主」的李慎之打成「極右」派，王飛也以「包庇罪」而受到迫害。[37]

　　王飛、李慎之的思考表明，當時黨內一些知識分子對於二十大之後時代所提出的問題，有自己的獨立意見和思慮。而由於顧準具有邊緣化的特殊位

35　以上與王飛、李慎之相關之發言引文，均出自林克：〈王飛、李慎之同志和我的談話〉（1956年10月），原載新華社機關黨委編：《1957年第52期整風資料》，轉引自王啟星：〈王飛、李慎之與毛澤東祕書談民主〉，《炎黃春秋》2010年第8期，頁27-28。

36　王啟星：〈王飛、李慎之與毛澤東祕書談民主〉，《炎黃春秋》2010年第8期，頁28-29。

37　毛澤東是在1956年11月15日中共八屆二次全會上批評王飛、李慎之的，但他的這段話，後來1977年收入《毛澤東選集》第5卷時，卻被改成批評他們主張「學西方的『議會民主』、『新聞自由』、『言論自由』那一套」：「有幾位司局長一級的知識分子幹部，主張要大民主，說小民主不過癮。他們要搞的『大民主』，就是採用西方資產階級的國會制度，學西方的『議會民主』、『新聞自由』、『言論自由』那一套」。見毛澤東：〈在中國共產黨第八屆中央委員會第二次全體會議上的講話〉（1956年11月15日），《毛澤東選集》第5卷，頁323。參看王啟星：〈王飛、李慎之與毛澤東祕書談民主〉，《炎黃春秋》2010年第8期。而毛澤東自己後來在文革中也採用了「大民主」的概念。

置，反而使他的思考更為深入，於是成了他們之中的傑出代表。

顧準是抗戰時期上海的地下黨員，同時也是一位經濟學家。他在1952年建國初期，就在黨內的殘酷鬥爭中被排擠出去了。1954年他被安排到中央黨校學習，他是在黨校中遭遇蘇共二十大的。我們從那個時期保留下來的日記來看，顧準對蘇共二十大有非常深刻的反思。他聽了赫魯曉夫報告之後，第一個結論就是「一切問題都要重新估價」。[38] 這跟大學生們是不約而同的，也就是說，他跟大學生們一起預感、一起面對新的時代變遷所提出的問題：怎樣重新估定價值？怎樣重新尋找一條中國自己的發展道路？他是高度自覺於此的。而且他作為一個理論家，他的思考就遠比大學生的思考更為深遠。關於他1956年反右運動以前、再到1957年被打成「右派」以後、一直到1959年之間的思考，我在這裡作一個簡單的介紹。他在以後每一個時期，特別是六十年代大饑荒和文革時期，都有重要的貢獻，因此我們的討論會不斷提到他。

1956年，顧準就敏銳地感覺到，歷史走到了一個轉折關頭。在他看來，對斯大林個人崇拜的批判，意味著國際共產主義運動「絕對主義」思想統治的結束，當人們不再把斯大林式的馬克思主義和社會主義絕對化、視為不可懷疑和動搖的神明時，就獲得了一次空前的思想大解放，他尤其期待中國重新被「喚醒」，走出一條新的道路。他對斯大林模式作了這樣的概括：「用野蠻辦法在一個野蠻國家裡實現文明。」他提出，中國是不是可以採取另一種方法：「在高漲的經濟與文化建設中實現高度的文明，真正實現了人民群眾對歷史的決定作用」呢？[39]

作為一個有理論準備的思想家，他一開始就把「中國走什麼路」的問題放在世界的大格局中來思考，從而提出了四個重大問題。

他首先提出「如何看待當代資本主義」的問題。按馬克思主義經典作家的觀點，資本主義早已沒落；列寧不是說，帝國主義是資本主義的腐朽階段嗎？但是不能回避的事實，卻是當代資本主義得到很大發展。這原因是什麼？「資本主義克服危機的生命力何在」？[40] 顧準所討論的問題，在當時中

38　顧準：〈顧準日記〉（1956年3月4日），《顧準日記》（北京：中國青年出版社，2002），頁51。

39　顧準：〈顧準日記〉（1956年3月29日），《顧準日記》，頁67。

40　顧準：〈顧準日記〉（1956年3月3日），《顧準日記》，頁49。

國，完全是個禁區，而他的結論是：西方的資本主義也經過一段野蠻資本主義的發展階段，所以馬克思批判是有力量的，但是資本主義卻有自我調節的功能，「並且要承認資本主義在每一次大事變中都在學習，也有在根據經驗教訓改正他們自己的工作」。[41]

顧準在強調了「新的技術革新」對資本主義發展影響的同時，又注意到資本主義「在民主政治，國家調節經濟生活」等方面都獲得了新的發展活力，並且敏銳地提出：「這算不算社會民主黨理論？」在他看來，這正是社會主義因素向資本主義的滲透，並且問：這「是不是一個吸引人心的方針？」[42] 顧準所思考的，是社會主義的問題：在社會主義和資本主義兩大陣營對立中，社會主義能不能像資本主義那樣，也吸收資本主義的合理因素？社會主義是否有調節、糾錯的功能呢？作為一個馬克思主義者，顧準當然希望並且堅信社會主義能夠戰勝資本主義，但1956年時的顧準似乎已經隱約地感覺到，社會主義戰勝資本主義的關鍵，就在於社會主義能不能從資本主義那裡吸取合理因素來自我調整、糾錯——我們說這是一種感覺，是因為在顧準當時的日記裡，並沒有把這個問題展開來討論，但到了1959年，他就明確地提出了「東西方滲透論」。[43] 他的理想模式，是西方資本主義和東方社會主義在互相對立、競爭的過程中，都向對方有所吸取，實現東西交融、實現社會主義與資本主義的滲透，在各自的自我調節中獲得新的發展。他提出的，實際上是一種「東西融合」的第三條道路。這也是顧準對我們一再提到的「中國向何處去」、「中國走一條什麼樣的自己的道路」的時代問題的回答——應該說，他的這一思考是相當超前的。我們在前面已經討論到，毛澤東在1956年也有過向資本主義有

41　顧準：〈顧準日記〉（1956年3月22日），《顧準日記》，頁62。

42　顧準：「對西歐來說，議會穩定的多數是否意味著對列寧主義的背棄，而變成走到列寧所一再批評的機會主義泥坑裡去了？〔……〕對歐洲那些（不，還要加上美、日等資本主義高度發展的國家）國家，在群眾情緒，經濟生活，未來展望，意識型態等方面來說，是否是富有吸引力的？不，還有一個根本問題，一百五十年來資本主義的發展，所造成的文化的普及，生活的提高，個人的覺醒，與資本主義經濟經歷了初期的殘酷野蠻的統治，在民主政治，國家調節經濟生活（這算不算社會民主黨理論？）的長期發展，與兩次大戰的慘痛教訓之後，目前的方針是不是一個吸引人新的方針？」見顧準：〈顧準日記〉（1956年4月17日），《顧準日記》，頁75。

43　顧準：〈顧準日記〉（1959年7月31日），《顧準日記》，頁212。

所吸取的思考，但他的吸取，是以不改變「一黨專政」這一他所要堅持的「社會主義」的核心為前提，和顧準所要追求的，對社會主義和資本主義制度超越的「融合」，是根本不同的。而顧準這裡所思考的社會主義能否具有自我調節的功能，實際上關係著社會主義的命運，卻被30多年以後社會主義陣營的瓦解所證實。

於是，就有了顧準的第二個問題：對「第二國際和社會民主黨的評價」。他明確提出：「第二國際，以及倍倍爾考茨基等人的功過，其估價也應該有歷史的，公允的結論」。[44]這當然不止是歷史的評價，更是一個道路的選擇問題。顧準的反思是從這樣的事實出發的：「斯大林統治的三十年，是國家鼎盛發展的三十年。〔……〕，但發展卻助長了粗暴的統治」。[45]這裡就隱含了一個重要問題：不能一般地討論經濟、社會的「發展」，還要追問「發展的結果」，是「助長了粗暴的統治」，還是引向真正的社會民主、自由與平等？前者正是斯大林模式和道路，顧準後來將其稱為「社會主義的羅伯斯庇爾主義」；[46]而後者就是「社會民主主義」──之後顧準在文革的自我「檢討」裡承認，自己正是在1956年蘇共二十大以後，逐漸醞釀和確立了「民主社會主義」作為信仰。[47]但他同時又認為，民主社會主義的實現，「要以高度發達的經濟為前提，它的逐步實現，要在二三十年之後」，[48]在此之前一定的「野蠻手段」是不可避免的，這又構成了顧準思想的內在矛盾，我們以後還會有進一步的討論。

顧準的第三個問題，是「對馬克思主義進行科學的反思」。前面我們已經提到，1957年校園民主運動中譚天榮等提出了反對將馬克思主義國家意識形態化的問題，顧準則進一步對馬克思主義自身所內含的「黑格爾式的絕對主義的印記」提出了質疑。他指出：「歷史唯物主義隱含著一個黑格爾歷史哲學

44 顧準：〈顧準日記〉（1956年3月4日），《顧準日記》，頁51。引文中「倍倍爾」指奧古斯特・倍倍爾（August Ferdinand Bebel，1840-1913），「考茨基」指卡爾・考茨基（Karl Kautsky，1854-1938，奧地利）。

45 顧準：〈顧準日記〉（1956年3月29日），《顧準日記》，頁66。

46 顧準：〈顧準日記〉（1959年2月23日），《顧準日記》，頁102。

47 顧準：〈從進入中央高級黨校學習到墮落成為右派──歷史交代〉（1955年9月-1958年5月），《顧準自述》（北京：中國青年出版社，2002），頁229-231。

48 顧準：〈從進入中央高級黨校學習到墮落成為右派──歷史交代〉（1955年9月-1958年5月），《顧準自述》，頁327。

的前提——存在一個必然規律，這個必然規律向著共產主義的完成」，[49]而正是這樣的絕對主義，導致了馬克思主義的宗教化，並在社會實踐中導致專制主義，而這正是顧準這樣的獨立知識分子所「不可以忍受」的。[50]因此，顧準宣布：「我接受馬克思人本主義＝自然主義這個方面」，這「才是真的社會主義」。[51]

　　作為一個經濟學家，顧準最為關心的，自然是社會主義經濟發展道路的問題。他首先對中國一直奉為神明的蘇式計劃經濟模式，進行了深刻的反思，他主要指出兩點：一，這是「輸入的計劃工作，輸入的工業化方案」，「不是從中國土地上生長起來的東西」，因此是「經濟建設上的教條主義」。[52]其二，這是「以道德規範式的規律吹噓，粉飾太平的理論來描寫社會主義經濟，〔……〕，是獨斷主義式的唯心主義」，[53]其所鼓吹的「有計劃按比例發展的規律」不過是「離開社會主義再生產理論，與價值規律的空東西，道德規範」。[54]他期待中國能找出自己的發展經濟的道路，因而他對毛澤東「十大關係」的理論給予極大的重視，同時他自己也緊張地思考建立「社會主義經濟學體系」的問題，並提出了「國家必需維護資產階級式的法權」、要「承認按勞計酬在商品貨幣價值形式中的作用」，[55]並進而提出了「社會主義價值論」的研究課題。[56]

49　顧準：〈顧準日記〉（1959年3月5日），《顧準日記》，頁119

50　顧準：〈顧準日記〉（1959年3月8日），《顧準日記》，頁120。

51　顧準：「我接受馬克思人本主義＝自然主義這個方面，羅素說這個方面是與工具主義相符和的，我就接受工具主義。我信任人類的不斷進步，我注目現世，不信有什麼地上天國。〔……〕。因此我注意經驗的歸納，不信從經驗方面無根據的對未來的預言。／假若不然，辯證唯物主義不能脫離神界。〔……〕。絕對主義——專制主義，原是與辯證唯物主義有血緣關係的東西。這是不可以忍受的東西。／人本主義＝自然主義，以及工具主義的社會主義才是真的社會主義」。見顧準：〈顧準日記〉（1959年3月8日），《顧準日記》，頁121。

52　顧準：〈顧準日記〉（1955年7月14日），《顧準日記》，頁28。

53　顧準：〈顧準日記〉（1956年4月12日），《顧準日記》，頁73。

54　顧準：「『基本經濟規律』與『有計劃按比例發展的規律』，是離開社會主義經濟再生產理論（那實在是不折不扣的規律），與價值規律（這實在還是多方面起作用，而基本方面則是勞動報酬方面）的空東西、道德規範」。見顧準：〈顧準日記〉（1956年4月11日），《顧準日記》，頁71-72。

55　顧準：〈顧準日記〉（1956年3月28日），《顧準日記》，頁65-66。

56　顧準：〈顧準日記〉（1956年7月13日），《顧準日記》，頁97。

儘管這些問題都沒有展開，但可以看出，顧準在反思斯大林計劃經濟模式、探討中國自己的經濟模式時，其思考方向是和毛澤東完全不同的：如前面所說，毛澤東所要走的是黨集中領導下「命令經濟」的道路，因此，在下面我們就要詳盡討論，在「大躍進」中毛澤東所提出要「破除資產階級式的法權」、否定價值規律，這都是顧準最為警惕的。顧準對「社會主義價值論」的思考，正是八十年代中國走向市場經濟的最早的理論探討和先聲。

顧準就是以這樣的方式，獨立地對蘇共二十大以後所提出的「中國發展道路」問題、西方與蘇聯之外的「第三種發展模式」問題，提出了自己的回答。他對斯大林式的社會主義模式的反思、對馬克思主義的反思，以及他關於「社會民主主義道路」以及「東西融合論」的思考，和同時期中國大學生的探索，基本上是一致的，但他的思考卻更為開闊與深入。他對斯大林式計劃經濟模式的反思，和毛澤東雖有某些相通，但在發展方向上卻迥然有異；顧準的「社會主義價值論」，最後是通向社會主義市場經濟的。可以說，在社會發展和經濟發展兩方面，顧準的思考，都達到了那個時代的最高水平。但他這些思想僅出現在他的日記中，並沒有來得及展開形成系統的理論，他只是提出了一些思考的因素與萌芽，這當中有些新思考，而且具有理論前瞻性。顧準1956年思考的意義大概就在這裡。

三、反右運動中的毛澤東、我、知識分子

接下來，我們回到歷史現場、回到毛澤東這裡來，談談毛澤東對反右運動的部署。

我們剛剛說到，5月23日林希翎在北大的演講，引起中共上層的極大震動，劉少奇當即下批示「極右分子，請公安部門注意」。[57] 據毛澤東的傳記透露，北大的大字報弄得他寢臥不安，睡不著覺了。他每天派人到北京大學、清華大學、北京師範大學、中國人民大學去看大字報。他甚至專門布置人去訪問林希翎，「看這個人究竟怎樣」；[58] 他緊張地問他周圍的工作人員：「你看

57　〈林希翎冤案內幕〉，《林希翎自選集》，頁143。
58　曾志：〈毛澤東和我〉，《我與毛澤東的交往》，頁106-107。

共產黨的江山還能不能坐得穩？」[59]

　　大學生們怎麼會弄得毛澤東如此緊張呢？這背後其實有一個共產黨的合法性危機：毛澤東擔心中國會因此出現匈牙利事件。我們說過，毛澤東之所以敢於發動整風運動，是因為他有一個判斷：「像匈牙利事件那樣的全國性大亂子鬧不起來」，他甚至說：「在匈牙利，大民主一來，把黨政軍都搞垮了。在中國，這一條是不會發生的。幾個學生娃娃一衝，黨政軍就全部瓦解，那除非我們這些人完全是飯桶」。[60]這是毛澤東在1957年1月和之後幾個月的判斷，但到了5月，大學生的運動起來之後，他的判斷動搖了。這是因為，就在大學生發動校園民主運動時，工廠、農村也出現不穩的趨勢。從1957年1月到4月份，據相關統計，上海工人鬧事的有3,200餘人，但從5月到6月，兩個月之間，鬧事的人迅速地發展到3萬1,000餘人。正好是這個時候，浙江省送來一份「仙居事件」的緊急報告。這個浙江的小縣，從1957年4月中旬到5月下旬，全縣300多個合作社，竟出現116個全部垮台的狀況。更重要的是，農民竟然起來打幹部，而且打幹部的家屬；被打的幹部有107人，被抄家的幹部家庭有304戶。過去都是幹部抄農民的家，現在農民反過來抄幹部的家，可見矛盾的尖銳程度和農村統治的失控。[61]這震動了黨最高層。5月25日劉少奇在一個內部講話時說：我們現在最擔心的就是，如果人民走上街頭怎麼辦？如果工人、中小學生的教員，和其他群眾都起來的話，很快成百萬人一起，那時候我們將「處在一個無能為力的地步」。[62]鄧小平在5月23日政治局擴大會議上也說，「我們黨校有相當的高級幹部，都是省委、地委的同志，他們在那裡很擔心。〔……〕，人心裡面有點急」，怕發生匈牙利事件。[63]黨內高層的擔憂，自然會影響到毛澤東。據毛澤東的衛士回憶，那段時間，許多黨

59　逄先知、金沖及主編：《毛澤東傳》（上），頁696。

60　毛澤東：〈在省市自治區黨委書記會議上的講話〉（1957年1月），《毛澤東選集》第5卷，頁337、338。

61　〈內部參考〉（1957年9月28日）；《農業集體化重要文件彙編》（北京：中央黨校出版社，1981），頁691-697。轉引自沈志華：《思考與選擇：從知識分子會議到反右運動（1956-1957）》，頁593。

62　1957年5月25日劉少奇在人大常委會上的講話。轉引自胡平：《禪機：1957年苦難的祭壇》（廣東：廣東旅遊出版社，2004），頁280。

63　逄先知、金沖及主編：《毛澤東傳》（上），頁696-697。

的領導人，甚至一些普通工農群眾用以反映情況、表示「義憤填膺」的簡報材料，紛紛送到毛澤東手裡。[64]毛澤東本人終於在1957年5月中、下旬作出新的判斷：中國「有出匈牙利事件的某些危險」。[65]

　　毛澤東和黨的高層他們最擔心的是什麼呢？是青年學生和工農相結合。大家知道毛澤東是靠知識分子和工農相結合起家的，他深知這一結合的力量。因此，他即使不怕那些「學生娃娃」，但如果大學生真的到工人、農民中間去煽風點火，毛澤東就感到威脅了。就在6月6日那一天，有六個教授一起開會，後來稱為「六教授會議」；他們對全國形勢做了估計，也覺得形勢不穩，有一位教授說了一句話，我估計是最觸動毛澤東的。他說：如果局勢再不控制的話，要逼得毛澤東用解放軍來解決問題，那就太晚了。這正是毛澤東最不願意看到的局面。毛澤東是有一條底線的，就是絕對不能動用軍隊去鎮壓學生，那會危及整個統治；他說得很清楚：「段祺瑞搞的『三一八』慘案，就是用開槍的辦法，結果把自己打倒了。我們不能學段祺瑞的辦法」。[66]

　　毛澤東感覺到問題的急迫性，於是斷然決定，必須趕在學生放暑假之前，開展反右運動，把學生當中的「右派」全部抓起來，防止學生到工人農民之間去搧風點火。同時，他在內部做了很多緊急部署，詳細地安排如果學生到了工廠、農村，該怎麼對付他們。[67]

　　於是，就在1957年6月8日，《人民日報》發表一篇社論〈這是為什麼〉，[68]吹響了發動反右運動的號角。號令一出，全國震動。首先，全國共產黨的各級幹部和積極分子高興極了。我們前面介紹過，他們原來是很著急、氣憤、壓抑的，據〈內部參考〉報導，社論發表之後，上海、天津、重慶、雲南、安徽等地的黨團員，感到無比的「興奮」、「痛快」、「揚眉吐氣」，甚至

64　李銀橋：《邁向神壇的毛澤東》，頁212。

65　見毛澤東為中共中央起草的〈關於組織力量準備反擊右派分子進攻的指示〉（1957年6月8日），轉引自逄先知、金沖及主編：《毛澤東傳》（上），頁706。

66　毛澤東：〈在省市自治區黨委書記會議上的講話〉（1957年1月），《毛澤東選集》第5卷，頁354。

67　參看毛澤東起草的〈中央關於加緊進行整風的指示〉（1957年6月6日），《建國以來毛澤東文稿》第6冊，頁491-492。

68　社論：〈這是為什麼？〉，《人民日報》1957年6月8日，第1版。

「鼓掌歡呼」，繼而「開始流露有報復情緒」，揚言「想狠狠把對方整一下」，[69]這是黨內的強烈反應。但是所有的黨外人士、所有的知識分子、所有的青年學生都目瞪口呆，因為誰也沒有想到變化如此之快，甚至可以說是不知所措，惶惶不安。

這裡，我想插敘一段我自己的遭遇，在這種情形下我做了什麼反應，而我這個反應給我帶來了什麼。

剛才說過，我在反右運動中因為年輕，很多事都不懂，基本上沒有發言。正是這一點救了我，後來我沒有被定為右派。但是我內心是同情右派的，我更認為讓右派把這些話說出來，是一種民主的表現，我是非常歡迎這種民主的。那時候我住在大哥家，我大哥1954年剛從美國留學回來——他是小愛因斯坦的學生，小愛因斯坦是世界水利界的權威，我哥哥是他的得意門生——你想，一個美國留學生哪裡看過反右運動的這種陣式，他嚇壞了，可以說是驚恐不安，特別是當他一個好朋友，也是我們小時候最喜歡的董哥哥，被打成了右派，這給大哥極大震動。這位董時光教授，原來是個激進分子，是被美國聯邦調查局趕回中國的。在我們心目中他是一個知識分子左派，他非常耿直，當時他在四川的一個大學裡任教，發表了很多非常激烈的言論，還發表在《人民日報》上。那時候毛澤東為了要引蛇出洞，就把最反動的言論登在報上，當時我們都覺得有些不妙，果然運動一開始他就被打成「極右派」，而且送去勞改。我一直到最近幾年，才從他在勞改時的同犯那裡得知，他最後是活活餓死的。這樣一個反美親共的知識分子，為什麼會在一夜之間成了右派？大哥和我都想不通。此事件，形成了我對反右運動的看法。我當時是共青團員，共青團也開會討論反右運動，說是團內討論，可以自由發言，其實也是為了引蛇出洞。當時我年輕，就把我真實的想法和盤托出。我說，從報紙上看這些右派要反黨、反社會主義，我作為共青團員是堅決反對的，在這個意義上我是支持反右運動的。但是我話頭一轉，又說我認為反右運動可能有一個副作用，就是會使知識分子再也不敢講話了。我的結論是：兩害相權取其輕，社會主義當然更重要，因此我擁護反右運動。儘管結論是

---

69 〈內部參考〉（1957年6月12日、14日、15日，7月27日）。轉引自沈志華：《思考與選擇：從知識分子會議到反右運動（1956-1957）》，頁662。

擁護，但是說反右「有害」卻也是絕對不被允許的，所以我當場就遭到怒斥，於是我的處境變得非常危險了。就在這個時候，黨給了我一個任務，讓我在一個批判班上一位江姓「右派」同學的會議上，作一個批判發言。我明白這是黨給我的機會，我要是在這次批判會上表現得好，就可能逃過這一關；如果我不去，或者表現不好的話，那麼我就在劫難逃。這個時候我只能有一個決定：去，而且精心發言。

我在批判會上作了兩次發言，這位同學都對此作了詳細記錄，而且一直保留下來，這說明當時我們的發言對他的傷害實在太大。前幾年他在美國出版一本回憶錄，把我們當年的批判發言全部原文照登，這件事情傳到國內，在同學之間引起軒然大波。我不說別的同學怎麼反應，只說我自己。我看了他的回憶錄之後，大吃一驚，因為我已經忘記自己曾經做過這樣的發言。我非常痛苦，整夜睡不著覺，我自責自己：第一，我為什麼會去發言？第二，我為什麼發言了，傷害了同學，自己卻忘掉了？而且，我這幾年一直都在研究反右運動，說了半天說到自己頭上來，我就是當年迫害「右派」的一員。這對我的震動實在太大了。

後來，我決定寫一篇文章，把我的發言原文照錄，而且作出我的反省。這篇文章之後發表在中國南方一份很有影響力的刊物《隨筆》上，也引起了很強烈的反響，因為很少有人像我這樣公開懺悔的。當年很多批判右派的左派，現在大都是沉默的，沒有人主動承擔責任。這裡，我也向諸位公開我當年的批判發言吧──現在這樣的批判會上的發言，被保留下來的已經不多了，也算是一個歷史文本。我發言的主要內容是談「等級制度與新聞自由」問題。這位同學的父親是一個國民黨軍官，他跟我的家庭背景差不多，所以他一直覺得受壓抑、感到社會不平等，在引蛇出洞期間，他在言論中認為中國最大的問題是等級制度和新聞不自由。前面我們已經談過，這擊中了當時中國社會的主要問題；但黨給我的任務，是要反駁他。我是這麼說的：

> 我的父親也是國民黨的高級官員，逃去台灣。如果說江〔錢註：那個同學姓江〕處於十八層（地獄），那我就要處於第十九層。但從上海一解放到現在，我沒有感到受到歧視。我加入少先隊，擔任少先隊職務。高一時我不是團員，組織上分配我作輔導員。在我們社會中，黨對於剝削階級出身的並不歧視。黨應該不應該加強對工農子弟的培養？他〔錢註：江姓同

學〕對培養工農幹部不滿。我們國家是以工人階級為領導，以工農聯盟為基礎的國家，不注意培養工農子弟，還成什麼社會主義國家？他反對這一點，正是反對我們的社會主義性質。無可諱言，剝削階級出身的，一般是不同黨同心同德的，必須要得到改造。

他為什麼成為右派，怎麼不從階級出身找根源呢？到底是受到歧視，還是他自己不改變立場？

其次，談新聞自由。任何一張報紙都是要封鎖消息的。要發一些，壓一些。

我們是社會主義國家，對反動言論當然不登。真理在我們一邊，我們不怕說真話。

他說「要忠實地報道各國各方面現狀」，他自己報道的北大鳴放大字報情況就歪曲事實。我們黨是否不允許批評？不允許揭露生活黑暗面？請問，世界上哪有像我們這樣的黨，號召人民提意見，歡迎人民批評的？我們說肅反好，他說糟得很，和我們站在完全相反的立場上。不惜造謠來揭露所謂黑暗。否認我們的成績是主要的，缺點是次要的。他要報紙成為歪曲生活的東西。他把黨報和人民對立起來。其實，只有黨報才能代表大多數人民的利益。《光明日報》也只能代表資產階級和右派分子的利益。他為非黨報紙爭反黨反社會主義的自由，讚揚《文匯報》，並作介紹。1946年，國共停戰有三人小組調停。在你父親作官的南通，發生「南通血案」，進步學生、教授被殺，其中也有新聞記者。他們的生命也沒保障。楊剛的哥哥被顧祝同殺死，此事後來由美國進步記者揭露出來。上海一個雜誌，三個記者被活埋。生命保障都沒有，還有什麼採訪自由？只有在現在的社會裡，新聞記者才能為人民說話。[70]

你們看，這一番批判文字似乎振振有詞，有自己的一套邏輯。我這次批判發言講兩個重點，一個講家庭出身，一個講言論自由問題，這兩個問題正是在1957年我最感困惑的，也是使我面臨危險的兩個關鍵，我要被打成右派的原因，可能就是這兩條。所以我很清楚，讓我發言而且選擇這個題目發言，

70　參看錢理群：〈示眾──反右運動中我在兩次批鬥會上的發言〉。文收孔慶東、王嵐、葉文曦編：《我們的詩文》（北京：北京大學出版社，2010），頁109-110。

就是給我一次機會、一次考驗。我必須通過這個發言，一方面和右派劃清界線，一方面表明我對黨的悔改，顯示出我的認識和我的忠誠。既要批判，還得講點道理，如果只是謾罵，黨也不需要。黨要的是你既跟他走，又走得比較妙、比較好、要講點道理，也就是說，黨要求你當「有用的奴才」。所以你們看，我的發言是精心準備的，我還找了很多材料。那個同學的父親在南通，我就去找南通的報紙，看看解放前國民黨統治下發生了什麼事情，這是下了工夫的。所以我這個發言在當時算是質量高的，但是對那個同學的傷害也最深。

其實我這篇批判是勉為其難的，而且是一個自我說服。我在批判發言中講三個道理，第一個是，從事實上說，好像我一直沒有受到黨的迫害，但這只是部分真實，卻回避了根本問題：我怎麼可能沒有受到歧視呢？然後我講的兩個道理，也似乎自成邏輯，先說共產黨是工農階級政黨，所以它偏向工農階級、不扶植地主與反動官僚子弟是正常的，如果不這樣，反而不是社會主義國家了──這個道理用來批判今天的共產黨，恐怕還是有力的，因為當下的黨已經不扶植工農了，歷史的變化是非常微妙的。最後我又說，我們這樣剝削階級出身的人本來就跟黨不同心同德，因此必須改造。這才是點睛之筆，我表示要接受黨的改造──你們看我講了一番似是而非的道理，其實是歪理，當中可以感覺到，我是煞費苦心地要說服我自己，同時也殺傷了別人。問題更在於，這不是心平氣和的討論，而是居高臨下的審判，而且可以看出我發言的樣子有點洋洋自得：我批判得多高明、多有力量，我批得你啞口無言。這正是奴才的得意，其實是在扮演一個幫兇的角色，以傷害別人來自救，而且傷害的是自己的同窗。這個傷害是極大的，這位同學幾十年都不忘，就說明了傷痛的深重。

意識到這一點，我非常痛苦：反右前，我還是一個純潔的青年，做著愛情、友誼、知識美夢的青年；但是反右之後，我的手就沾上了同學的血！這樣的變化，我現在想起來都覺得恐懼。

後來我做了一個反省。我說，這絕不是個人之罪，是體制使然。我曾經說過，人性本有善、惡兩面；健康與健全的社會與體制使人揚善抑惡，不健康、不健全的社會與體制則使人揚惡抑善。反右運動，以及建國後一個接著一個的運動，都是對人性內在邪惡的大誘發，把內在最惡的因素全部誘發出

來，造成彼此的大廝殺，逼迫著每個人既在不同程度上受迫害，又參與對他人的迫害。可以說，體制異化了人性，異化了的人性又反過來支持著體制。

這裡實際上涉及一個非常重大的問題，也就是體制和個人的關係，這最能顯示集權體制的本質：在一黨專制體制下，每個人既是體制控制的對象、受害的客體，同時又是加害於人的主體，所有人的手上都有血。問題是，一直到現在，都很少有人敢於正視，很多人都保持了沉默，更沒有人表示懺悔。順便告訴大家，最近開始有人覺醒了。我們聚合了一批以紅衛兵為主的朋友，正在編一本《我們懺悔文集》，大概會有一批人出來懺悔，從而揭示出某些被遮蔽的歷史。我覺得懺悔意識的欠缺，可能也是大陸文化的一個問題，我們正在從自己做起，努力改變這種狀態。

講完了個人歷史，我們再回過頭來講毛澤東。我一直想這麼糾纏、反覆地講述我和毛澤東。

毛澤東之所以轉向，從整風轉向到反右，根本的原因在於他感覺到知識分子和民主黨派，特別是青年學生的思想，威脅到他一黨專政的體制。他擔心中國發生匈牙利事件，在這情況下，他如果再繼續利用知識分子和民主黨派來打擊黨內官僚，就有可能脫離了廣大幹部和黨員，因此他需要反過來聯合黨內官僚打擊知識分子、民主黨派和青年學生，即所謂「右派」。於是，他決定急轉彎。

在反右剛開始的時候，毛澤東有一篇演講，對整個局勢和他的目標有一個分析，很值得注意。他是這樣說的：現在全國不贊成和反對社會主義的人，占6億人口的10%，也就是6,000萬。這當中又有兩種人，一種是不贊成社會主義的，這種人要教育；另一種是反對社會主義的，這是要鎮壓的，有1,200萬。[71] 也就是說，運動剛開始，他就定下1,200萬個敵人，這顯然有很大的主觀想像的成分，而這樣隨意預設打擊對象，是很可怕的。然後，他又分析——實際上是設想——這樣該被打擊的反對社會主義的人，不僅上層有，下層也有，不僅知識分子、民主黨派、青年學生之中有，工人、農民和其他基層勞動者之中也有。在毛澤東看來，這些同時存在於上、下層的反社會主

71　毛澤東：〈堅定地相信群眾的大多數〉（1957年10月13日），《毛澤東選集》第5卷，頁482-483。

義力量，一個個都是隱患，必須在他們還處於分散狀態時，就地（工廠，農村，學校）解決，也就是將可能出現的「匈牙利事件」，分割成許多小「匈牙利事件」，並且各各包圍起來、聚而殲之。[72]

這就是說，1957年下半，當毛澤東決心要解決他所說的「中國發生匈牙利事件的危險性」的時候，他有兩個部署：一是發動「反右運動」，打擊上層社會（知識分子、民主黨派、青年學生）之中的「反黨反社會主義的右派分子」；另一個是「社會主義教育運動」，主要是打擊底層社會（工人、農民、手工業者、城鄉勞動者包括售貨員，郵遞員等等）的「反社會主義分子」。敵人有兩類，帽子有兩頂：上層的「右派分子」和下層的「反社會主義分子」，預計總數是1,200萬。對此，鄧小平在1957年中共八屆三中全會上代表黨中央所作的〈關於整風運動的報告〉裡，有明確的表述：整風運動的方向，是「孤立和分化資產階級右派和一切反社會主義的分子」。[73]

什麼叫下層的反社會主義分子呢？怎麼用社會主義教育運動來解決底層的反社會主義分子問題呢？我舉一個例子，這是一個去年才被揭露出來的、令人毛骨悚然的事件。毛澤東的幹將，四川省委第一書記李井泉（1909-1989），在1958年初，搞了一個中學生的社會主義教育運動，他把那一年的中學畢業生全部聚集起來讓他們鳴放。這時候反右已經開始了，所以中學生們誰也不敢講，於是他就用種種辦法誘發，而中學生畢竟天真，最後什麼話都說了。等學習結束了，他就在中學生之中打了一批反社會主義分子，他們一律不准上大學，人數高達3,200人，占那年四川中學畢業生的1/3。這些學生後來都被趕去當工人，他們的檔案裡同時寫明：這些人不可信任，只能當勞動力。這樣一批風華正茂青年的青春，就這樣完全被耽誤與摧毀了，而理由則是要「把防線提前」，為了防止大學生中出現「右派」，就要在大學之前把門堵死，連中學生都不放過。這樣「底層的反社會主義分子」有多少人呢？四川在1961、1962年搞過平反，有一個文件說四川底層人民中，錯打的「反社會主義分子」有「XX萬」，後經一查，那個「XX萬」是30萬。若放寬一點計算，

72　毛澤東：〈組織力量反擊右派分子的猖狂進攻〉（1957年6月8日），《毛澤東選集》第5卷，頁432-433。

73　鄧小平：〈關於整風運動的報告〉，《人民日報》1957年9月23日，第1版。

四川省30萬，則全國底層的反社會主義分子，至少有200、300萬。[74]

那麼，到底打了多少「右派」？現在有各種說法，官方說法是55萬，[75]一個民間說法是「右派」有317萬多人、「中右」143萬多人，總計約460萬，[76]一位學者的研究是180萬；[77]但無論怎麼加，都沒有達到毛澤東所預言的1,200萬。也就是說，毛澤東原本要打擊的目標，是比結果打出的「右派」和「反社會主義分子」要多得多。對毛澤東來說，為了達到他的目的、為了鞏固一黨專政體制，犧牲幾百萬、上千萬的知識分子、普通民眾，都算不得什麼。在1957年末，他在莫斯科世界共產黨會議上甚至宣布，如果帝國主義要發動核戰爭，全世界現在人口有27億，哪怕死掉1/3，以九億人犧牲來換取帝國主義的滅亡，這筆帳還是值得的。[78]此言一出，舉世譁然，但毛澤東卻覺得無所謂，因為他在國內的統治，就是不把人的生命當作一回事。這都顯示出毛澤東思想、性格和他所建立的專制體制的殘酷性。

然而更嚴重的，是反右運動所帶來的後果。我們首先來考察中國知識分子的反應，特別是反右運動對知識分子的影響。

剛才我們談到反右開始時知識分子的驚恐不安，但是他們幾乎是毫無反抗地接受了這一切，並且迅速地適應了這一切。我們回到第一次講課時著重分析的沈從文這裡，還是以沈從文作個案，看看這樣優秀的知識分子，對反右運動作出了什麼反應。

74　參看王建軍主編：《五八劫：1958年四川省中學生社會主義教育運動記實》（自印本）。

75　薄一波：《關於若干重大決策與事件回顧》（下卷），頁619。

76　羅冰：〈反右運動檔案解密〉，《爭鳴》（香港）2006年1月號。

77　丁抒：〈反右運動派發了一百八十萬頂「帽子」〉，丁抒主編：《五十年後重評「反右」：中國當代知識分子的命運》，頁203。

78　毛澤東：「要設想一下，如果爆發戰爭要死多少人？全世界二十七億人口，可能損失三分之一；再多一點，可能損失一半。不是我們要打，是他們要打，一打就要擲原子彈，氫彈。我和一位外國政治家辯論過這個問題。他認為如果打原子戰爭，人會死絕的。我說，極而言之，死掉一半人，還有一半人，帝國主義打平了，全世界社會主義化了，再過多少年，又會有二十七億，一定還要多。我們中國還沒有建設好，我們希望和平。但是，如果帝國主義硬要打仗，我們也只好橫下一條心，打了仗再建設。」毛澤東：〈在莫斯科共產黨和工人黨代表會議上的講話〉（1957年11月14日、16日、18日），《建國以來毛澤東文稿》第6冊，頁636。

　　這也是很有意思的現象：在鳴放時期，沈從文沒有發言，有記者採訪他，但他拒絕了。他倒不是害怕或想到後來會怎麼樣，而是因為當時他已經被邊緣化。他以一個局外人的眼光看，就覺得許多知識分子，包括他的老朋友，原先得到共產黨的許多好處，現在又趁共產黨整風大發牢騷，他有點看不慣，就不想湊這個熱鬧，乾脆不說話了。如此，他反而躲過了反右這一劫。但是反右運動仍然把他嚇壞了。他在寫給大哥的信中說：「做了『右派』真可怕！我們不會是右派，可是做人、對事、行為、看法，都還得改的好一些，才不至於出毛病。〔……〕，我毛病實在更多，今年就下決心更改。」改什麼呢？改到哪裡去呢？沈從文說了一句很關鍵的話：「幾年來，我記住丁玲告我兩句話，很得益，她說：『凡對黨有好處的，就做，對黨不利的，不幹。』我很得到這話的好處。盼望你也記住它」。[79]

　　沈從文終於懂了所謂「接受黨的領導」的意義，就是這句話：「凡對黨有好處的，就做；對黨不利的，不幹」，這就是「黨性原則」。沈從文在經過反右運動之後，接受了這樣的黨性原則。當然，他接受這個原則是被迫的，他明顯有一個政治上的不安全感。但是問題在於，從此，沈從文與黨的關係就發生了實質性的變化。

　　我們上次分析，沈從文接受共產黨的領導有自己的邏輯，也是有條件的：因為你是為人民的、是給國家建設帶來好處的，因此我接受你。但現在，他的接受變成無條件的，變成不利於黨的事就不做、有利於黨的事就去做。這樣，他終於成了黨的馴服工具，他不再是一個獨立的知識分子了。

　　而且，之後還有進一步發展。後來他在給大哥的信中這樣說：「現在國家已經上了軌道，大處全有黨在一盤棋下掌握，不用擔心了。惟小處還是就地要有人肯熱心作事」。[80]這意味著老百姓（包括知識分子）不須關心、思考、過問社會與國家事務，只須在小處埋頭做事──那個一直在關心、思考民族未來的沈從文，那個具有強烈使命感的沈從文，那個具有承擔意識的沈從文到哪裡去了呢？顯然他發生了異化。這樣的異化是那個時代知識分子所共有的，

79　沈從文：〈致沈雲麓──元宵夜致雲麓大哥〉（1958年3月4日），《沈從文全集》第20卷，頁234-235。

80　沈從文：〈致沈雲麓〉（1960年2月22日），《沈從文全集》第20卷，頁377。

我在一篇文章中這樣寫道：「他們半是被迫、半是自動地放棄了探索真理的權利，放棄了獨立思考的權利」，這「是知識分子歷史品格的喪失：在社會分工中，以思考作為本職的知識分子居然停止了思考，甘心做馴服工具，這真是歷史的大倒退，大悲劇，也是歷史的大嘲諷」。[81]

於是我們又想起了沈從文當年的那句話：歷史將由「思」的時代進入「信」的時代。當年他對這樣的轉變，是不適應、充滿疑懼的；而現在，經過反右運動，他終於既是被迫，又是自動地放棄了「思」、服從於「信」，而且是盲目的「信」：這就完成了一個悲劇性的歷史過程。

這正是毛澤東發動反右運動的本意和目的所在：他要向知識分子及其政治代表民主黨派人士發出明確警示：一切「思」（獨立思考）和「疑」（懷疑與批判）都是有罪的，知識分子唯一的選擇就是「信」（盲目的迷信與服從），充當黨和他本人的「馴服工具」。而且他也確實達到了這個目的：反右以後，知識分子及其政黨，從此失去了在中國政治、思想、文化上的獨立地位，只是一個依附者的存在。通過反右運動，毛澤東於是實現了他對知識分子的全面、絕對控制，這是他要建立「大一統」的中國的一個決定性步驟——1949年毛澤東與中國共產黨只是在軍事上統一了中國大陸，直到1957年反右運動以後，才真正在思想上完成了統一大業；這才是反右運動的本質，也是毛澤東和他的繼承者始終要肯定反右運動的內在原因。

然而，歷史的弔詭之處在於，反右運動確實震懾了大批知識分子，迫使他們放棄了獨立思考和懷疑；但是反右運動又同時喚醒了新一代知識分子，開始了新的懷疑、思考與反抗。我在一篇文章裡面說，反右運動同時培育了自己的掘墓人和審判官。這就是我們那一代人常說的歷史的辯證法。

這裡，我要慎重地向大家介紹一位女性，她是我們北大人的驕傲，在今天已經成為我們民族的驕傲：林昭（1932-1968）。

順便說一下，我這次講課準備向大家著重介紹四位非常了不起的女性。我已經介紹了林希翎，現在介紹第二位。

林昭應該算是我的學姊，我入學的時候，她是北大中文系新聞專業四年級學生，我記不得是否見過她，但一進校就知道我們中文系有一個「林妹

---

81 錢理群：〈後記〉，《心靈的探尋》（北京：北京大學出版社，1999），頁307。

妹」。大家叫她林妹妹有幾個原因。第一，她是蘇州人；第二，她善於寫古
典詩詞，是個才女；第三，她的外貌雖不出眾，身上卻有一種貴族小姐的氣
息，很吸引人。所以她是很多男同學追逐的對象，當時北大每個禮拜六都在
大禮堂開舞會，她始終是晚會的中心人物，無數男士都圍繞著她。當時大家
都傳誦她的一首詩，這首詩可以傳遞出她當時的心情：「世界是這麼廣大，友
情是這麼真誠，生活是這麼美好，我們又這麼年輕。」這是充滿青春活力的一
個女孩。

林昭有不平凡的經歷：她母親是國民黨的國大代表，但一直跟共產黨的
地下黨保持密切聯繫，她也加入了共產黨的地下組織，所以她是黨的女兒。
正因為這樣，反右運動開始的時候她並不活躍，跟林希翎他們不一樣。但
是，她說的一句話卻傳遍全校，她說她有「組織性和良心的矛盾」：作為團
員，人要服從黨的領導，但是有良心，就不能不面對很多黑暗的現實；她真
實地說出很多人內心的矛盾。我們前面已經說過，當時學生已經分裂為兩大
派，林昭卻試圖超越其上，保持個人的獨立立場。

反右運動帶給她的震驚是可以想見的，她開始重新思考許多過去未曾正
視的問題；隨著運動的深入，她的思想發生了一個劇烈的質變。她後來在文
章裡留下了這樣一段文字：

每當想起那慘烈的一九五七年，我就會痛徹心肺而不自自主地痙攣起
來！

這是一個染滿著中國知識界與青年群之血淚的慘澹、悲涼的年份。假如
說在此之前，處於暴政之下的中國知識界還或多或少有一點正氣流露，
那麼在這以後，則確實是幾乎被摧殘殆盡了。

林昭在政治思想上與共產黨的決裂就從那時候開始──

「偉大、正確、英明」或者諸如此類的先生們，梁山是被你們給逼上的。
這個青年曾懷著善良的希望等待著你們──找尋你們那怕是一點點明智的
流露，直到最後一刻。但是在完全絕望之後，我當然不得不毅然選擇反
抗的道路！

先生們，林昭早已準備好了負責，而且不惜負責到底。我很知道──毫不
含糊地知道，反抗者在我們的制度下意味著什麼，而走反抗者的道路在

我們的制度下又將遇到什麼。[82]

林昭義無反顧地走上了反抗之路。1957年，大陸中國的歷史，就這樣寫下了自己最黑暗，也是最光明的一頁。

四、反右運動後毛澤東在理論上的修正

發動反右運動之後，毛澤東在理論上對他在1956年、1957年初所提出的思想作了重大的，甚至可以說是原則性、根本的修正，這就要回過頭來讀他的〈關於正確處理人民內部矛盾的問題〉，我們先來看《毛澤東選集》第五卷編者在收錄這篇文章時候的說明：「這是毛澤東同志〔錢註：1957年2月27日〕在最高國務會議第十一次（擴大）會議上的講話。後來毛澤東同志根據當時記錄加以整理，作了若干補充，一九五七年六月十九日在《人民日報》發表」。[83]這背後的歷史是：1957年2月到1957年6月，中國政治，發生了巨大的轉折，由鼓勵鳴放變成發動反右運動，毛澤東的意圖也發生急劇變化。於是，他這篇文章，就要擔負完全不同的任務：2月演講時，是要發動知識分子和民主黨派幫助黨整風，目標是針對黨的官僚；6月再度發表文章時，就轉了向，目標是要發動群眾來反對知識分子和民主黨派裡的「右派」。重心變了，就必須對自己說過的話，提出過的思想、觀點進行修正：這當然不只是文字上的修改；所謂「加以整理，作了若干補充」，都是原則性、實質性的。若將毛澤東的講話記錄稿和正式發表文一一對校，就可以發現有四、五處作了非常重要的修正。

首先看他對所謂「階級鬥爭形勢」的基本分析。2月的演講稿裡說的是「我國雖然基本上結束了階級鬥爭，資產階級還在，小資產階級剛剛在改造」，其基本判斷是階級鬥爭已經「基本結束」；然而到6月的發表稿當中，就變成了：「革命時期的大規模的急風暴雨式的群眾階級鬥爭已經基本結束」，句子加上許多限定詞，以表示「基本結束」的只是「大規模的」、「疾風暴雨式的」、「群眾階級鬥爭」的階級鬥爭形式，並在之後再緊加一句：「階級鬥爭並沒有

82　林昭：〈致《人民日報》編輯部的信〉（抄件複印件）。

83　毛澤東：〈關於正確處理人民內部矛盾的問題〉編者的話，《毛澤東選集》第5卷，頁363。

結束」。有了這一句「補充」，意思就完全變了：由強調「基本結束」變成強調「並沒有結束」。然後，他又在文章第八節「關於百花齊放、百家爭鳴、長期共存、互相監督」加上新的分析：「無產階級和資產階級之間的階級鬥爭，各派政治力量之間的階級鬥爭，無產階級和資產階級之間在意識形態方面的階級鬥爭，還是長時期的，曲折的，有時甚至是很激烈的」。[84]

這裡提出兩個概念，即「各派政治力量之間的階級鬥爭」和「意識形態的階級鬥爭」，並強調其長期性與激烈性，也就連同否定了「革命時期大規模的疾風暴雨式的群眾階級鬥爭已經基本結束」的判斷。毛的這篇〈關於正確處理人民內部問題〉不能不是一個矛盾的文本，毛澤東有點尷尬，因為他既不能跟原來的講話距離太大、彎子不能轉太急，但又必須修改，否則不能說明反右運動的合理性，這樣，就留下了自相矛盾的痕跡。

所以，毛澤東又有了一篇新文章，叫〈一九五七年的夏季形勢〉。因為文章寫於1957年7月，可以不顧及跟原來的估計能否銜接，於是就說得更加明確：「這一次批判資產階級右派的意義，不要估計小了。這是一個在政治戰線上和思想戰線上的偉大的社會主義革命。單有一九五六年在經濟戰線上（在生產資料所有制上）的社會主義革命，是不夠的，並且是不鞏固的。〔……〕。必須還有一個政治戰線上和一個思想戰線上的徹底的社會主義革命。〔……〕。這個鬥爭，從現在起，可能還要延長十年至十五年之久」。[85]

這裡，毛澤東引人注目地提出了一個「徹底的社會主義革命」概念，背後隱含、孕育著一個「不斷革命」的理念：這正是晚年毛澤東思想的一個核心，而文革，就是這樣一個徹底革命的邏輯發展的必然結果。因此可以說，這是一個根本性轉變的開始：當初強調「階級鬥爭基本結束」，中國就有可能進入一個以經濟建設為中心的時代，現在強調「徹底的社會主義革命」，中國就進入了一個階級鬥爭為中心的時代、不斷革命的時代。

其二，在這樣一個徹底的社會主義革命時代，怎樣在政治生活中判斷言

84　1957年5月24日毛澤東的修改稿，又稱〈徵求意見第二稿〉。此稿經過黨內意見多次修訂，一直到6月9日凌晨才定稿，修改過程見逢先知、金沖及主編：《毛澤東傳》（上），頁698-702。毛澤東最後發表文章之引文見毛澤東：〈關於正確處理人民內部矛盾的問題〉（1957年2月27日），《毛澤東選集》第5卷，頁389。

85　毛澤東：〈一九五七年的夏季形勢〉（1957年7月7日），《毛澤東選集》第5卷，頁461。

論與行動的是非、以至劃分敵我？這就必須在意識形態上確立一個標準。於是，毛澤東就補充提出了「六大標準」：「（一）有利於團結全國各族人民，而不是分裂人民；（二）有利於社會主義改造和社會主義建設，而不是不利於社會主義改造和社會主義建設；（三）有利於鞏固人民民主專政，而不是破壞或者削弱這個專政；（四）有利於鞏固民主集中制，而不是破壞或者削弱這個制度；（五）有利於鞏固共產黨的領導，而不是擺脫或者削弱這種領導；（六）有利於社會主義的國際團結和全世界愛好和平人民的國際團結，而不是有損於這些團結。這六條標準中，最重要的是社會主義道路和黨的領導兩條」[86]——其實，大家注意一下，不難發現，一直到今天，中共當局所堅持的還是這幾個標準，鄧小平的「四項基本原則」，所謂「堅持黨的領導，堅持馬克思主義，堅持社會主義，堅持無產階級專政」就是毛澤東六項標準的一個簡縮，其核心就是要「鞏固共產黨的領導」。用今天當局的說法，就是「鞏固黨的執政地位」，也就是鞏固一黨專政，維護黨的不受限制、不受監督、不受制約的絕對權力。如果說毛澤東在蘇共二十大以後，將重心放在「改革」上、提出要進行「一黨專政之下的改革」，經過了反右運動，重心就轉移到要強化「一黨專政」了。這是一個重大的變化。

其三，毛澤東強調要不斷進行徹底的社會主義革命，那麼，這個社會主義革命的對象是什麼？過去資本家是社會主義革命的對象，現在資本主義所有制已經被改造、消滅了，資本家不可能成為一個獨立的反對力量。這樣的「政治，思想上的徹底的社會主義革命」又是以誰為主要打擊對象呢？於是，又有了這樣的補充：「我國社會主義和資本主義之間在意識形態方面的誰勝誰負的鬥爭，還需要一個相當長的時間才能解決。這是因為資產階級和從舊社會來的知識分子的影響還要在我國長期存在，作為階級的意識形態，還要在我國長期存在。如果對於這種形勢認識不足，或者根本不認識，那就要犯絕大的錯誤，就會忽視必要的思想鬥爭」[87]——這裡同樣引人注目地強調了「資

86　毛澤東1957年5月25日〈徵求意見第三稿〉，轉引自逢先知、金沖及主編：《毛澤東傳》（上），頁699-700。

87　毛澤東5月27日〈徵求意見第四稿〉，「所說的『重要的修改』，就是增寫了一大段關於同資產階級和資產階級知識分子的思想影響進行鬥爭的問題。後來再作修改時，把『資產階級知識分子』改為『從舊社會來的知識分子』。」見逢先知、金沖及主編：《毛澤東傳》（上），

產階級」和「從舊社會來的知識分子」的影響，實際上這已經暗示，他所說的徹底的社會主義革命，就是指向資產階級和從舊社會來的知識分子。[88]在〈一九五七年的夏季形勢〉裡，毛澤東說得更加露骨：「有些文教單位還根本沒有建立黨的領導」。[89]意思是說，有些文化教育單位，包括大學、中學，還是被這些從舊社會來的知識分子壟斷權力，因此我們有一個從他們那裡把權力奪過來的任務。

這就涉及到一個如何評價知識分子的問題。1956年和1957年上半，毛澤東為了鼓勵知識分子鳴放，對知識分子說了很多好話，比如他曾經說過，知識分子「是我們的財產，是人民的教員」，強調「我們離開這幾百萬知識分子，可以說一步都不能走」，[90]而知識分子要「逐步地變為工人階級的知識分子」[91]等等。我們也介紹過，在1956年1月的知識分子會議上，周恩來曾代表中共中央宣布，知識分子是工人階級的組成部分，雖然後來在決議上又改成是勞動人民的組成部分，但不管怎麼說，知識分子還是屬於勞動人民的範疇。然而，當我仔細梳理毛澤東在1957年反右之後關於知識分子的一系列言論時，發現了一些非常重大的變化。

首先，他在一次講話裡說，你們講「知識分子」其實是不準確的，知識分子是知識分子又不是知識分子，他只不過是「半知識分子」而已。[92]這是他原來在〈實踐論〉裡就說過的：真正的知識分子是要把理論和實踐結合起來，而你這個知識分子只有書本知識沒有實踐知識，就至多只是半個知識分子。

頁700。毛澤東最後發表文章之引文見毛澤東：〈關於正確處理人民內部矛盾的問題〉（1957年2月27日），《毛澤東選集》第5卷，頁390。

88　鄧小平在1957年9月中共八屆三中全會上代表中共中央作的〈關於整風運動的報告〉裡，對此有十分明確的表述：「消滅資產階級的問題是社會主義革命的一個根本問題。資產階級，特別是他們的知識分子，是現在可以和無產階級較量的主要力量」。此文發表於1957年9月23日《人民日報》第1版。後來沒有收入《鄧小平文選》裡。

89　毛澤東：〈一九五七年的夏季形勢〉（1957年7月7日），《毛澤東選集》第5卷，頁461。

90　毛澤東1957年5月20日在南京黨員幹部會議和上海黨員幹部會議上的講話。轉引自逄先知、金沖及主編：《毛澤東傳》（上），頁649。

91　毛澤東1957年5月20日在南京黨員幹部會議和上海黨員幹部會議上的講話。轉引自逄先知、金沖及主編：《毛澤東傳》（上），頁649、651。

92　毛澤東：〈打退資產階級右派的進攻〉（1957年7月9日），《毛澤東選集》第5卷，頁454。

　　第二，原來他不是說知識分子是人民的教員嗎？他的腔調變了。1957年
7月9日在上海的一次講話裡，他提出知識分子「誰給他飯吃？就是工人、農
民。知識分子是工人階級、勞動者請的先生，你給他們的子弟教書，又不聽
主人的話，〔……〕，工人階級是不幹的，就要辭退你」。[93] 於是，知識分子變
成了雇員，不聽話就不給飯吃。他這話很厲害，對知識分子而言，這些話不
是文學修辭，而是一個實實在在的威脅，是真要實行的懲罰。

　　第三，毛澤東在1958年八大二次會議上，正式給知識分子戴上「資產階
級知識分子」的帽子，[94] 原來說的「工人階級知識分子或勞動階級知識分子」就
不算數了。

　　最後，他又提出了所謂「兩個勞動階級，兩個剝削階級」的觀點：兩個勞
動階級是工人和農民，而「資產階級右派，被打倒了的地主買辦階級和其他反
動派」和「正在逐步地接受社會主義改造的民族資產階級和它的知識分子」則
是兩個剝削階級；[95] 這意味著毛澤東明確地將知識分子視為社會主義革命的
對象，也和之前我上課講過的，二十年代毛澤東在〈中國社會各階級的分析〉
裡將讀過大學的知識分子定為「反革命階級」，相聯結起來了。消滅舊知識分
子，這是他最真實的想法和追求。

　　1958年11月武昌會議[ix] 上，毛澤東更從理論上提出了一個「政治思想上
的階級」的概念：「作為經濟剝削的階級容易消滅，現在我們可以說已經消滅
了；另一種是政治思想上的階級，不易消滅，還沒有消滅，這是在去年整風
才發現的」[96]——在毛澤東的新階級分析裡，知識分子就屬於應該消滅的「政

93　毛澤東：〈打退資產階級右派的進攻〉（1957年7月9日），《毛澤東選集》第5卷，頁453。

94　在1958年5月八大二次會議小組討論會上，「錢俊端在發言中說，關於怕知識分子問題，
　　1953年以來，對資產階級知識分子強調他們的作用一面多，而對他們必須經過改造的一面
　　強調得不夠，1956年知識分子會議更在某種程度上加深了這種情況。主席指示對知識分子
　　必須戴上『資產階級知識分子』的帽子，而把他們放在應該改造、消滅的階級之內，才又
　　把對知識分子的認識端正過來」。李銳：《「大躍進」親歷記》（上卷）（上海：遠東出版社，
　　1996），頁338。

95　毛澤東的「兩個勞動階級和兩個剝削階級」觀點，被寫入了八大二次會議劉少奇的工作報
　　告。參看李銳：《「大躍進」親歷記》（上卷），頁316。

96　毛澤東在中央政治局擴大會議上的講話（1958年11月）。轉引自劉曉：《意識形態與文化大
　　革命》（台北：洪葉文化事業有限公司，2000），頁136。

治思想上的階級」。

於是，在1957年反右之後，對於那些憑藉著知識優勢向他挑戰的知識分子，毛澤東終於將他心中鬱結的怨恨一洩為快：「對於資產階級教授們的學問，應以狗屁視之，等於烏有，鄙視，藐視，蔑視，等於對英美西方世界的力量和學問應當鄙視藐視蔑視一樣」。[97]

前一次上課，我們說到，1956年很多知識分子說外行不能領導內行，毛澤東當時的回答是：我們可以領導一半，我們業務上不能領導，但政治上可以領導。說「領導一半」是迫於形勢、不得不如此說；到1958年毛澤東就理直氣壯地宣稱：「外行領導內行，這是一般規律。差不多可以說，只有外行才能領導內行」[98]——這已經預伏了以後許多災難。

毛澤東如此貶抑知識分子，根本原因還是一個領導權的問題。毛澤東直言不諱：「大局問題，不是知識分子決定的，最後是勞動者決定的，而且是勞動者中最先進的部分，就是無產階級決定的」，而且毛澤東這樣提出問題：「無產階級領導資產階級，還是資產階級領導無產階級？無產階級領導知識分子，還是知識分子領導無產階級？」[99]而毛澤東所說的「無產階級領導」，又是通過無產階級政黨的領導來實現。因此，歸根到底，這還是一個黨的領導問題，毛澤東所要維護和建立的，就是黨的領導權，也是作為黨領袖的他自己不受挑戰、不受監督的絕對領導權力。這才是關鍵所在。

與此同時，毛澤東又一再提出要培養無產階級自己的知識分子，這大概是他從反右運動中吸取的主要經驗教訓。在〈一九五七年的夏季形勢〉裡，毛澤東發出這樣的號召：「為了建成社會主義，工人階級必須有自己的技術幹部的隊伍，必須有自己的教授、教員、科學家、新聞記者、文學家、藝術家和

97　毛澤東：〈成都會議上的講話提綱〉（1958年3月22日），〈建國以來毛澤東文稿〉第7冊，頁118。後來在給他的老同學周世釗的信中，毛澤東這樣寫道：「那些留學生們，大教授們，人事糾紛，複雜心理，看不起你，口中不說，目笑存之，如此等類。這些社會常態，幾乎人人要經歷的」。這裡顯然有毛澤東本人的內心傷痛，現在終於爆發。見毛澤東：〈給周世釗的信〉（1958年10月25日），《建國以來毛澤東文稿》第7冊（北京：中央文獻出版社，1992），頁472。

98　毛澤東〈在中共八大二次會議上的講話提綱〉（1958年5月20日），《建國以來毛澤東文稿》第7冊，頁200，轉引自李銳：〈毛澤東第三次講話〉，《「大躍進」親歷記》（上卷），頁395。

99　毛澤東：〈打退資產階級右派的進攻〉（1957年7月9日），《毛澤東選集》第5卷，頁452。

馬克思主義理論家的隊伍。這是一個宏大的隊伍，人少了是不成的。這個任務，應當在今後十年至十五年內基本上解決」。[100]他設想，未來的工人知識分子隊伍，主要骨幹是共產黨自己培養出來的新知識分子；而舊知識分子，如果他們接受改造，站穩了工人階級立場，也可以算作是未來工人階級知識分子隊伍中的一個組成部分──在這裡，他就提出了一個條件，所謂舊知識分子接受改造，就是向黨投降、成為馴服工具，做到了就可以被承認，做不到就屬於消滅對象。這大概就是反右以後，毛澤東所確立的知識分子政策。

在此情況下，又如何理解百花齊放、百家爭鳴？於是，毛澤東對〈關於正確處理人民內部矛盾的問題〉一文又有了這樣的「補充」：「百花齊放、百家爭鳴這兩個口號，就字面看，是沒有階級性，無產階級可以利用它們，資產階級也可以利用它們，其他的人們也可以利用它們」。[101]他實際上是在強調百花齊放、百家爭鳴方針的階級性。在私下的談話裡，毛澤東就說得更加露骨。據林克日記，就在1957年的6月份，毛澤東說了這樣一段話：「百花齊放、百家爭鳴這個口號是無產階級性的，如果這個口號執行的結果不能駁倒謬誤，整倒右派，那麼這個口號是為資產階級服務的，這是反動的」。[102]這樣，所謂「百家」，其實就是兩家：資產階級一家，無產階級一家；「百家爭鳴」就自然變成「兩家爭鳴」，而且爭鳴目的就是「一個吃掉一個」：無產階級吃掉資產階級、馬克思主義吃掉非馬克思主義。百花齊放、百家爭鳴不是為了發揚學術民主和政治民主，而是意識形態的階級鬥爭，是實行思想文化上無產階級專政的一個手段。

其四，還有一個和民主黨派相互監督、長期共存的問題，這當然也要作重要補充：「共產黨同各民主黨派長期共存，這是我們的願望，也是我們的方針。至於各民主黨派是否能夠長期存在下去，不是單由共產黨一方面的願望作決定，還要看各民主黨派自己的表現，要看它們是否取得人民的信

---

100 毛澤東：〈一九五七年的夏季形勢〉（1957年7月7日），《毛澤東選集》第5卷，頁462。

101 毛澤東：〈關於正確處理人民內部矛盾的問題〉（1957年2月27日），《毛澤東選集》第5卷，頁392-393。

102 林克：〈林克日記〉（手稿），頁44-45；轉引自沈志華：《思考與選擇：從知識分子會議到反右運動（1956-1957）》，頁611。

任」。[103] 所謂「人民的信任」，在毛澤東的詞典裡，就是自認為「人民代表」的「黨的信任」，也即毛澤東的信任，而信任的關鍵就在於是否服從我（黨和毛澤東）的領導：服從了，就可以長期共存；不服從，就不允許存在。於是，又有了「各民主黨派和共產黨相互之間所提的意見，所作的批評」[104] 的新說法：這時候已經不說民主黨派幫助共產黨整風了，而是相互提意見。也就是說，不只是共產黨要整風，民主黨派也要整風，「只有在合乎我們在前面所說的六條政治標準的情況下，才能夠發揮互相監督的積極作用」。於是就有一個前提：「希望各民主黨派都能注意思想改造」。[105] 而所謂改造與整風，實際上就是在民主黨派內部搞了一次大清洗。清洗之後的民主黨派，並不具有任何獨立性，不僅由共產黨領導的國家提供經費，連它的領導成員都由中共組織部門遴選決定，因而在實際效果上是民主黨派退出了中國政治舞台。

這樣，在反右運動以後，毛澤東在理論、方針、政策上都作出了重大修正：不僅在理論上提出「徹底的社會主義革命」，強調不斷革命，而且對中國社會進行新的階級分析與排隊，作出「兩個勞動階級，兩個剝削階級」的新判斷，又在實際上取消了「百花齊放、百家爭鳴」與「長期共存、互相監督」兩大方針，也就是基本上收回了「放」的方針。在此以後，所謂雙百方針和長期共存，就成了中共的一個工具、手段；需要緩和與知識分子的關係時，就講雙百方針，需要收緊對知識分子的控制時，就棄之一旁。

這樣的改變，對毛澤東而言，也是十分嚴重的。我們上次講過，由蘇共二十大引起的毛澤東的「一黨專政下的改革」，有兩個部分，一是經濟改革，

---

103 引文為最終版本，出自毛澤東：〈關於正確處理人民內部矛盾的問題〉（1957年2月27日），《毛澤東選集》第5卷，頁394；而1957年5月25日修改版本為「這是我們的願望。至於各民主黨派是否能夠長期存在下去，不單是由共產黨一方面的願望作決定，還要看各民主黨派自己的表現，要看它們今後的工作是否符合人民的需要，是否取得人民的信任。」見逄先知、金沖及主編：《毛澤東傳》（上），頁700。

104 引文為最終版本，出自毛澤東：〈關於正確處理人民內部矛盾的問題〉（1957年2月27日），《毛澤東選集》第5卷，頁395；而1957年5月25日修改版本為「各民主黨派對共產黨提意見，作批評」，見逄先知、金沖及主編：《毛澤東傳》（上），頁700。

105 引文為最終版本，出自毛澤東：〈關於正確處理人民內部矛盾的問題〉（1957年2月27日），《毛澤東選集》第5卷，頁395；而毛澤東5月25日〈第二次修改稿〉過程請見逄先知、金沖及主編：《毛澤東傳》（上），頁700。

一是政治改革，而政治改革的核心就是實行「放」的方針。現在毛澤東取消了雙百方針和長期共存的方針，也就是實際上取消了本來就有極大侷限性的政治改革。共產黨建國以後，歷史上第一次政治改革，就以毛澤東自己收回而告終。

而在1957年下半和1958年初的毛澤東，不僅在一黨專政問題上止步，而且還趁反右之勢，進一步強化和發展一黨專政。

五、反右運動後所建立的「五七體制」

我們這裡以「五七體制」命名，是要強調1957年反右運動以後，毛澤東對原有一黨專政體制的強化與發展，對於其新特點的強調，大致有四個方面。

第一就是「重新排隊，重組階級隊伍」。毛澤東在反右一開始就發布指示，要求各單位把自己單位的人員，「在運動中，按左中右標準，排一下隊」，即作政治排隊，[106]對此，他在理論上提出：「凡有人群的地方，都有左、中、右，一萬年以後還會是這樣」。[107]左派是依靠對象，中間派是團結對象，右派屬於敵人，是打擊對象；而中間派又分中左和中右。順便說一下，我在反右之後，就被劃成中右，我不是右派，因為我沒有什麼言論，但我又同情右派，就成了中右。中右等於是準右派，是內部控制的對象。

這樣一個所謂政治排隊，在實質上是重新劃分階級，劃分敵我，但劃分階級的標準，又不是根據法律，當然更不是根據憲法，也不是根據馬克思主義強調的人的經濟地位。它所根據的是兩條，一是政治表現，另一是家庭出身。

我們再具體考察一下，所謂政治態度、思想觀點的主要核心是什麼呢？就是看你聽不聽黨的話，服不服從黨的領導。但在反右之後，所謂「黨的領導」又有一個新的解釋：「所謂黨的領導，不是空洞的，而是具體的；承認黨的領導，也不是抽象的，而是具體的」，必須落實為「以具體的黨組織為核

---

106 毛澤東：〈中央關於加緊進行整風的指示〉（1957年6月6日），《建國以來毛澤東文稿》第6冊，頁492。

107 毛澤東：〈事情正在起變化〉（1957年5月15日），《毛澤東選集》第5卷，頁428。

心」，[108]「因此，反對黨的組織負責人，也就是反對黨組織；反對共產黨，就是反對人民」。[109]後來，就據此而規定了劃分「右派」的標準，我查一下原來文件，大概有這幾條，都圍繞著反對黨的領導。第一，「反對黨和政府的政策和制度」，就是右派。第二，否認黨領導的各次運動的成績，也是右派。第三，「惡毒攻擊共產黨和人民政府領導機關和領導成員，污蔑工農幹部和革命積極分子」，都是右派。[110]所謂「惡毒攻擊、污蔑」，全憑你所在的基層黨組織的領導來決定，只要你對你所在的單位領導提出意見，他可以斷定你是在攻擊、污蔑黨。不僅對於黨支部書記不可以提出意見，連「革命積極分子」（就是左派），也是不可批評的，批評就是攻擊、污蔑黨。很多人就這麼被打成右派。右派有兩類：一類右派，他確實有思想，有主張，就像前面我們所講的林希翎；另一類，更大多數人是莫名奇妙地被打成右派，比如我後來認識的一個「右派」，他當時就讀於一所大學，在發放助學金問題上，他跟班上的幹部有不同意見，他覺得自己家庭貧困應該享有助學金，但卻沒發給他，於是就要求幹部說明理由；就是這樣一條意見，他就被打成右派，罪名是質問班幹部、反對黨領導。在這樣的邏輯下，所謂「政治表現」，就看你是否擁護你那個具體單位的黨的領導人，也就是按照人對基層黨支部、支部書記的忠誠程度來劃分左、中、右與敵、我、友。聽黨支部書記的話，就是左派；不聽話，就可能成為右派、成為敵人。

　　還有所謂的家庭出身。如果我們再作細緻分析，可以發現一個很有意思的現象：有的人家庭出身很好，比如父母是工人農民，如果跟黨支部書記有所衝突，照樣是右派。所以家庭出身是服從於政治表現的，真正得到信任的人，並不是工人農民子弟，而是幹部子弟，特別是高幹子弟。講家庭出身，顯然有血統論在背後作支撐，而血統論的核心，就是強調血統的「高貴」，自然高幹子弟血統最高貴、應該執掌權力。這就是為什麼直到今天，高幹子弟會成為中共一個非常大的問題，根據就在這裡。後來陳雲有一句話，我覺得很能代表執政者的心理：我們把權交給自己子弟，是比較安全的，因為至少

108　吳傳啟：〈社會主義道路和黨的領導〉，《中國青年》1957年13期。

109　疾風：〈反對黨的某一個組織就不是反黨嗎？〉，《中國青年》1957年18期。

110　〈劃分右派分子的標準〉（中共八屆三中全會通過），轉引自朱正：《1957年的夏季：從百家爭鳴到兩家爭鳴》，頁500-501。

他們不會來挖我們的祖墳。這話說得非常坦率，也一語道破了所謂劃分左、中、右，重建階級隊伍的實質：強調政治表現，一旦落實下來，就表現在對各級黨組織，以及黨領導個人的忠誠；說家庭出身，一旦落實下來，就表現在幹部子弟，特別是高幹子弟要掌權。這個邏輯一直貫穿到文化大革命，以至今天的中國。

而且，左、中、右是可以變動的。今天你是左派，明天得罪黨領導，就可以變成右派，一夜之間就可以全然改變；如果你是右派，好好接受改造，也可能有一天可以回到人民隊伍。這樣，就必然強化了每一個人（無論是右派、左派或中間派）對各級黨組織，特別是基層組織領導人的人身依附關係。

更重要的，還要有制度的保證。反右之後，毛澤東和中國共產黨強化、制定了一系列制度。首先是「政治鑑定制度」，比如每個人從中學畢業、大學畢業，都要作政治鑑定，鑑定你在校期間的政治表現，寫明你屬於左派、右派還是中間派。鑑定的好壞，會決定你的升學和工作分配、決定你一生的命運。

與此相關的，還有政治審查制度。1957年高教部〈關於高考學生政審要求的一些具體意見〉就規定「對於剝削階級家庭出身的考生，要從嚴掌握。政治和現實表現一般的，可以不予錄取」。我萬幸是1956年上的大學，如果我的年齡再小一歲，那就絕對不可能上大學。政治審查除了鑑定人的政治表現之外，還有人的社會關係，特別是有沒有和台灣、香港、澳門的關係，這樣的株連是很可怕的。而且，主持高考政治審查的單位，除了教育廳、民政廳之外，還有公安局，這更是表現了當局的專政思維：在他們看來，教育也要專政，因此專政部門的介入就是必然。而政治審查是無所不在的。同學們大概很難想像，那個時代要在報紙上發表一篇學術文章或文學作品，都需要經過政治審查。若政審不過關，你寫的文章再好都不能發表。我自己就親身經歷過一件事情：文革結束後我寫了一篇批判四人幫的雜文，寄到《人民文學》雜誌，後來收到退稿，發現編輯在稿子上作了各種符號，顯然是準備發表，但單位政審沒有通過——當時我和學校支部書記關係很不好，自然不會通過，因此文章就不能發表。這件事對我的打擊相當大，因為當時《人民文學》是文學界最高權威的刊物，我作為一個邊遠地區的中學教師，如果能在那裡發表文章，是很大的一件事，但我卻因為政審不過關而受阻，自然感到十分沮喪。

　　另外，還有「檔案制度」。每個人都要設立檔案，你的家庭出身、社會關係、政治審查的結論，都一一記錄在案。這個檔案是跟著人跑的，你到哪裡這個檔案就跟到哪裡，因此它會決定你的命運。但檔案的內容你是不知道的，不知道基層黨組織給你作出什麼樣的結論，這就會令人產生一種恐懼感、一種不安全感。而這也就是建立各種制度，政治鑑定制度、政治審查制度、檔案制度等等（這些制度早就存在，卻在反右之後被進一步強化了，而學生畢業政治鑑定制度，則是反右後新建立的）目的所在，也就是要加強對每一個人的政治控制、製造政治恐怖。

　　「五七體制」的第二個方面，就是建立一個「大權獨攬、黨的一元化的領導體制」。「大權獨攬」是毛澤東總結反右運動經驗的一句話。在1958年1月的南寧會議ˣ上，他提出「大權獨攬，小權分散，黨委決定，各方去辦。辦也有決，不離原則（黨是階級組織的最高形式，民主集中制，個人作用和集體領導的統一──班長與戰士的統一，上級的決議和指示），工作檢查，黨委有責」，[111]「以一個人為核心」[112]的黨領導原則，並且解釋說：「〔錢註：權力〕集中，只能集中於黨委、政治局、書記處、常委，只能有一個核心」。[113]這個「核心」概念很重要，我們下面再討論。

　　所謂「大權獨攬」，包括兩方面的含意。第一方面，強調黨對國家事務、社會生活一切方面、一切領域的、無所不至的絕對領導和控制。毛澤東針對章伯鈞所提出民主黨派和共產黨共同組織「政治設計院」的主張，明確表示「大政方針在政治局，具體部署在書記處。只有一個『政治設計院』，沒有兩個『政治設計院』。大政方針和具體部署，都是一元化，黨政不分。具體執行和細節決策屬於政府機構及其黨組。對大政方針和具體部署，政府機構及其黨組有建議之權，但決定權在黨中央。政府機構及其黨組和黨中央一同有檢查之權」。[114]一切國家的、大大小小的事情，都由黨政治局決定，政府只是一

---

111 毛澤東：〈在南寧會議上的結論提綱〉（1958年1月21日），《建國以來毛澤東文稿》第7冊，頁30。

112 毛澤東：〈在南寧會議上的結論提綱〉（1958年1月21日），《建國以來毛澤東文稿》第7冊，頁28。

113 毛澤東在南寧會議上的講話記錄，轉引自逄先知、金冲及主編《毛澤東傳》（上），頁768。

114 毛澤東：〈對中央決定成立財經、政法、外事、科學、文教各小組的通知稿的批語和修改〉

個執行部門，這樣就保證了黨對國家事務的全面控制和干預；所謂「無產階級專政」，就是「黨專政」。[115]

　　另一方面，一切社會組織也必須服從黨的絕對領導。1958年，還為此特地批判工會領導的「右傾機會主義」。[116]工會（以及婦女、青年的群眾組織）是置於黨領導之下的，但工會領導會遇到一個矛盾：如果工會不維護工人權利，就會完全脫離工人，失去了群眾基礎。因此，工會領導提出，工會在黨的領導下應該有一定的獨立性，但這卻是黨和毛澤東絕對不允許的，因此當時全國總工會的領導就被指責犯了「右傾機會主義」的錯誤。在中國的體制裡，工會和所謂群眾團體本來就是不獨立的，經過這次與反右運動相配合的批判，任何獨立的可能性已被完全扼殺，對社會組織而言，亦不再有任何獨立的空間，黨對社會組織的全面控制於是實現了。黨大權獨攬的結果，就形成了中國體制中「黨政不分」和「沒有獨立社會組織」兩大痼疾，至今還沒有解決。

　　黨獨攬大權之外，還有一個問題：黨的大權由誰來獨攬？毛澤東的回答是：由黨的第一把手，第一書記來獨攬大權，也就是「以一個人為核心」。[117]這就是「大權獨攬」的第二個方面：強調從中央到地方，一直到最基層，所有的權力不僅要集中在黨身上，而且要集中在黨的第一把手身上。這裡存在兩個邏輯與歷史實踐的轉換：前面提到「無產階級專政就等於黨專政」是第一個轉換，現在又進一步提出「黨專政等於第一書記專政」，這就形成了一個專政邏輯，而「誰是核心」，就成了共產黨一黨專政的關鍵，也自然成為黨內鬥爭的中心問題。於是，就有了「第一代核心是毛澤東，第二代核心是鄧小平，第三代核心是江澤民」的說法，第四代現在不叫核心，而叫領導，但今年的國慶

（1958年6月8日），《建國以來毛澤東文稿》第7冊，頁268-269。

115 地方上也採取了相應的組織形式，如中共江蘇省委在1958年4月就通過決議，成立工業、農業、政法、文教、黨群五個小組，在省委領導下，代表省委處理有關日常工作。此後，地、市、縣、區都成立這類小組。這樣，各級政府組織安排全省經濟生活的工作權限，事實上被黨委所取代，原先由黨和政府共同組成的國家權力象徵，今後主要由黨來體現。參看高華：〈大躍進運動和國家權力的擴張〉，《在歷史的風陵渡口》，頁128。

116 參看林蘊暉：〈賴若愚緣何重蹈李立三的覆轍〉，《國史札記——事件篇》，頁201。

117 毛澤東：〈在南寧會議上的結論提綱〉（1958年1月21日），《建國以來毛澤東文稿》第7冊，頁30。

遊行特地抬出第四代核心的畫像，與前三代並置，大概是要搞一個不叫核心的核心，或者是為了提出第四代核心所作的輿論準備。這正是沿襲了毛澤東所建立的「第一書記大權獨攬」的體制和觀念。[118]

為了更好的建立第一書記專政的體制，毛澤東提出一些在我們看來比較奇怪的理論──順便說一點，毛澤東這個人有很強的理論興趣，他不僅要幹事情，而且要把它理論化以取得合法性，這大概也是中國的一個傳統：不僅要「立功」，還要「立言」。於是，毛澤東就有了這樣的高論：「個人崇拜有兩種，一種是正確的崇拜，如對馬克思、恩格斯、列寧、斯大林正確的東西，我們必須崇拜，永遠崇拜，不崇拜不得了。真理在他們手裡，為什麼不崇拜呢？我們相信真理，真理是客觀存在的反映。另一種是不正確的崇拜，不加分析，盲目服從，這就不對了。反個人崇拜也有兩種，一種是反對不正確的崇拜，一種是反對崇拜別人，要求崇拜自己」。[119]

應該說，毛澤東在1958年提出「兩種崇拜論」，其實醞釀已久。1956年蘇聯反斯大林個人崇拜的時候，很多人都問中國有沒有個人崇拜？那個時候他就憋了這一口氣，但不便爆發，只能一再暗示，說我們對蘇聯反對斯大林個人崇拜一方面是支持的，但我們覺得內容和方法上有問題等等，把話說得很委婉，等到1958年這個時候，他就把當時的話說出來了，公開表示他就是要提倡個人崇拜，而且這樣的理論還得到黨高級幹部的認同，比如劉少奇就這麼說過：「主席比我們高明的多，不論從思想、觀點、作風、方法哪一方面，我們都比他差一大截。我們的任務是認真向他學習」。[120]而當時上海第一書記柯慶施（1902-1965）甚至提出這樣的口號：「相信毛主席要相信到迷信的程

---

118 毛澤東獨攬大權的體制，最早萌芽在1943年3月20日中共中央政治局會議通過的〈中共中央關於中央機構精簡和調整的決定〉，推定毛澤東為中央政治局和中央書記處主席，並規定書記處「會議中所討論的問題，主席有最後決定權」，見中共中央文獻研究室編：《毛澤東年譜（1893-1949）》（中卷），頁430-431。這一內部規定就成為中共的一個「潛規則」，到1958年提出第一書記獨攬大權，不但有了理論依據，也成了一個制度性的規定。毛澤東之後，又把「最後決定權」給了鄧小平，這是導致「六四」結局的重要原因。

119 毛澤東：〈在成都會議上的講話〉（1958年3月1日），《毛澤東文集》第7卷，頁369。

120 劉少奇在成都會議上的講話（3月20日前後），轉引自李銳：《「大躍進」親歷記》（上卷），頁252。

度；服從毛主席要服從以盲從的程度」。[121] 這在今天令人匪夷所思，好像當時的人已經不大正常了。但1958年，這樣的理論就在黨會議上堂而皇之地提出來，而且居然沒有人提出反駁，即使有人反感，也不敢說出來，原因就在於，此時，毛澤東在打擊右派之後，正翻過來打擊黨內當年曾經反對他盲目冒進的周恩來、劉少奇等人。1958年1月召開的南寧會議上，毛澤東將周恩來、劉少奇等1956年主持起草的三個反冒進的材料，作為反面材料示眾，並在上面寫批註，大批這些是「庸俗辯證法」、「庸俗馬克思主義」，並點明其要害是「尖銳針對我」。[122] 在會議上，毛澤東多次發言批判反冒進，說「反冒進就是洩了六億人民的勁」，[123]「是政治問題」，並警告說：「右派的進攻，把一些同志拋到和右派差不多的邊緣，只剩了五十米」。[124] 在這樣的高壓下，劉少奇、周恩來最後都被迫檢討，周恩來還總結教訓說：「中國幾十年革命和建設的歷史經驗證明，毛主席是真理的代表。離開或者違背他的領導和指示，就常常迷失方向，發生錯誤，損害黨和人民的利益，我所犯的多次錯誤就足以證明這一點」。[125] 這樣的表態，是有決定性意義的：中國共產黨「毛澤東專政」的合法性從此得以確定，而支持專政的劉少奇、周恩來等所有的黨高級幹部，之後的命運，也由此確定。[126]

---

121 柯慶施在成都會議上的發言，轉引自李銳：《「大躍進」親歷記》（上卷），頁288。

122 毛澤東：〈在一份關於反冒進的摘錄材料上的批註〉（1958年1月），《建國以來毛澤東文稿》第7冊，頁33-35。

123 轉引自逄先知、金沖及主編：《毛澤東傳》（上），頁770。

124 轉引自逄先知、金沖及主編：《毛澤東傳》（上），頁769。

125 周恩來在八大二次會議上的發言（1958年5月17日），轉引自林蘊暉：《烏托邦運動——從大躍進到大饑荒（1958-1961）》（香港：香港中文大學當代中國文化研究中心，2008），頁70。

126 不可否認，中共形成毛澤東的個人崇拜和毛澤東本人的個人魅力也不無關係。後來成為黨內民主派的代表的于光遠，對毛澤東個人魅力有過這樣的觀察與分析：「他也依靠個人的能力、魄力和勞動來達到自己的目的，是個卓越能力的人。他具有豐富的中國知識而且不斷從中吸取對他有用，並能隨時為自己所用的東西。他有極好極快、生動犀利的文筆，高度演講的才能，詩詞歌賦，嬉笑怒罵，皆成文章，乃至一手高超的書法皆為政治鬥爭所用。總之，他有一種能夠征服人的力量，也有能夠使人欽佩折服的魅力」，「毛澤東還是個決斷力和執行力都特別強的人。他為了達到目的不惜花費時間去講、去寫、去批閱許許多多文章」，「他不僅有了不起的魄力，也有了不起的魅力，他要求做而暫時做不到的事，可

　　毛澤東很清楚，他在中央的第一把手專政，必須要有社會基礎、有黨內的群眾基礎。因此，毛澤東在樹立自己的絕對權威同時，還要樹立各級黨組織第一書記的絕對權威。所以，他就提出，要藉反右運動發動黨內，特別是省市一級黨組織的大清洗，把各省當中與第一書記不和的人，通通打成右派或是「地方主義者」，「反黨分子」，目的是為各省市的第一書記專政掃清道路。之後，毛澤東的大躍進、人民公社，在黨內的執行得以較為順暢，一個重要原因就是他已經建立了這些基礎，各省市第一書記為了保住自己的位置，都必須忠誠於毛澤東，因為這個絕對權力是毛澤東給他們的。

　　第一書記專政不僅落實在省市層級，而且落實在每一個最基本的基層單位。這就是我們要討論的另一個非常重大的問題，也是中國一黨專政制度建設上的重要一步：「單位體制」。這是真正具有中國特色的一種體制。它是毛澤東時代中國城市中，社會的基本單元，也是城市居民的基本身分，即以所謂「單位人」取代「公民」身分。單位體制是什麼意思？在此我作一點歷史回顧：我們在第二講曾說到，毛澤東在建國初期提出一個「包下來」的政策，把過去國民黨所有遺留下來的官吏、人員、知識分子包下來，把每一個人都安排、組織在一個具體的單位裡面，這個單位就包下你的衣食住行。在毛澤東時代，所有人的住房都是單位給的，基本上不存在房屋市場，同時，所有人的子女教育也被包下來。這樣，「單位」就「處於國家與個人的聯結點上，既是

<hr>

以不動聲色地放在許多年後得到機會再進行」，「毛澤東的這些個人特點，對於貫徹過渡期的思想路線，發生了很大的作用」。見于光遠：《「新民主主義社會」的歷史命運──讀史筆記》，頁193。曾經作為毛澤東與中國革命最忠實的朋友和支持者的美國人李敦白，對毛澤東也有這樣的觀察和感受：「與毛澤東在一起，我覺得自己似乎就坐在歷史的旁邊」，「跟毛在一起，我只有敬畏」；「毛澤東那積極、不安定、不停追求的心智，不容我們喘息。他不停地思考、計劃、籌謀、分析，他準備進行一個他從未試過的大改變」，無論什麼時候，「他的夢想仍然可接觸到我，令我動搖，他以一個遠比我們所能夢想到的，更美麗、更戲劇化、更令人興奮的遠景抓住我們」；在此同時，又處處可以感到毛的壓迫，以至在夢中出現這樣的幻覺：「他的大臉嘲弄的瞪著我。我痛苦，我被閹割了，我赤裸而無助。而他幸災樂禍的看著我，似乎在品味我的痛苦。接著他變成一個有攻擊性的同性戀，用他那對詭異的女性眼神看著我，想要用暴力侵犯我，一步步的逼近」。見李敦白（Sidney Rittenberg）、雅瑪達・伯納（Amanda Bennett）著，林瑞唐譯：《我在毛澤東身邊的一萬個日子》（台北：智庫文化出版，1994），頁80、275、180。

國家權威在基層社會的代理者，又是把個人納入集體之中、以規範和保護個
人為己任的吸納者和管制者」。這樣的「單位」，是在黨的領導下，把政治、經
濟、法律、社會、文化等國家管理功能集於一身，實現了「黨政一體化、議行
一體化、政經一體化，政法一體化、政社一體化」；在單位之外，沒有個人的
公共活動空間，由此建立一個極其嚴密的城市調控體系。[127]

　　單位體制，同時搭配的是一個完善的單位保障體系。任何人只要被某個
單位所吸納，就意味著獲得了持久的保障，如前所說，單位不僅提供就業的
機會和場所，而且也是人們安身立命之所，生老病死、婚喪嫁娶、衣食住
行、養兒育女，以至法律保護，都有一個堅實的基礎。[128]

　　這樣的保障體系，在物質與社會資源不豐富的情況下，可以保證人們的
基本需求，還部分地起了家庭的作用。每一個單位，都是一個「大家庭」，能
給其成員某種程度的安全感，並形成單位內部調節矛盾的安撫、保護機制，
以至建立凝聚人心的單位倫理、文化。如此，在這個結合了黨和國家的絕對
權威與準家長制的單位裡，就比較容易形成相對穩定的單位秩序，成為社會
穩定的基本因素和保證。因此，有研究者指出：「在社會資源總量處於明顯貧
弱的境況下，必須通過權威對資源的強提取和再分配來滿足現代化的要求，單
位體制的形成自然是這一戰略設計的一個重要產物」。[129]從這個意義上，可
以說單位制的形成，是具有一定的歷史合理性的。而且單位體制，在開始啟
動的時候，是得到大家擁護的，擁護者還包括知識分子，因為過去在國民黨
時代，知識分子生活是非常困難的，很多人窮困不堪，整天為衣食住行、為
子女教育擔心。現在共產黨全部給你包下來，雖然工資不高，衣食住行的水

---

127 劉建軍：《單位中國——社會調控體系重構中的個人、組織與國家》（天津：天津人民出版
　　社，2000），頁66。

128 這裡有一個九十年代的調查：受訪者認為針對日常生活中的退休保險、醫療保險、文化教
　　育、技術培訓、調解糾紛、子女上學就業、生活服務、住房、政治思想狀況等基本項目，
　　單位都應該負80%以上的責任，只有文體活動、計劃生育、婚姻戀愛、離婚才主要由私人
　　自己解決，但認為單位應該負責仍分別占了77.7%，79.3%，37.2%和45.1%。而在毛澤東
　　時代，單位幾乎管理所有事，單位功能之齊全達到了極致。見李漢林：〈中國單位現象與
　　城市社區的整合機制〉，《社會學研究》1993年5期，轉引自劉建軍：《單位中國——社會調
　　控體系重構中的個人、組織和國家》，頁313。

129 劉建軍：《單位中國——社會調控體制重構中的個人、組織和國家》，頁2-3。

平不高，但是基本溫飽是有的，而且彼此相對平等。因此，許多人都認為單位體制是中國社會主義優越性的一個表現。現在，許多底層人民，特別是工人，在基本生活、福利沒有保障的情況下，特別懷念那個一切包下來的「大鍋飯」的時代，這也是可以理解的。

但這樣的大鍋飯和表面上的平等卻遮蔽了一個問題，或者說人們也逐漸發現了問題：單位把你一切包下來，是有前提的，就是你必須服從單位的領導。比如說分房子，你能不能分到房子、分到好房子或壞房子，完全取決於單位領導的態度，你和他的關係、他對你的評價，特別是政治評價，都是關鍵。更重要的是，或是因為政治、或是因為人事關係，一旦單位把你開除，就意味著你什麼都沒有了，不但連衣食住行都成了問題，而且還波及、影響子女的教育與生存。也就是說，這個「包下來」政策、這個單位體制的背後，是有一個通過資源的再分配達到對社會和個人的有效調控的目標的，單位每個成員對自己單位的領導，都存有一種依附關係.。

特別是經過1957年反右運動，毛澤東強調黨政合一、第一書記專政之後，就更進一步強化了單位的政治控制與社會動員功能。首先是逐步形成與強化了單位內部的「等級體制」。這是一個金字塔型的結構，也有人認為是一個同心圓結構。[130]最上層，或者說處於圓心地位的，是第一把手支部書記，第二層是支部委員，第三層是黨員，第四層是左派，第五層是中間派，第六層是右派。處於所有層次的人都要絕對服從支部書記，而每一層之間，下層對上層也有服從關係，至少不能輕易得罪，而上層對下層則有監督的權力和責任。有些左派非常積極，我們學校有個老師，我做什麼事情，說什麼話，和誰接觸，他都記下來，並且及時匯報。黨員、左派都有向領導匯報所謂「群眾思想動向」的任務，用今天的說法就是「告密」。只是這些左派也很緊張，因為他們自己的位置也不穩，隨時都有變成右派的危險。其實，書記自己也不是絕對安全的，因為他的權力也是上一層領導給予他的，他對上級領導也存在著人身依附關係，也得要絕對服從，若他得罪上級，也會變成右派。這裡存在著兩個等級、服從關係：單位內部個人逐層服從領導；單位外部逐層服

---

130 鄒讜：〈論中共政黨國家的形成與基礎〉，《中國革命再闡釋》（香港：牛津大學出版社，2002），頁9。

從上級領導，最後全黨服從中央，中央服從毛澤東。這是一個流動的等級制度，是逐層控制，也是對上服從、對下施暴的等級社會結構。

在等級社會結構下，就形塑出一種非常畸形的心理結構。魯迅當年在分析中國傳統的等級社會時就指出，每個人都處在某一等級上，對上服從對下施虐，意味著對上是奴才、對下是主人，主、奴可以互換，因為人有往上爬的可能性，就會對下一層所遭受的災難視若無睹，不會感覺到別人的痛苦。而且，人若受上一層欺負，可以藉欺負下一層來轉移不滿，於是就不會出現任何反抗，甚至會迷戀於這個等級結構、形成奴才心態。[131]等級制度造成了人在不同階層之間的相互隔絕，彼此間甚至充滿利益衝突。統治者正是通過這個方式，對人進行心理的、精神的控制。因此，所謂「單位體制」，是包括兩個方面的：它既是社會等級結構，又是心理的等級結構，前者控制人的肉體，對人形成物質上的奴役，後者控制心理，形成精神上的奴役。

而且這樣的單位等級制度是有制度的保證的。1957年反右運動之後，就制訂了「勞動教養制度」，規定如果一個人不服單位安排、調動，所謂「無理取鬧，妨礙公務、屢教不改」，單位就可以把你送去勞教。[132]而所謂「勞教」，雖然不是正式的犯人，但勞教期間仍然被剝奪行動自由，要被強迫勞動改造，而且沒有期限，在後一點上還比不上被判了刑的犯人。

同時，還有「單位證明」和「收容制度」。如果你想脫離單位的控制，或者只是想暫時外出（旅行，探親等），都必須要有單位證明。單位不給證明，你就不能出去，既不能買車票，也無法住旅店。如果沒有單位證明而外逃，你就會被視為「盲流」，一旦發現，就送進收容所，無異於關監獄。

所以，在單位體制下，人根本無路可走，只能有一個選擇，就是規規矩矩待在單位裡，老老實實聽單位領導的話，響應單位領導的一切號召。若老實聽話，人就會有基本的生活保證；若不老實聽話，就隨時有可能被打成右派，或送去勞動教養，逃也逃不出去。這樣的政治、經濟、思想控制體系不僅嚴密精緻，而且高效有序，也就大大強化了單位的社會動員、組織的作用

131　參看魯迅：《墳‧燈下漫筆》（1925年4月29日），《魯迅全集》第1卷，頁227-229。

132　見〈國務院關於勞動教養問題的決定〉，1957年8月1日全國人民代表大會常務委員會第七十八次會議批准，1957年8月3日國務院公布。

和力量。應該說，1957年反右運動剛剛過去，就能在1958年迅速掀起大躍進的高潮，此種單位控制、威懾與動員力量，起了很大的作用。

我們前面說，毛澤東通過反右運動，達到了對知識分子的全面、絕對控制；現在，我們看到，毛澤東又通過在反右之後更加完善的單位體制，達到了對所有城市居民的全面、絕對控制。再加上我們下面就要講的1958年人民公社體制的建立，形成對農民的控制，這就完成了中國共產黨和國家──歸根結底又是毛澤東個人──對中國社會的全面、絕對控制。

這樣的逐層控制，是在一個動態過程中實現的。也就是說，無論在單位內部群眾與領導之間、各利益群體之間、或是單位之間，單位與上級、單位與國家之間，都存在矛盾和不同程度的利益衝突。因此，在總體有效控制的同時，也必然有反控制、相互衝突的一面，從而也會在一定程度上削弱單位的控制力。再加上單位制除了是控制機制外，也還有生產、供給、吸納、聯結、安撫、保護等多種功能，因此，單位制即使有嚴密控制，也還是有一定的生存、發展空間，這也是不能否認和忽視的。

毛澤東在談反右之後的形勢時，曾頗為自得地說：「過去的剝削階級完全陷落在勞動群眾中的汪洋大海中，他們不想變也得變」。[133] 他還說右派是「自投羅網」，[134] 在反右以後，他確實編織了一個非常可怕的羅網。我曾經作過幾方面的概括：第一是網羅一切，全中國每一個人、每一個家庭、每一個地方，都網在裡面，無一漏網，這是一種全面的控制。第二，這個網極其嚴密，甚至可說是極其精緻，它把人一切的物質、精神生活，及至於最隱密的私生活，都網羅到裡面、管理起來了。第三，它有各種各樣的體制保證，有一個非常嚴密的監督和懲罰體制，不僅有監獄、勞改所、勞教所、收容所這些專制的、或準專制的國家機器，更有一種群眾專政，就是大陸笑話裡說的「小腳老太偵緝隊」，也就是居民委員會，即社區裡的一些積極分子。他們無所不在、無時不刻地監視你的行動，而且無所顧忌。當時我有個鄰居，只要我家裡來一個客人、陌生人，她一定跑來看，主動監視與彙報。這種群眾專政的目的，就是要把一切反抗的可能性消滅於萌芽之中，大陸一直到今天還

---

133 毛澤東：〈介紹一個合作社〉（1958年4月15日），《建國以來毛澤東文稿》第7冊，頁177。
134 毛澤東：〈文匯報的資產階級方向應當批判〉，《毛澤東選集》第5卷，頁437。

有一個口號：「把所有不安定因素都消滅在萌芽之中」，靠的就是群眾專政。文革結束以後，有個詩人寫他的文革感受，就用一個字：「網」。這一字詩，真是點破了「五七體制」落實於底層「黨獨攬一切的專政」所造成的實質危害。

在著重說明和揭示「五七體制」的巨大的「網」式的社會控制力量同時，我們也不能忽視和否認一個基本事實：即使在這樣嚴密的控制下，人們還是活著，思考著，行動著，生活照樣進行。我在一篇文章裡，對此作過這樣的敘述和分析：「控制自然是有效的，並且已經滲透到人們的日常生活中，但人們卻也總能從嚴密的控制中尋找到某些空隙，並以中國平民百姓特有的生活智慧，儘量地加以擴大，從而為自己和家人獲得某種生存的空間。這種生活的智慧自然是令人心酸的，但它也表現了一種堅韌的生命力，這正是中華民族文化中所固有的，並且是深扎在中國普通民眾的精神結構的深處的。它在共和國的歷史上，實際上是構成了對前述計劃控制的反力，對總體的有效性形成了無形的破壞與削減，它不顯山不露水，甚至不易被察覺，卻又是極其頑強的。而且最終的勝利者仍是這平民百姓的生活邏輯，或者說歷史總要回到這塊土地上的大多數人的生活邏輯上來——儘管處於歷史輝煌位置的大人物們永遠也不會承認這一點，而普通平民百姓也永遠是沉默的」。[135]

毛澤東建立「五七體制」的第三方面，就是「建立了以『興無滅資』為中心的新意識形態」。

所謂「興無滅資」，就是要「興無產階級思想，滅資產階級思想」。這個概念也是毛澤東首先提出來的，他在1958年3月份一個文件裡說：「有資產階級的自由，就沒有無產階級的自由；有無產階級的自由，就沒有資產階級的自由。一個滅掉另一個，只能如此，不能妥協。」因此要「興無滅資，無產階級的自由興起來了，資產階級的自由就被滅掉了」。[136]這是反右之後所建立的新意識形態。

同學們聽起來可能會覺得很抽象：什麼叫作無產階級思想，什麼叫資產階級思想？究竟如何「興」與「滅」？但對我們那一代人，這都是十分具體

---

135 參看錢理群：〈對共和國歷史的另一種書寫——在《一個平民百姓的回憶錄》座談會上的發言〉，《生命的沉湖》，頁250。

136 毛澤東：〈對上海化工學院一張大字報的批語〉（1958年3月22日），《建國以來毛澤東文稿》第7冊，頁148。

的。因為，反右以後，我們不斷被要求「向黨交心」，就是要在黨的面前坦白自己思想中最骯髒的思想，也即資產階級思想。這裡有個材料，是1958年四川一所中學的中學生的交心材料，我們來列舉幾條，看看他們認為「最見不得人的資產階級思想」都是些什麼？：（1）「我把精神寄託在十八世紀、十九世紀的法國和俄國的反映腐朽資產階級生活方式的小說上，我愛讀法國作家雨果、巴爾札克、左拉、莫泊桑，俄國作家普希金、萊蒙托夫，及中國作家聞一多、郁達夫的作品」（2）「我醉心於考大學，熱衷於解難題」，「我出生貧農，是個遺腹子，我母親一手撐持兩畝薄田，經常對我說，『你將來好好找錢啊！』」（3）「我想成名，對科學有強烈的愛好，從小立下宏大志願，終生職業就是研究理論物理」（4）「我用超乎一切尋常人的眼光來看世界，發表許多新奇的見解，我嚮往童話的境界，我還要掌握宇宙，把宇宙看個究竟，滿足個人的求知慾」（5）「我的生活，是希望有小洋房和小汽車，漂亮的理想的愛人，我愛唱的歌是〈五月的風〉、〈送君〉、〈初戀〉、〈望穿秋水〉、〈花好月圓〉、〈地上人間〉」（6）「我背著組織和女同學談戀愛，只要有女同學和我在一起，我就感到幸福和說不出的愉快」（7）「我喜歡魯迅，要學魯迅正視慘淡人生、淋漓的鮮血」，「我追求自由，對黨不滿」等等。[137]

同學們今天聽起來可能覺得荒唐，有些不可思議，但卻反映了歷史的真實，在反右之後的中國，確實存在過那樣一個時代，在主流觀念中，認為應該批判、拋棄、以至消滅的所謂「資產階級思想」，竟然包括了如此廣泛的範圍：不僅包括西方和俄國充滿人文精神的文學名著裡的民主、自由、平等、博愛的觀念，而且包含了年輕人特有的個人理想、探知未來世界的好奇心、求知欲，以及對物質的欲望、青春期對男女之情的朦朧嚮往，甚至還包括農民後代希望通過讀書以改變家庭狀況的願望，更不用說，要獨立思考、要有批判意識，就更是資產階級思想，非滅之而後快了。

那麼，反過來要「興」什麼「無產階級思想」呢？大概就是反其道而行之吧。第一要建立排除民主、自由、平等、人道的所謂「階級鬥爭的觀念」。第二，要建立排除了一切個人欲望、利益、權利，無條件犧牲個人的所謂「集體

---

137 〈省成四中58級學生在雙反運動中暴露個人主義思想的典型材料彙集〉，王建軍主編：《五八劫：1958年四川省中學生社會主義教育運動紀實》（自印本）。

主義思想」。[138] 第三，要建立放棄一切好奇心、一切懷疑精神和創造力、高度統一和僵化的思維方式和習慣。第四要成為自動放棄一切獨立思考、批判意識的馴服工具。如果把所謂「無產階級思想」簡化成一句話，就是「一切服從黨」，把人的所有欲望、所有個人利益、所有人對美好東西的嚮往，全部拋棄掉，建立「黨的意志高於一切」的信念，並且絕對服從黨——這就是毛澤東「興無滅資」所要建立的主流意識形態。

　　「五七體制」的第四個方面，就是要不斷設置對立面、製造階級鬥爭，以保持「不斷革命」的緊張態勢，並以此作為治國基本方針和策略。

　　反右剛結束，毛澤東就立刻發出警告，說過幾年我們還要搞反右，因為「幾年不搞，那些老右派，新右派，現在出來的右派，又要蠢蠢欲動；還有有些中右分子，中間派，甚至於有些左派會要變」。[139] 所以他提出「不斷革命論」、[140] 不斷搞階級鬥爭，他說「我們的革命和打仗一樣，在打了一個勝仗之後，馬上就要提出新任務。這樣就可以使幹部和群眾經常保持飽滿的革命熱情」，[141] 老百姓也始終處在非常緊張的狀態、始終保持在一種階級鬥爭的狀態，整個民族都處在高度亢奮的狀態中，就可以產生兩個方面的效應，一是振奮人心，一是震懾人心，這正是毛澤東所需要的統治秩序，所以他要搞「運動政治」。但如果群眾沒有這樣的鬥爭要求怎麼辦？毛澤東提出了「設置對立

---

138 本來，「集體主義」作為一種社會倫理，是具有合理性的，它和個人主義之間本應形成某種張力。如本書第一講談到的我們這一代人在五十年代初接受「五愛」教育中的「愛祖國，愛人民，愛護公共財物」裡，就包含了集體主義的因素，這對我們的健康成長，顯然是有益的，我們至今仍受其惠。但1957年反右以後，把「個人主義」簡單歸於「資產階級思想」範疇，並把對個人主義的批判推向極端，宣布「個人主義是萬惡之源」，而且把一切對個人利益、權利、欲望……等的追求都歸於「個人主義」而大加討伐，其所建立的「集體主義觀」，就變成絕對服從於國家、社會、人民利益的「代表」黨的利益，以成為黨的馴服工具為「集體主義」的最高表現。「集體主義」被異化，反而失去了對個人主義的制約、互補作用，在一些人那裡，又反彈出極端個人主義：這其中有著豐富的思想文化倫理上的經驗教訓，應該認真吸取。

139 毛澤東：〈做革命的促進派〉（1957年10月9日），《毛澤東選集》第5卷，頁476-477。

140 毛澤東：〈在南寧會議上的結論提綱〉（1958年1月21日），《建國以來毛澤東文稿》第7冊，頁25。

141 毛澤東：〈工作方法六十條（草案）〉（1958年1月），《毛澤東文集》第7卷，頁350。

面」[142]的策略。他說：「自然界沒有的，可以人為地造」，[143]「所謂對立面，是要客觀存在的東西才能設置起來」，[144]這即是說，沒有對立面，人可以設置；只要「客觀存在」矛盾，就可以人為地激化、政治化，潛伏的東西更可以誘發出來，變成你死我活的搏殺，總之，要用一切手段來製造階級鬥爭。如此以運動、鬥爭，以及相應的緊張、混亂為生活常態的追求，根植於毛澤東的生命之中。青年毛澤東在德國哲學家泡爾生（生平不詳）《倫理學原理》批註裡，即對「亂」的「實際生活價值」給予充分的肯定：「是故治亂迭乘，平和與戰伐相尋者，自然之例也。伊古以來，一治即有一亂，吾人恒厭亂而望治，殊不知亂亦歷史生活之一過程，自亦有實際生活之價值」。他還表示：「至若承平之代，則殊厭棄之。非好亂也，安逸寧靜之境，不能長處，非人生之所堪，而變化倏忽，乃人性之所喜也」。[145]之後，毛澤東又把它發展為強調「矛盾的普遍性或絕對性」，「黨內如果沒有矛盾和解決矛盾的思想鬥爭，黨的生命也就停止了」的鬥爭哲學。[146]在經過反右運動之後，他更自覺地提出「不平衡是經常的，絕對的；平衡是暫時的，相對的」，[147]「『無衝突論』是形而上學的」，社會發展必須經過「各種突變，飛躍都是一種革命」，[148]因而將「不斷革命」[149]

---

142 毛澤東：〈在南寧會議上的講話提綱〉（1958年1月16日），《建國以來毛澤東文稿》第7冊，頁17，以及〈在中共八大二次會議上的講話〉（1958年5月），《建國以來毛澤東文稿》第7冊，頁196、201。

143 原文：「另外一種是自然界不存在的，帶有物質條件。如修水壩，可以用人為的辦法設對立面，抬高位置再讓水流，使它有個落差，可以發電，可以行船。如開工廠，也是設置對立面，鞍鋼是日本人修的，長春汽車場是新的，是人工設置的對立面。自然界沒有的，可以人為地造，但要有物質基礎。衛星上天是人為的，找到規律就上去了」。毛澤東：〈在八大二次會議上的講話〉（1958年5月20日）。文收《毛澤東思想萬歲》（文革中流傳本），頁83。

144 毛澤東：〈在八大二次會議上的講話〉（1958年5月8日）。文收《毛澤東思想萬歲》（文革中流傳本），頁72。

145 毛澤東：〈《倫理學原理》批註〉（1917-1918年），《毛澤東早期文稿》，頁185-186。

146 毛澤東：〈矛盾論〉（1937年8月），《毛澤東選集》（一卷本），頁280、281。

147 見毛澤東：〈工作方法六十條（草案）〉，《毛澤東文集》第7卷，頁352。

148 原文：「各種突變、飛躍都是一種革命，都要通過鬥爭，『無衝突論』是形而上學的」，見毛澤東：〈工作方法六十條（草案）〉，《毛澤東文集》第7卷，頁352。

149 毛澤東：〈工作方法六十條（草案）〉，《毛澤東文集》第7卷，頁349。

（其實質就是毛澤東在文革中所說的「天下大亂，達到天下大治」）作為一個治國路線和方針。而毛澤東早年視為「至真之理，至徹之言」[150]的「人之意思，不可無對象之抵抗」，「無抵抗則無動力，無障礙則無幸福」[151]的思想，經過反右運動的「成功」經驗，也在之後發展為「設置對立面」的策略：毛澤東真的是唯恐天下不亂，以肆意製造矛盾與階級鬥爭為志。這是很可怕的，毛澤東卻運用自如。某種程度上，中國之後發生的一切，從1958年的大躍進，到1964年大搞大批判，直到發動文化大革命，無一不是在設置對立面，製造階級鬥爭。以後我們會有詳盡的具體討論，這裡就只提出問題，不再展開。

編註

i　五一九民主運動／社會主義民主運動：得名於1957年5月19日北京大學學生貼出第一張大字報，隨後20天的鳴放過程中學生提出了反對特權階層，推動社會主義民主等要求，並成立了「百花學社」等組織，創辦《廣場》等刊物。在隨後的反右運動中「百花學社」被宣判為反動組織，相關學生被打為右派分子遭到鎮壓。

ii　「蘇聯克格勃」：克格勃為蘇聯國家安全委員會的俄文簡稱，是1954年3月13日-1991年11月6日間蘇聯的諜報國安機構。

iii　社會民主主義（social democracy）：浮現於十九世紀末期、二十世紀初期，是馬克思主義的分支，主張透過民主程序進行變革，以建立社會主義社會。其國際組織為「社會黨國際」，前身為1889年的第二國際。最初社會民主主義包含了主張革命路線的社會主義者如羅莎・盧森堡（Rosa Luxemburg，1870-1969，德國）、列寧等，以及其他主張漸進式改革者如愛德華・伯恩斯坦（Eduard Bernstein，1850-1932，德國）、卡爾・考茨基（Karl Johann Kautsky，1854-1938，德國）等。第一次世界大戰和俄國革命後，「社會民主主義」指非革命路線的社會主義路線，現代社會民主主義則強調透過立法過程進行資本主義體制的改革。

iv　第三國際：即共產國際，是列寧於1919年3月領導創立世界各國共產黨、共產主義團體的國際聯合組織，總部位於莫斯科。十月革命促進各國共產黨的建立，加上一次大戰後第二國際勢微，列寧於1919年3月2日莫斯科召開國際共產主義代表會議，共有21個國家35個政黨和團體的52名代表參加，並通過了〈告國際無產階級宣言〉、〈共產國際行動綱領〉、〈關於資產階級民主和無產階級專政的提綱〉等。

v　布爾什維克黨：無產階級政黨，創立於1903年俄國社會民主工黨第二次代表大會。布爾什

150　此為毛澤東對《倫理學原理》的批註，見毛澤東：〈《倫理學原理》批註〉，《毛澤東早期文稿》，頁182。

151　此為《倫理學原理》之本文，見毛澤東：〈《倫理學原理》批註〉，《毛澤東早期文稿》，頁182。

維克黨推動了俄國革命運動，並對日後國際共產主義運動產生影響。

vi 　第二國際：指1889-1914年間各國社會主義政黨的國際聯合組織，相對於第一國際（國際工人協會）。第二國際即「社會主義國際」、「社會黨國際」，在1889年7月14日於巴黎第一次開會通過《勞工法案》及《五一節案》（定下每年5月1日為勞動節），以同盟罷工為工人的鬥爭方式。

vii 南斯拉夫工人自治：由1950年代制定〈工人委員會法〉至1963年憲法頒布，稱作南斯拉夫工人自治時期。〈工人委員會法〉推行工人自治制度，實行生產資料社會所有、中央國家經濟管理機關權力下放、產品價值通過市場實現（國家以稅收、信貸、關稅、補貼作為市場調節）、黨政分離、加強司法對行政監督等等。

viii 波蘭團結工聯：全獨立自治工會團結工聯，又譯為團結工會。於1980年創立於格但斯克造船廠，並在八十年代組織了波蘭境內反對統一工人黨專制的泛左翼人士與社會組織，進行非暴力反抗行動。1989波蘭舉行有限度選舉，在8月形成了團結工聯所領導的聯合政府，並在執政之後以民主波蘭共和國取代波蘭人民共和國。

ix 武昌會議：中國共產黨第八屆中央委員會第六次全體會議（八屆六中全會），1958年11月28日-12月10日於武昌召開。會議通過〈關於人民公社若干問題的決議（草案）〉、〈關於1959年國民經濟計畫的決議〉等。

x 南寧會議：1958年1月11日-22日，會議前後底定了〈工作方法六十條（草案）〉，在會議中毛澤東並批評1956年的「反冒進」。

第四講
|
大躍進時代(上)

1958

| 2009年10月13日、10月20日講 |

　　我們前面已經講過，毛澤東先在1957年發動整風運動，利用知識分子、民主黨派來打擊黨內官僚；然後又發動反右運動，聯合黨內官僚打擊知識分子和民主黨派；最後，在1958年初，趁勢反右傾，再回過頭來打擊黨內官僚。這三個運動一氣呵成，前後連貫，毛澤東操縱起來得心應手，結果就把黨內黨外、從上到下所有的反對勢力、所有阻礙他的力量全部掃蕩，使之全部臣服於自己。而且，在1957年底，毛澤東出席在莫斯科召開的全世界共產黨會議，儼然成為會議的核心人物，繼斯大林之後共產主義運動的一個未來領袖。這樣，毛澤東就在1958年迎來了他一生最輝煌的時刻，達到權力的最高峰，也達到了個人生命發展歷史的頂點。他終於可以在幾乎無一反對派的情況下，完全按照個人意志來推行他的理想了。同時，他又及時建立了一個以「黨獨攬大權」、「從中央到地方的第一把手專政」和「群眾專政」相結合為主要特徵的、高度集權的「五七體制」，這個體制具有極強的社會控制力和動員力，就使他的理想實現，得到了制度的保證，得以「集中力量辦大事」。

一、「你們難道不願意當聖人嗎？」

　　1958年這年開始，1月28日最高國務會議上，毛澤東宣布「共產黨準備大改革」，要用大手筆作幾篇大文章，並且突然冒出一句話：「過去有句話：『士希賢，賢希聖，聖希天』，你們難道不願意當聖人嗎？不願意當聖人當個賢人也好」[1]——這是一個理解1958年時的毛澤東的關鍵。記得在〈導言〉裡我曾介

1　毛澤東：〈在第十四次最高國務會議上的講話提綱〉（1958年1月28日），《建國以來毛澤東

紹過，毛澤東年輕時就立志要將豪傑與聖賢集於一身，這裡不妨展開來稍作討論。

「將豪傑與聖賢集於一身」這一命題，是明清之際著名思想家、哲學家王夫之（1619-1692）首先提出來的，毛澤東的老師楊昌濟（1871-1920）深受其影響，毛澤東於1913年聽楊昌濟的修身課的筆記〈講堂錄〉，就記下了王夫之的論斷：「有豪傑而不聖賢者，未有聖賢而不豪傑者也」，「聖賢，德業俱全者；豪傑，謙於品德，而有大功大名者」；[2] 在之後的〈講堂錄〉裡，就記錄了一些大概是師生之間的更深入的討論，其中最關鍵的論斷是：豪傑是「辦事之人」，聖賢則為「傳教之人」。[3]「聖人，既得大本者也；賢人，略得大本者也」。[4] 聖賢致力於「大本大原」，要探求「宇宙之真理」，[5] 掌握貫通天道與人性的「大本一源之道」；同時，以「為萬世開太平」自命，此乃「大宗教家之心志事業也」，[6] 因此，又要致力於「倡學」、「傳教」，[7] 弘揚教化，以影響人的思想、心靈，澤被千秋萬代。「帝王一代帝王，聖賢百代帝王」，[8] 真正在歷史發展中起決定作用的，是掌握宇宙真理的聖賢。而豪傑是「辦事之人」，雖無心窮盡宇宙之真理，但卻能在政治、經濟、軍事、思想、文化各個領域的具體實踐中，改變世界、建功立業。[9] 中國傳統文人歷來有「內聖」與「外王」的不同選擇，如研究者所說，「『傳教之人』即所謂『內聖』一途。『辦事之人』即所謂『外王』一途」，[10] 現在毛澤東要將「傳教」之「聖賢」與「做事」之「豪傑」集於一身，也就是要合「內聖」與「外王」為一體，以達到「立德、立功、立言」三不朽的至高境界。

應該說，這是毛澤東在年輕時候（大概是在「五四」前後），就立下的「真

文稿》第7冊，頁43。毛澤東的說話請見同篇註釋（4），頁44。

2　毛澤東：〈講堂錄〉（1913年10月至12月），《毛澤東早期文稿》，頁589。

3　毛澤東：〈講堂錄〉（1913年10月至12月），《毛澤東早期文稿》，頁591。

4　毛澤東：〈致黎錦熙信〉（1917年8月23日），《毛澤東早期文稿》，頁87。

5　毛澤東：〈致黎錦熙信〉（1917年8月23日），《毛澤東早期文稿》，頁85。

6　毛澤東：〈講堂錄〉（1913年10月至12月），《毛澤東早期文稿》，頁591。

7　毛澤東：〈致黎錦熙信〉（1917年8月23日），《毛澤東早期文稿》，頁85。

8　毛澤東：〈講堂錄〉（1913年10月至12月），《毛澤東早期文稿》，頁591。

9　參看汪澍白：《毛澤東的來蹤去跡》，自印本，頁47-48、57。

10　汪澍白：《毛澤東的來蹤去跡》，頁57-58。

志」，[11]而且終生為之奮鬥不息、至死不變。這是他所有行動（包括參加與領導中國革命，發動大躍進、人民公社運動，以至文化大革命）的個人內在動力。毛澤東之所以迷戀帝王的絕對權力，是因為他認為，這是實現自己「聖人理想」的必要條件，而且他自認這權力是「天」賜的。在文革中他有句名言：「我們的權力是誰給的？是工人階級給的，是貧下中農給的，是占人口百分之九十以上的廣大勞動群眾給的。我們代表了無產階級，代表了人民群眾，打倒了人民的敵人，人民就擁護我們」。[12]這就是毛澤東貫徹一生的思想與行為邏輯：「天」（人民群眾、工人、農民）降大任於「斯人」（毛澤東和共產黨人）；「斯人」替「天」行「道」（共產主義，實即空想社會主義）、「為萬世開太平」，並在這一過程中立德、立功、立言，成為「百代帝王」，即集「道統」與「政統」於一身的「聖王」。這既是毛澤東的追求，也是他的基本信念。

　　同時，毛澤東又是一個善於等待時機的人。在他初立志時，曾對他的前人有過一個評論，他說：「今之論人者，稱袁世凱、孫文、康有為而三」，但在毛澤東看來，他們都不知「本源」、不過「辦事之人」，他只「獨服曾文正」（曾國藩，1811-1872），[13]因為曾國藩是「辦事而兼傳教之人也」。[14]但毛澤東顯然認為曾國藩的格局太小，而他的結論自然是：「當今之世，舍我其誰也」。然而，在時機成熟之前，毛澤東是將其志深藏不露的。相反地，他還在1937年一次演講中，封魯迅為「中國的第一等聖人」，說「孔夫子是封建社會

11　毛澤東在1917年8月23日〈致黎錦熙信〉中，關於「真志」與「盲目之志」有如下議論，頗值得注意：「志者，吾有見夫宇宙之真理，照此以定吾人心之所之之謂也。今人所謂立志，如有志為軍事家，有志為教育家，乃見前輩之行事及近人之施為，羨其成功，盲從以為己志，乃出於一種模仿性。真欲立志，不能如是容易，必先研究哲學、倫理學，以其所得真理，奉以為己身言動之准，立之為前途之鵠，再擇其合於此鵠之事，盡力為之，以為達到之方，始謂之有志也。如此之志，方為真志，而非盲從之志」，見〈致黎錦熙信〉（1917年8月23日），《毛澤東早期文稿》，頁86。

12　毛澤東：〈共產黨基本的一條就是直接依靠廣大人民群眾〉（1968年），《建國以來毛澤東文稿》第12冊，頁581。

13　毛澤東：〈致黎錦熙信〉（1917年8月23日），《毛澤東早期文稿》，頁85。

14　毛澤東：「宋韓范並稱、清曾左並稱。然韓左辦事之人也，范曾辦事而兼傳教之人也。」見毛澤東：〈講堂錄〉（1913年10月至12月），《毛澤東早期文稿》，頁591。

的聖人，魯迅則是現代中國的聖人」。[15]毛澤東大概不會認為魯迅是掌握「大本大原」之人，他看重的是魯迅的思想影響，魯迅在許多青年和知識分子中的「精神導師」的地位，他正要藉讚頌魯迅來爭取深受魯迅影響的青年和知識分子，這同時，也透露了他對「中國的第一等聖人」地位的看重，只是當時人們是不會作此深想的。到了1945年，在毛澤東領導的中國共產黨將要和蔣介石的國民黨政權決一死戰前夕，毛澤東發表了他的詩作〈沁園春‧雪〉，詩中列舉中國民族歷史上的「無數英雄」，從「秦皇漢武」、「唐宗宋祖」到「成吉思汗」，但詩的結句，卻是「俱往矣，數風流人物，還看今朝」。[16]將此聯繫毛澤東的「真志」，自不難明白，在毛澤東眼裡，這些歷代帝王、一代天驕，不過是一時之「辦事」豪傑，真正的「風流人物」只能是「傳教」之聖賢，更進一步，是集聖賢與豪傑於一身之人，這就得「還看今朝」，也即我毛澤東了。這是以詩言志，是毛澤東真志的偶露崢嶸，但也為時人所不解，雖有人說這暴露了毛澤東的「帝王情結」，卻無人看透毛澤東之志豈在「一代帝王」，他要做的是「百代帝王」。

到1949年，中國革命的勝利、中華人民共和國的成立，標誌了毛澤東走上聖人之途的關鍵一步，是他於1917年立下真志的32年之後。但也只有等到1958年，等一切對手全部掃蕩殆盡、權力高度集中在自己手裡，毛澤東才等到了他施展豪傑兼聖人抱負的時機，而且，此時的他已不僅志在當中國的聖人，而且要當世界的聖人，要影響全世界了：他寫好中國的大文章，是為寫世界大文章所作的準備。因此，1958年，他顯然要向實現他的聖人夢跨出決定性的一步。當登高一問：「你們難道不願意當聖人嗎？」毛澤東是躊躇滿志的。

此時的毛澤東，是一個掌握巨大權力的黨和國家的最高領導人，因此，他重申「豪傑兼聖人」之志，就不僅是要實現他個人年輕時的理想，更是要建立一個集政治權威統治、精神權威統治與道德權威統治於一體的「政、教合

15　毛澤東：〈論魯迅〉（1937年10月19日），《毛澤東文集》第2卷（北京：人民出版社，1993），頁43。

16　毛澤東：〈沁園春‧雪〉（1936年2月作，1945年11月14日傳抄發表），中共中央文獻研究室編：《毛澤東詩詞集》（北京：中央文獻出版社，1996），頁68-69。

一」的國家、社會、思想體制。也就是說，毛澤東所要建立的集權統治，不僅注重政治、社會的改造與控制，更注重對人思想與心靈的改造與控制。

這裡所說的「心靈的改造與控制」，是要在思想控制之外，更著眼於情感與心理的控制，這是「聖人」統治的最重要特點，在毛澤東這裡表現得特別突出。正是在1958年，毛澤東的個人魅力發揮到極致，群眾對毛澤東的個人崇拜也達到極致，[17]這兩個極致，構成了1958年最值得注意的中國精神現象。有研究者指出，毛澤東的最大魅力，在於「他理解、喚起和引導人類情感的非凡能力以及以他自己的人格去駕馭他人的情感與熱愛的無數種方式」，[18]從而在「他個人的心理需求與大眾的心理需求之間」建立一種「聯繫」。[19]這是確實如此的。本講以及之後的講述，都會以大量的事實證明這一點，在這裡，我先作一個概括性的敘述，主要有三點。首先，毛澤東的個人魅力，特別表現在他的語言魅力。同學們可能還記得，我們在第二講裡，曾經談到1957年毛澤東發動鳴放時，他在最高國務會議上的一番講話，連具有極高語言素養的翻譯家傅雷也為他的幽默、氣勢所傾倒。而1958年毛澤東的談話，則顯示了他語言魅力的另一面，如研究者所說，「他的言談舉止驚世駭俗、出人意料。他在談話中，經常提出一些令人不可思議的話題」，[20]這裡僅舉一例：翻開1958年3月毛澤東在成都會議[i]上的講話（收錄於《毛澤東文集》第7卷），就可以看到這樣的奇談高論：「我主張五十歲以上的人死了以後開慶祝會，因

17　1958年對毛澤東的個人崇拜，集中體現在所謂「大躍進民歌」裡，那時到處充斥著這樣的頌歌：「毛澤東，毛澤東，插秧的雨，三伏的風，不落的紅太陽，行船的順帆風，要想永世不受窮，永遠跟著毛澤東」（湖北江陵民歌〈歌唱毛澤東〉），「陽春三月好風光，四川出現雙太陽，青山起舞河歡笑，人民領袖到農莊。」（四川簡陽〈四川出現雙太陽〉），「人民的領袖毛主席，是草原上不落的太陽。」（甘肅藏族〈草原上不落的太陽〉）等，見周揚、郭沫若編：《紅旗歌謠》（北京：紅旗出版社，1959）。

18　盧西恩·派伊（Lucian Wilmot Pye）：〈毛澤東的心理性格及政治得失〉，蕭延中編：《外國學者評毛澤東——第二卷：從奠基者到「紅太陽」》（北京：中國工人出版社，1997），頁256。

19　盧西恩·派伊：〈毛澤東的心理性格及政治得失〉，蕭延中編：《外國學者評毛澤東——第二卷：從奠基者到「紅太陽」》，頁260。

20　盧西恩·派伊：〈毛澤東的心理性格及政治得失〉，蕭延中編：《外國學者評毛澤東——第二卷：從奠基者到「紅太陽」》，頁256。

為人是非死不可的，沒有死就沒有生，這是自然規律」，[21] 還有：「只要一開會就包含著散會的因素，我們不能在成都開一萬年的會。《紅樓夢》裡說：『千里搭長棚，沒有個不散的筵席。』這是真理。散會以後，問題積起來了，又轉化為開會」。[22] 這樣的語言，取喻於日常生活，可以說是隨口拈來，既包含一種民間即興智慧，但又深含哲理，顯示出一個天馬行空的、大的思想和精神境界，任何人都會不知不覺地被他吸引、征服，並喚起一種自由創造的衝動。其二，1958年的毛澤東，特別著重對長期無權過問政治的群眾進行政治動員。如論者所說，「他為所有感到痛苦和憤怒的人說話，這些人因為被『忽視』、沒有得到『作為人的尊嚴』、不能『參與那些影響其生活的決定』而產生挫折感〔……〕這些人感到生活拋棄了他們」；[23] 是毛澤東喚起他們的不滿和憎恨，激發出一種進攻性的激情，但毛澤東又通過黨的領導，對其進行「可控的有組織的釋放」，以為自己的「政治目標服務」。[24] 因此，這樣的個人魅力與對底層民眾的政治動員和引導，最終都引向毛澤東個人權力的強化：毛澤東帶領群眾反抗黨官僚和所謂「資產階級知識分子」（1958年毛澤東有許多這樣的煽動性言論）、賦予群眾權利，因而得到群眾的支持與擁戴，獲得權力的群眾基礎；而群眾也在毛澤東的權力庇護下，獲得他們所需要的安全感。在這個意義上，1958年群眾對毛澤東的崇拜，也是他們自身的心理需求，可以說是在一種既自覺又盲目的狀態下，接受了「偉大領袖和導師」在心理和情感上的控制。

　　1958年，還有一點值得注意：毛澤東不僅辦了許多「大事」，而且他更強調以「大本大原」即「宇宙之真理」來統領這些「大事」。對此時的毛澤東來說，所謂「大本大原」、「宇宙的真理」，就是馬克思列寧主義的真理，他自己不僅掌握了馬列主義的真理，而且還要將其發展、打上他個人印記──他要創立

21　毛澤東：〈在成都會議上的講話〉（1958年3月），《毛澤東文集》第7卷，頁374。

22　毛澤東：〈在成都會議上的講話〉（1958年3月），《毛澤東文集》第7卷，頁372-373。

23　盧西恩・派伊：〈毛澤東的心理性格及政治得失〉，蕭延中編：《外國學者評毛澤東──第二卷：從奠基者到「紅太陽」》，頁259。

24　理查德・索羅門：〈革命領袖與文化遺產之間的相互作用〉，蕭延中編：《外國學者評毛澤東──第二卷：從奠基者到「紅太陽」》，頁266。

自己的「學派」。[25]在1917年毛澤東初立志之時，他就期待著：「當今之世，宜有大氣量人，從哲學、倫理學入手，改造哲學，改造倫理學，根本上變換全國之思想。此如大纛一張，萬夫走集；雷電一震，陰曀皆開。則沛乎不可御矣！」[26]1958年的毛澤東正是以前所未有的「大氣量」，著眼於「根本上變換全國之思想」，而且也正是在1958年，毛澤東在各次會議上都海闊天空地神聊宇宙、時空、生死、有限無限，大談矛盾論、認識論，這都絕非偶然。連處理國際事務，毛澤東也是先談哲學，甚至到1972年和美國總統尼克松（Richard Milhous Nixon，又譯尼克森，1913-1994）的歷史性會見時，他一開頭就從哲學談起，至於具體事務，他說「這些問題我不感興趣，那是他（指周恩來。——引者注）跟你談的事」。[27]可以說，哲學已經有機融入了毛澤東「治國平天下」的方略之中。

1958年，毛澤東一再向全黨全國發出「要學點哲學」的號召，[28]1963年又進一步提出「讓哲學從哲學家的課堂上和書本裡解放出來，變為群眾手裡的尖銳武器」，[29]還發動了「學哲學，講哲學，用哲學」的群眾運動。儘管這些運動最後大多走向了形式主義，但就毛澤東本人而言，卻是鄭重其事而大有深意的。這是毛澤東的一個信念與理想，他的聖人理想其實是有兩個側面的：一方面，他強調掌握宇宙之真理的聖人在歷史發展中有決定作用，同時又認為「宇宙之真理，各具於人人之心中」，因此，「君子當存慈悲之心以救小人」、「開其志而蓄其德」，其中的關鍵就是要「普及哲學」，當每個人都掌握了宇宙之真理，「人人依自己真正主張以行，不盲從他人是非」，「彼時天下皆為聖賢」。[30]因此，對毛澤東來說，1958年的大躍進，同時是一個思想解放運動，他深信，通過「倡學」把哲學交給群眾，群眾就會成為社會變革的自覺力量，

25 毛澤東：〈成都會議上的講話提綱〉（1958年3月22日），《建國以來毛澤東文稿》第7冊，頁117。

26 毛澤東：〈致黎錦熙信〉（1917年8月23日），《毛澤東早期文稿》，頁86。

27 逄先知、金沖及主編：《毛澤東傳》（下），頁1636。

28 毛澤東：〈工作方法六十條（草案）〉（1958年1月），《毛澤東文集》第7卷，頁359。

29 毛澤東：〈對《中共中央關於目前農村工作中若干問題的決定（草案）》稿的修改〉（1963年5月），《建國以來毛澤東文稿》第10冊，頁305。

30 毛澤東：〈致黎錦熙信〉（1917年8月23日），《毛澤東早期文稿》，頁85-89。

並爆發出無窮無盡的創造力。[31]「春風楊柳萬千條，六億神州盡舜堯」，[32]這才是毛澤東心嚮往之的治國平天下的大境界。

這背後其實隱含著毛澤東的建國思想與路線。正是在1958年，毛澤東提出：「思想工作和政治工作，是完成經濟工作和技術工作的保證，它們是為經濟基礎服務的。思想和政治是統帥，是靈魂」，[33]在此之前，他還有「政治工作是一切經濟工作的生命線」的說法。[34]我們在第一講談到，1953年以後的社會主義改造中，毛澤東提出一個「通過生產關係的改變來發展社會生產力」的建國思路；1956年反右運動以後，他又把建國的中心轉移到思想、政治領域的社會主義革命上；1958年，毛澤東強調政治、思想的統帥作用，這思路就包含了從根本上變換全國之思想，以用政治、思想、社會運動來推動生產力的發展，這既可以保證經濟發展的社會主義方向，因為「只要我們的思想工作和政治工作稍為一放鬆，經濟工作和技術工作就一定會走到邪路上去」；[35]更可以調動作為生產力主體的「人」（勞動者）的積極性、創造性。在毛澤東看來，這就是通過人的精神解放，從根本上解放社會生產力。在這個意義上，大躍進實質上是一個通過群眾性的政治、思想、社會運動，通過精神解放運動來促進生產力發展的實驗。[36]後來毛澤東在文化大革命中提出「抓革命促生

31　參看汪澍白：《毛澤東的來蹤去跡》，頁48-53，

32　毛澤東：〈七律二首‧送瘟神（其二）〉（1958年7月1日作，1958年10月3日發表），《毛澤東詩詞集》，頁105。

33　毛澤東：〈工作方法六十條（草案）〉（1958年1月），《毛澤東文集》第7卷，頁351。

34　毛澤東：〈《中國農村的社會主義高潮》的按語〉（1955年9月，12月），《毛澤東選集》第5卷，頁243。

35　毛澤東：〈工作方法六十條（草案）〉，《毛澤東文集》第7卷，頁351。

36　我們在第一講中，曾經談到梁漱溟批評毛澤東的工業化路線侵犯了農民利益，引起毛澤東的勃然大怒。但人們卻忽略了梁漱溟在1959-1961年間曾寫了近六萬字的長文，力讚毛澤東發動的大躍進、人民公社運動，探討「建國十年一切建設突飛猛進的由來」。他認為，關鍵在於「共產黨毛主席領導得法而人類創造力乃大得其發揮表現」，而領導得法的關鍵又在能夠「深深理解人心或人情──或說人類這一最高等的生命」，見梁漱溟：〈人類創造力的大發揮大表現──試說明建國十年一切建設突飛猛進的由來〉（1959年1月下旬-1961年1月11日），《梁漱溟全集》（濟南：山東人民出版社，2005）第3卷，頁506。因此，他把毛澤東領導的中國社會主義經驗總結為兩條，一是「集中領導，統一規劃」（出處同前，頁505），二是發揮群眾積極性，「安頓其身而鼓舞其心」（出處同前，頁440），前者「其表

產」，所延續的，還是這個思路。

　　也是在1958年，毛澤東提出了「又紅又專」的命題。他指出：「紅與專、政治與業務的關係，是兩個對立物的統一。一定要批判不問政治的傾向。一方面要反對空頭政治家，另一方面要反對迷失方向的實際家。政治和經濟的統一，政治和技術的統一，這是毫無疑義的，年年如此，永遠如此。這就是又紅又專」。[37]毛澤東這裡所說的「政治」，不是指政治制度與政策，而是指政治思想、倫理，世界觀和意識形態。這實際上，是對世界現代化歷史始終存在的「工程—技術取向的現代性」與「道德主義的現代性」的不同選擇，毛澤東式的回應是：他希望在兩者之間取得某種綜合與平衡。[38]所以，在1958年毛澤東所提出的任務，是「要在繼續完成政治戰線上和思想戰線上的社會主義革命的同時，把黨的工作的著重點放到技術革命上去」，而他強調技術革命的理由是「以便在十五年或者更多一點的時間內趕上和超過英國」，顯然又是出於他的民族主義的情結[39]——這背後，也還隱含著毛澤東的一個矛盾：他一方面在不同取向間追求一種平衡，1958年他大力提倡「兩條腿走路」，就是希望保持經濟的均衡發展（研究者很容易忽略毛澤東的這一面）；但他同時又強調不斷革命以打破平衡，並將不平衡視為常態，提出「不平衡是普遍的客觀規律」、「不平衡是經常的，絕對的；平衡是暫時的，相對的」。[40]然而，當具體落實到我們這裡所討論的「紅」與「專」的平衡，就不斷受到衝擊。由於毛澤東不斷發動階級鬥爭，因此在實際生活實踐裡真正起作用的，還是道德主義的

　　見的效果成績自非任何走資本主義道路的國家所意想得到」，後者「似又非其他社會主義國家之所及的」（出處同前，頁505）——梁漱溟的這些贊賞自然是從他自己的「人心」論出發的，他是把此文看做是一直在醞釀的《人心與人生》一書的一部分的，所以他在文章的〈跋記〉裡，說自己是「謬托學習之名，卻販賣了自己的思想見解」（出處同前，頁520）。但他確實又以自己的獨特角度，對毛澤東發動大躍進、人民公社的意圖有了同情的理解。毛澤東和梁漱溟，以及類似梁漱溟的知識分子的關係，遠比人們描述與想像的要複雜得多。

37　毛澤東：《工作方法六十條（草案）》（1958年1月），《毛澤東文集》第7卷，頁351。

38　參看本傑明‧史華慈（Benjamin Schwartz Isadore）：〈盧梭在當代世界的迴響〉，本傑明‧史華慈著，陳瑋譯：《中國的共產主義與毛澤東的崛起》（北京：中國人民大學出版社，2006），頁207-225。

39　毛澤東：〈工作方法六十條（草案）〉（1958年1月），《毛澤東文集》第7卷，頁350-351。

40　毛澤東：〈工作方法六十條（草案）〉（1958年1月），《毛澤東文集》第7卷，頁352。

「紅」的要求，而所謂「紅」，最後又歸結為「思想改造」，即要通過改造獲得無產階級立場，因為，在毛澤東的思想中，「無產階級立場才是道德合理性的最終依據」。[41]這就使我們這一代的知識分子，處於十分尷尬的地位：儘管我們可以從毛澤東「反對空頭政治家」的理論裡獲得鑽研業務的某種理由，但實際上我們又不斷受到「迷失方向」、走「白專道路」的指責，因而惶惶不可終日。尤其嚴重的是，如論者所指出的，在中國傳統政治文化裡，本來就存在著「道統」與「政統」之間的緊張關係，儒家道統常常使知識分子成為政治的批判者；而現在，在毛澤東的政治文化裡，面對集道統與政統於一身的毛澤東和中國共產黨，知識分子一旦接受其改造的要求，就必然導致「道德勇氣和批判意識」的淪喪。[42]

就像毛澤東自己描述，1958年的他，以及他領導之下的中國，是「精神振奮，鬥爭昂揚，意氣風發」的。[43]他身邊的祕書李銳（1917-）很快就感覺到，「毛澤東有如抗戰初期的興奮狀態」，[44]《毛澤東傳》也說毛澤東在成都會議期間「心情極為舒暢」、「始終處於亢奮之中」。[45]有兩個事實可以證明：這一年，毛澤東改變深居中南海的習慣，頻頻外出視察，12個月之中，有10個月他都在外地。[46]所以當時有一幅很有名的畫叫「毛主席走遍全國」，可見他非常亢奮──毛澤東在嘗試一種新的國家管理方式，即擺脫黨官僚階層在中間的限制，他直接走向群眾、發出召喚、立即引發群眾的直接行動：毛澤東要發動人民公社運動，就是在視察途中說一句「人民公社好」，全國就聞風而動，紛紛建立人民公社，在此之後才召開黨的會議形成決議，實際上是事後追認。這裡隱含著毛澤東對黨官僚體制的不信任，以及試圖突破的意圖，直到文化大革命，就發展為一種自覺摧毀各級黨組織的「革命造反」運動。[47]

---

41 金觀濤、劉青峰：《毛澤東思想和儒學》（台北：風雲時代出版股份有限公司，2006），頁32。

42 金觀濤、劉青峰：《毛澤東思想和儒學》，頁22。

43 毛澤東：〈介紹一個合作社〉（1958年4月15日），《建國以來毛澤東文稿》第7冊，頁177。

44 李銳：《「大躍進」親歷記》（上卷），頁83。

45 逢先知、金冲及主編：《毛澤東傳》（上），頁791。

46 麥陽、劉蓬：〈寫在前面的話〉，《毛澤東在一九五八》（北京：中國青年出版社，2008），頁I。

47 毛澤東以領袖之尊，直接到群眾中去作調查研究的方式，其實還有另外一面：他依然擺脫不了地方官僚，甚至群眾對他的有意無意、自覺不自覺的欺騙和遮蔽。如研究者所說，

　　1958年也是毛澤東詩性大發的一年。1月份他到四川開會，就把中國唐、宋、明三代人描寫四川風物的詩歌匯集起來，發給開會的每個人來讀，[48]這非常罕見：共產黨開會怎麼要大家一起讀詩？而且在會議上，毛澤東還發出號召，要收集民歌、全民寫詩。[49]這個由黨和國家有領導、有計劃、有組織地推動的全民詩歌運動，真的做到了。當時就有人這樣描寫這一運動的「盛況空前的圖景」：「中國成了詩的國家」，「幾乎每一個縣，從縣委書記到群眾，全都動手寫詩；全都舉辦民歌展覽會。到處賽詩，以至全省通過無線電廣播來賽詩。各地出版的油印和鉛印的詩集、詩選和詩歌刊物，不可計數。詩寫在街頭上，刻在石碑上，貼在車間、工地和高爐上。詩傳單在全國飛舞……」。[50]這裡所描述的都是事實、並非誇大其辭，這大概是後人難以想像的。毛澤東個人寫詩的愛好，竟然如此順利地變成全民寫詩的實踐，這又是空前絕後的。

　　「擁有無上權勢的人也自有其不幸的」，「許多道人為的牆，將他和周圍世界，和周圍的人，甚至和最親密的人，都隔絕起來」（王凡西：《毛澤東思想論稿》（桃園：連結雜誌社、香港：新苗出版社聯合出版，2003），頁342）。魯迅早就提出過「包圍」論，指出周圍人們的包圍，不但使擁有權勢的「猛人」「近乎傀儡」，而且「使別人所看見的並非該猛人的本相，而是經過了包圍者的曲折而顯現的幻形」（魯迅：《而已集·扣絲雜感》，《魯迅全集》第3卷，頁508）。研究者又指出，「中共所控制的那架國家機器的愈來愈完備，毛澤東要想憑調查研究去獲得直接經驗的可能就愈來愈小，以至逐漸只能以被官僚機器可怕地加以誇大了的他主觀的意圖或幻想，當作『客觀經驗』」（王凡西：《毛澤東思想論稿》，頁344）。因此，我們今天再讀當年有關毛澤東下鄉視察的報導，會感到「毛澤東在和下屬談話中所表現出來的天真、輕信與顢頇，簡直是令人萬分驚奇的」（王凡西：《毛澤東思想論稿》，頁342），這也是毛澤東的悲哀吧。

48　參見毛澤東：〈為編印唐宋詩人有關四川的詩詞寫的標題和批語〉（1958年3月），《建國以來毛澤東文稿》第7冊，頁165-166；以及毛澤東：〈為編印明朝詩人有關四川的詩寫的標題和批語〉（1958年3月），《建國以來毛澤東文稿》第7冊，頁167。

49　參看《建國以來毛澤東文稿》第7冊頁117中「收集民歌問題」的註釋（22）：「他說：我看中國詩的出路恐怕是兩條：第一條是民歌，第二條是古典，這兩面都提倡學習，結果要產生一個新詩。現在的新詩不成型，不引人注意，誰去讀那個新詩。將來我看是古典同民歌這兩個東西結婚，產生第三個東西。形式是民族的形式，內容應該是現實主義與浪漫主義的對立統一」。見毛澤東：〈在成都會議上的講話提綱〉（1958年3月22日），《建國以來毛澤東文稿》第7冊，頁117。

50　徐遲：〈《一九五八年詩選》序〉，載《詩刊》1959年1期。

　　有研究者還注意到，1958年毛澤東特別醉心於《楚辭》，他在1958年1月
12日的一封信中寫道：「我今晚又讀了一遍〈離騷〉，有所領會，心中喜悅」。
他所「喜悅」的是什麼呢？毛澤東沒有說，研究者卻有這樣的猜度：大概是
「作品那奇詭的想像世界，那博大的時空意識，那不拘成規的對現實的超越，
那主觀個性的強烈抒發」，引起了毛澤東的共鳴吧，[51]或者又如另一位學者所
說，這是青年毛澤東的「屈騷情懷」的一次大噴發。[52]正是這個存在於毛澤東
生命深處的浪漫主義精神，「成為他席捲神州江山的內驅力」，掀起大躍進狂
瀾的「深層心理基因」，[53]他大概是想靠著想像力來取得、鞏固權力吧。

　　在1958年，毛澤東自己也寫詩，最有名的就是〈送瘟神〉，「浮想聯翩，
夜不能寐。微風拂煦，旭日臨窗。遙望南天，欣然命筆」：

　　春風楊柳萬千條，

　　六億神州盡舜堯。

　　紅雨隨心翻作浪，

　　青山著意化為橋。

　　天連五嶺銀鋤落，

　　地動三河鐵臂搖。

　　借問瘟君欲何往，

　　紙船明燭照天燒。[54]

所謂「紅雨隨心」，「青山著意」，意指在毛澤東的感覺裡，人世的一切、大自

51　陳晉：《毛澤東之魂》（吉林人民出版社，1993），頁103-104。作者介紹，1958年6月11
　　日《光明日報》刊登了一篇〈大膽的幻想家〉的短文，毛澤東讀後在一旁批註道：「此件可
　　看」，並在文章裡一句話下面劃了重點線：「無數的幻想在他的腦中沸騰起來：人一定比燕
　　子飛得更快⋯」足見毛澤東在1958年時時生活在無盡的幻想之中。後來毛澤東也有反省：
　　「提倡敢想敢幹，卻引起唯心主義。我這個人也有胡思亂想」。見陳著頁104、108。毛澤東
　　身邊一位衛士對他也有過這樣的觀察：「他經常思考，久久地在那裡沉思，並且為自己想
　　像的東西而著迷」，見李連成的回憶：〈高處不勝寒〉，權延赤：《紅牆內外》（呼和浩特：
　　內蒙古人民出版社，1998），頁165。

52　1959年廬山會議期間，毛澤東還讓祕書林克編了一本含幾十種評價和研究《楚辭》的書刊
　　目錄，經他親自審定後，印發與會代表，見陳晉：《毛澤東之魂》，頁103。

53　汪澍白：《毛澤東的來蹤去跡》，頁5。

54　毛澤東：〈七律二首・送瘟神（其二）〉（1958年7月1日），《毛澤東詩詞集》，頁105。

然的一切，都可以順隨他的心願，被他任意差遣。也就是說，1958年，是毛澤東在幾乎沒有阻力的情況下，按照自己的理想，為所欲為的一年。他在這年4月的會議上，情不自禁地說了一句話：「孫行者是無法無天的」。[55]這幾乎就是說他自己。毛澤東一生對孫悟空始終情有獨鍾，但在不同的歷史情境下，卻對其形象賦予不同的意義。比如抗日戰爭時期，他就從戰略戰術的角度，提倡使用孫行者對付鐵扇公主的辦法，縮小身子鑽到敵人心臟來對付龐大的日本軍隊；[56]1961年困難的時期，他賦詩抒懷：「今日歡呼孫大聖，只緣妖霧又重來」；[57]以及1966年他發動文革時亦號召「各地要多出些『孫悟空』，大鬧天宮」，[58]召喚孫悟空大鬧天空的造反精神；而1958年的此時，他最欣賞孫悟空的「無法無天」。

在1958年8月的一次會議上，毛澤東公開宣布：「不能靠法律治理多數人」，我們「主要靠決議，開會，一年搞四次，不靠民法刑法來維持秩序」。[59]而所謂「決議」，無非就是黨的意志，特別是毛澤東個人意志的體現。這樣，毛澤東就毫無遮掩地用黨的名義，將個人意志凌駕於法律，特別是憲法之上，真正是無法無天了——在1970年文化大革命期間，他再次重申：「我是和尚打傘，無髮（法）無天」，[60]可以說，這是毛澤東畢生一以貫之的追求，他在

55　李銳筆記中的〈毛澤東1958年4月6日在廣州聽取彙報時的插話〉，《「大躍進」親歷記》（上卷），頁267。

56　毛澤東：〈一個極其重要的政策〉，《毛澤東選集》（一卷本），頁838-839。

57　毛澤東：〈七律‧和郭沫若同志〉（1961年11月17日，1963年12月發表），《毛澤東詩詞集》，頁124。

58　毛澤東同康生、張春橋等談話記錄（1966年3月20日），轉引自逄先知、金沖及主編：《毛澤東傳》（下），頁1406。

59　毛澤東：〈在北戴河政治局擴大會議上的講話〉（1958年8月），據文化大革命中流傳的《毛澤東思想萬歲》。轉引自楊繼繩：《墓碑——中國六十年代大饑荒紀實》（香港：天地圖書有限公司，2008）（下篇），頁967。

60　毛澤東在1970年12月18日和美國記者斯諾的談話。此段話見文革傳抄本，在收入《建國以來毛澤東文稿》第13冊的〈會見斯諾的談話紀要〉中已刪除（見毛澤東：〈會見斯諾的談話紀要〉（1970年12月18日），頁182的編者註釋（1）裡說明：「編入本書時有個別文字刪節」）。

青年時代即認定要「沖決羅網」，[61]以「貴我」[62]為第一要義：「吾人一生之活動服從自我之活動而已」，「宇宙間可尊者惟我也，可畏者惟我也，可服從者惟我也。我以外無可尊，有之亦由我推之；我以外無可畏，有之亦由我推之；我以外無可服從，有之亦由我推之也」。[63]毛澤東於1918年立下此志，尚是「身無半文，心憂天下」的青年；40年後的1958年，他已經是掌握絕對權力的東方大國領袖，就更有信心與決心按照自己的意志來改造中國與世界。所謂「無法無天」，就是要突破「天」與「法」，即自然與社會的束縛，恣意任性發揮自己，一切皆「由我推之」。這正是他理想的人生：「人類之目的在實現自我而已。實現自我者，即充分發達吾人身體及精神之能力至於最高之謂」。[64]不難看出，1958年正是毛澤東「身體及精神之能力」均發揮到「最高」的生命階段，[65]然而，也正是這一年，他的任性發揮，在許多方面都走到了主觀願望的反面，這大概也是毛澤東未曾料及的。

這樣「無法無天」的追求，也在毛澤東的治國路線、方針上，打下深刻的印記：強調「人治」而拒絕「法治」，甚至拒絕任何制度性的建設、不斷地破除所謂「不合理的規章制度」。從1958年的大躍進，到後來發動文化大革命，這都是他「不斷革命」的主要目標之一：本來，毛澤東反制度化與形式化的思想

61　原文：「陸象山曰：激勵奮迅，沖決羅網，焚燒荊棘，蕩夷污澤。（無非使心地光明）」。毛澤東：〈講堂錄〉（1913年11月至12月），《毛澤東早期文稿》，頁593。

62　原文：「重現在有兩要義：一貴我，（求己）、（不責人），二通今，（如讀史必重近世，以其與我有關也）」毛澤東：〈講堂錄〉（1913年11月至12月），《毛澤東早期文稿》，頁601。

63　毛澤東：「吾人一生之活動服從自我之活動而已，宇宙間各物之活動，各物服從自我之活動而已。吾從前固主無我論，以為只有宇宙而無我。今知其不然。蓋我即宇宙也。各除去我，即無宇宙。各我集合，即成宇宙，而各我又以我而存，苟無我何有各我哉。是故，宇宙間可尊者惟我也，可畏者惟我也，可服從者惟我也。我以外無可尊，有之亦由我推之；我以外無可畏，有之亦由我推之；我以外無可服從，有之亦由我推之也」。見毛澤東：〈《倫理學原理》批注〉（1917年至1918年），《毛澤東早期文稿》，頁230-231。參看彭大成：《湖湘文化與毛澤東》（湖南出版社，1991），頁93-95。

64　毛澤東：〈《倫理學原理》批注〉（1917年至1918年），《毛澤東早期文稿》，頁246-247。

65　毛澤東在〈《倫理學原理》批注〉裡曾說：「聖賢豪傑之所以稱，乃其精神及身體之能力發達最高，乃人人應以為期向者也」。因此，毛澤東在1958年大躍進中要把自己的精神及身體的能力發揮到極點，正是和他的「聖賢之志」相輔相成的。見毛澤東：〈《倫理學原理》批注〉（1917年至1918年），《毛澤東早期文稿》，頁237。

並非沒有合理性，但他將其推向極端，就必然造成經濟與政治的混亂。

在「無法無天」的背後，還深藏著毛澤東對「大同世界」的理想。如論者所說，「在一個人皆舜堯的社會中，每個人內心的道德追求足以解決一切社會紛爭，產生井然的社會秩序。這種社會不需要法律，甚至沒有必要存在任何外在的規範性約束」，因此，「大同理念就把現實社會中兩個最常見的存在作為自己批判的對象，並把現實社會所有弊病之根源歸之於它們：一個是人的私心，另一個是制度規範」。[66] 毛澤東在大躍進與文革中，都提倡破除「私心」、大破規章制度，這些並不是偶然。

毛澤東在1958年的心態和行為，大概可以用這八個字來概括：「為所欲為，無法無天」，完全按著他的主觀意志差遣一切，並且變為全黨全民的實踐。[67] 也是在1958年，毛澤東還公開地為「好大喜功」、「急功近利」正名，宣布要搞「革命派的好大喜功」和「急功近利」。[68] 後來的悲劇也就孕育其中了。

這提供我們一個研究毛澤東的最好機會：毛澤東到底要追求什麼？他的理想到底是什麼？人們發現，正是在1958年，已經步入老年的毛澤東，似乎有一個回歸青年毛澤東思想、人生哲學和本性的傾向，我們前面提到的「聖賢情結」、「浪漫精神」、「實現自我」，無不是如此。也就是說，毛澤東終於在1958年獲得了實現他青年時代的理想、張揚他本性的歷史時機。[69]

人們還注意到，正是在1958年，毛澤東頻頻談到他對革命經驗的神往，特別是延安時代的「軍事共產主義」生活，他並且對建國以後革命傳統的逐

---

66 金觀濤、劉青峰：《毛澤東思想和儒學》，頁40。

67 《毛澤東傳》的作者美國人羅斯・特里爾（Ross Terill）對毛澤東的治國方式，有過這樣的觀察和概括：「一則湖南諺語說：『草鞋無樣，邊打邊像』。在毛澤東以後的歲月中，他就像打草鞋一樣治理中國」。因此，他認為毛澤東在1958年發動的「大躍進」，「實際上是一種發展的思想，但它不是清晰、一致同意和具體詳細的發展計劃」，是帶有很大的隨意性和變動性的。見羅斯・特里爾：《毛澤東傳》（北京：中國人民大學出版社，2006），頁323、320。

68 毛澤東在最高國務會議第十四次會議上的講話記錄（1958年1月28日），轉引自逄先知、金沖及主編：《毛澤東傳》（上），頁782。

69 青年毛澤東早就說過：「豪杰之士發展其所得於天之本性，伸張其本性中至偉至大之力」，「本性以外之一切外鑠之事，如制裁束縛之類，彼者以其本性中至大之動力以排除之」。見毛澤東：《《倫理學原理》批注》（1917年至1918年），《毛澤東早期文稿》，頁218。

漸失落、革命精神的衰退感到不滿。這就意味著，大躍進的思想動力是深深根植於革命年代毛澤東思想與實踐中的，裡頭存在著內在的連續性。也就是說，毛澤東在1958年，將他一生中最寶貴的經驗——青少年時期的抱負，革命年代的信念……——重新喚起，在新的歷史條件下，充分利用他個人的歷史機遇，並按照個人的意志，進行了史無前例的改造社會、改變中國的實驗。

那麼，這是個怎樣的實驗呢？一位研究者說，他要建立一個以他自己「為哲王的理想國」，[70]這抓住了要害。於是，我們注意到，1958年的毛澤東，最喜歡談「一萬年以後」如何如何，[71]這很能說明毛澤東的一個思維特點，即研究者所說的「未來取向」，這是完全不同於稱頌堯舜三代、把理想寄託於過去的儒家傳統。[72]青年毛澤東早就說過：「蓋毀舊宇宙而得新宇宙，豈不愈於舊宇宙耶！」[73]馬克思列寧主義者的毛澤東，更在建國一開始就宣布：「我們不但善於破壞一個舊世界，我們還將善於建設一個新世界」。[74]到了1958年，毛澤東更是理直氣壯地回答那些批評他「輕視過去，迷信將來」的知識分子：「人類就是希望有個將來，希望也總是寄托在將來」，「輕視過去，迷信將來」，「恰好是正確的」。[75]他正是要利用集中於一身的權力，建立他「指向未來」的理想國。

那麼，毛澤東的理想國是什麼？他如何建立自己的理想國？這正是我們這一講所要詳盡討論的。這裡，我先概括地作一個描述。最善於揣摩毛澤東意思的陳伯達（1904-1989）在1958年7月1日出版的《紅旗》中發表一篇文章，

70　韋政通：《無限風光在險峰——毛澤東的性格與命運》（台北：立緒文化事業有限公司，1999），頁63。

71　「一萬年還會有野心家」，見毛澤東〈在中共八大二次會議上的講話提綱〉（1958年5月），《建國以來毛澤東文稿》第7冊，頁196；「一萬年（後）還會有跟大企業並行的中小企業的」，見〈對中共中央關於一九五九年國民經濟計劃的決議草稿的批語和修改〉（1958年12月5日），《建國以來毛澤東文稿》第7冊，頁622。

72　韋政通：《無限風光在險峰——毛澤東的性格與命運》，頁64-65。

73　毛澤東：〈《倫理學原理》批注〉（1917年至1918年），《毛澤東早期文稿》，頁201-202。

74　毛澤東：〈在中國共產黨第七屆中央委員會第二次全體會議上的講話〉（1949年3月5日），《毛澤東選集》（一卷本），頁1329。

75　見毛澤東：〈在最高國務會議第十四次會議上的講話記錄〉（1958年1月28日），轉引自逄先知、金冲及主編：《毛澤東傳》（上），頁782。

其題目〈全新的社會，全新的人〉，就點出了毛澤東理想國的要旨。簡單說來，他一是要建立一個「平等國」（全新的社會），消滅城鄉差別、體力勞動與腦力勞動差別、工農業差別，以使被壓迫者、卑賤者獲得政治、經濟、文化權力；二是要建立一個「自由國」（全新的人），打破社會分工，以使人可以不受限制地從事工、農、商、學、兵等各種勞動、獲得全面發展。這樣的「平等國」與「自由國」，正像許多研究者所指出的，是世界與中國歷史上的烏托邦理想所共有的。但我要強調的，是毛澤東的獨特的創造。其實，毛澤東對這些烏托邦理想既是嚮往又有質疑。早在青年時代，他就指出追求「純粹之平等自由博愛」的「大同之說」為「謬誤之理想」。他說：「人處於不大同時代，而想望大同，亦猶人處於困難之時，而想望平安」，[76]這是可以理解的；問題是他又說，人「一入大同之境，亦必生出許多競爭抵抗之波瀾來，而不能安處於大同之境矣」，[77]這是典型的毛澤東思維：在他看來，矛盾與鬥爭、競爭、抵抗是永恆的，而且這才是人生之真正意義所在，因此，將理想國純粹化、凝固化，只會產生新的謬誤。也就是說，他要追求的理想的平等國與自由國，只具有相對的意義，因為新的不平等、不自由還會不斷產生，也就還有新的矛盾、新的鬥爭。說到底，他的「理想國」，是一個無止境地追求社會平等、人的自由，人將永遠處於矛盾、鬥爭、運動狀態的歷史過程中。這樣的認識，無疑是具有一種深刻性的，我甚至覺得，這很可能是歷史與現實的許多烏托邦主義者所不及的，因此，毛澤東的思想在人類烏托邦主義歷史上是別有意義的。

但毛澤東的烏托邦主義運用於他的現實選擇與社會實踐，卻產生了許多問題，這或許正是毛澤東的矛盾所在。在我看來，至少有三個方面的問題。

首先，這形成了論者所說的，毛澤東對絕對平等與自由的永遠迷戀與幻象。[78]這個永遠達不到的遠方目標，這個人和社會、道德和意識形態絕對純潔的理想境界，如此地吸引著毛澤東，使他著迷。他執拗地、不屈不撓地、甚至是如痴如狂地為之奮鬥不息，有如飛蛾投火一般，撲去、倒下、又撲

76　毛澤東：〈《倫理學原理》批注〉（1917年至1918年），《毛澤東早期文稿》，頁184。

77　毛澤東：〈《倫理學原理》批注〉（1917年至1918年），《毛澤東早期文稿》，頁185。

78　韋政通：《無限風光在險峰──毛澤東的性格與命運》，頁66-67。

去……。作為個人，這樣的追求或許有悲壯之美，但他卻是要帶領，甚至是強迫整個黨，整個國家、民族，不惜犧牲地為之赴難，這就會造成嚴重後果。其中一個重要方面，就是毛澤東這樣的迷戀、自信、堅決獻身，目標與意圖高於實際現實，以及主觀真實與客觀真實界線模糊的思維，就導致當社會實踐的結果已經造成災難時，卻不能從根本上糾正錯誤、轉變方向，反而一再陷入「失敗、危機、臨時退卻，但最終是更為極端的干預的惡性循環」[79]──可以說，從1958年開始，一直到文化大革命結束，毛澤東治理下的中國，就掙扎在這樣的惡性循環迷宮裡，始終走不出來。

研究者談到，1972年2月，美國總統尼克松為準備和毛澤東見面，請教訪問過中國的法國國務部長安德烈‧馬爾羅(Andre Malraux，1901-1976，法國)。馬爾羅提醒說：「你是在理性範圍內行事的，但毛卻不是。他帶有一點巫師的味道，他腦子裡有個幻象，這個幻象迷住了他」。[80]儘管馬爾羅的評價，顯然是以理性主義與經驗主義的思維去看毛澤東的烏托邦思維，並且將其歸為具有東方神祕主義氣息的「巫師」，這未嘗不是一種偏見，但他卻指明了一個事實：一個理想國的「幻象」確實始終在前方引導著毛澤東。在我看來，這是毛澤東精神氣質中「唐吉訶德氣」的集中表現，這是毛澤東的魅力所在，因為如論者所說：「如果人們不是一次又一次地力求取得不可能的東西，人類就不會獲得可能的東西了」。[81]然而，這也是毛澤東的個人悲劇所在。

79　布蘭特利‧沃馬克(Brantly Womack)：「關鍵的問題是，為什麼毛澤東對適應形勢的領導方式的關注不能把他從1957年後的『左』傾錯誤當中解救出來。當然，在一種有限的意義上它做到了，因為一旦那些政策遭到明顯失敗，他就會收回這樣的政策。但是，經由試錯的過程，並沒有逐漸接近一種普遍正確的政策。並不存在一種經驗上不斷修正的循環，即〈實踐論〉中所描述每一種後來重申的政策都改進了從前的政策錯誤的循環，而是產生了一種失敗、危機、臨時退卻，但最終是更為極端的干預的惡性循環」。布蘭特利‧沃馬克：《毛澤東政治思想的基礎(1917-1935)》(北京：中國人民大學出版社，2006)，頁280。

80　辛子陵：《毛澤東全傳》(台北：書華出版公司，1993)第6卷，頁322-323。轉引自韋政通：《無限風光在險峰──毛澤東的性格與命運》，頁66。

81　馬克思‧韋伯(Max Weber)語。見當頁註釋(4)，出處為漢斯‧格斯和斯‧賴特‧米爾斯：《馬克斯‧韋伯社會學論文集》(紐約：牛津大學出版社，1958)，轉引自莫里斯‧邁斯納著，中共中央文獻研究室《國外研究毛澤東思想資料選輯》編輯組編輯：《毛澤東與馬克思主義、烏托邦主義》，頁2。

　　問題還在於，儘管毛澤東已經認識到他的理想國的彼岸性，但他卻又相信，憑著他自己，以及他所領導的中國共產黨、中國人民的主觀能動性（這是毛澤東迷戀的另一個「幻象」），就可以把理想國變成此岸的現實，而且還如他後來寫的詩詞裡所說：「一萬年太久，只爭朝夕」。[82]於是，就有了1958年的「跑步進入共產主義」，以及相應的大躍進運動、人民公社運動，毛澤東甚至認為他從中找到了通向理想國的具體道路與組織形式，這又形成了一個新的幻象。如我們在下面所要分析的，毛的幻象裡或許還有其民族情結，因此自有一定的現實的民意基礎；但他將彼岸理想現實化的努力，卻又伴隨著專制的手段。

　　這就是問題的第三個方面：毛澤東堅定不移地認為，通往理想國的唯一途徑與手段，就是發動階級鬥爭；這是一個不斷革命的過程，倘有懷疑者、反對者，一律視為革命的對象，必須無情排除、殘酷打擊。而且如前所說，在毛澤東看來，即使在理想國裡，這樣的革命和鬥爭還要繼續下去。毛澤東對理想國的迷戀，就這樣和他對永遠的破壞、鬥爭、革命、專政的迷戀，糾結為一體，他通往理想國的道路，既浪漫，又充滿血腥。

　　毛澤東1958年的具體實踐，就是做了兩篇「大文章」：一篇「大躍進」，一篇「人民公社」。

二、大躍進：毛澤東的治國雄圖

　　我們先說「大躍進」[83]。大躍進到底是包含什麼樣的內涵？概括說，有四個要點：第一是高速度，第二是黨領導工業，第三是群眾運動，第四是向大自

82　毛澤東：〈滿江紅・和郭沫若同志〉（1963年1月9日），《毛澤東詩詞集》，頁135。

83　「大躍進」的概念並非毛澤東所創，是1957年11月13日《人民日報》社論〈發動全民，討論四十條綱要，掀起農業生產的新高潮〉裡首次提出，卻令因高層反冒進而感到壓抑的毛澤東十分興奮。毛澤東到1958年5月還在重讀這篇社論，又專門寫信給參加政治局擴大會議的眾同志，說「自從『躍進』這個口號提出以後，反冒進論者閉口無言了」，「如果要頒發博士頭銜的話，我建議第一號博士贈與發明這個偉大口號（即：『躍進』）的那一位（或者幾位）科學家」。見毛澤東：〈重看《人民日報》社論《發動全民，討論四十條綱要，掀起農業生產的新高潮》後寫的信〉（1958年5月26日），《建國以來毛澤東文稿》第7冊，頁254。

然開戰。我們現在逐一進行討論。

（一）高速度

毛澤東1958年在批判了1956年「反冒進」以後，就提出了「鼓足幹勁、力爭上游、多快好省地建設社會主義的總路線」。[84]之後，「總路線」和我們下面要詳加討論的「大躍進」、「人民公社」，就被統稱為「三面紅旗」，並成為黨內鬥爭的一個焦點。總路線的重心是強調經濟發展的「高速度」，辦法是發揮人的主觀能動性，這都是毛澤東最感興趣的。劉少奇在解釋總路線時，就指出：「建設速度的問題，是社會主義革命勝利後擺在我們面前的最重要的問題。我們的革命就是為了最迅速地發展社會生產力。我國經濟本來很落後，我國的外部還有帝國主義，只有盡可能地加快建設，才能儘快地鞏固我們的社會主義國家，提高人民的生活水平」。[85]

於是，就有了大躍進，就是要在盡可能短的時間內「趕英超美」。這個問題最早是赫魯曉夫所提出的，1957年底，在全世界共產黨會議上，赫魯曉夫宣布，蘇聯要在15年的時間內趕上美國，對此毛澤東立刻高調回應：蘇聯老大哥15年趕上美國，我們中國15年趕上英國。[86]但恐怕連毛澤東都沒有想到，1958年趕超英國的時間表被縮得越來越短，這是一個非常有意思的時間表：1957年11月，毛澤東說「十五年或者更多一點時間趕上英國」；1958年4月，不到半年時間，毛澤東在接見波蘭代表團時就提出「十年或更多一點時間趕上英國，再過二十年趕上美國」；又過一個月，對負責計劃工作的國務院副總理李富春（1900-1975）的報告，毛澤東批語要「七年趕上英國，十五年趕上

84　見逢先知、金冲及主編：《毛澤東傳》（上），頁814。毛澤東在1956年就提出了「多、快、好、省」與「少、慢、差、費」的兩種建設方針、路線（出處同前，頁764），1958年元旦《人民日報》發表〈乘風破浪〉的社論，提出「鼓足幹勁，力爭上游」的口號，毛澤東極為讚賞（出處同前，頁766）。在1月杭州會議、南寧會議批判反冒進以後，3月成都會議就開始醞釀總路線，到5月八大二次會議上，總路線才正式被提出和確立（出處同前，頁814），見逢先知、金冲及主編：《毛澤東傳》（上）。

85　劉少奇：〈中國共產黨中央委員會在八屆全國代表會第二次會議的工作報告〉（1958年5月5日），《建國以來重要文獻選編》第11冊，頁305。

86　毛澤東：〈在莫斯科共產黨和工人黨代表會議上的講話〉（1957年11月18日），《毛澤東文集》第7卷，頁325-326。

美國」；到了6月，毛澤東對國務院副總理兼國家經濟委員會主任薄一波的報告的批語裡，乾脆提出「趕超英國，〔……〕，兩年是可能的」。[87]這說明1958年的毛澤東和中國共產黨對於國家發展目標的確立，並不是根據客觀的需要與可能，而是完全依照自己的主觀願望、意志、想像，和日趨激進的時代氣氛。這在後人看來，不但不可思議，而且荒謬可笑。但當時不僅毛澤東，全黨和全國人民都非常認真以對，因為這不斷提前的趕超目標、對高速度發展的要求，是有嚴肅的理由的，毛澤東提出理由有三。

一是「大國責任論」。毛澤東在1956年就說過這樣的話：「我們這個國家建設起來，是一個偉大的社會主義國家，將完全改變過去一百多年落後的那種情況，被人家看不起的那種情況，倒霉的那種情況，而且會趕上世界上最強大的資本主義國家，就是美國」，「這是一種責任。你有那麼多人，你有那麼一塊大地方，資源那麼豐富，又聽說搞了社會主義，據說是有優越性，結果你搞了五六十年還不能超過美國，你像個什麼樣子呢？那就要從地球上開除你的球籍！所以，超過美國，不僅有可能，而且完全有必要，完全應該」[88]──你想，作為中國的老百姓、作為中國的青年一代，聽到這番話會作出怎樣的反應？是不能不怦然心動的：這裡表達的，是一個民族、一個時代的焦慮，即所謂「落後的大國的焦慮」，在骨子裡，仍是一個大國心態，是擺脫不了的中華中心主義的情結。所謂「大國責任」的背後，是一種傳統的「中央情結」。在中國傳統觀念裡，沒有「世界」的概念，只有「天下」的概念，而「天下」的中央，就是中國。這是幾千年積累下來的民族情結，一個中央情結、大國情結，但是又不能不面對近代一百多年來，隨著西方興起，中國處於落後狀態的現實。這就令中國人產生巨大的焦慮，甚至會產生一種恐懼，即所謂「落後挨打」的恐懼，被「開除球籍」的恐懼。如果考察中國近現代的歷史，就可以發現這樣的焦慮與恐懼幾乎貫穿了一個世紀。五四時期的先驅者，就有過「中國如果不再改革，就要被世界淘汰」的恐懼。魯迅在〈隨感錄・三十六〉裡說：「現在許多人有大恐懼；我也有大恐懼」，「我所怕的，

87　轉引自羅平漢：《天堂實驗：人民公社化運動始末》（北京：中共中央黨校出版社，2006），頁10-11。

88　毛澤東：〈增強黨的團結，繼承黨的傳統〉（1956年8月30日），這是毛澤東在中共八大預備會議上的講話。文收《毛澤東文集》第7卷，頁89。

是中國人要從『世界人』中擠出」。[89] 五十年代毛澤東說「開除球籍」，延續的就是這種恐懼；八十年代初期，在我們這些知識分子中間，甚至在「六四」遊行中都可以看到「落後挨打，被開除球籍」這類說法。這樣一種落後大國的焦慮、落後挨打的恐懼，就必然形成趕超情結：要趕上、超過西方世界，而且要趕上、超過英國、美國，超越這些古老的帝國主義和新興的帝國主義。所以毛澤東提出要在最短的時間內趕超英美，反映的是鬱積已久的民族情緒，並具有群眾基礎。大躍進之所以能在一定程度上被發動起來，原因就在這裡。就毛澤東個人而言，他的這種強烈的民族自強、自立的精神與氣概，又和他年輕時代所受的湖湘文化中，憂國憂民、自強不息的民族主義、愛國主義傳統的薰陶，直接相關。[90]

毛澤東提出高速度，還有一個考量，就是中國在國際共產主義運動，社會主義陣營中的地位。在1957年底的世界共產黨莫斯科會議上，有過一個關於國際共產主義運動要不要有一個頭、誰來當頭的討論。有人提出應該以中國為頭，毛澤東不同意，堅持要以蘇聯為頭，理由就是中國在經濟上還處於落後地位。他說：「中國從政治上、人口上說是個大國，從經濟上現在還是個小國。他們想努力，他們非常熱心工作，要把中國變成一個真正的大國。赫魯曉夫同志告訴我們，十五年後，蘇聯可以超過美國。我也可以講，十五年後我們可能趕上或者超過英國」[91]──這段話頗耐琢磨：毛澤東只是強調中國現在經濟落後、沒有條件當頭，其暗含的意思，恰恰是他毛澤東和中國共產黨想當頭，有充當國際共產主義運動和社會主義陣營領袖的雄心。蘇聯也看清了這一點，這就孕育了後來的中蘇衝突。但在當時，毛澤東和中國共產黨不能不面對中國所謂「政治大國與經濟小國」的矛盾。其實，在某種程度上，很多東方國家都有類似的問題。例如日本直到今天都面臨著所謂「經濟大國與政治小國」的矛盾，印度也希望自己無論在政治，還是經濟上都能處在大國的位置。毛澤東當年要高速發展，就是要迅速改變中國作為經濟小國的地位、變成經濟大國，使中國「可以為人類做出更大貢獻」。這是表面的說法，

89　魯迅：《熱風・隨感錄・三十六》（1918年11月1日），《魯迅全集》第1卷，頁323。

90　參看彭大成：《湖湘文化與毛澤東》，頁16-18、29-30、86-89、193-198。

91　毛澤東：〈在莫斯科共產黨和工人黨代表會議上的講話〉，《毛澤東文集》第7卷，頁325-326。

骨子裡的意思，就是要名副其實地做社會主義陣營的頭、共產主義運動的領袖，成為世界革命的中心；其背後，還是一個「中華中心主義」。這是毛澤東的聖人夢的一個重要組成，也得到共產黨內的一致支持：蘇共二十大以後，中國共產黨黨內就有一種情緒，很多人都說，老大哥不行了，該由老二哥來掌權了。因此，毛澤東在1958年提出要用高速度來解決經濟小國和政治大國之間的矛盾，至少在黨內，是有很深厚的群眾基礎的。

美國和台灣的因素也不可忽視。考察毛澤東的心理，就可以發現一個很有趣的現象：毛澤東一輩子不斷和別人鬥，許多人都被他打敗了，按理說在手下敗將面前他應該趾高氣昂，但毛澤東卻相反，那些被他打敗的人，後來都成為他心理上抹不掉的夢魘，形成巨大的壓力。在黨內，毛澤東打敗了王明，卻仍忘不了王明，總覺得他是最大的威脅；在國內，他打敗了蔣介石，卻也是念念不忘老蔣，蔣介石的存在，台灣的存在，總是他的心腹之患，而我深信蔣介石也念念不忘毛澤東。毛澤東的蔣介石情結和蔣介石的毛澤東情結，都很值得研究。毛澤東還有個赫魯曉夫情結，以後我們再作討論。這裡要說的是，1958年蔣介石的威脅卻是一個現實的存在，因為蔣介石的背後有美國，美國顯然是想把台灣變成太平洋上一艘「不沉的軍艦」，作為對付、制約中國的基地，這對毛澤東形成巨大的心理壓力。特別是1957年，當時美國的國務卿杜勒斯，連續發表幾次講話，都帶給毛澤東很大的刺激。1957年4月20日，美國國務院發表聲明：「美國將單方面禁止對中國的一切貿易」；5月13日杜勒斯宣布，將繼續承認和支持中華民國，反對中華人民共和國進入聯合國；6月28日杜勒斯發表演說，宣稱「要盡一切可能使共產主義這種現象在中國消逝」。[92] 杜勒斯這一系列的表態，都發表在1957年，這構成毛澤東在1958年發動大躍進的重要政治、心理背景。美國一再表示敵視中國、要對中國禁運，一再表示要支持台灣、支持蔣介石，這對毛澤東形成一種「被包圍」的心態。這很容易喚起他的歷史記憶，他總覺得自己是被包圍的，在當年共產黨發展初期，他就一直被蔣介石圍剿，處於被圍狀態，好不容易把蔣介石打敗，現在又被美國圍剿，於是他就有一種強烈的衝出重圍的衝動。表

---

92 《杜勒斯言論選集》（北京：世界知識出版社，1959），頁314。轉引自林蘊暉：《烏托邦運動：從大躍進到大饑荒（1958-1961）》，頁280-281。

面上，毛澤東是要衝出美國和西方世界對中國的包圍，擺出一副反美、反西方的架勢，但在骨子裡，卻還是希望得到美國、西方世界的承認和支持，同時也藉此解除台灣這個心頭之患，達到統一中國的目的：這也是毛澤東的一個夢。作為一個國際政治家，毛澤東當然很清楚，關鍵是中國經濟的發展：當中國有了強大的國防工業、真正有了實力，就可以跟美國進行談判，逼得美國承認自己。毛澤東一直強調這點，早在1955年，他就說過這樣的話：「哪一天趕上美國，超過美國，我們才吐一口氣。現在我們不像樣子嘛，要受人欺負」。[93]1956年，毛澤東和當時的印尼總統蘇加諾（Bung Sukarno，1901-1970，印尼），討論中國進聯合國的問題時也說：美國有原子彈，「我們連一個小的都沒有」，「它知道我們的底子」，「不怕我們」，自然不讓我們參與國際事務，我們只能等待，「最好是等十一年，那時候我們的第三個五年計劃就完成了」，中國從一個「大國」變成「強國」，什麼問題都解決了。[94]所以，毛澤東在1958年，實際上是憋住一口氣，不管有多大困難，也要高速度發展經濟，以衝破以美國為首之西方世界對中國的包圍，走出一條自己的道路。他這口「氣」，更是表達了衝出重圍的民族情緒，不僅在黨內，在全國人民（工農基本群眾，也包括知識分子）之中，都會引起強烈共鳴。

這裡順便談談毛澤東在1958年8月作的一篇「奇文」：炮擊金門。毛澤東定了一個非常奇特的作戰方針：「打而不登，斷而不死，讓蔣軍留在金門、馬祖」，「打打停停，一時大打，一時小打」，[95]最後變成「單日打炮，雙日不打」，[96]並且都事先通告。這大概是人類戰爭史上從未有過的打法，充分顯示出毛澤東的軍事和政治想像力。對此，他公開宣布炮擊金門的目的，是要利用、擴大美與蔣之間的矛盾，「聯蔣抗美」，為兩岸和解與統一埋下伏筆。但其實，毛澤東的意圖，更是要藉大躍進的勢頭，向美國顯示力量，以逼迫美國回到談判桌上：中美談判從1955年開始，由於美國無意緩和中美關係，在

93　毛澤東：〈在資本主義工商業社會主義改造問題座談會上的講話〉（1955年10月29日），《毛澤東文集》第6卷，頁500。

94　毛澤東：〈關於恢復中國在聯合國的合法席位的問題〉（1965年9月30日），《毛澤東文集》第7卷，頁143。

95　林蘊暉：《烏托邦運動：從大躍進到大饑荒（1958-1961）》，頁301。

96　林蘊暉：《烏托邦運動：從大躍進到大饑荒（1958-1961）》，頁305。

1957年12月中斷；現在，經過毛澤東的這番示力，又於1958年9月重新恢復。[97] 儘管中美關係真正的和緩，是在中國擁有了核武器之後的1972年尼克松訪華，但顯然毛澤東在1958年已經埋下了伏筆。這一箭雙雕的兩大伏筆，顯示了毛澤東的戰略眼光；更是起了振奮民心的作用：在我們這些年輕大學生眼裡，金門炮擊顯示了毛澤東如此隨意調遣美、蔣雙方，實在是「神」了，也讓我們揚眉吐氣！

我們已經大致說清楚，正是這三個方面——所謂「大國責任」（背後是落後大國的焦慮和恐懼）；改變經濟小國狀態（背後是充當世界革命中心的雄心和野心）；衝出美國、西方的重圍——構成毛澤東在1958年發動大躍進、追求高速度、趕超英美的內在動因，並因此獲得廣泛的群眾支持。

這樣，在1958年追求高速度的同時，特意突出了「自力更生」的意義，是順理成章的：要完全依靠自己的力量，達到國家高速度的發展，這幾乎成了一種民族的集體意志。毛澤東在1958年提出：「自力更生為主，爭取外援為輔，破除迷信，獨立自主地幹工業、幹農業、幹技術革命和文化革命，打倒奴隸思想，埋葬教條主義，認真學習外國的好經驗，也一定研究外國的壞經驗——引以為戒，這就是我們的路線」。[98] 這樣的建設路線，應該是1956年蘇共二十大以後，毛澤東提出「走自己發展道路」思想的一個發展，也構成了毛澤東建國思想的一個重要方面，它的合理性自不待言。但後來，在實際發展中，這卻走向了「拒絕一切外國經驗」的極端，形成某種程度的閉關自守，於是又有了後毛澤東時代的對外開放。那是後話。

毛澤東的信心還在於，在他看來，不僅政治環境要在自力更生條件下追求高速度，中國社會制度本身也允許高速度、能夠促進高速度。他的理由是什麼呢？在1958年他有一篇文章，叫〈介紹一個合作社〉，其中有一段話，在當時有非常大的影響。他說：「除了黨的領導之外，六億人口是一個決定的因

---

97 林蘊暉：《烏托邦運動：從大躍進到大饑荒（1958-1961）》，頁279-308。參看毛澤東：〈中華人民共和國國防部命令〉（1958年10月13日）、〈中華人民共和國國防部再告台灣同胞書〉（1958年10月25日）、〈中華人民共和國國防部三告台灣同胞書〉（1958年11月），文收《毛澤東文集》第7卷。

98 毛澤東：〈關於向軍委會議印發李富春第二個五年計劃要點報告的批語〉（1958年6月17日），《建國以來毛澤東文稿》第7冊，頁273。

素。人多議論多，熱氣高，幹勁大。〔……〕中國六億人口的顯著特點是一窮二白。這些看起來是壞事，其實是好事。窮則思變，要幹，要革命。一張白紙，沒有負擔，好寫最新最美的文字，好畫最新最美的畫圖。〔……〕中國勞動人民還有過去那一副奴隸相麼？沒有了，他們做了主人了。中華人民共和國九百六十平方公里上面的勞動人民，現在真正開始統治這塊地方了」。[99]這篇文章發表在《紅旗》雜誌第一期上，那一期雜誌馬上被北京大學學生一搶而空，毛澤東這段分析也在青年中不脛而走。像我這樣的大學生，當時聽了這些話實在是振奮，可以說是熱血沸騰，其中一些句子到今天都能背得出來。

現在我們不妨對這段話作一個客觀、冷靜的分析。首先我們注意到，毛澤東整篇文章都在強調人的因素、人的作用。這樣的強調，在理論上，當然是非常有價值，非常重要的。但是我們要注意，分析毛澤東的思想，不能僅僅根據文字，更要分析實踐的結果。這段文字的背後是有社會實踐的，我們要從社會實踐的後果來看，他文字的實質是什麼。這樣，我們就注意到四個方面的理論與實踐問題。

一是強調「人多」的作用。毛澤東說「人多好辦事，人多議論多，熱氣高，幹勁大」是有針對性的。當時有一個「如何看待中國的人口多」的爭論。我們講中國的國情，總要提到中國地方大、人口多兩大特點。北京大學的老校長，也是著名經濟學家馬寅初（1882-1982）先生，從1956年起就不斷鼓吹新人口論，並發出警告：中國人太多，如果不加控制，會妨礙中國經濟的發展，產生巨大的經濟和政治的後患，所以他呼籲實行計劃生育。其實毛澤東本來並不反對計劃生育，他在1957年10月的中共八屆三中全會[ii]的講話裡，談到人口問題時，還提出「三年試點，三年推廣，四年普做，達到計劃生育」的設想。[100]但到了1958年大躍進，毛澤東似乎改變了主意，他在理論上強調人多的作用，也就否定了馬寅初這一批人口學家、經濟學家控制人口的主張。當時我們這些大學生，就是用毛澤東的觀點來批判馬校長的。批判的結果，使得中國在五十年代沒有及早節育，錯過一個很好的時機：那時候中國

99　毛澤東：〈介紹一個合作社〉（1958年4月15日），《建國以來毛澤東文稿》第7冊，頁177-178。

100　毛澤東：〈在中共八屆三中全會上的講話提綱〉（1957年10月9日），《建國以來毛澤東文稿》第6冊，頁594。

共產黨的威信非常高，要實行計劃生育幾乎是沒有阻力的。可惜，馬校長當年的憂慮不幸變成了事實：過多的人口成為中國經濟發展的一個負擔。這個禍根就是1958年埋下的，這是一個沉重的歷史教訓。[101]

其二，毛澤東在文章裡又強調了「人窮」的意義。毛澤東顯然不認為經濟落後是實現社會主義目標的障礙，相反，卻可以成為一個強大動力。這當然有他的合理性。剛才說過，中國老百姓太窮了，他們願意更加迫切地改變落後的經濟面貌，這構成了大躍進的群眾基礎。但在這個合理性背後，也蘊含著危險：如果將其推到極端，變成「越窮越革命」，就會落入「窮要革命，要搞社會主義；富了就不革命，要搞資本主義」的邏輯陷阱。毛澤東自己就繞到這裡面去了，首先是革命的目的產生了混亂：本來革命是為了讓人擺脫貧困、富裕起來；如果富了就不革命，為了使人們永遠保持革命狀態，就只能讓人們永遠處於貧困狀態。事實上，毛澤東後來也是這麼做的。

這其實反映了毛澤東的內在矛盾。一方面，無論作為一個馬克思列寧主義者，還是作為民族主義者，毛澤東當然渴望中國經濟的發展和人民生活的富裕，並為之努力奮鬥；但這樣的發展與富裕，又引起追求道德絕對純潔性的毛澤東內心焦慮不安：他擔心人們會因為物質富裕而精神空虛、墮落，並喪失革命性。因此，他要發動無休止的鬥爭，通過不斷的思想改造——「興無滅資」（這是1958年的口號）、「狠鬥私字一閃念」、「靈魂深處爆發革命」（這是文化大革命的號召）——來保持人思想的純正和革命化。這樣，通過人的思想改造與思想革命化，塑造「新人」，就成為毛澤東思想一個核心性的命題，也是毛澤東治國方略的重要目標和任務：他追求的，始終是物質進步與道德進步的同步發展，而且以道德進步來促進物質進步。但如此以「塑造道德純粹化的『新人』為目標」的對人改造，被強制實行的結果，卻導致我們前面已經分析過的、對人實行思想控制的意識形態專政，這又構成了毛澤東統治的最

---

101 對批判馬寅初帶來的後果，學術界也有不同的意見。參看，曹前發：〈「錯批一人，誤增三億」說之歷史誤讀〉，載《百年潮》2009年第12卷。他的主要根據，就是毛澤東也說過肯定計劃生育的話，從現有文獻看，毛澤東至少講過19次：1956年、1957年、1960年、1975年都講過。作者的結論是：「新中國成立後，毛澤東是努力提倡節育和計劃生育的。愈到後來，這個思想愈堅定」，「毛澤東是我國計劃生育工作的積極倡導者和主要決策人」——有意思的是，恰恰是在1958年和1959年毛澤東沒有提倡計劃生育，這大概也不是偶然的。

大特點。而這樣的強制改造，本身也是虛假與虛弱的，在後毛澤東時代，人們由虛幻的道德崇高，迅速轉換為道德的墮落，這既是毛澤東主觀上要防止的，但又確實是對他的思想改造的一個無情的歷史性報復。

這樣「越窮越革命」的理論，其實踐後果是更為嚴重的：毛澤東就是據此把農民分成兩部分；窮苦農民是依靠對象，富裕農民則是打擊對象──我們在以後的講課中還會分析到，所謂「依靠的」對象，實際上是農村的流氓無產者，並造成嚴重後果。由此，中國形成仇富的社會心理，這也會妨礙經濟的發展。雖然今天中國又走到另一個極端，出現了貧富不均的現象，但我們對仇富心態仍要保持一定的警惕，絕對不能再走劫富濟貧的道路。

其三，毛澤東把中國稱為思想文化上的「一張白紙」，這似乎有些費解：中國是一個有古老文明的國家，何謂「白紙」？實際上，這是宣布過去的一切在現在已不復存在。這裡表現出來的，是毛澤東把歷史文化一筆勾銷的反傳統的強烈欲望，因為在他看來，只有消除過去一切的重負，使中國成為一片文化空地、一張白紙，才能夠用他的思想（他自稱是「無產階級思想」），「畫最新最美的圖畫」。這構成了毛澤東文化政策的基本指導思想：一再號召「和傳統徹底決裂」，在反右運動之後的大躍進中提出「興無滅資」，在文化大革命中就發展成「掃蕩一切既成文化」的極端。

其四，毛澤東強調勞動者的主人地位，這是毛澤東思想中很重要的一部分。在1955年所寫的〈《中國農村的社會主義高潮》的按語〉裡，他就指出：「社會的財富是工人、農民和勞動知識分子自己創造的。只要這些人掌握了自己的命運，又有一條馬克思列寧主義的路線，不是迴避問題，而是用積極的態度去解決問題，任何人間的困難總是可以解決的」。[102]需要補充說明的

---

102 毛澤東：〈《中國農村的社會主義高潮》的按語〉（1955年9月、12月），《毛澤東選集》第5卷，頁227。在按語中，還有許多類似的論述，如：「人民群眾有無限的創造力。他們可以組織起來，向一切可以發揮自己力量的地方和部門進軍，向生產的深度和廣度進軍，替自己創造日益增多的福利事業」（出處同前，頁253）；「遵化縣的合作化運動中，有一個王國藩合作社，二十三戶貧農只有三條驢腿，被人稱為『窮棒子社』。他們用自己的努力，在三年時間內，『從山上取來』了大批的生產資料，使得有些參觀的人感動得下淚。我看這就是我們整個國家的形象。難道六萬萬窮棒子不能在幾十年內，由於自己的努力，變成一個社會主義的又富又強的國家嗎？」（出處同前，頁227），「河北有王國藩合作社，遼寧有劉玉如合作社，這裡又有開明義的翻身合作社，它們都是十分窮困，被人譏笑，經過堅決

是，毛澤東對勞動者地位的尊重和強調，也出於他對群眾革命實踐和勞動生產實踐的尊重和強調，這是他一直堅持的實踐論哲學，自有重要的意義，在今天來看，也自然有可以反思的地方，這裡不作討論。但毛澤東所作的判斷：「勞動人民已經成為中國這塊土地的主人」，卻是可以質疑的：在1958年大躍進、人民公社運動的實際實踐中，勞動人民究竟有多大的權利？他們有沒有、在多大程度上，成為掌握自己命運的主人？這其實都是有問題的。在一黨專政的體制下，勞動者、工人和農民，實際上並沒有真正權力，權力掌握在自認為「代表」工人、農民的共產黨、毛澤東手裡，且常常變成「假主人之名，行一黨之利」。這是一個必須正視的現實。這裡依然存在著毛澤東在理想與現實之間的矛盾，或者說，這就是毛澤東思想中的兩個側面的內在矛盾。

這就涉及到大躍進的第二個要點——「黨的領導」。

（二）黨的領導

關於反右以後黨的領導，我們在分析「五七體制」時已經講得很詳細，這裡就不再進一步討論，只想補充一點，大躍進時期強調黨的領導，重點是強調各級黨組織都要管工業。因為黨管農業，在共產黨來說是個傳統，相對有經驗；但黨能否管工業的問題，長期以來沒有解決，因為工業是科學技術性非常強的部門，過去是由有關部委黨組織來組織領導的，地方各級黨組織不直接組織領導工業生產。但1958年要建立各級黨組織，特別是第一書記、黨獨攬大權的體制，強調黨管一切，當然也包括工業，而且政治、業務一把抓。這背後其實有一個毛澤東的個人情結。毛澤東會打仗這點，全黨沒有任何異議，但毛澤東能不能管經濟，就成了大問題，特別是工業。毛澤東是農民出身，管農業還是有點本事，但他能不能管工業，在黨內許多人心中是存有問號的。如前所說，1956年的「反冒進」，就充分說明毛澤東在經濟，特別是工業問題上的發言權和決定權是曾經受到挑戰的。所以毛澤東非常不服氣，他在1958年1月召開的南寧會議上，宣布了「黨委領導要有三條：工業、

奮鬥，翻過身來的。這種英雄事蹟，各地一定很多，希望每省寫出幾篇，廣為傳播」（毛澤東：〈《中國農村的社會高潮》按語〉（1955年9月、12月），《建國以來毛澤東文稿》第5冊，頁511）。

農業、思想」之後，又說了這樣的話：「搞工業，搞農業，難道比打仗還厲害些？我就不相信，搞經濟就那麼複雜，那麼多學問？」[103]所以他要實驗；作為第一把手，他要親自掌管中國經濟，特別是工業的發展，這是他要全面的、絕對的掌控黨和國家的領導權，所必須解決的問題。他「親自掌管」的後果，我們以後再說。

這裡需要討論的是，在理論與實踐上提出全黨管工業，就會遇到一個矛盾：當時的黨、黨員，大部分都出身於農民，要這樣一些文化程度不高的幹部來管現代工業，顯然有困難。但毛澤東自有辦法。他在說「搞工業，搞農業，難道比打仗還厲害？」時，已經隱含著一個意思：要用打仗的辦法來搞工業、搞農業。在某種意義上，這正是毛澤東思想發展的必然結論。毛澤東在總結中國革命經驗時，就將其歸結為「革命戰爭萬能」、「槍桿子裡面出政權」、「槍桿子裡面出一切東西」。據說槍桿子「可以造幹部，造學校，造文化，造民眾運動」，這就是延安經驗。[104]其實這已道出了毛澤東思想的本質，也是毛澤東真正的優勢所在：儘管對毛澤東的評價存在種種爭議，但毛澤東作為「傑出軍事家」的地位，是連那些對他最嚴厲的批評者也不否認的。現在，毛澤東就要將他的軍事才能、謀略、經驗，運用到社會主義建設中。在我看來，主要有三個方面。首先，是用戰爭的思維、手段、方法，來搞現代工業建設，打「經濟大戰」。這就意味著：最高統帥的意志與決心的決定性作用；指揮權力的高度集中；自上而下的發布命令與強制性執行，即後來林彪在文革中說的「理解的要執行，不理解的也要執行」；以及對民眾的戰爭動員方式，對思想、行動自由的限制等等。應該說，這不僅是毛澤東1958年發動大躍進的特點，而且事實上成為中國共產黨領導經濟、社會建設的一個基本方式和最大特點，以至直到今天當局所推行的「舉國體制」，也還是這樣的「準戰爭管制和動員方式」，其影響極為深遠，造成的後果也極為嚴重，以後我們還會有許多的相關討論。

其二，毛澤東所要構建的，是一個戰爭、準戰爭的經濟、社會秩序。毛澤東早在他的青年時期，就表現出他對非常態的戰爭生活的深情眷戀：「吾人

---

103 李銳筆記記錄的毛澤東在南寧會議上的插話，《「大躍進」親歷記》（上卷），頁78-79。

104 毛澤東：〈戰爭和戰略問題〉（1938年11月6日），《毛澤東選集》（一卷本），頁512。

攬（覽）史時，恆贊嘆戰國之時，劉、項相爭之時，漢武與匈奴競爭之時，三國競爭之時。事態百變，人才輩出，令人喜讀」。[105] 在1958年，毛澤東所追求、所要竭力實現的，也是這樣「事態百變」中「人才輩出」的局面。

其三，毛澤東曾明白宣示，要「用縱橫捭闔的手段對付反革命隊伍」，[106] 這大概就是所謂「兵不厭詐」吧。現在，毛澤東以戰爭中「非我即敵」的思維去看待建設過程中的不同意見者，既視之為「敵人」，就用「縱橫捭闔」手段對待之，其後果就自然十分嚴重了。[107]

問題是，毛澤東用戰爭的方式領導經濟、社會建設的思路，在中國共產黨的各級領導中，卻有著深厚基礎：這些過去跟著毛澤東用槍桿子打天下的幹部，在1958年大躍進與人民公社運動中，運用戰爭動員和控制的方式，可以說是駕輕就熟，而且常常還有創造性的發揮，後果也就更加嚴重。

我們要重點討論的是大躍進的第三個要點——「大搞群眾運動」。

（三）大搞群眾運動

之前我們也講過，毛澤東的現代化路線，重心放在社會動員上，自然要搞群眾運動。但大躍進時期搞群眾運動，有一些新的東西：最重要的，是他提出一個「破除迷信」的口號、提出了「高貴者最愚蠢，卑賤者最聰明」的命題。這就是要實現我們前面講到的毛澤東的基本理念：「根本上變換全國之思」，「天下之心皆動，天下之事有不能為者乎？」

「破除迷信」是1958年最響亮，也最鼓舞人心的口號。毛澤東當時有一個講話：「中國被帝國主義壓迫了一百多年，帝國主義宣傳那一套，要服從洋人，服從外國一百多年了，嚇怕了，什麼都怕。封建主義宣傳那一套，要服從孔夫子，總覺得自己不行；對孔夫子說來，我們也不行」[108]——這裡講

---

105 毛澤東：〈《倫理學原理》批注〉（1917年至1918年），《毛澤東早期文稿》，頁186。參看汪澍白：《毛澤東來蹤去跡》，頁231。

106 毛澤東：〈論反對日本帝國主義的策略〉（1935年12月27日），《毛澤東選集》（一卷本），頁144。

107 以上討論參看王凡西：《毛澤東思想論稿》，頁100-101、112-113。

108 李銳筆記記錄的毛澤東在八大二次會議上的講話（1958年5月7日），《「大躍進」親歷記》（上卷），頁323-324。

的是中國的雙重壓力，一是被外國人壓著，有民族自卑心；一是被孔夫子壓
著，有勞動者的自卑心。毛澤東就要打破這兩重自卑心。他問：「這是什麼道
理？」我們為什麼要被外國人壓著？我們為什麼要被孔夫子壓著？於是，就說
了一番驚人之論：

> 我問過在我身邊的一些同志，我們是住在天上，還是住在地上？他們都
> 搖頭說，不是的，住在地上。我說，不，我們是住在天上，在地球上看
> 到別的星球是在天上；如果別的星球上有人，他們一看我們，不就是在
> 天上嗎？所以我說，我們是住在天上，同時又是住地上。中國人喜歡神
> 仙，我問他們，我們算不算神仙？他們說不算。我說，不對，神仙是住
> 在天上的，我們住在地球上，也即住在天上，為什麼不算神仙？如果別
> 的星球上有人，他們不是把我們看成神仙嗎？第三，問他們，中國人算
> 不算洋人？他們說，不算，外國人才算洋人。我說，不對，中國人也叫
> 洋人。因為我們看外國人是洋人，外國人看中國人不也是洋人嗎？這說
> 明在這些看法上，是有迷信思想。[109]

他這一番「天論」，確實讓人大開眼界。我是在文革中讀到他的這篇講話
的——文革時毛澤東大量的內部講話散布全國，大家都看得到。看了之後，我
確實茅塞頓開，覺得毛澤東思維實在太怪、太有意思了，因此非常佩服，彷
彿由此而進入另一番天地，有一種解放之感。

　　這背後，有著毛澤東的宇宙觀與世界觀。所謂「天」與「地」、「神」與「人」
的議論，如一位研究者所說，是「試圖從根本上抹掉人們幻想中的神仙世界
和現實世界的差別，徹底消除世間凡民在法力無邊的神話形象面前，自覺不
自覺的自卑心態，從而確立現實人們和現實世界的本來位置」。[110]這其實是
毛澤東年輕時代就已經確立的信念：「服從神何不服從己，己即神也，神〔錢
註：原文如此，疑應為「己」〕以外尚有所謂神乎？」[111]所要確立的是「人」、
「己」在宇宙中的主體地位。這裡還包含著毛澤東的理想：「把人提升到神的境

---

109 李銳筆記記錄的毛澤東在八大二次會議上的講話（1958年5月7日），《「大躍進」親歷記》
　　（上卷），頁324。

110 陳晉：《毛澤東之魂》，頁87。

111 毛澤東：〈《倫理學原理》批注〉（1917年至1918年），《毛澤東早期文稿》，頁230。

界來肯定和歌頌，力求把現實社會改造得比天堂還好」，[112]這在大躍進年代，就演變成了「共產主義是天堂，人民公社是橋梁」之類的民間想像。需要補充說明的是，如果說青年毛澤東在1918年所強調的「己」，帶有五四時期強烈的個性主義色彩；那麼到了1958年的毛澤東，他所說的「人」和「己」，就是一個階級的、民族的「大我」，是共產黨領導下，以工人、農民為主體的「中國人民」。毛澤東現在所要作的，一是把他們組織起來，二是要破除迷信，解放他們的思想，自己掌握自己的命運──他的這番「天」與「地」，「神」與「人」的妙論，用意即在於此。

在毛澤東看來，中國人民的精神解放，除了要破除「神話」，還要破除「洋迷信」，於是，又有了關於「洋人」的一番妙論。在毛澤東的論述裡，不僅要破除對西方帝國主義的迷信，也要破除蘇聯的迷信，以至馬克思的迷信。

這背後隱含著兩個目的，首先是要增強中國，以至東方落後國家的民族自信心。因此毛澤東強調，「中國應當成為世界第一個大國，因為中國人口世界第一個多嘛」，他同時又說：「列寧說過，『先進的亞洲，落後的歐洲』，這話說得好，現在還是真理，還是適用的。現在我們先進，西歐落後。將來印度、印尼也不弱」，「我們藐視資產階級，藐視神仙，藐視上帝，但不要藐視小國，藐視自己的同志」。[113]後來，毛澤東在接見巴西記者的談話中，又作了進一步的闡述：「列寧所指的是中國和亞洲其他國家的民主運動，他看出亞洲要跑在歐洲的前面。現在，除了社會主義陣營以外，除了亞洲的民族革命運動以外，還要加上非洲和拉丁美洲的民族革命運動；這些，都是先進的，而西方世界則是落後的」，「他們在政治上是落後的，是腐敗的，是低級趣味的，所以我們看不起他們」，「他們雖然有鋼鐵和原子彈，但是這些東西是拿在落後的人的手裡，拿在壟斷資本家手裡；他們一時耀武揚威，最後總是要垮下去的」。他強調：「對西方的崇拜是一種迷信，這是由歷史形成的」，「破除對西方的迷信，這是一件大事，在亞洲、非洲、拉丁美洲都要進行」。[114]毛澤東顯然是把中國視為「先進的亞洲」的帶頭人，他所鼓吹的，是具有鮮

---

112 陳晉：《毛澤東之魂》，頁88。
113 李銳筆記裡的毛澤東在八大二次會議上的講話，《「大躍進」親歷記》（上卷），頁329-331。
114 毛澤東：〈同巴西記者馬羅金和杜特列夫人的談話〉（1958年9月2日），《建國以來毛澤東文稿》第7冊，頁373、374。

明「中華中心主義」色彩的「東方民族主義」——毛澤東這裡的論述，既是他在1956年提出的「第三條發展道路」思想的發揮，又孕育著他在七十年代所提出的「第三世界」理論，以及中國應成為「世界革命的基地」思想。因此，在他心目中，中國高速度超英趕美，是東方（無產階級）和西方（資產階級）的決戰。一位出席八大二次會議[iii]的代表說：「這是一個世界範圍內的興無滅資的問題」，「我們以最快的速度趕上和超過它〔錢註：指美國〕，就預示著資本主義世界滅亡的速度加快」，[115]這是符合毛澤東想法的。

毛澤東同時還提出要破除對蘇聯的迷信、「要將一切有用東西都學來，無用的東西則反面學，以我為主，不是盲從」。他明確表示：「我們不提〔錢註：蘇聯的〕『技術決定一切』，『幹部決定一切』之類的口號」，而「提我們現在的一些口號，反而好些」、「我們的口號高明些」。[116]毛澤東於是提出「中國和蘇聯哪一個先過渡到共產主義」的問題；他顯然認為，中國是會超過蘇聯，實現早過渡的，但他又說，要給蘇聯人留點面子、讓它先過渡，我們可以「用社會主義之名，行共產主義之實」。[117]

毛澤東還要增強「中國馬克思主義者」的自信心。因此，他毫不含糊地指出：「馬克思沒有做中國這樣大的革命，我們的實踐超過了馬克思」，「這種革命的實踐，反映在意識形態上，就是理論。我們的理論水平可以提高，我們要努力」，[118]並批評中國共產黨人「馬克思主義的主流到了東方而不自覺」。[119]陳伯達在八大二次會議上有一個發言，就專門談到「馬克思主義」裡的「民族主義」問題。他說，我們應該「在馬克思的語言裡，添加了許多中國的語言」，「這實際上就是對馬克思主義的獨立思考的問題」，「一個國家和人

---

115 李銳：《「大躍進」親歷記》（上卷），頁340。

116 毛澤東：〈在中共八大二次會議上的講話提綱〉（1958年5月8日、17日），《建國以來毛澤東文稿》第7冊，頁197。

117 毛澤東：〈在中央政治局武昌擴大會議上的講話提綱〉（1958年11月21日），《建國以來毛澤東文稿》第7冊，頁553。參看毛澤東：〈在中共八屆六中全會上的講話提綱〉（1958年12月9日），《建國以來毛澤東文稿》第7冊，頁639。

118 毛澤東：〈在中共八大二次會議上的講話提綱〉（1958年5月），《建國以來毛澤東文稿》第7冊，頁206，註釋2。

119 毛澤東：〈在成都會議上的講話提綱〉（1958年3月），《建國以來毛澤東文稿》第7冊，頁117。

民不能用自己的語言表達馬克思主義，根本不可能取得勝利」。他強調，毛澤東發動大躍進，提出高速度發展社會主義，就標誌著「在社會主義建設問題上，我們有了新的獨立的語言了」，[120]這些話大概都深得毛澤東之心。對於毛澤東，發動中國的大躍進，不僅是發展了馬克思主義，而且會打通中國和他本人成為世界共產主義運動的領導者之路。

在國內，毛澤東同樣要「大滅資產階級的威風，大長勞動人民的志氣」。於是，就有了發給大家的《課用選文》中的這一篇〈卑賤者最聰明，高貴者最愚蠢〉。這是毛澤東對於遼寧一個小型機械廠製造出拖拉機的報告所做的批示，[121]並由這個工廠的普通工人的創造，引出一個重要論斷：「科學、技術發明大都出於被壓迫階級，即是說，出於那些社會地位較低、學問較少、條件較差、在開始時總是被人看不起、甚至受打擊、受折磨、受刑戮的那些人」。而且指出，「如果能夠有系統地證明這一點，那就將鼓舞很多小知識分子、很多工人和農民，很多新老幹部打掉自卑感，砍去妄自菲薄，破除迷信，振奮敢想、敢說、敢做的大無畏創造精神，對於我國七年趕上英國、再加八年或者十年趕上美國的任務，必然會有重大的幫助。卞和獻璞，兩刖其足；『函關月落聽雞度』，出於雞鳴狗盜之輩。自古以然，於今為烈。難道不是的嗎？」[122]在這裡，毛澤東提出一個非常重大的理論命題：卑賤者最聰明，高貴者最愚蠢。在八大的會議上，他旁徵博引，一口氣講了古今中外20多個人的故事，我這裡簡單提幾個，他說：古代的甘羅，12歲做了秦相呂不韋的家

---

120 李銳：〈陳伯達的發言和毛澤東的插話（3月18日）〉，《「大躍進」親歷記》（上卷），頁216、220。

121 參看李波：〈「卑賤者最聰明，高貴者最愚蠢」——毛澤東對「鴨綠江一號」拖拉機的批示〉，載《百年潮》2009年第8期。文章介紹，安東機械廠原是一個小型修理廠，接受了研製輪式拖拉機的任務以後，「工人廢寢忘食，晝夜苦戰，就連除夕之夜，都是在車間裡度過的」，「沒有資料，他們就赴外地考察學習。實地拆解拖拉機進行測繪，並結合我國農村特點設計出一套具有中國特色的拖拉機藍圖。沒有專用設備，他們就因陋就簡，土法上馬。缺少原材料，他們除了到廢鐵堆裡找，還開動腦筋，親手製造出許多零件」。這樣的工人積極性和創造性，在五十年代是有代表性的。由於毛澤東的支持，安東機械廠之後獲得很大發展，今天已經成為全國機械工業行業500強之一。

122 毛澤東：〈卑賤者最聰明，高貴者最愚蠢〉（1958年5月18、20日），《建國以來毛澤東文稿》第7冊，頁236。

臣，後因功封為上卿；賈誼18歲已能誦讀詩書，善文章而為鄉人所稱譽；釋迦牟尼29歲創立佛教；《西遊記》裡的紅娘，還有荀灌娘，年僅13歲就率兵突圍；羅成14歲起兵，岳飛死時才38歲，王勃少時顯露文才，著有〈滕王閣序〉，晚唐大詩人李賀死時才27歲，李世民18歲率兵參加反隋戰爭，26歲當皇帝，周瑜33歲大破赤壁，孔明26歲寫〈隆中對〉，達爾文22歲開始環球旅行，楊振寧（1922-）35歲獲得諾貝爾獎，李政道（1926-）31歲，還有聶耳（1912-1935）23歲寫《義勇軍進行曲》等等，滔滔不絕。毛澤東說了一大堆，就是要大長青少年的志氣，說明創造歷史的，常常是年輕人，號召出身卑下的人不要妄自菲薄、要破除迷信、振奮精神。

這當然是有極大的合理性與積極意義的。尤其是毛澤東把目光轉向社會底層，對那些社會地位比較低、學問比較少、條件比較差、被人看不起、受壓抑、受迫害的底層人民，給予特殊的關懷、鼓勵、支持他們去大膽創造。這在當時的農人、工人、小知識分子、青年學生中，確實起到了思想解放的作用。許多人都感到毛主席在給他們撐腰，因而充滿希望、雄心勃勃地投入大躍進的行列，湧現出許多來自底層的發明創造，也在實際上增強了大躍進的群眾基礎，這都是不可否認的歷史作用。[123]

但是，當毛澤東由此而推出「卑賤者最聰明，高貴者最愚蠢」的論斷，並以此指導實踐，就不僅產生了理論上的謬誤，而且在實踐中帶來許多嚴重後果。這在今天已經看得很清楚，需要作一番清理。

首先，在「卑賤者最聰明，高貴者最愚蠢」這一命題的背後，有著毛澤東的哲學和倫理。如一位研究者所分析：「他十分突出地強調『貧賤低微』與『生力旺盛』之間的內在聯繫，自覺地把二者視為因果轉化的必然過程。在毛澤東看來，凡是被壓抑的主體，必然內聚著天然的實現欲望，而壓抑別人的主體，又必然本能地產生惰性因素。二者之中，前者是活潑的，賦有生命的動力，後者則是呆滯的，形成歷史的阻力；前者是弱小的，但卻蘊育著生機，

---

123 當時的上海市委書記陳丕顯（1916-1995）回憶說，在五十年代後期，上海曾響應毛澤東的號召，開展技術革新和技術革命運動，在普通工人和技術人員中湧現出一批技術革新能手，毛澤東曾專門在著名的錦江飯店請部分革新能手吃飯。見陳丕顯：〈毛澤東思想永放光芒〉，「緬懷毛澤東」編輯組編：《緬懷毛澤東》（下）（北京：中央文獻出版社，1993），頁17。

後者雖然實力雄厚，但卻意味著衰亡」。[124]這裡還隱含著《毛澤東傳》的作者特里爾（Ross Terrill，1938- ，澳洲）說的毛式生活觀、世界觀：「生活是一個勝無恆勝，高下易位的永恆戰場」。[125]

　　更重要的還有毛澤東的「人民觀」——毛澤東有一些基本概念，如「黨」－「組織」；「人民」－「群眾」；「矛盾」－「階級鬥爭」等等，都有它特定的內涵，很值得研究。毛澤東的「人民」，首先是一個集合體，是一個集體主義的「公」與「群」的概念；單獨的個體，具體的個體生命（「個」與「私」）的價值與獨特性，都在關注之外、是它的盲區，而且是應該融入與服從於「公」與「群」的。因此，毛澤東強調「人民至上」觀，內含著一種集體主義的道德理想，其集中體現就是所謂「毫不利己，專門利人」的倫理觀。[126]這當中自然有許多問題，這裡不多說。「人民」在毛澤東這裡是一個具有理想色彩、甚至神祕色彩的概念。但毛澤東卻賦予它極重要的意義和價值，大概有三個方面：其一，毛澤東強調階級鬥爭是社會與歷史發展的基本動力，而他理解的階級鬥爭，是以人民為主體的；因此，人民在毛澤東的歷史觀裡，就具有推動歷史的動力的意義。其二，如我們在前面已經提到，毛澤東關於「人民授權」的論述，指出人民還是毛澤東領導革命的合法性基礎，也是統治權力的淵源。其三，這裡所提出的「卑賤者最聰明，高貴者最愚蠢」的命題，表明出毛澤東的「人民」，主要是指處於社會底層的「卑賤者」，特別是工人與農民，這是有著階級的內涵的，在毛澤東看來，這樣的「人民」，同時又是智慧與美德的淵源。值得注意的，是毛澤東討論「誰聰明、誰愚蠢」的問題，其實是要顛覆五四科學主義的「知識中心主義」；按照「知識中心主義」觀念，擁有豐富書本知識的「高貴者」（知識精英）最聰明，而僅有實踐經驗的「卑賤者」（勞動者）則是愚蠢的。毛澤東現在將其顛倒過來，就是要變「知識中心主義」為「實踐中心主義」、「倫理中心主義」，變「精英（高貴者）中心主義」為「人民（卑賤者）中心主義」，從根本上剝奪知識分子在文化知識上的優越感和自信心。實際上，在毛澤東的哲學裡，「人民」多少具有中國傳統中「道」和「天」的意義，人民意志

124　陳晉：《毛澤東之魂》，頁99。

125　羅斯·特里爾（Ross Terril）：《毛澤東傳》，頁402。

126　毛澤東：〈紀念白求恩〉（1939年12月21日），《毛澤東選集》（一卷本），頁620。

就是「天道」，毛澤東說：「〔錢註：我們的〕這個上帝不是別人，就是全中國的人民大眾」，[127]絕不僅是一種修辭。

　　問題是這樣的哲學、倫理觀、世界觀，運用到社會實踐中，就會產生兩個方面的問題。其一，這一命題裡，包含著「卑賤者一定聰明，高貴者一定愚蠢」的邏輯，不僅將卑賤者和高貴者對立起來，也將底層民眾和上層精英對立起來，具有明顯的民粹主義傾向，並隱含著反精英、反專家、反知識、反文化的傾向。毛澤東在成都會議上，就痛批「有些同志甘願當資產階級反動派學者的奴隸，是殖民地人民精神不振（做久了奴隸的反映）」，甚至斷言「科學院哲學研究所被敵人統治著」，進而號召「對於資產階級教授們的學問，應以狗屁視之，等於烏有，鄙視，藐視，蔑視」。[128]這樣的反精英、反知識、反專家的傾向，和「外行領導內行」的指導思想結合起來，1958年的大躍進中，出現大量的反科學的行為，就幾乎不能避免。

　　還有一個邏輯隱含其後，這也是毛澤東的一個命題，就是「把顛倒的歷史再顛倒過來」。[129]卑賤者不是一直受壓嗎？現在說你最聰明，你就翻上來；高貴者不是高高在上嗎？現在宣布你最愚蠢，就要打下來。這裡存在著一個「將被壓迫者變成壓迫者，壓迫者變成被壓迫者」的所謂「革命」理念，其結果就必然將革命變成由一種新的壓迫、奴役，代替舊的壓迫、奴役的歷史的循環。在某種程度上，這正是毛澤東的革命的問題所在。具體到我們這裡討論的問題而言，首先就會製造一系列的對立，這大概也就是毛澤東的「設置對立面」吧。在這其中，有「學問多的名人」和「文化少的人」的對立，社會地位高的人和社會地位低的人的對立，大知識分子和小知識分子的對立，大人物和

127　毛澤東：〈愚公移山〉（1945年6月11日），《毛澤東選集》（一卷本），頁1002。1975年10月8日和南斯拉夫外賓的談話時，毛澤東又重申這一點，轉引自陳晉：《毛澤東之魂》，頁34。在文革中，毛澤東的這篇〈愚公移山〉，和前引〈紀念白求恩〉與〈為人民服務〉（1944年9月8日），作為「老三篇」，成為當時大陸中國人的《聖經》，每天都要誦讀。

128　毛澤東：〈在成都會議上的講話提綱〉（1958年3月），《建國以來毛澤東文稿》第7冊，頁117、118。

129　毛澤東：「歷史是人民創造的，但在舊戲舞台上（在一切離開人民的舊文學舊藝術上）人民卻成了渣滓，由老爺太太少爺小姐們統治著舞台，這種歷史的顛倒，現在由你們再顛倒過來，恢復了歷史的面目，從此舊劇開了新生面，所以值得慶賀。」毛澤東：〈給楊紹萱、齊燕銘的信〉（1944年1月9日），《毛澤東文集》第3卷，頁88。

小人物的對立，老古董和年青人的對立等等。然後，這樣的對立被絕對化，並被賦予一種階級鬥爭的意義，變成一個「你死我活，一個吃掉一個」的關係。其結果，就是要鼓動後者打到前者，並取而代之。這是典型的「製造階級鬥爭」。

應該說，毛澤東「卑賤者最聰明，高貴者最愚蠢」的理論在黨內有相當的群眾基礎。這不僅是因為中國農業社會本來就是培育民粹主義的土壤（我們在前面說過，1945年在黨的七大[iv]上，毛澤東自己就是這麼分析的），而且黨內許多農民出身的老幹部一直在文化知識上存有自卑感，覺得自己和知識分子「沒有共同語言和感情，就敬神而遠之」。因此，毛澤東的這一番理論，就讓他們有一種解放之感，並迅速變成對知識分子的「藐視，蔑視」以至「仇視」。江蘇省委〈關於傳達和學習黨的八大二次會議情況的報告〉就很能說明問題，這篇報告對知識分子作了這樣的分析：「這些道貌岸然的『學者』，有的是對黨有刻骨仇恨，願意帶著花崗石的腦子去見上帝的頑固分子；有的是一貫崇美親美的投機政客和實行奴化教育的『專家』；有的是不擇手段弄虛作假騙取名利的大騙子手；有的雖有一些真才實學，但對卻是以奇貨自居，向黨向人民討價還價的貪心分子。具有真才實學而又誠心誠意為勞動人民服務的還是少數」，而其結論是：決心要「把知識分子思想改造貫徹到底，拔掉所有的灰旗、白旗，把工人階級的革命紅旗插遍各個角落（例如大學的各個教研室、廠礦的各個科室、各個科學研究所和技術推廣站等）」。[130]這樣，所謂「卑賤者最聰明，高貴者最愚蠢」的命題，在毛澤東領導下的中國社會實踐中，就必然變成對知識分子的新的改造與專政，而且如江蘇省委報告所說，這樣的改造與專政，是要落實到基層（教研室、科室）的。於是，就有了毛澤東時代的「焚書坑儒」。毛澤東對此也直言不諱，就在提出「卑賤者最聰明，高貴者最愚蠢」的八大二次會議上，毛澤東公開宣言：「秦始皇算什麼？他只坑了460個儒，我們坑了46000個儒。我們鎮反，還沒有殺掉一些反革命知識分子嗎？我與民主人士辯論過，你罵我們是秦始皇，不對，我們超過秦始皇一百倍」。[131]問題是，這樣的「二十世紀的秦始皇專政」，在中共黨內是得到廣泛

---

130 轉引自李銳：《「大躍進」親歷記》（上卷），頁339。

131 毛澤東在八大二次會議第一次講話（1958年5月8日），李銳：《「大躍進」親歷記》（上卷），

支持的。

在1958年，毛澤東就由「藐視，蔑視，仇視知識分子」而製造了一場階級鬥爭，即所謂「拔白旗」運動，把那些地位高的老古董、老教授，有文化、學問大的權威人士與大人物當成「資產階級白旗」，以此號召地位低、文化不多、年輕的青年學生與小人物，對他們進行批判、鬥爭，這被稱為「拔白旗」。這幾乎是文革期間學生批鬥教授的預演。問題是，為什麼當時我們這些青年學生會響應號召，批判自己的老師呢？除了青年的幼稚、對黨的盲目輕信等原因外，還因為老師和學生之間有時候也會有矛盾，特別有些老師盛氣凌人，喜歡擺權威架子，不能平等對待學生，因此學生心裡有氣。而且，客觀地說，學者中也確有「南郭先生」，有並無真才實學的「學霸」，存在著壓抑年輕人、小人物的現象，一些年輕人確實積鬱著某種怨憤情緒。而魯迅早就指出，群眾中的怨憤是極其危險的，它極易被利用。[132]1958年，毛澤東就成功地把群眾的怨憤之火引向知識精英。僅北大一校，受到批判、被拔白旗的文理科教師就有60多人，中文、歷史、經濟、法律、數學、物理等系當中，有40%多的教授、副教授都遭到了批判，[133]其中就有我念研究所時的導師王瑤（1914-1989）先生。

首當其衝被「拔白旗」的，就是北大老校長馬寅初，他的新人口論遭到了圍剿。馬校長當時已經70多歲，但仍很頑強、拒絕出席批判會，於是外頭就用高音的喇叭對著他臥室的窗口日夜喊叫，折磨這位老人。但他仍不屈服，公開發表聲明：「我雖年近八十，明知寡不敵眾，自當單槍匹馬，出來應戰，直至戰死為止，絕不向專以力壓服不以理說服的那種批判者們投降」[134]──現在想起來，在那樣一種「紅色批判風暴」（可以說是文革紅色恐怖的先聲）中，馬校長能夠頂住，確實很不容易，表現出知識分子中確有不屈服者。

更重要的，是要從中吸取歷史教訓：在中國，這樣的知識精英和普通民眾，即所謂「大人物」和「小人物」之間的矛盾是始終存在的。問題是，中國的

頁332。

132 魯迅：《墳・雜憶》（1925年6月19日），《魯迅全集》第1卷，頁238。

133 穆欣：〈辦《光明日報》十年自述（1957─1967）〉（北京：中共黨史出版社，1994），頁110-111。轉引自林蘊暉：《烏托邦運動：從大躍進到大饑荒（1958-1961）》，頁229。

134 馬寅初：〈附帶聲明・一，接受《光明日報》的挑戰書〉（1959年）。

知識精英很容易依附權力，並以貴族態度藐視民眾；而中國民眾則很容易為民粹主義思想所裹挾，在他們無力、也不敢反抗權力者的壓迫的時候，就極容易把怨憤轉向知識精英。這樣的彼此不信任，以至仇恨，是極容易被政治家和權力者所利用的：毛澤東時代如此，今天也依然存在著這樣的危險，是必須引起警覺的。

大躍進的「群眾路線」有兩個側面，在強調「解放思想，破除迷信」的同時，還被具體地運用到社會主義建設方面所提出的一系列方針和政策，也就是毛澤東在1958年提出的「社會主義建設總路線」。這是一次尋找適合中國國情的工業化、現代化道路的自覺嘗試。

在八大二次會議上，劉少奇在其工作報告裡，對「社會主義建設總路線」作了這樣的概括：「在重工業優先發展的條件下，工業和農業同時並舉；在集中領導、全面規劃、分工協作的條件下，中央工業和地方工業同時並舉，大型企業和中小型企業同時並舉；通過這些，盡快地把我國建成為一個具有現代工業、現代農業和現代科學文化的偉大的社會主義國家」。[135]後來，毛澤東還提出一個「土洋並舉」。[136]我們大體上可以將這四個「並舉」，看作是毛澤東對他在〈十大關係〉裡提出的一系列經濟思想的一個發展，如劉少奇在報告裡所說，這是毛澤東所提倡的「黨的群眾路線在社會主義建設事業中的應用和發展」。[137]

有意思的是毛澤東本人的闡釋。他說：「同志們須知：一萬年（後）還會有跟大企業並行的中小企業的，還會有那時的『小土群』和『小洋群』，還會有『土洋結合』這種事情。不過那時所謂『小土』的內容和形式，跟現在大不相同吧了。宇宙是一個統一的多樣化的宇宙，這是馬克思主義宇宙觀的一條法則」[138]——這裡，毛澤東實際上是在提醒全黨，在我看來也是提醒後人，要從

135 劉少奇：〈中國共產黨中央委員會向第八屆全國代表大會第二次會議的工作報告〉（1958年5月5日），《建國以來重要文獻選編》第11冊，頁303-304。

136 毛澤東：〈對中共中央關於一九五九年國民經濟計劃的決議草稿的批語和修改〉（1958年12月5日），《建國以來毛澤東文稿》第7冊，頁622。

137 劉少奇：〈中國共產黨中央委員會向第八屆全國代表大會第二次會議的工作報告〉（1958年5月5日），《建國以來重要文選選編》第11冊，頁311。

138 毛澤東：〈對中共中央關於一九五九年國民經濟計劃的決議草稿的批語和修改〉（1958年12

哲學的高度、從宇宙的統一的多樣化，來認識大中小、土與洋對立統一的思想的普遍意義，這是極具啟發性的。

今天我們回過頭看，應該說，這四個並舉的方針是較為符合中國國情的。因為，在中國這樣幅員廣大、條件複雜的國家，如果只是像西方國家那樣集中在少數地方發展大型工業，並不能解決中國工業化問題。中國不僅不能單純地發展工業，必須在工業發展和農業發展之間取得平衡；發展工業也要發揮各方面的積極性，不能集中搞少數大工業，必須是大型企業和中小型企業的結合；不能只是集中在中央、大城市裡，而是必須分散在全國各地；[139]也不能只是洋的方法，而必須要土的方法。這樣一個方針，從今天看它對中國的工業化是起了很大作用的。

有研究者指出，毛澤東所採取的這一系列「兩條腿走路」的四大並舉方針，解決了經濟、政治、社會發展中的幾個重要問題。其一，發展勞力密集型的農業、輕工業和地方小型工業，有助於解決城市和農村的失業問題，而且在地方、農村發展工業，可以在地就業，這對許多發展中國家最感困惑的城市人口膨脹問題，提供了一個新的思路，同時最大限度地發揮了中國人力資源和地方資源豐富的優勢。其二，「地方工業的發展會促進中國比較落後地區的經濟發展，縮小地區間社會經濟的不平等。而農村的工業化將是消除工農差別和城鄉差別的第一步」。其三，毛澤東大力發展地方工業、農村工業，還包含培養「有社會主義覺悟的、有文化的勞動者」，以實現「人的全面發展」的理想。按毛澤東的設想，這可以促進勞動者直接掌握現代科學技術，同時避免形成新的技術精英集團[140]——應該說，這樣的分析和描述，比較準確地說出了毛澤東的意圖，儘管在實踐中發生了許多扭曲，也產生了許多弊端（如對技術精英的全盤否定，勞動者也沒有真正成為科學技術的主人），但在實踐

月5日），《建國以來毛澤東文稿》第7冊，頁622。

139 正是在大躍進中，毛澤東多次談到向地方分權的問題。「又統一又分散——地方分權問題。歐洲現在沒有統一的國家，可是地方發展了。中國自秦至今，一統天下，統了，地方就不發展，各有利弊」。見毛澤東：〈在成都會議上講話提綱〉，《建國以來毛澤東文稿》第7冊，頁121，註釋（6）。

140 參見莫里斯・邁斯納（Maurice Meisner）著，杜蒲譯：《毛澤東的中國及其後：中華人民共和國史》（香港：中文大學出版社，2005），頁192-193、195、197-198。

中也確實發揮了積極作用，其內含的合理思想因素，不可忽視和輕易否定。

在這裡我想特別強調「土洋結合」的方針，它有打破現代科學迷信的作用。在發給大家的《課用選文》中，有一篇毛澤東的〈讀蘇聯《政治經濟學教科書》筆記〉（篇名：〈讀《政治經濟學教科書》社會主義部分（第三版）的筆記〉）。這篇文章很長也非常重要，是毛澤東著作中比較系統、全面地闡釋他的政治經濟思想的文章。他對土洋結合方針有一段在我看來非常精彩的論述，他說：「我們是要採用先進的技術，但不能因此而否定落後的技術在一定時期的必不可免性」，「機械化要講，但也不要講得過頭。機械化、自動化講得過多了，會使人看不起半機械化和土法生產」。他還說：「在農業上我們現在不提化學化，〔……〕無機肥料也要有，但是如果只靠它，而不同有機肥料結合起來，會使土壤硬化」[141]——這些話在當時大家並不覺得怎樣，但我們今天在反思現代性的時候，就會覺得這些思想相當可貴，是超前的。就我個人來說，我是在2008年大陸發生雪災、震災時，才發現現代化生產與生活的軟弱性。一旦沒有電，我們整個生活就癱瘓了，這時候怎麼辦？沒別的辦法，只能靠工人爬上電線桿，用鐵錘去敲冰，這就是土的辦法；汶川地震時，交通中斷了，機械設備一時用不上，只能徒步前行。當然最後還是要用現代機械，就是要「土洋結合」。過去我們以為現代化就是機械化、自動化，形成一種機器崇拜，這是有問題的。另外是體力勞動和腦力勞動的關係，手工業勞動要不要保留、還有沒有意義？是不是隨著現代化，手工勞動就必須消滅？這不僅是一個現代建設發展道路的問題，而且關係到人的健全發展。從這個角度看，毛澤東當年的思考，確實具有一定的超前性。[142]

---

141 毛澤東：〈讀《政治經濟學教科書》社會主義部分（第三版）的筆記〉，文革流傳本，頁238-239（見《課用選文》）。另有鄧力群編輯整理：《毛澤東讀社會主義政治經濟學批注和談話》（清樣本）（北京：中國人民和國國史學會，1998）。在《毛澤東文集》第8卷編有〈讀蘇聯《政治經濟學教科書》的談話〉（節選）亦可參看。

142 在農業經濟的內部，毛澤東也提倡「農（種植）、林、牧並重」，強調「三者平衡地互相依賴」，並且指出這是美國的經驗，「我國也一定要走這條路線，因為這是證實了確有成效的科學經驗」。見《毛澤東文集》第8卷（北京：人民出版社，1999），頁101。毛澤東在1958年，還提出「農業生產上的大革命」，即「實行耕作三三制」：1/3種農業作物，1/3休閒、種牧草、肥田草和供人觀賞的花卉，1/3種樹造林。見毛澤東：〈對《關於人民公社若干問題的決議》稿的批語和修改〉（1958年11月24日）註釋（1），《建國以來毛澤東文稿》第7冊，

　　當然也應該看到，毛澤東當年提出「全民辦工業」，什麼事都全民大辦，這也帶來很大的問題。實際上這是一個「命令經濟」`的發展模式：由集中了全部權力的各級黨組織，根據上級的要求或自己的主觀意志，完全不顧客觀需要與可能，也不受任何監督與制約，依靠行政命令，集中所有的財力、物力和智力，用土的辦法，一哄而上、「集中力量辦大事」。一時間，「縣縣辦工廠，鄉鄉辦工廠，規模之大，聲勢之壯，前所未有」。[143]甘肅省從1958年1月到6月，半年時間內，就在全省辦了22萬個工礦企業，而全省每個鄉平均有110個工礦，每個農業社有12個廠礦；河北定縣，在一個多月的時間裡就建起1,530個中、小工廠，平均每天有35個工廠投入生產[144]——雖然這些數字自然有很大的浮誇成分，但嚴重的是，如此一哄而起，會造成很大的人力、財力、資源的浪費與破壞，在後來的大饑荒年代，又紛紛下馬。

　　問題也還有另一面：後來經過整頓，淘汰了大部分倉促上馬、不符合客觀需要、或不具備條件的項目，但也還是保留下來一批工礦企業；正是這一部分工礦企業，當經濟恢復、發展時就都成了中國地方工業、鄉辦企業的骨幹，八十年代中國鄉辦企業的迅猛發展，正是以此為基礎。[145]這些年，在

頁575。這些毛澤東的經濟思想都很值得注意。

143　轉引自林蘊暉：《烏托邦運動：從大躍進到大饑荒（1958-1961）》，頁111。該頁註釋（12）：「國家經委黨組：《關於1958年度計劃第二本帳的報告》（1958年3月7日），轉引自武力主編：《中華人民共和國經濟史（1949—1999）》，上冊（北京：中國經濟出版社，1999），頁424。」

144　轉引自林蘊暉：《烏托邦運動：從大躍進到大饑荒（1958-1961）》，頁111。該頁註釋（13）：「轉引自蕭冬連等：《求索中國：「文革」前十年史》（北京：紅旗出版社，1999），頁346」。

145　社隊企業另一個發展高潮是在文化大革命期間。據國家統計局編《中國統計年鑒（1983）》（北京：中國統計出版社，1983）所公布的材料，從1965年到1976年期間，社辦工業在全國工業總產值中的比重由0.4%上升到3.8%。費孝通先生經過調查得出了一個很有意思的結論：在文化大革命的十年動亂中，蘇南的農村社隊企業卻「狹處逢生，發展了起來」，「大城市裡動刀動槍地打派仗，幹部、知識青年下放插隊這兩件使城裡人或許到現在還要做惡夢的事情，從另一面來看，卻成了農村小型工業興起的必不可少的條件」，見費孝通：《行行重行行》（銀川：寧夏人民出版社，1992），頁24。轉引自史雲、李丹慧：《難以繼續的「繼續革命」：從批林到批鄧（1972—1976）》（香港：香港中文大學當代中國文化研究中心，2008），頁291。

中國內地，特別是一些邊遠地區，經常舉辦某個工廠、學校建立五十週年的慶典，人們自會注意到，這些工廠、學校都是1958年創建的。在某種意義上，我們可以說，今天中國工業發展的基本格局是1958年大躍進奠定的——在此之前，第一個五年計劃建設了許多大型企業，1958年則建設了大批中小企業，而且遍布全國各地，形成了比較合理的工業布局。這不能不說是毛澤東群眾路線的工業化方針所帶來的積極、正面效用，這樣的事實是不必否認的；[146]當然，同時我們又必須承認、正視其所付出的代價實在是過於巨大。

大躍進的第四個方面是——「向地球開戰」。

（四）向地球開戰

毛澤東在1958年1月最高國務會議第十四次會議上的講話中說：「現在我們是進行一場新的戰爭，向地球開戰，工作重心轉到技術革命，要革地球的命」。[147]這最能顯示毛澤東的性格，他早在年輕時就有一句名言：「與人奮鬥，其樂無窮；與天奮鬥，其樂無窮；與地奮鬥，其樂無窮」。如果說，在1957年，凡是妨礙他的人都被打倒了，從黨內到黨外他都大獲全勝、享盡了「與人奮鬥」的「無窮」樂趣；那麼，到1958年，他就要進而向大自然宣戰，以便再享「與天奮鬥，與地奮鬥，其樂無窮」的滋味。所以他提出要駕馭自然、主宰自然、改造自然，也就是要向自然開戰。以後的事實證明，開戰的結果是遭到了大自然的報復、「革地球命」帶來了大災難，這卻是毛澤東所不能控制的——但在這裡我要強調的是，向地球開戰的問題，可能不僅是毛澤東，

---

146 五十年代的冶金工業部長王鶴壽（1909-1999）、呂東（1915-2002）在〈毛澤東同志對中國鋼鐵工業的戰略指導〉一文中回憶說，冶金工業部就是依據大、中、小三結合的方針，作出了中國鋼鐵工業「三大、五中、十八小」的戰略部署，決定除了建設鞍山、包頭、武漢三大鋼鐵基地外，還建設山西太原、北京石景山、安徽馬鞍山、湖南湘潭、四川重慶等五個中型鋼鐵廠，並在十八個省建設小型鋼鐵廠。陳雲幽默地稱為「三皇，五帝，十八羅漢」，稱讚這「符合中國國情」。文章總結說：「從總體上看，除以後新建的攀枝花、寶鋼等大型鋼鐵企業外，現今的鋼鐵工業還是在這個方案的基礎上擴大和發展起來的」，「這一方案執行的結果，不僅在鋼鐵工業的發展速度上，而且在布局的合理展開上，都起了歷史性的奠基作用」。文收「緬懷毛澤東」編輯組編：《緬懷毛澤東》（上），頁70-71。

147 毛澤東在最高國務會議第十四次會議上的講話（1958年1月28日），轉引自逄先知、金冲及主編：《毛澤東傳》（上），頁782。

甚至整個世界工業化過程都有這麼一個思路，都有所謂「人要征服自然」的衝動，包括西方人在內。直到今天吃了大虧，人類才知道要敬畏自然。這是整個二十世紀現代化、工業化的一個基本教訓，到了新世紀（二十一世紀）我們就要自食其果：當前全球面臨的氣候與環境問題正是大自然對人類的一個懲罰，中國也不例外。

但同樣是征服自然，毛澤東也自有其「創造」，並形成中國問題的特殊嚴重性。這就是在1958年毛澤東在鼓吹「向大自然開戰」時，把人的主觀能動性強調到極致，達到了主觀唯心主義的極端。當時最流行的口號登在《人民日報》上，叫做「只要我們需要，要生產多少就可以生產多少糧食出來」；[148]後來《人民日報》在發表一篇來信時，用了〈人有多大膽，地有多大產〉的大標題。[149]當時大家都認為《人民日報》傳達的是黨和毛澤東的號令，因此為之興奮不已。我作為大學新聞系的學生，剛好正在北京郊區辦小報，也大受鼓舞，立刻在油印報上，用通欄紅色標題寫下這句話，根本不懷疑它是否符合科學。

問題是，這種主觀意志論卻得到某些中國科學家的支持，而且是最著名的頭號科學家，就是大家可能知道的，被稱為中國導彈之父的錢學森（1911-2009）。錢學森當時在報紙上公開發表一篇文章，用他所謂太陽光能的「科學計算」，得出一個很驚人的結論：現在稻麥每年畝產最多到2,000多斤，如果實行「科學生產」，就可以達到「2,000斤的20多倍」，也就是可以達到4萬斤。[150]錢學森這麼說，是要為當時報紙上大肆宣傳的農業生產「放衛星」作「科學論證」。

1957年蘇聯放了一顆人造衛星，所以中國1958年也要放衛星，放不了真的衛星，就放高產「衛星」。那時正是秋收季節，《人民日報》每天都有驚人報導、數字一天一天飛升。先是小麥產量：6月12日，河南遂平衛星公社報告畝產3,530斤；6月30日報導河北安國畝產5,103斤；7月12日河南西平報7,320斤；到9月22日青海省柴達木的一個農場畝產就飛躍到了8,585斤了。

148 社論：〈今年夏季大豐收說明了什麼？〉，《人民日報》1958年7月23日，第6版。

149 劉西瑞：〈人有多大膽，地有多大產〉，《人民日報》1958年8月27日專欄「壽張來信」，第3版。

150 錢學森：〈糧食畝產量會有多少？〉，《中國青年報》1958年6月16日。

接著是早稻畝產，也是節節高升：7月12日，福建閩侯城門鄉公社，3,257斤；7月26日，江西波陽，9,195斤；8月1日，湖北孝感長風公社，15,361斤；8月22日，安徽繁昌，43,075斤；9月5日，廣東北部山區連縣宣布達到60,437斤，簡直就是發瘋了。[151]但這樣的吹牛還不過癮，到9月18日，《人民日報》就有了最驚人的報導：「廣西環江縣創造了畝產13萬斤的奇蹟！」這大概就是「人有多大膽，地有大多產」吧，只要你有膽量胡想亂吹，就有多高的產量編造出來；後來經過證明，這全部都是虛假的。

40年後，一篇〈狂熱及其災難〉揭開真相：原來「水稻畝產13萬斤」的「衛星」是這樣放出來的：先把一塊一畝一分三厘[152]田中的禾苗全部拔出，犁耙、深耕後堆如成千上萬擔各種肥料於田中，再從附近100多畝良田中挑出長勢最好且已成熟的禾苗，連根帶泥拔出，挑到這一畝一分三厘的田中並兜，密植到小孩在上面爬來爬去也掉不下來的程度。在「驗收」那天，除了指使挑糧農民反覆過秤之外，還從其他生產隊糧倉裡挑出一擔擔糧食混入過秤隊伍，這樣連矇帶騙，就創造出了「全中國，全世界水稻畝產的空前紀錄」。更為嚴重的是「狂熱」帶來的「災難」：既然放了畝產衛星，全縣糧食產量也不能少；因此，儘管環江全縣實際糧食只有1.5億斤，卻上報3.3億斤，上級就據此下達0.71億斤的徵購任務，最後只能苛扣農民口糧。到大饑荒年代，全縣農民非正常死亡就達5萬人，這就是所謂「一顆『衛星』五萬人命」。[153]

問題是，當時絕大部分的人，都相信這樣虛報的高產量。像我們這些年

---

151 楊繼繩：〈有關大饑荒的大事記〉，《墓碑——中國六十年代大饑荒紀實》（下篇），頁1047-1048。

152 一塊「一畝一分三厘」大小的田地，約為753.71平方公尺（222.55坪）。一畝約等於667平方公尺，又1畝＝10分＝100厘，以此推算。

153 參看王定：〈狂熱及其災難〉（1998年10月9日），《南方周末》1998年10月9日，第18版。本文的作者王定原為廣西環江縣委書記，在1957年提倡包產到戶，因而被打成「右派」。他在勞改農場裡目睹環江造假而造成餓死5萬人的災難，從解除勞改以後的1961年開始，他連續37年向中央和地方黨委揭露事件真相，直到1998年發表此文，才將40年前的環江「一顆『衛星』五萬人命」的慘案公之於世。人們因此稱其為「當之無愧的環江人民的真正公僕」。王定的事蹟見盧蒙堅：〈中國包產到戶首創者王定的遭遇〉，文收《往事微痕》48期〈廣西專集〉，自印本。環江造假事件詳情還可看靖鳴、周燕琳：〈「水稻畝產十三萬斤」新聞考〉，載《炎黃春秋》2009年第2期。

輕大學生，從來沒有在農村幹過活，就覺得13萬斤聽來挺過癮的。但不僅是我們這些無知的青年相信，竟連農家出身的毛澤東也相信了。後來有人問他為什麼輕信？毛回答說：「錢學森在報紙上發表過一篇文章。說是太陽能利用了百分之幾，就可能畝產幾萬斤，因此就相信了」。[154]其實這也是一個托詞，關鍵在於毛澤東當時需要這樣的高產數字，以自欺欺人。[155]

而且，這樣的「高產風」，正是毛澤東自己號召的結果。1958年8月4日，毛澤東視察河北徐水，縣委書記向他彙報全縣計劃夏秋兩季計劃平均每畝產2,000斤，毛澤東十分興奮，並作了這樣的發揮：「世界上的事情是不辦就不辦，一辦就辦得很多！過去幾千年都是畝產一二百斤，你看，如今一下子就是幾千上萬！」[156]縣委書記的「兩千斤」當時就有些離譜，但在毛澤東的想像裡，卻立刻變成了「幾千上萬」，隨即通過《人民日報》的報導，傳遍全國，十幾天後，就成了黨的決議：「出現了農業生產飛躍發展的形勢，農產品產量成倍、幾倍、十幾倍、幾十倍地增長」。[157]在中國的高度集權體制下，毛澤東高聲呼喚「幾千上萬」的畝產，黨的決議肯定「幾十倍增長」，畝產萬斤、十萬斤的「奇蹟」自然會被想像、製造出來。

我感興趣、並且要由此而追問的，是知識分子的反應與責任。很顯然，錢學森是為了迎合毛澤東「征服自然」的雄心壯志，而找出他的「科學依據」。而毛澤東也因為有了錢學森的「科學論證」，更加理直氣壯、雄心勃勃地指揮全國人民向地球開戰了。

而且還有為之宣傳與演戲的：文學家、藝術家們本來就浪漫，在毛澤東推行經濟浪漫主義和政治浪漫主義的大躍進年代，他們就緊跟著大演特演「時代狂想曲」——劇作家田漢（1898-1968）還真寫了一部《十三陵狂想曲》。詩

---

154 參看李銳：《廬山會議實錄》（北京：春秋出版社、長沙：湖南教育出版社，1989），頁62。

155 毛澤東的機要祕書又有這樣的回憶：正是在1958年的一次私下談話裡，談到「畝產十萬斤」，毛澤東明確地說：「你不要相信這些事情」。接著他又說了一番話：「不熱不行，不熱群眾起不來。不冷也不行，熱過了勁就要壞事。咱們現在根本達不到那個水平。見〈「江青我只能管半個」——機要祕書高智談毛澤東的隱衷〉，權延赤：《領袖淚》（北京：求實出版社，1990），頁92。

156 〈毛主席到了徐水〉，《人民日報》1958年8月11日。

157 〈中共中央關於在農村建立人民公社問題的決議〉（1958年8月29日），《建國以來重要文獻選編》第11冊，頁446。

人郭沫若寫了首詩，題目就叫〈向地球開戰〉：他總是能即時寫出「時代最強音」。這正是中國知識分子的致命弱點：他們總是喜歡得天下風氣之先，總是喜歡趨時、趕潮流。特別是大躍進這樣「發瘋的年代」，知識分子非但不能起到時代冷卻劑、清醒劑的作用（這本是他們的職責所在），反而要推波助瀾、火上澆油。時代瘋狂，知識分子更瘋狂，這是很可悲的。

自然也有清醒的。就在這一年，毛澤東回湖南去見了他的老朋友。這個老朋友是一個很著名的人物，是共產黨的發起人之一，也是哲學家，叫李達（1890-1966，字「鶴鳴」）。他當時是武漢大學的校長，因為是毛澤東的老朋友，所以見面他就不客氣了。他說：「潤之〔錢註：這是毛澤東的字〕，『人有多大膽，地有多大產』，這句話通不通？」毛澤東回答：「這口號有兩重性」。他舉紅軍長征的例子，說明人的主觀能動性可以克服有時看起來不可克服的困難。「人想飛敢飛，於是就有了飛機；人想日行千里，於是發明了火車」。李達正告說：「肯定這個口號就是認為人的主觀能動性是無限大，就是錯誤」，「現在人們的膽子太大了。潤之，你不要火上加油，否則可能是一場災難」，「你腦子發熱，達到39度高燒，下面就會發燒到40度、41度、42度，這樣中國人民就要遭受大災大難了」。這是毛澤東發動大躍進以後遇到的第一個公開挑戰，他很尷尬，只好說：「我看你也發燒了」。[158]據說事後毛澤東講了這樣一番話：「孔子說過，六十而耳順。我今年63歲，但還不夠耳順。聽了鶴鳴兄的話很逆耳。以後我要同他多談談」。[159]

對於毛澤東與李達的爭論，我們還可以作更進一步的討論。毛澤東在1958年大躍進中，把人的主觀意志與主觀能動性推向極致，在和李達論爭中一定程度上肯定「人有多大膽，地有多大產」的極端口號，其實有深刻的哲學根源。毛澤東青年時代，就深為「心力說」所吸引。「心力說」在近代湖湘文化中極有影響，其所強調的，就是人的「心力」（精神）的主觀能動作用，並將其推向極端。最早的倡導者譚嗣同（1865-1898）就在他著名的《仁學》裡，這樣寫道：「人力或做不到，心當無有做不到」，「夫心力最大者，無可不為」，「若

---

158 梅白：〈毛澤東的幾次湖北之行〉，載《春秋》雜誌，1988年第1期。轉引自辛子陵：《紅太陽的隕落：千秋功罪毛澤東》（上），頁224-225。

159 李銳橋：《邁向神壇的毛澤東》，頁240。

能了得心之本原，當下即可做出萬萬年後之神奇」。毛澤東的啟蒙老師楊昌濟十分服膺譚嗣同的心力說，稱讀其書「乃有豁然貫通之象」，「心力邁進，一向無前；我心隨之，猝增力千百倍」，並作了這樣的發揮：「人之力莫大於心，精神一到，何事不成？」[160] 研究者告訴我們，「心力說」確實為楊門弟子所共同信奉，據說毛澤東當時還專門撰寫了一篇題為〈心之力〉的文章，楊昌濟老師給了個100分。將近20年後，毛澤東在陝北和斯諾（Edgar Snow，1905-1972，美國）談及，還津津樂道。[161] 這篇體現了毛澤東早期哲學思想的得意之作，現已無處尋覓，但我們在毛澤東的早期著作和流傳下來的同學日記裡，仍可見到這樣的論述：「人之心力與體力合行一事，事未有難成者」，[162]「天下之心皆動，天下之事有不能為者乎？天下之事可為，國家有不富強幸福者乎？」[163] 正如研究者所說，毛澤東後來接受了馬克思主義的歷史唯物主義，由一個唯心主義者或二元論者，變成一個毛澤東自稱的「徹底的唯物主義者」，但「理學與心學唯心主義也還潛藏在他心靈的深處」，[164] 在他的思想或潛意識裡，或許認為，如果將「心力」賦以階級的內涵，變成億萬勞動者的精神力量，那確實可以做到「天下事」無可不為，「國家有不富強幸福者乎？」這大概就是毛澤東發動大躍進的一個深層心理基因吧。當然，作為一個馬克思主義者，他也並非不懂得這是有唯心主義之嫌的，在和李達的哲學論爭中，毛澤東最後還是自覺理虧，也就是這個道理──這裡，再一次顯示了毛澤東的矛盾。在大躍進年代的毛澤東，確實是時而狂熱迷亂，時而冷靜清醒，時而唯心，時而唯物。[165]

我們在此可以簡單總結毛澤東發動的大躍進，它的四個命題在當時的歷史條件下都有一定合理性，背後又都隱含著一些危險。「高速度」固然表達了

160 楊昌濟：〈達化齋日記〉，轉引自汪澍白：《毛澤東的來蹤去跡》，頁46、15。

161 汪澍白：《毛澤東的來蹤去跡》，頁46。

162 〈張昆弟記毛澤東的兩次談話〉（1917年9月），《毛澤東早期文稿》，頁638。

163 毛澤東：〈致黎錦熙信〉（1917年8月23日），《毛澤東早期文稿》，頁85-86。

164 汪澍白：《毛澤東的來蹤去跡》，頁45。

165 毛澤東在〈關於把握打金門時機給彭德懷、黃克誠的信〉（1958年7月27日）裡，談到他在決策時的矛盾與困惑，很有意思：「一鼓作氣，往往想得不周，我就往往如此，有時難免失算」，因此，需要「等幾天，考慮明白，再作攻擊」，這才能「運籌帷幄之中，制敵千里之外」。見《建國以來毛澤東文稿》第7冊，頁326。

中國這個落後大國的焦慮和落後就要挨打的恐懼感，有一定民意基礎，但不顧客觀條件追求高速度的經濟激進主義，就會造成經濟的混亂。強調「黨的領導」，固然可以「集中力量辦大事」，但背後隱含著「外行能夠領導內行」觀念，就必然導致「瞎指揮」，即「用行政命令，以至軍事專制」的手段來發展經濟。強調「群眾路線」固然注意到發揮底層人民的積極性，但背後的理念卻是「卑賤者最高貴，高貴者最愚蠢」，把底層與精英絕對對立，因而排斥專家，在一定程度上排斥了科學與理性。「向自然開戰」的背後，更隱含誇大「心力」，即「人的精神力量、能動作用」的主觀意志論。[166] 這樣，毛澤東在發動大躍進時，他所提出的、有著濃厚浪漫主義色彩的理論觀念背後，已經隱含著巨大的危機，其實踐的結果，也就必然帶來巨大的災難，這是我們下面要討論的。

三、全民大煉鋼鐵，全民圍剿麻雀：大躍進的兩個場景

剛才我看了同學的作業，有一個同學提出來說，「我不可想像大躍進是什麼樣子」。下面我舉兩個例子，比較形象的具體告訴大家，六億人口的大躍進是一個什麼場面。

先說「全民大煉鋼鐵」。前面提到，大躍進最主要的目標，是要在最短時間內趕上英國和美國。那麼「趕上」的標準、標誌是什麼呢？當時想得很簡單，就是鋼產量，鋼產量超過英國，就是超過英國了。這樣的標準在今天看來，自然是相當粗陋的，但在當時確實起到了極大的動員作用。所以我們這一代人，腦子裡都牢牢記住一個數字、至今不忘：「一○七○」。這個數字是什麼概念呢？1957年，大陸的鋼產量只有534萬噸，既然是大躍進，就要求1958年的鋼產量要翻一番，達到1,070萬噸，這就是「一○七○」。而在當時

---

166 毛澤東時時不忘強調人的主觀意志的作用。這裡有一個小故事：1958年2月毛澤東的小女兒李訥動闌尾炎手術不太順利，情緒有點低落，日理萬機的毛澤東在「半睡狀態執筆」寫信給她，卻說了這樣一番話：「害病嚴重時，心旌搖蕩，悲歡襲來，信心動蕩。這是意志不堅定，我也常常如此。病情好轉，心情也好轉，世界觀又改觀了，豁然開朗。意志可以克服病情。一定要鍛煉意志。你以為如何？」見李敏：《我的父親毛澤東》（遼寧：人民出版社，2000），頁89-90。

鋼產量能不能翻一番，首先是一個政治問題。因此，在我們心目中，「一○七○」不僅是一個經濟數字，而且是一個政治概念，但在事實上，這卻又是一個不可能達到的指標。一直到1958年7月底8月初，準備開政治局擴大會議會的時候才發現，從1月到7月底，全國只完成了380萬噸，距離原定的1,100萬噸還差720萬噸，時間只剩下四個月，看來要達到既定指標已經沒有多少希望了。但對毛澤東來說，「人有多大膽，地有多大產」，沒有做不到的事情，於是就在中央會議上作戰鬥動員，說：「不完成1,100萬噸鋼，是關係全國人民利益的大事。要拼命幹，『拼命幹』三個字下面要加著重號」。[167] 後來經過討論，決議公開發布時改為1,070萬噸，留下約30萬噸的空間。[168] 但這依然是一個難以達到的高指標。怎麼幹呢？一是「書記掛帥，全民全黨辦鋼鐵」。他說你們書記回去之後，「要立刻建立無產階級專政」，「只搞分散不搞獨裁不行。〔……〕必須有控制，不能專講民主。馬克思和秦始皇要結合起來」，用鐵的手腕，層層下命令，任務不完成就要處罰，從警告、撤職，直到開除黨籍，[169] 可以說是下了死命令，就跟打仗作戰前動員一樣。據說能否完成煉鋼任務，還事關民族尊嚴與感情；陳雲傳達說，毛澤東已經告訴赫魯曉夫，說中國要達到「一○七○」，赫魯曉夫表示不相信，蘇聯專家總顧問阿爾希波夫（Abram Efimovich Arkhipov，1862-1930，俄國）還和陳雲辯論起來。[170] 因此當時有一個說法：要練「志氣鋼」，不能讓蘇聯人看笑話。毛澤東還套用孫中山的遺囑，說「鋼鐵尚未成功，同志仍須努力」[171]——順便說一下，大陸建國以後，表面上好像很少提孫中山，但實際上孫中山的潛在影響是相當大的。毛澤東就講，大躍進不是我發明的，孫中山先生在他的〈建國大綱〉裡就已經提出來了。孫中山不是有個外號叫「孫大炮」嗎？他也是中國的第一夢想家，

---

167 毛澤東在第二次協作區主任會議上的講話（1958年8月21日），李銳：《「大躍進」親歷記》（下），頁102。

168 見林蘊暉：《烏托邦運動：從大躍進到大飢荒（1958-1961）》，頁175-176。

169 毛澤東在各大協作區主任會議上的講話（1958年8月19日），載李銳：《「大躍進」親歷記》（下卷），頁96、97。

170 轉引自林蘊暉：《烏托邦運動：從大躍進到大饑荒（1958-1961）》，頁173。

171 毛澤東在中共中央政治局擴大會議上的講話（1958年8月39日），據李銳：《「大躍進」親歷記》（下卷），頁121。

毛澤東自認是繼承了他的夢想。所以一直到1964年還在說：「中國大革命家，我們的先輩孫中山先生，在本世紀初就說過，中國將要出現一個大躍進。他的這種預見，必將在幾十年的時間內實現」。[172]

第二個辦法，就是「全民煉鋼」，大搞「小（小高爐）、土（土法煉鋼）、群（群眾運動）」。一聲令下，小土爐立即遍布全中國，幾乎每一所學校，每一個機關都有，連宋慶齡也在她的後院裡面壘起土高爐。問題是到哪裡去找煉鋼需要的鐵？於是，就家家戶戶砸鐵鍋、拆鐵門，因為那時都在公共食堂吃飯，家裡自然不需要鍋，社會治安很好，門也可以不要。當時還發動群眾，包括小孩子，到處去挖垃圾堆裡掩埋的廢鐵。燒高爐需要木炭，就滿山遍野地砍伐森林，造成極大破壞。怎麼運輸？就牛、馬、自行車通通上。於是就出現這樣一個場面，當時《人民日報》有具體描述：

〔……〕通往山區的大路上，日日夜夜都是擰成繩的人群、馬牛群、牛車群、小土車群、自行車群……。山溝裏的景象更是壯觀：滿山滿野的人堆，一片片的土爐群，狼煙沖天，人聲吵雜，加上千萬個風箱、風葫蘆、鼓風機抽動的聲音，真是熱鬧極了。〔……〕還看到許多從三里、五里、十里、八里趕來支援的老太太和孩子們；他們一個個都拿着在家煽火做飯和夏天拂暑用的芭蕉扇和雞毛扇，目的是想為煉鐵鼓風的。說起來這可能是笑話，但群眾這種熱情實在動人。特別是看到那些老太太一手扶着拐杖，一手拿着扇子，踏著雨後的稀泥向山上爬行時，真是激動人心！[173]

那一年，有9,000多萬人上山，9,000多萬人去煉鐵，這是多大的場面。

全民大煉鋼鐵之外，還有你們誰都想像不到的全民打麻雀。毛澤東在1957年10月的一次會議上就提出「一定要滅掉四害」，「基本上變成四無國」，他要在全中國土地上消滅蒼蠅、蚊子、老鼠、麻雀這「四害」。[174]毛澤東說：

---

172 毛澤東：〈對政府工作報告稿的批語和修改〉（1964年12月13日），《建國以來毛澤東文稿》第11冊，頁271。

173 轉引自林蘊暉：《烏托邦運動：從大躍進到大饑荒（1958-1961）》，頁200-201。

174 毛澤東：〈在中共八屆三中全會上的講話提綱〉（1957年10月9日），《建國以來毛澤東文稿》第6冊，頁593-594。參看毛澤東：〈工作方法六十條（草案）〉（1958年1月），《毛澤東文集》第7卷，頁361。

「除四害的根本精神，是清潔衛生，人人振奮，移風易俗，改造國家」。[175]其
實，毛澤東早年在設計新村運動[vi]時就有過建設「模範國」的設想，其中一條
就是「街衢之修潔」。[176]到了1958年大躍進，他就要利用手中的權力、用群眾
運動的方式，來實現自己的目標了。而且毛澤東說要幹就得幹，不管能否做
到都要做。於是，就有了「全民追捕麻雀日」。這是一篇《人民日報》的〈人民
首都不容麻雀生存——三百萬人總動員，第一天殲滅八萬三〉的現場報導：

> （1958年4月）19日清晨四時左右，首都數百萬剿雀大軍拿起鑼鼓響器、
> 竹竿彩旗，開始走向指定的戰鬥崗位。八百三十多個投藥區撒上了毒
> 餌，二百多個射擊區埋伏了大批神槍手。五時正，當北京市圍剿麻雀
> 總指揮王昆侖副市長一聲令下，全市八千七百多平方公里的廣大地區
> 裡，立刻鑼鼓喧天，鞭炮齊鳴，槍聲轟響，彩旗搖動，房上、樹上、院
> 裡到處是人，千千萬萬雙眼睛監視著天空。假人、草人隨風搖擺，也來
> 助威。不論白髮老人或幾歲小孩，不論是工人、農民、幹部、學生、戰
> 士，人人手持武器，各盡所能。全市形成了一個聲勢浩大的『麻雀過街，
> 人人喊打』的局面。被轟趕的麻雀在天羅地網中到處亂飛，找不到棲息之
> 所。一些疲於奔命的麻雀被轟入施放毒餌的誘捕區和火槍殲滅區。有的
> 吃了毒米中毒喪命；有的在火槍聲裡中彈死亡。[177]

這個場面我們當時都經歷過。後來有一個畫家畫了一幅漫畫，畫的是中國一
個著名詩人，那天他就在屋頂上面戴了一副深度眼鏡打麻雀。不知道在座同
學對這樣的歷史場景有何感想，可能會覺得可笑，也可能會覺得恐怖：連小
小的麻雀也難逃人民群眾布下的天羅地網。大詩人郭沫若竟然寫有〈咒麻雀〉
一詩：「你真是混蛋鳥，五氣〔錢註：原詩提到五氣為官氣、闊氣、暮氣、傲
氣、嬌氣〕俱全到處跳。犯下罪惡幾千年，今天和你總清算」。[178]把詩寫成宣

---

175 毛澤東：〈對全國農業發展綱要草案修改稿的批語和修改〉（1957年10月12日），《建國以
　　來毛澤東文稿》第6冊，頁606。

176 毛澤東：〈學生之工作〉（1919年12月），《毛澤東早期文稿》，頁454、455。

177 〈人民首都不容麻雀生存——三百萬人總動員第一天殲滅八萬三〉，《人民日報》1958年4月
　　20日，第1版。

178 郭沫若：〈咒麻雀〉，原載1958年4月21日《北京晚報》，轉引自雷頤：〈「麻雀」有故事〉，
　　載《炎黃春秋》2009年第2期。

判詞，而要「清算」的是麻雀；這裡的荒誕與專政思維，也同樣令人矚目。

圍剿麻雀引起鳥類、動物學家的強烈抗議，因為從科學眼光來看，麻雀是益鳥，不能消滅。生物學家朱洗（1900-1962）還特意講了一段歷史：公元1774年，普魯士國王曾下令消滅麻雀，後來麻雀果然消滅了，但從此各地果園都布滿了害蟲，不得不收回成命，還得從外國進口麻雀。毛澤東最後還是接受了科學家的忠告，下達了「麻雀不要打了」的命令，但這已經是 1960年的事了。而朱洗卻在後來的文化大革命中，被強加「公開反對毛主席，把毛主席消滅麻雀同封建帝王滅雀類比」的罪名。[179] 其實，這確是從一個側面反映了毛澤東隨心所欲、異想天開背後的專制性。1958年發動全民滅雀，是人類歷史上第二次，由專制體制隨著主觀意志去圍剿麻雀的荒唐之舉。

四、我在大躍進中

我這裡想要說的是，作為這段歷史的參與者——我曾在北京郊區當過土高爐的爐前工，也參加過全民剿雀大戰——的內心感受。回顧這段歷史，引起我無限感慨，我想概括成三句話：「那時我們多年輕，那時我們多熱情，那時我們多天真」。那麼一股想改變自己國家落後面貌的熱情，那麼一種對毛澤東和共產黨的信任，那麼一種眾志成城的巨大力量，都被引向錯誤方向，一個反科學、反知識、反文化的方向，結果帶來巨大的災難。所有的善良願望，都走到反面，造成了後來的大饑荒。這真是一個不成熟民族的巨大悲劇。

我還想再回過頭敘述我個人的歷史，也就是在大躍進年代裡，我當時的遭遇、感受和心情。我的大學生活，跟你們完全不一樣，大體可以分作兩個階段：從1956年下半年入學到1957年上半年，也就是反右之前，大概僅僅讀不到一年的書，從1957年下半年反右之後，我就投入各種各樣的運動。我們是新聞系的學生，強調理論和實踐相結合，就到北京郊區辦公社小報，又到郊區農村去興修水利，同時做宣傳鼓動工作，後來又從北京跑到山西太原重型機械廠跟班勞動，同時幫助辦工廠小報等等，基本上就沒讀什麼書，一直在參加各種社會運動和勞動。這叫做「教育與勞動生產相結合，教育和無產階

---

179 轉引自林蘊暉：《烏托邦運動：從大躍進到大饑荒（1958-1961）》，頁259，註釋135。

級政治相結合」，這就是當時的教育改革。我那一段大學生活，幸而留下兩段原始記錄。大學畢業的時候，我們班寫了一本班史，那時強調全民寫歷史、寫工廠史、寫農村史，我們班也寫了班史。這本班史裡有關於我的活動的一些記錄。順便說一下，我覺得這種大家都寫歷史，寫工廠史、農村史，還是很有意思的，可以說是一個創舉。另外，我這次來台灣前翻箱倒櫃，翻出我當時的一些日記、下鄉札記，這都是原始材料，比較可靠，我們現在就利用這些原始材料，來談談在大躍進當中的「我」。

在下鄉札記裡面有這樣一段話：

> 鬥爭是火熱的，周圍生活也是蓬蓬勃勃的，周圍的同志也都積極向上的，置身於鬥爭的旋渦中，置身於大躍進的最前列，自己為什麼竟那麼平靜呢？思想有如一段空白，討論會上竟然一句話也說不出來。精神為什麼振作不起來呢？力量何在呢？我責問自己，在同志的面前，我感到羞愧。事實證明，我是害怕鬥爭，害怕艱苦的。在激烈的階級鬥爭和比較艱苦的生活條件下，我在行動上沒有開小差，但在思想上卻是確確實實開了小差。我動搖過，希望回去過原來那樣的生活，對現在這樣的生活，我不是真正的衷心的熱愛它，而是竭力去適應它，同時也就產生了厭倦情緒，希望趕緊結束這樣的生活。當然我也有過矛盾，有時候也激動，甚至可以寫下一些抒情的頌歌，但這究竟說明自己的思想有多大的變化呢？所謂思想改造的危機不正是這個嗎？

這大概真實的反映了我在大躍進時的態度和心情：一方面努力地適應它，另一方面卻並無熱情，甚至在內心深處感到厭倦。這就是所謂行動上沒有開小差，但思想上是開小差了。記得當時同學老批評我：「錢理群，你勞動的時候老是心不在焉，你就像教授在勞動一樣」。心不在焉，我的心在哪裡呢？

這裡又有一段班史，記載了我的表現。當時我們有紅專大辯論，辯論我們應該走什麼道路，是走「白色資產階級專家」的道路、還是「做紅色接班人」？我在會上有一個發言：

> 在二班的辯論會上，XXX同志〔錢註：仔細看這「XXX」後寫的是「錢理群」。班史是油印的，可以看出原稿上寫的是「錢理群」，但後來黨支部在審查稿件的時候，為了團結我，就把我的名字給去掉了，變成「XXX」。那時候點不點名都是很有講究的，是黨對你的一個態度〕說：「我一心求

的是學問，用自己的勞動，一步步走上去，我鑽圖書館又不妨礙別人。況且，我不求好吃好喝，不求洋房汽車，我只求一本書、一間房、一杯茶，何以見得是臭不可聞的個人主義？」看何其清高。有人問他：「你說鑽圖書館不妨礙別人，你為了節省時間，買電影票自己不排隊找別人去帶，吃飯的時候都找同學帶，這不是極端利己主義嗎？不是踩在別人的肩膀往上爬嗎？」然後著重分析「他正是因為嚴重的個人主義，頑強走白專道路，所以在反右鬥爭中犯了嚴重的錯誤，同情許多右派言論，根本談不上保衛黨，這是完全喪失一個共青團員立場的嚴重錯誤。在這些事實面前，XXX同志初步認識到，這條白專道路是醜惡的、是發臭的」。[180]

從這一段對我的批判和我的反駁，就可以看出當時我的心在哪裡：我還是嚮往著一本書、一間屋、一杯茶的書齋生活，這在那個時代就叫作堅持「白專道路」。具體說，我還是堅持我的作家夢、學者夢，追求「知識、友誼和愛情」，還是抱著入學的時候、年輕時候的那樣一個理想。在一份思想總結裡，我談到自己的靈魂深處還念念不忘「資產階級的絕對民主、自由、人道、友誼的追求」，並越來越感到生活中有四多：勞動時間太多，政治學習太多，集體學習太多，政治活動太多。我受不了，我覺得這妨礙我的自由、獨立，感到壓抑、不自由，有著非常強烈的孤獨感。有一次忍不住了，在小組會中作了一個長篇發言，題目是〈呼籲人情和友情〉，結果自然是遭到一頓訓斥。另一方面的壓力，自然是我的家庭出身的壓力，我實在忍受不了，就回家向我的大哥傾訴。大哥講了一番道理來說服我，我至今還記得，他是這麼說的：「你要算一筆帳：我們這樣家庭是少數，勞動人民是大多數，為了使大多數勞動人民得到解放，我們這些少數人受到壓抑是可以理解的，也是應該接受的」。這樣一個「大多數與少數」的邏輯，當時好像還是有說服力的，甚至在我心裡產生了某種悲壯感。

當然生活中還有另外一面，像我這樣一個出身上層社會、從來沒有離開過家庭和學校的年輕人，第一次到工廠、到農村，第一次和工人、農民在一

---

180 參看錢理群：〈四十年前的歷史敘述──關於我的大學時代〉，中國人民大學新聞系56級13班編：《那時我們多年輕》（自印本）。

起同住同吃同勞動，確實給我打開了另外一個天地，是我原來在上層社會的
書齋生活中所沒有的，因此給我帶來非常新鮮的感受。這裡我想讀一段我的
日記，這是1960年的春天，我到北京郊區一個人民公社去勞動，因為是在北
京郊區，我住進一個小土房，土房旁邊卻是一個工廠，因此有種非常特殊的
感受：

> 屋子裡是豆粒一般的煤油燈焰，而從窗戶裡望去，卻是一排珍珠般的電
> 燈光和高大的工廠廠房的模模糊糊的影子，時有汽車從緊靠著我們房子
> 旁邊的公路上走過，大喇叭裡傳出的音樂聲，剛剛還在響著，而現在已
> 停息了。我又想起來了，好像有人在說話，但已經聽不清楚。這一切都
> 使我想到我們的祖國，是的，我們的祖國現在還很落後，在這間小屋子
> 裡，我依然還在點著煤油燈，但如果有人只看見這煤油燈，而沒看見其
> 他的東西，沒有看見在這裡所展現出的未來，他就是沒有真正瞭解我的
> 祖國。不是嗎？現代化的工廠、馬路已經伸展到這小村鎮裡來了。而在
> 這間小屋子裡，點起電燈的日子也絕不會很遠了。這電燈和點著煤油燈
> 下的農家小屋交織在一起。這幅圖畫也許有人覺得奇異，但在我看來，
> 正是我們祖國的工農融為一體的象徵。這如豆的煤油燈焰，還使我想起
> 了延安，想起了那些吃苦歲月裡我們的先輩，他們就是在這煤油燈下學
> 習和工作著。而我們的後代呢？他們不會再在煤油燈下學習和工作了。
> 對於我現在這種在煤油燈下的生活，也許有人會說，這是艱苦，但何嘗
> 又不是一種幸福呢？我們的後代真要羨慕我們呢。真奇怪，這屋裡的煤
> 油燈和屋外的電燈竟引起我這麼多的遐想，我已經很久沒有這樣激動
> 過。在書齋裡待久了，腦子裡充滿了小我，這些富有詩意的關於我們祖
> 國和現在未來的遐想就被擠掉了，沒有自己的位置了，久而久之，心靈
> 也變成了冰，成為任何事情都激不起連漪的死水。這也是一個真理：痛
> 苦、苦悶、空虛是個人主義的忠實夥伴，一個人少想一點自己，多想一
> 點祖國，世界的命運、人類的未來，就少一份痛苦，多一分幸福。嚴酷
> 的生活不就這樣證明著嗎？但就這一點來說，到農村來吸些新鮮空氣，
> 對我來說，是完全必要的。因此我感到歡欣。但同時也有點著急不踏
> 實，明天我將怎麼樣開展工作呢？我將怎麼樣面對工人，面對農民呢？

工作、戰鬥的強烈欲望攫住了我，我渴望行動……。[181]

這是我到農村去的一段日記。然後又到了工廠，又有了這樣的日記：

今天我第一次參加工人小組會，工人們用好奇的眼光打量著我。工人談話時，我呆立一旁完全插不上口，我發現，和工人在一起，我感到侷促不安，和工人的關係有點僵硬，我遇到群眾關了。

按照黨的指示，我到一個先進小組李克盛小組跟班勞動。和工人一起，連續幹十二個小時，同時還搞宣傳工作。工人們也忙得團團轉，顧不得和我說話，可是我感到大夥對我親切多了。過年以後，小組董師傅病倒了，我急忙趕到他家裡去，他躺在炕上，他的老伴告訴我：「有天晚上睡得好好的，老頭子猛的從床上跳起來，捲起鋪蓋往外跑，我追上去問，他才說了話：廠裡任務緊急。後來一回家一進門就病倒了」。可是董師傅卻對我說：「我今年才六十四歲，還能幹十五年的活。毛主席說，要十五年趕上英國，我心想，我今年就要趕上英國。為了早點到共產主義，我為什麼不賣力氣，讓我離開大家，老待在小家裡根本辦不到。沒有大家就沒有小家，舊社會我倒有個小家。可是像掉在樹梢上的鳥窩一樣，老鷹一來，就全完了。現在這個大家像廠裡槌輪一樣有力量，誰敢來招惹，一下就把他的骨頭砸碎」。

這是一個不眠之夜，董師傅的話老在我耳邊響著，那錚錚作響的語言，那閃閃發光的思想，像一道電光照亮了我幾年來所走過的漆黑道路。不久之前自己還認為勞動是件苦事，把勞動當作生活第一需要是不可想像的，沒有小家也就沒有天倫之樂，空虛得很。在董師傅面前，這些骯髒的思想多麼可恥和醜惡啊。下定決心老老實實拜工人為師，這才是唯一的出路。

連我也說不清楚，從什麼時候起，我的思想感情開始變化，我成了李克盛小組迷，有事無事總愛向小組裡跑，有時作夢也想到他們。在一個溫暖的夜裡，我寫下了這樣的詩句：「從前但愛書房靜，今朝更喜機房喧。今日方知勞動貴，忘卻小我喜開懷。從前只覺家人親，反動階級難捨分。如今小組得親人，開口閉口談克盛。小組好比一面鏡，天天對鏡洗

---

[181] 錢理群：《下鄉日記》（未刊本，1960年春）。

心塵。一見小組心境高，個人主義難生存。夜深人靜捫心問，配不配做小組人。痛下決心脫胎骨，誓作工人階級一小兵」。[182]

這確實是我當時真實的思想。在21歲那天的日記裡，我寫下這樣一段話：

做勞動人民的兒子，做馬克思主義者──這是我對自己生日的祝詞，同樣也是誓詞。[183]

我今年70歲了，回過頭來看我21歲的誓詞，顯然，我現在的思想和選擇發生了很大的變化，但似乎又和當年的選擇之間存在著某種聯繫，這是很微妙的，也很發人深思。

編註

i 　成都會議：為中共中央政治局擴大會議，1958年3月9日於四川成都召開。毛澤東在會上繼續批評1956年周恩來等的「反冒進」，並提出了「兩種個人崇拜」、「破除迷信，解放思想」等問題，為發動大躍進提供思想理論。

ii 　中共八屆三中全會：中國共產黨第八屆中央委員會第三次全體會議，1957年9月20日於北京召開。主要交流了各地整風運動、反右運動的情況。

iii 　八大二次會議：中國共產黨第八屆中央委員會第二次全體會議，1958年5月5日-23日於北京召開。會議正式通過「鼓足幹勁、力爭上游、多快好省」地建設社會主義總路線。劉少奇代表黨中央委員會作〈工作報告〉。

iv 　黨的七大：中國共產黨第七次全國代表大會，1945年4月23日-6月11日於延安召開。會上確立毛澤東思想為黨的領導思想。

v 　命令經濟：指通過行政手段管理經濟，而非市場機制。在命令經濟下，企業的生產目標、企業活動活動，以及經濟失調時的調整，皆透過行政命令訂定。

vi 　新村主義／新村運動：為無政府主義的一種共同的生活改造實踐，強調無壓迫、無剝削、無腦力勞動與體力勞動分野的共同生活。新村主義對中國的影響，主要從日本而來，吸引了五四時代的青年，如周作人就在《新青年》上對日本的新村主義系統地介紹，毛澤東在1918年居長沙嶽麓書院時，曾計畫建立「新村」。

---

182 錢理群：〈四十年前的歷史敘述──關於「我的大學時代」〉，中國人民大學新聞系56級13班編：《那時我們多年輕》。

183 錢理群：《下鄉日記》。

大躍進時代(下)

1958

一、人民公社運動:毛澤東的空想社會主義實驗

現在我們再把視線轉向高層,繼續講毛澤東在1958年作的第二個實驗:一黨專政下的空想社會主義實驗,也就是他所發動的「人民公社」運動。[1]

毛澤東是完全自覺於此的,在1958年8月一次會議上,他明確地說:「空想社會主義的一些理想,我們要實行」。[2]當時宣傳部長陸定一(1906-1996)在八大二次會議上的發言中,也引述傳達毛澤東和劉少奇的講話,提出「前人的烏托邦的夢想,將被實現,並將被超過」。[3]他們明確提出一個要實現烏托邦理想的任務,當時還散發了兩本書給幹部和農民看,一本是《馬、恩、列、斯

1　中共農村改革的權威杜潤生對毛澤東的人民公社實驗有這樣的分析:「中國合作化的組織形式,基本是學習前蘇聯共耕社(初級社)、集體農莊(高級社),只是小有改進,而無大的創新。人民公社就不同了,毛打算領導中國數億農民做個大試驗。這個試驗不是民粹派式的,避開工業化問題;也不同於以私有經濟為基礎的西方合作模式;更有別於第二國際先資本主義、再社會主義的主張;不是嚴格的先社會主義、後共產主義的模式,不走一般工業化、城市化的道路,而是想試驗一下中國大同世界的理想」。見杜潤生:《杜潤生自述:中國農村體制變革重大決策紀實》,頁79。

2　毛澤東在中共中央政治局擴大會議上的講話(1958年8月21日),李銳:《「大躍進」親歷記》(下卷),頁104。

3　陸定一:〈馬克思主義是發展的〉(1958年5月19日),轉引自林蘊輝:《烏托邦運動:從大躍進到大饑荒(1958-1961)》,頁157。據薄一波回憶,劉少奇在一次會議上談到,1958年4月底,劉少奇、周恩來、陸定一、薄一波等在到廣州開會的火車上,一路「吹公社,吹烏托邦,吹過渡到共產主義」,「公社」的概念就是在這次聊天中孕育的,見薄一波:《若干重大決策與事件的回顧》(下冊),頁731-732。而在同時,毛澤東同時也有類似的思考,和陸定一談了,陸定一就在八大二次會議上公布。

論共產主義》（錢註：指馬克思、恩格斯、列寧、斯大林），其中附錄了空想社會主義思想家，如法國的傅立葉（Charles Fourier，1772-1837，法國）、英國的歐文（Robert Owen，1771-1858，英國）等的論述；另外一本特別有意思，是康有為（1858-1927）的《大同書》。也就是說，1958年的毛澤東下定決心，要把他當年的空想社會主義理想和烏托邦理想在中國大地上現實化。

　　毛澤東對空想社會主義獨有情鍾，也非偶然。毛澤東在1911年底到1912年春在長沙當兵時，第一次從江亢虎（1883-1954）組織的「中國社會黨」[i]宣傳文章裡知道「社會主義」這個名詞，而他們所宣傳的社會主義，不過是「西方社會改良主義和中國古代大同理想的雜拌」，帶有濃厚的空想社會主義的色彩。據毛澤東說，他是在1919年至1920年間讀了「三本書」以後，才建立起對馬克思主義的信仰，這三本書中其中一本是《社會主義史》，作者英國人柯卡普（Thomas Kirkup，1844-1912，英國）介紹了歐美流行的各種社會主義思潮，也對聖西門（Claude-Henri de Rouvroy，Comte de Saint-Simon，1760-1825，法國）、傅立葉、歐文等空想社會主義者的思想有詳盡介紹。[4]更重要的是，毛澤東還積極參加了五四運動時期的空想社會主義實驗，叫「新村運動」。很有意思的是，把這個運動介紹到中國來的是周作人，大家可能很難想像周作人會是空想社會主義在中國最早的提倡者。所謂「新村」，就是一群理想主義的年輕人自動聚集起來、住在一起，一邊集體勞動，一邊集體讀書。所以「新村」既是工廠又是學校，還是集體農場，參與者一起體驗體力勞動和腦力勞動的結合。新村運動最早是在日本興起，周作人到日本參觀後，就把它介紹到中國來，據說現在日本新村運動還保留著。這場新村運動幾乎吸引了所有五四運動的先驅者，只有兩個人表示懷疑，一個是魯迅，一個是胡適。而青年毛澤東正是新村運動最熱烈的支持者，當時他心目中的偶像不是魯迅而是周作人；毛澤東曾專門到北京來拜謁過周作人，但是沒有見魯迅。對於新村運動，毛澤東還制訂了具體的實施計劃，準備在湖南作新村運動的實驗。他在1919年所寫的〈學生之工作〉裡，這樣談到他理想中的「新社會」：「舉其著者：公共育兒院，公共蒙養院，公共學校，公共圖書館，公共銀行，公共農場，公共工作廠，公共消費社，公共劇院，公共病院，公園，博物

4　　參看汪澍白：《毛澤東的來蹤去跡》，頁67、107。

館，自治會」，[5] 在這樣的公共社會裡，「勞動者欲求完全之平均分配」、年輕人「欲求完全之人格獨立」都能夠得到充分保障。[6] 同時「以新精神經營之，則為新生活矣」：「舊日讀書人不預農圃事，今一邊讀書，一邊工作，以神聖視工作焉，則為新生活矣。號稱士大夫有知識一流，多營逐於市場與官場，而農村新鮮之空氣不之吸，優美之景色不之賞，吾人改而吸賞此新鮮之空氣與優美之景色，則為新生活矣」[7]——不難看出，這樣的新社會、新生活，毛澤東一直是心嚮往之的。

毛澤東空想社會主義理想的另一個來源，是儒家的大同理想，他也非常受康有為《大同書》的影響。康有為實際上是將歐美空想社會主義思想與資本主義的現實揉合在一起，以「托古改制」的手法，對儒家大同理想作了一番新的闡釋。[8] 而且我們注意到一個很有意思的現象：儒家雖然提出大同的理想，但同時又提出小康社會概念。實際上，儒家是把大同理想懸置在彼岸，而此岸強調的是要建設小康社會。康有為曾經試圖把一些現代觀念灌輸到儒家的大同理想裡去，但如果仔細讀康有為的《大同書》，還是可以發現，康有為在倡議大同社會的同時講得很清楚，他的大同世界也是彼岸的，他不主張在此岸實行大同理想。而毛澤東卻念念不忘要在中國實現大同理想。

毛澤東為什麼從嚮往大同世界、參與新村運動，到後來走向革命？他並不是質疑理想本身，而是認為新村運動實現理想的路徑不對。新村運動是一個平和的改良主義運動，這一點為周作人所欣賞，卻為毛澤東所拋棄。他試圖首先用革命的方式奪取政權，等掌握政權之後，再用政權的力量實現新村理想。所以毛澤東始終沒有放棄他的新村理想。在延安時期，他實行軍事共產主義，號召延安八路軍要一邊打仗，一邊搞大生產運動，用紡車織布。這固然是為了打破國民黨的經濟封鎖，但背後理念仍然是大同世界和新村運動理想。中國革命的勝利，使毛澤東看到實現理想的希望。他在建國前夕寫的〈論人民民主專政〉裡，就說：「康有為寫了《大同書》，他沒有也不可能找到一

5　毛澤東：〈學生之工作〉（1919年12月1日）《毛澤東早期文稿》，頁454。

6　毛澤東：〈學生之工作〉（1919年12月1日）《毛澤東早期文稿》，頁454。

7　毛澤東：〈學生之工作〉（1919年12月1日）《毛澤東早期文稿》，頁455。參看錢理群：〈「新村」運動〉，《周作人傳》，第5章第9節。

8　參看汪澍白：《毛澤東的來蹤去跡》，頁68-69。

條到達大同的路」，而現在，有了政權，「使中國有可能在工人階級和共產黨的領導之下〔……〕，由新民主主義社會進到社會主義社會和共產主義社會，消滅階級和實現大同」。[9] 現在，經過九年的努力，社會主義革命和建設獲得了相當的成功，特別是經過1957年反右運動，掌握了不受任何監督、限制的絕對權力，毛澤東認為，利用他的絕對權威和絕對權力，在全國範圍內實現他的新村理想、建設大同社會的時機已經成熟，於是就發動這一個在「一黨專政」條件下的「空想社會主義實驗」。

它的要害在那裡呢？就是把「彼岸」的理想「此岸」化。我們知道，在國際社會主義運動中確實有過空想社會主義的思潮，但那主要是對於一個理想社會的設計和討論，具有很強的彼岸性、烏托邦性。我們前面提到的傅立葉、聖西門、歐文這些先驅者，至多也只是進行過一些小規模的實驗。後來列寧說馬克思主義的思想來源之一是空想社會主義，但他更強調，馬克思主義最大的貢獻，就是把空想社會主義變成科學社會主義──以我們今天的眼光看，即使馬克思主義所堅持的共產主義理想，恐怕也還是屬於空想社會主義範疇，仍然是人類始終在追求的烏托邦世界。烏托邦世界始終應該是高懸在彼岸的理想，它的作用是照亮此岸的黑暗，從而成為一種批判此岸現實、推動社會改造運動的思想資源和動力，是不能完全、徹底、純粹現實化的，更準確地說，經過不斷地鬥爭、努力，此岸世界可以逐漸趨近彼岸理想，卻永遠不可能到達。

但毛澤東卻要對此提出挑戰。我第一次講課的時候曾說過，毛澤東是用詩人的想像力來治國，大躍進、人民公社就是一次典型的、用詩人的想像力來治國的實驗。這意味著他要實現三大突破：一是要把空想社會主義的彼岸理想此岸化；二是不滿意於小規模的試驗，而是要在很短的時間內，在中國這麼一個幅員廣大、人口眾多、經濟十分落後的土地上，立刻建立起「共產主義（實際上是空想社會主義）的天堂」；三是要在無產階級專政的條件下，用專政的手段來進行空想社會主義的實驗。這三個條件加在一起，就必然帶來巨大的災難。

9　毛澤東：〈論人民民主專政〉（1949年6月30日），《毛澤東選集》（一卷本），頁1360、1365。

選擇首先在農村做建立人民公社的實驗，典型地表現了毛澤東的思維：
「搞人民公社，我看又是農村走前頭」，[10]在他看來，不僅是中國革命，若想
要在中國實現共產主義，也得走農村包圍城市的道路。[11]也就是說，首先通
過人民公社的建立，把農村改造成進行社會主義革命和建設、並向共產主義
過渡的根據地，以農村的改革推動城市的改革，最後達到中國社會的全面變
革。到七十年代發動文化大革命時，毛澤東又想把他自己所創造「農村包圍城
市」的革命和建設模式推廣到世界，以此推動他心目中的「世界革命」──不過
那是後話，這裡就不說了。

我們還是回來討論1968年毛澤東從農村開始的「無產階級專政下的空想
社會主義實驗」。細作分析，可以發現它主要有三方面的內容。

（一）小農原始社會主義與中國農民的現代化想像

毛澤東的空想社會主義，實際上是一種小農原始社會主義，同時又包含
著中國農民的現代化想像。

我們先來讀《課用選文》裡毛澤東〈為印發〈張魯傳〉寫的批語〉一文：

這裡所說的群眾性醫療運動，有點像我們人民公社免費醫療的味道，不
過那時是神道的，也好，那時只好用神道。道路上飯鋪裡吃飯不要錢，
最有意思，開了我們人民公社公共食堂的先河。大約有一千六百年的時
間了，貧農、下中農的生產、消費和人們的心情還是大體相同的，都是
一窮二白。不同的是生產力於今進步許多了。解放以後，人們掌握了自
己這塊天地了，在共產黨的領導之下。但一窮二白古今是接近的。所以
這個張魯傳值得一看。〔……〕三國時代的道教是遍於全國的，群眾運動
的。在北方有天公將軍張角三兄弟最為廣大的革命的群眾運動。他們的
口號是「蒼天當（已）死，黃天當立。蒼天，漢朝統治階級。黃天，農民
階級。〔……〕其後，歷代都有大小規模不同的眾多的農民革命鬥爭，其

10　原文：「搞人民公社，我看又是農村走前頭，城市還未搞，工人階級的待遇比較複雜。不
　　論城鄉，應當是社會主義制度加共產主義思想」，見毛澤東在協作區主任會議上的講話
　　（1958年8月19日），轉引自羅平漢：《天堂實驗：人民公社化運動始末》，頁62。

11　毛澤東在協作區主任會議上的講話（1958年8月19日），轉引自羅平漢：《天堂實驗：人民
　　公社化運動始末》，頁59。

性質當然與現在馬克思主義革命運動根本不相同。但有相同的一點，就是極端貧苦農民廣大階層夢想平等、自由，擺脫貧困，豐衣足食。在一方面，帶有資產階級急進民主派的性質。另一方面，則帶有原始社會主義性質，表現在互助關係上。第三方面，帶有封建性質，表現在小農的私有制、上層建築的封建制——從天公將軍張角到天王洪秀全。宋朝的摩尼教，楊么，鍾相，元末的明教，紅軍，明朝的徐鴻儒，唐賽兒，李自成，清朝的白蓮教，上帝教（太平天國），義和團，其最著者。我對我國歷史沒有研究，只有一些零星感觸。對上述性質的分析，可能有錯誤。但帶有不自覺的原始社會主義色彩這一點就最貧苦的群眾來說，而不是就他們的領袖們（張角、張魯、黃巢、方臘、劉福通、韓林兒、李自成、朱元璋、洪秀全等等）來說，則是可以確定的。現在的人民公社運動，是有我國的歷史來源的。我國的民族資產階級沒有來得及將農民中的上層和中層造成資本主義化，但是帝國主義與封建主義的反動聯盟，卻在幾十年中將大多數農民造成了一支半無產階級的革命軍，就是說，替無產階級造成了一支最偉大最可靠最堅決的同盟軍。

〔……〕張修、張魯祖孫三世行五斗三世，行五斗米道。行五斗米道，「民夷便樂」，可見大受群眾歡迎。其法，信教者出五斗米，以神道治病；置義舍（大路上的公共宿舍），吃飯不要錢（目的似乎是招來關中區域的流民）；修治道路（以犯輕微錯誤的人修路）；「犯法者三原而後行刑」（以說服為主要方法）；「不置長吏，皆以祭酒為治」，祭酒「各領部眾，多者為治頭大祭酒」（近於政社合一，勞武結合，但以小農經濟為基礎），這幾條，就是五斗米道的經濟、政治綱領。[12]

這兩段話，同學們下課後再去仔細消化，這裡講一下我對這段話的幾點理解和闡釋。

第一，我們首先注意到1958年大躍進和人民公社所提出的基本要求有三：辦公共食堂，就是「吃飯不要錢」；實行免費醫療，就是「看病不要錢」；建立公共宿舍，就是「住房不要錢」。在毛澤東看來，這三大「不要錢」，滿足

---

12 毛澤東：〈為印發《張魯傳》寫的批語〉（1958年12月7日、10日），《建國以來毛澤東文稿》第7冊，頁627-629。

了處於一窮二白狀態中的中國貧苦農民，在生產、消費、生活，以至心理上最基本的要求，而且這些需求是古今一致的——農民的要求在今天恐怕都還沒有完全實現，三大「不要錢」的口號對農民還是很有吸引力。毛澤東認為，這是「極端貧苦農民廣大階層夢想平等、自由、擺脫貧困，豐衣足食」的基本利益、理想與要求所在。[13]

而毛澤東更為關注的，是農民為實現三大要求而採取的組織形式，也就是農民起義中的「道教組織」，其特點有二：其一，它實行政教合一，既是一個政治管理的組織，同時又是一個宗教組織；它把教化的功能和政治、社會管理的功能結合在一起。其二，它既是一種勞動組織，同時又是一種武裝組織，實行勞武結合。而在1958年，他所要建立的人民公社組織，要實行的也是這兩條：政教合一、勞武結合。所以毛澤東說：「人民公社運動是有我國的歷史來源的」，也就是說，毛澤東在他的空想社會主義理想，和中國農民不自覺的原始社會主義的夢想之間，找到一種在內在聯繫。本來空想社會主義是從西方來的，現在毛澤東找到了與中國農民傳統的結合點，也就為他的空想社會主義實驗找到了歷史依據，而它的合理性，就建築在中國農民的願望和中國農民的組織方式上。

第二，毛澤東並不否認這種中國小農傳統、農民原始社會主義的侷限性。他說它的侷限性有兩條，一是建立在小農生產技術上面，二是建立在小農的私有制上。所以他說，我們共產黨的任務，正是要「變小農經濟為現代經濟」，而且要在現代的公有制基礎上實現農民的理想，這就是他強調「黨領導」作用的理由和依據。他指出黨領導的任務，一是要發展現代農業經濟，二是建立現代農業經濟公有制。他要在這兩個基礎上，實現幾千年農民「吃飯不用錢、看病不用錢、住房不用錢」這樣一個平等、自由和豐衣足食的理想。這樣，他就找到共產黨一黨專政統治的合法性基礎。毛澤東堅定不移地相信自己和中國共產黨代表了中國貧下中農利益，完成了本應由資產階級完成的任務，並由此而得出結論，說中國農民是一個「最偉大最可靠最堅決的同盟

---

13 毛澤東的三大「不要錢」的思想也來自康有為的《大同書》，書中所列三世表中，於「大同成就之太平世」一欄，就有「貧民歸公政府恤養」、「病者皆歸公醫院治之」的設想，即所謂「人民無私產」，「人民養於公，無擔負」。

軍」。[14]

　　我們今天來看，毛澤東這個分析並不是完全沒有道理。也就是說毛澤東發動人民公社，提出吃飯不要錢、看病不要錢、住房不要錢的三大要求，的確反映了中國最貧苦農民的基本願望。所以公共食堂在最初階段是得到農民歡迎的，但後來帶來巨大問題，我們下面再來分析。而免費醫療在當年並沒有實現，今天中國還是在討論這個問題──這是一個歷史提出的任務，遲早得面對它。

　　但也要看到，這背後還隱含著「絕對平均主義」的因素，因此，它從一開始就遭到抵制──主要是那些基本上已經解決吃飯、住房問題的富裕農民，和雖然還沒完全解決吃飯、住房問題，卻希望通過個體的自由勞動來達到發家致富的中農。據當時的報導，這些人民主要有三怕：一怕「吃大鍋飯」，二怕「樣樣歸公」（一個社員說：「我花了600石穀才造了新房子，這一下要弄光，不造倒好」），三怕「不自由」。[15]但在毛澤東看來，這些疑慮和不滿都是階級鬥爭的表現，是富裕農民的反抗，他因此把黨內有不同意見的人都看作是富裕農民代表，這也就成為他用階級鬥爭和黨內鬥爭的手段，來推行人民公社運動的一個依據。

　　第三，毛澤東認為，農民的這三大基本要求帶有「資產階級急進民主派」的性質。我理解這裡說的就是農民要求背後的農民的現代化想像。這其實正是1958年大躍進、人民公社運動的一個本質性問題，我們稍作一點討論。

　　什麼叫農民的現代化想像？我想舉一些事實來說明。當時的口號是：「我們要跑步進入共產主義」，這就提出一個問題：進入共產主義的標準是什麼？共產主義社會是一個什麼樣的社會？於是就制訂了很多規劃、提出了許多目標。今天看起來，好像很幼稚，但其實包含了豐富的歷史內容。

　　舉一個例子。山東范縣有一位縣委書記在1958年全縣萬人大會上宣布要在「1960年過渡到共產主義」，提出一個「共產主義樂園」建設規劃，而且把它編成順口溜。我讀給大家聽，讓大家知道當時中國農民、共產黨的縣委書記

14　毛澤東：〈為印發《張魯傳》寫的批語〉（1958年12月7日、10日），《建國以來毛澤東文稿》第7冊，頁628。

15　見〈從望亭人民公社看共產主義前景〉，《學術月刊》1958年11期。轉引自羅平漢：《天堂實驗：人民公社化運動始末》，頁90-91。

所想像的「共產主義樂園」是什麼樣子：

> 新樂園真正強，四面八方是樓房，有大學有工廠，公園街上百花香，柏油馬路明又亮，汽車穿梭排成行，有電影有戲院，勞動以後去聽唱，冬天室內有暖氣，夏天開開電扇乘乘涼，生活真是大變樣，萬年幸福樂無疆。

> 真正達到：各種生產用機器，勞動學習娛樂「三八制」；出門坐上電汽車，到處花香真噴鼻；室內室外公路電燈化，有事搖搖電話機，定時廣播有喇叭；飯前飯後開開收音機，北京上海好戲隨便聽聽它。

> 到那時：人人進入新樂園，吃喝穿用不要錢；雞鴨魚肉味道鮮，頓頓可吃四大盤；天天可以吃水果，各樣衣服穿不完；人人都說天堂好，天堂不如新樂園。[16]

這個共產主義樂園的規劃登在中共中央內部刊物上，毛澤東給了個批示：「此件很有意思，是一首詩，似乎也是可行的。時間似太促，只三年。也不要緊，三年完不成，順延可也」。[17]

　　當然，我們可以說這是把共產主義庸俗化；但這確實相當真實、真切地反映了中國農民對現代生活的想像。這裡的「共產主義」，其實就是中國農民所理解、所要求的「現代化」，有的農民更把它簡化為「樓上樓下，電燈電話」。這些想像在形式上採取中國老百姓喜聞樂見的順口溜方式，其內容和這

16　〈山東范縣提出一九六〇年過渡到共產主義〉，載於中共中央宣傳部編：《宣校動態》（1958年11月4日）第134期，見毛澤東：〈對《山東范縣提出一九六〇年過渡到共產主義》一文的批語〉（1958年11月6日），《建國以來毛澤東文稿》第7冊，頁494-497，註釋（1）。

17　毛澤東：〈對《山東范縣提出一九六〇年過渡到共產主義》一文的批語〉（1958年11月6日），《建國以來毛澤東文稿》第7冊，頁494。毛澤東將此件印發給八屆六中全會與會者，又有這樣的批評：「現在有那麼一種傾向，就是共產主義越多越好，最好一兩年就搞成共產主義。山東省范縣說兩年進入共產主義，說得神乎其神，我是懷疑的」，羅平漢：《天堂實驗：人民公社化運動始末》，頁190。這正是反映了毛澤東的矛盾：他既欣賞這些農民式的共產主義想像，但同時又對其空想性及可能帶來的災難，有清醒的認識。後來，毛澤東派陳伯達去調查，果然發現其中的不實。到1959年春，范縣不要說實現共產主義，連吃飯都成了大問題。由於有毛澤東的關注，山東省緊急調撥了500萬斤糧食給范縣才勉強度過夏荒：這樣的由「天堂」的想像落入「地獄」現實的現象，當時在全國是有普遍性的，而毛澤東對其態度尤耐尋味。參看羅平漢：《天堂實驗：人民公社化運動始末》，頁189-190。

樣通俗化的表達方式，恰好是適合於中國，特別是中國農民的。因此，這些在今天看來顯得有點粗陋的現代化想像，在1958年卻產生了極大的鼓舞和動員作用。在某種意義上可以說，正是因為有這樣的承諾，幾億農民才會以巨大熱情投入大躍進和人民公社化運動中去。在我看來，這對於毛澤東和共產黨而言，未必是一個著意的欺騙，他們主觀願望的真誠性是無可懷疑的，但實踐結果卻是個災難。中國農民的願望、夢想，竟是如此簡單、樸實，而他們卻要為此付出生命的代價。

（二）中共領導層和知識分子的「空想社會主義」夢想

　　如果說1958年基層社會的所謂「共產主義想像」是幼稚而實際的，毛澤東與中共領導層，或許也包括一些知識分子的想像，則具有更鮮明的「空想社會主義」的色彩。

　　這主要有兩個層次。第一，1958年7月1日中國共產黨成立37週年，陳伯達到北大來作了一個演講，題目叫〈在毛澤東同志的旗幟下〉。當時作為大學生的我也來聽陳伯達的演講，但陳伯達是福建人，他的口音太重，我一個字也沒聽懂。後來，直到文章發表我們才終於看到這篇文章，並在大學生中迅速傳開，可見它很吸引我們。陳伯達在演講裡，第一次宣布毛澤東的「大公社」設想。他說：「毛澤東同志說，我們的方向，應該逐步地有次序地把『工（工業）、農（農業）、商（交換）、學（文化教育）、兵（民兵，即全民武裝）』組成為一個大公社，從而構成為我國社會的基本單位。在這樣的公社裡面，工業、農業和交換是人們的物質生活；文化教育是反映這種物質生活的人們的精神生活；全民武裝是為著保衛這種物質生活和精神生活，在全世界上人剝削人的制度還沒有徹底消滅以前，這種全民武裝是完全必要的」。[18]

　　毛澤東「工農商學兵結合」的理想，使我們很容易就聯想起五四時期的新村運動理想，在一定意義上，也可以將其視為新村運動的1958年版。但這其中顯然有新的時代特點，就是毛澤東試圖把這樣的新村變成「社會的基本單位」、一個基本的組織結構，把全國人民組織在其中，實行物質生活（生產與

18　陳伯達：〈在毛澤東同志的旗幟下〉（1958年7月1日），《紅旗》1958年第4期（1958年7月16日出版），頁8-9。

交換）和精神生活高度統一的計劃管理，在相對落後的生產水平上，打破社會分工，實現人的全面發展和社會平等。毛澤東同時強調，這樣的「大公社」，要得到全民武裝的國家的保護：他一刻沒有忘記，中國還處於帝國主義的包圍之中，因此需要武裝的保護；而毛澤東的方針，又是全民的武裝自衛。在這個意義上，可以說毛澤東在1958年提出的「大公社」設想，具有在帝國主義包圍和經濟落後的雙重困境下，建立獨立的社會主義理想國家的意義，當然其空想性也十分明顯。對這樣的理想的堅持，毛澤東又是始終如一。在經過六十年代初大饑荒的挫折以後，毛澤東又在1966年的文化大革命初期，再次提出他的工、農、商、學、軍全面結合的理想，這我們以後會討論。這裡需要補充一點：毛澤東的這一全面發展的理想，在1958年的教育革命中也有所體現。我們那一代大學生確實既到工廠跟班勞動，又去農村水利工地幹活，還經常進行民兵訓練，也不斷批判資產階級，但書卻越讀越少了。

第二，空想社會主義的另一面，就是提出要「破除資產階級法權」。這個部分各位可能不太熟悉，我簡單解釋一下。「資產階級法權」這個概念是馬克思提出來的，現在有人翻譯成「資產階級式的權利」，主要是針對「按勞分配」原則，討論分配問題。所謂「按勞分配」，就是按照每個人付出的勞動量，給予等量的報酬。這樣的分配原則，從表面上看起來是很平等的，也就是人付出多少勞動，就給予多少代價。但馬克思卻指出其內在的不平等，因為每一個人在起點上並不處於同一地位，比如有人天資較高，有人天資較低，或受家庭環境影響，有的人受教育比較多，有的受教育比較少。這些先天的不平衡狀態，不該由每個人自己負責。如果按照按勞分配原則，同樣努力勞動的人，由於他們先天條件的不同，勞動效果自然不一樣，若僅按其勞動效果、貢獻大小去分配，同樣盡力的人報酬卻不一樣，生活水平因此有了差距，甚至是巨大的差距，這就是事實的不平等，儘管在形式上是平等的。

因此，如果要真正消滅不平等，就應該實行「各盡所能，各取所需」的分配原則，就是不論先天的條件存在著怎樣的差距，只要每個人盡力發揮了他的能力，就應該按照他的需要來分配，各人都得到他所需要的東西。這樣的分配方式當然是更為合理，並能實現真正的平等。但馬克思所要強調的，卻是實行這樣的平等的分配原則，需要兩個前提或基本條件：一是人的真正覺悟、能夠真正「各盡所能」，每個人都自覺地努力勞動，發揮自己的全部力量

和智慧；其二，必須是社會經濟高度發展，擁有充分的物質財富和力量，足以滿足每一個人的需要。而社會主義社會，無論人們的覺悟，還是社會生產力發展的水平，都不具備「各盡所能，按需分配」的條件。在這樣的情況下，就只能實行「按勞分配」，在分配領域保留這一「資產階級式的權利」。也就是說，馬克思提出「資產階級法權」（資產階級式的權利），是針對要求絕對的「平等」原則、「公平分配」原則的絕對平均主義，強調在社會主義條件下，絕對的「平等」與「公平」只能是空想，因為權利永遠不能超出社會的經濟結構，以及由經濟結構所制約的社會的文化發展。

　　而毛澤東則抓住馬克思說「按勞分配是資產階級法權」（資產階級式的權利）這一點，提出在社會主義階段就要「破除資產階級法權」，首先是破除資產階級法權思想，然後實現限制商品生產與流通、限制商品經濟、限制貨幣和薪金制的理想。[19]毛澤東根據的是延安時期實行軍事共產主義的經驗。他說，當年在延安的時候，我們的軍隊，有什麼工資？我們施行供給制，滿足每一個人的基本要求就行了。「沒有薪水，沒有八小時工作制，上下一致，官兵一致，軍民打成一片，成千成萬的人調動起來，共產主義精神很好」、[20]「為什麼要搞工資制？這是向資產階級讓步」、「是不是由幹部帶頭恢復供給制」、「〔錢註：供給制〕好像『倒退』。『倒退』就是進步，因為我們進城後退了，現在要恢復進步，我們帶頭把六億人民帶成共產主義作風」。[21]他希望取消薪金制，恢復供給制，或者實行低工資制與供給制的結合，以縮小人們生活水平的差距，恢復人與人之間，特別是上、下級之間的平等關係。在他看來，「中國如果不解決人與人的相互關係，要大躍進是不可能的」。[22]

　　毛澤東這一主張，在當時確實引起了許多黨幹部和知識分子的共鳴和支

19 毛澤東身邊的衛士回憶，「我知道毛澤東不摸錢，我跟隨他15年，沒見他摸過錢。他說過：『我最討厭錢。』」見李銀橋：《邁向神壇的毛澤東》，頁269。

20 毛澤東在中共中央政治局擴大會議上的講話（1958年8月21日），載李銳：《「大躍進」親歷記》（下卷），頁103。

21 毛澤東在中共中央政治局擴大會議上的講話（1958年8月21日），載李銳：《「大躍進」親歷記》（下卷），頁105-106。

22 毛澤東在中共中央政治局擴大會議上的講話（1958年8月21日），載李銳：《「大躍進」親歷記》（下卷），頁103。

持，原因是它觸及到作為革命政黨的中國共產黨，在掌握國家權力以後的一個困境，即如何保持黨幹部與黨員的革命理想與革命意志、防止黨的腐敗問題。而在1957年反右運動後，權力高度集中於黨的各級組織，黨的幹部追求物質享受，革命意志衰退，並進而利用權力謀取私利，造成黨的腐敗，以及黨員與普通群眾、黨幹部與普通黨員之間，政治與經濟上的不平等現象日趨嚴重，這都不同程度上形成了黨的統治危機。毛澤東試圖從經濟分配上來解決或緩解這一危機，是具有一定合理性的，也能夠得到仍然堅持革命理想的部分幹部和黨員的支持。

但他把黨的腐敗簡單歸結於商品經濟，並因此限制商品經濟的發展，是違反中國迫切需要發展商品生產的客觀要求的，並顯然存在著馬克思所尖銳批判的絕對平均主義的傾向，因而是行不通的。後來，一些公社真的出現了急於向全民所有制過渡、廢除商業、實行產品調撥的傾向，並且產生了巨大混亂。[23]這時候一位「中央負責人」曾主持起草一份文件、提出公社分配的設想，規定公社社員吃飯不要錢外，所得工資報酬一律存在公社，發給存摺，不計利息；社員消費需要，由公社統一購買，統一分發，或由社員憑存摺到公社門市部選購，「無論統一分發或自行選購，均採取轉帳辦法，實行非現金結算，以便減少貨幣流通範圍和杜絕資本主義」[24]——這顯然是迎合並試圖落實毛澤東「破除資產階級法權」的思想，卻完全屬於空想，不但行不通，而且還會造成更大混亂。這反倒引起本來就有「講究實際」這一面的毛澤東的警覺，於是，「破除資產階級法權」的始作俑者毛澤東，又要反過來扮演批判者的角色了。他隨意選擇了身邊的陳伯達作為靶子，稱其為「可憐的馬克思主義

23　最典型的一個例子是：湖北當陽縣跑馬公社在街上到處貼標語：「人類最美好的社會——共產主義已經到了」，「不分你我，各取所需」，宣布取消商店，號召「沒有衣服穿，到商店去拿，各取所需」，結果公社商店立刻一搶而空。參看羅平漢：《天堂實驗：人民公社化運動始末》，頁197。

24　〈關於人民公社若干問題的意見〉（第一次修改稿）（1958年9月中旬），轉引自薄一波：《若干重大決策與事件的回顧》（下），頁753。值得注意的是，薄一波在回憶中只說是「中央有關負責同志」，並未點出名字。陳伯達之子陳曉農在《陳伯達最後口述回憶》裡，認為這位「負責同志」應是劉少奇或譚震林，參見陳曉農編著：《陳伯達最後口述回憶》（香港：星克爾出版有限公司，2005），頁168-170。這說明，這種「實行產品調撥，減少和取消商品生產」的主張，在最高領導層是很有市場的。

者」，[25]並且尖銳地指出，「這是不承認客觀法則的表現，是不認識五億農民的問題」，[26]批評「有的同志忽然把農民看得很高」[27]（毛澤東大概忘記了，強調農民要走到工人前面正是他本人），而廢除商品經濟，「就是剝奪農民，只會使台灣高興」[28]（毛澤東動不動就拿「台灣」說事，也很有意思）。[29]毛澤東因此而大談「必須肯定社會主義的商品生產和商品交換還有積極作用」，[30]明確指出「商品生產不能與資本主義混為一談」，[31]於是對資產階級法權的態度又有了新的說明：「資產階級法權只能破除一部分，例如三風五氣，等級過分懸殊，老爺態度，貓鼠關係，一定要破除，而且破得越徹底越好。另一部分，例如工資等級，上下級關係，國家一定的強制，還不能破除。資產階級法權有一

25　毛澤東：〈關於社會主義商品生產問題〉（1958年11月9日、10日），《毛澤東文集》第7卷，頁438。

26　毛澤東：〈關於社會主義商品生產問題〉（1958年11月9日、10日），《毛澤東文集》第7卷，頁437。

27　毛澤東：〈關於社會主義商品生產問題〉（1958年11月9日、10日），《毛澤東文集》第7卷，頁436。

28　毛澤東：〈關於社會主義商品生產問題〉（1958年11月9日、10日），《毛澤東文集》第7卷，頁438。

29　陳伯達晚年對人說，他當時確實沒有說過、也沒有寫過一句「用產品交換代替商品交換」、「實行產品調撥、取消商品生產」意思的話。毛主席對他進行沒有根據的批評，使他很難繼續在中央工作，於是要求離開中央，毛澤東又派人安慰挽留。參見陳曉農編著：《陳伯達最後口述回憶》，頁163-164。出於論述的需要，沒有根據地隨口批評身邊的人，毛澤東已成為習慣。同是毛澤東的政治祕書的田家英（1922-1966）也有這樣的回憶：反右派前，毛澤東為了鼓勵鳴放，提出放手發動群眾，有來自黨內的阻力。為了證明這一點，在一次和民主人士談話中，就順便舉了田家英不同意鳴放的例子。其實根本沒有這件事，田從來沒有反對過鳴放。參見李銳：《廬山會議實錄》，頁45-46。陳伯達也說：「為了糾正一種錯誤傾向，就找出一個人作靶子，這種做法不好」，「我還不得不做檢查，真是有些『欲加之罪，何患無辭』的味道」；陳伯達還說：「實際上，認為社會主義社會可以實行產品交換的，是馬克思本人」，毛澤東將馬克思的理論設想變為實踐，出了問題，「他無法責備馬克思，就找了我作靶子」。見陳曉農編著：《陳伯達最後口述回憶》，頁163-164。

30　毛澤東：〈關於社會主義商品生產問題〉（1958年11月9日、10日），《毛澤東文集》第7卷，頁436。

31　毛澤東：〈關於社會主義商品生產問題〉（1958年11月9日、10日），《毛澤東文集》第7卷，頁439。

部分在社會主義時代是有用的，必須保護，使之為社會主義服務」[32]——這都顯示了毛澤東作為實際領導人「落在實地」的一面，他看得很清楚：「問題還是一個農民問題，必須謹慎小心」；[33]但作為空想社會主義思想家的毛澤東，依然沒有放棄他「懸在空中」的烏托邦主義理想，於是，在1960年，他又大力提倡「人民公社向全民所有制的過渡」，在文革中又再次提出「破除資產階級法權」的問題，而且造成了國境外的混亂。[34]不過這都是「後話」，我們以後再作討論。

而毛澤東主張的內在合理性，即要求在黨幹部中實行低工資制，防止收入差距過分拉大，以及反對黨幹部的特權和特權思想，卻因為觸犯了黨幹部的既得利益，所以在當時和他的繼承者那裡，都被有意忽視，並沒有得到認真對待，事實上是不了了之。對此，毛澤東也自有其無奈之處。應該承認，毛澤東是重視並也努力解決黨的腐敗問題，前面提過他曾試圖用群眾運動，以至階級鬥爭的方式來解決這個問題，而這裡又提到他試圖從分配入手，對黨的幹部有所限制。

大躍進及以後一段時間，毛澤東還特別強調「解決人與人在生產中的相互關係問題，建立起一種平等的關係」。[35]他一再提醒黨的幹部，包括高級幹部、中央委員，都要「以一個普通勞動者的姿態出現在人們之前」，[36]企圖用幹部參加勞動的方式防止黨脫離群眾，[37]但都收效甚小，不能阻擋黨日趨腐敗的

32　毛澤東：〈在武昌會議上的講話〉（1958年11月23日），《毛澤東文集》第7卷，頁449。

33　毛澤東：〈讀斯大林《蘇聯社會主義經濟問題》批注〉（1958年），《建國以來毛澤東文稿》第7冊，頁668。毛澤東在1959年2月2日一次在各省、市、自治區第一書記會議上的講話中還說過這樣一段話：「剝奪地主、富農理直氣壯，剝奪富裕中農則理不直氣不壯。我們國家貧農、下中農想揩中農的油，歷來是躍躍欲試的，一有機會就講平均主義。不要把富裕中農當作地富反壞去剝奪」。見毛澤東：〈關於談哲學等問題給各省市自治區黨委第一書記的信〉（1959年2月2日），《建國以來毛澤東文稿》第8冊，頁33（註釋2）。可見毛澤東對農村實際情況，包括他所依靠的貧下中農的真實想法，是心知肚明的。

34　指七十年代在柬埔寨進行破除資產階級法權實驗所造成的大破壞。詳見本書第十一講的分析。

35　逄先知、金沖及主編：《毛澤東傳》（上），頁787-788。

36　毛澤東：〈在中共八大二次會議上的講話提綱〉（1958年5月），《建國以來毛澤東文稿》第7冊，頁198。

37　參看毛澤東：〈關於中央各部委幹部參加勞動的批語〉（1958年6月15日），《建國以來毛澤

發展趨勢。而其中原因，就在於他不懂得、不願正視這個問題其實是一種制度性的腐敗，只要毛澤東及其繼承者堅持一黨專制，黨的腐敗問題永遠解決不了。

（三）「政治、經濟、社會、軍事組織合一」的組織形式

毛澤東的空想社會主義實驗，在1958年真正得到實現的，只是它的第三個方面，即建立「人民公社」這樣新的組織形式，並且實行了毛澤東主張的兩大組織原則：一是「政社合一」，把國家的政權和生產管理合一，把經濟組織、政治組織、社會組織完全合而為一；二是實行「組織軍事化，行動戰鬥化，生活集體化」。

如前所說，中國農民起義的道教組織是「勞武結合」的，現在人民公社也是將經濟組織軍事化。當時毛澤東親自樹立的樣板河北徐水縣，就是把整個公社變成兵團，下面建立營、連、排的組織，兵團設總指揮（司令員）、政治委員、後勤部長，每個班都有政治幹事，負責掌握思想狀況和組織辯論。實

東文稿》第7冊，頁272。「幹部下放勞動」是毛澤東的一個重要政策，在開始階段，主要是針對「沒有經過勞動鍛煉和實際鬥爭考驗」的青年知識分子和「缺乏基層工作經驗」的幹部；著眼點是知識分子的改造，甚至帶有某種懲罰的意思，見〈中共中央關於下放幹部進行勞動鍛煉的指示〉（1958年2月28日），《建國以來重要文獻選編》，頁193。以後又發展為「縣級以上機關幹部和企業事業單位的領導幹部，每年應該一次或幾次離開工作崗位，和工農群眾一起參加短期的體力勞動」（1959年2月12日〈中共中央《關於堅決貫徹執行「各級幹部參加體力勞動的決定」的通知》〉。到1963年，毛澤東就提到了保證共產黨人「永遠立於不敗之地」的高度：「我們希望爭取在三年內能使全國全體農村支部書記認真參加生產勞動」（毛澤東：〈轉發浙江省七個關於幹部參加勞動的好材料的批語〉（1963年5月9日），《建國以來毛澤東文稿》第10冊，頁192），「城市工廠支部書記也應當是生產能手。階級鬥爭、生產鬥爭和科學實驗，是建設社會主義強大國家的三項偉大革命運動，是使共產黨人免除官僚主義、避免修正主義和教條主義，永遠立於不敗之地的確實保證，是使無產階級能夠和廣大勞動群眾聯合起來，實行民主專政的可靠保證」。（毛澤東：〈轉發浙江省七個關於幹部參加勞動的好材料的批語〉（1963年5月9日），《建國以來毛澤東文稿》第10冊，頁193），「幹部和群眾一道參加生產勞動和科學試驗」，就可以「使我們的幹部成為既懂政治、又懂業務、又紅又專，不是浮在上面、做官當老爺、脫離群眾，而是和群眾打成一片、受群眾擁護的真正好幹部」。見毛澤東：〈轉發浙江省七個關於幹部參加勞動的好材料的批語〉（1963年5月9日），《建國以來毛澤東文稿》第10冊，頁194。

際上，這就是要把公社變成軍營，把所有農民按照軍隊的編制組織起來，把所有的婦女、兒童，以及老人都組織起來，並以傳統、傳說中的英雄命名，分別叫「花木蘭隊」、「羅成隊」、「老黃忠隊」。不僅組織軍事化，還實行「生活集體化」，讓農民集體居住，男、女、老人都分別集中居住，就像是太平天國的居住方式；然後是行動戰鬥化，每天早上集合要吹哨、排隊、唱軍歌，[38]這其實就是把農民組成一個大軍隊，叫作「農民產業軍」——建立「農業產業軍」，是毛澤東烏托邦試驗的一個重要思想和目標，他對此有過這樣的闡述：「近代的產業軍，是資產階級組織的，一個工廠就等於一個軍營。工人站在機器面前，其紀律之嚴，不下於軍隊。社會主義社會的工業產業軍，是工人階級一個階級的產業軍，去掉了剝削剩餘價值的資本家，在工人階級內部實行了生動活潑的自覺自願的民主集中制。我們現在把這個制度應用於農村，這樣就建立了沒有地主富農剝削，也脫離了小生產狀態的社會主義的民主集中制的農業產業軍」。[39]這其實是用戰爭的思維、戰爭的動員方式與組織形式來發展生產，組織社會生活，其背後又有一個「軍事共產主義」的理想與想像。這在憑藉武力、靠戰爭打天下，又有著軍事共產主義傳統的中國共產黨來說，卻有一定的群眾基礎與組織基礎。

關於「組織軍事化，生活集體化」，還需要多說幾句。如研究者所說，「公社」一詞源於馬克思對1871年巴黎公社的分析。馬克思對公社的描述，其中有一條，就是「武裝的人民群眾代替了常備軍和警察」。正是在1958年掀起了「全民皆兵」熱潮、大辦「民兵師」，毛澤東號召說：「民兵師的組織很好，應當推廣。這是軍事組織，又是勞動組織，又是教育組織，又是體育組織」，[40]而民兵的骨幹力量就集中在農村公社。在1958年的台灣海峽危機時，民兵發揮了很大的作用，據說民兵運動持續到1959年底，有兩億人參加了民兵。[41]

---

38 徐水縣地方誌編纂委員會：《徐水縣誌》（北京：新華出版社，1998），頁519-520。轉引自羅平漢：《天堂實驗：人民公社化運動始末》，頁105。

39 毛澤東：〈對《關於人民公社若干問題的決議》稿的批語和修改〉（1958年11月、12月），《建國以來毛澤東文稿》第7冊，頁573。

40 毛澤東：〈巡視大江南北後對新華社記者的談話〉（1958年9月），《建國以來毛澤東文稿》第7冊，頁430。

41 莫里斯·邁斯納著，杜蒲譯：《毛澤東的中國及其後：中華人民共和國史》，頁210。

「生活集體化」則含有解放婦女的理想。早在發動大躍進時，毛澤東即提出：「中國的婦女是一種偉大的人力資源。必須發掘這種資源，為了建設一個偉大的社會主義國家而奮鬥。要發動婦女參加勞動，必須實行男女同工同酬的原則」，[42]人民公社所實行的「家務勞動社會化」，即是要把婦女從傳統繁重的家務勞動中解放出來，並吸引農村婦女參與農村公共事務，為在農村實現男女政治、經濟上的平等，邁出關鍵的一步。毛澤東明確表達他的意圖：「我們所舉辦的〔錢註：托兒所、幼兒園〕這類事業，則是社會主義性質的，便利於社會主義事業的發展，便利於人類個性的解放，真正徹底地解放了婦女群眾，並使兒童教養得更好些，因而得到全體勞動人民，首先是婦女群眾的熱烈歡迎」。[43]後來在六十年代有一部很受歡迎的電影《李雙雙》[ii]，反映的就是人民公社運動中的「婦女解放」。

　　當然，實行「組織軍事化」與「生活集體化」的根本意義，是將農民組織起來。我們以前講過，毛澤東要發展生產、趕上先進國家的基本辦法，就是把中國人民組織起來。到了人民公社時期，就把農民組織化推到極致，做到了國家對農民勞動力的隨意支配、調遣，1958年的大修水利、9千萬人上山煉鋼，靠的就是高度組織化的人民公社。這是最便於實現國家計劃化生產，便於集中統一，用國家行政權力推動經濟發展，貫徹「富國強兵」的現代化路線。

　　另一方面，這樣的政權組織、政治組織、經濟組織、社會組織、軍事組織合一的組織結構，真正實現了黨對農村社會生活一切方面的全面領導與控制，也就真正把一黨專政落實到農村社會最底層。在中國傳統社會裡，皇權統治只到縣這一級，縣以下的農村社會，基本上為地方鄉紳階級控制，是一個鄉紳社會。而國民黨統治時期，雖然通過「區鄉保甲制度」[iii]有效控制到區的層次，區以下也依然為地方鄉紳所把持──順便說一下，現在大陸學術界對地方鄉紳的評價多有美化，而忽略了在國民黨統治時期（特別是後期）地方鄉紳的惡化傾向，他們不斷激起農民的反抗，而國民黨又無力控制，這是國民黨最後完全失去農民支持的重要原因。[44]現在，毛澤東就通過人民公社這樣

42　毛澤東：〈《中國農村的社會主義高潮》的按語〉，《毛澤東選集》第5卷，頁252-253。

43　毛澤東：〈對《關於人民公社若干問題的決議》稿的批語和修改〉（1958年11月、12月），《建國以來毛澤東文稿》第7冊，頁573。

44　參看陳永發：《中國共產革命七十年》（下）（修訂版）（台灣：聯經出版公司，2001），頁

的組織形式，把國家權力的控制（皇權）落實到縣以下的鄉、鎮、村，以至每個農民家庭，這是中國歷史上從來沒有過的；再加上同時實行的戶籍制度，嚴禁城鄉流動，就真正把農民束縛在土地上，從生產到流通、分配、消費、生活全面地控制起來[45]——這樣，毛澤東的「一黨專政條件下的空想社會主義實驗」，就終於露出了專制主義的一面：中國傳統的皇權統治，以共產黨集權統治的現代形式，第一次深入到農村每一個家庭，完全取代傳統的鄉紳和家族統治的基層社會結構，同時也使共產黨和國家的政治、經濟的組織、動員力量達到空前的程度。這樣的現代化動員力量是傳統的鄉紳、家族統治所不可能具備的。而黨的基層組織、幹部和農民之間關係的緊張，也取代傳統的鄉紳與農民之間的緊張關係，而且達到了空前嚴重的地步。在許多農民眼裡，這些基層黨的幹部，就是「二地主」、「新惡霸」，這絕不是偶然。

按毛澤東的設想，最後連家庭都是要消滅的。劉少奇在1958年6月14日和全國婦聯主席蔡暢（1900-1990）等的談話裡，就傳達了毛澤東的話：「家庭是歷史上產生的現象，也會消滅的。〔……〕現在的家庭已不成為物質生產的單位了，物質生產的作用很小了，但家庭還是個消費單位」，[46]後來成立公共食堂，就連消費單位的功能也大大削弱了。前面所說人民公社實行的「生活集體化」，就包含了消滅家庭生活的意圖。

值得注意的是，毛澤東還賦予人民公社一個更為長遠、根本的意義。在中共中央〈關於人民公社問題的決議〉裡，有這樣一個論斷：「我國農村中的大規模的、工、農、商、學、兵相結合的政社合一的人民公社」，為我國人民指出了「城鄉差別、工農差別、腦力勞動和體力勞動差別逐步縮小以至消滅的道路，以及國家對內職能逐步縮小以至消滅的道路」，「現在，也可預料，在將

1012-1014。

45　1958年1月制定的〈中華人民共和國戶口登記條例〉，2月發布的〈關於制止農村人口盲目外流的指示的補充通知〉，1959年1月發出的〈關於立即停止招收新職工和固定臨時工的通知〉，日趨嚴格嚴密地限制農民進城，以防止農村人口的外流，並限制城市人口，最後就逐漸形成了城鄉二元對立和隔離。參看陸益龍：《戶籍制度——控制與社會差別》（北京：商務印書館，2003），頁123-129。

46　羅平漢：《天堂實驗：人民公社化運動始末》，頁14。

來的共產主義社會，人民公社將仍然是社會結構的基層單位」。[47]

我們在前一講說到，毛澤東在1958年所要做的，就是要在中國建立他的「理想國」；而現在，他認為已經在人民公社這裡，找到一條通往理想國的具體道路和組織形式。

首先，這是一條中國式的消滅城鄉、工農、腦力勞動與體力勞動三大差別的道路。為什麼說是「中國式」的（也可以說是「毛澤東式」的）呢？因為，按照馬克思主義經典作家的設想，消滅三大差別，是以城市、工業和腦力勞動為中心的，所要走的是一條「城市化」、「工業化」與「專業技術化」的道路。而現在，毛澤東設計的卻是反過來以農村為中心，試圖建立一個以農村為基礎的集工、農、商、學、兵為一體的公社聯合體。這裡包含了毛澤東的一個隱憂：他擔心以城市化、工業化、專業技術化為中心的經濟發展，可能導致官員的官僚化、知識分子的精英化，產生管理官僚與技術官僚，從而加速兩極分化，模糊（甚至違背）了社會主義的目標。在他看來，人民公社化既可以促進經濟的合理發展，又能夠堅持社會主義目標的理想道路。

試圖以集經濟組織、教育組織、軍事組織、社會組織與政權組織為一體的人民公社，作為縮小以至消滅國家對內職能的途徑，則表現了毛澤東的另一個隱憂：他擔心國家對內職能的強化，包括黨一元化領導的強化，可能帶來的國家與黨的官僚化，出現「從社會公僕變為社會主宰」的異化。因此，毛澤東實際上是想把農村、人民公社作為改造國家機器和黨，以防止其變質的一個基地，他不斷號召、強迫各級幹部與知識分子下放農村勞動，實行「教育與勞動生產（主要是農業勞動）相結合」的教育制度，都是為了這個目的。[48]

今天來看毛澤東賦予人民公社的這些功能、作用、期待，固然可以明顯看出其強烈的烏托邦印記，並在實際上都成了一種空想，但其內含的隱憂卻依然能給予我們許多啟示。

現在，我們可以作一個總結。1958年毛澤東發動的人民公社運動，在其邏輯和歷史起點上，內含著農民原始社會主義和共產黨人、知識分子空想社會主義理想，並且是以滿足貧苦農民「吃飯不要錢」的基本要求與現代生活想

47　見《人民日報》1958年12月19日。

48　以上討論，參看莫里斯・邁斯納：《毛澤東與馬克思主義、烏托邦主義》一書的有關分析。

像為號召,同時取得民意支持的。因此,1958年,毛澤東關於大躍進、人民公社的實驗,其實有著相當豐富的內涵,既是一次空想社會主義的烏托邦試驗,又包含了民族奮起和實現現代化的內在要求。

但其歷史發展、實現的結果,卻是一次破壞性的發展,以及對農民的殘酷剝奪。人民公社儘管被賦予了相當程度的理想色彩,但實現的結果卻成了和「五七體制」相適應的組織形式,而「五七體制」的要害恰恰是「黨統攬一切」、「第一書記專政和群眾專政的結合」。我們下面將會不斷討論到,大躍進和人民公社實行過程中,共產黨的各級幹部,特別是基層幹部對農民濫用專政手段,都不是(或者主要不是)這些幹部的素質、品德所然,而是其體制使然。這樣,人民公社運動從發動到落實,就是一個從理想主義向專制主義轉換的歷史過程——顧準當時就看到了這一點,他把毛澤東的人民公社運動稱為建立「地下天國的社會主義」的實驗,而其實質是「社會主義的羅伯斯庇爾主義」也即社會主義的專制主義。[49]

人民公社運動最重要的意義,就在於毛澤東終於找到一種組織形式,實現了國家權力對地方的絕對、全面控制,這個控制一直落實到縣、鄉以下的村鎮和家庭——我們知道,如何實現中央權力對地方的控制,是中國歷代統治者都要面對的難題;因此,建立人民公社,就成為毛澤東繼反右運動成功控制知識分子之後,又一個實現「大一統」理想的關鍵步驟,後來無論阻力和壓力多大,他都始終高舉人民公社的旗幟,原因即在於此。

二、「全民參與」辨析

最後我們還要討論一個問題:為什麼這樣一個大躍進,人民公社的運動,能讓那麼多人都參與進去?而且大多數人都懷著巨大的熱情參與進去(雖然其中也包括像我這樣有點懷疑、苦悶的人,但不管怎麼說,我也被捲進去了)。這也是毛澤東時代中國社會主義的一個特點,它有極大的社會動員力量。為什麼呢?這股風怎麼捲起來的?大陸的研究者楊繼繩(1940-)在他的

49　可參考顧準:〈顧準日記〉(1959年2月23日),《顧準日記》,頁102;以及顧準:〈顧準日記〉(1959年3月8日),《顧準日記》,頁120。

《墓碑──中國六十年代大饑荒紀實》裡專門討論了這個問題，[50]下面就在他的研究基礎上，作一點我的發揮。

楊繼繩先生認為，這股共產主義、空想社會主義風，它的風源當然來自毛澤東，但又不僅來自毛澤東，而是來自於毛澤東的整個領導集團。這個判斷很有見地。這些年，很多的研究者喜歡誇大毛澤東和劉少奇、周恩來、鄧小平之間的矛盾，而有意無意忽略了，或者說遮蔽了，他們在最基本點上的一致性，尤其是在大躍進和人民公社的開始階段，他們的態度是完全一致的。而其原因，就在於毛澤東代表了一代共產黨人的理想和追求。後來，鄧小平自己也說得很清楚：「『大躍進』，毛澤東同志頭腦發熱，我們不發熱？劉少奇同志、周恩來同志和我都沒有反對，陳雲同志沒有說話」。[51]實際上，在大躍進時候，劉少奇、周恩來、鄧小平等人都是火上加油、推波助瀾的，所以風源是一個以毛澤東為首的「整個中央領導集團」。問題是為什麼毛澤東能夠呼風喚雨，並真的做到了風起雲湧？楊繼繩先生沒有做抽象的討論，而是具體分析了究竟是哪些人捲入大躍進和人民公社熱潮，這是更具有啟發性的。這裡就他的討論，作一點展開和分析。

大體上可說有六種人。第一種是懷有共產主義理想的知識分子和高級幹部，這是整個運動的骨幹。我們以前說過，共產黨內的黨員幹部主要由兩個部分組成：一部分是知識分子，他們在某種程度上就是懷抱著空想社會主義的理想參加革命的，那樣一種平等的、消除社會分工的、全面發展的社會，本是他們所嚮往的，因此，可以說毛澤東發動的大躍進和人民公社所內含的烏托邦理想主義、浪漫主義，對這些黨內的知識分子（還有黨外知識分子）是最有吸引力的。黨的另一部分是農民革命家。當毛澤東非常巧妙地把他的空想社會主義和農民的原始社會主義聯繫在一起，這些農民出身的老幹部、老將軍，一聽搞大躍進、搞人民公社是要做到吃飯不要錢、生病不要錢、住宿不要錢，當然由衷地擁護。這樣，許多有理想的黨幹部和知識分子，就自然成了毛澤東空想社會主義實驗的自覺參加者。如楊繼繩先生所說，「他們都是

50　參考楊繼繩：《墓碑──中國六十年代大饑荒紀實》（下篇），頁714-718。

51　鄧小平：〈對起草《關於建國以來黨的若干歷史問題的決議》的意見〉（1980年3月至1981年6月），《鄧小平文選》第2卷，頁296。

『真誠』的贊同，他們表現得自覺而虔誠。他們在跟風過程有一種參與神聖事業的自豪感，有一種實現理想目標的責任心」，[52] 這一部分人就構成運動的基本骨幹力量。

　　第二種人是熱血青年，大概就是今天所說的憤青，我和我的同學就屬於這類人。這些熱血青年，滿腦子只有教育和宣傳灌輸給他們的共產主義信仰，再也沒有別的東西了。為了準備這次上課，我翻了我的日記，裡頭有一段記載很有意思。當時我們班上豎立了幾個「標兵」，號召大家向他們學習，經過討論，大家一致認為最值得向他們學習的，就是他們都非常單純、非常簡單、非常純潔。他們腦子裡只有兩個概念：國家和黨，別的都沒有，所以他沒有私心，也不懷疑，一心跟著共產黨走，走向共產主義。而像我這樣的人就比較複雜，第一是我個人的東西太多，老想著一間屋、一本書、一杯茶，當然和共產主義格格不入；另一個就是我懷疑太多，總要想「這樣想對不對？符不符合實際？有沒有問題？」因此在行動上就有了許多猶疑，就像哈姆雷特那樣。而那些單純的標兵同學就更像堂吉訶德，把黨的目標看作是自己的目標，然後勇往直前，黨指向哪裡，就打到哪裡去。所以「他們很容易被上級領導發動起來，不顧一切地去保衛某種價值」，[53] 其實他們自己也未必真正理解這些價值，但保衛起來卻顯得「毫無畏懼」。我們可以看到，中國共產黨每一次政治運動，都要有一群熱血青年給他們打先鋒，這是毛澤東所掌握的一支具有摧毀力的隊伍，他們很容易衝動，往往把事情容易搞得過火、搞得絕對。但是，只要他們不侵犯到黨的基本利益，過火是被允許的，甚至令人覺得很可愛、左得可愛。這是第二類人，也構成了大躍進和人民公社運動的基礎性力量。

　　當然更重要的是第三類：工農基本群眾。就像毛澤東分析的，中國工農基本群眾，也就是最窮苦的那一部分人，他們迫切地希望改變自己落後貧困的面貌，而且他們有一種「均平思想」，帶有絕對平均主義的傾向，毛澤東所搞的這些東西，是符合他們的利益和要求的。另外，因為是毛澤東共產黨解放了農民，他們對毛澤東和共產黨有一種感恩之情，而且是非常真誠的。

52　楊繼繩：《墓碑——中國六十年代大饑荒紀實》（下篇），頁715。

53　楊繼繩：《墓碑——中國六十年代大饑荒紀實》（下篇），頁715。

作為小農，總是有個幻想，希望有一個好皇帝帶領他們改變落後面貌；一方面感恩，一方面又希望有好皇帝，就很自然地把毛澤東看成好皇帝，期望他帶領自己改變窮困面貌，達到均平理想。可以說，傳統的小農意識和皇權意識，使他們最容易接受毛式空想社會主義，這就構成了毛澤東的群眾基礎和階級基礎。

第四種類型是農村的流氓無產者，又稱為痞子。我不知道台灣怎麼樣，大陸任何有農村生活經驗的人都知道，只要到農村去，就會看到農村總有那樣一些人，他們看似窮得一無所有，但卻是流氓，或有著濃厚流氓氣息，這就是農村的流氓無產者。他因為是流氓、因為一無所有，就無所顧忌、無所畏懼，所謂「光腳的不怕穿鞋的人」，有鞋的人有點財產就有保守性。毛澤東恰好要利用他們，作為歷次運動的重要依靠對象。在二十年代的湖南農民運動，很多人說那是痞子運動，毛澤東則說，痞子運動「好得很」，我們就要依靠痞子。[54] 這背後涉及一個更加重大的問題，這些年大陸有一批學者專門研究和討論的所謂「遊民文化」對中國社會及中國革命的影響。什麼叫遊民？同學可能比較陌生，我只舉一個人大家就知道了：魯迅的阿Q就是典型的遊民。遊民有雙重性，比如阿Q，一方面他受趙太爺、假洋鬼子的欺負，所以要反抗，這自然具有一定的合理性；但另一方面，這種農民造反，特別是流氓無產者的造反，目的是自己取而代之。魯迅的〈阿Q正傳〉裡專門寫到阿Q土穀祠的夢，第一，他夢見很多元寶，這就是要錢；第二，他夢見女人；第三，他要權勢，想要小D搬東西、搬不動就打。他追求金錢女人和權勢，所以他沒有真正的信念，有奶便是娘，只要達到自己的目的，什麼事情都可以幹。所以魯迅曾經擔憂，20年後中國的革命和改革還是阿Q式的造反。魯迅的擔憂並非沒有道理。當然不能簡單地把中國共產黨領導的革命看作是阿Q造反，但遊民政治對中國共產黨的影響，卻不可忽視。有人研究中國政黨政治，就發現中國的政黨組織不完全是西方的，其早期有濃厚的會黨色彩，會黨就是幫會、流氓組織。中國國民黨與共產黨都有這樣的問題：他們都是現代政黨，卻又受到中國傳統幫會的影響。毛澤東本人，從小的反抗思想資源

54　參看毛澤東：〈湖南農民運動考察報告〉（1927年3月）第六節：「所謂『痞子運動』」，《毛澤東選集》（一卷本），頁18。

之一是《水滸傳》，江湖社會對他有吸引力，可見他是有流氓氣息的，他的統治帶有流氓色彩，當然他也不完全是如此，他還有帝王氣、才子氣——革命者加帝王加才子加流氓，大概就是毛澤東。他發動的群眾運動、群眾專政，常常要用農村裡的阿Q、流氓無產者打先鋒。以後我們會講到，大躍進和人民公社運動中，到處綑打農民、把農民往死裡打的事件，有許多就是這些被視為「革命先鋒」的農村流氓無產者幹的，其中有的人甚至成了「運動既得利益者」。也有的人，他們不是痞子，但也是「吃運動飯」，在運動中衝鋒陷陣並得到很大的利益。後來毛澤東說運動每隔七、八年還要來一次，大部分人聽了都毛骨悚然，但這種人非常高興，就希望再來一次大運動。毛澤東的「不斷革命」最後卻是以這些人為群眾基礎，實在很可悲。

第五類人，是體制所製造、鼓勵的投機鑽營分子。所謂體制製造，有兩個含義。我們說過，「五七體制」有個特點就是建立第一書記專政，人的權利、利益都是上級給的，這樣就造成一批人必須對上級吹牛拍馬逢迎才能得到最大利益，這是等級制度所製造出來的。另外一方面，則涉及專制體制選擇人材的機制，它是把優秀的淘汰掉、把壞的留下來，是一種「淘優選劣」的選拔機制。我們看得很清楚，在反右運動中劃分左中右，有獨立思想、敢說真話、敢承擔、有理想的人最容易成為右派，而那些沒有理想、隨風轉舵、鑽營拍馬的人反而容易成為左派（當然，不能反過來說，反右運動的左派都是投機的，他們中也不乏天真的理想主義者）。這是很令人痛心的：體制自己把最優秀的人才淘汰掉，而選擇了最終把自己腐蝕掉的投機分子，這就是我在前面講過的「自噬現象」。這些因充當打手而被提拔的投機鑽營分子，有兩個特點：儘管他們把革命口號喊得震天響，實質上都是虛無主義者，沒有任何理想和信念，同時他們都是些利己主義者，所有「慷慨激昂」的「鬥爭」狀，都是謀取私利的表演，不過體制也需要他們這樣的表演來造聲勢，兩者相互利用，形成利益綑綁。

第六種人，是被迫自保而跟風者，而這樣的人是大多數。這些人並不積極，不會打先鋒。一般都是先看、不表態，等看到運動成了風氣，他就跟上。這樣的人是大多數，也就成為風潮的巨大後盾。另一方面，這些人一面跟風，一面心裡充滿矛盾、很痛苦，因為他們懂得常識，不難看出問題，只是迫於自保而跟著走。這些人後來也變得快，一旦到了要批判這個潮流的時

候，他也會跟著走，永遠隨大流。

這裡我想對「被迫」再作一點闡釋。有一個同學在作業裡提了一個很有意思的問題：當年的右派分子在大躍進中如何表現？當然這很複雜，各種態度都有，反抗、抵制的也有，但相當多的人甚至可以說是相當熱情地投入到大躍進當中去。這個現象讓我感到困惑。後來我作了個案研究，這是一位甘肅的女右派，有一個紀錄片以她的名字命名，叫《和鳳鳴》[iv]，完全讓她講述自己的經歷。她寫了一本書就叫《經歷——我的1957年》，我為這本書寫了一篇長篇序言，對她作了一些心理分析。在大陸，凡是被各種運動打下去的人，包括右派在內，都有一個名稱，一律被叫作「牛鬼蛇神」。它不僅是污辱性的稱呼，還包含了一個含義：「你成了右派，屬於敵人，你就不是人了。」把你從「人籍」中開除出去，使你「非人化」，然後就把你隔離起來。一旦你被打成右派以後，首先你自己所在的小單位上，任何一個人都不敢和你接觸，因為接觸你就是劃不清界線，就要受牽連。一下子你在自己所在的單位就孤獨了，也就是從人民群眾隊伍中被驅除出去了。在這個時候，人怎麼辦？就只能躲進小家庭。和鳳鳴被打成右派以後，她和她的丈夫抱頭痛哭，在小家庭裡面彼此得到慰藉。但是很快她的丈夫也被打成右派，他們兩個已經不能在一起。最後怎麼辦？兩人分隔在兩地，溝通靠通信，只能用通信保持情感的聯繫，結果通信也被檢查，他們也不能自由通信了。怎麼辦呢？人有內在的感情需要傾訴，就寫日記，結果日記又被抄出來，成了更大的罪狀。於是，一個人不僅被排除在群體之外、被開除人籍，而且任何表達自己情感的方式也全部被禁止。後來她被送去勞改，開始在一個在勞改廠的機關裡當會計，但她發現每次進進出出，所有人看見她就好像沒看到一樣，不僅不理她，甚至根本覺得她不存在。於是她就處於一種絕對的孤立狀態。回到牢獄裡，總可以向你的同案犯傾訴吧？她有一次忍不住說了話，第二天就有人告密，因為她們互相監視。這樣，人就被絕對的孤立化，任何的交流都被堵絕，慢慢就不會說話，不會思想，人的生命就被空洞化了。最初我還不太理解，後來我讀到奧地利作家茨威格（Stefan Zweig，1881-1942，奧地利）的小說，說到監獄最可怕、最大的懲罰就是單獨監禁，整天面對的是牆壁，那時我才明白，這是會把人逼瘋的。右派遭到的懲罰，就是把你從整個血緣關係、社會關係中隔離出來，成為毫無依傍的孤獨存在，而且剝奪了你情感傾訴、思想

交流、言語表達的一切對象、一切手段、一切渠道、一切希望與可能。絕對的孤立化和絕對的空洞化，就必然導致人的虛無化。當人處在虛無狀態，一切願望都沒有的時候，如果出現一個強勢力量，人就不由自主地要屈從於它。其實我們在日常生活中也有這種經驗，當你迷路的時候，在茫茫黑夜裡找不到路，突然有一個人高舉火把說「跟我來！」這時候任何人都會毫不猶豫地跟著走。共產黨就在右派處於孤立化、虛無化、空洞化，處於絕對的絕望狀態時，突然出現，找你談話，以一種強勢的力量給你指出出路。什麼出路呢？一個是「勞動改造」：你只要好好地改造自己，就有希望。這就是為什麼很多右派積極參加大躍進，原因很簡單，大躍進就是改造自己的好機會。這樣的誘導對知識分子右派特別有效，因為知識分子很容易把苦難神聖化，認為自己是在苦難中純淨靈魂。這其中還有民粹主義思想的影響：知識分子要在苦難中贖罪，這也是許多右派知識分子勞動比很多人還要加倍努力的一個原因。右派的另外一條出路就是檢舉別人、立功贖罪，在此背後還灌輸入一種理性觀念：為了自己活著，為了有一天能被摘掉帽子，成為自由的公民，就必須不管他人死活。這就是理性地保護自己存在的一種要求，於是「告密」慢慢成為一種理性的行為。[55]

最近在大陸讓很多知識分子大為震驚的事情，就是一位非常有名的右派知識分子，在死之前公布了自己當年的告密日記：他被派到1957年最大的右派章伯鈞家裡臥底，把章伯鈞的話一條一條往上報告。我最近研究他的日記，發現他開始時是被迫的，到後來則是相當自覺、理性地在做這件事。[56]這就形成了一個概念，叫「受害者的理性合作」，真是觸目驚心。和鳳鳴的心理歷程也是如此，她先是受到迫害，然後又以極大熱情參與迫害者所組織的大躍進運動，這是一個極大的悲劇，同時也顯示了專制體制對人精神和心理控制的力量。

表面上看起來，無數人都捲進大躍進裡，成為全民運動，但深入分析就可以發現，其實是糾纏著十分複雜的利益關係的，有的是要實現其理想，有

55　參看錢理群：〈地獄裡的歌聲——讀和鳳鳴《經歷——我的1957年》，兼論反右運動以後所建立的社會秩序〉，《拒絕遺忘：「1957年學」研究筆記》（香港：牛津大學出版社，2007），頁241-270。

56　參看馮亦代：《悔余日記》（河南：人民出版社，2000）。

的是從中獲利，有的卻是出於自保，既有自願的，也有像和鳳鳴這樣被迫而又是理性的合作。這都不是可以用「全民擁戴」或「全民受騙，被動參與」這類絕對化的簡單判斷所能概括的。

這裡，還要說一點：在全民性的自願投入者之外，自然也有對運動持消極，甚至反對態度的人。這樣的人，在大躍進、人民公社的群眾運動中，常常是被批判的對象──這在當時叫做「大辯論」，實際上就是這些人被批鬥，甚至成為了「專政」的對象。毛澤東曾樹為樣板的徐水縣，就設立了專門的勞動改造隊，凡被認為是「壞人」、「消極分子」的社員，即被送去勞改。同學們可能還記得，在1957年反右運動以後，曾制定了〈勞動教養條例〉，1958年6月徐水縣就專門發布告、擅自擴大了勞動教養的範圍，規定凡「農業社、機關、廠礦、學校、企業中有勞動能力，但常拒絕勞動或者破壞紀律，妨礙公共秩序，屢教不改的」，或「不服從工作分配和就業、轉業安置，或者不接受勞動生產的勸告，不斷無理取鬧，妨礙公務屢教不改影響很壞的」，都要送去勞動教養、改造。還有臨時的「勞動集訓」，對象是所謂「勞動不積極」、「幹活慢」的社員，甚至「走路慢」、「說話生硬」也都是罪名。1958年8月和10月，曾有兩次大規模捕人，僅12個公社，被送去勞動集訓的人就高達7,200多人[57]──這是一種更加肆無忌憚的直接專政，和前面討論過的精神誘惑與專制，是相互補充的。

編註

i 　中國社會黨：1911年11月5日於上海成立，是中國第一個社會黨，成立者為江亢虎，早期即發起社會主義研究會，此研究會是中國社會黨的前身。

ii 　《李雙雙》：改編自李準的小說《李雙雙小傳》，於1962年拍成電影，記述人民公社、大躍進過程中農村婦女的解放。

iii 　區鄉保甲制度：是中國南京國民政府時期，所施行的「縣」以下的基層行政組織與社會控制制度。保甲制度是中國封建時代長期延續的社會統治手段，以「戶」（家庭）為社會的基本單位，設「戶長」；十戶為「甲」，設「甲長」；十甲為保，設立「保長」，而十保以上為鄉鎮。

iv 　《和鳳鳴》：2006年紀錄片，導演為王兵。記述1957年女右派和鳳鳴的故事。

57　轉引自羅平漢：《天堂實驗：人民公社化運動始末》，頁206-207。

第六講

|

大饑荒年代（上）

1959-1961

| 2009年10月20日、10月27日講 |

一、從「天堂」落入「地獄」

中國大陸很多事情真是瞬息萬變，在很短的時間內，中國就從大躍進翻轉成大饑荒。我們在這裡列一個時間表：

1958年8月4日，這一天毛澤東到他空想社會主義實驗的基地——河北徐水縣考察。當地縣委書記告訴他：這個縣，夏天收獲有9,000萬斤，這其實已經很多了，但縣委書記說：「到秋天要收11億斤」。9,000萬到11億斤，這顯然是吹牛，但毛澤東相信了，他非常高興地說：「唉呀，你們一個縣十一億斤，那糧食多了怎麼辦？怎麼吃？」縣委書記從來沒想過，只得說：「那我們換機器吧！」毛澤東說：「哪有那麼多機器？」，「那麼辦酒精廠吧？」，「全中國有多少縣？要辦多少酒精廠啊？」這位書記愣住了。然後毛澤東緩緩說來：「糧食多了還是好，多了國家不要，讓農民吃嘛，一天吃五頓飯也好，糧食多了，農民可以半天勞動半天休息，搞文化，學技術，這多好啊」。這消息很快傳遍全中國，大家都非常興奮，大談糧食多了怎麼辦。

毛澤東說這些話時還是8月份，到了9月16日，毛澤東在視察安徽舒茶公社時，聽說公社實行吃飯不要錢的制度，於是回應說：「既然一個社能辦到，其他有條件的社也能辦到」。[1] 據說毛澤東當晚興奮得通宵沒有睡覺。[2]

那時毛澤東可說是一言九鼎，他此言一出，全國就掀起吃飯不要錢的高

1　毛澤東視察舒茶公社經過，見麥陽、劉蓬：《毛澤東在一九五八年》，頁226；引言見楊繼繩：〈有關大饑荒的大事記〉，《墓碑——中國六十年代大饑荒紀實》（下篇），頁1046。

2　麥陽、劉蓬：《毛澤東在一九五八年》，頁229。

潮。那時剛好秋收過，又逢糧食豐收，各地都有糧食。農民第一個反應是欣喜若狂，因為中國農民從來沒有敞開肚皮吃過飯。當時有一句順口溜：「糧食供給食堂化，肚子再大也不怕」。還有個口號：「放開肚皮吃飽飯」。這是極有吸引力的，其中既包含著對現代化的想像，也包含著對共產主義的想像，不可小看這句話，這是整個中國的中心問題。於是，相當一部分農村就真的實行放開肚皮吃飽飯、開流水席，隨時可以吃，吃了就走。即便是城裡人到農村，走到哪裡，就坐下來吃飯，也不要繳錢。[3]這是中國人從來沒有見過的，高興得不得了。食堂還要想各種方式做好吃的，比如一個河南農村食堂，光是紅薯就有幾十種吃法，有油炸的、有火炒的、有清蒸的，整天考慮怎麼吃。[4]連我們大學食堂，也是每天「放衛星」，食品花樣百出，弄得學生們越吃越多，反正年輕，飯量都大得驚人，記得那時我每一個月吃40斤，每天吃1斤多。當時《人民日報》還發表過這樣的報導，題目就是〈吃飯不要錢以後⋯⋯〉：「（江蘇江陰縣馬鎮人民公社）在第三工區九隊的食堂裏，貧農尹積福一家和全隊100多個人在一起會餐。尹積福今年62歲了，子女小，勞力不強。他過去吃飯很『當心』，老是不敢吃足，怕吃過頭要超支；解放前更是有一頓沒一頓，終年為肚子發愁。在開始實行吃飯不要錢時，尹積福還有點不相信，開頭兩天不敢吃足，怕最後還要算賬。聽了有關政策的宣傳和鳴放辯論，心裏才踏實了。他激動地對全家人說：我們真是到了天仙佛國了，共產主義才沾了點邊兒，好日子還在後頭哩」。[5]

　　幾千年被餓怕的中國農民，個個都笑了，毛澤東也笑了。就在此之前，1958年8月，他對來訪的赫魯曉夫說：「1949年中國解放我是很高興的，但是覺得中國問題還沒有完全解決，因為中國很落後，很窮，一窮二白。以後對工商業的改造、抗美援朝的勝利，又愉快又不愉快。只有這次大躍進，我才

3　山東即墨縣醪山公社醪山大隊醪山衛村，「每五天逢集的日子，不少外社來趕集的農民到這裡免費吃飯，每次少則五六十人，多則100餘人，除了吃飯不交錢，還可以隨便拿曬在坡裡的花生、地瓜杆，本社的社員見此不但不阻止，而且還說：『吃吧，拿吧，反正都是公社的。』」據中共青島市委黨史研究室等：《青島的「大躍進」運動》（2004），頁231-232。轉引自羅平漢：《天堂實驗：人民公社化運動始末》，頁168。

4　楊繼繩：《墓碑──中國六十年代大饑荒紀實》（下篇），頁677。

5　〈吃飯不要錢以後⋯⋯〉，《人民日報》1958年10月8日第一版。

完全愉快了！按照這個速度發展下去中國人民幸福生活完全有指望了！」[6]——沒有理由認為毛澤東的高興是不真誠的。[7]

但是中國農民由衷的笑、毛澤東由衷的笑並沒有持續多久。1958年11月，就接到雲南省委的報告：一部分地方發生腫病的問題。之後又有進一步的報告：從1958年2月到10月部分地區腫病患者達到33萬4,000人，死亡達到4萬5,000人，主要原因就是營養不良、口糧不足。[8]毛澤東立即寫了〈一個教訓〉一文，提醒「任務不要提得太重，不要超過群眾精力負擔的可能性」，「生產、生活同時抓」。[9]

到了1959年初，就有了報告：江蘇省句容縣寶華公社兩個大隊，從1958年4月到11月非正常死亡社員114人。[10]接著又有報告：僅僅河南省一省四個專區，從1958年9月到12月，由於營養不良而生了腿部浮腫病的人有15餘萬人，死亡近7,500人。[11]

1959年1月，山東傳來大批農民外逃的消息，即所謂「館陶事件」：全縣

6 轉引自張素華：《變局：七千人大會始末》（北京：中國青年出版社，2006），頁8。出處詳見該頁註釋（3）：「陳毅1958年9月2日在廣州幹部會議上的講話，轉引自林蘊暉〈論中國國情與馬克思主義中國化〉，《中共黨史研究》2000年第1期，頁92」。

7 這裡還有一個小故事：據毛澤東的衛士長李銀橋回憶，1957年12月前後毛澤東身邊的一個衛士探親回來，帶來一個又黑又硬的窩頭，毛澤東掰了一塊放在嘴裡，淚水立刻溢滿眼眶，對周圍人說：「這就是種糧的人吃的糧食呵」。那天毛澤東失眠了，之後很長時間多次喃喃自語：「我們是社會主義麼，不該是這樣。要想個辦法，想個辦法……」。這其實也是毛澤東後來發動大躍進，提出「吃飯不要錢」的一個心理背景。見李銀橋：《邁向神壇的毛澤東》，頁220-221。毛澤東的女兒李敏也回憶說，毛澤東曾對她的母親賀子珍說：「我這個人平時不愛落淚，只在三種情況下流過眼淚：一是我聽不得窮苦老百姓的哭聲，看到他們受苦，我忍不住掉淚；二是跟過我的通訊員，我捨不得他們離開，有的通訊員犧牲了，我難過得掉淚；三是我在貴州，聽說你負了傷，要不行了，我掉了淚」。見李敏：《我的父親毛澤東》，頁234。

8 〈關於「腫病」發生的情況〉（1959年1月10日），《內部參考》。轉引自林蘊暉：《烏托邦運動：從大躍進到大饑荒（1958-1961）》，頁383。

9 毛澤東：〈一個教訓〉（1958年11月25日），《建國以來毛澤東文稿》第7冊，頁585。

10 〈關於句容縣寶華公社俞頭、銅山大隊死人問題的調查〉（1959年1月27日），《內部參考》。轉引自林蘊暉：《烏托邦運動：從大躍進到大饑荒（1958-1961）》，頁382。

11 見〈關於「腫病」發生的情況〉（1959年1月10日），《內部參考》。轉引自林蘊暉：《烏托邦運動：從大躍進到大饑荒（1958-1961）》，頁383。

從1958年10月以來，僅逃往河北邯鄲的就有1萬3,000人。同月，河南也有群眾致書毛澤東、周恩來，揭露豫東地區發生饑荒，「各村都有人死亡。有買東西一頭栽地下死的，有在田地找野菜死的」。[12]

3月份還是山東傳來消息，即所謂「濟寧事件」：僅一個縣發生搶糧庫事件就有130多起，有1萬多人參加。[13]到4月份國務院上報：山東、江蘇、河南、河北、安徽五個省有2,517萬人沒有飯吃，毛澤東連忙派飛機將報告送給各省委第一書記，要求他們及時處理「緊急危機」，並為相關材料起了一個很警醒的題目：〈十五省二千五百一十七萬人無飯吃大問題〉；[14]這時是1959年4月，距離「吃飯不要錢」不到半年時間。

再過半年，從1959年10月到1960年4月，就發生了河南「信陽事件」：餓死的農民竟至100萬人，並且開始出現吃人現象。這件慘絕人寰的案件直到1960年10月才揭露出來，全國上下，包括毛澤東在內，都極為震驚。[15]

接著連續傳來消息：1959年11月到1960年4月，貴州的湄潭死亡人數達到全縣20%，死絕戶將近3,000戶。1959年冬到1960年春，甘肅通渭縣整個縣人口減少1/3，被稱為「通渭問題」。1960年1月到8月，廣東羅定縣非正常死亡農民達1萬7,000多人。1960年春，貴州又發生「遵義事件」和「金沙事件」，除了大批死人外，還出現了人吃人現象。[16]到1960年6月份，在餓死將近一半人口的貴州江口，發生農民暴動，暴動的領袖恰好是人民公社的書記。[17]

大饑荒大死亡，在1960年達到頂點，一直持續到1961年，到1962年才開始轉好。據各省官方公布的數據計算，1958年全國有172萬人非正常

12　劉堤圈車站南北：〈關於豫東饑荒上毛澤東周恩來及全體中央領導書〉（1959年1月20日）。收余習廣主編：《位卑未敢忘憂國：大躍進・苦日子上書集》（香港：時代潮流出版有限公司，2005），頁85。

13　「濟寧事件」相關請見楊繼繩：《墓碑──中國六十年代大饑荒紀實》（上篇），頁405-408。

14　毛澤東：〈關於解決春荒缺糧問題的批語〉（1959年4月17日），《建國以來毛澤東文稿》第8冊，頁209。

15　「信陽事件」參看楊繼繩：《墓碑──中國六十年代大饑荒紀實》（上篇），頁32-77。

16　「遵義事件」和「金沙事件」詳見楊繼繩：《墓碑──中國六十年代大饑荒紀實》（上篇），頁135-155、509-515。

17　楊繼繩：《墓碑──中國六十年代大饑荒紀實》（上篇），頁514。

死亡，1959年非正常死亡是475萬人，1960年是1,109萬人，1961年是300萬人，1962年也還有42萬人非正常死亡，總計非正常死亡人數達2,098萬人。[18]其他國內外學者還有各種不同的統計調查，方法不同，所以得出來的結果也不完全一樣。[19]去年香港出版一本很重要的書叫《墓碑──中國六十年代大饑荒紀實》，我在前面已作介紹。作者楊繼繩是新華社記者，他花了將近十年的工夫做調查，並且使用了很多檔案材料。他的研究結論是，從1959年到1961年這三年間，非正常死亡是3,600萬人，基本上是餓死的；另外還有一個數字：饑餓使很多婦女患婦女病，有很多小孩子該生出來而沒有生出來，這樣的「應生而未生」的人數，總共是4,000萬人；全部加起來，三年大饑荒，使中國人少了7,600萬人。[20]

　　這是一個恐怖的數字。且不說應出生而未出生的4,000萬人，餓死3,600萬人，這究竟是一個什麼樣的概念？楊繼繩作了一個比較。他指出：

這個數字相當於1945年8月9日〔錢註：美國〕投向長崎的原子彈殺死人數的450倍。

這個數字相當於1976年7月28日唐山大地震死亡人數的150倍。

這個數字超過了第一次世界大戰的死亡數字。第一次世界大戰死亡人數只有1千多萬人，發生在1914-1918年，平均每年死亡不到200萬人。中國1960年一年就餓死1,500萬人以上。

大饑荒的慘烈程度遠遠超過了第二次世界大戰。第二次世界大戰死亡4、5千萬之間。這4、5千萬人是在歐洲、亞洲、非洲廣袤的土地上7、8年間發生的，中國這3,600萬是在3、4年間死亡的，多數地區死人是在半

18　見當頁圖23-2〈1959-1962年非正常死亡人數〉，楊繼繩：《墓碑──中國六十年代大饑荒紀實》（下篇），頁886。

19　據楊繼繩介紹，關於大饑荒造成的非正常死亡人數，國外學者估計：1960-1961年間有2,300萬（艾德爾）、1960年有1,100萬-3,000萬（莫舍）、1952-1962年間有3,000萬（希爾）、1958-1963年間有2,700萬（科爾）、1958-1963年間有4,090萬（傑勒德‧卡羅特）五種說法，見楊繼繩：《墓碑──中國六十年代大饑荒紀實》（下篇），頁886。國內學者則有：三年大饑荒期間有1,700萬（蔣正華）、3,500萬（丁抒）、3,471萬（金輝）、4,300萬（陳一諮）、3,300-3,500萬（王維志）、3,245萬8,000人（曹樹基）六種說法，見楊繼繩：《墓碑──中國六十年代大饑荒紀實》（下篇），頁892-904。

20　楊繼繩：《墓碑──中國六十年代大饑荒紀實》（下篇），頁904。

年之內集中發生的。

這是中國歷史上所有的災荒都望塵莫及的數字：中國歷史記載最高的災荒死亡數字是1928-1930年全國22個省受災。這次災荒死亡人數超過了歷史紀錄，但僅為1千萬人。從1920年到1936年，17年裏合計死亡1,836萬人。[21]

楊繼繩描述說，在這段歷史中「沒有呼天搶地的哭聲，沒有披麻戴孝的禮儀，沒有送葬的鞭炮和紙錢，沒有同情，沒有悲哀，沒有眼淚，也沒有震驚與恐懼」——這在毛澤東統治下的那個時代，都是被嚴禁的，「幾千萬人就這樣無聲無息地，精神麻木地消失了」。[22]

數字的背後，是血淋淋的歷史。這是掩飾不住的。

我在準備上課時，看了很多材料，實在不忍心在這裡講，因為太慘了。我反覆斟酌，選了一份材料，我覺得這份材料也比較可靠。有一位長期擔任甘肅省的婦聯主席，叫李磊（生平不詳）的老太太，她當年是寧夏回族自治州的州委書記，下面講的就是寧夏的事情。其實當時整個中國死亡最多不是寧夏，最嚴重的是河南、安徽、山東、貴州這幾個省。但是因為她是當時的州委書記，所以掌握了很多原始材料。她因為講真話，一度被打入右傾機會主義分子。在80歲的時候，她出版一本回憶錄，叫《悠悠歲月》，公布了她所掌握的一些具體材料。我唸一下給大家聽：

> 不少地方發生吃人的事件。臨夏市全市10個公社、41個生產隊，588人吃掉337具屍體，其中，僅紅台公社就有170人，吃掉屍體125具、活人5名。小溝門生產隊8個作業隊，有6個隊發生吃人的情況。23戶吃掉57人。有的父子、母女、夫妻、兒女、姊妹相互殘食。有的吃剛死的人，有的吃埋了7天的人，甚至埋了一個月的人也被吃了。旮藏錦光生產隊，馬希順吃了病人的屍體，自己死了，全家11口人也全部死掉。社員白一努先後吃了8個死人，其中有父、妻、女、三代人。旮藏公社貧農社員馬

---

21 以上段落引文段均出自楊繼繩：《墓碑——中國六十年代大饑荒紀實》（上篇），頁13。

22 楊繼繩：《墓碑——中國六十年代大饑荒紀實》（上篇），頁13。據安徽鳳陽縣所存檔案，當時有些公社規定了處理死屍的「四不准」：「1，不准淺埋，要深埋三尺，上面種上莊稼；2，不准埋在路旁；3，不准哭喪；4，不准戴孝」。轉引自賈斯柏‧貝克（Jasper Becker）著，姜和平譯：《餓鬼：毛時代大饑荒揭祕》（香港：明鏡出版社，2005），頁207。

阿卜都，餓得奄奄一息時，囑咐其女馬哈素非說：「我身上的肉沒有了，我死後可把我的心挖出來吃。」馬死後，其女就把他的心挖出來煮了吃了。亢藏公社團結生產隊貧農社員馬一不拉夫妻二人把自己14歲的女兒活活吃掉，馬死後又被其妻吃掉。紅台公社小溝門作業隊李尕六吃了自己的兩個死孩子。李尕六死後又被社員胡八吃了，胡八死後，又被蕭正志吃了。[23]

我讀了以後，真有如入地獄之感。我想起大躍進時期流行的一句話，叫「共產主義是天堂，人民公社是橋梁」。這就提出一個非常尖銳的問題：為什麼天堂翻轉成地獄？或者說，為什麼天堂的諾言、夢幻，它的現實化卻是地獄？人間天堂的理想主義、浪漫主義的追求，怎麼會變成人間地獄這樣一個現實世界？這原因到底是什麼？人們的主觀願望怎麼走到它的反面去？毛澤東說「糧食多了怎麼辦？吃飯不要錢」。不能說他是有意騙人，但為什麼變成這樣？這就需要我們去認真分析和追問。這有一個歷史過程，從理想主義的命題出發，經過什麼機制、怎麼樣的原因，最後有了這樣一個地獄般的結果，這當中包含什麼樣的歷史教訓？

就我們一直關注與討論的毛澤東個人的生命歷程而言，這裡就出現了一個轉折點。我們說過，1958年是毛澤東的生命頂點：在此之前，從1949年前奪取政權的鬥爭，到1949年建國後至1957年反右運動所進行的鞏固權力的鬥爭，是毛澤東生命逐漸上揚的過程，都是為了一個目的：個人掌握住幾乎沒有挑戰的絕對權力。在權力的絕對保障下，毛澤東於1958年完全按自己的意志，進行建立毛式理想國的試驗，卻迅速失敗，帶來災難，由天堂轉入地獄。這是毛澤東第一次真正意義上的挫折，以後他的生命就進入了一個頑強地捍衛自己的權力與理想國的、總體下降的階段。文化大革命是一次重建理想國的試驗，比之1958年，決心更大、規模更廣、似乎也更為徹底，其實是最後的背水一戰，在1966、1967年間，毛澤東也有一次生命的高揚，但到最後也還是以失敗告終而落入底谷。這樣的生命發展軌跡，是發人深省的。

我們再回到1958-1961年的歷史現場。

23　李磊：《悠悠歲月》（自印本），頁122-150。轉引自楊繼繩：《墓碑——中國六十年代大饑荒紀實》（上篇），頁131-132。

二、大躍進怎麼變成大饑荒

大躍進怎麼會變成大饑荒？天堂的許諾怎麼會導致地獄的結果──實際上，地獄的結果，就孕育在對天堂的想像和許諾中：大饑荒的結果，就孕育在大躍進的設計與想像中。

我們來具體分析這當中的歷史過程，歷史轉換。

不可否認，1958年在經濟上確實有一個大的發展。以鋼鐵產量為例，最初預定要達到1,070萬噸，當然落空了，但最後落實下來，還是達到了800萬噸。[24]這比1957年的500萬噸，顯然還是很大的躍進。而且在鋼鐵生產的推動下，一些基礎工業有了較大幅度的增長；同1957年相比，煤產量由1.31億噸猛增到2.7億噸，發電量從193億度增加到275億度，經核實後糧食產量比上年增長2.5%。在農田水利方面也有很大的發展。更重要的是，大中小結合、中央和地方結合的中國現代工業的布局和結構，基本上也是1958年大躍進所建立的。[25]所以，對於大躍進應該說兩句話：一方面在經濟上有大發展，另一方面也為這個大發展付出了極大的代價，並同時帶來了四大問題。

首先是資源大破壞，生態平衡的大破壞。例如森林的大破壞。為了大煉鋼鐵而大量燒山毀林，再加上困難時期的開荒，都對森林資源造成極大的破壞，大概從1958年開始，前後延續了整整四年的大破壞。依據現今公布的材料，這種情況是遍布全國的。比如遼寧彰武等縣的農田防護林砍掉了70%，河南省東部的防護林毀掉了80%，開封縣40萬畝耕地因此摺荒，河北固安縣境內永定河下游防護林破壞一半，陝西榆林、橫山等縣毀林、刨沙窩達200萬畝，甘肅河西防護林和固沙林砍掉22萬多畝，湖北林木蓄儲量減少了34%，廣西1958年因燒炭煉鋼砍伐木材達1,750萬立方米，超過國家計劃收購木材十倍以上等等[26]──這完全可以稱得上是一個全國範圍的毀滅性大破壞。

為了使同學們有一個感性的體認，我們根據一篇〈綠色的悲愴〉的報告文

24　據國家計委副主任賈拓夫（1912-1967）的核實報告，轉引自林蘊暉：《烏托邦運動：從大躍進到大饑荒（1958-1961）》，頁431。

25　薄一波：《若干重大決策與和事件的歷史回顧》（下），頁709-710。

26　據《當代中國的林業》（北京：中國社會科學出版社，1985年出版），頁105。轉引自林蘊暉：《烏托邦運動：從大躍進到大饑荒（1958-1961）》，頁206。

學,作一個具體的考察。廣西省有一個縣叫武宣縣,1958年就遭遇一次亞熱帶原始森林的大劫難。大陸有一句口頭禪,說「穿在蘇州,玩在杭州,吃在廣州,死在柳州」。意思是說,中國最好的穿、玩、吃集中在蘇州、杭州和廣州,而柳州的木材質量最好,最適合做棺木,因此,最好「死在柳州」。這句諺語所凸顯的正是廣西森林資源的重要性,武宣縣就是廣西最主要的森林地帶。1948年時,當地森林覆蓋率是58%,到了1958年,幾乎全部毀掉。這個縣的盤古村後山坡上,有一片松林,有326棵像水缸一樣粗的巨大老松樹,坡上豎有一塊石碑,上面刻的是「光緒二年植」,這是光緒二年老祖宗種下的樹。因此這片松樹林就成為當時的一個風水寶地,平常連人都不能去的。但是1958年大煉鋼的時候,因為要造風箱,公社下命令要把這些樹砍掉。村子裡的老百姓當然不願意,排起隊來阻攔,就從別的地方調動了一大群人,一夜之間把這些樹全部砍掉。全村的人嚎啕大哭。1958年這些樹全部被砍掉後,在生態平衡上造成的後果則要隔若干年後才顯出來。從1963年開始到1993年,全縣連續30年出現旱災。遇雨則發生大面積的水土流失,1976年的夏天,下了一場80毫米的大雨,全縣發生的山崩達到136處。這確實令人驚駭:1958年大砍伐造成生態平衡的大破壞,所產生的後果是影響到後代的。[27] 我還看到一個資料,雲南邊遠山區有一個發拉村,到現在都還是非常貧困,如果問為何貧困,當地老百姓不假思索地回答:這是1958年大煉鋼鐵造成的。大煉鋼鐵所造成的毀滅性自然資源和生態平衡的大破壞,使農民喪失了生存的基本物質基礎,代價是觸目驚心的,用當地人的話來說,已經殃及了他們四代子孫。[28]

其次,是資源的大浪費,代價也非常慘重。在1962年的一次會議上,化學工業部報告,1958年以來國家的基本建設投資是45億元,結果這些工程基本上都沒有完成,半拉子(只完成了一半夥部分)的工程就達到19億元,報廢的達到6億6,000萬元,也就是超過一半都是報廢或半拉子的工程。郵電部也報告有40個「癩痢頭」工程,也就是沒完成的工程。水電部的報告則提到,

---

27　參看余習廣等:〈綠色的悲愴——廣西武宣縣大煉鋼鐵毀林紀實〉,文收余習廣主編:《位卑未敢忘憂國:大躍進・苦日子上書集》,頁132、150-151、159-161。

28　孫世祥:〈巧家有個發拉村〉,錢理群、劉鐵芳編:《鄉土中國與鄉村教育》(福州:福建教育出版社,2008),頁45-47。

1960年全國有300多個蓄水1億立方公米以上的大型水庫，也沒有充分發揮效用。[29] 據統計，1958年施工限額以上的項目共1,639個，建成投產的僅28項，造成了驚人的資源浪費。[30]

這樣的資源浪費，對後來的大饑荒造成很大影響，其中最重要的就是糧食的大浪費。我這裡有兩個數字：1958年初，全國有1億人投入水利工程，大煉鋼鐵有9,000萬人投入。前面1億人，後面9,000萬人，一年之內近2億的人口都要吃糧食，這樣就造成糧食的極大消耗。另外因為吃飯不要錢，也造成糧食極大浪費。農民秋收剛收來的糧食，一年的糧食在約一、兩個月內就吃掉了大部分。據當時的統計局局長薛暮橋（1904-2005）估算，農民吃食堂浪費的糧食約有1,750萬噸，相當於1958年農村供應糧食的11%。[31] 尤其嚴重的是，因為大修水利、煉鋼鐵，在秋收季節，農村的青壯勞動力全部調去搞大煉鋼鐵工程，留下來收割的是老弱婦殘。所以據當時國家的統計，1958年的農作物（包括糧食和棉花）有10%沒有收回。[32] 因此1958年雖然糧食、棉花大豐產，但並沒有大豐收。糧食全國大範圍的大浪費，是導致後來大饑荒的直接原因之一。

第三個問題是造成國民經濟嚴重比例失調：1958年積累率高達33.9%，造成消費與積累比例失調。其次是工農業比例失調：比之1957年，1958年工業產值增長54.8%，其中重工業增長78.8%，農業產值僅增長2.4%。其三，是工業和交通運輸比例失調，工業內部結構的矛盾與企業管理的混亂，造成重大事故不斷，更是從根本上大傷中國經濟發展的元氣。[33]

最後，是對農民的大掠奪。1958年毛澤東將其概括為「共產風」，實際上是共農民的產、掠奪農民。所謂「共產」，是上一級共下一級的產 ，上一級平調下一級的財產。具體來說，就是國家平調公社、公社平調生產隊、生產隊

29　轉引自張素華：《變局：七千人大會始末》，頁80。

30　薄一波：《若干重大決策與事件的回顧》（下），頁713。

31　轉引自辛子陵：《紅太陽的隕落：千秋功罪毛澤東》（上），頁240。

32　據中共中央農村工作部統計，轉引自林蘊暉：《烏托邦運動：從大躍進到大饑荒（1958-1961）》，頁208。

33　薄一波：《若干重大決策與事件的回顧》（下），頁710-716。

平調農民。[34]那個時候，農村勞動力是可以任意調動的，國家可以直接下命令，把農村勞動力全部調走。當時劉少奇就提到，江蘇省調動300多萬人煉鋼鐵，其中絕大部分都是從農村調去的，而且完全無償，「不鬧待遇，也不鬧甚麼勞動保險」。[35]對農民的平調格外厲害，幾乎是想要農民什麼東西就拿什麼東西，而且不必付出任何代價。1958年9月《紅旗》第7期按照毛澤東的批示，發表了經過毛澤東修改的〈河南嶧岈山衛星人民公社試行簡章（草案）〉（底下簡稱為〈簡章〉），[36]其中就明確規定：「各個農業合作社合併為公社，根據共產主義大協作的精神，應該將一切公共財產交給公社，多者不退，少者不補。原來的債務，除了用於當年度生產周轉的應當各自清理外，其餘都轉歸為公社負責償還」——這是公社內部各生產隊，貧隊與富隊之間的「共產」；〈簡章〉又規定：「社員轉入公社，應該交出全部自留地，並且將私有的房基、牲畜、林木等生產資料轉為全社公有，但可以留下少量的家畜、家禽」——這是對社員的「共產」。有了這樣的章程，對農民的恣意剝奪，就合理合法了，由此造成的後果，是災難性的。[37]而且這在當時就引起了農民的強烈抗議。這裡有一個材料：1958年8月11日河南襄城縣孫祠堂鄉有個青年農民致信黨中央，尖銳質問：「我們的家犯了什麼罪，來搜查呢？」、「我們的鍋為什麼也搜走，香爐銅器也收走了，犯了法嗎？」、「為啥有糧食不管是節約的還是非法的都沒收？還有人被綁著呢？這就是軍事化？解放軍的『軍事化』，還是國民黨的『軍事化』呢？」當然，在那個「跑步進入共產主義」的大躍進年代，這樣的農民的呼聲是不會被聽見的，公社、大隊還立案調查、大加迫害。這份

34　薄一波：《若干重大決策與事件回顧》（下）透露，山西省1958年入秋以來農副產品收購總額4億2,000萬元，縣級扣留了1億8,000萬，公社級扣留了3,000萬元，這筆錢主要用於鋼鐵虧損，縣和社辦工業投資，縣社舉辦的水利工程投資等等。甘肅臨兆縣城關公社東街生產隊共426畝水田，竟被部隊、機關、學校無償調走310畝。見薄一波：《若干重大決策與事件回顧》（下），頁763、764。

35　劉少奇1958年9月27日對南京黨員幹部的講話。轉引自楊繼繩：《墓碑——中國六十年代大饑荒紀實》（下篇），頁714。

36　毛澤東：〈對《嶧岈山衛星人民公社試行簡章（草案）》的批語和修改〉（1958年8月17日），《建國以來毛澤東文稿》第7冊，頁345。

37　以上簡章引文見〈嶧岈山衛星人民公社試行簡章（草案）〉（1958年8月7日），2011年7月27日取自，為人民服務網：http://hi.baidu.com/yh909106/blog/item/4861c32b4b3420f8e6cd40cb.html。

材料幸而保存下來，現藏河南省某檔案館，算是留下了那個時代農民的一點呼聲。[38]

這樣，「共產風」自然越演越烈。就以我們剛剛說到的廣西武宣縣為例，那326棵水缸粗的松樹被砍伐，卻是一個錢都不給，完全無償剝奪。另外，要煉土高爐需要磚瓦，怎麼辦？就拆農民的房子。一聲令下，就要農民放棄全部財產，把房子全拆了，一個縣就拆了8,000多間農民的房子，一個村就拆了700多間。這裡有一個典型的例子，有一個姓廖的農村婦女，她的丈夫是農村學校的教師，在大躍進時就隨學校到遠處去煉鋼鐵，她自己也被調去煉鋼鐵，這都是無償的，她只能挑著籮筐，一頭放著棉被，一頭挑著她4歲的孩子，到很遠的地方去當拉風箱的民工。等她煉鋼鐵回來，房子被拆了，連住的地方都沒有了。原來她離家時好好端端的五間瓦房，現在一個家只剩下滿地的瓦礫和在風中滾動的紙片。[39]

可以說1958年農民被剝奪的慘況，不但空前，而且肆無忌憚。後來毛澤東自己也承認，如此對農民勞動成果的「無償占有」是十分嚴重的，他並且舉例說，河南有些公社的分配，國家稅收、公共積累、管理費用就占了53%，農民個人所得僅47%，「一個公社竟有三幾千人不勞而食」。[40]還有材料表明，人民公社、大隊、生產隊三個層級中脫產[i]幹部高達6,000萬人，大體占農村人口7%，但卻占有10%-39%的農村收入。[41]

現在我們可以看出來，1958年經濟確實是大發展，但同時帶來資源和生態平衡大破壞，資源大浪費，國民經濟的大失調，以及對農民的大掠奪，因此它是一個破壞性的大發展。問題是，這種破壞性的大發展並不是偶然的，而且在中國大陸一再地出現。近年中國又在經濟大發展，即所謂經濟崛起，

38　河南七位青年農民（一個共產黨員、四個共青團員）：〈關於河南襄城縣農村問題上譚震林轉中共中央書〉（1958年8月11日）。收余習廣主編：《位卑未敢忘憂國：大躍進‧苦日子上書集》，頁44。

39　余習廣等：〈綠色的悲愴──廣西武宣縣大煉鋼鐵毀林紀實〉，余習廣主編：《位卑未敢忘憂國：大躍進‧苦日子上書集》，頁141。

40　毛澤東：〈在鄭州會議上的講話提綱〉（1959年2月），《建國以來毛澤東文稿》第8冊，頁62。

41　淩志軍：《歷史不再徘徊──人民公社在中國的興起和失敗》（北京：人民出版社，1996），頁330。轉引自楊繼繩：《墓碑──中國六十年代大饑荒紀實》（下篇），頁647。

但是這個大發展同樣以極大破壞為代價，儘管方式不同：1958年使用強制的行政命令，現在則透過經濟手段，其實還是同樣造成資源大浪費、生態平衡的大破壞、對底層人民，特別是對農民的大掠奪。近年關於徵地問題有那麼多糾紛，主要是因為當年徵地沒有遭遇到農民反抗，而現在有反抗了。可以說，大陸60年來有兩次經濟大發展，一次是毛澤東時代，一次是現在，這兩次實質上都是破壞性的大發展，這是帶有規律性、一再重複的，儘管形態、程度不同，但基本的性質是一樣的。

問題是，怎麼認識這樣的破壞性大發展？大陸知識界到現在還沒提出令人接受的說法。一個比較普遍的說法是不承認毛澤東時代經濟發展，說大發展是這幾年的事，是改革開放的偉大成果，而毛澤東時代經濟是衰退的。但這並不符合事實。據統計，從1953年到1978年，中國經濟以平均6.1%的速度在發展，[42]從1952年到1978年，全國工業發展儘管有過幾次起落，平均每年的增長速度依然達到11.2%。[43]應該說，這樣的發展速度還是很高的，而且為今日的經濟發展奠定了基礎；即使在文化大革命的1965-1975年間，GDP的增長率也在4.7%，保持了中速增長。[44]而且，文革期間鋼鐵、電子等工業，交通、能源等基礎設施建設，農田水利基礎設施，農村工業的迅速發展，西部新興工業城市的建設，也都為改革開放的發展提供了基礎性的支撐，[45]這些歷史事實是不可忽視與否認的。然而有的知識分子，卻走向另一

42　趙德馨：〈新中國六十年經濟發展的路徑、成就與經驗〉，載《百年潮》2009年10期。

43　葉劍英：〈在慶祝中華人民共和國成立三十周年大會的講話〉，《人民日報》1979年9月30日。轉引自史雲、李丹慧：《難以繼續的「繼續革命」：從批林到批鄧(1972-1976)》，頁568。

44　但如果作對比，也就暴露了很大問題。和國內比，既低於1952-1957年間的9.2%，也低於1978-2006年的9.7%，資料來源：Angus Maddison, 2004, *The World Economy: Historical Statistics*, OECD，Table 5b和Table5c。轉引自胡鞍鋼：《毛澤東與文革》(香港：大風出版社，2008)，頁72，表2.1〈人均GDP及增長率國際比較，1965-1975年〉。和大陸之外作比較，1965-1975年間的GDP增長率，日本8%、台灣9.1%、新加坡11.2%、韓國11.6%，都遠遠高於大陸。根據經濟學家的計算，文革經濟決策失誤的經濟損失，大約占經濟增長率的1/3至1/2，如果按正常發展，增長潛力應在9%左右。參見胡鞍鋼：《毛澤東與文革》，頁740。

45　這裡有一組數字：1965-1978年間，中國工業總產值增長3.53倍，其中重工業增長4.27倍，工業總產值占國民收入的比例由1965年的36.4%上升為1978年的46.8%，見胡鞍

個極端，從而全面肯定包括文革在內的毛澤東時代，並將其美化。問題更在於，無論是強調毛澤東時代的經濟發展，還是強調改革開放以後的經濟發展，兩派都不去追問：這是怎樣大發展？這實際上是用經濟的發展來掩蓋發展的後果，以及發展背後嚴重的社會經濟政治問題。[46] 人們更不去追問：為

鋼：《毛澤東與文革》，頁741；1966-1976年間，水電發電量增長13.7%，發電量增長9%，民航里程增長9.5%；1965-1976年期間，灌溉面積在耕地面積的比例由31.9%提高到45.3%，超過同期美國（13%）和印度（35%），見胡鞍鋼：《毛澤東與文革》，頁743-744；1965-1978年間，機耕面積年增長率為7.7%，化肥施用量年均增長率為12.4%，資料來源：《中國統計年譜1981》，中國統計出版社，頁182。轉引自胡鞍鋼：《毛澤東與文革》，頁744，表6.5〈農業生產要素投入，1965-1978年〉；1965-1976年間，淨增1億就業崗位，見胡鞍鋼：《毛澤東與文革》，頁747。在生產力布局從沿海到內地的轉移和調整方面，也有一組數字：到1978年中西部地區工業占全國40.28%，東部地區與西部地區工業、重工業總產值的比例達到6：4，見史雲、李丹慧：《難以繼續的「繼續革命」：從批林到批鄧（1972-1976）》，頁272；文革期間，西部地區建成了川黔、貴昆、成昆、湘黔等重要鐵路幹線，西部地區鐵路占全國的比重，由1964年的19.2%提高到1975年的34.7%；西部地區建成了一大批機械工業、能源工業、原材料工業重點企業和基地。見史雲、李丹慧：《難以繼續的「繼續革命」：從批林到批鄧（1972-1976）》，頁269。這樣，到1978年，中國工農業發展就到了這樣的水平：鋼產量居世界第五、煤炭產量居世界第三、原油居第八位、棉布居世界第一、糖產量居世界第八：這都為後30年的發展奠定了基礎。據國家統計局：《中國統計摘要》（北京：中國統計出版社，2007，頁224）。轉引自胡鞍鋼：《毛澤東與文革》，頁798。還有一組文革期間社會發展的數字：1966-1976年間，全國人口出生率由35.05%下降到19.91%，死亡率由8.83%下降到7.25%，自然增長率由26.22%下降到12.66%，實現了由高出生率、高死亡率到低出生率、低死亡率的現代人口再生產類型轉變，資料來源：《當代中國的人口》，中國社會科學出版社，1988，頁470。轉引自胡鞍鋼：《毛澤東與文革》，頁755，表6.10〈人口出生率、死亡率、自然增長率，1966-1976年〉；1979年中國小學淨入學率、中學入學總率、成人識字率分別達到93%、51%和66%，高於發展中國家（1977年小學、中學入學率，成人識字率分別為62%、26%、51%），見胡鞍鋼：《毛澤東與文革》，頁757，表6.13〈教育指標的國際比較，20世紀70年代〉；文化大革命期間，中國2,500人就有一個醫生（合格的西醫，不包括中醫和赤腳醫生），高於中等收入的國家（4300：1），兒童死亡率從1950年到1980年平均每年下降6.3%，婦女孕產婦死亡率由1950年的十萬分之一千五百左右下降到1980年的十萬分之一百，見胡鞍鋼：《毛澤東與文革》，頁760。

46　這裡又有一組不可忽視與否認的數字：文革時期國民收入損失5,000億元，相當於中華人民共和國成立以來全部基本建設投資的80%（1977年12月主管經濟的李先念在全國計劃經濟會議上的講話）；城鄉居民消費福利累計損失為1976年水平的15.3%（農村），26.9%

什麼在中國60年的兩次經濟大發展，都是破壞性的大發展？都是以生態平衡、資源的大破壞和對勞動者的大剝奪為代價？這樣的發展成果非但不能為勞動者所享有，反而要損害他們的利益，這個完全違背社會主義基本原則的現象，為什麼一再在這個自稱「社會主義」的國家發生？這背後又隱含著我們現行社會主義制度的什麼問題？

我們現在就來討論，大躍進、人民公社的破壞性大發展背後的體制性問題。

讓我們進入具體的歷史過程。

歷史的起點，是高速度、高目標，就是短時間內要趕上西方發達國家。我們說過，這反映了整個中國的民族情緒，也代表了貧苦農民的要求，是有其合理性的。但是它背後還隱含了兩個問題：一，追求高速度本身，就必然採取激進主義的發展模式；二，在中國的體制下，高速度、高目標都被政治化了，能不能高速度發展，變成了政治問題、政權合法性、路線的問題，結果產生一系列非常嚴重的後果。

（城鎮）；1966-1976年間，農村居民家庭恩格爾係數在70%左右，大大高於60%以上的絕對貧困型水平，按周恩來1974年7月16日在一個災情報告的批語裡所描述的，就是「口糧不夠，救濟款不夠，種子留得不夠，飼料、飼草不夠，衣服缺得最多，副業沒有，農具不夠，燃料不夠，飲水不夠，打井配套都不夠」，「醫療隊不夠，醫藥衛生更差」，見《周恩來年譜》（下冊），頁672；文革十年全國少培養了100萬大學生和200萬中專生，完全停止研究生招生，1979年連續三年恢復高考招生以後，中國大學入學率僅為1.2%，是其他低收入國家平均數的一半，見胡鞍鋼：《毛澤東與文革》，頁758-759。文革使潛在人力資本存量減少了14.3%；1976年全國圖書、雜誌、報刊產品數僅為1965年的63.8%、68.6、53.1%，見胡鞍鋼：《毛澤東與文革》，頁764；文革中因大量冤假錯案受到誣陷、迫害、株連的達億人以上，占全國人口的1/9，見中共中央副主席葉劍英1978年12月13日在中央工作會議上的講話，轉引自胡鞍鋼：《毛澤東與文革》，頁772——這都表明，文革中經濟在一定程度上的發展，是一種「富國強兵」式的發展，其代價人民（特別是農民）的極度貧困，對文化、教育事業的大破壞，和波及全民的政治大迫害，見胡鞍鋼：《毛澤東與文革》，頁747、751-752。同時造成的是經濟資源的大浪費、經濟發展的大起大落、經濟比例的大失調、以及經濟效益的嚴重下降，參看史雲、李丹慧：《難以繼續的「繼續革命」：從批林到批鄧（1972-1976）》，頁274-279、561-566。而文革的閉關自守，更大大壓縮了中國出口增長潛力，估計損失在40%和80%之間，與同時期的日本的出口額相比，從1966年日本是中國的4.13倍，到1976年就擴大到9.81倍，大大拉開了距離。見胡鞍鋼：《毛澤東與文革》，頁752-753。

　　高速度帶來的第一個後果就是高指標。比如糧食毛產要上萬斤、鋼鐵產量一年之內要翻上一倍等等，再加上在「只要想得到，就能做得到」這類唯主觀意志論的指導下，又和內在的「要為國家爭口氣」的民族情結糾纏在一起，很容易形成全黨全民性、從上到下的頭腦發熱，因此，提出許多完全達不到的高指標，就勢所難免了。

　　這樣的高指標是不可能達到的，但因為這是政治問題，於是必然帶來浮誇風。這就是高速度的第二個後果：高估產。舉個例子，後來饑荒最嚴重的河南省，在1958年實際產量只有281億斤，但向中央上報卻報出702億斤，與實際相差了二倍多；1959年河南因為有旱災，糧食產量降到217.6億斤，但還是報出450億斤，成倍數上報。[47]省一級如此，地、市、縣、鄉、公社，就更是逐層加碼，完全失控。

　　報高產之後，緊接著就出現下一個問題：高徵購與高積累。在此順便說一下，中國在1953年建立「統購統銷」制度，禁止糧食的自由買賣，糧食市場完全被國家控制；農民一年的糧食收成，扣除維持再生產必須的糧食付出，以及農民的口糧後，剩下的全由國家徵收殆盡。如果農民不夠吃，國家又反過來再把糧食賣給農民。因為國家用報上來的估產來徵購，倘若高估產，後果就會很嚴重。大家想想剛才說的河南省的情況，明明產量只有281億斤，現在自己上報說是720億斤，國家就以720億斤來制定河南徵糧計劃，結果會徵收多少？這時候要怎麼完成徵收任務？這又成了政治問題，而且只有一個辦法：苛扣農民的口糧。所以，高徵購的結果，就是苛扣農民口糧。這裡有一個數字：1958年全國糧食實產量只有4,000億斤，徵購任務卻按預報的6,000-7,000億斤的產量布置，結果1958-1959年糧食年度（1958年7月1日-1959年6月30日），全國實際徵糧為1,175億斤，占實際產量的1/3以上。[48]河南省因為浮誇嚴重，1958年度徵購糧比上一年度增加了56%，徵購量就占了實際產量的40.84%，1959年徵購量也占實際產量的35.75%，超過全國已經很高的平均量。[49]死人最多的河南信陽地區，1959年秋糧只有20多億斤，卻誇大為64

47　引自楊繼繩：《墓碑──中國六十年代大饑荒紀實》（上篇），頁93。

48　薄一波：《若干重大決策與事件的回顧》（下），頁714。

49　據〈糧食部計劃司糧食資料提要〉（1962年8月25日），轉引自楊繼繩：《墓碑──中國六十年代大饑荒紀實》（上篇），頁92-93。

億斤，結果分配下來的國家徵購任務是9.6億斤，地、縣、社又層層加碼，比省立任務又多了20%以上，結果生產出來的過半糧食都被徵購，農民的口糧急遽下降——饑荒與死亡就是這麼產生的。[50]據有關研究調查，三年大饑荒時期，中國農民的口糧，平均每天原糧不超過半斤，半斤原糧脫殼後只有0.35斤；這還不是純糧，多是以紅薯、瓜菜替代。那時農民既無肉又缺油，這點口糧就是農民全部熱量的來源，完全無法保證生命活動的需要。[51]

於是，我們要追問：為什麼國家要實行高徵購、高積累？首先，是為了要「高出口」。和1957年相比，1959年全國糧食已經減產2,500萬噸，但出口卻增加到415萬7,500噸，比1957的209萬2,600噸增加了一倍以上，為第一個五年計劃（1953-1957年）間平均出口量的兩倍，創下歷史最高記錄，進口量（主要是小麥）則降低到六年以來的最低水平。[52]1959年肉、蛋、水果等食品出口比1958年增加28.9%，其中豬肉出口23萬3,000噸，是建國以來出口最多的一年。1959年棉紗和棉布的出口量，也達到1957年的兩倍。[53]這樣的大量出口，目的是急於換回大量外匯，以發展工業，特別是國防工業：正是在困難時期，中國開始製造第一顆原子彈。大饑荒年代，中國國防費用一直在增加，1959、1960兩年皆連續維持在58億元的高水平（1957年是55.1億，1958年時50億）。[54]這背後是一條我們一直在討論的「富國強兵」發展路線。

也同樣是為了準備打仗，毛澤東念茲在茲的始終是帝國主義的包圍，因此，他又提出了糧食要「高儲備」的要求。恰好是在1960年1月份，當大批農民正在死亡的時候，中共中央在一份報告中做出一個批示：「中央認為，在今

50 據〈中共河南省委對信陽事件的檢查〉（1960年11月1日），轉引自楊繼繩：《墓碑——中國六十年代大饑荒紀實》（上篇），頁35。

51 楊繼繩：《墓碑——中國六十年代大饑荒紀實》（下篇），頁865。

52 表20-4,〈1956～1965年間中國的食品出口〉，材料來源：1981年《中國經濟年鑑》，轉引自楊繼繩：《墓碑——中國六十年代大饑荒紀實》（下篇），頁754。和第一個五年計劃比較的數據轉引自費正清主編：《劍橋中華人民共和國史》，頁417。

53 商業部黨組：〈關於1959年供應出口計劃完成情況的報告〉（1960年1月8日），轉引自楊繼繩：《墓碑——中國六十年代大饑荒紀實》（下篇），頁756。棉紗、棉布出口數據引自費正清主編：《劍橋中華人民共和國史》，頁417。

54 表15-5,〈中國償還外債、對外援助和國防費用的比較〉，楊繼繩：《墓碑——中國六十年代大饑荒紀實》（下篇），頁596。

後糧食生產繼續躍進的基礎上，逐漸增加國家糧食儲備不僅是必要的，而且是可能的」。這正是1959年盧山會議[ii]批判彭德懷之後，把實際存在的「大饑荒」估計為「繼續躍進」，因而提出這樣的要求，其結果是災難性的。在餓死最多人的1960年，國家還有數百億斤的糧食庫存。[55]中國原有饑荒時期開糧倉濟饑民的傳統，但在當時的體制下，對此卻是絕對嚴懲不怠。某種程度上，農民是在國家有大量糧食儲備的情況下餓死的；餓死100萬人的信陽，當時還有十多億斤的糧食庫存，許多農民坐在糧倉面前高喊：「共產黨，毛主席，救救我們！」[56]但當局就是不救，很多人就在糧倉旁邊倒斃而死，而不救的原因則是國家需要糧食來防備打仗。這裡可以非常明顯看出，富國強兵的路線是以犧牲農民、甚至不惜以餓死農民為代價的。

高徵購的第二個理由，是為了「還債」。據周恩來的報告，在經濟困難時期，中國向蘇聯還債13億8,900萬新盧布，「把過去的外債幾乎全部還清了」。[57]但從現在公布的材料看，蘇聯當時並沒有逼債，是毛澤東主動提出「我們要爭口氣，要提前還債」。他問周恩來：我們欠蘇聯的債要多少年才能還清？周恩來回答，按正常年份，大概要十年還清。毛澤東說不行，「延安時期那麼困難，我們吃辣椒也不死人，現在比那個時候好多了，要勒緊腰帶，爭取五年內把債務還清」。[58]「勒緊腰帶」的結果，是死了更多的人。

高徵購的第三條理由，是為了「援外」，這點大家大概想不到。正是大饑荒最嚴重的1960年，中共成立了專門機構從事援外，數額也在這一年激增。在這一年之內，中共就援助了幾內亞1萬噸大米，剛果5,000噸至1萬噸小麥和大米，阿爾巴尼亞5萬噸糧食。1962年初，中國承諾的對外援助高達69億多元人民幣。[59]這裡有個典型的例子，1962年中國經濟還沒完全恢復，阿爾巴尼亞向中國要糧食，當時國內沒有糧食，因此正從加拿大進口大批的小

---

55 〈中央轉批轉糧食部《關於今後三年內把國家糧食庫存增加到一千億斤的報告》〉（1969年1月26日），轉引自楊繼繩：《墓碑——中國六十年代大饑荒紀實》（下篇），頁753。

56 楊繼繩：《墓碑——中國六十年代大饑荒紀實》（上篇），頁54。

57 周恩來：〈第三屆全國人民代表大會第一次會議上周恩來總理作政府工作報告〉，《人民日報》1964年12月31日，第1版。

58 吳冷西：《十年論戰：1956-1966——中蘇關係回憶錄》，頁336-337。

59 舒雲：〈糾正與國力不符的對外援助——中國援外往事〉，載《同舟共濟》2009年第1期。

麥。這批小麥還在返回中國的航途中，中央一個電報過去，就改變航道，把糧食運到阿爾巴尼亞。援外的理由，完全是為了要和蘇聯爭奪國際共產主義運動的領導權。[60]

　　高徵購還有一個更重要的原因，就是要「支持城市的糧食供應」。1959年底，北京市長，也是中央書記處書記彭真（1902-1997）在全國電話會議上說：「省裏死人是一個省的問題，北京死人是中華人民共和國的問題」，並要求各地顧大局保北京。我所在的貴州，當時正大批死人，但還是調了1億斤的糧食到北京去。[61]1960年6月，國務院財貿辦公室報告：北京的糧食只能銷七天，天津只能銷十天，上海已經基本沒有大米庫存，遼寧十個城市只能銷八、九天，[62]城市上百萬市民排隊購糧，如果無糧供應，後果不堪設想。1961年8月廬山中央工作會議就明確提出了「緊農村，保大中城市」方針，[63]「剝奪農民來保證城市穩定」，就成了國家既定政策。1961年中國糧食產量只有2,850億斤，即使全部留給農民，農民口糧還不如1957年（1957年農民占有口糧3,130億斤），但1961年從農村淨調出糧食383億斤支持城市，農村人均占有糧食比1957年少了123斤，也就是說，國家是從農民口裡奪出糧食以供養城市的。食油供應更是如此。1959年春，食油供應緊張，於是提出一個方針：「多頭緊不如一頭緊」，並且做了明確規定：不僅生產油菜籽的地區，其他農村6月、7月、8月、9月連續四個月不供應食油。[64]在中國的國家統管一切的體制下，國家不給你就等於沒有了，也等於完全不管農民、要農民自己想辦法。而且，1960年又規定，所有雞蛋都收購上來，80%出口、20%內銷，內銷主要是給城市。當時財政部長說了一句帶點調侃、但其實很辛酸的話，他說：「無產階級專政，無產階級不吃雞蛋。工農聯盟，工農都不吃雞蛋」。給誰吃呢？

60 （阿爾巴利亞）雷茲・馬利列：《我眼中的中國政要們》，（北京：當代世界出版社，1999），轉引自楊繼繩：《墓碑──中國六十年代大饑荒紀實》（下篇），頁596。

61 王民三（大饑荒年代貴州省糧食廳黨組書記，副廳長）：〈1959年12月19日日記〉，見《貴州糧食》增刊《三年困難時期的糧食工作：王民三日記摘錄（1959-1961）》。其中部分內容以〈1959-1960年貴州糧政日記〉為題發表於《炎黃春秋》2010年第8期。

62 國務院財貿辦公室報告（1960年6月），轉引自張素華：《變局：七千人大會始末》，頁217。

63 楊繼繩：《墓碑──中國六十年代大饑荒紀實》（下篇），頁859。

64 楊繼繩：《墓碑──中國六十年代大饑荒紀實》（下篇），頁860。

第一，首先給在中國的外國人吃，這是一個面子問題；第二，給高級知識分子吃；第三，其實更多是給高級幹部吃：當時有所謂特殊供應，主要是給高級幹部，當然也有高級知識分子。[65]

對此，劉少奇有一個非常露骨，也很坦率的解釋。他在1962年說了這麼一段話：「現在國家對糧食的需要量，同農民願意交售的數量之間，是有矛盾的，而且矛盾相當尖銳。如果按農民的意願，他只願意在自己吃飽了以後才把多餘的糧食賣給國家。假如讓農民統統吃飽了，然後國家才徵購，那末，我們這些人就沒有飯吃了，工人、教員、科學家以及其他的城裏人都沒有飯吃了。這些人沒有飯吃，工業化也搞不成了，軍隊也要縮小，國防建設也不能搞了」。[66]他說出了問題的實質：為了保證工業化、國防建設、城市穩定，也就是為了富國強兵，必須犧牲農民，即使農民餓死也在所不惜，這就是中國農民大量死亡的本質上原因。

歷史的發展就是這樣一個過程：從高速度的願望出發，導致高目標，再導致高指標，又導致高估產，然後導致高徵購，實際上就是剝奪農民的口糧，最後導致農民大批的死亡。

於是就有一個問題：怎麼看待這段歷史？怎麼看待這樣的發展路線：為了工業化，特別是發展國防工業，製造原子彈、還外債、支持其他國家，不惜以犧牲農民為代價？這些年大陸一直在宣傳中國製造第一顆原子彈的偉大成就，這對振奮民族精神確實有意義。但我總是要想它的代價。我自己是人道主義者，在我看來，人的生命更重要；有些年輕學者則從民族主義的立場出發，認為這樣的犧牲是必要的。這是一個比較複雜的問題，因為從歷史的角度來看，當時中國確實處在美、蘇兩大國的包圍中。最近的解密材料證明，美國政府確實有一個計劃，要和蘇聯以及蔣介石聯合起來，向中國使用核武器，以制止中國製造核武器。[67]在「如何看待這段歷史」的問題上，似乎

65　楊繼繩：《墓碑──中國六十年代大饑荒紀實》（下篇），頁861。

66　劉少奇：〈在擴大的中央工作會議上的講話〉（1962年1月27日），《劉少奇選集》（下卷）（北京：人民出版社，1985），頁441-442。

67　從1963年至1964年中國進行核試驗期間，美國連續兩屆總統肯尼迪和約翰遜政府都曾向蘇聯政府建議共同襲擊中國核基地，還和蔣經國研究國民黨作戰人員襲擊大陸核設施可行性問題。參看錢庠理：《歷史的變局：從挽救危機到反修防修（1962-1965）》（香港：中文

存在著一個人道主義和民族主義的矛盾，這是我們必須正視的。

我想把問題的討論再深入一步：面對「犧牲農民以促進工業化和國防現代化」的既定國策，面對饑餓死亡的威脅，農民有沒有反抗？黨和國家對農民的反抗又採取了什麼措施？

農民的辦法就是瞞產私分。這可以說是本能的反抗：你不是要高徵購嗎？我就隱瞞產量，生產1萬斤，只報9,000斤，瞞下來的糧食各家私分，糧食存在自己手裡就不怕了。農民的做法，得到了農村基層幹部的支持，所以是農民和基層幹部聯合起來瞞產私分，抵制高徵購，進行自救。毛澤東也看出這點，他立即作出批示，一方面承認「瞞產私分是公社成立後，廣大基層幹部和農民懼怕集體所有制馬上變為國有制，『拿走他們的糧食』，所造成的一種不正常的現象」，同時又嚴厲指示：「公社大隊長小隊長瞞產私分糧食一事，情況嚴重，造成人心不安，影響廣大基層幹部的共產主義品德，影響春耕和一九五九年大躍進的積極性，影響人民公社的鞏固，在全國是一個普遍存在的問題，必須立即解決」。[68]

毛澤東一聲令下，立即掀起一個全國範圍的「反瞞產私分」風暴，對原來就已經十分嚴重的強迫命令風更是火上澆油。我們前面一再談到毛澤東的社會動員，在很大程度上仰賴行政命令的強制性，帶有「準專政」的性質。於是，1958年就發生了震驚全國的上海奉縣事件，這個縣居然提出「要用殺人之心去搞生產」、「不完成任務拿頭來見」的口號，結果全縣被活活打死的農民有4人，走投無路而自殺身亡的有95人，晝夜連續勞動不許休息而累死的131人，生病不准請醫治而導致死亡的205人，不准父母請假，使生病兒童失去護理而致死亡的411人，其他因嚴重強迫命令而死亡的114人，死亡共960人。[69]四川一個縣的第一書記說得更露骨：「要糧不要人」、「要社會主義不要

大學出版社，2008），頁444-451。據基辛格（Henry Alfred Kissinger，又譯季辛吉，1923-，德裔美國）回憶，1973年蘇聯勃列日涅夫（Leonid Brezhnev Doe Ridge，1906-1982，俄國）又當面向基辛格建議，蘇美兩國對中國核基地進行毀滅性打擊。轉引自史雲、李丹慧：《難以繼續的「繼續革命」：從批林到批鄧（1972-1976）》，頁180。

68 毛澤東：〈中央批轉一個重要文件〉（1959年2月22日），《建國以來毛澤東文稿》第8冊，頁52。

69 中共上海市委：〈上海市委對奉縣問題的情況報告〉（1959年5月22日），轉引自楊繼繩：

人」。[70]這樣的極端口號、言論，雖然是個別的人所提出的，但卻能反映出問題的本質；1959年因毛澤東的命令而開展的「反瞞產私分」運動，是用專政的手段向農民搶奪糧食，於是出現了無數人間慘劇。

這都是發生在河南信陽的血淋淋的事實：1959年9月底，江小灣小隊一個隊員叫江平貴（生平不詳），被迫交出家裡的一點糧食，還遭到毒打，因傷勢過重，五天後就死掉了，他死後全家四口人相繼餓死；1959年10月19日，陳灣小隊的社員陳小家（生平不詳）父子兩人因為交不出糧食，被吊在食堂的房梁上毒打、扔到門外用冷水凝凍，這父子七天內先後死亡，家裡留下兩個小孩也被活活餓死；1959年11月8日，有一個小隊的社員，因為被認為是違抗領導，被幹部用斧頭砍死。[71]河南省委書記楊蔚屏（1914-1989）寫的〈關於信陽事件的報告〉提供了這樣的數字：光山縣和潢川縣被打致死的有2,104人，被打致殘者僅潢川縣就有254人。[72]

其實，在此之前，1958年10月就有一個河南農民在忍無可忍之下，上書毛澤東，署名「不敢具名」，講他們村裡的幹部怎麼打罵農民，以至一位社員「打到夜間上吊死了」。還要農民學狗熊、兔子叫喚，學驢打滾，進行人格污辱，又說村子裡有個幹部是好人，他不打人，但這個幹部也受到懲罰，只能逃跑。[73]這封信可能是毛澤東在一片大躍進的讚歌中，最早收到的來自底層反映嚴重現實問題的上書，他的反應就很值得注意：毛澤東在批示裡，一則說「這種情況，肯定只是少數鄉村有，可能不到百分之幾的鄉村」；二則表示「仍然要注意，要加以調查研究，作出處理，通報全省，引起注意」；三則囑咐「不要以使人害怕的態度去公布和處理。處理要細緻。否則犯錯誤者，主要

《墓碑——中國六十年代大饑荒紀實》（下篇），頁709。

70　《酆都縣志》（成都：四川科技出版社，1991），頁31。轉引自楊繼繩：《墓碑——中國六十年代大饑荒紀實》（下篇），頁854。

71　喬培華：《信陽事件》打印未刊稿（2000年7月19日），頁70-72。轉引自楊繼繩：《墓碑——中國六十年代大饑荒紀實》（上篇），頁37、38。

72　楊蔚屏：〈關於信陽事件的調查報告〉（1960年10月15日）。轉引自楊繼繩：《墓碑——中國六十年代大饑荒紀實》（上篇），頁55。

73　不敢具名：〈關於反映長葛縣坡胡人民公社幹部強迫命令違法亂紀的匿名信〉（1958年10月20日），收余習廣主編：《位卑未敢忘憂國：大躍進‧苦日子上書集》，頁61-63。

是那些犯了較輕微錯誤的同志們，會感到恐慌的」。[74]看來毛澤東還是更為這些打人的幹部著想：毛澤東心裡明白，他們是奉命行事，包括自己的命令。

但我們卻要追問：為什麼這些幹部能夠肆無忌憚地用專制辦法對待農民？這就涉及到上次說過的「五七體制」中的「第一把手專政」：不僅是黨中央主席毛澤東，自上至下黨的各級，包括農村基層的第一把手，都擁有不受限制、不受監督的絕對的權力；這就形成大大小小的王國，書記就是土皇帝、活閻王。當時安徽無為縣委第一書記，就在全縣公社第一書記會議上公開說：「你們是第一把手，等於是一把刀子握在你們手裡，要怎樣砍就怎樣砍。其他書記、副書記提意見要頂回去，嚴重的要給他們處理」。就是在這第一書記專政下，無為縣後來成為安徽死人最多的縣份之一，死亡人數達到28萬人。[75]

更重要的是，1958年建立的人民公社制度，實行政社合一，把生產組織和國家政權組織合而為一，於是農民的一切，從生產、流通、消費到生活，全部都受基層黨組織控制；食堂制更是把農民基本生存權——吃飯的權利控制在書記手裡。所以有人說，這是「把『無產階級專政』貫徹到每一個人的肚子裏」，[76]「不聽我的話，就不給飯吃」成了幹部的有力武器，也成了幹部懲罰農民、控制農民的基本，甚至是主要的手段。於是，又有了一個個帶血的記錄：1959年10月，信陽農民阮祥海（生平不詳），因為沒聽幹部的話去撿牛糞，被綑打之後不給吃飯，他餓得沒辦法，去食堂拿點花生吃，然後當場被打死[77]——順便說一點，毛澤東也用這樣的方法對待知識分子，知識分子真要不聽話就不給他飯吃。有一個非常著名的物理學家，他是李政道的老師，叫束星北（1907-1983），他是個非常倔強的人，怎麼也不肯低頭，但到最後，為

---

74 毛澤東：〈關於調查處理鄉村幹部中的打罵人問題給吳芝圃等的信〉（1958年11月29日），《建國以來毛澤東文稿》第7冊，頁594。

75 茆家升：〈從《張愷帆回憶錄》看大躍進中的安徽官場和一個人的覺醒〉，載《炎黃春秋》2009年12月期。

76 楊繼繩：《墓碑——中國六十年代大饑荒紀實》（上篇），頁22。

77 喬培華：〈信陽事件〉（打印未刊稿），頁70。轉引自楊繼繩：《墓碑——中國六十年代大饑荒紀實》（上篇），頁57。

了要吃飯、特別是他的子女要吃飯，還是屈服了。[78]這樣因饑餓而屈服的知識分子，在那個年代不在少數；饑餓也成了毛澤東的統治手段。

一方面有權不給農民吃飯，另一方面，又有權掌握一切生產資料和生活資料，再加上無人監督，這就大大便利了幹部的多吃多占，造成了幹部的腐敗。儘管當時還處於「初級腐敗階段」，但這在饑餓的年代，卻是最容易引發眾怒的。農民有句話：「我們餓腫了，幹部吃胖了」。信陽死亡100萬人後，有人做出幾個統計，很能說明問題：一，男勞力比女勞力死得多；二，農民死得多，幹部死得少；三，五類分子（錢註：即地主、富農、反革命分子、壞分子、右派）又比一般農民死得多。[79]像河南潢川縣一個大隊，死亡率近24.9%，勞動力死亡率為49%，但幹部只死兩個人：群眾反映，這兩人是好幹部、沒有多吃多占。[80]

除了瞞產私分，農民還有一個通常的自救手段，就是家庭自救；這是中國的傳統，一旦遇到災荒，每個家庭自己來救自己。但是在人民公社制度下，家庭已經被空洞化了，家人不僅生產不在一起，吃飯也都在食堂，家裡是不開伙的。家庭被空洞化的結果，使農民最後的自救一條路也被堵住了：農民自己到田裡去挖野菜，挖來的野菜卻必須繳到食堂去吃，因為家裡不准開伙。那時候村裡的幹部每天都四處巡查，看哪家冒煙，便衝進去把飯搶走，說不定把鍋也砸了。

農民最後一條自救的路：逃荒。逃到附近有糧食的地方去，這也是中國傳統應付災荒的辦法，但公社體制也不允許人們這麼做，它要封鎖饑餓的消息，不讓外面的人，特別是上級知道。信陽地區郵政局就根據地委的指示，扣了12,000多封向外求援的信件；有一個黨支部23個黨員餓死了20個，剩下3位黨員給省委寫了血書，請求救助奄奄一息的農民，信不但被扣押，還遭到查處。[81]為了封鎖消息，各地都到處設置崗哨，民兵把守，不許人出去。有的人逃出去了，政府還有另一個辦法，就是把逃亡出去的農民稱為「盲流」[iii]，我

78　參看劉海軍：《束星北檔案：一個天才物理學家的命運》（北京：作家出版社，2005），第16章〈饑饉的日子裡〉。

79　楊繼繩：《墓碑——中國六十年代大饑荒紀實》（上篇），頁51。

80　楊繼繩：《墓碑——中國六十年代大饑荒紀實》（上篇），頁53。

81　楊繼繩：《墓碑——中國六十年代大饑荒紀實》（上篇），頁57。

們在前面已經說過，1958年已發布〈關於制止農村勞動力盲目外流的指示〉和〈補充通知〉，嚴禁農民外逃，還實行勞動收容制，農民一進收容所，更是沒有飯吃。僅信陽市就設立了數百個收容所，堵截外流人員19萬人。[82]同時，還有戶籍管理制度。農民若要外出，必須請假，要住旅社、搭火車都必須有單位證明，沒有一大堆的證明，人根本出不去。即使要到城裡的親友家，住宿超過三天以上，就必須向所在地派出所報告，超過三個月，就要有公社證明。[83]戶籍管理制把農民緊緊束縛在土地上。透過這種制度性的控制手段，農民逃亡也無路，最後只能坐以待斃，真的是置之死地而不顧了。

　　以上的討論，我們已充分揭示了造成大饑荒、大死亡的體制性原因。因此，將1959年至1961年的三年大災難，完全歸之於自然災害與蘇聯撤走專家，是違背基本歷史事實的，這是一種蓄意的遮蔽；但如果為了突出體制的責任，而根本否認自然災害的存在，恐怕也不符合事實。我所堅持的歷史研究與描述的原則是：面對一切事實。據國家科技部、國家計委和國家經貿委災害綜合研究組編輯的《中國重大自然災害與社會圖集》[84]一書載：「中國於1959-1961年發生大面積嚴重乾旱以及局部水災，加之低溫冷凍害、病蟲害和風雹等災害，受災範圍遍及大半個中國」。[85]研究者還注意到毛澤東1961年9月23日對來訪的英國蒙哥馬利元帥（Bernard Law Montgomery，1887-1976，英國）談話時，對災情的估計：「所謂旱災，不是說所有的地方都旱。今年旱災最嚴重的是四川、湖北、安徽，就是長江流域」。[86]1961年劉少奇到湖南家鄉調查的結論也是：「天災確實存在，但並不都像想像中那麼嚴重」，現在看來，劉少奇當年的判斷：「三分天災，七分人禍」，是有一定根據的。[87]也就是說，天災確實存在，但主要原因是人禍，而且是體制所造成。這大概比較符合實際。

82　楊繼繩：《墓碑——中國六十年代大饑荒紀實》（上篇），頁58。

83　陸益龍：《戶籍制度——控制與社會差別》，頁134。

84　國家科技部、國家計委和國家經貿委災害綜合研究組編：《中國重大自然災害與社會圖集》（廣東：科技出版社，2004）。

85　轉引自錢庠理：《歷史的變局：從挽救危機到反修防修》，頁30。

86　轉引自錢庠理：《歷史的變局：從挽救危機到反修防修》，頁28-29。

87　轉引自錢庠理：《歷史的變局：從挽救危機到反修防修》，頁32。

我們這裡作一個小結。從大躍進到大饑荒，是一個歷史命題的展開過程，是毛澤東「無產階級專政條件下」的「空想社會主義實驗」的必然結果。其開端是理想主義的，但卻內含三大問題：第一，空想社會主義的設想本身就脫離實際，違反客觀規律；第二，它又內含著一個富國強兵的現代化邏輯，它是以犧牲農民為前提與基礎，經過一系列歷史過程，最後「高徵購」將農民逼到饑餓死亡的絕境；第三，人民公社體制，極大地強化了一黨專政，它以專政或準專政的手段對付農民，從政治、經濟、文化、生活的一切領域、一切方面，一直到家庭，對農民實行全面控制，最後堵絕農民一切自救之路。我們以前曾介紹顧準對斯大林模式的一個概括，說他是「用野蠻的方法，在一個野蠻的地方來實行文明」；現在，我們也可以說，毛澤東的空想社會主義實驗，是用超度野蠻的方式，來實現空想的文明。

三、是否存在糾錯機制？

我們接著討論第二個問題：錯誤能不能夠被糾正、從而防止大饑荒的蔓延？中國的體制是否存在糾錯機制？劉少奇有一個很有意思的說法：發生饑荒這樣大的事情，「國民經濟到了這種狀況，在國外總統就要宣布廢除憲法所賦予的權利」，是要追究責任的，[88]但中國沒有。本來民主黨派和知識分子在這時候可以發揮監督、制約作用，但經過反右運動，民主黨派、知識分子已經沒有發言權了。沒有任何力量監督，就只能靠共產黨自己、靠毛澤東自己來糾正錯誤。於是，大權在握的毛澤東的態度，就具有舉足輕重的作用。

應該說，毛澤東比較早就發現危機的存在。1958年8、9月他還在談糧食過剩怎麼辦、談吃飯不要錢，10月26日他就對身邊的祕書與《人民日報》負責人說：「大躍進和公社化，搞得好可以互相促進，使中國的落後面貌大為改觀；搞得不好，也可能變成災難」。[89]1958年10月25號，他在湖北一個火車站接見當地的幹部，特別召見了一位老勞動模範，老模範對他說：「我解放

88　據袁寶華：〈對國民經濟的艱苦調整〉，見《當代中國史研究》，2002年第1期。轉引自張素華：《變局：七千人大會始末》，頁285。

89　吳冷西：《憶毛主席：我親身經歷的若干重大歷史事件片斷》（北京：新華出版社，1995），頁95。

以來是勞模，都帶頭幹，但是糧食產量我不敢帶頭，帶這個頭是無良心，老百姓就要餓飯了。老百姓擔心：算盤一響，眼淚一淌」。這位勞動模範走了以後，毛澤東對在場的書記說：「多好的人民啊，我們對不起人民。唐代詩人韋應物有句詩：『邑有流亡愧俸錢』，我現在的心情是『國有流亡愧此生』」。[90]他是真動了感情。

於是，人們就注意到，從1958年12月的八屆六中全會開始，毛澤東突然收斂了他的浪漫主義激情，明確提出要「『實事求是』地制定1959年經濟計劃，又熱又有冷，雄心和科學分析相結合，避免了由於1958年的大躍進而產生的不切實際的缺乏根據的3,000萬（噸）鋼的可能是孫悟空式的危險，把我們的腦筋壓縮了一下」，[91]毛澤東甚至提出了「小資產階級的狂熱情緒的危險性」，強調「革命熱情與實際精神的結合」。[92]以後毛澤東又提到了所謂「俄國的革命熱情與美國的求實精神相統一」[93]——在大躍進的夢想遭到挫折以後，毛澤東又迅速顯示出他思想、性格「求實精神」的另一面。

也就在1958年12月，毛澤東在一份〈清華大學物理教研組對待教師寧「左」勿右〉的材料上作出批示：要「端正方向，爭取一切可能爭取的教授、講師、助教、研究人員為無產階級的教育事業和文化科學事業服務」[94]——毛澤東頭腦冷靜下來，自然要面對現實：「無產階級的教育事業和科學文化事業」當然不能離開知識分子的參與和支持。他必須要緩和與知識分子之間、被他自己號召「藐視知識分子」而產生的緊張關係。

此時，他更要緩和的是和農民的關係。在1959年2月的鄭州會議上，毛澤東點破了問題的實質：「目前我們跟農民的關係在一些事情上存在著一種相

90　梅白：〈毛澤東的幾次湖北之行〉，原載《春秋》雜誌1988年1期。轉引自辛子陵：《紅太陽的隕落：千秋功罪毛澤東》（上），頁250-251。

91　毛澤東：〈在中共八屆六中全會上的講話提綱〉（1958年12月9日），《建國以來毛澤東文稿》第7冊，頁639。

92　毛澤東：〈在中共八屆六中全會上的講話提綱〉（1958年12月9日），《建國以來毛澤東文稿》第7冊，頁639、641。

93　毛澤東：〈關於談哲學等問題給各省市自治區黨委第一書記的信〉（1959年2月2日），《建國以來毛澤東文稿》第8冊，頁34。這是斯大林評價列寧時說過的一句名言。

94　毛澤東：〈關於端正方向，爭取一切可能爭取的知識分子的批語〉（1958年12月22日），《建國以來毛澤東文稿》第7冊，頁654。

當緊張的狀態」，全國「幾乎普遍地發生瞞產私分，大鬧糧食、油料、豬肉、蔬菜『不足』的風潮，其規模之大，較之一九五三年和一九五五年那兩次糧食風潮都有過無不及」。[95] 到第二次鄭州會議上，他又更明確地宣布：「我現在代表五億農民和一千多萬基層幹部說話，搞『右傾機會主義』」、[96]「我們有個很大的冒進主義」，「我現在是支持保守主義，我站在『右派』這一方面，我反對平均主義同『左』傾冒險主義」。[97] 我們早已討論過，毛澤東和農民關係問題上有個內心矛盾：他自認是農民代表，卻因要走富國強兵的路而必須犧牲農民。但是，他懂得要掌握一定的度，過分侵犯農民的利益，就可能把農民逼上梁山、危及中共的統治；所以，這時的他，要反過來聲稱自己代表農民反左傾冒險主義。其實他自己正是左傾冒險主義的始作俑者。無論如何，農民的反抗，對毛澤東確實是致命一擊，他憂心如焚，大概是真實的，也是可以理解的。

從1958年11月至1959年2月、3月、4月，連續召開很多會議，都試圖要把「共產風」、「浮誇風」、「強迫命令風」等糾正過來，解決和農民關係的問題。他一再地說：「這一向，在我腦筋裡頭，十五個吊桶打水，七上八下」，不知道「究竟這樣好還是那樣好」。「我們在這一次唱個低調，把腦筋壓縮一下，把空氣變成固體空氣。胡琴不要拉得太緊，搞得太緊，就有斷弦的危險」[98]──很少看到毛澤東如此緊張、猶豫；他又睡不著覺了：他畢竟是一個深知中國國情的政治家，他知道，和農民的關係緊張，會直接威脅好不容易建立起來的「黨獨攬一切」的地位，因此必須對農民作出讓步，黨不能走得太遠，脫離自己的基本群眾，他一再提出要「壓縮空氣」，就是這個道理。

但這「空氣」就是壓不下來，他再一次遭到黨內幹部的反對和抵制。毛澤東自己就注意到，在1959年2月召開的河南省六級幹部會上「有許多批評我右

95　毛澤東：〈在鄭州會議上的講話〉（1959年2月27日），《毛澤東文集》第8卷，頁9。

96　毛澤東在中共中央政治局擴大會議（第二次鄭州會議）上的講話（1959年3月5日），轉引自逄先知、金沖及主編：《毛澤東傳》（下），頁922。

97　毛澤東在中共中央政治局擴大會議（第二次鄭州會議）上的講話（1959年2月28日），轉引自逄先知、金沖及主編：《毛澤東傳》（下），頁917。

98　毛澤東在武昌會議上的講話（1958年11月21日），轉引自逄先知、金沖及主編《毛澤東傳》（下），頁901。

傾和倒退的意見」，[99] 毛澤東尤其不能掉以輕心的是各省第一書記的意見。

　　當時的湖北第一書記王任重（1917-1992）留下了一份日記：「〔錢註：二月〕二十八日下午到了鄭州，晚上主席找我們七個人去談話，柯慶施、陶鑄、曾希聖、江渭清、周小舟和我，還有李井泉。主席的談話像丟了一個炸彈，使人一驚，思想一時轉不過彎來。一日上午繼續開會，由小平同志主持討論。看來大家還有相當大的抵觸情緒，怕變來變去影響生產」[100]——日記裡說的柯、陶、曾、江、周、李，正是當時上海、廣東、安徽、江蘇、湖南、四川的第一書記，儘管他們後來也都服從了毛澤東，但最初的反對和抵制，卻是頗耐琢磨的。可以對此作三個層面的分析。

　　首先，要看到在1959年初，大饑荒才初露矛頭、大躍進問題還沒充分暴露，毛澤東作為一個最高領導人，一個有經驗的政治家，已經看出了危機的苗頭。但大多數幹部，包括這些省委第一書記，還沉浸在大躍進的狂熱中，即使發覺有問題，也如王任重所說，「抓的是枝節問題」，而不是像毛澤東這樣「抓住了根本問題、關鍵問題」，亦即黨和農民的關係問題，這裡確實有認識上的差距。

　　更重要的是，在實行第一書記專政的「五七體制」裡，這些省委第一書記都是既得利益者，他們當然不願意承認犯了「冒進主義」的錯誤，他們擔心會因此否認所謂大躍進的成績，而否認成績就意味著放棄大躍進帶來的既得利益，並且直接威脅到他們自己所實行的「第一書記專政」，因為實際上各省都存在著反對、抵制他們專政的力量（當時稱為「觀潮派」與「秋後算帳派」）。在這個意義上，可以說，之後黨內所有關於「三面紅旗」（大躍進、人民公社、總路線）的爭論，都是一個利益之爭：是要維護人民利益，還是維護既得利益。

　　最後，這些毛澤東的追隨者，也都深知中國共產黨的規矩（也是「潛規則」吧）：有什麼錯誤，特別是關係到最高領導層的錯誤，只能由黨的領袖自己說；這也是一種權力，別人指出高層領導的錯誤，就是僭越，會引來殺身

99　毛澤東：〈鄭州會議期間給劉少奇、鄧小平等的三封信〉（1959年3月1日、2日），《建國以來毛澤東文稿》第8冊，頁86。

100　王任重日記（1959年3月4日）。轉引自逄先知、金沖及主編《毛澤東傳》（下），頁921。

之禍。他們更熟知毛澤東反覆多變、不認帳的性格，因此不願跟得太緊，以防毛澤東突然轉向而造成被動。當時的山西省委第一書記陶魯笳（1917-2011）後來回憶說，他就發現，毛澤東在「旗幟鮮明，態度堅決」地糾正高指標的錯誤時，「又流露出欣賞高指標的情緒，似乎表現出一種矛盾的心理狀態」，[101]看清楚毛澤東的矛盾，這些熟知黨內鬥爭複雜性的高級幹部，是不能不預留一手的──這樣，1959年，當毛澤東開始決定要反對脫離農民的「冒險主義」時，無論怎樣強調降溫，溫度就是降不下來：這大概就是毛澤東集權體制的痼疾，即所謂「腸梗阻」：一旦形成，毛澤東自己也無可奈何。

　　毛澤東對「腸梗阻」現象有過這樣的分析：「總支書記、廠礦黨委書記，城市區委書記，市委市府所屬各機關負責人和黨組書記，中央一級的司局長同志們，我們對於這些人的話，切記不可過分相信。他們中的很多人幾乎完全脫離群眾，獨斷專行。上面的指示不合他們胃口的，他們即陽奉陰違，或者簡直置之不理。他們在許多問題上，僅僅相信他們自己，不相信群眾，根本無所謂群眾路線」，因此毛澤東提出一個思路，即所謂「上層基層，夾攻中層」，並且說：「聽他們的話多了，我們也會同化，犯錯誤，情況不明，下情不能上達，上情不能下達，危險之至」[102]──毛澤東這裡的分析，指出了官僚化科層制的基本弊端，它同時又具有「第一書記專政」的「單位制度」的「中國特色」，直到今天，中共的統治依然為其困擾，人們常說「上有決策，下有對策」就是一個突出表現。值得注意的是，毛澤東提出「上層基層，夾攻中層」的對策，正是後來毛澤東發動「文化大革命」的思想萌芽：文革最初就是一場「上層直接發動下層，掃蕩中層」的「革命」。這同時也就暴露出，毛澤東所謂「夾攻中層」，實質上就是要掩蓋上層（特別是毛澤東本人）對社會矛盾激化的責任，把群眾的不滿引向直接面對群眾的中層幹部，這也是歷代統治者慣用的「捨車保帥」之策，只是毛澤東運用得更加「振振有詞」罷了。

　　1959年初的毛澤東就是如此：明明農民與黨的關係緊張，是他自己在1958年發動大躍進、人民公社運動造成的；但毛澤東現在卻要扮演一個「為

---

101 陶魯笳：《毛主席教我們當省委書記》（北京：中央文獻出版社，1996），頁76。轉引自張素華：《變局：七千人大會始末》，頁183。

102 毛澤東：〈黨內通信〉（1959年3月29日），《建國以來毛澤東文稿》第8冊，頁167-168。

農民說話」的英雄角色，並越過中層幹部、直接和基層對話，以發動群眾，把矛頭指向中層。1959年4月，他以黨中央第一書記的身分，寫信給生產小隊書記、小隊長，告誡他們：「在十年內，一切大話、高調，切不可講，講就是十分危險的。須知我國是一個有六億五千萬人的大國，吃飯是第一大事」；因此，「根本不要管上級規定的那一套指標」，要「講真話」，「有許多假話是上面壓出來的」。[103] 這個「上面」當然不包括他自己和中央領導層，而是直接指向中層的。這封信因為一竿子通到底，所以很受歡迎，確實緩和了一些矛盾，但是仍然無法根本扭轉形勢。因為大躍進、人民公社這個瘋狂列車，一旦開動了，就有它自己的發展邏輯，作為發動者的毛澤東，想控制也控制不住、想煞車也煞不住。也就是說，這是體制出了問題，毛澤東既創造了這個體制，體制本身又倒過來對他形成一個限制，因此只能一路瘋狂地往前奔跑。

當然，更重要的還是毛澤東自身的矛盾。一方面，他確實清醒地看到問題的嚴重性，不得不承認：「看來，我第一次抓工業，像我1927年搞秋收起義時那樣，第一仗打了敗仗」。[104] 在私下的談話裡，他就有了更多的自我反省：「我是成事不足，敗事有餘；孫悟空偷桃子，只有這個辦法」、「過去不懂得管理經濟之複雜」；[105]「我這個人也有胡思亂想」、[106]「我這人四十以前肝火大，總覺得正義、真理都在自己手裡；現在還有肝火」、「自己就是個對立面，自己常跟自己打架；有時上半夜想不通，下半夜想通了」[107]——這些私下談話，揭示了毛澤東內心很少外露、也不願意讓別人察覺的方面，自然是有一定的真實性的。有研究者用「時醒時醉，半喜半憂」來概括毛澤東在五十年代末的「情緒特徵」，並且設問：「這憂慮中，是否包含有幾分無法把握現實

103 毛澤東：〈黨內通信〉（1959年4月29日），《毛澤東文集》第8卷，頁48-50。

104 毛澤東在政治局擴大會議上的講話（1959年6月12-13日），引自吳冷西：《憶毛主席：我親身經歷的若干重大歷史事件片斷》，頁135。

105 毛澤東和周小舟、周惠、胡喬木、田家英、李銳的談話（1959年7月17日），據李銳筆記記錄。見李銳：《廬山會議實錄》，頁88。

106 毛澤東和周小舟、周惠、李銳的談話（1959年7月11日），據李銳筆記記錄。見李銳：《廬山會議實錄》，頁80。

107 毛澤東和周小舟、周惠、李銳的談話（1959年7月11日），據李銳筆記記錄。見李銳：《廬山會議實錄》，頁81。

與未來的失落和惶惑？」這或許是有道理的。[108]也就在這樣比較敞開的談話裡，當他的祕書李銳向他轉述內部刊物裡的一篇文章，指出「社會主義如果發生經濟危機會比資本主義嚴重得多，因為社會主義是集中計劃體制」，李銳自己則認為「去年〔錢註：1958年〕是唯心主義、小資產階級急性病大發展的一年，敢想敢幹起了許多副作用，『以鋼為綱』、『三大元帥』等口號不科學」，毛澤東都當即表示同意，並且說以後可不提這些口號了。[109]這也表明，毛澤東對大躍進的問題也是心裡明白，有數的。有些地方他甚至比批評者看得更尖銳。有意思的是，李銳聽了毛澤東這些肺腑之言，卻小心地嚴守祕密，因為和毛澤東有更密切接觸的祕書田家英早就警告他：毛澤東「常有反覆之變，不可輕易傳話」。[110]

這更是毛澤東不可忽視的另一面：他雖然說了這麼一番自責的話，但心裡仍很緊張，唯恐導致對自己的全盤否定。所以，在這段時間，他在強調「反左」的同時，其實更警惕「右」：他一再關照「1958年，我們的成績是偉大的，缺點錯誤是第二位的，是十個指頭中的一個指頭。分不清這個主次，就會犯錯誤」，[111]並再一次提出，如果「觀潮派」、「算帳派」以及地主、富農、反革命、壞分子出來破壞，要「沉得住氣，在一段時間內，不聲不響，硬著頭皮頂住，讓那些人去充分暴露他們自己」。[112]可見，毛澤東是隨時準備發動新的反右運動的。

因此，他特別關注「敵人」的反應。首先是1957年「大右派」的反應。羅隆基說：「物資供應如此緊張，不是一時的，而是永久的，是社會制度造成的」、「共產黨講唯物，實際上最唯心，說的是客觀規律，實際上最不尊重客觀規律」；[113]章伯鈞說，1958年搞錯了，煉鋼失敗了，食堂辦不起來了，大

---

108 陳晉：《毛澤東之魂》，頁139。

109 毛澤東和周小舟、周惠、李銳的講話（1959年7月11日），據李銳筆記記錄，見李銳：《廬山會議實錄》，頁79-80。

110 李銳：《廬山會議實錄》，頁82。

111 毛澤東：〈對中央關於在對外關係中切實糾正驕傲現象的指示稿的批語和修改〉（1959年2月13日），《建國以來毛澤東文稿》第8冊，頁42。

112 毛澤東：〈在鄭州會議上的講話〉（1959年2月27日），《建國以來毛澤東文稿》第8冊，頁74。

113〈羅隆基最近對物資供應問題的一些反動言論〉、〈羅隆基妄稱目前物資供應緊張是社會制

辦水利是胡來；國民黨統治時期的「雲南王」龍雲（1884-1962）甚至說：「解放後只是整人，人心喪盡，內政還不如台灣」；[114] 曾因批評毛澤東「好大喜功，偏聽偏信，輕視古典，喜怒無常」，[115] 而引得毛澤東耿耿於懷的陳銘樞（1889-1965）則說：「要是過去發生這種情況，早就該『下詔引咎』了」；還有人說「天安門的工程，像秦始皇修萬里長城」（後來毛澤東對這句話作出了強烈反應）。[116] 另外，是外國的反應。西方有媒體說毛澤東是「比希特勒還壞的獨裁者」；[117] 赫魯曉夫也於1959年7月18日波蘭一個群眾大會上，暗示中國在創立人民公社上犯了錯誤，蘇聯一些幹部也對大躍進議論紛紛，認為「中國黨犯了錯誤」。[118] 此外，還有黨內的反應，連續幾個報告都談到從中央機關到省委黨校、從地方到軍隊，都有黨員幹部對大躍進、人民公社、總路線提出質疑，認為這是「『左』傾思想的復活」，[119]「黨犯了『左傾冒險主義、機會主義』的錯誤」。[120] 毛澤東再一次感到他處於四面包圍之中，隨時有全盤翻車的

度造成的〉，1959年7月19日毛澤東批示：「印發各同志」。轉引自楊繼繩：《墓碑——中國六十年代大饑荒紀實》（下篇），頁757。

114 轉引自李銳：《廬山會議實錄》，頁60。

115 轉引自李銳：《廬山會議實錄》，頁75。

116 轉引自李銳：《廬山會議實錄》，頁60。後來毛澤東在反擊彭德懷的7月23日講話中就說：「現在黨內外都在刮風。右派講，秦始皇為什麼倒台？就是因為修長城。現在我們修天安門，一塌糊塗，要垮台了。〔……〕。我們這一回是會內會外結合，可惜廬山地方太小，不能把他們都請來。像江西黨校的人，羅隆基、陳銘樞，都請來」，見李銳：《廬山會議實錄》，頁165。

117 毛澤東：〈關於反擊挪威報紙侮辱我國領袖問題的批語〉（1959年5月4日），《建國以來毛澤東文稿》第8冊，頁243。

118 毛澤東：〈印發《蘇聯一些同志對我大躍進議論紛紛》的批語〉（1959年7月19日），《建國以來毛澤東文稿》第8冊，頁367；亦可見毛澤東：〈關於研究人民公社問題的批語〉（1959年7月29日、8月1日），《建國以來毛澤東文稿》第8冊，頁390-392。

119 毛澤東：〈印發江西省委黨校學員對人民公社的各種看法材料的批語〉（1959年7月27日），《建國以來毛澤東文稿》第8冊，頁387-388。相關亦可參見毛澤東：〈印發《天津一些同志對一九五八年大躍進的看法》的批語〉（1959年7月19日），《建國以來毛澤東文稿》第8冊，頁366；毛澤東：〈在國務院祕書廳一份學習簡報上的批語〉（1959年7月27日），《建國以來毛澤東文稿》第8冊，頁386；〈印發江西省委黨校學員對人民公社的各種看法材料的批語〉（1959年7月27日），《建國以來毛澤東文稿》第8冊，頁387-388。

120 毛澤東：〈對於一封信的評論〉（1959年7月26日），《建國以來毛澤東文稿》第8冊，頁

危險。如他後來所說，他要準備「向全世界作戰，包括黨內大批反對派和懷疑派」；[121] 這樣，他既想煞車，又怕翻車，就陷入深刻的矛盾。他確定了一個方針：問題要解決、形勢要緩和，但不能否定總路線、大躍進與人民公社。這是他的底線，他絕對不允許人越過這個底線。

於是，就有了1959年廬山會議的一場風波。廬山會議原本準備討論「繼續反左」的問題，也就是說，廬山會議提供了一個糾錯的時機，這是當時走出困境的唯一希望。黨內很多人都看出了這一點，彭德懷的信，張聞天的發言，之所以著重「發揚黨內的民主」，就是試圖通過黨內民主來建立糾錯機制，這是他們的本意所在。毛澤東本來就對黨高層可能出現的反動派保持高度警惕，他在1958年5月中共八大二次會議上就提出「一萬年還會有野心家」，[122] 直到1958年12月召開的八屆六中全會上，還特地談到「黨內爭論問題」，[123] 提醒說：「〔錢註：黨的〕小分裂是必然的，幾乎每天都有」、「大分裂也有可能」。[124] 因此，彭德懷、張聞天的寫信和發言，在毛澤東看來，就是挑戰他的絕對權威，也意味著他所警惕的高層反對派已經出現。毛澤東面臨一個「繼續反左」（這意味著要真正解決大躍進與人民公社帶來的問題），還是「轉而反右」（這意味著要維護大躍進、人民公社的正確性，以維護自己的權威性）的選擇，毛澤東說他為之整夜睡不著覺，吃了三次安眠藥，還是睡不著，[125] 大概是真的。應該說，他有矛盾、猶豫，或者就像前面引述他自己說過的話那樣，他又是「七上八下」、「自己和自己打架」、不知道「究竟是這樣好，還是那樣好」。但最後，他還是下決心要對反對聲音加以反擊。

377。

121 毛澤東：〈關於研究人民公社問題的批語〉（1959年7月29日、8月1日），《建國以來毛澤東文稿》第8冊，頁391。

122 毛澤東：〈在中共八大二次會議上的講話提綱〉（1958年5月），《建國以來毛澤東文稿》第7冊，頁196。

123 毛澤東：〈在中共中央八屆六中全會上的講話提綱〉（1958年12月9日），《建國以來毛澤東文稿》第7冊，頁637。

124 毛澤東：〈在中共中央八屆六中全會上的講話提綱〉（1958年12月9日），《建國以來毛澤東文稿》第7冊，頁640。

125 毛澤東在廬山會議上的講話（1959年7月23日），轉引自李銳：《廬山會議實錄》，頁165。毛澤東的衛士的回憶也證實了這一點，參看李銀橋：《邁向神壇的毛澤東》，頁253。

　　為什麼？我以為這和挑戰者的身分與地位有關。我們以前介紹過，中國共產黨的黨員和幹部主要由農民革命家和知識分子兩部分組成，彭德懷和張聞天正分別是他們的代表。也就是說，大躍進導致的大饑荒，不但使跟農民有聯繫的農民革命家感到不滿，黨內知識分子更要在理論與路線上追究原因。在毛澤東看來，彭德懷的上書得到張聞天的響應，就意味著黨內的兩種基本力量聯合起來抗拒自己，這就形成了他個人在黨內統治的危機。[126]再加上彭德懷和張聞天兩人在歷史上就跟毛有許多糾葛：張聞天被認為是王明的主要幹將，而王明是毛澤東在黨內的主要敵人；彭德懷在歷史上就和毛澤東有矛盾，[127]又跟高崗有密切關係，並且掌握著軍隊。彭德懷在寫給毛澤東的信中有許多話，例如大躍進是「有失有得」、是「小資產階級的狂熱性」，[128]在毛澤東聽起來，矛頭都是直指自己，這是他絕對不能接受的，[129]多疑的毛澤東還擔心掌握軍權的彭德懷和蘇聯聯合顛覆自己的統治，自然就非反擊不可。[130]

---

126 李銳的《廬山會議實錄》裡專門有一節〈會外漫談〉，談到幾位毛澤東身邊的祕書和地方官員私下議論，都為大躍進所產生的問題憂心忡忡，而且認為「『上有好者，下必甚焉』，根子還在毛主席」，見該書頁53。這大概能夠反映相當一部分廬山會議與會者的真實思想和心態，也就是說，彭德懷與張聞天的公開發言是有相當的群眾基礎的。而且如後來葉劍英所回憶，剛開始，他和劉少奇、鄧小平以及周恩來「都覺得彭德懷說得對」（參見葉劍英在中國共產黨第十一次中央委員會第三次全體會議上的講話，載《問題與研究》1980年5月號），這或許是毛澤東最不放心、想要提防的。

127 毛澤東在廬山會議批判彭德懷時就提到「我同你的關係，合作，不合作，三七開。融洽三成，搞不來七成」（轉引自李銳：《廬山會議實錄》，頁221）。並且具體指出：「抗戰時〔……〕你是聽王明的話」（轉引自李銳：《廬山會議實錄》，頁217），「用你的名義發表申明，講統一戰線，『王子犯法、與庶民同罪』」，這「是封建主義騙人的」，「還講自由、平等、博愛」（轉引自李銳：《廬山會議實錄》，頁235）。

128 彭德懷：〈彭德懷同志於1959年7月14日給毛主席的信〉，《彭德懷自述》，頁283、285。

129 其實前面我們已經提到，毛澤東自己就在1958年八屆六中全會上談過「小資產階級的狂熱情緒的危險性」，見毛澤東：〈在中共中央八屆六中全會上的講話題綱〉（1958年12月9日），《建國以來毛澤東文稿》第7冊，頁641。但這樣的話只能由毛澤東自己講，彭德懷講這句話，毛澤東就認為是矛頭指向自己，並且絕不允許。

130 林蘊暉〈朱可夫事件與彭德懷廬山罷官〉一文（見林蘊暉：《國史札記──事件篇》，頁226-232）認為，毛澤東在廬山將彭德懷罷官的深層原因，要追溯到1957年蘇共將國防部長朱可夫（Georgy Konstantinovich Zhukov，1896-1974，俄國）罷官事件[iv]對毛澤東的影響。毛

　　這意味著，毛澤東認為他在「理想」和「權力」兩個方面，都面臨著挑戰——從事實層面看，彭德懷、張聞天批評大躍進是「小資產階級的狂熱」，違背「客觀經濟規律」，確實是對毛澤東空想社會主義理想的質疑；但挑戰權力卻非其初衷。彭、張無非是想對毛的權力有所制約、限制，但對毛澤東而言，制約、限制權力也是不允許的。因為在他看來，絕對的，不受限制、制約的權力，是實現他聖人理想的必須保證。因此，在理想與權力兩個層面，毛澤東都絕不讓步，這是他超越具體是非（他當然知道，具體而言彭、張的意見是有道理的）的根本利益所在。我們在前一講裡已經說過，毛澤東把發動大躍進、人民公社運動視為自己走向聖人之途的關鍵一步；儘管遭遇到挫折與變形（這一點毛澤東心裡比誰都清楚），但他絕不會放棄自己的聖人理想——毛澤東真正承認聖人夢的破產，要等到文革末期，他離世之前，那是17年後。而毛澤東只要不放棄聖人理想，就絕不會允許對其絕對權力的任何挑戰，[131]他越遭挫折、就越需要絕對權力的支撐。為了維護權力，毛澤東是無情而不擇手段的，用一位研究者的說法，毛澤東「總以非規範化的方式來從事政治鬥爭」，[132]因此，他不講按規則的「博弈」，只講陰柔之道的「謀略」，[133]並且不惜一切代價。這就是毛澤東最後下決心要在極需「反左」時，突然轉而「反右」的根本原因；這也決定了他在批判彭德懷、張聞天時，完全無視客觀

在1958年就提出了這樣的警告：要「吸取蘇聯的教訓」、「軍隊必須放在黨的領導和監督之下」（見毛澤東：〈在南寧會議上的結論提綱〉（1958年1月21日），《建國以來毛澤東文稿》第7冊，頁29），這樣的分析是有道理的，可參看。

131 更深入考察，還可以發現，毛澤東在聖人理想與權力的關係之間，也並非完全沒有矛盾。據陳伯達回憶，在建國初期的私下長談中，毛澤東曾問他：自己「是在前臺直接主持國事好呢？還是退到後面坐而論道好呢？」（見陳曉農編著：《陳伯達最後口述回憶》，頁123）。所謂「坐而論道」，而不「主持國事」，就是當單純的「傳教」的聖人；而不主持國事，就意味著放棄權力，也就無法按照自己的意志去實踐聖人理想，這又是毛澤東所不願意的。1956年毛澤東辭去國家主席職位，以後又退居第二線，理由都是要思考國際與國內的理論問題，也就是要著眼於「立言、立德」，但毛澤東終不能擺脫「立功」的欲望，又擔心失去權力會給別人背叛自己的機會，導致聖人理想的落空與變質。於是，在1958年、1962年他又回到第一線，直接掌控大權，結果都造成了災難，更快地促進他聖人理想的破產，這都是毛澤東不可克服的矛盾與困境。

132 單少傑：《毛澤東執政春秋》（香港：明鏡出版社，2001），頁279。

133 單少傑：《毛澤東執政春秋》，頁284、217。

事實，而且為了和彭、張劃清界線，不惜走向更「左」的極端，事實上也違背了自己的初衷：出發點是希望緩和與農民的矛盾，卻自覺地走向對農民更大規模地剝奪。對毛澤東來說，建立在個人虛幻理想基礎上的權力意志，是高於思想與事實邏輯的。

毛澤東把1959年夏季反擊所謂「右傾機會主義分子」，看作是1957年夏季「反擊右派運動」和1958年初「批判『反冒進』」的延伸，他指責彭德懷及其同情者、支持者「他們重複了五六年下半年、五七年上半年犯錯誤的同志〔錢註：指劉少奇、周恩來、陳雲〕的道路，自己把自己拋到右派邊緣，只差三十公里了」，[134]他一再指出：「城鄉資產階級反動的思想活動和政治活動，雖經一九五七年整風反右鬥爭給了一次決定性的打擊，但是還遠沒有徹底消滅」，並且「一定會在共產黨內找到他們的代表人物」，[135]「廬山出現的這一場鬥爭，是一場階級鬥爭，是過去十年社會主義革命過程中資產階級和無產階級兩大對抗階級的生死鬥爭的繼續。在中國，在我黨，這一類鬥爭，看來還得鬥下去，至少還要鬥二十年，可能要鬥半個世紀，總之要到階級完全滅亡，鬥爭才會止息」[136]——這樣，毛澤東就把他在反右運動以後所提出的「階級鬥爭治國路線」更加強化與理論化，在具體實踐中，則把反右以後所建立的「五七體制」進一步強化，而且，除了強化思想控制和社會控制之外，更加強了對黨內、軍內的控制。

於是，就由所謂批判彭德懷、張聞天、黃克誠（1902-1986）反黨「軍事俱樂部」開始，在全黨、全軍開展「反對右傾機會主義分子」的運動。在其中受到傷害的人數，超過反右運動。據後來平反的統計數字，被指為「右傾機會主義幹部」而受到重點批判的，或者被劃為「右傾機會主義分子」的幹部和黨員有三百幾十萬人，被劃成階級異己分子的幹部、黨員、群眾有600多萬，加起來差不多1,000萬。人民解放軍內部被定為「右傾機會主義分子」、「犯右傾機

---

134 毛澤東在廬山會議上的講話（1959年7月23日），轉引自李銳：《廬山會議實錄》，頁172。

135 毛澤東：〈對八屆八中全會《為保衛黨的總路線、反對右傾機會主義而鬥爭》決議稿的批語和修改〉（1959年8月2日-17日），《建國以來毛澤東文稿》第8冊，頁405。

136 毛澤東：〈機關槍和迫擊炮的來歷及其他〉（1959年8月16日），《建國以來毛澤東文稿》第8冊，頁451。

會主義錯誤」、或戴上其他帽子的，則有1萬7,200餘人。[137]更主要的是，正如鄧小平後來總結時說，「從一九五八年批評反冒進、一九五九年『反右傾』以來，黨和國家的民主生活逐漸不正常，一言堂、個人決定重大問題、個人崇拜、個人凌駕於組織之上一類家長制現象，不斷滋長」[138]──有意思的是，鄧小平在1980年作出這樣的總結以後，他自己又建立了一個新的家長制，在處理1989年學潮時依然是他個人凌駕於黨和國家之上，並且終於作出連毛澤東都要竭力避免的鎮壓學生運動的錯誤決定。這正說明，家長制（實際就是毛澤東所說的「第一書記專政」）在共產黨內已經形成體制，這樣的體制，如我們前面一再說明，是在1957年反右運動後逐漸建立起來的，1959年的反右傾，又強化與完善了這個體制，真正達到一切由毛澤東（和他的繼承人）說了算。在這樣的體制下，不可能形成任何糾錯機制。

在1959年廬山會議上，毛澤東的祕書李銳也受到批判，他後來回憶說：「這十多天會，我的心理狀態極為複雜，我覺得很悲觀。我想，這是中央委員會，這是我們黨最高領導層的會，怎麼竟沒有一個人敢於出來講半句公道話呢」。[139]這確實是一個應該追問的問題。李銳在他的回憶裡，談到一件事：總參謀長黃克誠也被打為反黨集團的成員，他自然很不服、很痛苦，有很多人勸他，其中廣東省委第一書記陶鑄（1908-1969）寫了一封信，勸他向毛屈服，這封信非常有意思，我唸一下：「你我都讀過一點所謂古聖賢之書，一個人立身於世，不講求操守是很可悲的。尤其我們作為一個黨員，對於黨的忠誠等於舊社會一個女人嫁了人一樣，一定要『從一而終』，絕不可『移情別戀』，否則便不能稱為『貞節』之婦」。據李銳說，這樣的對黨「從一而終」的思想，確實是當時的中共高級幹部中「絕大多數人的共同心態」。[140]我們不妨看看黨的最高層在廬山會議上的表態。劉少奇說：「我是積極地搞『個人

---

137 見胡繩主編：《中國共產黨的七十年》（北京：中共黨史出版社，1991），頁379、395；叢進：《曲折發展的歲月》（河南：人民出版社，1989），頁228。轉引自林蘊暉：《烏托邦運動：從大躍進到大饑荒（1958-1961）》，頁520。

138 鄧小平：〈黨和國家領導制度的改革〉（1980年8月18日），《鄧小平文選》第2卷，頁330。

139 李銳：《廬山會議實錄》，頁319。

140 李銳：《廬山會議實錄》，頁300。

崇拜』的」；[141]周恩來批評彭德懷「犯上作亂」，[142]強調「所有領導同志都要馴服」；[143]朱德則表示：永遠「順著」、「永不反水」、「永遠跟著毛主席」；[144]林彪說得更徹底：「自古兩雄不能並立」、「毛主席才是真正的大英雄」，[145]必須做「馴服的黨員」；[146]而彭德懷最後也做了這樣的保證：「擁護毛澤東同志」、「永遠做黨的馴服的工具」[147]——這些要搞「個人崇拜」、要做「馴服工具」、不要「犯上作亂」的最高領導層的共識，又意味著什麼？我以為，它標誌著中國共產黨的兩個重大變化。這兩個變化其實已經積累很久，到1959年廬山會議就集中暴露了。

為什麼所有人最後都服從於毛澤東？因為毛澤東打了一張王牌：一個彭德懷、一個我，你們要聽誰的？你們若要聽彭德懷的，我毛澤東就上井岡山打游擊、不惜分裂黨。面對毛澤東的這一威脅，所有中央委員都屈服了。他們用這樣的理由說服自己和周圍的人：為了黨的利益、黨的團結、不要使黨分裂，我們必須服從於毛澤東。那麼，他們所要維護的「黨的利益」又是什麼呢？這時的共產黨已經不是革命黨，而是執政黨了，因此所謂「維護黨的利益」其實就是「維護黨的執政地位」。特別是反右運動之後，全黨已經形成一個共識：在任何情況下，都要維護黨的絕對權力，而這個權力絕不與他人（其他政治勢力）分享。這也是每個黨幹部的利益所在。這就標明了：中國共產黨已經成為一個利益集團，當利益與信仰發生矛盾、黨的利益與人民利益發生衝突的時候——廬山會議就面臨這樣的矛盾和衝突——就必須毫不猶豫地服從黨的利益。當然，當時共產黨還保留了一個革命黨的外殼，許多幹部還是有維護人民利益的理想與願望，因此，他們服從毛澤東是違心的，也給他們自己帶來許多痛苦。但從總體看，中國共產黨已經發生了一個質變：共產黨已經由具有革命理想的政黨，變成一個以維護權力為主導利益的既得利益集團。

---

141 李銳：《廬山會議實錄》，頁360。

142 李銳：《廬山會議實錄》，頁288。

143 李銳：《廬山會議實錄》，頁249。

144 李銳：《廬山會議實錄》，頁258。

145 李銳：《廬山會議實錄》，頁282。

146 李銳：《廬山會議實錄》，頁249。

147 李銳：《廬山會議實錄》，頁339。

所以，才會在廬山會議上出現一邊倒向毛澤東權力意志的局面。

　　廬山會議上黨的高級幹部之所以一起倒向毛澤東，除了根本的利益問題，也還有認識上的原因。在一黨專政的體制下，全黨，包括黨的高級幹部，形成一個信念：真理只有一個，而且是由黨和黨的領袖掌握的；並且陷入一種「二元對立」思維方式：不是「真理」，就是「謬誤」；不是「正確」，就是「錯誤」；不代表「無產階級」，就代表「資產階級」；不是「馬克思主義」，就是「修正主義」；不代表「人民」，就是「敵人」；不是「正統」，就是「異端」等等。在毛澤東與彭德懷的論爭中，人只要先認定毛澤東代表了黨的長遠利益、因而掌握真理，那麼毛澤東就一定是正確的，是代表人民、無產階級、馬克思主義的正統；彭德懷即使在具體問題上不無道理，但從總體上看，他就必然是錯誤的，是反人民、資產階級、修正主義的異端。因此，跟著毛澤東走，就是服從了真理，維護了人民利益，堅持了無產階級的立場，堅持了馬克思主義，而作為「異端」的彭德懷，就是黨的敵人，而且「假如敵人不投降，就叫他滅亡！」──在廬山會議上，眾口一詞批判彭德懷：彭真斷言「毛主席的路線〔錢註：其真理性〕已得到證明」，就「應服從」；[148]朱德要彭德懷「投降無產階級」；[149]聶榮臻（1899-1992）、葉劍英（1897-1986）勸誡彭德懷：「即使有些批評不完全合乎事實，只要於黨於人民總的方面有利，就不要管那些細節」[150]等等，背後都隱含著這樣的邏輯和思維方式。

　　陶鑄信中提出「從一而終」的理念、周恩來等一再強調「不要犯上作亂」則表明，中國共產黨黨的領袖（毛澤東）和黨的幹部（包括黨的高級幹部，以至領導集團）與黨員的關係，已經變成了一個夫妾、君臣關係。這就意味，單靠信仰已經無法維繫整個黨，只能藉助中國傳統的封建道德，即如陶鑄強調所謂貞節、忠君的觀念。這樣的變化，對於一個以共產主義信仰吸引人，凝固黨心、人心的革命政黨而言，不能不說是一個巨大的悲劇，而且帶來極為嚴重的後果。這確實非同小可，之後很多事情的發展都與這種夫妾、君臣關係的確定有關。在這個意義上，可以說正是廬山會議開啟了中國共產黨自身的

148　李銳：《廬山會議實錄》，頁253。

149　李銳：《廬山會議實錄》，頁258。

150　李銳：《廬山會議實錄》，頁205。

危機，文革之不可避免，所有在廬山會議中支持、效忠毛澤東的高級幹部（包括劉少奇、陶鑄在內）都無一倖免，在黨的八屆二中全會上再一次出現一邊倒向毛澤東、擁護將劉少奇開除出黨的局面，這一切都源於廬山會議開始的「以臣事君，從一而終」傳統。

從另一個角度看，恐怕這正是毛澤東的目的所在。其實，中國歷史上任何一個「打天下，坐天下」的皇帝，都會面臨如何將昔日「戰友」轉換為「臣民」的難題。毛澤東要建立他的「大一統」天下，遲早要處理這個問題。我們前面已經說到，毛澤東為了實現「大一統」，有幾個步驟：通過1957年反右運動，控制知識分子及其政治代表各民主黨派；通過1957年後「單位所有制」的確立與強化，實現對城市居民（幹部、工人、市民）的全面控制；1958年通過人民公社，實現對地方和農村社會基層的全面、絕對控制；現在，他正要通過反彭德懷、張聞天「右傾機會主義」，來實現對黨（特別是黨的高層）和軍隊的全面、絕對控制。如中華人民共和國歷史的研究者所說，「從1949年開始，中國共產黨就擔負著一個巨大的任務：像從前歷屆政權一樣，它的政權的合法性將取決於它對整個中國的良好的控制」。[151]因此，毛澤東有步驟地不斷加強對人民（特別是知識分子）、社會（城市與農村）、黨和軍隊的全面、絕對控制，並且自認為代表黨的利益、以至國家與人民的利益。就像我們說過的那樣，他自命為「天降大任」的豪傑與聖賢，在他看來，這樣的全面、絕對控制是實現國家統一，增強內聚力所絕對必須的，而「統一」與「內聚力」，又是中國這樣一個落後大國實現現代化的必要條件，以及趕上西方國家的優勢所在。按照毛澤東的邏輯，為了實現這樣的「大任」，採取暴力手段，導致慘烈犧牲，都是必須付出的代價。毛澤東的決斷與冷酷，就是建立在這樣的信念與邏輯基礎上。

不管怎樣，在廬山會議上，毛澤東最後大獲全勝。他躊躇滿志地說：「一有意志，萬事皆成」，「我們戰勝地球，建立強國，一定要如此，一定要如此」，「目的一定可以達到！」[152]在主觀意志論的支配下，毛澤東已經不想

---

151 費正清主編：《劍橋中華人民共和國史》，頁24。

152 毛澤東：〈在中央軍委擴大會議上的講話提綱〉（1959年9月11日），《建國以來毛澤東文稿》第8冊，頁523、524。值得注意的是，在同一篇講話裡，毛澤東還說了這樣的一番話：「我也是一個甚為不足的人。很有些時候，我自己不歡喜我自己。馬克思主義各部門

煞車，他還要繼續進攻，要讓大躍進、人民公社這輛已經瘋狂的列車開足馬力，一路衝向前去。這樣，毛澤東（以及他控制下中國的黨和國家）就被他自己和歷史鑄造成一個「瘋狂的進攻武器」。原本1959年尚是災荒的初期，還有緩和、以至制止的可能，現在不但不糾正左的錯誤，相反還要進一步反右傾機會主義，把左的錯誤堅持、發展到極致，結果經濟繼續大滑坡，造成空前的大饑荒、大災難，直到1961年跌到谷底。

應該說，毛澤東也曾試圖對這輛「瘋狂的進攻武器」有所控制。1960年夏天，廬山會議之後的「反右傾」，再度颳起剝奪農民的「共產風」，導致農業大幅度減產。[153] 毛澤東除了代表黨中央發布指示，要求徹底糾正「五風」（「共產風」、「浮誇風」、「名利風」、「幹部特殊風」和「對生產瞎指揮風」）[154] 之外，還將問題歸之於吃了對情況「不甚了了」的虧，並承認自己有「不作親身的典型調查，滿足於在會議上聽地、縣兩級的報告，滿足於看地、縣的書面報告，或者滿足於走馬觀花的調查」的「毛病」，表示要「堅決改正」，[155] 並表示「為補過起見，現在我來提倡一下」調查研究。[156] 到1961年，毛澤東又提出要「搞一個實事求是年」、「大興調查研究之風」。[157] 毛澤東同時警告說：不要採取「官僚主義的老爺式的使人厭惡得透頂的那種調查法」，「死官僚不聽話的，黨委有權把他們轟走」[158]──毛澤東對「死官僚」始終有近乎本能的反感，後來的

學問，沒有學好。外國文，沒有學通。經濟工作，剛剛開始學。但我決心學，不死不休。對於這些，我也要改，要進取。那時，見馬克思的時候，我的心情就會舒暢一些了」（見同出處，頁523）。應該說，毛澤東此時的自傲、自信與自省，都是真實的。

153 據薄一波《若干重大決策與事件回顧》（下）提供的材料，1959年糧產僅為3,400億斤，比1958年的實際產量4,000億斤減少600億斤；1960年糧食產量下降到2,870億斤，比1951年的2,874億斤還低（見薄一波：《若干重大決策與事件回顧》（下），頁873），比1957年減少26%以上（見薄一波：《若干重大決策與事件回顧》（下），頁884）。

154 毛澤東：〈中央關於徹底糾正「五風」問題的指示〉（1960年11月15日），《建國以來毛澤東文稿》第9冊，頁352。

155 毛澤東：〈關於認真調查公社內部兩個平均主義問題的一封信〉（1961年3月13日），《建國以來毛澤東文稿》第9冊，頁440-441。

156 毛澤東：〈在廣州中央工作會議上的講話〉（1961年3月15日），《毛澤東文集》第8卷，頁262。

157 毛澤東：〈大興調查研究之風〉（1961年1月13日），《毛澤東文集》第8卷，頁237。

158 毛澤東：〈對《關於「調查研究」的調查》一文的批語和修改〉（1961年5月28日、30日），

調查，也確實揭發出「公社各級的民主制度不健全；黨委包辦各級行政事務的現象相當嚴重」這類更為實質性的問題[159]——但這卻是毛澤東不準備觸動的，他僅將問題歸結為幹部的工作作風，依然堅持高度集權的體制。這樣，瘋狂的機器就只能按照它自己的專政邏輯繼續前行，毛澤東試圖用「大興調查研究之風」來剎車，自然是剎不住的。

講完這段歷史，我想對收入《課用選文》中毛澤東的〈讀《政治經濟學教科書》筆記〉（底下簡稱為〈筆記〉）做一點解釋、提示。[160]這是在廬山會議之後，毛澤東所寫的一部著作。他召集了一批「秀才」[161]讀蘇聯共產黨的《政治經濟學教科書》，一邊讀一邊發表議論，再由這些「秀才」匯整；這篇文章，是他對大躍進、人民公社經驗的總結，並提出一些未來中國社會發展設想的理論性著作。毛澤東在1949年以後，比較有理論色彩的三部著作：〈論十大關係〉、〈關於正確處理人民內部的矛盾的問題〉、〈讀《政治經濟學教科書》筆記〉，我們都有討論。這裡先大致提一下，希望同學們回去好好地讀一讀。

這部著作大概有三個方面的意義和內容。首先是總結大躍進的經驗，這在今天還是有啟發意義，比如上次講課提到，關於大中小結合、土洋結合、中央與地方結合的建設路線。我覺得尤其重要的是，毛澤東明確提出「勞動者管理國家、管理軍隊、管理各種企業、管理文化教育的權利」，「這是社會主義制度下勞動者最大的權利」，「人民必須有權利管理上層建築。我們不能夠把人民的權利問題了解為國家只由一部分人管理」，這是有重大的理論與實踐意義的，在文革中，就成為很多造反派所追求的目標，是文革民間者提出的「人民民主權利」的核心要求，我自己也一直深受毛澤東這一思想的影響。另外，他強調社會主義國家，不能「只講個人消費，不講社會消費」，「社會主義

《建國以來毛澤東文稿》第9冊，頁505。

159 轉引自薄一波：〈回憶六十年代初毛主席倡導的調查研究新風〉，《緬懷毛澤東》（下），頁9。

160 收入《課用選文》的是文化大革命中民間流傳的自印本：《讀《政治經濟學教科書》社會主義部分（第三版）的筆記。下文論述中提及的毛澤東的有關觀點，都錄自這一自印本，不再一一註明。

161 所謂「秀才」是指黨內的大知識分子，毛澤東的讀書小組裡，就有陳伯達、胡繩、鄧力群、田家英等人。

如果不搞社會集體事業，還成什麼社會主義？」如果對照近年大陸發生的將公共福利事業（教育、醫療衛生）市場化及其帶來的嚴重後果，就不能不承認毛澤東的某些遠見。

〈筆記〉有一些內容則有較複雜的意義：若從當時的角度看可能有很大的問題，但如果從更長的歷史時間來看，又有一定的合理性。比如，他認為不能過分強調個人利益，特別是不能過分強調物質利益。這樣的命題在當時的歷史條件下，主要是要號召大家為富國強兵的現代化路線作犧牲，為大躍進、人民公社作犧牲，其作用是消極的；但若從長遠來看，特別是當今天中國面臨過度物質化、過度個人化與極端利己主義充斥的時候，再看這個命題，可能還會有一定的意義。短期的效果和長距離的考察，會產生出不同的意義，這是我們在閱讀與討論的時候要注意的。

〈筆記〉裡有相當一部分是將大躍進、人民公社一些「左」的東西進一步理論化。裡面的核心有二，首先是提倡「窮社會主義」。毛澤東提出這樣一些命題：「人越窮越要革命」、「農民說以窮為榮，以富為恥是有道理的」、「經濟越落後，從資本主義過渡到共產主義越容易」。這樣，就陷入一個邏輯的怪圈：中國窮，所以要革命，那麼革命的目的，是要讓中國富起來；但人一旦富起來，就會失去革命性，哪一天中國富起來了，可能會有問題。這個邏輯放在實踐上，就會出現劫富濟貧，視富裕農民為革命對象，提倡「以窮為榮，以富為恥」，並在實際上忽略提高人民生活水平，不讓人民富裕起來，以至在治國路線上片面強調「富國強兵」，而不再提「富民」要求等一系列問題。這樣的「窮社會主義」，正是毛澤東空想社會主義的重要方面。

其次是提倡「窮過渡」。毛澤東政治經濟學的一個核心觀念，就是先改革生產關係，再發展生產力。這個觀點和劉少奇先發展生產力，再來改變生產關係的觀念基本上是對立的，這是他們之間分歧的一個基本點。今天來看，劉少奇的觀點不是沒有問題，其最大盲點就是容易導致「唯生產力論」、「經濟決定論」，當年毛澤東猛批「唯生產力論」並非完全沒有道理（儘管他的目的是為自己的路線辯護）。在我看來，改革開放後的中國，以至今天的中國，就存在這樣的問題。但另一方面，毛澤東的觀念也存在盲點，以至危險：在生產力很低的水平上，提倡生產關係的不斷革命，就會造成「窮過渡」。比如毛澤東在〈筆記〉裡用很大篇幅討論、提倡人民公社從「集體所有制向全民所有制

過渡」。這樣的精神向全黨傳達以後，就立刻掀起了人民公社向全民所有制過渡的高潮。特別是盧山會議反右傾之後，毛澤東一聲令下，全國上下無不聞風而動，而且越左越好。於是，就產生完全不顧客觀條件、一味提高公有成分的現象，這就必然導致對農民的新的剝奪，剛剛冷卻下來的「共產風」、「大辦(大辦工廠，交通等公社企業)風」，又重新在華夏大地掀起。這是1960至1961年大饑荒繼續蔓延的直接原因之一。

　　毛澤東的〈筆記〉是一個很複雜的文本，它的複雜性在毛澤東的著作裡很有代表性。同學們在研讀時，既要注意它的理論表述，又要結合它的實踐作用；既要放在歷史的時空下，作具體的考察與分析，又要有一個長時段的歷史眼光，這都是研讀毛澤東著作的難點，也是它最吸引我們的地方。

編註

i　脫產：指脫離生產線、脫離工作崗位。

ii　盧山會議：1959年7月2日-8月6日中共中央在盧山舉行政治局擴大會議和中國共產黨第八屆第八次會議，又稱八屆八中全會。會中批判彭德懷為反黨集團。

iii　盲流：「盲目流動」的簡稱，指未經許可離開鄉土、流入城市的農民，是中國城鄉二元體制下的特殊現象。1959年中共中央曾發出〈關於制止農村勞動力盲目外流的緊急通知〉制止農民外逃，要求各省、市將流入城市、工業礦區的農民進行強制收容、遣返，「盲流」的稱呼始於1950年代，亦使用於1978年改革開放以後。

iv　「朱可夫罷官事件」：爾基・康斯坦丁諾維奇・朱可夫在蘇德戰爭期間曾任僅次於斯大林的最高副統帥，在戰後曾任駐德蘇軍總司令、德國蘇軍占領地最高行政長官，斯大林去世後，朱可夫擔任國防部副部長，並於1955年出任國防部部長，其軍權曾於1957年為赫魯曉夫贏得黨內鬥爭，但也因此引起赫魯曉夫與黨內高層的猜忌。1957年10月27日蘇聯解除其國防部長的職務，是為朱可夫罷官事件。毛澤東曾引此事件影射彭德懷的罷官。

第七講
|
大饑荒年代(下)
1959-1961
| 2009年10月27日、11月3日講 |

一、大躍進、大饑荒時期的民間觀察與思考

如果說〈讀《政治經濟學教科書》筆記〉是毛澤東對大躍進、人民公社的理論總結，那麼，同一時期的民間社會，也提出不同於毛澤東的理論總結。這裡我想著重介紹二位民間思想者和一個民間群體的思考。

(一)顧準：「社會主義的史前期」批判

第一位是我們已多次提到的顧準。顧準當時已經被完全逐出體制，並在河南信陽地區的農村，親自經歷了大饑荒：這是對於大饑荒的零距離觀察、體驗與思考，儘管這些思考分散在他這一時期的日記裡，並未形成完整的理論論述，但仍具有特殊的重要性和啟發性。

他在日記中詳盡記錄了他所目睹的大饑荒慘像：

八組黃渤家中，老婆、父親、哥哥、二個小孩，在一個半月中相繼死亡。這個家庭也特別大，未死人前連黃渤本人共十五人，小孩七人。十五人中死五個，則死亡比例也不小了。[1]

現在問題已不在死不死人，而在死些什麼人。黃渤說，父親死了，死了沒啥。孩子，死了也沒啥。哥哥死了，是糟糕事。誠哉斯言。農村中死掉一些孩子與老人，達到了Malthusianism〔錢註：馬爾薩斯主義〕的目的。若死強勞動力過多，則是大大的紕漏了。[2]

---

1 顧準：〈顧準日記〉(1959年12月17日)，《顧準日記》，頁177。

2 顧準：〈顧準日記〉(1959年12月17日)，《顧準日記》，頁179。

除民間大批腫一死而外，商城發生人相食的事二起，〔……〕，一是丈夫
殺妻子，一是姑母吃侄女。[3]

可以想見，這一件件就發生在他身邊的血淋淋事實對顧準的衝擊。但他作為
經濟學家，不能停留在事實的記錄，而要進行理論的思考與體制的追問。

首先，他提出了「社會主義的史前期」的概念。[4]在毛澤東的〈筆記〉裡，
將之稱為「不發達的社會主義」，今天則稱之為「社會主義初級階段」，這些其
實是同一個概念。但顧準強調「史前期」，顯然是為了突出它的野蠻性，有點
類似於資本主義的原始積累時期，也就是說，他實際上提出一個「社會主義的
原始積累時期」概念。

顧準認為「史前期的社會主義」有四個特點，這也就是他對當時中國社會
主義體制，所提出的四個判斷、四個分析。

第一，史前期發展的是「糊口經濟」，[5]這是一個重要的政治經濟學概念，
這一概念揭示了「社會主義史前期」的歷史任務，就是要解決中國幾億人口的
吃飯問題，其中心就是建立糊口經濟──毛澤東「吃飯不要錢」的社會主義理
想，其實就是以此為目標，只是表達方式更有誘惑力。

第二，如何實現糊口經濟的目標？顧準認為，中國史前期社會主義推行
的是一條「集中國力」的「戰時經濟」發展路線，[6]這其實也就是前面所說的「富
國強兵」的路線。

顧準又對「戰時經濟」作了以下具體分析：

第一，實行「政治掛帥」，即「離開經濟手段，而用政治手段來實現經濟目
的」。這實際上就是要實行「軍事共產主義」，用行政命令的政治手段，最大限
度地把農民組織在人民公社裡，全面控制其政治、經濟、文化生活與日常生
活，並統一支配和調動生產資料、消費資料與勞動力，以集中力量，按照黨
的意志和國家計劃發展經濟。顧準強調：這樣的「政治掛帥」其「全部適用的
範圍僅限於農村，城市不僅不能實行，相反，還要維持一個比較過得去的貨

3　顧準：〈顧準日記〉（1959年12月22日），《顧準日記》，頁183。

4　顧準：〈顧準日記〉（1959年12月6日），《顧準日記》，頁164。

5　顧準：〈顧準日記〉（1959年12月22日），《顧準日記》，頁187；顧準：〈顧準日記〉（1960
　　年1月11日），《顧準日記》，頁231。

6　顧準：〈顧準日記〉（1959年12月6日），《顧準日記》，頁163。

幣經濟的外觀」，[7]也就是說，還得保留商品經濟和一定程度的市場經濟——這樣，顧準就揭示了中國史前期社會主義經濟結構的二元性，即「命令經濟」與「貨幣經濟」的混合，前者主要在農村實行，後者主要在城市實行，但又相互滲透。

第二，「用說謊、專制、嚴刑峻法、無限制的鬥爭、黑暗的辦法來完成歷史的使命」，[8]也就是用階級鬥爭和專政、準專政的方法完成糊口經濟的任務，用「解決一部分人〔錢註：的吃飯問題〕，摧毀另一部分人〔錢註：的生命〕」的「階級鬥爭來解決饑餓問題」。[9]

第三，推行「城市中心主義」的建設路線，「拼命地刮削農村來進行建設，而建設本身便是建設的目的」，這是一條以犧牲農民為代價的發展路線；顧準說，這是典型的「苛政猛於虎」，「對農民真是天大的災難」。[10]他由此談到了中國農民的「厄運」：「他們從糊口經濟的立場出發，在土地革命的旗幟下做出了重大貢獻，結果是他們的救命恩人回過頭來」，剝奪他們、「驅饑餓的億萬農民從事於過度的勞動」，以達到「高產，高商品率的農業與消滅過剩人口」[11]——我們前面討論過的「高徵購」，其實就是用強迫手段來提高農業的商品率，以供應城市、發展城市工業。這裡談到中國農民和中國共產黨的關係，顯示出土地革命時期農民的「救命恩人」，在執政後卻要致農民於死地；這樣觸目驚心的轉變，真是歷史的悲劇。

在顧準看來，毛澤東的空想社會主義的實驗，以及他所發動的大躍進、人民公社運動，實質上是「國家與農民的衝突」，[12]用犧牲農民的辦法來達到國家的目的；因此，他稱之為「具有中國特色」的「社會主義史前期」的「圈地」和「羊吃人」運動，[13]就像馬克思批判資本主義原始積累時期的圈地運動一樣，不僅事實上造成了幾千萬農民的非正常死亡，而這樣的死亡本身就是目的：

7　顧準：〈顧準日記〉(1959年12月15日)，《顧準日記》，頁170。

8　顧準：〈顧準日記〉(1959年12月22日)，《顧準日記》，頁186。

9　顧準：〈顧準日記〉(1960年1月1日)，《顧準日記》，頁214。

10　顧準：〈顧準日記〉(1960年1月17日)，《顧準日記》，頁251。

11　顧準：〈顧準日記〉(1960年1月11日)，《顧準日記》，頁231-232。

12　顧準：〈顧準日記〉(1960年1月9日)，《顧準日記》，頁227。

13　顧準：〈顧準日記〉(1960年1月11日)，《顧準日記》，頁232。

要藉此「消滅過剩人口」、提高農業商品率，也就是說，要以消滅農村過剩人口的方式，來解決中國人的吃飯問題。顧準說，這是「用活人的生命消耗來對地球宣戰」，以獲取農業的高產；[14]這確實是「最堂皇〔錢註：打著『超英趕美』的民族主義旗幟與『提前進入共產主義』的理想主義旗幟）、又是最殘酷〔錢註：以犧牲3,000萬農民為代價〕、最迅速、最能見效的辦法」。[15]顧準說，「人民公社已經建立」、「全部體制已經完成，下馬是萬萬不能的」，只能「咬緊牙關，死一億人也不要緊，幹上去，這是1959年8月英明偉大的毛主席所下的雷霆萬鈞的決心。從外面來，從上而來的右傾機會主義的歪風，不過刺激他下了這個決心的接觸媒而已，事情是被決定於『內因』的」[16]──這確實是一個深刻的觀察：毛澤東堅信，他所完成的是歷史賦予給他的使命，為此，他可以不惜一切代價將之完成，包括犧牲人的生命。

第三，顧準又指出，這樣的「史前期的社會主義」是以「保證少數人有正常與富裕生活條件」為前提的。[17]也就是說，在史前期社會主義時期裡，是要求絕大多數人為「實現國家目標」（國家獨立、統一、解決吃飯問題）而作出犧牲（毛澤東在〈筆記〉裡一再講「國家利益」，要求「個人利益服從集體利益，暫時利益服從長遠利益，局部利益服從整體利益」，就是為此）。因此，絕大多數人，尤其是農民，是不可能有「正常富裕的生活」，他們換得的是大量的非正常的饑餓與死亡，而享有「正常與富裕生活」的只是少數人──這就是我們一再討論的社會主義特權階層。也就是說，特權階層的形成、兩極分化的形成（既是特權與底層人民的分化，同時也是城鄉的分化），正是中國史前期社會主義的基本特徵、是其體制的必然產物。

認識這一點，非常重要。因為，現在總有人想要打造「毛澤東時代是一個平等時代」的神話和假象，但這是不符合歷史事實的。的確，毛澤東強調平等，甚至走到了絕對平均主義的極端，而毛澤東時代的特權階層，與今天中國社會的特權階層，在質和量上都是不能相比的。但是，毛澤東時代已經形成的特權階層與兩極分化，卻是不可否認的客觀存在。在毛澤東時代，民間

14　顧準：〈顧準日記〉（1959年12月22日），《顧準日記》，頁184。

15　顧準：〈顧準日記〉（1960年1月11日），《顧準日記》，頁232。

16　顧準：〈顧準日記〉（1960年1月1日），《顧準日記》，頁216。

17　顧準：〈顧準日記〉（1959年12月6日），《顧準日記》，頁163。

連續不斷的「反特權」鬥爭，絕不是無的放矢。

第四，顧準強調，在這樣的史前期社會主義裡，「道德敗壞不能不成為普遍現象」。[18]正是階級鬥爭和饑餓，使中國人「人相食，賣屍，說謊，拍馬，害人自肥」。[19]毛澤東時代不斷設置對立面、製造階級鬥爭，將人們日常生活中的矛盾高度政治化，造成了人與人關係的高度緊張與惡性化，其結果就是將人內在的嗜殺性誘發出來，在「不斷革命」的口號下，製造了不同利益群體之間無止境的相互殘殺，即「人相食」，並累及無辜。在政治高壓與誘惑之下，也必然出現「說謊，拍馬，害人肥己」的現象，強迫父子之間、師生之間等劃清界線，強制、鼓勵相互檢舉、告密，更是逼迫人們越過道德底線，真正的道德危機於是形成。這當然不是個人的道德品質問題，而是體制性的道德問題，也就是說，這樣的道德危機，就是中國史前期社會主義的本質性特徵——確認這一點十分重要，因為，今天同樣有人要打造「毛澤東時代是一個道德高尚的純潔時代」的神話與假象。

當顧準說這些話，心情是非常沉重的，因為裡面包含著他的自我反省。他在日記裡反覆提到一個問題：「我是否變得卑鄙了？」[20]他所面臨的，也是一個由饑餓而引發的道德危機。

顧準在農村中不僅看見周圍農民的饑餓、死亡與人相食的現象，他自己也面臨著饑餓和死亡的威脅。他在日記裡寫道：「前晚昨晚均早睡，未能入寐，為食物的欲念所苦。想如何找楊、張、謝三人[21]中的好對象得以早上喝一次米湯，想如何『搞』點紅薯與胡蘿蔔吃。想回家時如何盡情大吃一個時期。烤白薯北京很難買到，窩窩頭是美味。實在買不到啥吃時，打算到東安市場、阜外大街作巡遊，有啥吃啥。再不然，到專備外賓吃的西餐館去吃它幾次」[22]——人整個腦子想的就是吃，是因為饑餓到了極點。所有的人，包括顧準這樣的思想家，求生都成了基本問題，甚至是唯一的問題，其他所有思想、理論問題都不能顧及了，只想著如何求生。顧準先是偷糧食；但作為一

---

18 顧準：〈顧準日記〉（1960年1月15日），《顧準日記》，頁240。

19 顧準：〈顧準日記〉（1960年1月15日），《顧準日記》，頁241。

20 顧準：〈顧準日記〉（1960年1月14日），《顧準日記》，頁236。

21 此三人均為顧準所在的生產隊的領導，他們是掌握了包括顧準在內的所有人的命運的。

22 顧準：〈顧準日記〉（1959年12月15日），《顧準日記》，頁168-169。

個知識分子，他卻一邊偷、一邊自我譴責：「我怎麼會淪落到去偷東西呢？」後來偷也不行了，唯有擠進生產隊的統治階層才能有東西吃，因為他們掌握了吃的權力。而擠進去的唯一方法，就是諂媚。顧準最恨那個生產隊長，因為他是專制體制最忠實的奴才，但顧準現在卻得千方百計地奉承他，不想理他也得要硬著頭皮對他微笑。在日記裡，顧準又陷入了深深的懺悔：我怎麼能這樣「卑躬屈節」？[23]我太可惡了！怎麼能這樣笑臉迎人？我只是「苟全性命而已」啊！[24]我有「二副面孔」，[25]我「精神分裂」了[26]──這樣的懺悔，是具有震撼力的，因為它揭示了一個體制性的問題：這個體制是如何「逼良為娼」，逼迫民族最優秀的知識分子人格分裂。

這就是顧準所總結的「中國社會主義史前期」的四大特徵。在我看來，這四大特徵，在今天也依然保持了鮮活的批判力。

因此，我想從顧準的批判出發，引申討論一些重大的問題。

首先，顧準所說的中國史前期的社會主義，是一直延續到毛澤東之後的。這就是說，我們應該把共和國60年歷史作為一個整體來觀察、思考與討論。在我看來，後30年的改革開放，不僅是由毛澤東奠定其基礎（這是我們以後要討論的），而且它並沒有從根本上走出毛澤東時代；因此，將其稱為「後毛澤東時代」更為貼切，更能揭示歷史的真實。也可以說，從毛澤東到鄧小平、江澤民、胡錦濤（1942- ），這四代領導人所要完成的，就是史前期社會主義的歷史使命，這是一個完整的歷史過程。其基本特徵，用顧準的話來說，就是「以野蠻的方法」來建立「糊口經濟」，以解決中國人的吃飯問題；擴大一點，還要解決中國的獨立、統一問題。所謂「野蠻的方法」，毛澤東時代是以政治的手段不斷發動階級鬥爭、大躍進，來完成資本的原始積累；後毛澤東時代，則是以經濟的手段，利用權貴資本主義的市場方式來實現經濟的高速發展。這樣一種原始積累和高速發展，如前所分析，都以資源大破壞，和對底層人民（特別是農民）的大剝奪為代價；經濟高速發展、特權問題嚴重、社會不平等、道德底線被突破、思想控制嚴密、文化屢遭破壞，則是其

---

23 顧準：〈顧準日記〉（1959年11月23日），《顧準日記》，頁152。

24 顧準：〈顧準日記〉（1959年12月8日），《顧準日記》，頁166。

25 顧準：〈顧準日記〉（1959年11月27日），《顧準日記》，頁155。

26 顧準：〈顧準日記〉（1960年1月9日），《顧準日記》，頁227。

所建立起來的社會特徵，所仰仗的都是權力高度集中的一黨專政下的「低人權優勢」。這就是毛澤東時代「政治強大」與後毛澤東時代「經濟強大」的祕密所在。

問題是，如何評價這樣的歷史過程、如何評價領導此歷史過程的歷史人物毛澤東？或許，正是在這個問題上，暴露和顯示了顧準（可能還包括我自己）的內在矛盾。

在顧準看來，這是一個歷史必然的選擇。他一再說：「歷史決定這個時代不能不是Stalinism〔錢註：斯大林主義〕的」，[27]「推動歷史前進的，本來是惡而不是善，毛澤東時代又何能免此？」[28]所以他十分痛苦，一再表示：「我不忍參加這個剿滅人口的向地球宣戰的戰役，然而中國除此之外，別無其他途徑可走」。[29]他經常談到所謂「躍進的願望與人道主義」的矛盾。[30]這就是說，為了完成糊口經濟的任務，解決中國人口的吃飯，國家的獨立與統一這三大問題，為了實現「改變落後面貌」的民族欲望，必須採取野蠻的方式，但這同時又會帶來人道主義的危機。顧準，也包括我在內的這一代知識分子，比較受黑格爾、馬克思的絕對主義影響，所以他認為這是歷史的必然性。因此，他講的「躍進的願望和人道主義的矛盾」，其實就是「歷史必然性和人道主義的矛盾」。面對這樣的矛盾，顧準的應對方式，是拒絕參與這段「羊吃人」的歷史，將自己的角色定位為「歷史的觀察家」，並「記錄歷史，使這個時期的真相能為後世所知」。[31]這樣的選擇，又給顧準帶來新的痛苦：因為這一代知識分子，特別是進步的左翼知識分子，總是將參與歷史運動作為自己的歷史使命。顧準在一篇日記裡，曾萬分感慨地談到高爾基（Maksim Gorky，1868-1936，俄國）當年所說的「海燕」與「家雀」，從顧準到我們這一代，都志在作迎著時代暴風雨飛翔的「海燕」；但顧準和「顧準們」卻要面對這樣的現實：這個時代「要求的是馴順的家雀」，但顧準仍然要發問：「如今的海燕又豈能對大批餓死

27　顧準：〈顧準日記〉（1960年1月9日），《顧準日記》，頁227。

28　顧準：〈顧準日記〉（1959年12月22日），《顧準日記》，頁187。

29　顧準：〈顧準日記〉（1959年12月22日），《顧準日記》，頁186。

30　顧準：〈顧準日記〉（1959年11月27日），《顧準日記》，頁154。

31　顧準：〈顧準日記〉（1959年12月22日），《顧準日記》，頁186-187。

的人充耳不聞？海燕又怎能是馴服的工具？」[32]

我們今天可能會對顧準的歷史決定論與本質主義的歷史觀持有異議，但他的分析，卻能夠提供我們一個思路，去認識、評價毛澤東時代與後毛澤東時代。我以為，可以總結為兩句話。

第一，在中國這樣一個幅員廣大、人口眾多、處於西方世界包圍下的東方大國，要維護國家統一和獨立，解決十幾億人口的吃飯問題，是一個具有世界意義的特殊重要性、而又空前艱巨的歷史任務和歷史使命。幾代中國的志士仁人為之奮鬥了一個世紀。1949年中國革命勝利、中華人民共和國建立，又歷史地將毛澤東和他的後繼者推上了國家領導人的地位，並賦予其帶領中國人民實現這三大國家目標的歷史使命。從這個角度看，我們必須承認，毛澤東與他的後繼者，正是應此歷史使命而產生的歷史人物，應該說，他們完成了這個歷史使命。今天，中國已經是一個獨立、統一，基本上解決了十幾億人口吃飯問題，經濟高速發展的東方大國，這是一個不可否認、不可抹殺的歷史成就與貢獻。

第二，但他們又是以極其野蠻，可以說是超乎人們想像、極其殘酷的專制手段，來完成這樣的歷史使命的。為解決這三大國家問題，中國付出了太大的代價，導致幾千萬人生命的毀滅，而且導致自然資源大破壞、社會不平等、精神頹敗三大問題，更形成生態、社會和精神三大危機，同時又遺留下一個極其嚴密、精緻而又危機重重的一黨專政體制，這種種都顯示了顧準所說的「用野蠻辦法在一個野蠻國家裡實現文明」的殘酷性。[33]

我們可以不承認這是「歷史必然性」，我們也可以設想，是否可以採取更加文明的方式來實現這三大目標，或者有別的領導人、別的機遇採取代價不致如此慘重的方式。事實上，包括顧準與1957年校園民主運動參加者在內的民間思想者，他們所提出的正是另一種可能性。但是必須承認，這些善良的設想，這些或許更有合理性的願望，都只是未實現的歷史可能性，而歷史卻是不能假設的，我們必須正視的，是已經實現的歷史的現實形態──當然，正視不等於認同，我們依然可以堅持自己對歷史結果的批判立場，但我們又必

32　顧準：〈顧準日記〉（1959年12月26日），《顧準日記》，頁195。

33　顧準：〈顧準日記〉（1956年3月29日），《顧準日記》，頁67。

須從這樣的歷史現實出發，以作出自己對歷史的評價。

關於毛澤東的歷史作用和地位，顧準有一個概括，我覺得很有啟發性：毛澤東用「最堂皇、最殘酷，也最迅速、最能見效的方法」，實現了他自己的目標，也實現了歷史交給他的使命，「若說這也將記入史冊成為豐功偉績，那確實與 Peter the Great〔錢註：彼得大帝〕與曹操一樣。他是聰敏人，他是有意識這樣做的」。[34]顧準將毛澤東與彼得大帝、曹操類比，而我更願意把毛澤東類比為中國歷史上的秦始皇。毛澤東也自稱是「秦始皇加馬克思」，他確實是用殘酷的手段實現歷史使命與自己目標的「千古一帝」。顧準說毛澤東類似曹操，大概是要強調毛澤東是「一代梟雄」，這抓住了毛澤東的特點：毛澤東本人竭力為曹操辯護，[35]六十年代還由郭沫若帶頭，掀起「為曹操翻案風」，這些都不是偶然。在二十世紀的現代中國，出現毛澤東這樣的「千古一帝」、「一代梟雄」，並由他來完成現代中國的歷史使命，這既具有歷史的嘲諷意味，又是我們必須正視的。

當然，僅僅把毛澤東說成「千古一帝」、「一代梟雄」，也會遮蔽一些東西：我們不可忽視毛澤東自稱「馬克思」的一面。毛澤東身上確實有中國傳統，特別是帝王傳統和農民造反傳統的深刻印記，但他畢竟還是一個現代革命家、一個社會主義的信仰者與實踐者，正如我們一再強調的，他的中國社會主義實驗，其得失、成敗，都是留給後人的重要遺產。

下面，我們還要簡單介紹，顧準在追問大饑荒背後的體制問題時，所提出的另一個思考角度，即他對人民公社體制的分析與批判。顧準把1958年所建立的人民公社體制的特點，作了五方面的概括。因為時間關係，這裡只能說個大概，不過我有一篇〈1956-1960年間顧準的思考〉的長文，收在《拒絕遺忘：「1957年學」研究筆記》裡，有興趣的同學可以參考。[36]

首先，顧準指出，人民公社所建立的是「產業軍體制」，「它把純粹農村結構組成營連，並可以從中隨時組成野戰（如水利）隊伍」，而「公共食堂，把農

34　顧準：〈顧準日記〉（1960年1月10日），《顧準日記》，頁232。

35　1954年夏毛澤東作〈浪淘沙・北戴河〉歌詠曹操：「往事越千年，魏武揮鞭，東臨碣石有遺篇」，並對身邊工作人員說：「我還是喜歡曹操的詩，氣魄雄偉，慷慨悲涼，是真男子，大手筆」。見劉景榮、袁喜生：《毛澤東文藝年譜》（長春：吉林人民出版社，2002），頁138。

36　參見錢理群：《拒絕遺忘：「1957年學」研究筆記》，頁327-355。

村糧食消耗徹底控制起來」，[37]這就達到了對農民和農村社會的全面控制：不僅控制「生產」，而且控制「分配」與「消費」。[38]同時，它又「把人的勞動力的價格貶低到無可再低的程度」，「它提供縣社工業以極其廉價的勞動力」，「大小工業將可以不計成本地建立起來」，「這樣，積累的速度將是可驚的」[39]——中國經濟發展的祕密，正是建立在壓榨農民的基礎上。

其二，人民公社又通過「公安戶籍制度」將農民牢牢束縛在土地上，完全剝奪他們憲法所規定的「居住自由」，並以「逃竄犯」的罪名，阻止城鄉勞動力的流動，形成城鄉二元對立的結構。[40]

以上兩方面，我們已有詳盡討論，不再多說。

其三，也是顧準著重討論、並試圖回答的：農民被緊緊束縛在這個體制之下，為什麼不反抗？反抗為什麼無效？應該說，農民並不是沒有反抗，在大饑荒中農民暴動是時有發生的，我們在第六講中，就提到貴州農民在公社書記帶領下的暴動。[41]但應該承認，總體上看，這樣的暴動還是零星、分散的，並沒有出現整個社會的大動亂。

原因在哪裡？顧準提醒我們注意一個事實：「整風反右，加上反右傾鼓幹勁，把僅屬於萌芽狀態的農民代言人禁錮起來，或者洗腦筋」。[42]通過反右運動和反右傾運動，毛澤東和共產黨確實成功地割斷了有可能成為農民代言人的知識分子（包括黨內知識分子）、農民出身的幹部和農民之間的任何聯繫。毛澤東當年發動革命時，曾號召知識分子，特別是青年知識分子到農村去，播下革命火種、和農民相結合，這是使毛澤東領導的中國革命獲得成功的重要面向；但在掌握政權之後，毛澤東和中國共產黨最擔心的，就是反抗的知識分子和農民相結合，因此務必要切斷他們之間可能存有的一切聯繫。我們前面講1957年歷史時就說過，毛澤東發動反右運動的原因之一，就是擔心學生進入到已存有不滿情緒的農民之中點火。現在，又通過1959年的反右傾，

37　顧準：〈顧準日記〉（1959年12月22日），《顧準日記》，頁184。

38　顧準：〈顧準日記〉（1960年1月1日），《顧準日記》，頁216。

39　顧準：〈顧準日記〉（1959年12月26日），《顧準日記》，頁196。

40　顧準：〈顧準日記〉（1959年12月22日），《顧準日記》，頁184。

41　詳見楊繼繩：《墓碑——中國六十年代大饑荒紀實》（下篇），頁936-939。

42　顧準：〈顧準日記〉（1959年12月22日），《顧準日記》，頁187。

毛澤東成功地控制了知識分子和黨內與農民有聯繫的幹部，到六十年代遭遇大饑荒的農民，已經不可能從知識分子和各級幹部那裡獲得任何支持，這也就堵絕了農民表達自己反抗意志的一個渠道。

其四，和城市知識分子之間失去聯繫的農民，他們自身會不會出現反抗的領袖呢？顧準又進一步指出，人民公社有一個機制，就是「從農民中選拔了大批人當連長營長會計醫生技術員高中生。統治階級愈善於自被統治階級中選拔人參加統治集團，它的統治愈是鞏固」[43]——這一點，通常不被研究者注意，這大概是顧準零距離接觸農村狀況，所提出的獨特觀察與發現。這項機制對體制的穩定性，起了很大作用。

其五，即使沒有知識分子作代表，農民自身也沒有領袖，還是有人會反抗，那又怎麼辦？顧準發現，公社控制農民的最基本手段，就是以所謂「反對農村中的自發的資本主義趨勢」為由，在農村開展無間斷的階級鬥爭，把任何不穩定的因素，都消滅於萌芽時期。[44]

在顧準看來，黨和國家正是通過「人民公社」這樣的組織形式，從以上五方面，形成對基層農村全面而穩固的控制，這就是大饑荒帶給農民如此大的災難，卻沒有引起全國範圍的反抗（特別是有組織的反抗）的祕密所在。顧準由此得出結論：人民公社的「統治體制是崩裂不了的。禁錮與思想統制愈甚，〔……〕，統治維持下去的可能愈大」、「略鬆鬆弦，中國農民是容易滿足的」[45]——顧準的這些分析，有助於我們認識這段從大躍進到大饑荒的歷史。

最後要討論顧準的希望，即顧準的理想主義。

1960年，中國整個經濟處於低谷，顧準作為經濟學家卻預言：「局面將要大變」，其根據有二：一是經濟必將復甦，甚至會有新的大發展，二是「老一套的『正確錯誤』的絕對論維持不下去了。不同意見的人們必定要組成不同的社團，發展的結果必定是社會主義的多黨制度」[46]——其實，毛澤東之所以要在盧山發動對「彭（懷德）、張（聞天）、黃（克誠）反黨軍事俱樂部」'的批判，

43　顧準：〈顧準日記〉（1959年12月22日），《顧準日記》，頁187。

44　顧準：〈顧準日記〉（1959年12月16日），《顧準日記》，頁172。

45　顧準：〈顧準日記〉（1959年12月22日），《顧準日記》，頁187。

46　顧準：〈顧準日記〉（1960年2月28日），《顧準日記》，頁260；顧準：〈顧準日記〉（3月2日），《顧準日記》，頁261。

就是要防止這個局面出現。

這背後，表現了顧準自己的理念和理想。他相信用「經濟發展」來解決中國的問題，即「經濟發展到一定水平以後，高度集中勢不可能長期維持，精雕細刻的發揮生產潛力成為迫切的要求，群眾的智慧要發作用」，即必然要求「實現經濟民主」，同時也就要求相應的思想自由與政治民主，這時候，進入「民主社會主義」也就水到渠成。[47]

後來，顧準在文革期間交代他在這一時期的思想時，說他強調的是：「當前的重要任務是加速經濟發展」，「民主社會主義」是「比較遙遠的將來的事」。[48]在顧準的思考裡，中國的問題都取決於經濟發展；一旦經濟發展了，一切問題，包括中國的民主、自由、一黨專政的問題，都將迎刃而解。這其中當然有「經濟決定論」的問題和陷阱；但它確實提供了思考當下中國問題的一個思路。應該說，顧準所期待的「中國經濟大發展」的局面，並未如他所預言的在六十年代中後期出現，更準確地說，是毛澤東發動的文化大革命，中斷了這個歷史進程，將它整整推遲了40年。也就是說，直到二十一世紀初，中國的崛起，才真正完成了顧準所說的「社會主義史前期」歷史任務，實現我們前面討論的三大國家目標。按照顧準的思路，這時候的中國，應該告別「史前期社會主義」，建設一個「文明的社會主義」，即「真正的社會主義」。

顧準提出了三個目標：第一，「關懷多數人的生活，使生活水平的懸殊減少」；第二，「在社會道德方面恢復市民生活的正常秩序」；第三，「消滅社會主義時代所發展的畸形」。[49]據我理解，最主要的目標，就是根除一黨專政的毒瘤，實現真正的社會主義民主、自由和平等。在顧準看來，這就是一條「社會民主主義」的道路。這些年，一直有人（主要是黨內民主派，大體是顧準的同代人）在呼籲中國向社會民主主義轉化，其所要實現的，正是當年顧準的遺願。在顧準（也許還有他的同代人）看來，這是一個「自然演化」的過程——這自然也是知識分子的理想主義。顧準原以為經濟發展了，就可以解決中國的一切問題，卻沒想到這個「經濟發展決定論」的思路，竟被今天的中國統治者

47　顧準：〈顧準日記〉（1960年3月2日），《顧準日記》，頁261-262。

48　顧準：《顧準自述》，頁290。

49　顧準：〈顧準日記〉（1959年12月6日），《顧準日記》，頁163-164。

利用，作為證明其一黨專政合法性的理論依據，即用經濟發展來掩蓋一切問題，彷彿中國經濟的崛起正是證明了「中國特色的社會主義」，也就是顧準所說「羊吃人」的「史前期社會主義」的絕對正確性。這大概是顧準所未曾料及的吧。

（二）《星火》：「國家社會主義」批判

我們在前面曾提到，在反右運動後，林昭的出現所代表的意義。這裡，我們將要討論林昭和她的戰友在大躍進、大饑荒年代的思考。也就是說，此時林昭已經不是孤單一人：通過各種渠道，1959年，林昭和蘭州大學以張春元（1932-1970）為首的一批右派學生取得聯繫，並於1960年元月刻印了《星火》第一期，發出了自己獨立的批判聲音，卻也因此付出血的代價：1960年9月，《星火》成員和其支持者、相關者（包括一些農民）共43人全部被捕，後判刑25人，已經準備發刊的《星火》第二期也因此未見天日。1968年林昭遇害；1970年，張春元以及支持他們的武山縣委書記杜映華（1927-1970）同時殉難。在1981年《星火》集團「宣告無罪」以後，又經過近30年的努力，才找回了兩期《星火》的原稿，並全文收入香港天馬出版有限公司出版、《星火》倖存者譚蟬雪（1934-）所寫的《求索：蘭州大學「右派反革命集團案」紀實》一書中。因為有了這份血鑄的精神遺產，今天的我們也才有可能來討論這段歷史。

我們首先注意到，《星火》的成員被發配到農村，進行強制改造，他們是在農村親歷大躍進、人民公社與大饑荒的過程中，才逐漸形成自己的批判思想。他們當時的實際地位比農民還要低，因此，也就直接承受農民的一切苦難，面對更加赤裸的農村真實，更有機會體察農民的內心感受；在某種程度上，農民面對的問題和命運，已經內化為他們自己的問題和命運。他們同時又是受過高等教育的知識青年，因此也有可能更加理性地來思考農民問題和農村問題，以及中國社會體制的根本問題。這就是他們思考的特殊價值所在。

更要注意的是，他們是戴著「右派」的帽子蒙冤受難，是在自身難保的情況下進行思考、批判與反抗，這需要更加強大的精神力量。如他們其中一個成員在回憶錄裡所說：「如果說57〔錢註：1957〕年我是百分之百毫無知覺地落入陷阱；那麼，如今我是在百分之百理性的支配下走向地獄，無怨

無悔」，[50]「我不下地獄誰下地獄；這世道又與地獄有何區別？為了自由和尊嚴，為了顫慄流血的心得以平靜，我選擇了死亡，十分清楚它的嚴重性和後果」；[51]林昭在《星火》上也發表了兩首長詩：〈普羅米修斯受難的一日〉、[52]〈海鷗──不自由毋寧死〉[53]，《星火》的戰士，正是二十世紀六十年代中國盜得真理之火的普羅米修斯、為自由而獻身的海鷗。我們前面已經討論顧準對當代海燕命運的思考，林昭、張春元、杜映華們和顧準，以及我們在下面還要講到的張中曉（1930-1966/1967），才是六十年代，以至二十世紀中國的「筋骨和脊樑」（魯迅語）。

《星火》的批判群體，是這樣看待和規定自己的歷史使命：

> 我們是百姓的代言人，要把他們的疾苦、他們所受的壓迫、他們處在水深火熱之中的狀態揭露出來，暴露在光天化日之下。僅僅這樣還不夠，作為一個覺醒的知識分子，還要從理論上去挖掘這一切禍害的根源，去探討解救祖國命運的途徑和方法，我們的任務就是為了這一目標而奮鬥。[54]

於是，他們這樣命名自己：「農民的兒子」。[55]這樣的命名本身就是意義重大的。我們在前面討論顧準的思考時，曾經談到他最感痛苦的是，經過1957年的反右和1959年的反右傾，中國的體制已經成功地割斷知識分子、農民出身的幹部與農民之間的聯繫，於是農民失去了代言人，發不出自己的聲音。現在，我們可以補充：這樣的「割斷」是既有效又無效、既斷又不斷的。毛澤東將1957年的右派發配到農村，也就創造了條件，於是出現了和農民命運相同的批判知識分子；這是毛澤東始料未及的。當然，這不是偶然：顧準將大躍

50　向承鑒：〈回憶錄〉，譚蟬雪編著：《求索：蘭州大學「右派反革命集團案」紀實》（香港：天馬出版有限公司，2010），頁238。

51　向承鑒：〈回憶錄〉，譚蟬雪編著：《求索：蘭州大學「右派反革命集團案」紀實》，頁239。

52　林昭：〈普羅米修斯受難的一日〉，《星火》第一期（油印刊），譚蟬雪編著：《求索：蘭州大學「右派反革命集團案」紀實》，頁35-51。

53　林昭：〈海鷗：不自由毋寧死〉，《星火》第二期（未出刊），譚蟬雪編著：《求索：蘭州大學「右派反革命集團案」紀實》，頁85-94。

54　張春元1959年語，見譚蟬雪編著：《求索：蘭州大學「右派反革命集團案」紀實》，頁18。

55　這是譚蟬雪對杜映華的評價，可以視為《星火》群體的自我命名。見譚蟬雪編著：《求索：蘭州大學「右派反革命集團案」紀實》，頁100。

進、人民公社的問題，歸結為「國家與農民的衝突」；[56]幾乎同時，《星火》也認定：「在我國當前的政治生活和經濟生活中，矛盾最突出也是最驚人的是農業問題──其實質是農民問題」，也就是說，「如何對待農民」，是一個判斷中國掌權者是否「背叛人民」、「背叛黨所領導的社會主義事業」的基本標誌。[57]可以說，《星火》批判群體最為關注、不斷追問的是農民的命運，這是他們對現行體制批判的中心、出發點和歸宿──或許這是具有更普遍的意義的：直到今天，中國的批判知識分子，都是以對農民命運的關照，作為他們批判體制的基本出發點。

這裡要特別提出，中共縣委書記杜映華加入《星火》群體的特殊意義。杜映華出身農民家庭，是1949年前的中共地下黨員、曾為縣立師範的學生運動的領袖、土改工作隊隊長，他一直和農民有著血肉的聯繫，他任職縣委書記時所堅守的原則，就是「只要心裡想著人民，想著農業和農民，你們做事就不會出格」。[58]在大躍進的狂熱中，他始終保持低調，卻因此被打成「右傾機會主義分子」，但這反而激起了他對黨和國家命運的憂慮與思考，於是，他有了這樣的反省和反思：「革命勝利了，我們給農民帶來了什麼？是饑餓！是死亡！〔……〕蔣介石不知屠殺了多少共產黨人，但社會上還有不同的聲音，例如魯迅的聲音，中國共產黨的聲音。現在一切不同聲音都沒有了，變成一個鬼話、假話世界！明明天天在大量餓死人，還要逼人天天喊形勢大好，多麼奇特古怪的現象呵！古今中外，絕無僅有。我不知道世道為何變成這樣，變得如此快？」[59]懷著類似杜映華這些困惑的共產黨幹部，當時並不在少數，而且各級都有。但如我們在前面所分析的，當黨的既得利益、自己的既得利益和農民利益發生衝突的時候，幾乎所有共產黨各級幹部，都選擇維護前者。而杜映華卻毅然決然地站起來維護農民利益，不惜和已經背離農民的黨決

56　顧準：〈顧準日記〉（1960年1月9日），《顧準日記》，頁227。

57　張春元：〈論「人民公社」〉，《星火》第二期（未出版），譚蟬雪編著：《求索：蘭州大學「右派反革命集團案」紀實》，頁81。

58　向承鑒：〈悼念杜映華〉（2001年9月17日），譚蟬雪編著：《求索：蘭州大學「右派反革命集團案」紀實》，頁253。

59　向承鑒：〈悼念杜映華〉（2001年9月17日），譚蟬雪編著：《求索：蘭州大學「右派反革命集團案」紀實》，頁255。

裂。這樣，他也就堅守了「農民的兒子」的基本立場，堅守了為勞動人民謀求幸福與解放的原初理想。而毛澤東的共產黨，也毫不猶豫地將他，這位老百姓心目中、《星火》批判群體心目中的「真正的共產黨人」，送上刑場——這是我們必須面對的歷史。

《星火》批判群體選擇和毛澤東的共產黨決裂，並籌劃成立「中國共產主義者聯盟」[ii]（或名「中國共產黨革命（或革新）委員會」、「中國勞動農工同盟」），[60] 是基於一個事實：「當前農村的巨大變化之一，就是農民的貧困和破產，農村中出現了新興的階層——農村無產者」，[61] 這正是毛澤東發動的大躍進、人民公社運動的結果。

他們更要追問的是，造成農民貧困和破產背後的社會體制原因。

於是，他們就有這樣的基本判斷：中國現行社會主義體制實質上是一種「由政治寡頭壟斷的國家社會主義，與納粹的國家社會主義屬於同一類型，而與真正的社會主義毫無共同之點」。[62]

在他們看來，這樣的「國家社會主義」具有以下特徵。

首先是「國家集權」，這「其實就是黨的絕對領導」。[63] 在「以黨代政」的黨國體制下，「國家權力達到了前所未有的集中」，「從經濟上、政治上、思想上把全國禁錮得比罐頭還嚴密」，「一切事情都歸書記管」，「書記成了實在的土皇帝」，「原來所謂『黨的絕對領導』只不過是法西斯式的獨裁政權的變種而已」。[64]

其次，在權力壟斷基礎上，形成了「新興的官僚統治階層」。他們明確指出：「一個新興的官僚統治階層，在1957年之前就已萌芽，但在1957年後，它的特徵才清楚和完美起來。官僚統治階層的特徵在於：在政治上、精神上

60　譚蟬雪編著：《求索：蘭州大學「右派反革命集團案」紀實》，頁98。

61　張春元：〈農民、農奴和奴隸——當前農村剖視之一〉，《星火》第一期，譚蟬雪編著：《求索：蘭州大學「右派反革命集團案」紀實》，頁55。

62　顧雁：〈發刊詞：放棄幻想，準備戰鬥〉，《星火》第一期（油印刊），譚蟬雪編著：《求索：蘭州大學「右派反革命集團案」紀實》，頁28。

63　向承鑒：〈目前形勢及我們的任務〉，《星火》第一期（油印刊），譚蟬雪編著：《求索：蘭州大學「右派反革命集團案」紀實》，頁30。

64　何之明：〈論「政治掛帥」〉，《星火》第二期（未出刊），譚蟬雪編著：《求索：蘭州大學「右派反革命集團案」紀實》，頁75-76。

和經濟上都享有特權，對其他階層人民進行欺壓、掠奪和奴役」[65]——這大概最能體現六十年代的《星火》，和林昭繼承的五十年代「五一九民主運動」傳統之間的內在聯繫：他們始終堅持對「特權階層」也即「官僚統治階層」的批判和鬥爭。這是貫穿半個世紀的歷史任務：當代中國社會的每一個階段，特權階層都會有新的發展，因此反對特權階層的鬥爭從來沒有停止過。對當代中國歷史而言，這是一條極為重要的線索，《星火》則是其中一個重要環節。

其三，少數人享有特權的另一面，就是其他階層人民（特別是工農基本群眾）被剝奪、侵犯其基本權利，並處於被欺壓、掠奪和奴役的地位。「由於無休止的加班、加點的紅旗競賽，不斷加強勞動強度，嚴厲的懲罰制度（減薪和開除等），惡劣的勞動條件，使工人精神和體力終年終月處於極度緊張的狀態，過高的勞動定額，使他們失去了應得的勞動報酬」；[66]「農民經過公社化後，喪失了對一切生產資料的使用權，變為生產資料的附屬品和會說話的工具，而隨著也喪失了對生活資料的享有權，生產的產品完全不歸自己支配，不能保留與分得生活所需的起碼數量」，[67]「並強迫以軍事組織形式將農民編制起來，實行奴隸式的集體勞動」，[68]在人民公社體制下，農民實際上已經成為「依附農奴與國家奴隸」。[69]這背後，存在一個對農民進行「超經濟、超政治的剝削和統治手段」[70]以實現國家工業化的路線。

---

65 向承鑒：〈目前形勢及我們的任務〉，《星火》第一期（油印刊），譚蟬雪編著：《求索：蘭州大學「右派反革命集團案」紀實》，頁34。

66 向承鑒：〈目前形勢及我們的任務〉，《星火》第一期（油印刊），譚蟬雪編著：《求索：蘭州大學「右派反革命集團案」紀實》，頁33。

67 張春元：〈論「人民公社」〉，《星火》（第二期）（未出刊），譚蟬雪編著：《求索：蘭州大學「右派反革命集團案」紀實》，頁83。

68 向承鑒：〈目前形勢及我們的任務〉，《星火》第一期（油印刊），譚蟬雪編著：《求索：蘭州大學「右派反革命集團案」紀實》，頁32。

69 張春元：「人民公社化使得農業生產遭受到空前的破壞，糧食減產，各種輕工業原料和農副產品供應緊張，人民群眾生活水平下降，廣大農民陷於飢餓的漩渦中，這已成為眾所周知的事實。究其根本原因。首先是因為廣大農民在政治上既然處於依附農奴與國家奴隸的地位，一些起碼的生活條件與生存權利被剝奪得一乾二淨，就必然會出現像馬克思所說過的那種情況：『奴隸對勞動不感興趣』」張春元：〈論「人民公社」〉，《星火》第二期（未出刊），譚蟬雪編著：《求索：蘭州大學「右派反革命集團案」紀實》，頁82。

70 張春元：〈農民、農奴和奴隸——當前農村剖視之一〉，《星火》第二期（未出刊），譚蟬雪編

其四，權力的高度壟斷，必然形成「政治寡頭」統治；透過提倡「偶像崇拜」，壓制黨內外的民主，完全「沒有法制」，並且剝奪了「人民基本人權」。[71]人民公社制度更「扼殺與堵塞了農民在遷居、就業、外出謀生的起碼要求和道路，在人身自主與自由方面沒有絲毫權利，給農民戴上了無形的枷鎖，〔……〕像當代統治者所說的一切公民權利，如選舉、集會結社、遊行示威、言論自由等等，對農民來說則完全是騙局」。[72]

其五，「寡頭政治」一方面必然導致思想壟斷，「當代統治者還玩弄著亙古未有的愚民政策，把自己扮演成農民利益的唯一、真正的代表」，以「打擊一些對農民疾苦略表同情的人」，從而對農民進行嚴密的精神控制；[73]另一方面，則必然導致「反動的主觀唯心主義」、[74]「胡作非為的能動性」，[75]其結果就是任意執行「違反客觀規律、脫離物質基礎、脫離現實的反動政策，人為地製造階級鬥爭和緊張局勢」，造成「生產力的巨大破壞」，[76]給農民、國家和民族帶來極大的災難。

應該說，《星火》對「國家社會主義」體制的批判，對其政治、經濟、思想特徵的概括與揭示，把因大躍進、人民公社、大饑荒引發的社會、政治、經濟、思想危機而起的反思，提升到制度的層面。在很多方面，這些思考和顧準的思考是相通和互補的，構成六十年代民間思考的最高水平，而且具有明顯的超前性。而他們針對「國家社會主義」現行體制，提出「要建立一個使工

著：《求索：蘭州大學「右派反革命集團案」紀實》，頁55。

71　向承鑒：〈目前形勢及我們的任務〉，《星火》第一期（油印刊），譚蟬雪編著：《求索：蘭州大學「右派反革命集團案」紀實》，頁34。

72　張春元：〈農民、農奴和奴隸——當前農村剖視之一〉，《星火》第二期（未出刊），譚蟬雪編著：《求索：蘭州大學「右派反革命集團案」紀實》，頁56。

73　張春元：〈農民、農奴和奴隸——當前農村剖視之一〉，《星火》第二期（未出刊），譚蟬雪編著：《求索：蘭州大學「右派反革命集團案」紀實》，頁56。

74　何之明：〈論「政治掛帥」〉，《星火》第二期（未出刊），譚蟬雪編著：《求索：蘭州大學「右派反革命集團案」紀實》，頁77。

75　何之明：〈論「政治掛帥」〉，《星火》第二期（未出刊），譚蟬雪編著：《求索：蘭州大學「右派反革命集團案」紀實》，頁76。

76　何之明：〈思維與存在的同一性〉，《星火》第二期（未出刊），譚蟬雪編著：《求索：蘭州大學「右派反革命集團案」紀實》，頁78。

農勞苦大眾幸福、人人平等、自由的社會」目標，[77]更表明這一代人依然堅持「真正社會主義」的理想，這一點和1957年校園民主運動是一脈相承的；而他們在六十年代的困難時期，再一次高舉「民主社會主義」的旗幟，[78]在民間思想史上，更是上承五十年代顧準的思考，下啟文革、文革後一直延續到二十一世紀初，民間對「民主社會主義」的一再呼喚。

（三）張中曉：毛澤東時代的精神批判

現在，再向大家介紹另一位重要的民間思想者——張中曉。他是被毛澤東欽點的胡風分子，25歲（1955年）時被關進監獄，後因身體太差而保釋出獄。他回到家鄉浙江的小城鎮，在社會底層親歷了大躍進、人民公社運動、大饑荒、直至文革初期中國社會的變遷，並進行冷靜而獨立的觀察與思考，在極其艱苦的生活和被監視的情況下，祕密讀書寫作。他在36、37歲時（1966年或1967年）病逝，不知死期、沒有後代，但留下了三本筆記。這些筆記寫在小本子裡，字跡難以辨認，經過整理，於2006年編輯、出版為《無夢樓全集》。可以看出，他的思考極其艱難，卻達到了令人驚異的深度，是一個「未完成的思想家」。我們現在看到的，都是一些思想的碎片，加上他是在被監視的情況下寫作，許多地方都是隱約其詞、欲說還休，需要今人作整理與發揮。因此，以下的論述，基本上依據張中曉的原文，但也包括我的理解與發揮。

如果說顧準和《星火》，主要是對毛澤東發動的大躍進、人民公社進行政治經濟學的批判，那麼張中曉所關注的就是大躍進、人民公社背後的精神問題，著重於對毛澤東時代的精神批判。大體有三個層面。

首先，是他對毛澤東時代「精神統治的特點」的揭示和討論。我覺得在此

77　向承鑒：〈自白〉，《星火》第一期（油印刊），譚蟬雪編著：《求索：蘭州大學「右派反革命集團案」紀實》，頁29。

78　在《星火》的其他文章裡，還有「真正的社會主義」、「民主的社會主義」、「科學的社會主義」（顧雁：〈發刊詞：放棄幻想，準備戰鬥〉，譚蟬雪編著：《求索：蘭州大學「右派反革命集團案」紀實》，頁28），「民主、自由和科學社會主義」（向承鑒：〈目前形勢及我們的任務〉，譚蟬雪編著：《求索：蘭州大學「右派反革命集團案」紀實》，頁35）等提法，其基本精神是一致的。

層面有六個方面比較重要。

（1）張中曉提出一個「絕對光圈」[79]的概念，以討論毛澤東體制的哲學基礎

張中曉指出，毛澤東時代的思維、觀念、體制，及其外在語言形式的一個重要特點是「它使人不能有自己的心靈世界，而是必須把自己浸沒在絕對的光圈中，才能取得自己的存在」。[80]而這個絕對物是多種多樣的，首先是「絕對真理」，比如宣布馬克思主義、毛澤東思想是絕對真理，此外還有「普遍性」、「歷史必然性」、「國家」、「公」、「上帝」，這些都要絕對服從、不容任何質疑。而所有這些絕對物，最後都落實在「黨」和「毛澤東」身上，張中曉指稱為「假先知」。[81]「假先知」是絕對真理的化身，是歷史必然性的體現，國家至上利益的代表，是公的意志的執行者，是人間上帝。因此，服膺於絕對光圈，就是要服膺於假先知、服膺於黨和毛澤東。

（2）毛澤東時代精神統治的另一特點，就是「流氓政治」與「道德政治」的結合

張中曉指出，「流氓哲學與政治哲學之間，相隔不是萬重山而是一張紙」、「政治的道德性存在於康德所說的純粹理性領域，而在實踐政治中僅有流氓的跋扈」。他同時指出：「東方世間的王道（政治道德）之所以虛偽，就是在人的經驗（特別是感情）中投下道德者的假象，形成溫柔性，而把實際政治中的殘酷性掩蓋了。它形成了人們對統治者的幻想」，[82]這就是流氓政治與道德政治的結合。由此，我聯想起東方政治中，「流氓皇帝」與「道德宰相」之間常出現的巧妙分工，在這個意義上，可以說毛澤東與周恩來是一個最佳配合。

（3）毛澤東時代的精神統治，還是一個「堅強意志」的統治

張中曉指出，「鍛煉一個堅強的意志來統治無數軟弱的意志，是中土哲學

---

79 張中曉：《無夢樓全集》（武漢：武漢出版社，2006），頁143。文本裡張中曉談的是「八股文」的特點，但他又強調，這絕非「形式上的缺陷」，他所關注的是形式背後的思維，觀念，體制。

80 張中曉：《無夢樓全集》，頁143。

81 參看張中曉：《無夢樓全集》，頁185、105、135、205。

82 張中曉：《無夢樓全集》，頁106。

的中心，也是政治學的基礎」。[83]這也是統治者的政治心理學：普通百姓處於
貧弱狀態下，很容易精神貧乏，形成意志的軟弱。這樣的百姓，最容易受到
如毛澤東這般有堅強意志的統治者的迷惑。就像我們在前一講中談到的「右
派」和鳳鳴那樣，當人處在絕對虛無狀態時，只要一個人（何況是毛澤東這個
政治強人，以及中國共產黨這股強勢力量）高呼一聲「跟我來」，就會不由自主
地跟著他走。這就是毛澤東的強權統治能夠得到群眾呼應的心理學原因。

　　我由此想到中國知識分子的軟弱性。中國知識分子身上的「哈姆雷特
性」，常使他們處於猶豫、懷疑的狀態，而不由自主、盲目地跟隨他者的強大
聲音。

　　問題的嚴重性在於，國家越弱，其弱勢階層（如農民），就越是希望有一
個強權人物能夠引領他們，而實際上，農民構成了毛澤東這個強而有力的「好
皇帝」的群眾基礎。這就是為什麼「開明專制」在中國始終很有市場的原因。

（4）張中曉在毛澤東的精神統治裡，發現了「無知和激情交織的東西」[84]

　　他特意談到了「魔鬼的欺騙」和「假先知」的「誘引」：內心「具有正義感
但又過於輕信，存心進步但又沒見過世面，不知人間利害，沒有人生經驗的
少男少女們」，最容易上當「成為烤祭的牲畜」。[85]他如此描述集權政治下的
青春政治：「一個忿怒而又無理的人，只感到可惡但不知為什麼惡、惡在哪
裡的人，還有什麼橫禍不會產生呢？他兩眼充血，滿臉凶光，義無反顧地向
他認為可惡的東西撲過去，不管對方是不是無辜者。他像野獸，完全失去理
智」。[86]我們在大躍進和文革中都可以看到這種「無知與激情的交織」，這是一
種破壞性力量，卻正是毛澤東所需要並最善於利用的。

（5）張中曉關注的，還有毛澤東時代的「愚民之道」

　　對此，他有兩個重要發現。其一，「愚民之道，最妙之法是讓他滿足於他
所做的事情」、「不讓人瞭解他被剝削的真相，他將會滿足於被剝削，而把被

83　張中曉：《無夢樓全集》，頁113。

84　張中曉：《無夢樓全集》，頁216，

85　張中曉：《無夢樓全集》，頁185。

86　張中曉：《無夢樓全集》，頁132-133。

剝削認作為社會服務」。[87]在毛澤東時代，一切事情（包括受壓榨）都要說成是
「為人民服務」或「為國家做貢獻」。如我們前面所討論的，本來高徵購是對農
民的剝奪，但毛澤東卻用它的意識形態宣傳，將不惜死人也要完成高徵購任
務說成一種「光榮」，讓農民心滿意足地被剝奪、心甘情願地做犧牲。

　　第二種愚民政策，是製造一種每個人皆在「被消滅者之外」的幻覺，彷彿
自己「不是被人消滅而是去消滅別人」。[88]其實，毛澤東所謂「兩類矛盾」的說
法，就是要製造這樣的幻覺：「他人」是「敵人」，是消滅的對象；而「自己」是
「人民」，因此自己在被消滅者「之外」。在反右運動中，我自己就是懷抱著這
樣的幻覺，參與批判右派以圖自救的。即使是右派，因為有毛澤東的「矛盾可
以轉化」理論，也會使人產生一種幻覺：人可以通過「接受改造」，而將自己變
成被消滅對象「之外」的人，條件就是要參與對他人的迫害、永遠置他人於被
消滅的地位。這樣，就必然造成為使自己不被消滅而進行的互相殘殺，這就
是前已討論過的「受害者的理性合作」，這也是毛澤東的專政特別有效的原因
之一。

（6）「愚民之道」以外，還有對付異端的特殊方法

　　張中曉指出：「對待異端，宗教裁判所的方法是消滅它，而現代的方法
是證明其系異端。宗教裁判所對待異教徒的手段是火刑，而現代只是使他沉
默，或者直到他講出違反他說的本心的話」[89]──這是張中曉的三大發現。

　　其一，是「證明你是異端」。此法就是橫加各種罪名：毛澤東時代的最大
罪名，就是「反黨、反社會主義、反人民、反革命」；而當下，就是給異議者
加上「反國家」的罪名。其實，只要把你除名，把你排除在黨、社會主義、人
民和國家之外，之後加以任何懲罰，就似乎有了合法性。

　　其二，是「逼迫沉默」。通過對圖書、報刊的審查，限制言論自由，羅織
罪名，網入獄中等等手段逼迫異議者沉默。

　　其三，是強迫思想改造、強迫檢討，強迫人說出「違反本心的話」。這都

87　張中曉：《無夢樓全集》，頁191。

88　張中曉：《無夢樓全集》，頁128。

89　張中曉：《無夢樓全集》，頁121。

是毛澤東思想專政的最大特點、是他最擅長的精神統治手段。張中曉深受其
害,自然就能抓住要害。

張中曉精神批判的第二個層面,是對於毛澤東時代「精神病象」的分析,
這也有六個方面。

(1)「僵硬」與「敵對」[90]

「僵硬」在此不多說,要集中討論的是「敵對」。

張中曉強調:「人與人之間的關係應當是:互相尊敬,互相幫助,互相合
作,而不是互相仇視、殘殺與傷害。應當是夥伴關係,而不是互相敵對的關
係」,[91]這自然是他的有感而發。如我們前面所討論,毛澤東階級鬥爭的治國
路線,從所謂「胡風事件」為開端,實質上就是有目的、有組織、有計劃地在
民眾之間製造仇恨與敵對關係。對此,張中曉有深刻的體驗,因此他痛心而
尖銳地指出,人與人關係的敵對化,是把國民培育成了一個個「滿懷復仇情緒
的人在生活中遇到的到處都是仇人」,[92]而這股怨毒,又反過來構成毛澤東「階
級鬥爭」的心理基礎。

(2)「恐懼」

張中曉說:「小人畏刑,君子畏天,恐懼和畏罪,是中國道德實踐的基
礎」,「謹慎,由於恐懼」,「恐懼的另一端是盲動。一種拼命主義,但是同樣
由於缺乏內在獨立性」,「中國人的行善,同樣由於恐懼」[93]——這都是極深刻
的概括和總結,有著豐厚的歷史內容。

首先,是毛澤東時代的「全民恐懼」:不僅「小人」恐懼、普通老百姓恐
懼,「君子」與統治者亦有恐懼。普通百姓因一次又一次的政治運動而無安全
感,統治者則為統治權威受到挑戰而憂心——我們已多次談過,毛澤東總是時
刻感到自己統治合法性的危機。

張中曉進一步討論全民恐懼的後果。不但所有人都謹小慎微、不敢有越

90　張中曉:《無夢樓全集》,頁118。

91　張中曉:《無夢樓全集》,頁216-217。

92　張中曉:《無夢樓全集》,頁186。

93　張中曉:《無夢樓全集》,頁115。

軌之舉，而且恐懼有時還會導致狂熱與盲目的行動。在反右運動和大躍進中表現最狂熱的那些人，其中有些就是因為自己有把柄落在黨的手裡，因為恐懼，就表現得特別激烈。在毛澤東時代，出身不好的人反而最容易「左」，這種「左」的背後是一種恐懼感；而「行善」的背後，則是怕「遭報應」，因此以行善求安全。張中曉指出，恐懼的實質就是「缺乏內在獨立性」，這是抓住了要害。

（3）「怯懦」

張中曉還發現了大多數普通人身上的「怯懦」：「當看不出是與非之間、固執謬誤與堅持真理之間的區別，而根據一己的利害和當時的標準（風氣）來糾正自己的不合時宜之處，則對於橫逆之來，都可以心安理得」。[94]這也是我們第六講所分析的，毛澤東時代的歷次政治運動（從反右到大躍進、人民公社），大多數人都是出於怯懦而跟著走；他們內心明白，雖有不安卻不敢反抗，因而成為毛澤東統治的群眾基礎。

張中曉還指出：「怯懦之人，無力行惡，但也無能行善（為正義而鬥爭）」、「當一旦他們認為自己有力（虛假的）的時候，可粗暴蠻橫哩」，[95]這真是一語道破毛澤東時代的群眾專政的祕密。

（4）「虛無主義」與「感官耽溺」

這又是張中曉的一個獨特發現：人們通常認為，毛澤東時代是一個盲目信仰的時代；但張中曉卻發現了「虛無主義」與「眼前的快感和歡娛就是一切」的「感官中耽溺」。[96]他指出，信仰一旦褪色，很容易便陷入什麼都不相信的虛無主義，「一個偉人無論如何自命為高尚神聖，如果解除了他的思想武器（理性、公義等等），便是一個沉溺於情欲的大壞蛋」。[97]張中曉說，中國的國

94　張中曉：《無夢樓全集》，頁188。

95　張中曉：《無夢樓全集》，頁132。

96　張中曉：「懷疑論、虛無主義、不可知論。╱存在主義──存在就是一切。╱眼前的快感和歡愉就是一切──感官中沉溺，是生活的最高享受，生活的一切不過追求眼前的目標。」張中曉：《無夢樓全集》，頁126。

97　張中曉：《無夢樓全集》，頁183-184。

民性裡，「人類精神的三個方面(人道觀念，人生義務和人生感情)是毫不存在的，只有封建的放縱」，因此，在中國既不會出現真正的抗爭，也不會有真正的順從；「因為人民總以他們的邪惡的情欲、求生的要求來反抗抽象的『禮』的」，[98]「如果物質生活提高，而心靈空虛，精神萎縮，那麼，精神就不足養活肉體，必然流為放縱和狂蕩」[99]——張中曉這一分析有相當的超前性：許多人不理解為什麼文革後的中國大陸，會一下子從信仰主義轉向虛無主義和情欲主義。張中曉早就看到其背後邏輯，並為我們解釋了內在原因。

(5)「廉價的信徒」與「廉價的叛徒」

不能否認毛澤東有無數的信徒，但張中曉一眼看穿：「人們聽從你，相信你，為你犧牲和拚命，並不是僅僅由於你的正確，而是決定於許多許多因素。但是使人行動起來的主導原因，往往是一種盲從，而不是出於確信。他們立刻會後悔的，這就是動搖、變節和叛變，因此，廉價的信徒同時也是廉價的叛徒」。[100]在某種程度上，這正是毛澤東的悲劇所在：他擁有的只是廉價的信徒，而現在，許多人又成了廉價的叛徒。

(6)「奉承」與「輕信」

這又是一個毛澤東的悲劇：「喜歡奉承便會出現阿諛頌詞，自己輕信就會被別人欺騙」。大躍進中無數的人奉承他、對他說了無數的好話，而他輕信了，並造成嚴重的後果。但張中曉看得更深，他說，輕信是因為謊言「正中他的下懷，使他有了採取符合他本性的行動的藉口，即使沒有什麼證據，他也會相信」。[101]毛澤東輕信那些高產數字(包括錢學森的「科學論證」)，是出於他的統治需要，因此「寧可信其有、不可信其無」，正是因為他需要這些高產數字以證實大躍進的正確性，奉承與輕信，就成為大躍進體制中互相欺騙、自欺欺人的雙重表演，即所謂「上有所好」，就必有「投其所好」者。

張中曉思考的第三個層面：關於毛澤東思想統治下的「精神堅守」問題。

98　張中曉：《無夢樓全集》，頁111。

99　張中曉：《無夢樓全集》，頁101。

100　張中曉：《無夢樓全集》，頁131。

101　張中曉：《無夢樓全集》，頁186。

首先，他提出一個很深刻的命題：壓迫的「腐蝕」。[102]通常講對人的腐蝕，最容易聯想到金錢的腐蝕或名利的腐蝕，但是張中曉卻發現，被壓迫的狀態也會對人的精神產生腐蝕作用、產生精神的迷亂。他說：「在這多難的人間，人成為畜生的機會太多了，人墮落為畜生的可能、遭遇也太多了。舉凡貧困、監禁、苦役等等，都能使人墮落為獸，使人性情粗暴、脾氣怪戾、絕望和不近人情」。[103]專制的壓迫會造成人的孤獨感、受壓抑感、屈辱感等等，雖有可能因此而激發起人的反抗，但也可能造成自我精神的傷害，最容易產生「怨毒」情緒。「怨毒」一方面是怨憤，這種怨憤可能引發正義的反抗，但同時又是一股毒氣、邪氣，使人性發生扭曲，變得孤僻、乖戾，開始對人性的善良產生懷疑，並且會為了反抗而把自己的心靈硬化，把人性中最柔和的部分，關於愛、關於溫情等等都極力地排除，有時候人就會變得不近人情，構成了受迫害自身的精神黑暗。因此，張中曉提出：人受迫害，陷於孤獨，而「孤獨是人生向神和獸的十字路口，是天國與地獄的分界線」。[104]我想，有這種受迫害經歷的人，大抵就會面對到這樣的問題；張中曉的提醒，足以引起我們的自我警覺與反省。

從另一面說，這也是專制體制的罪惡所在：講到專制體制，通常比較重視它對人肉體的摧殘，而忽略它對精神的摧殘；講到精神摧殘，常常講人的被奴化，而忽略了人心的被毒化。其實，對人心靈的毒化是更為內在的。

張中曉據此提出「寬恕和忘記」。他在一篇日記裡這樣寫道：「過去認為只有睚眦必報和鍥而不捨才是為人負責的表現，現在卻感到，寬恕和忘記也有一定意義。」意思是說，只要不被邪惡利用和犧牲，寬恕和忘記是有意義的。他因此說：「耶穌並不是完全錯」。而讓我尤其感動的，是這一段日記下面還有一段話：「一九六一年九月十日，病發後六日晨記於無夢樓，時西風凜冽，秋雨連霄，寒衣賣盡，早餐闕如之時也」。[105]就在這般饑寒交迫的逆境下，張中曉還在思考著寬恕和忘記，這確實說明他的精神境界達到一個相當的高度。

---

102 張中曉：《無夢樓全集》，頁202。

103 張中曉：《無夢樓全集》，頁188。

104 張中曉：《無夢樓全集》，頁189。

105 張中曉：《無夢樓全集》，頁125。

於是，他又提出了「信深守固」的命題。[106]所謂「信深守固」包括兩個含義，一是強調人要有深刻的信仰，才能堅持真理；另一是主張守住作為人最基本的信念，也就是守住人的純潔。張中曉說，人如此就能獲得「心靈的深度和穩定性」：「根本深者，心境安詳，視死如歸，如歸天國如歸大地，或視平常，毫無畏懼之情」、「根本深者，可受長期疾病之折磨」。[107]我們可以把這看作是張中曉的自我精神描述：他已經從毛澤東時代的精神迫害裡升華了，並升華出一種精神。而且我們發現，無論是顧準，還是林昭、張春元、杜映華等《星火》戰士，無不是以「信深守固」的精神，在中國最黑暗的年代拯救了自己和我們民族的靈魂：這是非常寶貴的精神遺產。

我想，這就是中國歷史的辯證法：在反右運動中出現了林希翎、林昭，在大躍進、大饑荒的全民性災難中出現了顧準、張春元、杜映華、張中曉；這些人都是毛澤東集權體制所培養出來的掘墓人、歷史的審判者，他們的思考與批判，都深扎在中國多災多難的土地上，是民族、民間的精神財富。

二、如何走出困境？

可以這麼說，中華人民共和國的歷史走到1961年時，已經到了谷底，人心的混亂也到了極點。中國該如何走出困境？這是當時所有中國人（也包括毛澤東）眼前要面對的問題。

這裡我們需要補敘一段之前尚未討論的歷史，那就是中蘇關係的惡化。我們之前的講課已經提到，1957年底，世界共產黨的莫斯科會議上，中蘇之間的分歧就已經顯露了，而分歧的核心，是要爭奪國際共產主義運動的領導權。[108]到了1958年又發生兩件事，一是赫魯曉夫突然建議中蘇聯合組成潛艇

---

106 張中曉：《無夢樓全集》，頁155。

107 張中曉：《無夢樓全集》，頁183。

108 據毛澤東1974年5月25日〈同希思的談話〉裡所說：「中蘇的分歧要從1954年開始算起」，赫魯曉夫1955年對來訪的西德總理阿登納（Konrad Adenauer，1876-1967，德國）說：「中國不得了了」。見外交部、中共中央文獻研究室編：《毛澤東外交文選》（北京：中央文獻出版社、世界知識出版社，1994），頁603。《赫魯曉夫回憶錄》裡也說：「自我第一次認識毛澤東起，我就認定並告訴我們的同志，他絕不會聽從於國際共運內部超過他自己的黨之上

艦隊，另外，他又接著提出要在中國南方建立長波電台，允許蘇聯使用。赫魯曉夫這個人做事比較魯莽，他根本沒想到這兩個建議會引起中國方面（特別是毛澤東）極其強烈的反應。後來，赫魯曉夫才發現他的冒失，因此承認他的建議「觸及了這個曾長時期受到外國征服者統治的國家的敏感問題」、「觸及了中國的主權」，也傷害了毛澤東和他的民族熱情，並表示「當時我們有些急躁，誇大了各國共產黨和社會主義國家一體化的意義」。[109]這就表明，中蘇矛盾不僅是意識形態上的分歧，更涉及了國家利益；而後者或許是更為根本的。

　　緊接著1958年，毛澤東決定向金門開炮，卻沒有預先告知赫魯曉夫。當時中蘇之間尚有軍事同盟，中國在金門開炮，很可能引起美國介入、從而成為國際問題。毛澤東的決定沒向蘇聯事先通報，赫魯曉夫自然很不高興。後來，中國和印度邊境發生戰爭時，赫魯曉夫採取所謂中立的態度，這也讓毛澤東很不高興。

　　連續發生這兩件事，就引起中蘇關係的進一步緊張。1959年6月，蘇共單方面決定停止供應中國原子彈樣品和生產原子彈的技術指導，並開始對中國進行封鎖；而中國方面做出的反應，是藉著列寧的誕生紀念日發表〈列寧主義萬歲〉等幾篇文章，[110]這實際上就是公開批判蘇聯，因而拉開中蘇冷戰的序幕。1960年7月16日，蘇聯單方面宣布將在華的俄藉專家（約1,390人）全部撤回，原本要派900名專家來華也取消了，並在同時，宣布停止執行443項專

　　的任何別的共產黨，他絕不會容忍這樣的事」（見《赫魯曉夫回憶錄》（北京：東方出版社，1988），頁659）、「我記得1954年我從中國回來以後曾告訴過我的同志：『同中國人的衝突恐怕難以避免了』」（見赫魯曉夫著，張岱雲等譯：《赫魯曉夫回憶錄》，頁665），「他是一個民族主義者，至少在我認識他的時候，他爆發出了一種急不可待地要統治世界的願望。他的計劃首先是統治中國，然後統治亞洲，然後，……又是哪裡呢？」（見赫魯曉夫著，張岱雲等譯：《赫魯曉夫回憶錄》，頁673）。

109　赫魯曉夫著，斯特羅勃・塔爾伯特編，上海《國際問題資料》編輯組譯：《最後的遺言──赫魯曉夫回憶錄續集》（北京：三聯出版社，1975），頁399、401。

110　三篇文章除《紅旗》雜誌編輯部的〈列寧主義萬歲〉外，還有《人民日報》編輯部的〈沿著偉大列寧的道路前進〉和時為中宣部長陸定一列寧誕辰九十週年紀念大會上的報告：〈在列寧的旗幟下團結起來〉。參看逄先知、金沖及主編：《毛澤東傳》（下），頁1067。

家的合約和合同補充書，廢除了257個科學技術合作項目。[111]

　　蘇聯單方面地撤出對中國的經濟支持，這對正面臨著嚴重困難的中國經濟，自然是雪上加霜——雖然這嚴重地打擊了中國，但中共之後的宣傳，把大饑荒原因歸咎於蘇聯的封鎖，並不符合事實，因為大饑荒在此之前已經發生了；蘇聯的封鎖只是加深了中國經濟的困難，並不是造成災荒的原因。

　　赫魯曉夫宣布對中撤回蘇聯援助時，中國共產黨正在開工作會議，毛澤東當即做出回應：「我們既不能向赫魯曉夫乞求，也不能向美國乞求。〔……〕。現在我們可能而且必須搞自力更生」，[112]並且迅速地將赫魯曉夫的背信棄義向全黨傳達，為全國人民所知。這引起強烈反響，並集中在兩點，一是「革命的重心已移向亞非拉，革命的指導中心已移到中國，我黨應把國際共產主義運動的領導責任擔當起來」；另一是強調「將義憤化為力量，奮發圖強、自力更生，勤儉建國」。[113]

　　顯然，蘇聯在這個時候對中國高壓封鎖，喚起了極大的中國民族主義情緒。這是中國所遭遇的第二次封鎖：第一次在1950年的建國初期，當時美國總統杜魯門（Harry Truman，1884-1972，美國）宣布保護台灣之後，接著全面封鎖中國大陸，這是以美國為首的西方世界對中國的封鎖；到了六十年代，就是以蘇聯為首的國際共產主義運動、社會主義陣營對中國的封鎖。而這次封鎖，來自於被大家視為老大哥的蘇聯。我曾經談過，我那一代人都認為「蘇聯的今天就是中國的明天」；當蘇聯這個學習榜樣突然對中國背信棄義，就使得六十年代新一輪的民族主義情緒沾染上悲壯色彩。當時，幾乎所有中國人，包括我這樣的知識分子，都有一種被欺騙、被出賣、被全世界拋棄、包圍的感覺，彷彿整個國家、民族都走到了絕境。我要強調，這些感覺是全民性的，而不僅僅是毛澤東個人的。正像去年（2008年）汶川地震時我說過的，中華民族平常惰性很強，然而一旦到了絕境，就會自然產生一種反彈力量，所謂置之死地而後生，就靠自己救自己。在中國，這股全民族的自救力量，

---

111 轉引自崔奇：《我所親歷的中蘇大論戰》（北京：人民日報出版社，2009），頁86。

112 吳冷西：《十年論戰：1956-1966——中蘇關係回憶錄》，頁335。

113 〈黑龍江省委傳達北戴河會議精神的報告〉（1960年8月29日），詳見毛澤東：〈轉發黑龍江省委傳達北戴河會議精神報告的批語〉（1960年9月1日），《建國以來毛澤東文稿》第9冊，頁281-282，註釋（3）。

是非常巨大而深厚的。

毛澤東作為一個政治家，他的過人之處，就在於能夠非常敏銳地把握民族情緒。當時，他立刻牢牢地抓住這些氣氛，展開了大規模的宣傳攻勢，竭力誇大世界反華浪潮，強化中國「被包圍」的孤獨感，並強調自力更生、奮發圖強。他以「國際反華勢力」轉移人們對國內問題的所有不滿，反過來以此增強國內的凝聚力。我們以前講過，毛澤東發動大躍進，是用空想社會主義的理想來作社會動員，在大躍進導致大饑荒後，空想社會主義理想已不再具有凝聚人心的作用，這時就只能依靠民族情緒。毛澤東及時高舉兩個旗職，一是「自力更生，維護民族獨立和尊嚴」的旗幟，一是「反對修正主義，捍衛馬克思主義的純潔性，使中國成為世界革命中心」的旗幟。歷史又再一次把毛澤東推上「民族獨立意志的代表」、「民族利益和尊嚴的維護者」的地位，並且迅速得到了老百姓，也包括知識分子的支持。

由此可以看出，共產黨領導的國家政權有兩面，一面有很強的意識形態性，另一面也有強烈的民族性；以毛澤東為首的共產黨人，既是馬克思列寧主義者，同時也是民族主義者。而實際上，最後真正站得住腳、真正得到民眾支持的，是民族主義。馬克思列寧主義的理想可以振奮人心，然而，一旦自身發生問題，就很難以之凝聚人心；但民族主義的凝聚作用是持久的，而且很有力量。這一次，本來處於大饑荒困境中的毛澤東和中國共產黨人，以蘇聯封鎖中國為契機，再一次地以「民族利益和民族精神的代表」身分，取得民眾支持，絕路逢生。

同時，毛澤東和他的同僚，面對由經濟困難引發的整體性緊張狀態，採取了相對寬鬆的政策，及時提出了「調整、整頓、充實、提高」的八字方針；總體來說，這就是向老百姓（特別是農民）、向知識分子讓步，以重新凝聚人心，並且在經濟、政治上很快地取得成果。這裡要多說幾句的是，1961年政府提出「國民經濟以農業為基礎，全黨全民大辦農業、大辦糧食」的方針，大幅調整農業政策。

首先是大幅削減國家徵收、徵購糧食，從1959年的6,740萬噸減到1961年的4,050萬噸，之後農村留糧大增，占總產量的82.6%，基本上達到了第一個五年計劃時期的水平。同時，農產品收購牌價也提高了，1961年油料作物提高19%、1963年棉花收購牌價提高10%。最後，為了提供低收入農民更多

現金和實物，農村地區福利費[iii]在1963年已達到1958-1962年一般水平的3倍。[114]這些及時、到位的措施，都對促使農村走出饑荒絕境，農業生產恢復並發展，也緩和了黨與政府和農民之間的關係，對穩定社會起了很大作用。

三、我在大饑荒年代形成的毛澤東觀和魯迅觀

這裡，我要講一點自己在大饑荒年代的經歷和思想。1960年8月我大學畢業，經過一些曲折，最後分配到貴州安順的衛生學校教語文。本來，我在大學畢業的時候很想進研究所繼續學習。但那時研究所入學不是通過考試，而是保送。按道理說我很年輕、成績很好，應該是理想的保送對象，但黨組織卻告訴我：「你書讀得太多，已經夠愚蠢了，應該到實際生活中去改造」。當時我聽了也覺得有道理，還抱有個浪漫的想像：愈到邊疆、偏遠的地方去，愈能鍛煉自己、發展自己。所以，某種程度上，我是半被迫半自願地到了貴州。一到貴州，就遇到大饑荒；我每個月的糧食定量，由大學的40多斤（有一部分是飯量小的女同學支持的）一下子降到23斤，幾乎減了一半。可以想像當時的我，完全被饑餓所困擾著，情況跟顧準日記所描述的差不多，晚上餓得睡不著覺，真的餓得心慌！不過，我畢竟還有23斤的糧食，再加上「瓜菜代」，儘管我也患了浮腫病，但總算沒有倒下。面對饑餓，我自己的辦法是用精神來補，用很大的勁拼命讀書。讀些什麼書呢？一是讀魯迅，我從北京帶來一部《魯迅全集》；另一是讀毛澤東的著作。1960年9月《毛澤東選集》第四卷公開出版，集中了從抗戰勝利到中華人民共和國成立那幾年時間的毛澤東著作，突出毛澤東自力更生的思想，我讀了以後大受啟發。此外，一個偶然的原因之下，我發現安順小城的圖書館裡，正好有一些東方國家的書，我因此讀了些印度、日本的作品。我在大學裡主要是讀西方文藝復興以來的名著和俄國文學，在大饑荒年代，我卻補讀了東方文學作品，也因此有了下面要討論的「東方」的觀念，當然這和魯迅一貫強調「被壓迫民族文學」的影響有關，可以說是一個意外的收穫。

當時，我還一邊讀書一邊思考，思考的中心就是毛澤東高舉的兩個旗

---

114 數據轉引自費正清主編：《劍橋中華人民共和國史》，頁424-425。

幟：一個是自力更生，一個是反對修正主義。正是這樣的思考中，我找到了魯迅和毛澤東之間的連結點，也找到了我和魯迅、毛澤東之間的思想通道。

我在1962年1月1日那天寫的讀書筆記，已經收入了《課用選文》，同學們有興趣可以去讀，這裡僅作一個簡單的介紹。

1962年初中國還沒走出大饑荒，也就是說，我是餓著肚皮寫讀書筆記的，題目就是〈魯迅與毛澤東〉。文章一開始，我就引用了葉劍英元帥的詩句：「東方風格千秋在，舉世囂囂也枉然」。「舉世囂囂」顯然是指全世界的反華浪潮，重點自然是強調在反華浪潮面前無所畏懼（「也枉然」），因為自有「東方風格千秋在」。這裡，我突出了東方被壓迫民族的精神，而且把毛澤東和魯迅看作是「東方民族精神」的代表，並由此引出這樣一段文字：

> 在1962年的第一天，我寫下這兩個光輝的名字，心裡感到說不出的驕傲與幸福。我為我們民族產生了這兩位前無古人後啟來者的巨人感到自豪；我也為我們能夠從這兩位巨人的著作裡吸取取之不盡、用之不竭的智慧與力量感到幸福。在我唸著這兩個巨人的名字的時候，心中很自然地就湧現出在這篇文章一開頭所引用的葉劍英的這兩句詩。提到「東方風格」就不能不想起這兩個巨人；在這一年來，我常常深思這個問題：什麼是為無產階級思想所照耀的我們民族的性格特點？這個民族性格（也就是葉劍英在這裡所說的「東方風格」）有什麼意義？作為一個現代中國人，作為一個黨的事業的接班人，應該怎樣繼承與發揚這個「東方風格」？……。在我深思這些問題時，在我的面前，總要浮現這兩個巨人高大的身影。他們「橫眉冷對千夫指」，在一切敵人與困難面前，昂首闊步，高舉著投槍，如入無人之境；他們「俯首甘為孺子牛」，在人民面前，謙虛謹慎，吃進的是草，擠出來的是奶，鞠躬盡瘁，死而後已；他們埋頭苦幹，實事求是，不事喧嘩，不尚空談，一步一個腳印；他們堅忍不拔，刻苦勤儉樸素，宛如一個田間的農人。……正因為這樣，我大膽地在這新的一年的開始，寫下了這個題目。[115]

這篇文章很長，有上萬字，詳細地討論毛澤東和魯迅的關係，且著重討論

---

115 參看錢理群：〈魯迅與毛澤東〉（1962年1月1日），《走進當代的魯迅》（北京：北京大學出版社，1999），頁355。

「毛主席稱讚魯迅先生的那種沒有絲毫奴顏與媚骨的『硬骨頭』性格，那種對無論什麼凶惡的敵人都絕不屈服的『橫眉冷對千夫指』的嫉惡如仇的反抗性格」，[116]並談到毛澤東與魯迅共有的韌性精神，「就是『鍥而不捨』地與敵人做堅毅、刻苦、執著的持久戰鬥，就是冷靜地對待敵人，注意保存實力，講究鬥爭藝術」，[117]因此，我的結論是：「如果說魯迅先生是站在文化的戰線上，那麼，毛主席就是站在整個革命鬥爭的戰線上，帶領著全民族的大多數，『向著敵人衝鋒陷陣的最正確、最勇敢、最堅決、最忠實、最熱忱的空前的民族英雄』」。[118]

緊接著，我就作了一個歷史的回顧，回顧建國初期「在新中國剛剛成立的時候，擺在我們面前的是一個千瘡百孔的爛攤子，『帝國主義者算定我們辦不好經濟，他們站在一旁看，等待著我們失敗』。正像毛主席所形容的，『美國人在北平，在天津，在上海，都灑了些救濟粉，看一看什麼人願意彎腰拾起來。太公釣魚，願者上鉤。嗟來之食，吃下去肚子要痛的』」，但也正像毛主席所說，「『朱自清一身重病，寧可餓死，不領美國的救濟糧』，我們應當『寫聞一多頌，寫朱自清頌，他們表現了我們民族的英雄氣概。多少一點困難怕什麼。封鎖吧，封鎖吧，封鎖十年八年，中國的一切問題都解決了。中國人死都不怕，還怕困難嗎？』」[119]

最後，文章就講到這樣一個魯迅式的東方風格，在1962年的現實意義：

在62年的開始，總結由毛澤東同志與魯迅先生所集中代表的中華民族這一光榮革命傳統、戰鬥風格是極有意義的。我們現在正在與現代修正主義者展開一場極為複雜艱巨的鬥爭。現代修正主義者是帝國主義政策的產物。他們的最大特色就是「被帝國主義的核戰爭訛詐政策嚇破了膽。他們由害怕戰爭進而害怕革命；由自己不想革命進而反對別人革命」，他們散布對帝國主義的幻想，企圖向帝國主義乞求和平。他們沒有絲毫的革命者的骨氣，相反，倒處處顯露出他們為人不齒的「奴顏」和「媚骨」。不僅如此，現代修正主義者還適應帝國主義的需要，在政治、經濟、軍事

116 錢理群：〈魯迅與毛澤東〉(1962年1月1日)，《走進當代的魯迅》，頁357。
117 錢理群：〈魯迅與毛澤東〉(1962年1月1日)，《走進當代的魯迅》，頁358。
118 錢理群：〈魯迅與毛澤東〉(1962年1月1日)，《走進當代的魯迅》，頁358-259。
119 錢理群：〈魯迅與毛澤東〉(1962年1月1日)，《走進當代的魯迅》，頁359。

上對我們施加壓力，企圖封鎖我們，孤立我們。他們更指望幾年來嚴重
的自然災害所給我們帶來的暫時困難，會使我們向他們屈服，向他們乞
求。但是他們是大大失算了，今天的中國已遠遠不是新中國剛剛成立的
時候了。那時候，毛主席就說過：「多來一點困難算什麼。封鎖吧，封鎖
十年八年，中國的一切問題都解決了。」現在十年八年已經過去了，中
國不知道闖過了多少關，已經奠定了強大的工業化基礎了。現在的形勢
更加是：「不是他們殺過來，而是我們殺過去了，他們快要完蛋了。」現
代修正主義者在帝國主義唆使下瘋狂一時，也只是迴光反照而已。「我們
中國人是有骨氣的」，中國人民一定在毛澤東同志的領導下，發揚民族的
浩然正氣，發憤圖強，立革命大志，樹雄心，衝破一切困難，一切敵人
的包圍、封鎖，達到自己的目的。而且應該看到，中華民族的這種「硬骨
頭」精神，這種「韌性戰鬥精神」，正在對國際共產主義運動與民族解放鬥
爭，發生越來越大的影響。這種影響在目前與帝國主義、現代修正主義
者的尖銳鬥爭中顯得更加明顯，也更加重要。毛澤東同志曾經說過：「中
國是一個具有九百六十萬平方公里土地和六萬萬人口的國家，中國應當
對於人類有較大的貢獻。而這種貢獻，在過去一個長時期內，則是太少
了，這使我們感到慚愧。」現在已經到了中華民族對世界作出更大貢獻，
發生更大影響的時候了。[120]

這裡所表達的情緒，在當時大概是有相當代表性的。但在今天重新審視，恐
怕也還是要說兩句話。

　　首先注意到，整篇文章談的都是如何去反抗帝國主義的封鎖、如何反對
修正主義，完全回避了國內的問題，包括大饑荒這樣的嚴重問題，可以說是
用「反帝反修」掩蓋了國內問題。這本身就違背了魯迅的思想。魯迅一再發
出警告：絕對不要在「一致對外」的口號下，遮蔽國內的壓迫關係，用民族
問題掩蓋社會矛盾，絕不能因為拒絕「異族的奴役」，而甘心做「自己人的奴
隸」。[121]

　　問題更在於，我根本沒有獨立面對、深入思考大饑荒所暴露出的中國社

120 錢理群：〈魯迅與毛澤東〉（1962年1月1日），《走進當代的魯迅》，頁363-364。

121 魯迅：《且介亭雜文末編‧半夏小集》（1936年10月），《魯迅全集》第6卷，頁617。

會體制問題，反而輕信當時的意識形態宣傳，深深地陷入盲目崇拜毛澤東的思想陷阱之中。今天，對照同時期顧準、林昭、《星火》思想群體、張中曉們的思考，實在感到汗顏。

然而，也不能因此否定文章裡所傳遞出的，當六十年代中國面對確實存在的蘇、美聯合封鎖時，所激發出的民族精神的積極意義。這篇文章所強調的魯迅式「硬骨頭精神」和「韌性精神」，以及六十年代中國工人所創造的「大慶精神」[iv]、農民所創造的「大寨精神」[v]、知識分子所創造的「導彈精神」[vi]，同樣是一個不可忽視的精神財富。儘管這些精神，曾經被意識形態化，並且產生不同程度的扭曲，但構成其核心價值的「不屈服於任何壓力」的民族獨立自主精神、「自力更生、奮發圖強」的民族自救精神、以及「不屈不撓」的長期奮鬥精神，依然可以作為「東方風格」，並成為今天的重要思想資源。

對我自己而言，我在1962年的「魯迅觀」和「毛澤東觀」，儘管在後來產生很大變化——比如我對毛澤東，以及毛澤東和魯迅之間的關係，就有了更為複雜的認識（可以參看我的〈毛澤東與魯迅〉演講）——但其中所強調，作為「東方風格」的魯迅式硬骨頭精神和韌性精神，依然是我今天思考的重要出發點。

大饑荒的問題，到這裡才算講完。

編註

i 「彭、張、黃」反黨軍事俱樂部：「彭、張、黃」指彭懷德（國防部部長）、張聞天（外交部副部長）、黃克誠（中國軍隊總參謀長）。1959年廬山會議上這些人因批評毛澤東的三面紅旗，被毛澤東定成反黨集團，此集團包括彭、張、黃三人與周小舟（中共湖南省委第一書記），因此也被稱為「彭黃張周反黨集團」，又稱「彭德懷反黨集團」。

ii 中國共產主義者聯盟：1960年5月，《星火》群體張春元、林昭、杜映華、顧雁、向承鑑等人籌組擬以「中國共產主義者聯盟」為名的組織，又擬有「中國共產黨革命（或革新）委員會」、「中國勞動農工同盟」等名，但因意見不一而未正式擬定，也因成員謹慎而未真正組成。

iii 農村地區福利費：指國家為農村貧困農民專門提供的福利經費，在大饑荒年代有所提升。

iv 大慶精神：1960年代中國遭到了外國經濟封鎖以後，在東北大慶油田，舉行石油會戰，集中開採，很快做到了石油自給，並形成了以「愛國、創業、求實、奉獻」為中心的「大慶精神」。

v 大寨精神：1963年山西大寨遭逢水災，卻提出「三不要、三不少」（不要國家救濟款、不要救濟糧、不要救濟物資，但是國家賣糧不少、社員口糧不少、集體庫存糧不少）的口號。1964年1月支部書記陳永貴在人民大會堂介紹大寨經驗。3月28日毛澤東南巡聽取了山西

省委書記陶魯笳關於大寨的報告，毛澤東在之後強調要搞好中國農業，要依靠大寨精神。1964年4月周恩來考察大寨經驗，並於12月將大寨精神寫入三屆人大的工作報告中，宣布大寨精神是以政治掛帥、思想領先為原則，特點為自力更生、艱苦奮鬥的精神，愛國家、愛集體的共產主義風格。

vi   導彈精神：指六十年代研製導彈過程中形成的「依靠自己的力量，發展科學技術」的精神。

第八講

通向文革之路（上）

1962-1965

| 2009 年 11 月 3 日講 |

　　歷史走到了 1962 年，這又是共和國歷史一次大轉折的開端。

　　這一年，中國、中國共產黨和中國人民又經歷一次風雲突變。1962 年 1 月 11 日至 2 月 7 日，中共召開一次擴大的中央工作會議，有中央、省、地、縣四級幹部和重要工礦企業及大型軍工廠、軍隊的領導參加，共 7,000 人，是中共成立以來所舉行過規模最大的工作會議，史稱「七千人大會」。這次會議，用毛澤東的話說，最後成了「出氣會」，總結了 1958 年至 1961 年大躍進到大饑荒這一段歷史的經驗教訓，從毛澤東到各級幹部都做了檢討，承擔了各自的責任，底層的幹部終於出了一口氣，最後一起商量走出困境的方法。[1] 應該說，這次會議對中國共產黨走出大躍進、大饑荒造成的困境起了積極作用，但在同時，也暴露出很多矛盾，為後來的突變埋下了根。不管怎麼說，七千人大會進一步確立了「調整，鞏固，充實，提高」的方針，從 1958 年以來一直繃緊的弦終於鬆了下來，國民經濟也在逐步恢復中。但是，到了 1962 年的 7、8 月又開了一次工作會議，9 月在北京召開了八屆十中全會 [i]，情勢卻又風雲突變，毛澤東提出「階級鬥爭要年年講，月月講，日日講」，隨即又掀起了一陣又一陣的階級鬥爭新風暴。這就是 1962 年的中國歷史：從年初到下半年，短短六、七個月時間之內，中國政局發生了急劇動盪。變化如此之快，如此之突然，很容易讓我們聯想起 1957 年 5 月「整風」到 6 月「反右」、1959 年廬山會議從「反左」到「反右」，都是在很短時間內驟然突變。究竟怎麼一回事？這又是一個「共和國之謎」。

　　風源在中國農民這裡。我們一再說過，考察中國問題（特別是毛澤東時代

1　參看張素華：《變局：七千人大會始末》。

的中國），一定要注意中國農民的動向。中國共產黨、毛澤東和農民的關係，始終是一個「中國主題」。因此，我們首先要從這裡談起。

一、中國農民的呼聲

我想從我身邊發生的一件事說起。

1962年3月31號，當時貴州省委的宣傳部長汪小川（1913-2005），到我所住的城市安順的郊區二鋪（今天人們所熟悉的屯堡區之一）作農村調查。調查會所反映出來的情況，讓調查者大吃一驚：一個大隊1957年的糧食產量高達32萬斤，但1961年卻只收到12萬斤，而徵購任務仍然是6萬斤，這也就是說，農民手裡的口糧只有6萬斤。如果扣除其他的消費，每個農民拿到平均不到100斤的口糧，按一天吃1斤計算，勞動一年只夠吃三個月。於是大隊長汪榮武（生平不詳）說：「『一日無糧千兵散』，社員口糧少了，牛飼料也沒有了。『沒有飯吃，人心不齊，社員思想落後，不聽話了。』」更嚴重的是，饑荒造成了大量的死亡：黃臘公社（我曾在那裡勞動過）1961年的人口，比起1957年的少了2,000多人、牛的死亡率達到60%。[2]

這位大隊長說出了當時中國農村的一個最基本的事實，也是一個最基本的問題：「沒有飯吃」。我們前面討論過，從顧準「糊口經濟」的角度來看，歷史所提出的「史前期社會主義」中心任務是要解決中國人的吃飯問題；但是，即便1958年曾經雄心勃勃地提出「吃飯不要錢」口號，但到了1961年中國農民卻落入「沒有飯吃」的境地，這是一個極大的失敗，從而構成了史前期社會主義的空前的危機。

如何解決危機？農民提出，他們可以「生產自救」，前提是「把土地還給我們」，農民至少要擁有經營權，這當時稱為「包產到戶」：土地的所有權歸集體，以「戶」為單位進行生產、經營，收穫的糧食在繳納國家公糧之後，都歸農民自己支配。農民說得很清楚，現在若還要像1958年那樣搞「大兵團

2 《二鋪調查》：〈石龍達對座談會紀要〉、〈對某些經濟政策的反應〉（1962年3月‐4月），轉引自杜應國：〈理性的聲音──汪小川《二鋪調查》四十五周年祭〉，《二十一世紀》網路版第62期（2007年5月31日）首發。

作戰」，是不可能提高勞動生產率的。一位大隊書記說：「農民習慣單家獨戶的生產，祖祖輩輩都是這樣，一家三哥四弟都要分家，何況幾十個在一起生產」。農民總結這幾年的經驗：「酸、甜、苦、辣都嘗過了，飯也餓夠了」、「只有各幹各，不然還要餓飯」。有個農民甚至在會上說：「就是把機槍抵在肚皮上，也是不願〔錢註：把土地〕收歸集體」、「要叫我們餓飯，就把土地收回去，要叫吃飽，就讓我們這樣〔錢註：各幹各〕做年把看」。這就是農民的邏輯：要解決吃飯問題，就要把土地經營權和糧食分配權交給農民自己。[3]

由於已經到了生死關頭，農民要求單幹、要求包產到戶的意志十分堅決、不可動搖。參加會議的人有94％主張田土下放，而且他們已經採取各種形式，自發地實行包產到戶，並已收到效果；事實上，農民是靠著包產到戶而逐漸地恢復生產、度過饑荒的。[4]

應該說，我所在的安順地區的農民呼聲，代表了當時絕大多數農民的聲音。農民運用各種方式，通過各種途徑，頑強地表達他們的意志。其中一個方式，也是中國農民的傳統方式，就是「上書」。這裡有一本書《大躍進・苦日子上書集》，編者苦心搜集了一批那個年代農民的上書，我在這裡選兩段唸給大家聽——這是真正的農民呼聲。

一位湖南澧縣閘口公社的農民，在1960年6月16日寫了一封信給當時各級的領導：「敬愛的首長，我們今天的生活真是苦極了。我們這裡餓死的人太多了，哪個生產隊都有上百個人餓死」、「社員沒糧食，只好到處去挖野菜、剝樹皮，就連觀音土都是好東西。還有的人偷偷吃死人，有吃死屍的，有吃逃荒死在路上的，還有吃活人的！這樣下去怎麼得了！我們公社就發現好幾起吃人的事，讓人聽起來就寒心！活著的人就遭了大罪了。家家戶戶都有人得浮腫，小孩子餓得兩根腳杆像麻杆，老人全身像乾柴，婦女連月經都停了」。「我想，這都是公社化以後的事。一是公社化，土地歸公，吃飯食堂，

3　《二鋪調查》：〈石龍達對座談會紀要〉、〈對某些經濟政策的反應〉（1962年3月-4月），轉引自杜應國：〈理性的聲音——汪小川《二鋪調查》四十五周年祭〉，《二十一世紀》網路版第62期（2007年5月31日）首發。
4　《二鋪調查》：〈石龍達對座談會紀要〉、〈對某些經濟政策的反應〉（1962年3月-4月），轉引自杜應國：〈理性的聲音——汪小川《二鋪調查》四十五周年祭〉，《二十一世紀》網路版第62期（2007年5月31日）首發。

幹部有權，作威作福，他們吃肉喝酒，社員吃糠咽菜。二是糧食徵購，上交太多，社員吃不飽，生產沒積極性」。「領導上只要能開恩，讓我們種一點自留地，子孫後代都會感念共產黨大恩大德的。政策不變，只怕拖不了兩年，人都會餓死的」。

　　這封信還專門討論了共產黨和農民的關係：「得人心者得天下，共產黨得天下是得了人心的。就我來說，餓死也要說共產黨好。但如果能讓老百姓不餓死，不是更好麼？唐皇李世民得天下後，還提醒自己，得民心者得天下，失民心者失天下。《資治通鑒》上都有這句話的。當初大躍進時，中央不是告訴我們，跑步進入共產主義天堂，一天三餐，有肉有魚有水果，樓上樓下，汽車電話麼？縣委組織各鄉討論，這個文件精神是傳達了的。怎麼今天搞成這個樣子？我始終沒想出一個名堂來」[5]──大躍進時「共產主義幸福生活」的承諾猶言在耳，轉眼間卻變成餓殍遍野，善良的農民並沒有追究責任，只要求共產黨和毛澤東放自己一條活路。而共產黨與毛澤東又作何回應呢？

　　這裡還有一封從劉少奇的家鄉──湖南的花明樓的農民於1960年寫給劉少奇的信：「您當了國家主席，是我們寧鄉人的驕傲。一說起國家主席是我們花明樓的人，那更是我們的光采。但是，少奇主席，您知不知道您家鄉的鄉親們在遭的滔天大罪嗎？這兩年，我們的生活太困難了。公共食堂吃不飽，糧食絕大部分都交國家了，食堂的糧油，大部分都幹部占便宜吃了」，「問幹部怎麼不讓人吃飯，幹部回答說，收下的糧食還不夠交徵購任務的，你們不好好地幹活，多生產糧食交國家，餓死你們這些懶漢沒話說！可憐社員哪裡是偷懶吃飽飯不幹活，一個個餓得都走不動路了，田裡莊稼沒心思種，也無力氣種。收上來的糧不夠上交國家徵購任務的，那我們種田的人就該餓死嘛？！我們真怕長此以往，年復一年，那一定有一天社員都會死光的，還有誰來給國家種糧食呢？您當國家主席的人，是不是要想想這個道理呢？劉主席，我們天天在餓肚子，得了浮腫病還不能說，說了就要挨打餓飯，搞不好就說你『反黨、反三面紅旗』，要送勞改。餓死人只能說自己病死的，社社隊隊，死人常見，一個生產隊餓死的怕不有幾十上百呢！現在我們心裡只想

5　湖南澧縣閘口公社社員：〈關於幹部問題上中共中央領導人書〉（1960年2月16日），收余習廣主編：《位卑未敢忘憂國：大躍進‧苦日子上書集》，頁165、166。

吃一頓飽飯，也沒枉來一回人世」。「劉主席啊，當了那麼大的官，你能不能照顧一下鄉親們？自古以來，好官護一方，好狗護一莊，要讓鄉親們百世千代都頌你的好才真好呢，不要讓後人說起我們花明樓出過一個國家主席，在他手上，餓死的寧鄉人有成千上萬！」[6]

　　這封信據說後來送到了劉少奇的手裡，引起他的重視。1961年劉少奇回鄉調查，縣委書記告訴他：「1959年全縣是86萬人，1960年只有77萬了。水腫餓死5萬多，外逃謀生的3萬多人」。劉少奇大為震驚，當即表示：「我們工作沒有做好，中央和省地縣有責任，我當主席的更有責任。要立大碑，銘刻心中，子子孫孫再不犯這個錯誤」。[7]後來劉少奇在七千人大會上說大饑荒是「三分天災，七分人禍」，這句話實際上就是這次調查中一位70多歲的老人對他說的。[8]

　　上書之外，一些農村知識分子開始思考更深層次的問題，於是就出現了農民代言人和農民思想家。

　　首先要介紹的，是被毛澤東稱為「兩個半單幹理論家」、[9]來自浙江農村的三個小知識分子。他們都應該載入史冊：楊木水（1932-2000），嵊縣農業局蠶桑技術員；馮志來（1936-不詳），瑞安縣湖嶺農技站技術員，「右派」；陳新宇（生平不詳），新安縣專職辦社幹部。他們三位都寫有文章，有的文章還有一定的理論性，藉由向報社投稿以表達農民的呼聲。他們尖銳地追問：「錯在哪裡？」並明確地回答：「天災是次要的」，「實質是左傾錯誤！」[10]這把問題看得很準，可謂一針見血。接著他們又問：「怎麼辦？什麼是我們眼前的出路？」

6　花明樓群眾：〈關於寧鄉災情上劉少奇書〉（1960年10月16日），收余習廣主編：《位卑未敢忘憂國：大躍進‧苦日子上書集》，頁249-250。

7　余習廣等：〈共和國主席的故鄉——湖南寧鄉縣大躍進紀實〉，收余習廣主編：《位卑未敢忘憂國：大躍進‧苦日子上書集》，頁327。

8　見劉源：《劉少奇與新中國》（香港：大風出版社，2006），頁149。

9　毛澤東在八屆十中全會上對浙江省委第一書記的講話（1962年7月）：「你們浙江出了兩個半單幹理論家，必須徹底批判！」轉引自〈馮志來、陳新宇、楊木水：「兩個半」單幹理論家〉，載《中國合作經濟》2008年第9期《中國知識分子的百年鄉戀》專號。

10　引文處見馮志來：〈怎麼辦？〉（1962年）；見〈馮志來、陳新宇、楊木水：「兩個半」單幹理論家〉，載《中國合作經濟》2008年第9期《中國知識分子的百年鄉戀》專號。

回答也依然明確而一針見血：「包產到戶」。[11]他們同時十分堅定：「一人做事一人當」，「打破腦袋扇子扇」，「絕不放棄自己的主張」。[12]

楊木水為了使自己的信能讓黨中央、毛澤東看到，希望有人傳信，因此就把文章寄給了他的老鄉、北大馬寅初校長，他並不知道此時的馬老也正處在被圍剿的困境中。但誰也沒有想到，近80歲的馬校長收到了他的小同鄉來信，竟不顧個人安危，親自跑回家鄉去見楊木水。這一老一小，一位是中國頂級的經濟學家，一位是底層的蠶桑技術員，在中國最困難的時候，進行了攸關國家民族命運的一席長談：就在這一晚上，他們共同修改了楊木水起草的〈恢復農村經濟的頂好辦法是包產到戶〉宣言書，兩人分手時，馬寅初又丟下一句話：「不要輕易放棄，真理是批不倒的」[13]——這真是讓人難忘的一次歷史性會見。同學們可能還記得，我多次無奈地談到中國知識分子在關鍵時刻的缺席與無言，但是馬老的挺身而出，多少讓我們感到一點欣慰。中國有良知的知識分子，在大饑荒的關鍵時刻終於和中國農民站在一起，這無疑是一個偉大的歷史時刻。

和浙江臨近的江蘇睢寧縣有兩位公社農業中學的年輕教師鈕惟新（1939- ）、蔡撫民（生平不詳），蔡撫民是我所就讀的南京師範大學附屬中學的學弟，他們於1961年12月寫了〈關於我國農業問題的意見〉的長文，並發出〈給黨和國家領導人的緊急信〉，表示自己作為「有文化知識的鄉村教師，有義務把廣大農民的意見綜合起來，反映給親愛的黨」，他們在信中滿懷焦慮地說：「凡是一個身居廣大人民群眾之中（特別是農民群眾之中）的人，都會為我們國家已暴露的嚴重危機和潛伏將發的更嚴重的危機而深切地感到不安」，因此他們大聲疾呼：「正視現實，行動起來，尋求途徑，挽救民族危亡」，而辦法就是「根據農民的要求，迅速搞包產到戶的試點，並及早推廣之」。他們認為，「『包產到戶』的生產關係，適應於當前落後生產力水平」，並「適應於當前農民的覺

11　引文處見馮志來：〈半社會主義論〉（1962年）；見〈馮志來、陳新宇、楊木水：「兩個半」單幹理論家〉，載《中國合作經濟》2008年第9期《中國知識分子的百年鄉戀》專號。

12　陳新宇：〈給《人民日報》的信〉（1962年），〈馮志來、陳新宇、楊木水：「兩個半」單幹理論家〉，載《中國合作經濟》2008年第9期《中國知識分子的百年鄉戀》專號。

13　參看〈馮志來、陳新宇、楊木水：「兩個半」單幹理論家〉，載《中國合作經濟》2008年第9期《中國知識分子的百年鄉戀》專號。

悟水平」；他們同時也看到，「包產到戶」有可能「導致資本主義自發勢力的增長」，但認為「是可以通過國家的政權、措施加以克服的」——他們的呼聲得到了時為中共中央農村工作部部長鄧子恢(1896-1872)的回應，但鄧子恢很快地就被毛澤東宣布為修正主義的代表，這兩位農村教師竟以「現行反革命」的罪名被捕入獄，分別判了十年、五年徒刑。[14]

在西北地區則出現了一位名叫楊偉名(1922-1968)的農民思想家，他也是應該被歷史記住的人物。他是陝西的農民，前幾年大陸給他出了一本小冊子《一葉知秋》，收集了他有關農村問題的一系列文章。這人的經歷也很特別，他曾參與中國共產黨的地下組織，建國後最初是一個鄉的副鄉長，但是他不願意當幹部，就自動離職回家種田，一直到1958年才重新入黨。他寫這些文章的時後職任一個大隊的會計，看得出來他讀過一些古書、文字是半文半白的。

如果說，前面所介紹的農民上書和農村知識分子的批判，基本上是就農村談實際的農村問題，楊偉名思考的卻是整體中國發展道路的問題，並在這個大視野下思考農村問題。因此，他所提出的問題是：「目前嚴重困難產生的淵源是什麼？」他的回答也很有意思。他打了個比方：「如某甲赴某村，距十里，行之十五里過五里」，[15]他說中國問題的淵源就出在這個「過」上。什麼意思呢？他對中國社會和社會發展道路作了這樣的分析：「我們的國家是個『一窮二白』的國家」，首先要做的是「把一個具有六億人的落後的農業國家，建設成新民主主義的強大的工業國家」，我們卻急於搞社會主義，因此過了。「有人曾經說過：我們的社會主義建設要兩步走(由新民主主義到社會主義)。那麼如果說，我們第一步沒有走好，第二步怎麼會走好呢？按說新民主主義建設需要二三十年，由新民主主義逐步向社會主義過渡是一個長期的轉化過程，又需要二三十年，由此看來，像我們過去所做的顯然是拔苗助長，違反

14　鈕惟新、蔡撫民：〈關於我國農業問題的意見〉(1961年12月)，〈給黨和國家領導人的緊急信〉(1961年12月)，韓三洲：〈黑荒．熱血——鈕、蔡上書紀實〉，文收余習廣主編：《位卑未敢忘憂國：大躍進．苦日子上書集》，頁362、364、365、361、380。

15　楊偉名：〈當前形勢懷感〉(1962年5月10日)，《一葉知秋——楊偉名文存》(北京：社會科學文獻出版社，2004)，頁8。

了客觀規律」。[16]因此他提出要「退」，退到哪裡去？退到「新民主主義建設」；他說，或者叫作「社會主義初期建設」階段[17]——有學者認為，他提出這個概念，和八十年代末中共十三大[ii]提出的「社會主義初級階段」有相通之處，也就是說，他的想法整整提前了20年。[18]

在另一篇文章裡，楊偉名對「社會主義初期建設」時期還作了更具體的分析：

> 從理論上講，我們的國家是在「一窮二白」的基礎上建設社會主義的，我們的建設整整飛躍了一個歷史時代——資本主義時代，但所謂「飛躍」卻不是繞過，而是一種方式的轉換。也就是說，在社會主義建設期間，同時允許出現一個有條件的但又相仿於資本主義範疇的「自由競爭」時期。而所謂「有條件的」，是說，這個「自由競爭」裡面：第一，一切剝削方式不容存在；第二，生產資料私人不能占有；第三，經營方針應服從國家計劃；第四，競爭的目的旨在謀取全民幸福，最終達到全人類徹底解放。因之，這個「自由競爭」本質上是代替了資本主義時期的「自由競爭」，而屬於「社會主義」性質的「勞動競賽」。我們的國家要在原來「一窮二白」的基礎上儘快地建設成具有現代工業、農業、科學文化的社會主義國家，必須經過這樣一個「自由競爭」時期。我們目前堅持「按勞取酬」的原則，也正是為了在廣大群眾中掀起一個「自由競爭」的高潮。[19]

這樣的論述，同樣是超前的。

在具體操作層面，楊偉名提出了四個方面的「退」，實際是代表農民提出了四大自由的要求。第一，給農民自願選擇土地制度的自由。他說：「願意單幹者，可以允許，願集體者可以另行自願結合」，[20]關鍵是農民要有獨立自主的選擇權。第二，要求開放自由市場，按照價值規律實行自由貿易。[21]第

16　楊偉名：〈當前形勢懷感〉（1962年5月10日），《一葉知秋——楊偉名文存》，頁9。

17　楊偉名：〈當前形勢懷感〉（1962年5月10日），《一葉知秋——楊偉名文存》，頁16。

18　盧躍剛：〈不平常的追悼〉（代序），收楊偉名：《一葉知秋——楊偉名文存》，頁5。

19　楊偉名：〈有關處理目前「物質供應困難」問題的建議〉，《一葉知秋——楊偉名文存》，頁40。

20　楊偉名：〈當前形勢懷感〉，《一葉知秋——楊偉名文存》，頁7。

21　楊偉名：〈當前形勢懷感〉，《一葉知秋——楊偉名文存》，頁10-11。

三,要求讓中小型工商業自由生產。他特意提出應該用孫中山先生「節制資本」的方法,而不能絕對限制資本。[22]第四,要求「百分之百的不折不扣的民主」,他專門討論了「民主集中制」的問題,強調「群眾意志能否廣泛、正確而及時地集中上去,是能否正確制定與貫徹政策的唯一關鍵」。[23]

在另一篇文章裡,楊偉名還提出「我們應立即把『計劃經濟』範圍收縮到應有的限度,同時相應地擴大『非計劃經濟』的範圍」,「全國六億五千萬人口的生活,其中約一億五千萬非農業人口的生活由國家統一計劃安排。五億農民的生活由農村自己安排」[24]——這充分表達了中國農民要求自由地支配自己的生活與命運的願望。

但這些要求卻被自以為代表農民的毛澤東堅決拒絕。他在1962年8月北戴河工作會議上點名批判了楊偉名,抓住他文章中「一葉知秋,異地皆然」這句話,說這是農村倒退復辟的預兆,並且嚴厲地說:「共產黨員在這些問題上不能無動於衷」。[25]毛澤東此言一出,楊偉名自然受到了批判;但他卻得到當地農民暗地的支持與尊重,地方黨組織也在可能範圍內予以保護,因此他雖然作了檢討,卻沒有受到太大的衝擊。

文化大革命一開始,楊偉名就有自己的看法,但他卻選擇了沉默。後來西安一位叫劉景華(生平不詳)的紅衛兵大學生,在看了他的《一葉知秋》後就去找他,於是又有一次紅衛兵和老農民之間的對話,這和前面所說的馬寅初和蠶桑技術員的對話可以類比,都具有某種歷史的象徵意義。楊偉名告訴這位毛澤東的紅衛兵劉景華:毛主席也是人,也是農民出身的,但是他掌權之後要搞個人崇拜了![26]劉景華大受震動,說:「在我接觸的所有人中,包括大學裡馬列主義教研室裡的教授講師在內,你的馬列主義水平最高,〔……〕而

22　楊偉名:〈當前形勢懷感〉,《一葉知秋——楊偉名文存》,頁9。

23　關於楊偉名對於「民主集中制」的討論,詳見楊偉名:〈當前形勢懷感〉,《一葉知秋——楊偉名文存》,頁14-15。

24　楊偉名:〈談關於「一類物質」的開放問題〉,《一葉知秋——楊偉名文存》,頁73-74。

25　毛澤東:在北戴河中共中央工作會議上的講話(1962年8月)。轉引自盧躍剛:〈不平常的追悼〉,文收楊偉名:《一葉知秋——楊偉名文存》,頁1-2。

26　參看全德普:〈歷史的誤傷——一位農民黨員的非凡遭遇〉,文收楊偉名:《一葉知秋——楊偉名文存》,頁177。

且你敢講真話，直言不諱的勇氣、膽識，是這些人難以企及的」。[27] 劉景華於是在這位有獨立思想的農民這裡，找到自己真正的老師。血氣方剛的劉景華把自己對文革的懷疑公之於眾，立即被定為「現行反革命」，在抄劉景華家時又發現了楊偉名的信，兩人就成了「楊劉反革命集團」。最後楊偉名夫婦雙雙自盡，以示抗爭，這又是一個悲壯的犧牲。[28]

但執政黨必須面對楊偉名代表幾億中國農民所提出的問題；特別是在饑餓的年代，對於農民和農村基層幹部所發出的呼聲，是絕不能充耳不聞的。正是農民的不斷吶喊，引發了中國共產黨黨內的矛盾和衝突。

二、底層和中層幹部的反應

首先作出反應的是接近農民的底層、中層幹部。這裡也講兩個引起毛澤東注意、並讓他震怒的故事。

一個是安徽太湖縣委宣傳部的普通幹部，叫錢讓能（1933-）。他寫信給毛澤東，旗幟鮮明地站在農民一邊：「『責任田』的辦法是農民的一個創舉」，「儘管有人責難它『糟了』『錯了』，然而廣大農民群眾卻認為是『好了』『對頭了』」──他幾乎重複提出了毛澤東在1927年面對湖南農民運動時提出的「好得很」還是「糟得很」的問題。而且他把問題提得十分尖銳：「據我們調查摸底，擁護責任田的起碼占百分之八十以上，甚至於百分之九十以上。站在百分之九十以上的人民大眾這一邊同呼吸，該不能算是尾巴主義吧！怕百分之八十甚至百分之九十以上的不跟我們走，這恐怕也不算是馬克思列寧主義！哪有馬克思列寧主義者害怕百分之九十以上人民大眾的道理呢？」[29] 他大概沒有想到，這些話在毛澤東聽來，就幾乎是向他本人叫板，自然要「龍顏大怒」

27　全德普：〈歷史的誤傷──一位農民黨員的非凡遭遇〉，文收楊偉名：《一葉知秋──楊偉名文存》，頁173。

28　參看全德普：〈歷史的誤傷──一位農民黨員的非凡遭遇〉，文收楊偉名：《一葉知秋──楊偉名文存》，頁151-180。

29　錢讓能：〈關於保薦責任田辦法的報告〉，文收余習廣主編：《位卑未敢忘憂國：大躍進‧苦日子上書集》，頁403、414。

了。[30]

　　還有一位胡開明(1913-1997)，也是毛澤東所不容的。他是黨內知識分子，是「一二．九」學生運動的領袖之一，他曾經當過河北省的副省長，當時是張家口地委書記。作為一個省級幹部，他有較高的理論素養，將問題看得更準、更深刻。他認為根本的問題在於兩個「過」(這一點，倒和農民思想家楊偉名不謀而合)，一是「對農業生產力的發展速度估計過快」，二是「生產關係的變革搞過了頭」。[31]因此他寫信給毛澤東，提出要從勞動管理制度和分配制度上來解決中國的農村問題，並指出：「我們的社會主義制度，從一開始就不能不認真保障全體人民的最低生活需要」，「在吃飯問題上保證集體成員的最低需要，正是社會主義優越性的具體表現，決不是什麼平均主義」。[32]這樣就將批判提到一定的高度，也擊中了毛澤東的要害。實際上胡開明還是謹慎的，他並不同意包產到戶，因為他認為完全單幹，會「否認組織起來的優越性」，也難以避免兩極分化。但他認為應該尊重農民的意願，如果有農民堅持單幹，或居住過於分散，不便集體生產，也應該允許。[33]但胡開明這一個比較溫和的主張，也遭到了毛澤東的拒絕和批判。而且毛澤東居然在他的名字上做文章，一句「河北開明，有這麼一個人，『開明』，但就是個『胡』開明」，[34]就把他打入了萬丈深淵。

30　毛澤東在八屆十中全會上，對錢讓能給他的信，作了批示：「印發各同志」(1962年8月2日)，作為供批判用的材料。見〈在保薦責任田辦法的來信上的批語〉(1962年8月2日)，《建國以來毛澤東文稿》第10冊，頁127。錢讓能也因此受到批判，在文化大革命中更是被到處遊鬥。見錢讓能：〈上書毛澤東：保薦「責任田」始末〉，文收余習廣主編：《位卑未敢忘憂國：大躍進．苦日子上書集》。

31　賈文平：《真理與命運——胡開明傳略》，轉引自錢庠理：《歷史的變局：從挽救危機到反修防修(1962～1965)》，頁191。

32　胡開明：〈對於農村口糧分配辦法的意見〉(1962年8月18日)，收《位卑未敢忘憂國：大躍進。苦日子上書集》，頁475。

33　胡開明：〈關於推行「三包」到組生產責任制的建議〉(1962年8月8日)，收《位卑未敢忘憂國：大躍進。苦日子上書集》，頁459-460。

34　胡開明的報告可參見毛澤東：〈對胡開明建議推行「三包」到組的生產責任制報告的批語〉(1962年8月16日)，《建國以來毛澤東文稿》第10冊，頁152-153，註釋(1)。毛澤東：〈在北戴河中央工作會議中心小組會議上的講話〉(1962年8月9日)，轉引自余習廣主編：《位卑未敢忘憂國：大躍進．苦日子上書集》，頁464。

問題是，這些中層幹部為什麼要冒死上書？胡開明上書前，曾和他的夫人商量，夫人對他說：「毛主席說要五不怕（即指不怕撤職、不怕開除黨籍、不怕離婚、不怕坐牢、不怕殺頭），我們革命、工作了幾十年，怕甚麼？」[35]胡開明在一篇文章裡也這樣寫道：「共產黨員為了共產主義事業，從來都不怕流血和殺頭，難道還能夠為了一些個人利益得失而不向黨講真情實話嗎？」[36]錢讓能則說得更加樸實：我在農村工作，「長期以來和農民一往情深」，「我總想在力所能及的範圍內」，「盡最大努力為農民說些公道話」，「熱愛腳下的田野國土，忠誠已經遭遇不幸的農民，是起碼的道德」[37]──這都說明，中國共產黨內有一批忠實於自己的信念、和農民有著深刻精神聯繫的幹部和黨員，這本來是中國共產黨的力量所在，現在卻因為他們違背了毛澤東的意志而遭到殘酷迫害，這無異於「自毀長城」，無論對這些忠誠幹部，還是對中國共產黨和毛澤東本人而言，都是一個悲劇。

但面對大饑荒，不管毛澤東如何震怒，農民和各級幹部的聲音卻是壓不住、也不能不聽的。其間的關鍵是黨內高層領導的反應。

三、高層領導的回應與選擇

我們還是先講兩個小故事。

1960年3月，有一位四川達縣的農民，他覺得日子太苦了、不堪忍受，於是一個人跑到天安門廣場，在大白天手提白色燈籠走來走去，顯然在暗示「暗無天日」，他用這個方式表達他的抗議，並被一位英國記者拍到照片，由路透社轉發了一個報導。這位農民當然很快就被抓起來了，在審訊中他供認自己由於高徵收導致家鄉農民大批死亡，其中包括他的母親和兩個孩子，老婆也因此失蹤，他幾次到區、省上訪，均遭拘押，不得已才到北京鋌而走

35　轉引自賈文平：《真理與命運──胡開明傳略》，轉引自錢庠理：《歷史的變局：從挽救危機到反修防修（1962-1965）》，頁193。

36　胡開明：〈要如實反應情況〉，參見賈文平：《真理與命運──胡開明傳略》，頁194-197，轉引自錢庠理：《歷史的變局：從挽救危機到反修防修（1962-1965）》，頁193。

37　錢讓能：〈上書毛澤東：保薦「責任田」始末〉，余習廣主編：《位卑未敢忘憂國：大躍進‧苦日子上書集》，頁431、432。

險。北京公安局派人到達縣調查，證明情況屬實。彭真向劉少奇彙報此事，劉少奇沉默不語，最後說：「情況早已經到了非常嚴重的境地了！」或許是因為劉少奇有這樣的態度，北京市公安局僅給這位農民象徵性的判了點刑，並且徵詢他的意見是否要回家鄉；這位農民表示做了這些事無法回到家鄉，只能去找貴州的一個老鄉，而北京公安局居然就將他送到貴州老鄉那兒去。[38]中國的專政部門這樣處理案件，過去不曾有，現在也不會有。

還有一位湖南女工劉桂陽（生平不詳），她回到農村的家，發現雙親患了浮腫病，很多鄉親都死了，非常憤怒，就寫了12張標語：「毛主席、黨中央、各位首長，睜開你們雪亮的眼睛吧，看看廣大農民的痛苦生活」、「人民公社是阻礙社會主義前進的高山」、「打倒、鏟除人民公社」等，[39]並給丈夫留下遺書：「我為挽救全國人民的生活獻出我的力量，也可能獻出我的生命。萬一如此，望你把兒子撫養成人」，然後孤身來到北京，在中南海的北門貼出標語，還叫守衛出來看。結果她以「現行反革命」罪被捕，判了5年徒刑。但出乎意料之外，這件事情為劉少奇所知，並寫了一個批示：「反動標語是以反革命為目的，而她跑到北京，還相信中央，這能說是以反革命為目的嗎？她對人民公社的認識有錯誤，採取的方法是錯誤的，但這不應該判刑」[40]——這樣的事，同樣過去不會有，現在也不可能發生。

兩個故事都發生在大饑荒的年月。這說明，當時的最高層已經深切地感受到底層人民的不幸，聽到了農民的呼聲，他們對於這些呼聲的危險性有充分的估計，同時也懷有理解與同情。當年林昭說她有「組織性和良心的矛盾」，實際上中國共產黨的各級幹部，從底層、中層到高層幹部也都有著組織性和良心的矛盾，大饑荒把這樣的矛盾激化，也一定程度公開化了。

38　沈河：〈發生在1960年的「白日點燈案」〉，上海《報刊文摘》2006年11月8日，轉引自林蘊暉：〈三年大饑荒中的人口非正常變動〉，載《炎黃春秋》2009年第5期。

39　還有一種說法：這位女工劉桂陽所寫的標語中還有「打倒毛主席，彭德懷萬歲」的內容，見辛子陵：《紅太陽的隕落：千秋功罪毛澤東》（上），頁363。

40　何志強：〈命運，與劉少奇相連〉，收陳明洋編：《當年事：《南方周末》解密檔案》（北京：文化藝術出版社，2005），頁54-70。有意思的是，「故事」的下半截：在文化大革命中，劉少奇被打倒，劉桂陽再次入獄，加刑5年，執行10年有期徒刑。文革後，隨著劉少奇平反，劉桂陽也被宣告無罪，並在1998年（即38年後）應邀來到北京，和劉少奇的遺孀王光美相見。

陳雲有一段話，大概最能夠表達這個時期黨中央最高領導層的想法。陳雲在一次會議上說：「同志們！我們花了幾十年的時間把革命搞成功了，千萬不要使革命成果在我們手裏失掉。現在我們面臨著如何把革命成果鞏固和發展下去的問題，關鍵就在於要安排好六億多人民的生活，真正為人民謀福利」。很快就傳出，陳雲私下還有更加坦白的說明：「共產黨讓老百姓吃不上飯，無論如何說不過去。必須採取非常措施，哪怕這個措施在改變了困境之後再棄之不用也可以」。[41]

陳雲這段話，傳遞出中國共產黨最高領導集體面對大饑荒時極為重要的思想與心理，大可琢磨與討論。

第一，「共產黨讓老百姓吃不上飯，無論如何說不過去」。這也是我們反覆討論過的：史前期社會主義的歷史使命就是要讓老百姓吃飽飯，許多共產黨員，特別是農民出身的共產黨員，之所以參加革命就是因為吃不飽飯，而後來農民之所以跟著共產黨搞大躍進，也是因為共產黨給他們一個「吃飯不要錢」的許諾。領導革命和組織大躍進的高層幹部心知肚明：中國革命和社會主義建設的合法性，都建築在使老百姓吃飽飯的基礎上，現在共產黨不能讓老百姓吃飽飯，不但說不過去，實際上要失去合法性，失去民心。在他們看來，失去農民的信任是尤其危險的，事關「工農聯盟」的國家基礎。黨的高層還有這樣的擔憂：黨的基本成員都出身於農民，讓農民吃不飽飯，就會脫離廣大農民黨員，動搖黨的基礎。

由此得出的結論是：能不能讓老百姓吃飽飯，關係到政權是否鞏固、共產黨的江山坐不坐得住的問題。如果說，錢讓能、胡開明對農民呼聲的響應，更多是出於「樸實的階級感情」，而最高層的響應，則具有非常明確的政治利益的考量：千萬不要讓無數共產黨人用生命奪來的政權，因為「讓農民吃不飽飯」而喪失在自己手裡，這才是真正讓他們寢食不安的原因，統治合法性是他們真正關心與考慮的問題。

於是，就有了第三個層面的思慮與思路：只要讓農民有飯吃，一切暫時性的辦法都能考慮，其實這正是基層與中層幹部此時的想法。後來錢讓能在

41　陳雲在中央財經小組會上的講話（1962年3月7日），轉引自錢庠理：《歷史的變局：從挽救危機到反修防修（1962-1965）》，頁164。

回憶他當年的思想時也這麼說：「先把全國人民吃飯問題解決再說，關於『責任田』是不是社會主義的爭論，可以留待以後去解決，因為吃飯是第一件大事，這是毛主席經常教導我們的」。[42]也就在這個背景下，鄧小平提出了他的著名的「貓論」。他的原話是這樣說的：「生產關係究竟以什麼形式為最好，恐怕要採取這樣一種態度，就是哪種形式在哪個地方能夠比較容易比較快地恢復和發展農業生產，就採取哪種形式；群眾願意採取哪種形式，就應該採取哪種形式，不合法的使它合法起來」、「劉伯承同志經常講一句四川話：『黃貓、黑貓，只要捉住老鼠就是好貓』」、「現在要恢復農業生產，也要看情況」[43]——鄧小平的這個「貓論」，在文化大革命中就成了他的主要罪狀，也因此傳遍全國；八十年代以來，「貓論」就成了他的治國方針。這個「貓論」，當然有明顯的實用主義色彩，但至少表明，像鄧小平這樣比較務實的中國共產黨領導人，並不那麼執著於某種意識形態、某種理想，而是更注重於怎麼解決實際面臨的統治危機。在這個意義上，可以說鄧小平的「貓論」，代表了1962年劉少奇、周恩來、陳雲這些中共最高層的共識。

這裡，必須對此時劉少奇的思想、心理與做法作一點討論。劉少奇和陳雲一樣深切感受到統治危機，在七千人大會上，他就強調「我們在經濟方面是有相當大的困難的」，[44]在隨後的西樓會議[iii]（1962年2月21日召開）上，他就作出了更嚴重的估計，認為中國到了最危急的「非常時期」，[45]在一個文件的批示裡，他甚至說到了「亡國」的危險。[46]也就是說，這對劉少奇而言，不僅是經濟危機，更是統治危機；可以說劉少奇的心情、心理是十分沉重與緊張的。因此，在他主政期間（七千人大會以後，毛澤東就南下，留劉少奇在北

42　錢讓能：〈上書毛澤東：保薦「責任田」始末〉，余習廣主編：《位卑未敢忘憂國：大躍進・苦日子上書集》，頁432。

43　鄧小平：〈怎樣恢復農業生產〉（1962年7月7日），這是鄧小平在接見出席中國共產主義青年團三屆七中全會全體代表時講話的一部分。文收《鄧小平文選》第1卷，頁323。

44　劉少奇：在擴大的中央工作會議上的講話（1962年1月27日），轉引自張素華：《變局：七千人大會始末》，頁130。

45　薄一波：《若干重大決策與事件的回顧》（下卷），頁1052。

46　劉少奇：〈對財政部一個報告的批語〉（1962年2月26日），中共中央文獻研究室編：《劉少奇年譜（1898-1969）》（北京：中央文獻出版社，1996），頁549-550。轉引自錢庠理：《歷史的變局：從挽救危機到反修防修（1962-1965）》，頁159。

京主持工作，彷彿毛澤東真的退居二線了），其施政方針，就是「用非常的辦法，把調整經濟的措施貫徹下去」。[47]按當時的說法，就是「毒蛇噬臂，壯士斷腕」。[48]這一點得到了周恩來、陳雲、鄧小平的全力支持；簡單說來，就是四個字：「猛抓」與「猛退」。按周恩來的說法，「猛抓」就是「先抓吃穿用，實現農輕重」，[49]其實就是「解決吃飯問題為中心」，千方百計改善老百姓的基本生存條件。「猛退」就是一切和老百姓吃穿用無關的，通通退。首先就是工業大後退，規定兩三年之內不搞基本建設，把多餘的城市人口下放到農村，當時精簡了940萬職工，減少城市人口1,048萬，這樣的大遷徙在世界上是非常罕見的，可以看出中國共產黨組織力之強。其次，是過去的高積累率大幅度下降，1960年的積累率還是39.6%，但到了1962年就下降到10.4%。[50]其三，是農業大倒退，宣布食堂解散，並在實際上允許包產到戶。其四，在思想文化上也後退，為緩和與知識分子的矛盾，便重提毛澤東的雙百方針和長期共存、互相監督，更在1962年宣布知識分子是勞動人民的知識分子。[51]

可以看出這是一個全面的後退，但要退到何處？大致看來，工業要退到大躍進之前，農業至少要退到合作化初期，甚至要回到合作化以前（陳雲就提出要用重新分田的辦法來刺激農民生產），而思想文化更是退到了反右之前（此時大量的「右派」都摘了帽子）；從總體上看，幾乎退到了農民思想家楊偉名所說的新民主主義的階段。事實上，劉少奇的確回到了他最初的主張，只不過沒有發表公開宣言。這一切當然就超過毛澤東的底線，因為這不僅是在實際上否定他的總路線、大躍進、人民公社，也否定他的社會主義革命。儘

47　劉少奇在1962年2月政治局常委擴大會議（即「西樓會議」）的講話，見《劉少奇傳》（下冊），頁898，轉引自錢庠理：《歷史的變局：從挽救危機到反修防修（1962-1965）》，頁154。

48　在1962年5月中共中央政治局常委舉行的工作會議上，有人大聲疾呼：「要有『毒蛇噬臂，壯士斷腕』的決心，把一切人力、財力、物力集中用在刀口上，打殲滅戰，同時忍痛割掉一些東西」。見錢庠理：《歷史的變局：從挽救危機到反修防修（1962-1965）》，頁169。

49　周恩來：在中央財經小組會議上的插話（1962年3月7日），見《周恩來年譜》（1949-1976）（中卷），頁462。

50　見錢庠理：《歷史的變局：從挽救危機到反修防修（1962-1965）》，頁175、176。

51　周恩來：〈政府工作報告〉（1962年3月27日，在第二屆全國人民代表大會第三次會議上作），見《周恩來年譜》（中卷），頁467。

管此時劉少奇再三宣稱這些方法都是權宜之計，但毛澤東卻自有他的分析。於是，我們的討論也就必然要進入最實質性的方面。

四、毛澤東的決策：重啟階級鬥爭的戰車

在討論毛澤東怎麼反應之前，我們還需要考察一下在1961、1962年之間，毛澤東的思想、心態與情緒。

毛澤東並不是不知道問題的嚴重，他在1961年的一次會議上說：「這幾年我們掠奪農民比國民黨還厲害」，[52]還說過這樣的話：「我們搞不好就下台，由國民黨來」。[53]因此他原則上並不反對「退」，並且親自做了兩個決定，一是宣布解散食堂，一是退到生產小隊，就是以村為單位組織生產、經營與分配，這是他對農民做的讓步。他在1961年12月和鄧小平的一次長談中他說到「去年前年〔錢註：即1960、1959年〕心情不那麼愉快」；[54]1962年2、3月，毛澤東在修改他的七千人大會的講話時，突然加上司馬遷《史記》中〈報任少卿書〉中的一段話：「屈原放逐，乃賦離騷。左丘失明，厥有國語。孫子臏腳，兵法修列。不韋遷蜀，世傳呂覽。韓非囚秦，說難孤憤」。[55]自然也會想起太史公的命運。如一位研究者所分析：他正是要藉此表達「忍辱負重，待時而起」的心情，[56]這大概能表達毛澤東在困難時期的真實心態。

但1961年底，毛澤東在和鄧小平的談話時，已經認為「經過兩年的調整，『退』得已經差不多了，到了『谷底』了。1962年應該是向上爬行的形勢」，[57]在同時和地方官員的談話中就說得更清楚：「不可理不直氣不壯，不要

---

52 毛澤東在一次中央工作會議上的講話(1961年)。轉引自張素華：《變局：七千人大會始末》，頁123。

53 轉引自錢庠理：《歷史的變局：從挽救危機到反修防修(1962-1965)》，頁111。

54 1961年12月20日毛澤東和鄧小平的談話。轉引自錢庠理：《歷史的變局：從挽救危機到反修防修(1962-1965)》，頁55。

55 據逄先知、金沖及主編：《毛澤東傳》(下)，頁1210。修改稿見毛澤東：〈在擴大的中央工作會議上的講話〉(1962年1月30日)，《毛澤東文集》第8卷，頁293。

56 錢庠理：《歷史的變局：從挽救危機到反修防修(1962-1965)》，頁136。

57 1961年12月20日毛澤東和鄧小平的談話。轉引錢庠理：《歷史的變局：從挽救危機到反修防修(1962-1965)》，頁56。

灰溜溜。潛力是很大的，有困難，有辦法，有希望。久臥思起，現在是起床的時候了」[58]，「形勢已經在向好的方面轉。〔……〕再有一年就過去了」，[59]並同時透露出的是他的底線：有錯誤要改正，有亂子要處理，但改正、處理後還要繼續前進——他認為大躍進、人民公社，是中國終於找到一條自己的發展道路，因此絕對不能放棄。

這表明毛澤東對形勢的分析完全不同於劉少奇，他根本不認為中國到了非常時期，也不認為共產黨統治的合法性遭到威脅；他始終相信自己代表農民、人民的利益，他始終相信農民是支持他的。因此，對他來說，1962年不是要「退」，而是要考慮如何「再前進」。他似乎不太反對「工業退」，但對「農業退」卻絕對不能忍受，認為只要退到「生產小隊」就行了，再退到「單幹」就是過線。而他更是不能容忍對知識分子讓步，根本反對給知識分子脫下資產階級帽子。

毛澤東不是不知道大饑荒所引發的農民、黨員、各級幹部的不滿情緒。因此他在七千人大會上採取了以退為進的辦法，公開承認自己對「經濟建設工作中間的許多問題，還不懂得」，「我注意得較多的是制度方面的問題，生產關係方面的問題，至於生產力方面，我的知識很少」，「少奇同志比我懂，恩來同志比我懂，小平同志比我懂。陳雲同志，特別是他，懂得較多」。[60]——如果對照毛澤東在1956年對於劉、周、陳「反冒進」時的壓抑，以及1958年表示自己要主掌經濟時的躊躇滿志，此時毛澤東公開承認自己「還不懂」經濟，其內心的沉重與無奈是不難想像的。但深懂進退之術的政治家毛澤東，還要進一步主動承擔責任：「凡是中央犯的錯誤，直接的歸我負責，間接的我也有份，因為我是中央主席。我不是要別人推卸責任，其他一些同志也有責任，但是第一個負責的應當是我」。[61]他的表態讓所有幹部非常感動，一些

58　毛澤東聽取江渭清等彙報時插話的傳達記錄（1961年12月20日），轉引自逢先知、金沖及主編：《毛澤東傳》（下），頁1186。

59　毛澤東聽取劉子厚等彙報時的插話記錄（1961年12月19日）。轉引自逢先知、金沖及主編：《毛澤東傳》（下），頁1187。

60　毛澤東：〈在擴大的中央工作會議上的講話〉記錄稿（1962年1月30日），轉引自薄一波：《若干重大決策和事件的回顧》（下卷），頁1030-1031。

61　毛澤東：〈在擴大的中央工作會議上的講話〉（1962年1月30日），《毛澤東文集》第8卷，

地委、縣委書記激動地說：「主席都檢討了，我們還有什麼說的？」[62]毛澤東還號召大家「出氣」，用他特有的幽默語言，宣布「白天出氣，晚上看戲」。[63]毛澤東非常能夠掌握幹部和群眾的情緒，他知道黨內幹部的怨氣癥結所在：這些年，特別是盧山會議以後，黨內民主生活不正常造成黨內關係的極度緊張。因此，在七千人大會上，他又高舉黨內民主旗幟，大談「在我們國家，如果不充分發揚人民民主和黨內民主，不充分實現無產階級的民主制，就不可能有真正的無產階級的集中制」，[64]並且猛批第一書記專政：「黨委的領導，是集體領導，不是第一書記個人獨斷」，[65]凡是個人說了算的第一書記「就是一人稱霸這樣的第一書記，應當叫做霸王」，[66]「這些同志如果總是不改，難免有一天要『別姬』就是了」。[67]他故意忘記了，這個第一書記「獨攬大權」的體制，正是他在反右之後親自建立的，現在他卻把體制的問題，輕描淡寫變成了第一書記的個人作風問題。他這些政治家的謀略還是有效果：他不但成功化解了黨內的怨氣，還使自己成為黨內民主的倡導者。他這些批判第一書記專政的言論，後來在文革時期，就成為紅衛兵和造反派批判「黨內走資本主義當權派」的有力武器，比如「不許人講話，老虎屁股摸不得，凡是採取這種態度的人，十個就有十個要失敗。人家總是要講的，你老虎屁股真摸不得嗎？偏要摸！」[68]這些話，在文革中都是風行一時的「毛主席語錄」──不過這已是後

頁296。

62 蕭東連等著：《求索中國──「文革」前十年史》（下冊）（北京：紅旗出版社，1999），頁822。轉引自張素華：《變局：七千人大會始末》，頁168。

63 毛澤東的講話，據〈擴大的中央工作會議紀錄〉（1962年1月29日）。轉引自逄先知、金沖及主編：《毛澤東傳》（下），頁1198。

64 毛澤東：〈在擴大的中央工作會議上的講話〉（1962年1月30日），《毛澤東文集》第8卷，頁296。

65 毛澤東：〈在擴大的中央工作會議上的講話〉（1962年1月30日），《毛澤東文集》第8卷，頁294。

66 毛澤東：〈在擴大的中央工作會議上的講話〉（1962年1月30日），《毛澤東文集》第8卷，頁295。

67 毛澤東：〈在擴大的中央工作會議上的講話〉（1962年1月30日），《毛澤東文集》第8卷，頁295-296。

68 毛澤東：〈在擴大的中央工作會議上的講話〉（1962年1月30日），《毛澤東文集》第8卷，頁296。

話。

有意思的是，毛澤東在七千人大會的講話中，只有一處談到階級鬥爭，而且是說「對於階級鬥爭，我們有一套經驗」，[69]並沒有涉及現實的階級鬥爭問題。

毛澤東顯然意識到，在困難時期無法再談階級鬥爭。我們現在看到的文本裡，卻有一段大談「整個社會主義階段，存在著階級和階級鬥爭」[70]云云，這是1966年公開發表時加進去的，而且是原封不動地抄錄1962年9月八屆十中全會公報裡的話，[71]原因是那時的毛澤東已經斷定經濟開始好轉，可以大抓階級鬥爭了。

毛澤東對七千人大會基本上是滿意的，只是對劉少奇的一些說法，如「大饑荒是七分人禍，三分天災」持保留態度。[72]因此，在七千人大會以後，毛澤東就南下，放手讓劉少奇去收拾大躍進留下的「爛攤子」，其目的是尋求地方官員的支持，也藉此觀察以劉少奇為首的同僚們。到1962年，經濟確實在逐漸復甦，而地方官員也只向毛澤東報喜，畢竟他們的權力本來就來自於毛澤東，自然要迎合他的希望報喜的心理，更重要的是，大躍進的成績涉及他們自己的利益，當然要竭力誇大。毛澤東卻似乎心裡更有了底，在他1962年7月6日回到北京之後，便準備按自己的想法，繼續前進；然而此時黨中央的常委劉少奇、周恩來、陳雲、鄧小平等已經達成共識、要搞包產到戶，只等毛

69　毛澤東：〈在擴大的中央工作會議上的講話〉（1962年1月30日），《毛澤東文集》第8卷，頁301。

70　毛澤東：〈在擴大的中央工作會議上的講話〉（1962年1月30日），《毛澤東文集》第8卷，頁297。

71　參看張素華：《變局：七千人大會始末》，頁171、170。參與1966年文本修改的龔育之在〈《二月提綱》和東湖之行〉中也有這樣的回憶，文收蕭克、李銳、龔育之：《我親歷過的政治運動》（北京：中央編譯出版社，1998），頁301-302。

72　在研究七千人大會期間毛澤東與劉少奇關係的有關文章中，許多人都提到毛澤東1967年2月在和阿爾巴尼亞代表團團長巴盧庫（貝基爾‧巴盧庫，Begir Balluku，1917-1975，阿爾巴尼亞）的談話中，談到他在七千人大會講話裡，就提出了「修正主義要推翻我們」的問題。據查，毛澤東在七千人大會上的講話的原始記錄稿，以及1962年2月的整理稿上，都沒有這樣的內容，毛澤東顯然把他在1964年、1965年的判斷，前移到1962年去了。參看張素華：《變局：七千人大會始末》，頁172-173。

澤東回來首肯，以便在全國大規模推行。這樣，毛澤東和他的同僚之間的衝突，就不可避免了。

7月6日下午，陳雲向毛澤東報告，提出以重新分田的辦法解決中國的農村問題；同日，毛的祕書田家英在取得劉少奇同意後，向毛澤東彙報農村調查結果，希望包產到戶。毛澤東聽完之後一言不發，只問：「你的主張是以集體經濟為主，還是以個體經濟為主？」一語抓住了問題的要害；[73]第二天就傳出了毛澤東的意見：「分田單幹」是瓦解農村集體經濟、是修正主義；[74]7月8日，毛澤東召集劉少奇、周恩來、鄧小平、陳伯達、田家英等開會，明確表示反對包產到戶。[75]

據劉少奇兒子劉源（1951-）的回憶，大概在此前後，毛澤東和劉少奇之間有一場十分重要的對話。當時，毛澤東正在游泳池游泳，劉少奇趕去向他彙報。一個在泳池裡，一個坐在泳池外，毛澤東一見他就說：「你急什麼？壓不住陣腳了？為什麼不頂住？」劉少奇按捺不住，說了一句話：「餓死這麼多人，歷史要寫上你我的，人相食，要上書的！」這大概是劉少奇鬱積已久的話，包括他看到了鄉親的信以後的反應，而且他又是國家主席、覺得自己有歷史責任。毛澤東不予理會，只是說：「三面紅旗也否了，地也分了，你不頂住？我死了以後怎麼辦！」[76]這就涉及到更敏感的「接班人」問題，以後我們會再詳加討論。但在此時，毛澤東還是留有餘地，只是指責劉少奇「不頂住」，並沒有說劉少奇是所有主張包產到戶的人的後台。

這裡有個問題：從農民到中層幹部到上層，幾乎全黨全民都主張要包產到戶，為什麼獨獨毛澤東拒絕包產到戶？這有什麼原因？不能用道德主義的觀點簡單地把問題歸結為毛澤東的性格、品德，而應該承認，毛澤東的主張是自有其邏輯的，我們在討論這段歷史時，也應該首先弄清楚毛澤東的邏輯，然後再根據事實（包括其後果），作出我們的判斷和批判。8月9號，在

73　逄先知：〈毛澤東和他的祕書田家英〉，文收董邊等編：《毛澤東和他的祕書田家英》（增訂本）（北京：中央文獻出版社，1996），頁92。

74　據薄一波：《若干重大決策與事件的回顧》（下卷），頁1086。

75　據逄先知、金沖及主編：《毛澤東傳》（下），頁1232。

76　高曉岩：〈劉少奇、毛澤東和四清運動——劉源、何家棟對一段歷史公案的回憶、考證〉，文收陳明洋編：《當年事：《南方周末》解密檔案》，頁56。

一次開會的時候，毛澤東終於亮出他的底牌，說明他為什麼反對包產到戶。他認為，實行包產到戶不到一年，就可以看出嚴重的階級分化：「一方面是貪污多占、放高利貸、買地、討小老婆，其中包括共產黨員、共產黨的支部書記；一方面是破產，其中有四屬（軍、工、烈、幹屬）戶、五保戶」，[77]四屬戶、五保戶「這恰恰是我們的社會基礎，我們的依靠」[78]——毛澤東顯然是擔心兩極分化，以及其可能帶來更為長遠的統治基礎的危機。在另一次談話中毛澤東又指出，如果基本上單幹或者全部單幹，那就是「把五億多農民都變成小資產階級，讓小資產階級當權，讓小資產階級專政」，[79]在毛澤東看來，這就是對農民的社會主義改造的倒退，會根本危及無產階級專政，這也是他所不允許的。

這樣，這場發生在1962年的爭論，實際上就是1951年爭論的延續。這裡，我想請同學們回憶一下我們曾經講過的建國初期那段歷史：1951年較早進行了土地改革的東北和山西地區，已經出現兩極分化，對此黨內有兩種態度。劉少奇認為發展生產力最為重要，即使發生兩極分化，也是應該付出的代價；而高崗和毛澤東則認為作為一個共產黨人、社會主義者，絕不允許兩極分化。1962年這樣的分歧幾乎重演：劉少奇等認為，解決農民迫在眉睫的吃飯的問題，只能單幹，即使出現了兩極分化，也要等到生產發展之後再回過頭解決；但毛澤東卻認為，這對於共產黨人而言是原則問題，絕不能讓步，共產黨人的天職就是要領導農民走集體化的社會主義道路，因此絕不允許兩極分化。應該說，許多共產黨人都心懷社會平等的理想，對兩極分化有著特殊的敏感和警惕，因此，當時雖然絕大多數的幹部、農民都要求單幹，但在黨內還是有一些人對包產到戶持保留態度，最典型的人物就是大家所熟

77　毛澤東在北戴河中央工作會議中核心小組會上的講話（1962年8月9日），轉引自逄先知：〈毛澤東和他的祕書田家英〉，文收董邊等編：《毛澤東和他的祕書田家英》（增訂本），頁93。「四屬戶」指農民中的軍人、工人、烈士、幹部家屬，他們的勞動力相對比較弱；「五保戶」是指農村中的老弱病殘，在衣、食、住、行、醫療等方面不能自理，需要公社特別保護、照顧。

78　逄先知、金沖及主編：《毛澤東傳》（下），頁1242。

79　毛澤東同華東和中南地區負責人談話記錄（1962年8月5日）。轉引自逄先知、金沖及主編：《毛澤東傳》（下），頁1237-1238。

悉的胡耀邦（1915-1989）。

胡耀邦時為共青團第一書記，在1961年秋到安徽等地考察之後，得到一個很有意思的結論。他說：包產到戶確實有調動農民積極性的作用，但是也會「出現了一些難以解決的矛盾和糾紛」，「發展下去，最終會導致降低整個社會生產力的水平」；他的結論是：包產到戶「這種做法如大家還要幹，仍可試行，但要允許不同意的地方不這樣做，更不要把它說得絕對，避免被動」。[80]胡耀邦為此寫了一個〈二十五天三千六百里路的農村察看〉的報告上呈毛澤東，毛看了大為高興，在批示中說：「寫得很好」，「值得一看」。[81]如前所說，即使是被毛澤東批判的胡開明也不贊成包產到戶，理由是擔心發生兩極分化，其實劉少奇也視包產到戶為權宜之計，說明他心裡也認為共產黨應領導農民走集體化道路，只是現在為了解決現實饑荒問題，必須採用非常手段。

對於毛澤東而言，反對包產到戶或許還有更重要的理由：在他看來，如果實行全國範圍的包產到戶，就意味著人民公社的全面瓦解。如我們在前一講再三論述的，人民公社對於毛澤東所要尋找的中國式社會主義發展道路、對他的共產主義理想的實現，是決定性的關鍵環節，因此在這一個事關根本的問題上，毛澤東是不會也不能讓步的。

毛澤東也知道自己的主張並不會為農民所接受，但他有自己的說法。他對田家英說：「我們是要走群眾路線的，但有的時候，也不能完全聽群眾的，比如要搞包產到戶就不能聽」。[82]他這一態度倒是符合列寧主義原則，列寧早就有過這樣的闡釋：工人自發的要求只會產生福利主義，工人（或許還有農民），他們的直接要求只是改善自己的生活，而不會提出社會主義的要求。社會主義、共產主義的理想是馬克思、恩格斯這樣的共產主義知識分子提出來的，他們代表了工人、農民的長遠、根本的利益。因此，共產黨人反對崇拜

80　以上引文請見胡耀邦：〈二十五天三千六百里路的農村查看〉（1961年10月2日），見毛澤東：〈對胡耀邦農村考察報告的批語〉（1961年10月6日），《建國以來毛澤東文稿》第9冊，頁575。

81　毛澤東：〈對胡耀邦農村考察報告的批語〉（1961年10月6日），《建國以來毛澤東文稿》第9冊，頁574。

82　毛澤東對田家英的談話。見逄先知：〈毛澤東和他的祕書田家英〉，文收董邊等編：《毛澤東和他的祕書田家英》（增訂本），頁91。

工人、農民運動的自發性，稱為「尾巴主義」，而強調馬克思主義政黨的領導與引導。這也正是中國1962年爭論中毛澤東的立場：他認為自己代表了農民長遠的根本利益，並要引導農民走社會主義集體化道路；而劉少奇則是屈從於農民的眼前利益，是犯了尾巴主義的錯誤。於是，毛、劉之爭，就變成了照顧農民眼前利益、還是考慮長遠利益的爭論。

我們今天不一定認同這種說法，很難評斷毛澤東就一定代表了農民的長遠利益，但有一點是可以肯定的：這場爭論並不具有你死我活、非此即彼的性質，實際上僅是執政黨面對農民吃不飽的問題，所產生的兩種不同意見、思路，因此是完全可以妥協的。那位農民思想家楊偉名提出的方案，就是一個解決辦法：願意單幹允許單幹，想要集體的可另行自願結合，集體與單幹兩種形式同時並存，關鍵是把選擇權利交給農民；也可以採取「允許單幹，鼓勵集體」的方針，以顯示黨和國家的引導方向。事實上，當時在劉少奇、鄧小平等支持下，由田家英起草的〈恢復農村經濟的十大政策〉，其指導思想也是「當前在全國農村應當實行多種多樣的所有制形式，包括集體、半集體、包產到戶、分田單幹，以便迅速恢復和發展農業生產」，田家英還具體設想，包產到戶和分田單幹可能達到40%，集體和半集體占60%。[83] 但在毛澤東看來，這些都是從全面集體化的倒退，是他所不能接受與容忍的。

但是，在1962年的中國，一旦發生不同意見，就絕不允許妥協，而且必然變成你死我活的鬥爭，從而引發出一系列連當事人都很難預計的嚴重後果，並成為共和國一個新災難的起端。

這是為什麼？原因就在中國當時的社會體制上，其根源就是我們一再強調的「五七體制」。

「五七體制」有兩個大特點，在這個關鍵時刻就發生了作用。首先是黨的第一書記獨攬大權，特別是經過1959年批判彭德懷，共產黨在黨內已經建立了一種君臣關係。用君臣關係的思路、第一書記獨攬大權的思路來看這場爭論，就不再是不同意見相爭，而是一個「必須服從」的問題──而且是絕對無條件的服從，何況早在1943年中共中央政治局就作出過決議，授予毛澤東以

83　逄先知：〈毛澤東和他的祕書田家英〉，文收董邊等編：《毛澤東和他的祕書田家英》（增訂本），頁92。

「最後決定權」。[84]所以，毛澤東一旦表態說不行，並且再一次像廬山會議那樣、以「如果那樣搞，黨內勢必分裂」相威脅，[85]劉少奇他們只能不戰而退。

再者，毛澤東建立的第一書記專政體制是從上到下、從中央到各省、各區、各縣，甚至到各鄉，這已成為一個利益共同體。因此，毛澤東在中央一聲號令，就立即得到底下幹部的響應，這不僅是毛澤東的絕對權威性，更是其利益所在。如前一講所分析，人民公社的最大特點，就是集國家政權組織與經濟組織、軍事組織、社會組織、教育組織為一體，這就意味著權力的高度集中，同時也就形成了一個利益鏈條所結成、上下勾連的既得利益群體：否定人民公社、大躍進，就是對他們自身的否定，權力的限制，和利益的損害。因此，是否堅持人民公社、大躍進，是否要搞包產到戶，實際上是個利益之爭。這就是1962年7、8月份八屆十中全會上情勢風雲突變的原因所在。

首先，劉少奇迅速改變態度；毛澤東在7月10日表態，劉少奇在7月18日就做出反應，在一個報告會上強調要鞏固集體經濟，[86]並且在八屆十中全會作總結報告時聲色俱厲地批判鄧子恢。鄧子恢是中共中央農村工作部部長，在農業問題上一貫與毛澤東唱對台戲，因此毛澤東便拿鄧子恢作為靶子、批評鄧子恢，這也是給劉少奇留了餘地，並未直接點名劉少奇。於是劉少奇也就乘勢批鄧而自救，說他「在困難面前被嚇倒，放棄社會主義道路，向後倒退、單幹」等等。[87]整個八屆十中全會也完全一邊倒，群情憤激地批判包產到戶，出現與廬山會議一樣的情況。

恰恰就在此時，彭德懷寫了萬言書為自己辯護，這時他已被貶抑到權力圈之外，並不清楚中央鬥爭的複雜情況，這一上書，就正好提供了新的靶子。會議立刻轉向批判彭德懷，而且重提「高饒事件」，把彭德懷定為高崗事件的頭子、是「彭高饒反黨集團」，還因此又牽連出另一個「大案」：有人揭發

84　見《毛澤東年譜》（中卷），頁431。

85　毛澤東同華東和中南地區負責人談話記錄（1962年8月5日）。轉引自逄先知、金沖及主編：《毛澤東傳》（下），頁1239。

86　劉少奇對中直機關和國家機關下放幹部的講話（1962年7月18日），《劉少奇選集》（下卷），頁461。

87　劉少奇在八屆十中全會上的講話（1962年9月26日），轉引自錢庠理：《歷史的變局：從挽救危機到反修防修（1962-1965）》，頁284。

1962年出版的小說《劉志丹》[iv]是為高崗翻案，理由是劉志丹（1903-1936）和高崗同為陝北根據地的領導人（劉志丹後來在戰爭中犧牲），這自然是捕風捉影，但正符合批判彭德懷的需要，毛澤東因此而大談「利用小說反黨，是一大發明」，[88]為文藝上的大批判提供了新的「理由」。會議上，還由此牽連出陝北根據地的另一位領導人習仲勛（1913-2002，為現今國家副主席習近平（1953-）的父親），說他是小說《劉志丹》的幕後指揮者，搞了一個「彭高習反黨集團」。

在1962年八屆十中全會上重提重返「高饒事件」並加以擴大化，看來有些奇怪，卻充分反映了中共黨內鬥爭的複雜性。我們前面已經分析，在某種程度上1962年的論爭是1951年論爭的繼續。弔詭的是，1951年高崗是與毛澤東一起維護集體化、反對劉少奇的；但在1962年，高崗卻作為「黨內資產階級代表人物」而被再批判，劉少奇也再次藉批判高崗、彭德懷而金蟬脫殼，一如1954年那場鬥爭——劉少奇始終抓住高崗、彭德懷不放，說明他是熟諳中共黨內鬥爭「借刀殺人以自衛」那套的。當然，劉少奇的迅速轉向不完全是出於他的投機，因為根本上他與毛澤東具有共同利益，在維護黨的團結、利益這些根本點上，他們是完全一致的。劉少奇確有組織性與良心的矛盾，但組織性始終占上風；所謂「組織性」的核心，就是要維護黨的統治權力，這就需要黨的團結，特別是最高領導層的團結，劉少奇很懂得這個大局。

這裡還有一個重要的補充，在八屆十中全會上毛澤東批判包產到戶時，除了各地方第一書記紛紛響應之外，還得到了軍隊的支持。我們一再提醒，考慮中國的問題必須注意農民，這裡則要強調必須注意軍隊的反應，因為軍隊始終處於中國的核心地位，軍隊的反應對中國政治的作用與影響絕不能低估。早在1962年6月上旬，就有一些軍隊幹部向毛澤東反映，說他們認為國內形勢並沒有那麼困難，他們對劉少奇主持的黨中央總是強調形勢困難有意見。毛澤東當即表示：「你們是中央委員可以提意見嘛」。[89]在八屆十中全會

88　據薄一波回憶，1962年9月24日在毛澤東講話時，康生遞了一張條子說：「利用小說進行反黨活動，是一大發明」，毛澤東當場念了這張條子，並且說：「近來出現了好些利用文藝作品進行反革命活動的事。用寫小說來反黨反人民，這是一大發明。凡是要推翻一個政權，總要先造成輿論，總要先做意識形態方面的工作。不論革命、反革命，都是如此」，見薄一波：《若干重大決策與事件的回顧》（下卷），頁1096。

89　毛澤東同國家計委領導小組同志的談話紀錄（1964年5月27日），轉引自張素華：《變局：

上，就有一位軍隊幹部作了這樣的發言：「農業恢復的時間越說越長，工業指標也越講越少，我們一輩子沒有希望了，還有甚麼搞頭」。[90]總參謀長羅瑞卿（1906-1978）在一次小組討論會上也明確表示反對錢讓能為包產到戶辯護的文章，並且認為「軍隊一些高級幹部，對於把形勢講得很壞有意見」，對此，毛澤東回應說：「軍人能看到光明，地方幹部講的是一片黑暗」。[91]軍隊不能接受劉少奇「非常時期」的估計，這是可以理解的：軍隊幹部是和地方、社會隔離的，他們對饑餓沒有切膚之痛，所以更願意保留那些烏托邦理想：大躍進、高速度，前途一片光明。而且在他們看來，擁護毛澤東就是擁護政權的穩定性，而軍隊歷來是把政權的穩定看得更加重要的。也就是說，在困難時期，軍隊支持毛澤東是一個自然的選擇，但對政局的發展又具有決定性。

毛澤東實際上非常重視軍隊問題，我們可以回顧一下歷史。在1957年反右運動後，毛澤東立刻在軍隊開展一個反對軍事教條主義的鬥爭，就因為軍隊中有一批有文化、軍校畢業的幹部，以劉伯承（1892-1986）為首，主張軍隊要正規化，在毛澤東看來這就是教條主義。在毛澤東打擊劉伯承這些人時，所利用的是彭德懷，因為彭德懷是農民革命家，自己承認沒有文化、對於軍隊的正規化不感興趣。[92]

但在廬山會議後，毛澤東又把彭德懷給打了下去，目的就是要把軍隊的權力緊緊握在自己手裡。在這一次黨內的爭論中，毛澤東依然十分重視軍隊的反應。他在一份關於軍隊對鄧子恢的主張的反應報告上這樣寫道：「看來，單幹論在我們的軍事幹部中還有一點市場，但是不占多數，占絕對多數的同志是擁護社會主義反對資本主義的」；[93]得到軍隊的支持，這是毛澤東的「底氣」所在。

這裡就必須提到林彪的作用。林彪繼任彭德懷擔任國防部長，他在七千

七千人大會始末》，頁273。

90　轉引自錢庠理：《歷史的變局：從挽救危機到反修防修（1962-1965）》，頁274。

91　轉引自逢先知、金沖及主編：《毛澤東傳》（下），頁1246。

92　參看蕭克：〈建國後軍內第一次大批判〉，文收蕭克、李銳、龔育之：《我親歷過的政治運動》，頁179-191。

93　毛澤東：〈對鄧子恢關於當前農業生產和人民公社問題報告的反映的批語〉（1962年8月29日），《建國以來毛澤東文稿》第10冊，頁159。

人大會上作了一個出人意外的發言。前面說到七千人大會是出氣會，唯獨林彪的發言是鼓氣，他強調「在困難的時候，我們更應該加強黨的團結，依靠和相信黨的領導、毛主席的領導。事實證明，這些困難在某些方面、某種程度上，恰恰是由於我們沒有照著毛主席的指示、毛主席的警告、毛主席的思想去做。當時和事後都證明，毛主席的思想總是正確的。可是我們有些同志不能很好地體會毛主席的思想，把問題總是向『左』邊拉，向『左』邊偏。我深深感覺到，我們的工作搞得好一些的時候，是毛主席的思想能夠順利貫徹的時候，是他思想不受干擾的時候。反之，他的意見受不到尊重或者受到很大干擾，事情就要出毛病」，並且表示：「廬山會議以後，軍委一致的精神就是要以毛主席思想為指導方針，處處按毛主席的意圖、毛主席的著作、毛主席的指示來辦事，向毛主席請示，向毛主席報告，以毛主席的思想來統一我們的思想」。[94]

這些話自然是毛澤東此刻最想聽、也最需要的，因此立即作出批示：「此件通看了一遍，是一篇很好、很有分量的文章，看了很高興」，並且要求迅速向全黨傳達。[95]這些年學術界在研究這段歷史時，大都譴責林彪投機，但是最近出版的《吳法憲回憶錄》透露，當時是中央的將領、元帥提出要求林彪這樣說的，「包括軍委的一些領導，也來慫恿林彪出來講話」、「以維護毛澤東的威信」；林彪講話以後，「軍隊的幹部都很高興，紛紛贊揚林彪的講話講得好」。[96]這就說明林彪的發言並非只是他個人的意思，而代表了軍隊的態度，這大概是更符合實際的，也是一個非常重要的信息──八屆十中全會後，毛澤東得出一個結論：還是軍隊最可靠。這並非偶然，而且分量很重，是它決定了後來毛澤東啟用林彪等人發動文化大革命，可見軍隊的態度始終決定中國的命運。

「五七體制」的第二個特點，就是強調階級鬥爭，而且毛澤東提出要「設

94　林彪：〈在擴大的中央工作會議上的講話的修改稿〉（1962年1月29日），見毛澤東：〈對林彪在擴大的中央工作會議上的講話稿的批語和修改〉（1962年3月20日）註釋（3），《建國以來毛澤東文稿》第10冊，頁64、65。

95　毛澤東：〈對林彪在擴大的中央工作會議上的講話稿的批語和修改〉（1962年3月20日），《建國以來毛澤東文稿》第10冊，頁62。

96　吳法憲：《歲月艱難：吳法憲回憶錄》（下卷）（香港：北星出版社，2006），頁546、550。

置對立面、製造階級鬥爭」。剛才說過，包產到戶所造成黨內的意見分歧，本
來並不具有階級鬥爭的性質，這只是兩種對於農民問題的不同回應方式。但
是，毛澤東此時已經發展到極端的對立鬥爭二分法的思維模式，一切差別都
變成對抗性的矛盾、都被看成是階級鬥爭的問題，都被當作是社會主義與資
本主義、無產階級和資產階級的嚴重階級鬥爭、路線鬥爭，後來，毛澤東更
把它視為修正主義的表現。於是，就有了階級鬥爭要「年年講，月月講」的號
召[97]——有意思的是，也就在1962年8月，毛澤東曾主持制定一個〈中央關於
正確對待單幹問題的規定〉的文件，明確規定：「對於黨內的思想問題，必須
採取民主討論分清是非的方法，以達到統一認識統一行動的目的」，毛澤東在
修改時，還特意加上一句：「必需容許少數持有不同意見的同志有充分發展
（表）意見和保留意見的權利」。[98]可見，毛澤東面對黨內在單幹問題上的分
歧時，內心也有矛盾，他不是沒有考慮過用民主討論的方法來解決問題，但
1962年黨內鬥爭的情勢、體制，以及毛澤東的觀念、思維、個性，都決定了
他最後採取你死我活的階級鬥爭方式。

　　毛澤東為什麼要把形勢看得如此嚴重？其實他是自有其邏輯的。我們必
須把研究的視野放開，看看1962年中國的國際環境。

　　1962年是個多事之秋。年初在廣州和香港之間發生大規模的偷渡[V]，這是
由大饑荒所引起的，卻震撼了全世界。因為在此之前，中國發生的事情，包
括大饑餓的消息，都對外是封鎖的，世界都不知道；在39,000人偷渡出去之
後，中國的內幕就公諸於世了。[99]這就鼓舞了一直念念不忘反攻大陸的蔣介

97　毛澤東在中共八屆十中全會上的講話記錄（1962年9月24日），轉引自逢先知、金冲及主
　　編：《毛澤東傳》（下），頁1251。後來在文化大革命期間，《紅旗》社論〈無產階級專政下進
　　行革命的理論武器——紀念《關於正確處理人民內部矛盾的問題》發表十周年〉引用毛澤東
　　的話時，加上了「天天講」，從此，就變成了階級鬥爭要「年年講，月月講，天天講」了。
　　《紅旗》社論：〈無產階級專政下進行革命的理論武器——紀念《關於正確處理人民內部矛盾
　　的問題》發表十周年〉（1967年6月21日），中國共產黨中央委員會：《紅旗》（1967年第10
　　期），頁34。

98　毛澤東：〈對中央關於正確對待單幹問題的規定草稿的修改〉（1962年8月），《建國以來毛
　　澤東文稿》第10冊，頁125。

99　楊建：〈二十世紀七十年代廣東群眾偷渡問題研究〉，全國黨史系統慶祝中華人民共和國
　　成立五十五週年學術研討會論文。轉引自錢庠理：《歷史的變動：從挽救危機到反修防修

石，他認為這是個反攻大陸的絕好時機。毛澤東也有所警惕，他在這一年的5月份對解放軍參謀總長說：「要準備蔣介石集團四十萬人秋後登陸」，[100]並且在6月用《人民日報》社論的方式，提醒「全國軍民要提高警惕準備粉碎蔣匪幫軍事冒險」。[101]果然在10月1日到12月6日，蔣介石先後派了九股武裝力量從高雄出發，到東南沿海地區騷擾，提出要建立「游擊走廊」，但是人少規模也不大，遠低於毛澤東的估計，卻製造了緊張局勢。

緊接著10月20號，印度從中印邊界向中國發動大規模的進攻[vi]。在這之前，蘇聯與印度簽署協議向印度提供米格戰鬥機，在中印邊界的戰鬥中，印度就利用了蘇聯米格戰鬥機，因此中共認定中印戰爭的背後有蘇聯支持。也是在1962年4月，新疆有六萬多人集體逃亡到蘇聯[vii]，在中共看來，這也是蘇聯所策劃的。到12月12日，赫魯曉夫在公開演說裡，暗示中國教條主義者是最危險的；年底歐洲五國共產黨開黨代表大會，又一致通過決議譴責中國。[102]

於是，中國所面對的，是一個十分複雜、緊張的國際環境：東南方有蔣介石反攻大陸，背後有美國；西南邊境是印度的進攻，背後有蘇聯；北方有蘇聯的威脅；歐洲的共產黨和社會主義國家，大多數都在譴責中國。中國於是感到了四面受圍的威脅，稱為「三尼一鐵反華公司」，即美國的肯尼迪（John Fitzgerald Kennedy，1917-1963，美國），印度的尼赫魯（Jawaharlal Nehru，1889-1964，印度），蘇聯的尼基塔·赫魯曉夫，還有一個鐵托。

毛澤東由此產生了強烈的被包圍感：在國外，帝國主義、修正主義、反動派聯合起來反對他所領導的中國；在國內，不僅知識分子和農民心懷不滿，而且黨內各級幹部，從基層、中層直到高層，都有人在挑戰他的權威。

（1962-1965）》，頁1。

100 毛澤東和總參謀長羅瑞卿的談話（1962年5月29日、31日）。轉引自錢庠理：《歷史的變局：從挽救危機到反修防修（1962-1965）》，頁334。

101 社論之題名就是〈全國軍民要提高警惕準備粉碎蔣匪幫軍事冒險〉，並於1962年6月24日發表於《人民日報》，見毛澤東：〈對新華社關於蔣軍準備竄犯我沿海地區電訊稿的修改與批語〉（1962年6月11日、12日、18日），《建國以來毛澤東文稿》第10冊，頁102，註釋（1）。

102 參看錢庠理：《歷史的變局：從挽救危機到反修防修（1962-1965）》，頁1-3、332-342。

四面被圍的危機感，引發了毛澤東「衝出重圍」的衝動。而且按照毛澤東的傳統鬥爭思路、中國共產黨黨內鬥爭的習慣性思維，外力的威脅越大，就越要在國內，特別是在黨內尋找「代理人」，把外鬥轉化為內鬥。因此，毛澤東決定五面作戰，不僅要對國際帝國主義(美國)、修正主義(蘇聯)、反動派(印度)作戰，還要對國內、黨內反對派作戰，而且把重點放在後者——我們今天來看，毛澤東的被包圍感，一方面有一定根據，但一方面也被他的想像極度誇大了：他總是要不斷犯下誇大「敵情」的錯誤，他「日日、月月、年年」講階級鬥爭，變成草木皆兵了。

　　但也因此激發了毛澤東的昂揚鬥志，在某種程度上說，這種緊張局面正是他所期待的、是他「設置對立面」、「不斷革命」所需要的。1962年5月，他在布置解放軍參謀長要準備蔣介石登陸後，又說了一句話：「有點敵人搞亂比較好」。他還引用孟子的話，大談「生於憂患，死於安樂，無敵國外患者，國恆亡」，他是相信「多難興邦」的；[103]到1964年，在和外國共產黨領導談到國內防修問題時說：「我前幾年不那麼高興，〔……〕，一鬥就高興」。[104]正是在1962年底與1963年初，毛澤東詩興大發，接連寫了兩首詩：「雪壓冬雲白絮飛，萬花紛謝一時稀。高天滾滾寒流泄，大地微微暖氣吹。獨有英雄驅虎豹，更無豪傑怕熊羆。梅花歡喜漫天雪，凍死蒼蠅未足奇」。[105]這首〈冬雲〉，是1962年12月26日他69歲生日所寫；還有一首〈滿江紅〉：「一萬年太久，只爭朝夕」，「要掃除一切害人蟲，全無敵」。[106]這表明，至少在1963

103　1962年5月30日和羅瑞卿的談話。轉引自錢庠理：《歷史的變局：從挽救危機到反修防修（1962-1965）》，頁268。

104　毛澤東和紐西蘭共產黨總書記威爾科克斯的講話（1964年2月9日），原對話：「1964年2月9日，毛澤東在人民大會堂再次會見威爾科克斯，談國際反修和國內防修問題。毛澤東說：『中國社會是一分為二的，誰也不能說中國是不能分的。』威爾科克斯問：『你的意思是不是說，在取得了政權以後，還需要有反對派？』毛說：『不是需要，而是事實上必然出現各種反動派。』威說：『我現在的確越來越年輕。』表示了對毛澤東的論斷的讚賞。毛接著說：『我也是這樣。現在很高興。前幾年不那麼高興，這有一個過程，一鬥就高興了。』」轉引自錢庠理：《歷史的變局：從挽救危機到反修防修（1962-1965）》，頁314。

105　毛澤東：〈《冬雲》詩一首和給林克的信〉（1962年12月26日），《建國以來毛澤東文稿》第10冊，頁227。

106　毛澤東：〈書贈周恩來《滿江紅》詞一首〉（1963年1月9日），《建國以來毛澤東文稿》第10

年年初，他的方針已定，要發動國際、國內的全面階級鬥爭，甚至已經迫不及待地要「掃除一切害人蟲」了──只要一搞階級鬥爭，毛澤東就感到得心應手；用我們前面引用過、毛澤東在七千人大會上講話的說法，他對經濟問題知之不多，只有在不斷發動階級鬥爭中才獲得用武之地，並獲得他所渴望的絕對領導權力。

因此有研究者認為，毛澤東從1958年主動衝到第一線指揮經濟大躍進遭到失敗，到1962年轉過來大抓階級鬥爭，還是他當年「打游擊」的戰法：「在經濟陣地上被打趴下了，便匍匐潛行到政治陣地上再爬起來衝殺回去；你打你的優勢，我打我的優勢；打得贏就打，打不贏就走；此處玩不轉，另處放把火」。[107]這也不失為一種觀察，但這同時的確是一個極其重要的信號：毛澤東在1958年大搞經濟浪漫主義、經濟烏托邦主義失敗以後，現在要重振旗鼓，把希望寄托於政治浪漫主義、政治烏托邦主義；實際上，這意味著毛澤東建國目標和重心的變化。1958年發動大躍進，主要是為了實現「富國強兵」的民族主義目標，毛澤東一直沒有放棄這個目標，因此，他不僅在1958年大談「技術革命」，而且在1963年還提出「階級鬥爭、生產鬥爭和科學實驗，是建設社會主義強大國家的三項偉大革命運動」，[108]甚至在文化大革命一開始，毛澤東也還在強調「抓革命，促生產」，[109]到了文革後期也依然不忘提醒要「把國民經濟搞上去」；[110]因此，若簡單地以為毛澤東只搞階級鬥爭而不關心國家建設，也是一種遮蔽。但是，從1962年9月八屆十中全會以後，毛澤東又確實把重心放到如何保證革命勝利以後建立起來的國家政權和執政黨繼續保持革命性，即防止黨和社會主義國家變質、防止資本主義復辟這樣一個關乎社會主義信念的目標上，對毛澤東而言，這或許是更為根本的──文化大革命已經孕育其中了。有意思的是，毛澤東始終對實現富國強兵的目標充滿信

冊，頁243。

107 單少傑：《毛澤東執政春秋》，頁113。

108 毛澤東：〈轉發浙江省七個關於幹部參加勞動的好材料的批語〉（1963年5月9日），《建國以來毛澤東文稿》第10冊，頁293。

109 毛澤東：〈對陳伯達在中央工作會議上的講話稿的批語〉（1966年10月），《建國以來毛澤東文稿》第12冊，頁141。

110 毛澤東：〈把國民經濟搞上去〉（1974年11月），《建國以來毛澤東文稿》第13冊，頁410。

心；1958年他甚至估計趕英超美只需2、3年的時間，但在1962年談到「無產階級和資產階級之間的階級鬥爭」和「社會主義和資本主義這兩條道路的鬥爭」時，他的估計就變成了「需要幾十年，甚至更多的時間」了，[111] 而且這個時間估計越來越長，以至在文化大革命一開始，毛澤東就估計一次文化大革命並不能徹底解決問題，因此要「過七八年又來一次」。[112] 看來，毛澤東是把他的黨和國家「永遠革命化」目標，看作是一個永久的過程，並不指望在自己有生之年看到其實現──應該說，毛澤東的「富國強兵」和「永遠革命化」兩大目標，都具有鮮明的理想主義色彩，而「永遠革命化」更是一個烏托邦想像。但是，他要用專政的手段來實現這兩大目標，就出了問題。

還需要指出另一點，1962年毛澤東下定決心、要通過不斷發動階級鬥爭來防止黨和國家變質時，他同時也是清醒的：他知道，雖然下了決心，卻還存在很多制約因素，其中主要是中國經濟還沒有全面恢復，他還需要等待時機。這就是毛澤東──既豪情萬丈地渴望鬥爭，又善於審時度勢、絕不輕舉妄動。[113] 劉少奇、周恩來他們也看到了這一點，一方面，在八屆十中全會上跟著毛澤東走，痛批包產到戶，另一方面，又同時在向毛澤東提出建議：階級鬥爭要搞，但不要影響生產。毛澤東也就勢同意繼續進行調整、恢復經濟。於是，在1962年八屆十中全會上，他在強調「階級鬥爭要年年講，月月講」的同時，還提到一個「起碼的常識」：「我們絕不可以因為階級鬥爭妨礙我們的工

---

111 毛澤東：〈對中共八屆十中全會公報稿的批語和修改〉（1962年9月26日），《建國以來毛澤東文稿》第10冊，頁196。

112 原文：「天下大亂，達到天下大治。過七八年又來一次。牛鬼蛇神自己跳出來。他們為自己的階級本性所決定，非跳出來不可。」毛澤東：〈給江青的信〉（1966年7月8日），《建國以來毛澤東文稿》第12冊，頁71。

113 關於毛澤東的矛盾的多側面，研究者有這樣的概括：「革命家毛澤東既具有多方面的才能，又扮演著多種的角色，他的心理和處世所表現出來的矛盾，也遠遠超過常人：他既無情又狂熱，既瘋狂又冷靜，既是革命的現實主義又是浪漫的夢想家，既敵視傳統又很封建，既不信上帝又搞造神運動，既有巨大的開創力又有可怕的毀滅性，既靠人民起家最終又背棄了人民，觀念激進生活保守，有時斯文有時粗暴，自己搞得『無法無天』卻不能容忍同志違逆他所信奉的教條，自己堅信意志力、主觀能動性，卻又死抱歷史唯物主義不放」。見韋政通：《無限風光在險峰──毛澤東的性格與命運》，頁69-70。

作」、「要把工作放到第一，階級鬥爭跟它平行」。[114]於是，中國又獲得了三年（1963-1965年）經濟調整和發展的時間，毛澤東所鍾情的階級鬥爭，則暫時處於演習階段。人們往往矚目於毛澤東不斷主動出擊，卻忽略了毛澤東還有耐心等待、籌劃的一面。在中國革命中，毛澤東就是依靠這種長期耐心、等待與籌劃的功夫，戰勝一切對手、逐漸取得最高領導權力；而在掌握了國家最高權力以後，毛澤東也絕不輕易出擊，特別是他在有大動作之前，都有一個為期不短的籌謀過程。現在，從1962年至1966年，就是毛澤東待機而發的4年，甚至直到1965年，毛澤東還對來訪的法國人說：「我會單獨和群眾在一起。等待」。[115]

但僅僅兩三年之後，毛澤東就等到了中國的經濟恢復與發展。1964年，中國經濟總產量已經達到1957年的水平；儘管糧食因為大饑荒年代降落得太厲害，但到了1965年也回升到僅次於1957年（大躍進前糧食產量最高的年份）的水平；[116]工業恢復得遠比農業迅速，1963-1965年間，輕重工業產值每年分別增長27%和17%，[117]1963年後期，周恩來就自豪地宣布中國已基本做到石油的自足自給，[118]而到1965年，鋼、電力、水泥、重型卡車這些主要產品的產量均為1957年的兩倍多；在國民總收入上，1965年比1957年高出29%，也比處於低谷的1962年高出51%。[119]《劍橋中華人民共和國史》作者作了一個很有意思的對比：「中國國民收入的下降和恢復速度都超過了美國30年代大蕭條期間國民收入的波動幅度。在1929年至蕭條最嚴重的1933年這一時期，美國人均國民收入下降了32%，而中國在1959至1962年間卻下降了35%」，但「由於美國經濟結構的問題積重難返」，雖然三年後經濟也開始回升，但直到

---

114 毛澤東：〈在八屆十中全會上的講話〉（1962年9月24日），轉引自約翰・布萊恩・斯塔爾（John Bryan Starr）著，曹志為、王晴波譯：《毛澤東的政治哲學》（北京：人民大學出版社，2006），頁91。

115 安東尼・馬爾羅：《回憶錄》，紐約1968年版。轉引自迪克・威爾遜（Dick Wilson）著，中共中央文獻研究室《國外研究毛澤東思想資料選輯》編譯組編譯：《歷史巨人——毛澤東》（北京：中央文獻出版社，1993），頁429。

116 費正清主編：《劍橋中華人民共和國史》，頁428。

117 費正清主編：《劍橋中華人民共和國史》，頁429。

118 費正清主編：《劍橋中華人民共和國史》，頁430。

119 費正清主編：《劍橋中華人民共和國史》，頁432。

1940年（也即十年之後）才重新達到危機爆發前的水平；而中國「由於困難主要因政策錯誤造成」，政策一調整，僅二、三年就恢復了[120]——這大概就是集權體制的特點：一旦決策錯誤，就造成極大災難；但只要糾正、調整，恢復得也快。

問題是，毛澤東又錯誤地總結從大躍進到大饑荒的歷史教訓。早在1962年秋天之後，毛澤東就依靠1957年後所建立、強化的體制，把尚未完全走出饑餓困境的中國逐步推上階級鬥爭的戰車，一如他在1958年把全黨、全國推上大躍進的戰車；而這台戰車一旦啟動，就誰也阻擋不住。1964、1965年經濟恢復以後，毛澤東就開始準備發動文化大革命，進行新一輪的主動出擊，而這次的錯誤決策，又把剛剛復原的中國帶入了新的災難。

編註

i　八屆十中全會：中國共產黨第八屆中央委員會第十次全體會議，1962年9月24-27日於北京召開。會議提出了「階級鬥爭要年年講，月月講」的路線。

ii　中共十三大：中華人民共和國第十三屆全國人民代表大會，1987年10月25日-11月1日於北京召開。會中趙紫陽報告〈沿著有中國特色的社會主義道路前進〉，提出社會主義初級階段和黨的基本路線，指出在此階段中，黨的基本路線是「一個中心、兩個基本點」，即以經濟建設為中心，堅持四項基本原則，堅持改革開放。

iii　西樓會議：中共中央政治局常委擴大會議，1962年2月21日-23日於北京中南海西樓召開。由劉少奇主持，會中陳雲報告〈目前財政經濟的情況和克服困難的若干辦法〉。

iv　《劉志丹》：李建彤（1919-2005）著，工人出版社出版。小說記述1920年代革命家劉志丹早期在於陝甘寧等處建立革命根據地、與國民黨作戰並戰死的過程。1962年於《光明日報》等處連載。1962年被定為反黨小說，是為「劉志丹案」，被視為文化大革命的先徵。

v　港逃：指中華人民共和國成立後，自五十年代到六十年代間，大陸居民非法越境進入香港的偷渡行為。1962年因糧食短缺，發生大規模的偷渡，媒體稱作「五月大逃亡」。

vi　1962中印邊界衝突：印度尼赫魯政府的邊境擴張政策，於1962年4月起頻繁而大規模地攔截、突襲中國巡邏隊，更在7月入侵新疆加勒萬河谷，中國於10月出兵。

vii　新疆六萬多人集體逃亡：史稱「伊犁事件」，1962年4月首先發生伊犁市內的人民動亂、圍攻中共伊犁區行政機構，之後於4月22日、23日、24日夜晚大量居民衝關、越境逃往蘇聯，共逃亡6萬7千餘人。

120　費正清主編：《劍橋中華人民共和國史》，頁432。

|

通向文革之路（下）

1962-1965

| 2009年11月10日 |

　　我們繼續講「通向文革之路」。上次講「風起於青萍之末」，這次的題目是「一從大地起風雷」。

一、一從大地起風雷

　　這還是「風雷乍起」，不是高潮，但已經相當可觀了。毛澤東是搞階級鬥爭的好手，每次出手，都有新的發展。六十年代中期的階級鬥爭，不同於五十年代反右鬥爭，有兩個新的特點：一是搞「全面的階級鬥爭」，即國際、國內兩條戰線同時作戰；另一是「反對修正主義」，不僅反國外赫魯曉夫修正主義，同時反「中國修正主義」。

　　毛澤東在1962年八屆十中全會開幕式上，一開頭就把話點明：「在我們中國，也有跟中國的修正主義的矛盾。我們過去叫右傾機會主義，現在恐怕改一個名字為好，叫中國的修正主義」。[1]「中國的修正主義」，這是一個新概念，非常值得注意。在1957年毛澤東修改〈關於正確處理人民內部矛盾的問題〉時，曾加了一段話：「我們在批判教條主義的時候，必須同時注意對修正主義的批判。修正主義，或者右傾機會主義，是一種資產階級思潮，它比教條主義有更大的危險性」；[2]那時候所談的修正主義主要還是指稱一股思潮，但到了1962年再講「中國修正主義」時，所指的就是一種政治力量，是毛澤東要

1　毛澤東在中共八屆十中全會全體會議上的講話記錄（1962年9月24日）。轉引自逄先知、金沖及主編：《毛澤東傳》（下卷），頁1252。

2　毛澤東：〈關於正確處理人民內部矛盾的問題〉（1957年2月27日），《毛澤東選集》第5卷，頁392。

打擊的主要對手，用毛澤東的習慣思維來說，就是「繼續革命」的主要對象了。

毛澤東進一步分析說：「國外帝國主義的壓力和國內資產階級影響的存在，是黨內產生修正主義思想的社會根源。在對國內外階級敵人進行鬥爭的同時，我們必須及時警惕和堅決反對黨內各種機會主義的思想傾向」。[3] 這樣，他所要發動全面的階級鬥爭，就不止是同時開闢國內、國際兩個戰場，其最主要目標是指向黨內的「修正主義」。

因此，我們關於這一段歷史的敘述，也就圍繞國內與國際兩方面展開，而且要特別關注兩者間的內在聯繫。

（一）國內戰場：基層、中層和上層的階級鬥爭演習

1. 基層：從開展社會主義教育運動到四清運動，「挖資本主義的根子，修正主義的社會基礎」

1963 年 2 月，中共中央召開工作會議，劉少奇作了「關於反對現代修正主義的鬥爭問題」的報告。值得注意的是毛澤東在劉少奇報告中的一段插話：「我國出不出修正主義，一種可能，一種不可能。現在有的人三斤豬肉、幾包紙煙，就被收買。在農村進行社會主義教育，就可以挖掉修正主義根子」。[4] 這段話有兩個意思，一是指明在農村發動社會主義教育運動（後來發展為四清運動[i]），目的是要拔掉修正主義根子，解決社會基礎問題；而他所謂「三斤豬肉，幾包紙煙，就被收買」，實際所指的是經濟困難時期農村基層幹部多吃多占、接受賄賂的問題，也即農村基層黨組織的腐敗問題。這兩個問題之中，所謂「拔掉修正主義的根子」是毛澤東的主觀判斷和意圖，而「農村黨組織的腐敗」卻是一個實際存在、必須解決的問題。

這就引起我們的討論興趣：當時中國農村存在的實際問題是什麼？基層

3　〈中國共產黨第八屆中央委員會第十次全體會議的公報〉（1962 年 9 月 27 日），收《建國以來重要文獻選編》第 15 冊（北京：中央文獻出版社 1997），頁 653-654。據《毛澤東傳》說明：「毛澤東關於社會主義社會階級和階級鬥爭的理論，在八屆十中全會的公報中，作了完整的表述。這一段表述是在他九月二十四講話的基礎上，加以整理，並經過他修改審定的。」見逢先知、金沖及主編：《毛澤東傳》（下卷），頁 1259。

4　毛澤東在中央工作會議上的插話（1963 年 2 月 25 日）。轉引自錢庠理：《歷史的變動：從挽救危機到反修防修（1962-1965）》，頁 295。

黨組織的腐敗到底表現在哪裡，原因是什麼？

我們來看一封農民的「上書」裡所反映的中國農村實情：

合作化以前，共產黨打倒地主分田地，農民是非常感激黨的。合作化以後，一搞統購統銷，為了要糧食，幹部們的作風一天比一天惡劣，農民的日子一天比一天難過。到了人民公社化以後，幹部對我們農民的態度惡劣到了極點。這幾年來我們這裡一些幹部口口聲聲代表黨的領導，對群眾實行的是比國民黨統治還厲害的統治。打罵、捆綁、餓飯、送勞教，是他們對群眾惡毒的手段。尤其是三元大隊總支書記蘇海清，人稱活閻王，經他打死的人命有無數。他對社員，那真是比國民黨土匪還要厲害得多。

今年三隊死了頭豬，是餓死的。這幾年，人都沒得吃，餓死一頭豬很常見，我們這裡不知餓死多少人呢！結果讓蘇書記撞見了，連打帶罵。非要女養豬員戴友姑為死豬當孝子，披麻戴孝，守墳哭地。天哪，自古至今，哪朝哪代，有這樣的事，有這樣的官？！[5]

從這封湖南農民的上書，大體可以看出農村的三個問題。其一，農民和共產黨幹部關係緊張，肇因始終是糧食問題——從統購統銷開始，實際上就是在糧食問題上對農民進行控制和剝奪，如我們一再分析，這是富國強兵的治國路線和邏輯所導致的。其二，「農村幹部腐敗」主要發生在人民公社化以後，在權力高度集中、幹部實際上全面控制農民之後，就肆無忌憚地多吃多占，腐敗也就不可避免。其三，農村基層黨組織的第一把手（如信中所說的那位「蘇書記」）掌握了絕對權力，就對農民實行比國民黨還厲害的法西斯專政。

以上三大問題，在六十年代的中國農村，是具有代表性的。它表明，中國農村基層幹部的腐敗，其根源就在「富國強兵的現代化路線」，以及1957年後建立的第一書記專政體制和人民公社制度對農民的全面控制；這是一種體制性的腐敗、變質。

毛澤東和共產黨當然不會承認這一點，他們也絕不會從根本體制上來解決黨的腐敗，但他們又必須面對基層黨組織與農民間關係緊張的問題，因此

---

5 澧縣閘口公社社員：〈關於幹部問題上中共中央領導人書〉（1960年2月16日），余習廣主編：《位卑未敢忘憂國：大躍進‧苦日子上書集》，頁163、164-165。

就只能從解決基層幹部的經濟問題和作風問題來緩解矛盾。於是，運動就從「在農村進行社會主義教育」轉為「四清」──即清帳務、清庫存、清工分、清財務。可以看出其目標是要清理幹部的經濟問題，儘管回避了制度性的根本問題，但「四清」涉及對於幹部侵害農民利益等問題的處理，因此還是符合農民的要求的。我們應該承認，毛澤東發動「四清運動」有一定的群眾基礎──毛澤東發動的運動大都（當然不是全部）是有群眾基礎的，但問題在於毛澤東如何引導運動的發展。

毛澤東迅速把四清運動暴露出來的農村問題，納入到他的階級鬥爭軌道上。他在一份材料上作了這樣的批示：

> 地、富、反、壞、牛鬼蛇神一齊跑了出來，而我們的幹部則不聞不問，有許多人甚至敵我不分，互相勾結，被敵人腐蝕侵襲，分化瓦解，拉出去，打進來，許多工人、農民和知識分子也被敵人軟硬兼施，照此辦理，那就不要很多時間，少則幾年、十幾年，多則幾十年，就不可避免地要出現全國性的反革命復辟，馬列主義的黨就一定會變成修正主義的黨，變成法西斯黨，整個中國就要改變顏色了。請同志們想一想，這是一種多麼危險的情景啊！[6]

這是一個相當關鍵的判斷，但卻會引發四個問題。

首先自然是「誇大敵情」，所謂「中國變修」[ii]問題，就是一個想像中的誇大。其二，依然把傳統階級鬥爭中的對象，所謂「地（主）、富（農）、反（革命）、壞（分子）」這些老「牛鬼蛇神」作為主要危險、主要鬥爭對象，但這是不符合實情的，因為經過歷次運動，農村裡這些被打倒的階級已被剝奪一切政治、經濟權力，並不再具有對抗政權的力量，所以「地、富、反、壞」也是一個被誇大的敵人，若把新體制造成的農村問題歸之於他們的破壞，顯然是轉移目標。

更重要的是，毛澤東（之後還有劉少奇），進一步提出所謂「民主革命不徹底」的問題──毛澤東早在1960年信陽餓死100萬人的惡性事件發生後，就斷定「壞人當權，打人死人，糧食減產，吃不飽飯」，並說明「民主革命尚未成

6　毛澤東：〈轉發浙江省七個關於幹部參加勞動的好材料的批語〉（1963年5月9日），《建國以來毛澤東文稿》第10冊，頁293。

功，封建勢力大大作怪，對社會主義更加仇視，破壞社會主義生產關係和生產力」。[7]劉少奇則說得更明確：信陽地主階級復辟了，要讓信陽人民來個第二次解放，而「地、富、反、壞」和國民黨殘餘之所以如此猖狂，是因為「民主革命不徹底」。[8]這種說法，就把共產黨領導下的大躍進、人民公社所造成的饑荒致死和打人致死等問題，都算在所謂「國民黨殘餘」頭上。

這中間有一個頗為奇特的邏輯轉換。同學是否還記得，我之前講過，建國初期，大陸老百姓確實流行著一個觀點，認為所有的壞事都是國民黨搞的，腐敗根源在國民黨，共產黨則是絕對清白。那麼，現在卻發生共產黨幹部（例如湖南農民上書中提到的那位「蘇書記」）對農民實行比國民黨還要厲害的專政，這問題又如何解釋呢？於是，就有了這樣的邏輯：共產黨不可能對農民實行專政，做這種事情的一定是國民黨；因此，對農民實行法西斯專政的幹部，要麼本身就是國民黨的殘渣餘孽，要麼就是被國民黨殘渣餘孽或其社會基礎「地、富、反、壞」所腐蝕，這都是「民主革命不徹底」的後果。怎麼證明這個邏輯呢？於是，就帶著這個先驗結論去找證據；找來找去，找到兩條：一條是那位信陽地委書記的家庭出身是地主，而這是可能的，我以前講過，共產黨內許多知識分子黨員都是出身於地主或上層社會家庭。另一條是18個縣市先後任縣委書記的20人中，有8人的老婆是地主、反革命的女兒，這就是被國民黨殘餘「腐蝕」的證據[9]——這些「證據」在今天看來近乎荒唐，但在那個處處講階級分析、階級鬥爭的年代，卻是無法辯駁、無人敢提出質疑的。

問題更在於，從這種沒有什麼依據、全憑主觀臆造的前提出發，竟發展成為所謂「補民主革命的課」的新「奪權鬥爭」：被打擊的首先是農村基層幹

7　〈信陽地委關於整風運動和生產救災工作情況的報告〉（中共中央文件，中發（61）4號），本文件中引述了毛澤東的指示。轉引自楊繼繩：《墓碑——中國六十年代大饑荒紀實》（上篇），頁67。

8　喬培華：〈信陽事件〉，未刊稿。轉引自楊繼繩：《墓碑——中國六十年代大饑荒紀實》（上篇），頁68。

9　中央監委副書記王從吾（1910-2001）在河南省委常委會上的講話（1060年12月6日）。轉引自楊繼繩：《墓碑——中國六十年代大饑荒紀實》（上篇），頁73。

部，在信陽地區1萬多名幹部被批鬥，集訓20萬人；[10]農村中凡在歷史上與國民黨有過關係的人，所謂「地、富、反、壞、右」及其子女，也都再遭劫難。

毛澤東在「挖修正主義根子」的旗號下，重提要「補民主革命的課」，即是1960年農村社會主義教育運動中殘酷鬥爭的重演，這次，毛澤東作出了更加嚴重的估計。1964年中央工作會議上，毛澤東說：「我看，我們這個國家有三分之一的權力不掌握在我們手裡」[11]——我們前面剛說到「誇大敵情」，在此發展到了極端：重新「組織革命的階級隊伍」、重新「奪權」又再次被提出了。所謂「重新組織階級隊伍」，某種意義上，就是要在農村重新劃分階級，毛澤東在一個批語裡，甚至將「基層幹部」和「富裕中農、富農地主」一起視為「剝削階級」，而把「貧下中農」視為「被剝削階級」。[12]

這背後，隱含著我們要討論的第三、四個問題——其三，這種鬥爭，在實質上是要把體制所造成的大饑荒和對農民實行專政的問題，轉嫁到農村基層幹部身上——這些幹部當然有自己的問題，而有些（如那位「蘇書記」）還真是農村土霸王，加上他們處在第一線、處於和農民直接對抗的地位，因此很容易激起公憤，但是他們所執行的是上級（包括毛澤東）的政策和指令，他們不受制約的權力也是黨（包括毛澤東）給予的。現在，卻要這些基層幹部來承擔全部責任，而真正應該對農村問題負主要責任的黨上層和毛澤東本人，卻因此而「金蟬蛻殼」，還製造出「毛主席、黨中央英明，全是基層幹部把事情搞壞了」的假象。

其四，我們在前面討論中已經說過，農村基層幹部的腐敗，是一個必須解決的問題。但該如何解決？從毛澤東所發動的奪權鬥爭看，他顯然是要用群眾階級鬥爭的方式來解決黨的腐敗問題，這可能對黨幹部形成壓力、取得一時之效，但卻極容易、甚至必然會導致鬥爭擴大化與群眾專政，形成新的紅色恐怖，並出現大量新的冤案——「打擊一大片」，又在實際上保護了「一小撮」。

10　轉引自楊繼繩：《墓碑——中國六十年代大饑荒紀實》（上篇），頁69-71。

11　1964年6月8日毛澤東在中央工作會議上的插話。轉引自逢先知、金沖及主編：《毛澤東傳》（下），頁1345。

12　毛澤東：〈對陶鑄的信和蹲點報告的批語和批注〉（1964年12月10日），《建國以來毛澤東文稿》第11冊，頁259-260。

「四清運動」的實際效果就是如此：最後四清由「清帳目、清庫存、清工分、清財務」，變成「清政治、清經濟、清思想、清組織」，結果是對農村社會進行全面清洗，既是對黨內的大清洗，同時又是對社會的大清洗，並為毛澤東下一步發動文化大革命，進行全國、全黨範圍的大清洗作了思想、輿論與組織上的準備和預演——這才是毛澤東的真正目的。

隨後，毛澤東又把這個農村階級鬥爭的模式運用到工廠、城市裡，並導出一系列更加極端的結論：「我們的工業究竟有多少在經營管理方面已經資本主義化了，是三分之一，二分之一，或者還更多些」；[13]「官僚主義者階級與工人階級和貧下中農是兩個尖銳對立的階級」、「這些人是已經變成或者正在變成吸工人血的資產階級分子」，「這些人是鬥爭對象，革命對象」。[14]

毛澤東已經斷定農村 1/3 的政權不在自己手裡，現在又估計 1/3、1/2 的城市工業已經資本主義化，這就真的是把中國的形勢看作是資產階級全面復辟了，這顯然並不符合實際國情，卻成為之後毛澤東發動文化大革命的主要依據。[15]

當然，最引人注目的，還是毛澤東所提出的「官僚主義者階級」概念。我們首先聯想起 1957 年青年學生提出的「特權階級」概念，官僚主義者階級顯然是特權階級概念的延續，和我們上一講提到的《星火》在 1960 年提出「新興官僚統治階層」概念，也是相似的。這就意味著毛澤東實際上接下了被他鎮壓的「右派」、「反革命」的觀念和口號，而且比他們更為激烈。這是一個非常耐人尋味的思想文化現象：民間思想的先驅者，他們最早感應社會的矛盾，發出「中國可能或已經出現特權階級」的預警，卻因思想的超前而不被一般群眾接受，更被當局所鎮壓；但也正因為人們拒絕了他們的警示，之後的歷史發展

13　毛澤東：〈對謝富治在瀋陽冶煉廠蹲點的報告的批語〉（1964 年 12 月 5 日），《建國以來毛澤東文稿》第 11 冊，頁 256。

14　毛澤東：〈對陳正人關於社教蹲點情況報告的批語和批注〉（1965 年 1 月 15 日），《建國以來毛澤東文稿》第 11 冊，頁 265-266。

15　毛澤東在 1964 年 2 月，對來訪的金日成（1912-1994，北韓）說，在中國各種「搞地下工作」的壞人有 1,000 萬人，毛澤東還計算了一下，在 6 億 5,000 萬人口中，這種人就占了 1/65，就是 65 人中有 1 個。見曹英等：《特別別墅——紅牆以外的紅牆》（北京：改革出版社，1998），頁 268-270。轉引自高華：〈從《七律・有所思》看毛澤東發動「文革」的運思〉，文收高華：《在歷史的風陵渡口》，頁 247。

中特權問題日益嚴重，特別是在經過大躍進、人民公社運動以後更是如此，以至毛澤東自己也不能不正視社會主義體制下新特權階級的形成，進而提出官僚主義者階級的概念。這在共和國的歷史上是個規律性現象：打壓民間思想運動的鎮壓者，往往是其遺囑的執行者；毛澤東之於1957年的「右派」是如此、鄧小平之於八十年代初民間運動的關係又何嘗不是如此。

　　但是如果再作深入分析，又不難發現毛澤東與1957年「右派」學生的分歧。後者雖然沒有來得及對「特權階級」作進一步的學理分析，但他們的思路明確，即要從生產資料的占有、分配這些方面進行探討，堅守從經濟地位分析、討論階級形成的馬克思主義原理。毛澤東既然提出了「官僚主義者階級」的概念，他就應該繼續對其作經濟分析，但毛澤東卻沒有作出任何具體分析和討論，在「四清運動」中又提出另一個概念「走資本主義道路當權派」作為替代，以後不再提及「官僚主義者階級」。事實上，這兩個概念具有不同的意義：「走資本主義道路當權派」不再是一個階級的概念，而是一個黨內鬥爭的概念，用毛澤東的話來說，是一個「走資本主義道路還是社會主義道路」的問題，在之後的文化革命中，這就更直白地變成一個「路線」問題，即「跟誰走」的問題——是要跟隨毛澤東，還是跟隨別人，如劉少奇或林彪？這裡也說一個小故事：有一天，以說話坦率著稱的陳毅（1901-1972）元帥當面問毛澤東：你講走資本主義道路當權派，什麼叫走資本主義道路當權派？我陳毅算不算是走資本主義道路當權派？毛澤東回答說：「黨內的，當權的，又走了資本主義道路的就是黨內走資派。你陳毅同志是當權派，只要走社會主義，當權派還可以當下去」；[16]毛澤東沒說出來的意思是，如果你要走資本主義道路、不跟著我走，就要被打倒——這裡，就不再以實際客觀標準定義「走資本主義道路當權派」，而是以極大的主觀隨意性「說你是你就是，說你不是你就不是」，這個概念完全成為毛澤東進行黨內鬥爭的工具，而其實質也是如此。但是，毛澤東提出「官僚主義者階級」和「走資本主義道路當權派」兩個概念，還是啟發了文革中的民間思想者，並曾引發熱烈討論，產生了許多重要的思想成果。

　　那麼，毛澤東在1965年提出「官僚主義者階級」概念的意義究竟在哪裡？如一位研究者所說，即使在國際思想文化界、國際共產主義運動中，毛澤東

16　轉引自郭德宏、林小波：《四清運動實錄》（杭州：浙江人民出版社，2005），頁346。

也「不是第一個認識到社會主義革命會產生官僚統治的剝削階級的人。在毛之前有許多人已經看到了這一點。其中有韋伯、托洛斯基、米洛萬・吉拉斯（Milovan Djilas）等人。毛關於新官僚統治階級的觀點的獨到之處，不在於他對這一問題的分析——無論如何，他的理論還是不很成熟的——而在於這個觀點是由一個共產黨國家的領導人提出的。這種事情過去不曾有過，將來也不太可能再出現。在官方的馬克思列寧主義意識形態中，毛的這種觀點不啻是異端邪說，在政治上十分危險，它動搖了馬克思主義極力論證的共產黨政權的合法性」。[17] 這也就是為什麼在後毛澤東時代，從鄧小平以降的所有中國領導人不管如何宣稱自己「高舉毛澤東旗幟」，卻都一致拒絕毛澤東這一革命性概念。而事實上，毛澤東本人也沒有將這一概念堅持到底，這也顯示了毛澤東的內在矛盾。

　　這裡我還想把討論深入一步：六十年代的中國到底有沒有形成「官僚主義者階級」？如果把它作為「利益集團」來理解，著眼於政治權力的壟斷所造成的社會不平等，它是確實存在的；但如果從生產資料的占有和分配角度來認識，「官僚主義者階級」恐怕要到二十世紀九十年代之後才逐漸形成——今天的中國確實存在一個「官僚主義者階級」，一般又稱之為「權貴資產階級」。這樣，六十年代毛澤東所提出的「官僚主義者階級」概念，一方面確實起了動員群眾的作用，但由於概念的不確定性，再加上毛澤東採取群眾運動的階級鬥爭方式，就很容易把幹部和群眾之間的一般性矛盾變成階級矛盾，並引發你死我活的殘酷鬥爭。這同樣也帶來了擴大矛盾、人為地將矛盾激化和政治化的問題，並造成幹部與群眾、群眾與群眾（群眾中也有不同的利益群體，他們與幹部的關係不同，很容易形成「保」與「革」兩派）之間的搏殺，造成新的災難，文化大革命時期就發生了許多慘劇。

2. 中層：思想文化教育領域的大批判運動

　　毛澤東在推動中國的反修正主義鬥爭時，有一個基本分析，即認定中國產生修正主義的原因，一是來自帝國主義和國外修正主義的壓力，另一是來自國內資產階級的影響。而且，他把重點放在國內方面。所謂「國內資產階

17　莫里斯・邁斯納著，杜蒲譯：《毛澤東的中國及其後：中華人民共和國史》，頁284。

級」，由於資本家在此時已經不構成實際威脅，因此毛澤東真正視為心腹之患的，還是所謂「資產階級知識分子」；而且，他的認識又有新的發展：如果說五十年代反右與反右之後，毛澤東所謂的「資產階級知識分子」主要是指國民黨時代所培養的知識分子；那麼在六十年代中期，他在繼續打擊這些「舊社會來的知識分子」同時，又把黨內知識分子，特別是那些在思想、文化、學術、教育領域處於領導或領軍地位的黨內知識分子，也列入「資產階級知識分子」的範圍，而且認為他們具有更大危險性。因此，他把黨內外具有影響力的知識分子都稱為「資產階級反動學術權威」，和他所說的「走資本主義道路的當權派」一起視作兩大打擊對象，也即是他準備發動「文化大革命」的兩個革命對象。

作為一個預演，毛澤東六十年代中期在農村、工廠基層「挖修正主義根子」同時，又在思想、文化、學術、教育各領域發動了大批判運動。1963年毛澤東在中央工作會議上宣布：「反對修正主義要包括意識形態方面，除了文學之外，還有藝術，比如歌舞、戲劇、電影等等，等等，都應該抓一下」。[18]

接著，毛澤東連續發表了一系列非常嚴厲的批判：「文化部不管文化，封建的、帝王將相的、才子佳人的東西很多，文化部不管。要好好檢查一下，認真改正，如不改變，就改名『帝王將相部』、『才子佳人部』，或者『外國死人部』」（1963年11月），[19]「各種藝術形式——戲劇、曲藝、音樂、美術、舞蹈、電影、詩和文學等等，問題不少，人數很多，社會主義改造在許多部門中，至今收效甚微。許多部門至今還是『死人』統治著。〔……〕社會經濟基礎已經改變了，為這個基礎服務的上層建築之一的藝術部門，至今還是大問題。〔……〕許多共產黨人熱心提倡封建主義和資本主義的藝術，卻不熱心提倡社會主義的藝術，豈非咄咄怪事」，[20]在1964年6月11日的中央工作會議上，康生談到「高薪階層」會成為「修正主義的社會基礎的一部分」，毛澤東補充說：

18　毛澤東在中央工作會議上的講話（1963年9月27日）。轉引自薄一波：《若干重大決策與事件的回顧》（下），頁1226。

19　毛澤東對《戲劇報》、文化部的批評（1963年11月）。轉引自薄一波：《若干重大決策與事件回顧》（下卷），頁1226。

20　毛澤東：〈關於文藝工作的批語〉（1963年12月12日），《建國以來毛澤東文稿》第10冊，頁436-437。

「包括高薪文學家，高薪教授，高薪科學家」。[21]1964年6月27日，毛澤東在一個關於全國文聯和各協會的批示裡，就作出了更為嚴峻的判斷：「這些協會和他們所掌握的刊物〔……〕，十五年來，基本上（不是一切人）不執行黨的政策，做官當老爺，不去接近工農兵，不去反映社會主義的革命和建設，最近幾年，竟然跌到了修正主義的邊緣。如不認真改造，勢必在將來的某一天，要變成像匈牙利裴多菲俱樂部[iii]那樣的團體」。[22]

　　1964年8月14日，毛澤東在中宣部〈關於公開放映和批判《北國江南》、《早春二月》請示報告〉上批示：「不但在幾個大城市放映，而且應在幾十個至一百多個中等城市放映，使這些修正主義材料公之於眾。可能不只這兩部影片，還有些別的，都需要批判」。[23]

　　1965年6月，毛澤東又向衛生部門提出警告：「告訴衛生部，衛生部的工作只給全國15%服務，而且這15%中主要還是老爺。廣大的農民得不到醫療。一無醫，二無藥。衛生部不是人民的衛生部，改成城市衛生部或老爺衛生部或城市老爺衛生部好了」、「現在那套檢查治療方法根本不適合農村，培

21　毛澤東在中央工作會議上康生講話後的插話（1964年6月11日）。轉引自薄一波：《若干重大決策和事件的回顧》（下卷），頁1228、1229-1230。據說毛澤東還提出了「工人貴族」的概念，但這並不符合事實，有這樣的統計數字：上海全民所有制工廠，在1961-1965年，月工資在40-60元的，占職工總數的89.69%，月工資在71-80元的占0.48%，月工資在81-90元的占0.07%，最低的40元與最高的90元，僅1倍多。即使是高工薪，1957年少將月薪350元，1956年一級教授（全國僅56人）月薪345元，以後幾十年也並無變化，只是最低工資的9倍。高級幹部的工資情況也大體如此，地方中級幹部的工資和全民所有制企事業單位職工的工資的差距也在兩倍左右。據李遜：《大崩潰：上海工人造反派興亡史》所附：〈表八‧上海全民所有制職工月平均工資〉、〈表九‧1961-1966年上海職工按標準月工資分組〉，李遜：《大崩潰：上海工人造反派興亡史》（台北：時報文化出版公司，1996），頁592。又據黃新原：〈1956年的定級〉，載《人民政協報》（2004年10月28日）。轉引自高華：〈從《七律‧有所思》看毛澤東發動「文革」的運思〉，收高華：《在歷史的風陵渡口》，頁248。

22　毛澤東：〈對中宣部關於全國文聯和各協會整風情況的報告的批語〉（1964年6月27日），《建國以來毛澤東文稿》第11冊，頁91。

23　毛澤東：〈對公開放映並組織批判影片《北國江南》、《早春二月》的報告的批語〉（1964年8月18日），《建國以來毛澤東文稿》第11冊，頁135。

養醫生的方法，也是為了城市，可是中國有五億多農民」。[24]

1964年11月26日，毛澤東在一次彙報會裡又下了這樣的判斷：「文化系統究竟有多少在我們手裡？百分之二十？百分之三十？或者是一半？還是大都不在我們手裡？我看至少一半不在我們手裡」、「整個文化部都垮了」。[25]

這個估計就比對底層情況的估計還來得嚴重，當時估計農村是1/3、工廠也是1/3，而在文化部門則是至少有1/2「不在我們手裡」：此刻，文化大革命的奪權鬥爭已經呼之欲出了。

這一次大批判涉及面非常廣，除了所謂「電影毒草」、「戲劇毒草」、「文學毒草」之外，還批判了一大批社會科學各領域中過去被稱為「馬克思主義權威」的黨內大知識分子，如哲學界的楊獻珍（1896-1992）、經濟學界的孫冶方（1908-1983）、歷史學界的翦伯贊（1898-1968）等等，他們的主要罪名都是在思想理論上和毛澤東對抗——楊獻珍對大躍進中的主觀唯心論，以及將矛盾、鬥爭推於極端的「一分為二論」提出質疑和批判，孫冶方強調價值規律作用和企業自主權、批判計劃經濟弊端等等，這些本來都表現了知識分子的獨立思考和懷疑精神，而且也都是學理的討論，現在卻變成「鼓吹修正主義」的政治問題，並使倡議者遭到殘酷的迫害。但是，這些人都堅持自己的觀點和信念、至死不變，由此可見顧準並不完全孤立，在中國體制內、在中國共產黨內，還是有一批有骨氣的知識分子。

毛澤東更關注教育問題。他在1964年2月13日有一個〈關於教育革命的談話〉，當時稱為〈春節講話〉，可以說是震動了整個中國教育界，以後直接影響文化大革命的爆發。我在這裡唸幾段關鍵性的話，看看諸位有什麼反應，這是很有意思的：

> 學制可以縮短。
>
> 學制縮短以後，中學畢業生只有十五六歲，不夠當兵年齡，也可以過軍隊生活。不僅男生，女生也可以辦紅色娘子軍，讓十六七歲的女孩子去過半年到一年的軍隊生活。

24　毛澤東1965年6月26日關於衛生工作的談話。

25　毛澤東在聽取西南三線工作彙報時的插話（1964年11月28日）。轉引自薄一波：《若干重大決策和事件的回顧》（下卷），頁1227。

現在課程多，害死人，使中小學生、大學生天天處於緊張狀態。

課程可以砍掉一半。學生成天看書，並不好，可以參加一些生產勞動和必要的社會活動。

現在的考試，用對付敵人的辦法，搞突然襲擊，出一些怪題、偏題，整學生。這是一種考八股文的方法，我不贊成，要完全改變。我主張題目公開，由學生研究、看書去做。例如，出二十個題，學生能答出十題，答得好，其中有的答得很好，有創見，可以打一百分；二十題都答了，也對，但是平平淡淡，沒有創見的，給五十分、六十分。考試可以交頭接耳，無非自己不懂，問了別人懂了。懂了就有收穫，為什麼要死記硬背呢？人家做了，我抄一遍也好。可以試試點。

舊教學制度摧殘人才，摧殘青年，我很不贊成。

〔……〕現在一是課多，一是書多，壓得太重。有些課程不一定要考。如中學學一點邏輯、語法，不要考，知道什麼是語法，什麼是邏輯就可以了，真正理解，要到工作中去慢慢體會。

課程講的太多，是煩瑣哲學。煩瑣哲學總是要滅亡的。如經學，搞那麼多註解，現在沒有用了。我看這種方法，無論中國的也好，其他國家的也好，都要走向自己的反面，都要滅亡的。書不一定讀得很多。馬克思主義的書要讀，讀了要消化。讀多了，又不能消化，也可能走向反面，成為書呆子，成為教條主義者、修正主義者。[26]

怎麼樣，大家聽了這番話，都深有同感吧？這些話說明了毛澤東的教育思想，比如他強調學生學習的獨立自主性，強調自修自學，強調理論和實踐的結合，反對死記硬背與煩瑣哲學，都具有合理性。問題是，後來毛澤東把它絕對化，完全否認教師與學校教育的作用，就產生了許多問題；文化大革命時期乾脆停止了學校教育，耽擱了整整幾代人。然而，毛澤東在1964年根據他的教育思想批判當時中國教育，確實是擊中要害，這個批判甚至可能一直延用到今天的大陸和台灣教育——同學們聽完之所以產生共鳴，原因就在此。所以完全可以想見，當時被課程壓得喘不過氣來的大學生、中學生，聽說可

26　毛澤東：〈關於教育革命的談話〉（1964年2月13日），《建國以來毛澤東文稿》第11冊，頁22-23。

以不要考試、可以交頭接耳，頓時有一種解放之感；當時連我這樣的中學教師，也覺得原來那種以考試、分數壓人，與學生為敵的教育大有改革必要。毛澤東確實是一個大政治家，他對於群眾情緒的把握是相當準確的，對青少年的情緒也有深切了解，在後來的文革中他具有的煽動力、號召力，絕不是偶然。

問題在於，中國教育的問題的背後，依然是體制問題，特別是與我們前面反覆討論過的「五七體制」對人們（包括青少年）所加強的精神控制直接相關。但毛澤東卻按照他的階級鬥爭邏輯，把一切問題都歸之於「資產階級知識分子」，並進而得出「資產階級知識分子統治我們學校」的結論，[27]這就不是20%、30%、50%，而是100%地「不在我們（共產黨）手裡」，需要全面奪權了。這樣，就把鬥爭的矛頭指向所有教育工作者，從教育各級行政部門的領導到學校校長、老師，都成了殘酷打擊的對象。青年學生對教育制度的不滿，最終被引向了處在教學第一線的老師和校長；越是對學生要求嚴格的老師、校長，越容易成為學生反抗的對象。其實，老師和校長的「嚴格要求」本來就混雜了「合理、必要的」和「不合理、過分的」兩者，但年輕的學生很難加以區分，所以一經煽動，就很容易產生過激的行動，文革中許多迫害老師與校長的校園暴力就這麼產生了。

當毛澤東宣稱「資產階級知識分子統治我們學校的現象，再也不能繼續下去了」時，[28]實際上就把他的思想推向了極端。首先是「資產階級知識分子」外延的進一步擴大：其所包括的不僅是舊社會、國民黨時期培養的知識分子，也不僅是黨內的權威知識分子，甚至把建國後共產黨自己培養出來的知識分子、五十、六十年代大學畢業的知識分子也包括在內。這就幾乎是要「一網打盡」，把所有的知識分子都看作是革命對象──我自己就是在這個指導思想下被打成反革命。雖然我當時不過是20多歲的大學畢業生，也被稱為「資產階級反動學術權威」，理由是我從北京大學畢業，意即越是名牌大學，學生就會越反動；在這邏輯下，不僅是「書讀得越多越蠢」，而且是「書讀得越多越反

27　毛澤東：〈對總後勤部關於進一步搞好部隊農副業生產報告的批語〉（1966年5月7日），《建國以來毛澤東文稿》第12冊，頁54。

28　毛澤東：〈對總後勤部關於進一步搞好部隊農副業生產報告的批語〉（1966年5月7日），《建國以來毛澤東文稿》第12冊，頁54。

動」了。

1966年4月，也就是發動文化大革命起始時期，毛澤東在一個批語裡對知識分子、大學教授、學生有這樣一個分析：「那些大學教授和大學生們只會啃書本（這是一項比較最容易的工作），他們一不會打仗，二不會革命，三不會做工，四不會耕田」，「他們中的很多人確有一項學問，就是反共反人民反革命，至今還是如此」，「除了幹反革命，搞資產階級復辟，培養修正主義分子以外，其他一樣也不會」[29]——這樣，毛澤東實際上就回到我們在第二講「反右運動前後」裡曾經提過、他在1926年所寫的〈中國社會各階級分析〉裡的判斷：所有受過高等教育的知識分子，都是極端的「反革命派」與「半反革命派」。知識分子，特別是所謂「資產階級反動學術權威」，就注定要成為文化大革命的革命對象。而毛澤東對書本知識、學問、科學研究的著意貶抑，對實踐（革命、做工、耕田、打仗）作用的無限誇大，就使文化大革命從一開始就打上了「反知識、反文化」的反智主義烙印。

毛澤東由此而重申：「有同志說：『學問少的打倒學問多的，年紀小的打倒年紀大的』，這是古今一條規律」，[30]這也就把他1958年提出的「高貴者最愚蠢，卑賤者最聰明」邏輯推到極端。後來，在教育和文化、學術部門發動文化大革命所要依靠的對象，變成了文化程度不高的勤雜人員、司機、校工，真正成了「學問少、文化低的」打倒「學問多、文化高的」、「年紀小的」打倒「年紀大的」、「小人物」打倒「大人物」、「普通工作人員」打倒「權威、精英」的「革命」，這些結果都絕非偶然。

問題的複雜性在於，被打倒的權威、精英本身並非沒有問題。大家還記得吧，我們在講沈從文的時候曾經說過，沈從文作為歷史博物館的講解員，他自己就遭受到博物館內學術權威的壓力，有些權威甚至有點像學霸了。也就是說，在學術界、思想文化界、教育界確實存在這種「權威」與「普通工作人員」、「知識分子」和「非知識分子」、「老師」與「學生」之間的矛盾。但藉用毛澤東「兩類矛盾」的說法，這都屬於人民內部矛盾；現在，毛澤東宣布這些

29　毛澤東：〈對《在京藝術院校試行半工（農）半讀》一文的批語〉（1966年4月14日），《建國以來毛澤東文稿》第12冊，頁35。

30　毛澤東：〈對《在京藝術院校試行半工（農）半讀》一文的批語〉（1966年4月14日），《建國以來毛澤東文稿》第12冊，頁35。

知識分子、權威都是革命對象，就把正常的人民內部矛盾擴大成政治問題，並引向你死我活的階級鬥爭、成為毛澤東「掃蕩中層」戰略計劃的有機組成部分。在這個意義上，可以說那些被毛澤東煽動起來「造反」的小人物、非知識分子、青年學生，不過是毛澤東所啟動的戰車裡的一兵一卒，他們的不滿情緒都被毛澤東利用了。

在這個批語裡，毛澤東還表達了這樣的意思：「學校一律要搬到工廠和農村去，一律實行半工半讀」、「不去就解散這類學校，以免貽患無窮」[31]──這樣，在之後的文革中，所有學校一律停課、主張取消文科大學，都是順理成章的。

然而，毛澤東的真正關注點，還是在上層的鬥爭，也就是接班人危機。

3. 上層：接班人危機引發的鬥爭

我們從研究者在美國約翰遜總統圖書館（Lyndon Johnson Library&Museum）發現的一份「情報備忘錄」說起。

1964年3月19日，美國中央情報局向美國總統、國家安全委員會提出一份機密報告〈中國共產黨領導層和繼承問題〉，作出了四點分析：其一，中共最高領導層的所有人員都屬於第一代革命者，在政治局的18個成員中，絕大多數是60到70歲，毛澤東這時已經70歲了；其二，毛澤東是中共黨內威信最高的，中共最高核心層領導基本穩定；其三，劉少奇是毛澤東所確定的繼承人；其四，在中共第二代中，也就在當時為40歲到50歲之間當中，目前還不能肯定由誰來接班。中央情報局認為，劉少奇和毛澤東是同一代人，且劉少奇有明顯缺陷，即「缺少色彩，沒有幽默感，無法和毛澤東一起分享那種『超凡權威』」，因此，即使劉少奇順利接了毛澤東的班，也只是同代相傳，不可能從根本上改變毛澤東的路線，因此並不重要。重點在於之後的第二代，而第一代到第二代之間需要有第三人作為銜接，也就是毛澤東、劉少奇之外的第三個人，這才是關鍵人物。這個人是誰？中央情報局分析，中國當時有三個人可能成為這關鍵第三人：周恩來、鄧小平和林彪。周恩來是溫和派，

31　毛澤東：〈對《在京藝術院校試行半工（農）半讀》一文的批語〉（1966年4月14日），《建國以來毛澤東文稿》第12冊，頁35。

任何時候都不當第一把手，所以周的可能性不大；林彪可能性很高，但是林彪身體不好；最有可能就是鄧小平做第三人。因為，第一，鄧小平年輕。第二，他又無疑屬於中共第一代，在長期革命歷史中建立了個人威望。第三，他是當時中央書記處書記，掌握黨的實權。第四，在中蘇論戰中，他是「激進派」，其意識形態更接近毛澤東，因而是毛澤東和劉少奇所信任的人[32]——以後的歷史發展已經證實，美國中央情報局的分析相當準確，包括他們分析毛澤東與劉少奇的關係、毛澤東和鄧小平的關係、劉少奇和鄧小平的關係，我認為也比今天許多研究者一廂情願地誇大毛、劉，毛、鄧矛盾，更符合實際。

說到毛澤東確認劉少奇是接班人，這裡也有一個故事。1961年英國著名的退休元帥蒙哥馬利參訪中國，事前英國研究中國的學者，後來寫有《文化大革命的起源》的麥克法誇爾（Roderick MacFarquhar，1930-，英國）曾向他建議，應該向中國人提出關於毛澤東的接班人和接班人的接班人的問題。[33]所以他到了中國之後，見到中國老百姓就曾二度提問：「除毛主席以外，你最擁護誰，你最聽誰的指揮？」在他與毛澤東會見的時候提出關於「接班人」的問題，毛澤東就告訴他：「很清楚，是劉少奇，他是我們黨的第一副主席。我死後，就是他」，「劉少奇之後的事我不管」。[34]實際上毛澤東在此時已經退居二線，由劉少奇擔任國家主席。經他這麼一說，毛澤東和劉少奇的關係就成為大家關注的中心，直到今天也還是研究界眾說紛紜的話題。

我已經多次說過，我不贊成將毛、劉矛盾說成是兩條路線之間的矛盾，而且我認為，要到比較後期，毛澤東和劉少奇之間的矛盾才真正激化。1962年七千人會議上，毛澤東和劉少奇對形勢的分析確有不同，但那時毛澤東基本上還是信任劉少奇的。比較有意思的衝突，可能發生在1962年7月，毛澤

32　參看李向前：〈誰是毛澤東的「繼承人」？——美國中央情報局六十年代的分析〉，文收《毛澤東剪影》，頁300。

33　Roderick MacFarquhar , *The Origins of the Cultural Revolution,* vol. 3 (New York: Oxford University Press and Columbia University Press, 1997)，頁 640-641。轉引自錢庠理：《歷史的變局：從挽救危機到反修防修（1962-1965）》，頁14。

34　毛澤東同蒙哥馬利談話記錄（1961年9月23日）。轉引自逄先知、金沖及主編：《毛澤東傳》（下），頁1173。參看熊向暉：〈毛澤東向蒙哥馬利談「繼承人」〉，《我的情報和外交生涯》（北京：中央黨史出版社，1999），頁386-387。

東在游泳池上與劉少奇之間的那場爭論，仔細琢磨毛澤東的話「你不頂住，我死了以後怎麼辦！」可以看出，毛澤東在那時還是把劉少奇當作接班人看待，他是在怪劉少奇不頂住。因為如此，後來批判黨內修正主義時，劉少奇並沒有被當作靶子，主要的靶子是鄧子恢，批判他在農業上搞「三自一包」（自留地、自由市場、自負盈虧、包產到戶），還有一位中共對外聯絡部部長王稼祥，他主張不要把國際關係弄得太緊張，對外援助也要量力而行，卻被概括為「對帝國主義和、對修正主義和、對反動派和，對革命支持少」，即所謂「三和一少」而大加批判。[35] 由此可見，在反對國內外的修正主義時，毛澤東最初還是依靠劉少奇、鄧小平、周恩來──至少說，即使毛澤東對劉少奇有點不放心，但也還是處在觀察階段。

更重要的是，這時劉少奇還是努力緊跟毛澤東。如我前面所說，在大躍進、人民公社的時候，劉少奇堅決支持毛澤東，而且「左」的程度絕不亞於毛澤東。六十年代毛澤東提出要重新開展全面的階級鬥爭、要反對修正主義，劉少奇態度非常鮮明，是堅決支持的；四清運動的時候，劉少奇甚至比毛澤東還要「左」。這就需要對1962年至1965年間劉少奇的思想、心理狀態和行動，作一點具體的考察和討論。

首先我們注意到，這一時期，毛澤東和劉少奇在黨內的威望開始發生微妙變化。這也是我們前面介紹過的：劉少奇主持工作，推行調整政策十分堅決，而且是大刀闊斧，效果非常好。他在周恩來、鄧小平和陳雲的支持下，迅速恢復了中國經濟的元氣，使中國從饑餓的困境中走了出來，於是劉少奇的威望急遽上升；雖然沒有任何人挑戰毛澤東的權威地位，但毛澤東的威信逐漸下降，已是一個趨勢。

這裡有一個材料：顧準在1960年初寫的日記裡，談到中國經濟一旦恢復，「毛先生就大功告成了」，[36]「他該走了，大概也真地快走了」。[37] 顧準還對劉少奇所主持推行的「調整、鞏固、充實、提高」方針給予很高的期待，認為這意味著要「回到1957年」，即將確立一個「和平建設社會主義的方向」。[38] 還

35　參看錢庠理：《歷史的變局：從挽救危機到反修防修（1962-1965）》，頁261-266。

36　顧準：〈顧準日記〉（1960年1月16日），《顧準日記》，頁244。

37　顧準：〈顧準日記〉（1960年2月28日），《顧準日記》，頁260。

38　顧準：〈1962-1964年在經濟所──歷史交代〉（1969年6月10日），《顧準自述》，頁296。

有這樣一份材料：一位名叫王佩英（1915-1970）的北京鐵路專業設計院的清潔工，是1951年入黨的黨員，她在七千人大會後，就認為毛澤東應該為大躍進的錯誤引咎辭職，讓幹得好的人（指劉少奇）上去，並揚言「毛主席應該退出歷史舞台，不然他以後沒有退路」；到1965年，她更提出要求退黨，理由是：共產黨已經「站在人民頭上壓迫人了」，「我再不退黨，我的罪就更大了」，而「領導共產黨變質的就是毛主席」；在文革中她更是旗幟鮮明地支持劉少奇，反對毛澤東，最後以「現行反革命」的罪名於1970年被公開處決[39]——黨內高級幹部顧準和普通黨員王佩英不約而同地表現出「擁劉棄毛」傾向，在當時黨內可能不一定具有普遍性，但也多少傳達了某種信息，而有一點是可以肯定的：在六十年代中期，即使毛澤東的絕對威望並沒有根本動搖，但劉少奇的威望上升卻是事實。

重要的是，劉少奇本人在這情況下，也有一點想利用這個威望上升趨勢來達到自己的目的。這大概是在四清運動中劉少奇表現得更「左」的內在原因。他不但和毛澤東一樣強調「基層單位有三分之一的領導權不在我們手裡」，甚至提出「三分之一打不住」，[40]而且還提出「反革命兩面政權」的概念，[41]認為很多基層政權「打著共產黨的旗號，辦國民黨的事」，[42]結果，就導致全國各地在各級政權中找「小台灣」，最後便在省一級裡，找到了貴州。

當時我正在離貴州省會不遠的安順教書，因為我不是黨員，並不太知道黨內鬥爭的情況，但我還是不斷聽到各種社會傳言，先是聽說劉少奇派四清工作組前來宣布「貴州爛了」，接著就傳來消息說貴州的省府貴陽，就是一個「小台灣」。之後，事情越說越離奇，就像一個偵探故事：據說工作組一來，就有省公安廳（類似台灣的情治部門）的人密告，說貴陽市第一書記貪污黃金，市長是叛徒。這情報並未經查實，公安部門就去抄第一書記的家，據說

39　郭宇寬：《王佩英評傳》，自印本。

40　劉少奇和山東幹部的談話（1964年7月），轉引自郭德宏、林小波：《四清運動實錄》，頁132。

41　劉少奇對〈關於農村社會主義教育運動的一些具體政策問題〉的修改，見吳冷西：〈同田家英共事的日子〉，董邊等編：《毛澤東和他的祕書田家英》（增訂本），頁149。

42　王光美：〈關於一個大隊的社會主義教育運動的經驗總結〉。轉引自郭德宏、林小波：《四清運動實錄》，頁170。

在他家裡的字紙簍裡面查到一張報紙，上面寫有「中華民國萬歲」幾個字，於是就憑這一點，把貴陽市委書記定罪為「現行反革命」，並據此而宣布貴陽市委以至貴州省委，都「爛掉了」、是「小台灣」。然後，就是逐層撤幹部：時為貴陽市委宣傳部長，後來成為中共中央宣傳部長、胡耀邦有力助手的朱厚澤（1931-2010），就在這次被整肅了，安順地委第一書記，也一聲令下就被撤職了，當時我對他印象滿好，他經常跟我們做報告，顯得很有水平──有研究者認為，在劉少奇指導下的貴州四清運動「有點像30年代蘇聯的『大肅反』期間偵破的那些層出不窮的『間諜破壞案』，都是由『契卡』人員率先『揭發』，然後由契卡部門介入，擴大偵探，再對主要領導幹部實行逮捕」，[43] 這可能是有留蘇背景的劉少奇的慣用方式，但他也學到毛澤東大搞群眾運動的方式，這種專政機關與群眾相結合，大概是劉少奇的階級鬥爭的方式，其打擊面和危害性，與毛澤東的階級鬥爭並無實質區別。我親眼目睹的貴州四清運動，就是一個例子，它告訴我們，在「通過搞大規模階級鬥爭，來鞏固黨的一黨專政」這個基本點上，包括劉少奇在內的整個黨的領導集體，和毛澤東是完全一致的，這是他們既定的治國方針。他們畢竟都是同代革命者；即使劉少奇掌握了最高權力，他搞起階級鬥爭時的堅定與無情，也絕不下於毛澤東。

　　如研究者所說，劉少奇「在治國方面，有非常務實和理性的一面」，但他「又有走偏鋒的特點」：「1962年下半年後，在毛一手營造的極左大氣候下，劉不願或無力抵擋，他快步跟上毛的步調，順風扯帆，到了1964年甚至比毛還要左。在『反革命的兩面政權』的大棒下，不僅許多無辜幹部受難，已在社會底層的前國民黨時代的留用人員也一再受到嚴厲打擊。一些被處理的幹部，特別是在城鎮工作的幹部，和大饑荒時期的違法亂紀並沒有關係，就是因為出身不好，被打成『階級異己分子』。劉在1964年的這些舉措，很難說沒有他個人目的，許多情況都表明，劉想藉『四清』真正樹立起他『號令天下』的權威」。[44]

　　這一時期，劉少奇已走向權力頂峰。他先是派自己的夫人王光美（1921-2006）去做四清的蹲點，創造出「桃園經驗」[iv]，即按照劉少奇「兩面政權」估

43　參看高華：〈在貴州「四清運動」的背後〉，載香港《二十一世紀》2006年2月號。

44　高華：〈在貴州「四清運動」的背後〉，載香港《二十一世紀》2006年2月號。

計,避開當地幹部、祕密進行扎根串連,把群眾發動起來奪權──這倒是長期在國民黨統治區做地下工作的劉少奇所習慣的鬥爭方式,現在劉少奇想要將之全面推廣到共產黨領導下的國家。他帶著夫人從北方走到南方,在14省市作巡迴報告,各地黨、政、軍幹部也都紛紛表示支持,大有一呼百應之勢。一貫謹慎的劉少奇,此時也不再顧及黨內鬥爭的忌諱,他回到北京,就在人民大會堂召集所有在京的高級幹部來聽他講話,包括政治局委員和元帥。據一位在場者回憶,劉少奇站在講台上走來走去,一邊走一邊講:「王光美下去了,不是就發現了許多新問題嗎?她現在寫出東西來了,總結了許多新經驗,很有意思。我看大家還是下去吧,趕快下去吧!」、「誰要是不下去,就把他趕下去!」話說到這裡就戛然而止,前後不到一個小時。劉少奇大概沒有想到他這次講話所造成的嚴重後果。首先,這講話引起部分聽會者的不滿,當場就有人發牢騷說:「這是幹什麼?這不是來『聽訓』嗎?」還有的軍隊幹部在罵娘[45]──當然這只是一個小插曲,但如果聯繫我們前面所說,在1962年軍隊幹部在對形勢看法問題上和劉少奇分歧,以及他們對毛澤東的支持,的確可以看出之後事變發展的某些端倪。劉少奇在軍隊的影響遠不及毛澤東,他始終不掌握軍權,這是他的致命之處。

最後,終於有了「兩個主席的攤牌」。衝突發生在1964年12月20日中央常委擴大會議上,毛澤東堅持把四清的重點放在整頓「走資本主義當權派」:「就是要發動群眾來整我們這個黨」、「中心問題是整黨,不整黨沒有希望」,[46]他唸了杜甫的詩:「挽弓當挽強,用箭當用長。射人先射馬,擒賊先擒王」。[47]實際上毛澤東已經下了決心,要集中力量打擊黨內各級官僚集團,甚至不惜將整個黨組織搞亂;而劉少奇正是擔心,在各單位抓走資本主義道路當權派,就會根本動搖黨的組織和統治基礎。因此,劉少奇主張「有什麼問題解決什麼問題」,既要整頓黨內走資派,也要打擊舊階級敵人、新生資產階級,還要處理人民內部的經濟問題。在毛澤東看來,劉少奇這就是轉移目標,而且「樹敵太多,最後不利於人民」。他說:「我就是怕搞得太多了,

---

45　李新:〈「四清」記‧劉少奇講話〉,《流逝的歲月:李新回憶錄》(太原:山西人民出版社,2008),頁377-378。

46　逢先知、金沖及主編:《毛澤東傳》(下卷),頁1369。

47　逢先知、金沖及主編:《毛澤東傳》(下卷),頁1370。

搞出那麼多地主、富農、國民黨、反革命、和平演變的，劃成百分之十幾、二十，如果百分之二十，七億人口就是一億四，那恐怕會要發生一個『左』的潮流」。[48]毛澤東因此斷定劉少奇是形「左」實右：表面上打擊「一大片」，實質上是要保護「一小撮」黨內走資本主義道路當權派，因而認定劉少奇就是黨內走資本主義道路當權派的總後台——在我看來，恐怕就是在這一場1964年底前後的公開論爭之後，毛澤東才下了最後決心，將劉少奇作為主要打擊目標，至此文化大革命也就呼之欲出了。後來毛澤東在1966年10月中央工作會議上說，他對劉少奇「引起警覺，還是『二十三條』那個時候」，[49]1970年他在和美國記者斯諾的談話中也說，他決心「把劉少奇這個人從政治上搞掉」是在1965年1月發布「二十三條」ᵛ的時候。[50]所謂「二十三條」就是按照毛澤東意志所通過的〈農村社會主義教育運動中目前提出的一些問題〉，其中明確規定，運動的目標是整「走資本主義道路的當權派」——此時毛澤東心目中，劉少奇就是中國最大的走資本主義道路當權派。

在毛澤東眼裡，劉少奇正是「中國的赫魯曉夫」。這就涉及到毛澤東所面對的「國際戰場」，在他看來，這兩者是存在內在聯繫的。

（二）國際戰場：中美關係和中蘇大論戰

討論中蘇論戰之前，先要談談六十年代的中美關係，這是構成文化大革命的國際背景，是一個不可忽視的重要方面，也是考察中蘇關係的重要背景。於是，我們注意到1964年毛澤東與《人民日報》記者談話間的一個重要判斷：「美帝國主義是全世界人民最凶惡的敵人」，當然也是中國的「主要鬥爭對象」。毛澤東還談到中美關係之間的兩大問題，一是「美帝國主義霸占著中國的台灣，把朝鮮南部和越南南部變作它的殖民地」，它的「侵略政策和戰爭政策」，嚴重地威脅著中國；另一是「它還試圖對社會主義國家推行『和平演變』

---

48 參看逢先知、金沖及主編：《毛澤東傳》（下卷），頁1369。

49 毛澤東：〈在中央工作會議上的講話〉（1966年10月25日），《建國以來毛澤東文稿》第12冊，頁144。

50 毛澤東：〈會見斯諾的談話紀要〉（1970年12月18日），《建國以來毛澤東文稿》第13冊，頁173。

政策，實行資本主義復辟，瓦解社會主義陣營」[51]——這是我們考察文革前中美關係時，必須重視的兩個側面；淡化、忽視任何一面，都會形成遮蔽，並將問題簡單化。

首先，毛澤東所說美國對中國的戰爭威脅，確實存在。有關材料表明，六十年代執政的美國肯尼迪、約翰遜（Lyndon Baines Johnson，1908-1973，美國）兩屆政府都認定，在社會主義國家集團中，中國是「最好戰」的，「從長期來看，中國是最主要的敵人」。[52]1962、1963年美國兩屆政府都有過聯合蘇聯以及蔣介石，以遏制中國核實驗的計劃。從1964年開始，美國將越南戰爭迅速升級，當年8月，美國開始轟炸越南北部，並於1965年3月派遣3,500人海軍陸戰隊進駐越南港口，標示著越南戰爭由「特種戰爭」升級為「局部戰爭」，[53]這就給中國的國家安全造成直接威脅，使中國有可能處於美國與蘇聯南北夾擊的地位。

面對國際威脅，毛澤東自然要認真對待。但有意思的是，毛澤東對此也有清醒的分析，比如對於美國「從長期來看」視中國為主要敵人，毛澤東就說：「帝國主義者是實用主義，『長期』，對他們來說不那麼重要，因為太久了」。[54]因此，當時毛澤東及中國的決策層的實際估計是：「現在還沒有看到帝國主義要想打仗的象徵」，[55]赫魯曉夫也是「欺軟怕硬的。我們硬一點，〔……〕他不見得會怎麼樣」。[56]然而，即便這個冷靜分析是被歷史所證明的，卻沒有減低毛澤東的心理重負，何況真正讓毛澤東不放心的事，是中國發生

51 毛澤東：〈中國人民堅決支持巴拿馬人民的愛國正義鬥爭〉（1964年1月12日），外交部、中共中央文獻研究室編：《毛澤東外交文選》，頁510-511；關於「我們的主要鬥爭對象是美國」的論斷則見毛澤東：〈受壓迫的人民自己總是要起來的〉（1963年8月9日），《毛澤東外交文選》，頁499。

52 陶文釗主編：《中美關係史（1949-1972）》（上海：上海人民出版社，1999），頁395。轉引自錢庠理：《歷史的變局：從挽救危機到反修防修（1962-1965）》，頁443。

53 參看錢庠理：《歷史的變局：從挽救危機到反修防修（1962-1965）》，頁444-451、451-453。

54 毛澤東：〈赫魯曉夫的日子不好過〉（1964年1月17日），《毛澤東外交文選》，頁513。

55 劉少奇在天津部隊座談會上的講話(1964年7月1日)，中央文獻研究室編：《劉少奇年譜》（下）（北京：中央文獻出版社，1996），頁594。轉引自錢庠理：《歷史的變局：從挽救危機到反修防修（1962-1965）》，頁469。

56 吳冷西：《十年論戰：1956-1966——中蘇關係回憶錄》（下），頁675-676。

美國所期待的「和平演變」。就如毛澤東在1965年「重上井岡山」時所說的那樣，他擔心「內外一夾擊，到時候我們共產黨怎麼保護老百姓的利益，保護工人、農民的利益？」。[57] 既是「南北夾擊」，又是「內外夾擊」，在虛虛實實之中，在客觀壓力和主觀意識形態想像裡，毛澤東產生了從未有過的危機感。

但這也同時激發了毛澤東對行動的渴望與衝動，而且他把主要焦點放在國內。於是，就有了國內經濟發展的戰略轉變──把原本被概括為「吃穿用」計劃，也即以改善民生為主體的建設方向，改變為發展國防工業和建設「三線」的戰爭準備計劃、[58] 繼續強化富國強兵的發展路線。[59] 到1966年3月文革前夕，毛澤東又明確提出了「備戰備荒為人民」的戰略方針，而這一切都是為了「準備打仗」──「備荒」是準備防止荒年對戰爭的影響，「為人民」也是「要為全體人民分散儲備以為備戰備荒之用著想」；[60] 其要應對的，是美、蘇兩大國可能侵犯中國，當然最重要的，還是要準備發動文化大革命，以徹底消除內部隱患。

作為一個國際戰略家，毛澤東在為中國尋找新的戰略空間，這就是毛澤東在六十年代一再作出的「中間地帶」分析。[61] 他認為美、蘇兩大國之間的

57　馬社香：《前奏：毛澤東1965年重上井岡山》（北京：當代中國出版社，2006），頁151。

58　所謂「三線」，是把中國從沿海和沿邊到內陸分為三道防線。而所謂三線建設，一方面是把沿海一線易受攻擊的工廠遷移到內陸山西、河南和兩湖西部的二線地區以及雲南、貴州、四川、陝西、寧夏、青海和甘肅等七省的三線地區，同時在三線地區建立一個完整的重工業和國防工業體系，並極力改善內陸交通。

59　參看錢庠理：《歷史的變局：從挽救危機到反修防修（1962-1965）》，頁459-460、478-479。

60　毛澤東：〈備戰備荒為人民〉（1966年3月12日），中共中央文獻研究室、中國人民解放軍軍事科學院編：《毛澤東軍事文集》第6卷（北京：軍事科學出版社、中央文獻出版社，1993），頁405。

61　毛澤東的「中間地帶」理論，最早是在1946年8月和美國記者安娜‧路易斯‧斯特朗（Anna Louise Strong，1885-1970，美國　）的談話中提出的。他強調，美國首先要對付的不是蘇聯，而是在美蘇之間的「廣大的中間地帶」，因此，以中國革命為代表的中間地帶的革命，直接關係美蘇雙方的力量對比、甚至影響美蘇關係的未來走向。毛澤東那時提出「中間地帶」的概念，顯然是要在美蘇對立的國際形勢下，確立中國革命的合理性與重要性，這和六十年代再提「中間地帶」以建立新的世界格局，具有不同的背景和意義。見毛澤東〈和美國記者安娜‧路易斯‧斯特朗的談話〉（1946年8月），《毛澤東選集》（一卷本），頁1089-1090。參看楊松奎：《「中間地帶」的革命──國際大背景下的中共成功之道》，頁

「中間地帶有兩部分：一部分是指亞洲、非洲和拉丁美洲的廣大經濟落後的國家，一部分是指以歐洲為代表的帝國主義國家和發達的資本主義國家。這兩部分都反對美國的控制。在東歐各國則發生反對蘇聯控制的問題」。[62] 於是，就產生了和兩大中間地帶國家與人民建立廣泛「反美統一戰線」的戰略設想，[63] 而這個設想，已經醞釀了他在七十年代提出的劃分「三個世界」思想。儘管此時的毛澤東還是以美國為主要對手，但他認為，蘇聯採取向美國妥協的立場，已經成為建立國際反美統一戰線的主要阻力，這是他和蘇聯展開論戰的重要原因；他同時認為，只有中國不變修，才能使中國成為世界反美鬥爭和革命的根據地和中心，這也是他發動文化大革命的重要動因。[64]

中蘇的公開論戰，是從1962年12月25日《人民日報》發表〈全世界無產者聯合起來反對我們共同的敵人〉這篇社論開始。用1963年1月6日中共黨內通知的話來說，就是「國際共產主義運動中兩條路線的鬥爭進入了一個新的階段」，不能再像過去那樣「不予糾纏」，而是要同他們作針鋒相對的鬥爭，絕不退讓。[65] 實際上，這就是要準備和以蘇聯為首的整個社會主義陣營和大多數共產黨作戰了。要發動這樣一場論戰，雖然國內沒有人公開提出反對，但黨內外心存憂慮者還是不少：本來中國和美國的關係已經非常緊張了，現在又開闢另一個戰場跟蘇聯對抗，如果因此導致蘇美合作、對付中國，中國就會非常被動，會危及國家安全。毛澤東當然知道兩面作戰是一著險棋，但他卻

516-517。

62　毛澤東：〈中間地帶有兩個〉（1963年9月，1964年1月、7月），《毛澤東外交文選》，頁508。

63　參看毛澤東：〈美帝國主義是中日兩國人民共同的敵人〉、〈非洲是鬥爭的前線〉、〈反對美國──吳庭艷政府侵略越南南方和屠殺越南南方人民的聲明〉、〈中法之間有共同點〉、〈從歷史看亞非拉人民鬥爭的前途〉、〈我們希望阿拉伯國家團結起來〉等文，皆收錄於《毛澤東外交文選》。

64　據斯諾《漫長的革命》一書透露，毛澤東在1970年會見他時，曾說到他決心發動文化大革命打倒劉少奇的主要原因之一，是因為劉少奇提出恢復中蘇同盟，以抗衡美國在越南的威脅。轉引自莫里斯‧邁斯納著，杜蒲譯：《毛澤東的中國及其後：中華人民共和國史》，頁350。

65　中共中央黨內通知（1963年1月6日）。轉引自錢庠理：《歷史的變局：從挽救危機到反修防修（1962-1965）》，頁345-346。

偏向「虎山行」，他對蘇聯大使說：「第一，天不會塌下來；第二，山上草木照樣長；第三，女人照樣生孩子；第四，河裡的魚照樣游，不信，你到河邊去看看」，[66]這話也是說給國內、黨內的懷疑者聽的。當然，這也基於他的一個判斷：鬥爭可以控制在意識形態範圍，不會引發全面的軍事對抗；但即使發生戰爭，毛澤東也不怕。

　　1963年9月至1964年7月，中共中央以《人民日報》和《紅旗》雜誌編輯部的名義，連續發表九篇評論文章，時稱「九評」，把中蘇論戰推向高潮。這裡唸一下「九評」的題目：〈蘇共領導同我們分歧的由來和發展〉、〈關於斯大林問題〉、〈南斯拉夫是社會主義國家嗎？〉、〈新殖民主義的辯護士〉、〈在戰爭與和平問題上的兩個路線〉、〈兩種根本對立的和平共處政策〉、〈蘇共領導是當代最大分裂主義者〉、〈無產階級革命與赫魯曉夫修正主義〉、〈關於赫魯曉夫的假共產主義及其在世界歷史上的教訓〉。從這些題目可以看出，論爭幾乎涉及到國際和共產主義運動內部所有重大問題，是一次全面的論戰。

　　毛澤東在這場論戰中，是充滿自信的，他深信真理在自己這一邊，因此，他不僅發表批判蘇聯修正主義的文章，而且把蘇聯方面批評中國的文章也登在報上，他不害怕中國人民接觸「反面教材」。他這樣做，也就在客觀上擴大了我們這一代的視野，讓我們知道全世界還有那麼多不同的聲音。但當時包括我自己在內的絕大部分人，還是擁護毛澤東、站在中共這一邊，因此對「九評」的文章佩服得五體投地、如痴如迷。記得當時總是在前一天晚上通知隔天有重要文章發表，於是大家就在早上七點半守在收音機旁，或者在公共場合的大喇叭下，聽中央廣播電台播音員夏青（1927-2004）和齊越（1922-1993）（他們兩人的名字當時是家喻戶曉），用他們特別有磁性的男中音朗讀評論文章；他們讀得聲情並茂，我們則完全被文章的邏輯力量和語言魅力所征服。聽「九評」文章，成了我們當時政治生活中的第一等大事，深刻地影響我們，成為這一代人的難忘記憶。

　　為了使同學們有一點具體感受，我現在就模仿當年廣播員的聲調，朗讀論戰文章的一些片段。這是七評〈蘇共領導是當代最大的分裂主義者〉中的一段：

66　見毛澤東：〈赫魯曉夫日子不好過〉（1964年1月17日），《毛澤東文集》第8卷，頁359。

我們還要問蘇共領導，你們在一九六三年九月二十一日的蘇聯政府聲明中曾經說，如果中國人繼續論戰，「那麼，他們應當非常清楚，他們在這條道路上將遭到蘇共和全體蘇聯人民的最堅決的回擊」。蘇共領導說這樣的大話，不是明目張膽的恫嚇和威脅嗎？難道你們真的相信，只要你們命令一下，別人就會俯首貼耳，只要你們大喝一聲，別人就會渾身發抖嗎？老實說，從九月二十一日起，我們一直在等待著，很想領教一下，究竟是什麼樣的「最堅決的回擊」。

同志們，朋友們，你們錯了，完完全全的錯了。

公開論戰既已經開始，就得按規矩進行。如果你們認為，你們已經說得夠了，那末，你們應當也給對方足夠的答辯機會。如果你們認為，你們還有很多話要說，那就請吧，請說個夠吧。但是，同樣的，你們說夠了以後，仍然應當讓對方也說夠。一句話，應當機會均等嘛。你們不是也說兄弟黨是平等的嗎？為什麼你們要什麼時候攻擊兄弟黨，就發動公開論戰，你們要什麼時候停止論戰，就剝奪被攻擊的兄弟黨公開答辯的權利呢？[67]

這裡還有跟義大利共產黨的論戰〈再論陶里亞蒂同志和我們的分歧〉一文裡的一段文字：

一種很有趣味的現象在國際共產主義運動中普遍地出現了。什麼現象呢？就是那些自稱手裡握有全部馬克思列寧主義真理的英雄好漢們，卻十分害怕他們所使勁地斥責的所謂「教條主義者」、「宗派主義者」、「分裂主義者」、「民族主義者」、「托洛茨基主義者」們，為了答辯他們的攻擊所寫的文章。他們不敢在他們報紙、刊物上發表這些文章。他們膽小如鼠，害怕得要命，對我們答辯的文章，不敢讓自己國內的人民同它們見面，嚴密封鎖，水泄不通。甚至用強大的電台干擾，不使人民聽到我們的廣播。可愛的掌握了全部真理的先生們，朋友們，同志們，你們既然肯定我們的文章是錯誤的，何不將這些錯誤文章通通發表出來，然後逐條給予批駁，以便在你們自己國內的人們中間能夠引起痛恨，痛恨那些

67　人民日報編輯部、紅旗雜誌編輯部：〈蘇共領導是當代最大的分裂主義者——七評蘇共中央的公開信〉（1964年2月4日）（北京：人民出版社，1964）。

被你們稱之為教條主義、宗派主義、反馬克思列寧主義的邪魔外道呢？你們為什麼不敢這樣做呢？為什麼要封鎖得鐵桶一般呢？你們怕鬼。一個「教條主義」亦即真正的馬克思列寧主義的巨大幽靈在全世界徘徊著，這個幽靈威脅著你們。你們不信任人民，人民不信任你們，你們脫離群眾，所以你們害怕真理，害怕的情況達到那樣可笑的程度。先生們，朋友們，同志們，好樣的，站出來，在全國全世界人民面前公開辯論，雙方互登對方一切批評自己的文章。我們希望你們學習我們的榜樣，我們就是這樣做的。我們敢於全部全文地登載你們的東西。在登載你們一切痛罵我們的「偉大」作品以後，然後逐條地或者扼要地駁斥你們，當作我們的回答。有時我們只登載你們的錯誤文章，我們一個字也不作回答，讓讀者們自己去思考。這難道還不算公平合理嗎？現代修正主義的老爺們，你們敢不敢這樣做呢？好樣的，就敢。心虧理怯，色屬內荏，表面上氣壯如牛，實際上膽小如鼠，那你們就不敢。我們斷定你們是不敢的。是不是這樣的呢？請回答吧。[68]

還有一段：

只許老爺開腔，不許小的吭聲，是不行的，只許州官放火，不許百姓點燈，是不行的。從古以來也沒有這樣一條被公眾承認的不公平法律。何況，我們共產黨人之間的分歧，只能採取擺事實說道理的態度，而斷斷不能採取奴隸主對待奴隸的態度。[69]

看來，今天大家聽起來，也覺得很興奮，那麼就可以想見我們當年聽了這樣的文章，心裡有什麼反應了。這是典型的毛澤東語言；而且據《建國以來毛澤東文稿》透露，這兩段文字就是毛澤東在審稿時親自動筆加上去的。[70]記得我在第一回講課的〈導言〉中，就提到毛澤東有自己獨特的語言方式，而且影

68　毛澤東：〈對《再論陶里亞蒂同志同我們的分歧》稿的批語和修改〉（1963年2月），《建國以來毛澤東文稿》第10冊，頁250-251。

69　毛澤東：〈對《再論陶里亞蒂同志同我們的分歧》稿的批語和修改〉（1963年2月），《建國以來毛澤東文稿》第10冊，頁248-249。

70　毛澤東：〈對《再論陶里亞蒂同志同我們的分歧》稿的批語和修改〉（1963年2月），《建國以來毛澤東文稿》第10冊，頁247。經過毛澤東修改過的〈再論陶里亞蒂同志同我們的分歧〉載《紅旗》1963年第3、4期（1963年3月4日出版）。

響了大陸中國人的語言方式，形成了「毛文體」。在某種意義上，「九評」就是「毛文體」的一個樣本，我們正好藉此來了解、討論「毛文體」——這是毛澤東文化非常重要的方面。

就我們剛才朗讀的直觀感覺，毛澤東的語言是一種有魅力、威攝力、征服力的語言。如果再作冷靜的分析，就可以發現以下幾個特點。

首先，文章一開頭，就把自己放上馬克思主義的代表、真理的代表、人民的代表的位置，一下子就把對方可能有的優勢剝奪乾淨，拿到自己手裡。這就是中國傳統講的「取勢」，一旦占據「高勢」，也就不用講道理，論敵就矮了三分、膽怯了三分，處於守勢了。

然後高屋建瓴、勢如破竹，用和高勢相適應的、鏗鏘有力的語言，用大量的排比、反問句，以取排山倒海之勢。本來對方已經站在低處，再用這樣氣勢磅礴的華麗語言，奔流直瀉下來，就將論敵淹沒在滔滔語言的海洋裡，毫無招架之力。

然後再加一點調侃，使對方處於很可笑的地步，最後再拿出點流氓腔：「好樣的，站出來！」這是中國傳統的激將法，但對手已經處於劣勢，被滔滔語言搞的暈頭轉向，怎麼敢站出來？但越不站出來，就越顯得無理與無力——這時候，實際論戰並沒有開始，對方已經輸了，至少在讀者、聽眾的心理上已經有了「高下之分」。

這就說到毛澤東語言對讀者、聽眾情感的煽動力和心理控制力。面對這種半是正義在身、半是威脅的語言攻勢，讀者、聽眾已經不大可能獨立思考，來不及作出誰對、誰不對的判斷，或者只能在作者劃定的範圍內來思考，最後，讀者就跟著文章的邏輯一路走下去，被文章的氣勢壓倒、征服了。這既是語言戰，更是心理戰，聽眾最後只能跟著走，幾乎沒有第二種選擇，而且聽者自己心裡還覺得很痛快、舒服。這是語言的魅力和魔力，其力量在於此，可怕也在於此。

問題的複雜性在於，這些文章裡仍然包含了若干合理因素，並非完全不講道理。比如大談「奴隸」、「州官放火，百姓點燈」，就抓住了蘇聯的大國沙文主義，具有捍衛民族獨立的合理性。特別是像我這樣的年輕人，當時對於西方和東方世界對中國的封鎖，心裡憋著一股氣，當我讀到、聽到這種「奴隸要反抗奴隸主」的文字，是會產生揚眉吐氣之感。即使今天回過頭來看，這

些話也有局部的合理性。問題正在這裡：如果這些文章完全是胡說八道，自
然不會對人有征服力；但它有某些合理的內核，再用極度誇張的語言加以強
化，就具有某種震撼力和征服力了。

問題的複雜性還在於，作者在主觀上是真誠的。當時的毛澤東和中國共
產黨人都確信自己是「真理的代表」、「人民的代表」、「馬克思列寧主義的代
表」，所以才這樣理直氣壯，其實這是自欺欺人──這是具有某種真誠性，但
實質上又是欺騙性的語言遊戲。

所以，「毛語言」、「毛文體」，都是非常複雜的語言現象、社會現象、心
理現象，值得認真研究。作為歷史的當事人，回顧我們當年對毛文體樣本「九
評」文字的迷戀，我感到最為驚駭的，是其語言對自己的情感煽動力和心理控
制力，某種意義上，這也是一種語言專政，只是我們完全不自覺。

在作了以上語言形式上的討論以後，我們還要具體討論「九評」裡所提出
的思想，及其對國際和國內的影響。這裡不打算詳細介紹蘇共和中共論戰雙
方的具體觀點，同學們自己去讀，如果你把雙方論戰文章放在一起讀，會更
有意思。我只能概括地說三點。

中共方面，首先是堅持戰爭不可避免，堅持即使是發達資本主義國家，
也要通過暴力革命來奪取政權，而議會鬥爭只能作為補充。這顯然脫離北
美、西歐發達資本主義國家的實際情況，所以基本上被歐美各國共產黨所拒
絕。但是它內含的造反精神、反抗精神，卻對西方國家的年輕人，特別是大
學生有所影響，後來歐洲六八學生造反運動 vi 顯然跟這次論戰有關。[71]

中共論戰中的觀點，最有吸引力、影響力的，是對亞洲、非洲、拉丁美
洲，也即今天說的「第三世界」革命的支持及其一系列論述，例如強調武裝鬥

---

71 一位同情中國的法國記者卡羅爾（K.S. Karol）在中蘇論戰中訪問了中國，並寫有一本《毛澤
東的中國──另一個共產主義國家》（*La Chine De Mao: L'autre Communisme*），出版後在西方
產生了很大影響。在書的結尾，他談到了對中蘇論戰中的中國立場的看法，他認為，「中
共立場最大缺點在於無法向全世界講清楚毛澤東主義政策的主導路線是什麼，造成這種狀
況的原因在於固執地從表面上維持斯大林的神話」，「中國的矛盾在於，一方面它自身就是
對斯大林活生生的否定，而另一方面卻又拒不承認這一點，而且給人一種印象，似乎它希
望工人運動回到昔日的『美好時光』中去」。見[法]卡羅爾著，劉立仁、賀季生譯：《毛澤
東的中國》（貴陽：貴州人民出版社，1988），頁407。

爭，堅持農村包圍城市道路，以農村作為根據地等等。在其鼓動下，第三世界紛紛出現「毛派」，即國際上的毛澤東主義者，而在西方也有許多毛派。在這個意義上，可以說毛澤東思想正是通過中蘇論戰走向全世界。但事實上，各國的毛派最後都放棄農村包圍城市、武裝鬥爭的道路，這同樣說明毛澤東激進主義的革命道路也脫離了第三世界的實際狀況與世界發展潮流，並帶來了嚴重後果。這些是不能回避的。

這裡，特別需要特別提到論戰告一段落之後，1965年林彪的一篇文章〈人民戰爭勝利萬歲〉，[72]這其實是代表毛澤東，對整個國際形勢作了一個新的分析，提出從世界範圍看問題，「如果說北美、西歐是『世界的城市』，那麼亞洲、非洲、拉丁美洲就是『世界的農村』」。[73]這是後來毛澤東「第三世界」理論最早的一個說法，可以說是按照毛澤東戰略意圖，勾勒出一個「世界革命」的藍圖，即把毛澤東「農村包圍城市」的國內革命模式，推廣為一個「由亞非拉第三世界來包圍北美西歐國家」的國際革命模式，強調整個的世界革命事業，終究要以世界人口絕大多數的亞洲、非洲、拉丁美洲的人民革命鬥爭作為轉移，從而把亞非拉國家反抗運動置於世界革命的中心位置，並且提出社會主義國家理所當然要把支持亞非拉人民革命鬥爭當作自己的國際主義義務。當時，中國也確實用很大的力量支持第三世界武裝反抗。

文章的小結相當值得注意：「毛澤東同志關於人民戰爭的理論，不但是中國革命的產物，而且帶有時代特徵」，[74]這實際上是主張用毛澤東的人民革命戰爭理論指導世界革命。其背後顯然有兩個意圖，一是要和蘇聯爭奪對國際共產運動以及世界革命的領導權，特別是針對第三世界領導權；另一是要輸出毛澤東領導的中國革命經驗，把中國作為世界革命的根據地和中心，這可以說是中國傳統裡中華中心主義的革命版。這反映了之後我們還要討論的毛澤東「世界革命導師」情結。

72　林彪：〈人民戰爭勝利萬歲──紀念中國人民抗日戰爭勝利二十週年〉（1965年9月3日），《建國以來重要文獻選編》第20冊，頁445-497。

73　林彪：〈人民戰爭勝利萬歲──紀念中國人民抗日戰爭勝利二十週年〉（1965年9月3日），《建國以來重要文獻選編》第20冊，頁479。

74　林彪：〈人民戰爭勝利萬歲──紀念中國人民抗日戰爭勝利二十週年〉（1965年9月3日），《建國以來重要文獻選編》第20冊，頁482。

其實，「九評」真正關注之處與它所產生的主要影響範圍還是在國內。它是要藉總結所謂蘇聯和南斯拉夫「變修」的經驗，來討論中國怎樣防止修正主義、為文化大革命作理論準備和輿論動員。特別是「九評」最後一篇〈關於赫魯曉夫的假共產主義及其在世界歷史上的教訓〉，總結了毛澤東一系列關於防止資本主義復辟的理論，這是發動文化大革命「無產階級專政條件下的繼續革命」的理論雛形。

其中最值得注意的有兩點。首先是提出「資產階級特權階層」的概念，並作了如下分析和判斷：所謂「資產階級特權階層」是「由黨政機關和企業、農莊的領導幹部中的蛻化變質分子和資產階級知識分子構成」，「蘇聯人民同他們之間的矛盾，〔……〕是不可調和的，對抗性的階級矛盾」，「這個特權階層，是目前蘇聯資產階級的主要組成部分，是赫魯曉夫修正主義集團主要社會基礎。赫魯曉夫修正主義集團，就是蘇聯資產階級特別是這個階級中的特權階層的政治代表」。[75]據說，在文章起草過程中，曾經反覆考慮過「特權階層」概念：「曾經想用『高薪階層』一詞，經過斟酌覺得不妥，高薪的標準是什麼，怎麼樣才算高薪，很難說清楚，巴黎公社的原則〔錢註：指低薪原則〕在十月革命初期曾實行過，但隨著經濟的恢復和發展就必然要拉開距離；再說講『高薪階層』又要涉及斯大林，不過斯大林對一部分人實行高薪制度，並未形成一個階層。還曾經想用『官僚資產階級』的提法，又考慮蘇聯當時仍保持著公有制，並未實行私有化，不能說已經形成一個『官僚資產階級』。因此決定用『特權階層』的提法，為表明其階級性，前邊再加上『資產階級』，叫做『資產階級特權階層』」[76]——這裡所討論的，看起來都是蘇聯的問題，但任何人都會聯想到中國；後來在文革中，紅衛兵造反派就這樣提出問題：中國有沒有「九評」中所說的「特權階層」？如我們在前面所討論，毛澤東在1965年自己就提出了「官僚主義者階級」的概念；這裡所定義的特權階層的兩大構成——「領導幹部中的蛻化變質分子」和「資產階級知識分子」——也事實上成為文化大革命的兩大對象。

---

75 人民日報編輯部、紅旗雜誌編輯部：〈關於赫魯曉夫的假共產主義及其在世界歷史上的教訓〉（1964年7月14日）（北京：人民出版社，1964）。

76 見崔奇：《我所親歷的中蘇大論戰》，頁243。

其次，「九評」裡提出的「培養無產階級革命接班人」問題，更是直接相關文革的發動。文章引人注目地提出這樣的論斷：「培養無產階級革命事業接班人的問題，從根本上來說，就是老一代無產階級革命家所開創的馬克思列寧主義的革命事業是不是後繼有人的問題，就是將來我們黨和國家的領導能不能繼續掌握在無產階級革命家手中的問題，就是我們的子孫後代能不能沿著馬克思列寧主義的正確道路繼續前進的問題，也就是我們能不能順利地防止赫魯曉夫修正主義在中國重演的問題」。[77] 這段話提出兩個問題，一是中國的下一代，以至第二、第三、第四代，會不會出現修正主義？二是中國領導層會不會出現赫魯曉夫？兩個問題的中心，就是中國會不會發生「和平演變」，這正是毛澤東和他那一代革命家者的一塊心病。

問題的提出，有一個歷史發展過程。早在1957年美國艾森豪威爾（Dwight David Eisenhower，1890-1969，美國）政府就提出「和平取勝戰略」，鼓吹要通過「和平演變」，以促進「蘇聯世界內部的變化」。1958年，美國國務卿杜勒斯（John Foster Dulles，1888-1959，美國）在公開談話裡，又宣稱「共產主義的統治正在產生一個在工業上和科學上現代化的強大的國家。如果自由世界對國際共產主義進行有效的抵抗，中蘇統治者多關心自己人民的福利，少關心為了擴張主義的目的而剝削人民的日子就會更快地到來。在那一天到來的時候，我們的關係就會幸運地為一向存在於俄國和中國人民同美國人民之間的自然的誠摯而友好的精神所支配」。杜勒斯預言「隨著中國走上現代化道路，必然發生『和平演變』」，顯然給毛澤東很大的刺激，他立即將杜勒斯的講話在中共八屆六中全會上印發，[78] 並在一次談話中特意指出：「杜勒斯比較有章程，是美國掌舵的。這個人是個想問題的人，要看他的講話，一個字一個字地看，要翻英文字典」。[79] 1959年毛澤東又專門讓人印了杜勒斯關於和平演變

77　人民日報編輯部、紅旗雜誌編輯部：〈關於赫魯曉夫的假共產主義及其在世界歷史上的教訓〉（1964年7月14日）。

78　毛澤東：〈為印發杜勒斯演說重擬的標題、提要和批語〉（1958年11月），《建國以來毛澤東文稿》第7冊，頁606。杜勒斯演說內容見頁606-607註釋（1）。同時參看毛澤東〈為印發杜勒斯批評我國人民公社言論重擬的標題（提要）和批語〉（1958年11月），《建國以來毛澤東文稿》第7冊，頁605。

79　毛澤東對各協作區主任的談話（1958年11月30日）。轉引自薄一波：《若干重大決策和事

的三篇講話，並且說：「杜勒斯搞和平演變，在社會主義國家內部是有一定的社會基礎的」。[80]在1962年的八屆十中全會上，當總參謀長談到杜勒斯認為歐洲共產黨「第二代還可以，第三代就不行了」時，毛澤東說：「在中國一定不出修正主義？這也難說，兒子不出，孫子出。不過也不要緊。孫子出了修正主義，孫子的孫子就又要出馬列主義了。按照辯證法，事物總要走向反面的」。[81]可以說，到1962年時，毛澤東就在考慮防止兒子和孫子這一代，也就是第二代和第三、四代出修正主義的問題。

同時，毛澤東也提出來要防止「赫魯曉夫那樣的陰謀家和野心家」、防止他們篡奪各級領導權。我以前說過，毛澤東老是被蔣介石、王明、高崗纏繞著，現在又多了兩個人，一個是美國人杜勒斯，一個是蘇聯人赫魯曉夫；他們把毛澤東弄得寢食難安。毛澤東認為，可能導致和平演變的兩大危險，與長遠來說的「第二、第三、四代（兒子和孫子）接班人」問題，以及眼前的「赫魯曉夫式的陰謀家篡奪領導權」問題相關，這也就成為毛澤東所要處理的兩大問題，更是他發動文化大革命的動因。

1964年6月16日，毛澤東發布了關於培養無產階級革命接班人的講話，他提出接班人的五個條件，具體內容我就不講了，同學們可以去看已經收入《課用選文》的原文。[82]我要強調的是，對毛澤東而言，成為接班人條件的核心，是要能夠「保證我們黨和國家不改變顏色」，即要永遠保持黨和國家的「革命性」，這樣才能要把毛澤東這一代所創立的「紅色江山」世世代代保持下去，用今天領導人的話來說，就是要「永遠保持黨的執政地位」──這才是毛澤東的深謀遠慮所在。

而且毛澤東的接班人教育與相關的長遠部署都是有效的。就在毛澤東提

件的回顧》（下卷），頁1140。

80　逢先知：〈回顧毛澤東關於防止和平演變的論述〉（北京：中央文獻出版社，1990），頁2。參看林克：〈回憶毛澤東對杜勒斯和平演變言論的評論〉，載《黨的文獻》1990年6期。轉引自郭德宏、林小波：《四清運動實錄》，頁27-28。

81　中央工作會議中心小組會議記錄（1962年8月15日）。轉引自逢先知、金沖及主編：《毛澤東傳》（下卷），頁1245-1246。

82　參看毛澤東：〈培養無產階級的革命接班人〉（1964年6月16日），《建國以來毛澤東文稿》第11冊，頁85-88。

出接班人問題的五個月後，即1964年11月6日，一位清華大學學生在《人民
日報》上發表了一篇文章，作出了這樣的回應：「我深深感到我們青年一代肩
上擔子的重大」、「我們絕不能把先輩們流血犧牲得來的革命果實從我們手中
丟掉。我要更好地聽黨的話，努力學習，走和工農群眾相結合的道路，走革
命化的道路，走勞動化的道路，絕不辜負革命先烈的期望」。[83] 應該說，他的
回應具有代表性，後來這位青年胡錦濤，成了中共第四代領導人；雖然就個
人而言是有種種偶然因素，但中共之後由一個抱持「絕不能把先輩們流血犧牲
得來的革命果實從我們手中丟掉」的志向者接班，卻不能不說是毛澤東深謀遠
慮、長遠部署的結果。今天，毛澤東的兒子輩、孫子輩執政了，他們的執政
基本方針，就是40多年前毛澤東所定下的「保證黨和國家永不變色」也即「永
遠保持黨的執政地位」的底線。把握這一點，是理解當今中國許多問題的關
鍵。在這個意義上，可以說毛澤東實際上仍然深刻地影響著今天的中國、今
天中國的接班人。我們還沒有走出毛澤東時代。

　　我在這裡還要指出一點。當毛澤東「揮斥方遒」[84] 地指揮一切、「向全世
界作戰」的時候，在他深謀遠慮地籌劃中國未來接班人的時候，他的內心其
實是寂寞的。他完全明白，高聲擁護者多多，真正理解、支持者寥寥，正所
謂「高處不勝寒」。1965年8月，毛澤東在接見法國國務部長馬爾羅（Andre
Malraux，1901-1976，法國）時，就一再說到「我是孤立的」。[85] 毛澤東的老
朋友、美國記者斯諾在1965年採訪毛澤東之後，也留下了這樣的記憶：斯
諾問他，「你已經從根本上改變了中國的環境。很多人發生疑問，在比較安
逸的條件下成長起來的年輕一代將做出些什麼來？」毛澤東回答說：「將來
的事情要由將來的後代去決定，而且按照我們不能預見的條件去決定」。「毛
的聲音低下去了，他半合上了眼睛。人類在這個地球上的處境變得越來越快

83　胡錦濤：〈生動的一課——工人農民戰士學生座談音樂舞蹈史詩《東方紅》〉，《人民日
　　報》（1964年11月6日），轉引自錢庠理：《歷史的變局：從挽救危機到反修防修（1962-
　　1965）》，頁494。

84　這裡是借用毛澤東早年詩詞〈沁園春‧長沙〉裡的詩句。見毛澤東：〈沁園春‧長沙〉
　　（1925年），中共中央文獻研究室編：《毛澤東詩詞集》，頁6。

85　見安東尼‧馬爾羅：《回憶錄》，轉引自迪克‧威爾遜（Dick Wilson）著，中共中央文獻研
　　究室《國外研究毛澤東思想資料選輯》編譯組編譯：《歷史巨人——毛澤東》，頁428-429。

了。他說，從現在起一千年以後，所有我們這些人，甚至馬克思、恩格斯和列寧都在內，大概會顯得相當可笑吧」。[86]此時的毛澤東正準備發動文化大革命，以再對「中國的環境」施加影響，但他同時想到的卻是人類和自己「這些人」，在永恆的宇宙、歷史時空中的有限、渺小和可笑。[87]1966年她給女兒李納（1940-）題詞，特地寫了一句：「在命運的痛擊下，頭破血流，但仍不回頭」[88]──這裡所展現的，是那個雄心勃勃，準備和自己國內外、黨內外敵人發動總攻勢的毛澤東，其內心世界不易被察覺的一面。

於是，我注意到1961年在他最困難的時候，曾特地抄錄了魯迅的詩送給外國朋友：「心事浩茫連廣宇，於無聲處聽驚雷」。[89]在我看來，這或許也是可以用來表達1964、1965年間，所謂「決戰前夕」，毛澤東的心情和心理狀態的某一側面──他渴望文化大革命的「驚雷」，卻感到身在高層的孤獨，而他對黨和其高層同事已經完全失去信任。他在「於無聲處聽驚雷」時，或許是在期待底層對他某種程度的響應，而他下一步要做的，正是如何把底層發動起來，再度引動驚天之雷。

同時，他又把希望寄託於軍隊的支持。毛澤東在1963年發出「學習解放軍」的號召、親自為部隊寫贊歌〈八連頌〉、宣揚被譽為「毛主席的好戰士」的雷鋒，都大有深意，[90]他顯然認為以農民為主體的軍隊，比之已經官僚化、日見腐敗、並被他的對手所控制的黨，更具有「拒腐蝕，永不沾」的道德純潔

86　轉引自陳晉：《毛澤東之魂》，頁108-109。

87　人們還注意到，在1964年，毛澤東多次談到：「世界在時間上、空間上都是無限的」（8月，接見北京科學討論會的各國代表團團長的談話）；距離「下一次冰河期的到來時間」，「人類還有一百年的時間好過」（5月，接見印尼外賓時的講話）；「動物發展至少經過一百萬年，才生出人的頭和手，將來還要發展。我就不相信只有人有兩隻手。馬，牛，羊就不進化了？我看還要變」（8月，和哲學家的談話）。轉引自陳晉：《毛澤東之魂》，頁86。

88　轉引自迪克・威爾遜著，中共中央文獻研究室《國外研究毛澤東思想資料選輯》編譯組編譯：《歷史巨人──毛澤東》，頁435。

89　毛澤東：〈同日中友協代表團等日本朋友的談話〉（1961年10月7日），《建國以來毛澤東文稿》第9冊，頁584-585。

90　毛澤東：〈關於工業部門學解放軍的信〉（1963年12月16日），《建國以來毛澤東文稿》第10冊，頁454-456；毛澤東：〈雜言詩・八連頌〉（1963年8月1日），《建國以來毛澤東文稿》第10冊，頁332；毛澤東：〈為學習雷鋒題詞〉（1963年3月5日），《建國以來毛澤東文稿》第10冊，頁259。

性,以及「不怕壓,不怕迫」、「不怕帝,不怕賊」的革命性,應該成為推行其路線的主要依靠對象。此時的解放軍也在林彪主持下,大力宣傳毛澤東個人和毛澤東思想,於1964年5月出版了之後在文革中風靡全國以至全世界的「紅小書」《毛主席語錄》,刻意製造新的個人崇拜;這種彼此呼應自是意味深長,都是在為下一階段的文革大風暴作準備。

這樣,我們對這段歷史的敘述,又要從高層轉向底層,重點是中國的校園的動向,因為下一次風暴的起源地就在那裡。

二、中國校園的地下新思潮

在講中國校園地下新思潮之前,我要和大家繼續討論林昭的思考。在第八講裡,我們談到了林昭和她的西北戰友在《星火》上發出的「要民主社會主義,不要國家社會主義」的歷史呼喚,但很快就遭到了殘酷的鎮壓。在戰友被捕以後,林昭仍孤身一人堅持思考,並繼續尋找戰友、探討「中國改革方案」。我們現在所看到的是他們的八項主張:第一,國家應實行地方自治聯邦制;第二,國家應實行總統負責制;第三,國家應實行軍隊國家化;第四,國家政治生活實行民主化;第五,國家實行耕者有其田制度(錢註:這實際上表達的是農民包產到戶的要求,而「耕者有其田」正是當年孫中山的主張,這都顯示了孫中山對大陸民間思想者的影響——前面提到的農民思想家楊偉名「節制資本」的主張也來自孫中山);第六,國家應該允許私人開業,個體經營工商業;第七,國家應當對負有民憤者實行懲制(錢註:這是對反右、大躍進、人民公社等政治運動所造成的無數冤案的一個反應);第八,應當爭取和接受一切友好國家的援助(錢註:「一切友好國家」,大概是包括美國在內的,這裡實際上就已提出了要向美國和西方世界開放大門的要求)[91]——在某種意義上,這是民間憂國憂民之士,在中國最困難的時期,對「中國向何處去」問題(這個問題以後會不斷地提出)進行的思考與回答,實際上是為六十年代中期的中國未來發展,提供了另一條道路、另一種可能性。然而他們所提出的

---

91 引自黃政:〈林昭第二次被捕前後的一段往事〉,文收許覺民編:《走近林昭》(香港:明報出版社,2006),頁122。

新治國路線和目標，卻挑戰了毛澤東的「階級鬥爭治國路線」，遭到了無情的鎮壓。但他們所提出的主張，卻反映了中國社會發展的客觀要求，或者在改革開放的今天得到實現（例如開放中國大門、實行耕者有其田、允許私人開業等），或者依然是人們的奮鬥目標（如政治民主化、軍隊國家化等），有的則成了人們思考中國國家建制問題的一個思想資源（如主張實行地方自治聯邦制），只是時間已過了40餘年。

作為一個先驅者，林昭的思慮是更為深遠的。她在獄外、獄中都寫下了大量文字，但至今還封存在有關部門的檔案裡，我們得到最為完整的文本，除了一些詩篇外，主要是1965年她的〈致《人民日報》編輯部的信〉，集中了她在這一段時期大致的思考。主要有兩個方面。

首先，她對現行體制提出批判。她提出了「極權社會」的概念，並且具體分析了其特徵。其一，這是一個「極權統治的警察國家」：「首先以秘密特務系統監視、控制，從而統治全黨。然後進一步『以黨治國』，而將這個特務化的黨來監視、控制，從而統治全國」。[92]其二，極權體制是「以血和仇恨來維持統治權力的」的。其三，這是一個建立在「個人迷信、偶像崇拜」基礎上的「極權寡頭」的統治，一方面完全「不尊重客觀存在」、「以主觀想望代替客觀世界」的主觀意志決定論，一方面是「極端妄悖的唯我獨尊」、「『欲與天公試比高』的精神狀態」、「一貫地不尊重客觀，不把人當人」，因而也沒有「任何的人情與人性的存在」。其四，要維護這樣的極權體制，必然要實行「愚民政策」，培育「奴性」，實行精神欺騙與控制。這就是極權體制下，極為發達的另一套組織機構，即宣傳、輿論部門，其受重視的程度及重要性，是歷史空前的，中國的黨報就是「整套特務恐怖統治機構的組成部分」、「御用的情況中心」。其五，也是林昭最感痛心的，是極權體制對年青人的欺騙和利用，「用所謂『國家』、『社會』、『人民』等諸般崇高概念」，「迷惑」青年，「鼓舞」他們「慷慨無私地，『毫不利己，專門利人』地將自己最珍貴的青春歲月擲出」。

林昭另一方面的思考，也許是更值得重視的：她提出了兩個關係國家和反抗運動發展方向的問題。

她首先問：「中國人的血歷來已經不是流得太少而是太多，面臨著二

92　林昭：〈致《人民日報》編輯部的信〉，手抄複印本。以下引文皆出於本文。

十世紀六十年代的世界風雲局面,即使中國這麼一片深厚的中世紀遺址之上,政治鬥爭是不是也有可能以較為文明的形式去進行而不必定要訴諸流血呢?」——她這裡提出的問題是,在解決中國和世界問題時,能不能避免「以暴易暴」的歷史惡性循環?其現實所指,首先是毛澤東的階級鬥爭思維:在毛澤東正準備以理想主義的名義,將中國引入新一輪血的殘殺的關鍵時刻,林昭的預警,其及時與無效,都令我們驚嘆與感慨。其二,這預警同時也指向當時和未來的反抗運動,直到今天,我們也依然為如何走出以暴易暴循環而感到困惑。如果我們再考慮到林昭是在身受空前的暴力迫害、以一己柔弱之軀進行反抗的情況下,提出反對「以暴易暴」的命題,我們能不為之感動而扼腕長嘆嗎?

林昭提出的第二個問題:反抗運動的反抗目的是什麼?也同樣關鍵而且發人深思:「身受暴政奴役切膚之痛再也不願作奴隸的我們,是不是還要無視如此悲慘的教訓,而把自己的鬥爭目的貶低到只是企望作另一種形式的奴隸主呢?」——林昭在這裡質疑的,正是毛澤東的「把顛倒的歷史再顛倒過來」,使被壓迫者成為新的壓迫者,對昔日壓迫者實行專政,使其成為被壓迫者的革命觀。這種革命觀,在毛澤東時代的中國,是他發動每一個政治運動背後的指導思想。以後我們還會討論到,毛澤東發動文化大革命目的之一,就是要實行「財產和權力的再分配」,而許多造反派掌權之後,都紛紛成為新的奴隸主,即「文革新貴」。因此,林昭在1965年文革前夕提出這一問題,同樣具有預警的意義。

最為可貴的是,林昭提出了自己的革命理想、反抗目的。她的理論基礎是一個「完整而不可分隔的整體自由觀」:「只要還有人被奴役,生活中就不可能有真實而完整的自由」,不僅「被奴役者不自由,那奴役他人者同樣不得自由」。由此而確立的是一個全新的目標:反抗的目的不是為了做官、使自己取而代之、成為另一種形式的奴隸主,而是為了「給一切人以自由」,不僅使被奴役者從不自由狀態下解放出來,而且也使奴役者從另一種形態的不自由狀態下解放出來,而自身在「不奴役他人」的狀態下,也就獲得了真正的自由——這就最終結束了一切人壓迫人、人奴役人的現象,正是林昭和一切真正的反抗者、革命者的理想。這樣的理想顯然具有某種烏托邦色彩,但林昭和她的戰友,也就最終走出了毛澤東自己都不能避免的「革命者成為新的壓迫

者，自己也成為另一種形態的不自由者」的歷史怪圈。在這個意義上，林昭與毛澤東的思想對抗中，林昭是最後的勝利者。毛澤東時代孕育、出現了林昭，這本身就具有重要的意義，而且耐人尋味。

我們暫時和林昭告別，進入1957年至1966年這十年間的中國校園。

我們首先注意到，經過反右的清洗，校園裡一片沉寂。一位北京大學哲學系的學生寫了這樣一首詩：「教授用枯燥的語言／講授著枯燥的課程，每一種空洞的教條／要重複講十幾分鐘。〔……〕最有邏輯的頭腦／也會被折磨得發瘋！」[93]這是很有代表性的：反右以後學校和社會教育的全部目的，就是要將年輕一代打造成黨和毛澤東馴服工具，剝奪學生一切精神獨立與自由，但同時又提倡、製造虛幻的精神狂熱，因此校園裡到處充斥著空洞的豪言壯語。

但同時也必然出現反叛者。首先出現的，是反叛的藝術青年：一批革命藝術家的後代，其中有的還只是中學生，他們半遊戲性地宣布成立「太陽縱隊」。他們通過不同途徑，不同程度上受到西方現代派詩歌與藝術的影響，認定詩人、畫家是「天生的革命者，天生的叛徒」。事實上，他們並沒有反抗現實政治的意圖，反對官僚、要求自由，只是出於藝術家的天性；但他們又生活在「藝術即政治」的時代，於是，因為要求藝術自由，就成了國家專政部門關注、監視，以至追捕的對象。[94]

大學的反叛者出自未來的哲學家。今天人們經常提到北大哲學系的「X社」，當中最引人矚目的是核心人物郭世英（1942-1968）。他是郭沫若的兒子，但郭世英卻如此向別人介紹他的父親：「裝飾這個社會最大的文化屏風」。[95]他是深知其父的：但他也有自己的痛苦與問題：父親在五四時期，那麼自由地寫詩，為什麼我今天沒有這樣的表達自由？取名為「X社」，就是表示一種困惑：X是未知數，X又是十字架、十字路口。一是懷疑，對無數未知的、弄不清楚的問題的懷疑和探索；一是徬徨，站在十字路口，背著十字架，不知往何處去。這大概反映了六十年代校園裡，尚未失去思考欲望和能

93　周國平：《歲月與性情：我的心靈自傳》（武漢：長江文藝出版社，2004），頁81-82。

94　參看張朗朗：〈「太陽縱隊」傳說及其他〉，廖亦武：《沉淪的聖殿》（烏魯木齊：新疆青少年出版社，1999），頁30。

95　郭世英對牟敦白語，見牟敦白：〈X詩社與郭世英之死〉，廖亦武：《沉淪的聖殿》，頁22。

力的大學生的共同時代苦悶。[96]後來他們被抓起來，罪名是三大條，一是「要求精神開放」，二是「要求自由」，三是「追求絕對真理」。[97]「精神」、「自由」與「真理」都成了罪惡，這很能說明六十年代大學校園對年輕一代的思想控制。據說這件事引起高層震怒，毛澤東還有個批示：「幹部子弟鬧也得太不像話了，要整頓」。大概是把郭世英視為高幹子弟中的反叛代表──這種來自內部，而且是兒子、孫子輩的反叛，自然會引起高度警惕。「X社」成了幹部子弟變質的典型，據說毛澤東提出革命接班人問題也與此有關。[98]

　　讓黨的高層和毛澤東感到不安的，還有校園裡出現了「反動學生」。事情還是由中蘇論戰引起的。我在前面說過，對「九評」文章，絕大部分像我這樣的年輕人都是如痴如迷、衷心擁護的，但也還是有一些比較清醒的大學生，對中蘇論戰有不同的看法。郭世英就說：「說蘇聯那些幹部有自己的別墅，我們家就有啊，憑什麼說蘇聯是修正主義，而我們中國就不是修正主義呢？」有一位北京地質學院的應屆畢業生，就向中央廣播電台寫信提出不同意見，這就震動了中央。那時，北京的大學生畢業時，黨中央一些領導人會前來接見講話，1963年周恩來作演講時就說：有的學生反對我們黨的反修鬥爭，你有什麼理由可以站起來講嗎？那位學生（據說是個山東莽漢）還真的站了起來，但不等他開口，就被當場抓了起來。事情報告上去，毛澤東立即批示，認為這類學生是大學裡的極右分子、是階級鬥爭在學生中的表現，而且「所在多有，應該清理」。[99]由此，在1963-1965年間，中共在全國高校，特別是在應屆畢業生當中，開展了一個清理「反動學生」的運動。被劃為反動學生的人都被送去勞動教養，其罪名主要有三：一是反對反修鬥爭，二是反對大躍進、人民公社，三是同情「右派」和右傾機會主義分子。[100]其實，這些學生

96　參看牟敦白：〈X詩社與郭世英之死〉，廖亦武：《沉淪的聖殿》，頁28-29；亦可參看周國平：《歲月與性情》。

97　《幹部子弟蛻化變質九例》（1963年公安部文件）。參看錢理群：《拒絕遺忘：「1957年學」研究筆記》，頁411。

98　宋永毅：〈訪X詩社張鶴慈〉，原載《民主中國》2003年7月號，見地方文革史交流網：http://difangwenge.org/read.php?tid=6246。

99　王學泰：〈鮮為人知的「反動學生」案〉，《多夢樓隨筆》（北京：學苑出版社，1999）。參看錢理群：《拒絕遺忘：「1957年學」研究筆記》，頁420。

100　王學泰：〈鮮為人知的「反動學生」案〉，《多夢樓隨筆》。參看錢理群：《拒絕遺忘：「1957

就是1957年「右派」精神的繼承者，儘管他們遠沒有當年反抗的自覺、只是在主流意識形態框架內進行有限的獨立思考，但在我們說的「五七體制」的高壓下，保留這樣一點精神火種已經很不容易。六十年代中期的「反動學生」，正是「1957年右派」與「文革中民間思想者」之間的一個中間環節，其意義不可低估。

更值得我們注意的是，在中蘇論戰中，大學校園裡開始出現一代新人，他們在當時也被視為「反動學生」，我稱之為「毛澤東主義者」。我曾作過一個個案研究，這是一位北京大學中文系的學生，應該是我的學弟，名叫陳一諮（1940-），無論在文革後期的民間思想村落，還是八十年代中國改革中，他都是一個重要人物，在本書後面相關部分中都會提到他。這裡主要討論他在六十年代文革前的思想起步。

據陳一諮的自我介紹，1957年他還在讀中學，卻是反右運動的積極分子，因此很早就入了黨。他的思想發生變化，是1962、1963年中蘇論戰期間，也可以說是「九評」喚醒了他。他思考的起點，是「蘇聯變修的教訓」以及「中國會不會變成修正主義」，那麼，他在起點上就受到了毛澤東的影響，從一開始，他的思考就納入到了毛澤東的思想命題裡。他因此而完全認同於毛澤東「社會主義革命是社會主義建設的保證，必須把社會主義革命進行到底」的階級鬥爭觀和「不斷革命論」，並由此決定了自己的人生道路和發展方向：他立即由物理系轉入中文系，主動告別以建設祖國為使命的科學夢，而以推動不斷革命為己任，從此走上了政治家的不歸路。[101]

不同於其他毛澤東的口頭擁護派，陳一諮對毛澤東思想，以及如何學習毛澤東有自己的看法。他反對把毛澤東偶像化、神祕化，認為關鍵是要理解、學習毛澤東的立場，不僅要考慮毛主席說什麼、更要想想他為什麼這麼說，不僅要知道他說得對、而且要追問為什麼對。也就是說，陳一諮把毛澤東看成一個革命家、政治家，極力地去理解毛澤東、掌握他的基本立場，而不是他的具體觀點；這樣，他自己就能夠站在毛澤東的基本立場上思考、處

年學」研究筆記》，頁420。

101　陳一諮：〈革命何罪？——給首都工人、中國人民解放軍毛澤東思想宣傳隊的第一封信〉（1968年10月）、〈努力學習毛澤東思想，和陸平黑幫作不調和的鬥爭〉（1966年8月），複寫手稿。

理問題，成為毛澤東那樣的革命家、政治家。陳一諮還明確地提出，馬列主義、毛澤東思想沒有結束真理，要繼續發展。[102]這樣，他從一開始就是以自覺學習毛澤東思想、發展毛澤東思想為使命。這就使他和當時與之後的毛澤東盲目崇拜者區別開來——陳一諮真正地把毛澤東思想當作自己的信念，正是在這個意義上，我把他和六十、七十年代出現的同類「新人」命名為「毛澤東主義者」。

陳一諮是按照他對革命家、政治家毛澤東的理解和想像，來作自我設計的。他提出要做這樣的革命家和政治家：第一，要思考「大問題」，思考整個中國和世界發展的「方向問題」；第二，要關注「理論問題」；第三，「不僅看今天，而且看明天，看上幾十年，以至幾百年」；第四，要「立志改革，立志為共產主義事業獻身」；第五，要「懂得馬列主義的基本原理」，並「始終生活在社會鬥爭和人民群眾之中」，「研究當代革命鬥爭問題」，做一個「有政治頭腦的實際家」。[103]——應該說，陳一諮相當敏銳、準確地抓住了革命家、政治家毛澤東的正面特點，而且他的這些自我設計，也是從根本上接近毛澤東對年輕一代的期待，更依稀閃現著「青年毛澤東」的身影。

更為重要的是，陳一諮作為一個基層校園裡的大學生，卻自覺地努力用毛澤東的思維和眼光去觀察當時中國社會，思考中國和世界的問題，並得出了和同時期處在高層的毛澤東比較接近的一些結論。

結論主要有四。其一，重提「社會主義民主」問題，而重點又在「聽誰的話」的問題。陳一諮從對反右運動的反思開始；陳一諮並不否認反右運動，卻質疑「五七體制」所建立起來的基層黨組織的絕對權威：反右以後「似乎黨的基層領導誰也不能批評了，他們所作的任何一件事情，所說的任何一句話都是完全正確的。大多數群眾把『聽黨的話』也僅僅理解為完全聽基層黨組織的話，以至某個領導人的話」。這樣的質疑在仍然處於反右運動陰影下的六十年代中國，是一個相當大膽的聲音，也是一次思想解放，卻又是毛澤東所願意、甚至是希望聽到的。因為，此時的毛澤東正深感寂寞，為自己的意志因為各級黨組織(包括基層黨組織)的抵觸和隔絕、不能貫徹到社會底層而

102 陳一諮：〈給黨和政府工作提的一點意見〉(1965年2月)，油印稿。
103 陳一諮：〈給黨和政府工作提的一點意見〉(1965年2月)，油印稿。

憤怒。他看得很清楚，前述反右邏輯已經成為他所痛恨的黨官僚體制的護身符。而陳一諮在「反對無條件地聽從基層黨組織的話」的同時，所強調的是「先聽主席、中央的話，聽黨的路線、方針、政策的話」，[104]也就是要建立毛澤東及他所代表的黨中央的絕對權威，這正符合毛澤東的政治需要。

其二，重提毛澤東當年「放」的方針，用群眾民主來保證「江山永不變色」。陳一諮講了兩條理由：一是錯誤的東西不讓它放出來的話，以後「危害更大」。他解釋說，我們現在這一代領導人沒問題，因為他們是革命中成長起來的，第二代大概也不會有大問題，但到第三、四代就不保險了；「假使五十年或一百年後，我黨領導核心變了，或正在變，按今天的情況，群眾能不能將其反掉或提出批評意見呢？」──那些錯誤的東西，現在不讓它放出來，到那個時候才放就糟糕了，群眾也不會識別和抵制了，因此不如現在趁毛主席還活著的時候，讓錯誤的東西全部放出來，這樣還可以提高群眾的識別和抵制能力。陳一諮還認為，只有實現放的方針，才能真正鑒別、鍛煉、培養接班人，在盲目服從氣氛下選出的接班人是最不可靠的，而且「只有廣大群眾真正當家作主，他們的歷史主動性和積極創造精神才能充分發揮出來，也才能在他們當中湧現出大批有才幹的領袖人物，即使當權者出現幾個修正主義者，他們也有能力反掉」[105]──不難理解和想像，陳一諮的這些話，是文革前夕的毛澤東最願意聽到的，因為這正是毛澤東的憂慮所在，是他下一步要做的事情。他正是要發動群眾，用放的方針，即他後來說的「大民主」的方法，來解決所謂「中國變修」的問題。

其三，陳一諮強調「接班」問題，提出要警惕老幹部及其子女中產生「新生資產階級」。他作了這樣的分析：「在老一代的革命幹部中，大多數人是從舊階級中分化出來的革命的知識分子」，「舊階級的尾巴完全割掉是很不容易的」，「戰爭並不能肅清人們的資產階級思想，經過了鬥爭考驗的人不能保證沒有資產階級的尾巴」，「何況還有一些人在民主革命時期根本就沒有想到過，或是不願意想社會主義革命」。陳一諮還分析了革命幹部子弟，認為他們中「比較差的比好的多」，他們「主觀上思想改造不自覺，認為自己

---

104 陳一諮：〈給黨和政府工作提的一些意見〉（1965年2月），油印稿。

105 陳一諮：〈給黨和政府工作提的一些意見〉（1965年2月），油印稿。

是『自來紅』」，「客觀上的特殊條件和特殊地位，更進一步促成了他們的特權思想」，「一些人逐漸變成了無產階級革命戰士家庭培養出來的『新生資產階級』」[106]——應該說，陳一諮的這些分析，都深得毛澤東之心，或者可說是與毛澤東不謀而合。

其四，陳一諮在大學教育和知識分子問題上，提出了一系列激進的主張。他尖銳地質問：「高等院校是集中培育接班人的地方，到底培養出誰的接班人？」他的結論是：像北大這樣的高等學校，基本上沒有貫徹黨的教育路線、方針和政策，「不能培養出無產階級革命事業接班人」，「優勢還在舊勢力一邊」。他認為最危險的是「黨內專家」，他們「和資產階級教授形成無形的『統一戰線』、統治著學校。他據此而提出一系列激進的「根本改造」，如改革高考制度和畢業分配制度，「真正貫徹階級路線，把政治思想放在第一位」，把大學文科改造成「黨校性質的抗大式的學校」等等[107]——陳一諮的分析和主張，正是文革前夕校園裡激進主義思潮的代表，後來在文革中都成了主流觀念，並得到實施，因為它從根本上符合毛澤東的思想和意圖。

這裡所出現的正是底層和上層的互動。

陳一諮這種毛澤東主義者的出現，顯然是反右以後，毛澤東及其思想的權威性強化和灌輸的結果，特別是毛澤東在1962年後所推動的中蘇論戰，關於反修防修、防止「和平演變」、培養革命接班人的教育，更是極大地促進了這一代人思想的革命化，使他們與日趨激進的毛澤東思想一拍即合。像陳一諮這種眼光高遠、喜歡思考大問題、有濃厚理論興趣、又極度敏感的年輕人，就有可能敏銳地抓住毛澤東思想的內核與精髓，與高居於上的毛澤東發生心靈的相遇。

對於因和黨內官僚體制發生衝突、深感寂寞的毛澤東，這種來自底層的心靈呼應，自然是一個不可或缺的支持。特別是當他決心藉助群眾力量來解決黨內矛盾、發動文化大革命時，陳一諮這種青年學生中的毛澤東主義者，自然成了他的群眾基礎，他們的民間思考也為他提供了群眾性中的思想基

---

106 陳一諮：〈給黨和政府提的一點意見〉（1965年2月），油印稿。

107 參看陳一諮：〈給（高等教育部部長）楊秀峰的信〉（1964年寒假）、〈給校系工作提一點意見〉（1965年2月）、〈給胡耀邦的信〉（1963年寒假），油印稿。

礎。以後我們會討論到，在文革中形成了青年毛澤東派，並非偶然。

但在中國現實的政治生態環境下，陳一諮的個人命運卻始終不佳。在文革前，他因為反抗基層黨組織而被打成「反動學生」，遭到殘酷打擊。而他所期待並終於到來的文化大革命，卻又是一場新的造神運動，陳一諮對毛澤東的獨立態度，又使他這個真正的毛澤東主義者、真正的革命呼喚者，成了「反毛澤東」的「反革命」。[108]無論對陳一諮這樣的青年毛澤東主義者，還是毛澤東本人而言，這都是一個歷史的嘲諷和悲劇。而陳一諮本人也通過文化大革命，最後走出了毛澤東，成為毛澤東的反叛者，這樣的精神歷程，自然具有很大的典型性。

三、社會底層的狀況：文革前我個人的遭遇和預感

可能有同學會問，北京畢竟還是上層，那些遠離政治中心的邊遠地區，也就是中國的最底層，在文革前又是什麼狀況、狀態呢？那麼，我就講講文革前我個人的遭遇和經驗。我在《我的回顧與反思──在北大的最後一門課》一書中有詳盡的回憶，許多同學都看過了，我這裡只作一個介紹。

說起來也很簡單，就是在文革前夕，我和校長、支部書記發生過一系列衝突，開始原因是，我對我所在的教研室主任的評價問題，而和校長發生了爭論。校長是一個「老革命」，於是用馬克思、恩格斯的話來壓我，我不服、又年輕氣盛，就從宿舍裡搬來馬列原著，據理力爭。當時我正在攻讀馬列主義，校長自然不是我的對手，我把他弄得很狼狽。我也因此犯了大忌，因為頂撞本單位領導，這是「五七體制」絕對不允許的。於是，校長宣布我這是「階級鬥爭新動向」，說錢理群是漏網的「右派」，並布置教研室的老師監視我。那位老師私下告訴我這件事，我當然很生氣，以後又和這位校長有很多衝突。這時候學校派來了新的黨支部書記，並很快和校長發生矛盾，新書記知道我反對校長，就找我談話，說黨支持你，我聽了當然非常高興，卻

---

108 參看陳一諮：〈努力學習毛澤東思想，和陸平黑幫作不調和的鬥爭〉（1966年8月），複寫手稿。〈革命何罪？──給首都工人、中國人民解放軍的第二封信〉（1966年10月），複寫手稿。

不料我之後又慢慢和黨支部書記發生衝突，這大概是我的反叛本性難移吧。
最嚴重的一次衝突，是這位書記要培養一個積極分子入黨，卻又故作姿態地
徵求群眾意見，恰好這位積極分子人緣很差，大家都覺得他很假，但都知道
這是走過場，因此誰也不說話。我又犯了年輕氣盛的毛病，站起來反對，一
些老師們、黨員也就勢表示支持我的意見，讓這位書記下不了台，從此含恨
在心，準備整我。我當時已經從報紙上的大批判文章，預感到一個大風暴將
要來臨，這大概和我大學主修新聞專業、政治上比較敏感有關。當時，四清
的精神開始下達，說要整黨內走資本主義道路當權派。我立刻意識到，受校
長、書記壓制的自己，可能有一個說話、出氣的機會。也就是說，當時的我
正在期待一場新的變動，當然我並不知道這樣一場變動會是文化大革命，更
沒有想到，在文化大革命中自己會經受更大的磨難，但至少在當時，我是積
極地準備迎接這場新革命的。那時候，我已經有毛澤東主義的傾向，但還不
是毛澤東主義者，我用毛澤東思想去分析校長、書記的言行，就發現了很多
的問題，並偷偷把它記下來，準備有一天要發言。

　　如果把我和校長、支部書記這些矛盾、爭論、衝突，放在文革前夕整個
中國的大的政治形勢下去考察，就會發現它的意義——它所顯示的，是文革前
基層社會的許多矛盾，其根源就是反右以後建立起來的「五七體制」，特別是
所謂「第一書記專政」的「單位所有制」。

　　我們以前講過，單位所有制是一種新的等級制度，它既維護書記的絕對
權力，又製造新的社會歧視，形成新的社會不平等，這就必然孕育和引發眾
多的矛盾和衝突。而所謂「新的社會歧視和不平等」，主要來源於以政治表現
和家庭出身所劃分的「左」、「中」、「右」，這必然形成政治歧視和家庭出身歧
視。我和校長、書記衝突的背後，正是這樣的政治歧視和家庭出身歧視。我
當時在學校裡，在書記、校長眼裡，是具備雙重身分、不可靠的人。第一個
身分，就是我的家庭出身不好，因此就要剝奪我的許多權利，比如當班主任
的權利。[109]這一點，同學們聽起來會覺得很奇怪，現在中學老師最不願意做
的就是班主任，因為做班主任是很麻煩的事。但在當時，我提出申請要求當
班主任，上面卻說我不夠資格，因為我不可靠，會和黨爭奪青年，這就是家

---

109 班主任，相當於台灣的班導師或級任老師。

庭出身歧視。這樣的出身歧視當時在中國非常普遍，特別是在基層。以後我們會講到，文革開始許多人起來造反，就從批判出身歧視入手，這絕不是偶然的。

我的第二個身分，是一個「政治表現不好」的人。事實上就是我相對而言具有一點獨立思考的習慣與能力，因此就不怎麼聽話，還時不時衝撞領導，前述和書記、校長的衝突就是一個突出表現。於是，這個體制就對我進行監視、限制等等懲罰，一有運動，我就必然成為首先打擊對象，這就是政治歧視。而我這樣的不聽話、喜歡搞亂的人，在每個基層單位都有，而且這些人一般來說能力都比較強，有的在群眾中還有相當影響。當然這些人還有一個致命弱點：骨子裡瞧不起單位領導。也就是說，這樣有獨立思想、不馴服的人，很容易和基層黨組織及領導發生各種衝突，「五七體制」中的第一書記專政，更是極大地強化了這樣的緊張關係，因此積怨甚深。當文革把批判矛頭指向「走資本主義道路的當權派」時，這些被當權派視為「政治表現不好」的人首先起來造反，就是當然的，因為他們反抗的，正是單位所有制的政治歧視。

問題的複雜性還在於，不僅單位的領導，而且單位裡領導所信任、依靠的「左派」，也認為這些人政治上不可靠。文革中他們起來造反，在這些單位領導的「左派」看來，自然是「別有用心」，於是也激起了要保衛領導權威的衝動。這就是文革中每一個單位都會形成「革」與「保」兩派鬥爭的內在原因。

「五七體制」的不平等關係，家庭出身歧視和政治歧視之外，還有一個重要方面，就是對農民的身分歧視，這是由城鄉二元對立結構所造成的。如我們前面所分析，大躍進和人民公社時期，毛澤東曾經採取了一些縮小城鄉、工農差別的措施，如大力發展農村工業、農村教育與農村衛生事業等，但到了大饑荒後、劉少奇主持的「整頓」時期，這些農村工廠、學校（包括幼兒園、托兒所）、醫療保健站都紛紛下馬，而把有限的經濟、教育、醫療資源集中於城市，這就反過來加大了城鄉、工農的差別。更重要的是，為了維護大饑荒年代的社會穩定，又加強了對農村戶口的控制，制定種種法規如《勞動教養法》、設立「盲流收容所」等，嚴禁農民進城；這都極大地強化了城鄉對立和對農民的歧視，也進而影響到農民的子女。當時我所在的衛生學校，就有一個特殊的班級，叫「社來社去班」。這個班級裡，所有學生都從人民公社招來，是清一色的農民子弟，而且大多數都是貧、下中農子女，但卻規定這些

人畢業之後必須要回到人民公社去。這樣,在同一所學校裡,就有兩種分配制度:城裡的學生,畢業之後分派工作、享受「國家幹部」待遇;農村來的學生卻要全部回到農村去,依然當社員,原因就是因為他們出生在農村。這就是農民身分歧視。這樣,文革時這些農民子弟首先起來造反是很自然的,加上他們家庭出身好,又很自然地成為造反派的領導和骨幹。我也因為支持他們受了很多罪,不過這都是後話了。

順便再說一點,大饑荒後的「整頓」,在工廠裡也強化了廠長和技術人員的權威,加強了對工人的管理,這一定程度上擴大了管理、技術人員和工人之間的差別與矛盾,再加上實行兩種用工制度,造成了合同工(契約工)、臨時工與工廠管理者,以至正式工人之間的矛盾:這都孕育了文革中工人的造反。

以上所說,儘管限於我個人的遭遇以及我所在的貴州一所普通中等專業學校內的情況,但也有一定代表性。其所反映的文革前中國社會基層的情況,我想概括為兩點:第一,在「五七體制」下經過一次又一次的運動,從反右、大躍進,到人民公社、大饑荒以後的大抓階級鬥爭,到思想、文化、教育的大批判,再到四清,已經積累了太多的社會矛盾,群眾中鬱積著一股怨憤情緒。毛澤東敏銳地把握到群眾對「五七體制」的不滿情緒,並利用群眾和黨的各級領導,特別是基層黨組織領導之間的矛盾,發動了把矛頭指向當權派的文化大革命。在這個意義上,文化大革命確實是有群眾基礎的——在把握和利用群眾情緒這一點上,毛澤東比他的政治對手劉少奇們,顯然要高明得多。

但我們還必須說另一點,否則也會遮蔽問題。文革前夕的社會積怨雖然已經相當深了,但並沒有達到你死我活的地步。比如說我跟書記和校長之間再有矛盾,我還是把他們看作「老革命」,絕沒想到要把他們打倒、對他們進行專政。書記、校長儘管對我極不信任,但他們也並不否認我的業務能力和教學水平,對我還是採取「有限制的使用」政策,如果不搞運動,也不會隨便將我打成反革命。也就是說,文革最後演變成你死我活的階級鬥爭,完全是毛澤東有意引導的結果:一是將社會矛盾高度激化、政治化,一是將群眾的怨憤情緒引向大規模的階級鬥爭,引向「無法無天」的群眾專政,以至「全面內戰」——這正是我們討論過,「五七體制」中「設置對立面,製造階級鬥爭」

的毛式戰略與策略的全面運用。在這個意義上可以說，文化大革命是毛澤東刻意製造出來的。

不管怎樣，歷史走到了1966年，文化大革命的爆發已經不可避免，只看毛澤東如何點火了。

編註

i　四清運動：1963年2月，中共中央召開工作會議，焦點在於推行社會主義教育以解決幹部腐敗問題。會後在全國範圍展開社會主義教育運動，包括在城市的「反貪汙、反浪費、反官僚主義」的「三反」運動，與在農村展開的「清帳目、清倉庫、清工分、清財務」的「小四清」運動，直到1965年毛澤東頒發〈二十三條〉，規定社會主義教育運動應簡稱「四清」，即「清政治、清經濟、清組織、清思想」。

ii　中國變修：「修」指修正主義。在毛澤東看來，列寧、斯大林主義代表了馬克思主義的正統，不同於列寧、斯大林主義的馬克思主義的其他派別，如社會民主主義，即為「修正主義」。在中國國內，毛澤東自認是馬克思主義的正統，一切不同於己的思想都是「修正主義」。他提出要防止「中國變修」，就是要防止中國走上背離毛澤東自己意志的道路。

iii　匈牙利裴多菲俱樂部：為二十世紀五十年代匈牙利的學術社群。其前身為解放前地下共產黨控制的慈善性資助工農子弟求學的團體，後轉為知識分子討論馬列主義政治經濟學、社會問題的論壇，並被當局定為「反黨、反人民民主專政」的團體，1956年匈牙利事件中裴多菲俱樂部扮演重要角色。

iv　桃園經驗：指王光美在1963年11月-1964年4月間帶領工作隊，在河北省撫寧縣盧王公社桃園大隊蹲點開展四清運動後，所總結出來的經驗。其要點是出於「三分之一的政權已經不在我們手裡」的估計，在需要奪權的地區，避開農村基層黨組織，由上級派駐的工作組在農民中秘密串聯，直接發動群眾起來反對基層幹部。

v　二十三條：1965年1月14日中央工作會議定稿通過，即〈農村社會主義教育運動中目前提出的一些問題〉。該文件將四清運動的重點定為清理「黨內走資派」，並糾正之前四清運動的人海戰術、鬥爭面過寬等問題。

vi　歐洲六八學生造反運動：1968年3月法國大學生掀起改革教育與社會文化的學潮運動，重點為改變封建式的教育制度（如：改善高中會考的缺失，大學生人數超多問題）及「性改革」（抗議大學內男生禁止進入女校、要求女生髮禁、服裝等解放）。5月2日法國南德合大學開始停課，是為五月學運，學生在巴黎大學及拉丁區示威抗議，並與警察展開衝突，此抗爭蔓延至歐洲。

台灣社會研究論壇

台灣社會研究 季刊

Taiwan: A Radical Quarterly in Social Studies

發 行 人：周　渝
社　　長：徐進鈺
總 編 輯：王增勇
執行編輯：蔡志杰
助理編輯：廖瑞華
編輯委員：丸川哲史、王瑾、王增勇、白永瑞、汪暉、邢幼田、柯思仁、孫歌、
　　　　　許寶強、夏曉鵑、夏鑄九、馮建三、趙剛、瞿宛文、Chris Berry、
　　　　　Gail Hershatter
顧　　問：丁乃非、于治中、王振寰、丘延亮、江士林、朱偉誠、呂正惠、
　　　　　何春蕤、李尚仁、李朝津、李榮武、林津如、陳光興、陳忠信、
　　　　　陳信行、陳溢茂、許達然、賀照田、黃麗玲、廖元豪、甯應斌、
　　　　　錢永祥、鄭村棋、鄭鴻生、魏　玓
榮譽顧問：王杏慶、成露茜、李永熾、吳乃德、吳聰敏、林俊義、高承恕、
　　　　　徐正光、梁其姿、蔡建仁、張　復、傅大為、鄭欽仁
國際顧問：溝口雄三、蔡明發、濱下武志、Perry Anderson、Arif Dirlik
網　　址：http://www.bp.ntu.edu.tw/WebUsers/taishe/
電　　郵：taishe.editor@gmail.com
聯絡電話：02-22360556
行政院新聞局出版事業登記證局版台誌字第6395號
中華郵政北台字第2634號執照登記為雜誌交寄

國家圖書館出版品預行編目資料

毛澤東時代和後毛澤東時代（1949-2009）
——另一種歷史書寫（上）/錢理群著．初版．
新北市．聯經．2012年1月（民101年）．432面．
17×23公分（聯經學術）
ISBN 978-957-08-3924-1（上冊：平裝）
〔2018年3月初版第十刷〕

1.中國史　2.現代史

628.7　　　　　　　　　　　　　　100023425

聯經學術

毛澤東時代和後毛澤東時代（1949-2009）
——另一種歷史書寫（上）

2012年1月初版　　　　　　　　　　　　　定價：新臺幣420元
2018年3月初版第十刷
有著作權·翻印必究
Printed in Taiwan.

著　　　者　錢　理　群
策　　　劃　交通大學亞太
　　　　　　/文化研究室
編輯主任　陳　逸　華
叢書主編　沙　淑　芬
執行編輯　阮　芸　妍
　　　　　　胡　清　雅
校　　　對　王　中　奇
封面設計　黃　瑪　琍

出　版　者　聯經出版事業股份有限公司　　總編輯　胡　金　倫
地　　　址　新北市汐止區大同路一段369號1樓　總經理　陳　芝　宇
編輯部地址　新北市汐止區大同路一段369號1樓　社　長　羅　國　俊
叢書主編電話　(02)86925588轉5310　　發行人　林　載　爵
台北聯經書房　台北市新生南路三段94號
電　　　話　(02)23620308
台中分公司　台中市北區崇德路一段198號
暨門市電話　(04)22312023
台中電子信箱　e-mail：linking2@ms42.hinet.net
郵政劃撥帳戶第0100559-3號
郵撥電話　(02)23620308
印　刷　者　中原造像股份有限公司
總　經　銷　聯合發行股份有限公司
發　行　所　新北市新店區寶橋路235巷6弄6號2樓
電　　　話　(02)29178022

行政院新聞局出版事業登記證局版臺業字第0130號

本書如有缺頁，破損，倒裝請寄回台北聯經書房更換。　ISBN　978-957-08-3924-1 (平裝)
聯經網址：www.linkingbooks.com.tw
電子信箱：linking@udngroup.com